奥林匹克物理

舒幼生　编著

中国科学技术大学出版社

内 容 简 介

本书由我国著名物理竞赛教练、北京大学教授舒幼生编著,以全国中学生物理竞赛考纲为依据,重知识扩充和理论引申,设"命题研究""专题讲座""方法技巧""实验辅导""国际竞赛""学生之窗"等栏目,涉及力学、电磁学、光学、热学、原子物理学和相对论等知识模块。

本书可作为广大中学生入门物理竞赛和应对自主招生考试的辅导书和工具书,也是广大中学物理教师不可多得的教学参考书。

图书在版编目(CIP)数据

奥林匹克物理/舒幼生编著. —合肥:中国科学技术大学出版社,2019.11
ISBN 978-7-312-04722-0

Ⅰ. 奥… Ⅱ. 舒… Ⅲ. 中学物理课—教学参考资料 Ⅳ. G634.73

中国版本图书馆 CIP 数据核字(2019)第 134900 号

出版	中国科学技术大学出版社
	安徽省合肥市金寨路 96 号,230026
	http://press.ustc.edu.cn
	https://zgkxjsdxcbs.tmall.com
印刷	合肥华苑印刷包装有限公司
发行	中国科学技术大学出版社
经销	全国新华书店
开本	787 mm×1092 mm 1/16
印张	34.75
字数	782 千
版次	2019 年 11 月第 1 版
印次	2019 年 11 月第 1 次印刷
定价	80.00 元

前　　言

　　人类生活有物质和精神两个层面，它们都是自然科学形成和发展的原动力。就基元性而言，关于物质世界的结构与演化的研究归根结底是属于物理学范畴的。部分学生对物理学的兴趣已升华为精神上的追求。有这样的学生是一种幸运，教师有责任正确引导他们真正地学好物理。

　　探索与求真是物理学工作者的基本素养，也应该是青少年物理学爱好者的兴趣所在，因此，学习不可以是简单的重复，而更需要侧重于理解。当今，为能在各类选拔性的考试中取得高分，为能在各级物理竞赛中获得奖牌，有相当多的学生沉浮于题海之中，一味追求重复性刷题。这样的学生由于存在机遇性因素，也许会在一两次考试中成功，但因理解上有所缺失，可能会淡化他们进一步学习物理的兴趣，甚至会影响他们未来在事业中的进取。

　　鉴于兴趣和理解在物理学习中的重要性，这本《奥林匹克物理》以现阶段我国重点中学教学内容和全国中学生物理竞赛考纲为依据，注重知识扩充和理论引申（专题讲座），以激发中学生学习物理的兴趣；注重物理思想和方法、理论与实验的示范性题目的介绍和讲述（命题研究、方法技巧、实验辅导、国际竞赛），以启发和加强中学生对所学物理内容的理解。学生的参与有利于增强学习的兴趣与理解（学生之窗、问题征答），我们鼓励学生自己编制题目，编制的尝试意味着兴趣，编制的成功意味着理解。为提倡参与精神，本书取名"奥林匹克物理"。除以上所述外，本书的特点还在于不受教材的约束，选取竞赛中最受关注的问题，在各栏目中分类阐述；收集了一些鲜为人知，又有特定教学效果的自编题；集中了一些解答问题的独特思路和巧妙解法的技巧。

前两年教育部门倡议,大学各学科教育组队去教学水平略差的中学,与那里的老师们座谈交流,并示范性地给中学生上一两次课。期望当地学生能在全国统一高考之外的重点大学自主招生考试中获得进入重点大学的机会。

我们去了,体会到了当地中学老师的诸多难处。

物理自招考试难度介于高考与物理竞赛考试难度之间。当地物理老师面对基础不够的学生,现行竞赛辅导讲课教材或供学生课外自学的参考书都偏难,学生不易接受。

事后,有老师向我提议,26年前上书架的三本难度适中的年刊性读物《奥林匹克物理》(1,2,3)较适合刚开始接受物理竞赛辅导的学生,作为辅导课外的自学参考书。我即主动联系中国科学技术大学出版社,提议能否帮助我们重新刊印此书。出版社爽快地答应了,在此特向出版社致谢。

这三本书当时是由湖南教育出版社谭清莲老师提议编写的。谭老师邀请了湖南省物理学会若干教员和湖南各中学老师加盟,随即在1993年开始编写。《奥林匹克物理》(3)出版后,因事务过于繁多,后续出版计划终止。为此书撰稿的物理老师和中学生众多且分散,再印此书,已无法将稿酬分给他们。我抱歉地自作主张,免去重版书的整体稿酬,但烦请出版社将此书售价相应降低,这获得了出版社的同意。

社会的发展需要成功,人生的价值则表现为追求,希望本书伴随着读者在追求中获得成功。

舒幼生
2018 年 6 月

目 录

前言 ………………………………………………………………………………（ⅰ）

命题研究

谈谈两道竞赛试题/黄国明 ………………………………………………………（2）

碰撞中 N、f 作用时间的不匹配性/舒幼生 …………………………………（11）

第 10 届全国中学生物理竞赛决赛理论笔试情况及其分析/彭圣儒 ……………（19）

第 24 届 IPhO 一道试题中的科研性与综合性命题思想/舒幼生 ………………（31）

略谈中学生物理竞赛命题/舒幼生 ………………………………………………（37）

专题讲座

物理问题中的小量分析/舒幼生 …………………………………………………（40）

直流电源、电阻、电容网络/舒幼生 ……………………………………………（59）

热力学状态与过程/舒幼生 ………………………………………………………（87）

理想气体的状态方程/黄国明 ……………………………………………………（98）

摩擦角的应用/陈光红 ……………………………………………………………（112）

质点的运动方程及轨道方程/许文彬 ……………………………………………（120）

力的独立作用原理和分运动独立性原理的综合应用/高自友 …………………（133）

磁聚焦/舒幼生 ……………………………………………………………………（140）

牛顿宇宙学简介/倪　征 …………………………………………………………（151）

能量守恒与物理过程/林应基 ……………………………………………………（156）

物理学习中的一些数值和数量级估算/王　敏 …………………………………（162）

浅谈物理学佯谬/谭清莲 …………………………………………………………（168）

对称性原理在物理学中的应用/舒幼生 …………………………………………（174）

数学问题的力学趣味解/舒幼生 …………………………………………………（185）

优化学生的非智力因素，促进物理教学/罗明福 ………………………………（197）

方法技巧

解物理题中惯性参照系的选择/彭大斌 …………………………………………（200）

巧用"面积"解题/彭大斌 …………………………………………………………（207）

电阻的计算/刘渝民 ……………………………………………………………………（213）
小议黑洞半径的经典近似估算方法/舒幼生 ……………………………………（219）
黑盒子问题的解题思路/杨正川　王珉珠 ………………………………………（222）
关于光具组成像的计算问题/张维德 ……………………………………………（235）
近似处理法的应用/卢浩然 ………………………………………………………（244）
巧选支点解平衡问题/陈光红 ……………………………………………………（254）
特例在解物理题中的应用/彭大斌 ………………………………………………（261）
约束条件在解题中的应用/林应基 ………………………………………………（270）
再谈类比方法在解题中的应用/谭清莲 …………………………………………（277）
参照系选择法/舒幼生 ……………………………………………………………（286）
速度分析法/舒幼生 ………………………………………………………………（296）

实验辅导

基础实验/青一平 …………………………………………………………………（308）
设计性实验/郭长寿 ………………………………………………………………（326）
重视实验课中思维能力的培养/舒幼生 …………………………………………（343）
实验的训练问题/吴　智 …………………………………………………………（344）
测定性实验的设计/刘彬生 ………………………………………………………（354）
粗析中国队在国际物理奥赛实验考试中的弱点/舒幼生 ………………………（368）
测定球面镜和透镜焦距的实验/刘彬生 …………………………………………（371）

国际竞赛

空气电击穿的研究/舒幼生　朱世嘉 ……………………………………………（386）
第 14 届国际物理奥林匹克竞赛的一道近代物理赛题/舒幼生 …………………（391）
第 20 届国际物理奥林匹克竞赛的一道热学赛题/舒幼生 ………………………（393）
第 24 届 IPhO 的一道理论赛题和一道实验赛题/舒幼生 ………………………（396）
IPhO 中的杨氏双缝干涉和平行波束干涉的赛题/舒幼生 ………………………（405）
国际物理奥林匹克与中国代表队/谭清莲 ………………………………………（413）

学生之窗

学生题屋 1/雷　鸣 等 ……………………………………………………………（424）
机舱随想录/李　翌 ………………………………………………………………（434）
学好物理,准备参赛/吕　强 ……………………………………………………（436）
习题札记/范立众 …………………………………………………………………（438）
学生题屋 2/张霖涛 等 ……………………………………………………………（443）
伽利略快速圆弧问题/李　翌 等 …………………………………………………（459）

纠正一道力学题的错误/詹　勇 …………………………………………………………… (463)
成功之道/卜美平 ………………………………………………………………………… (465)
学生题屋 3/张伟信　等 …………………………………………………………………… (467)
学生专论"能量最低原理"在电路计算中的应用/彭　达 ………………………………… (494)
天体运动轨道的能量以及有关问题/辜　懋 ……………………………………………… (496)
推广的电流叠加法及其应用/於海涛 ……………………………………………………… (501)
学生来信/冯　佳 …………………………………………………………………………… (506)
'95 堪培拉之行/倪　彬 …………………………………………………………………… (509)

问题征答

征答题 1 ……………………………………………………………………………………… (512)
征答题 1 答案 ……………………………………………………………………………… (513)
征答题 2 ……………………………………………………………………………………… (533)
征答题 2 答案 ……………………………………………………………………………… (534)

赛事报道

湘江之滨、麓山之畔的盛会/岳胜文 ……………………………………………………… (540)
我们是怎样做好物理竞赛的组织和辅导工作的/李国纲 ………………………………… (542)
'93 威廉斯堡之行/舒幼生 ………………………………………………………………… (545)

谈谈两道竞赛试题

长沙学院　黄国明

第8届全国中学生物理竞赛预赛第一试试卷中的第10题是一道较为典型、难度又大的静力学赛题。原题是这样的：

例1　半径为 r、质量为 m 的三个相同的球放在水平桌面上，两两接触。用一个高为 $1.5r$ 的圆柱形圆筒（上下均无底）将三球套在筒内，圆筒的内半径取适当值，使得各球间以及球与筒壁之间均保持无形变接触。现取一质量也为 m、半径为 R 的第四个球，放在三球的上方正中。设四个球的表面、圆筒的内壁表面均由相同物质构成，其相互之间的最大静摩擦系数均为 $\mu = \dfrac{3}{\sqrt{15}}$（约等于 0.775），问 R 取何值时，用手轻轻竖直向上提起圆筒即能将四个球一起提起来？

分析　作为整个试卷最后一道"把关"、拉开档次的难题，命题者在构题设计、考查知识要点和解决问题的能力诸方面是花了心血的。首先，命题者抛弃了诸如圆木堆放问题（图1）和筒套两球问题（图2）等陈题模式，避开了图1和图2中原意是考查立体情形而实际进行受力分析时只需在题图平面内进行的自然简化。其次，试题中不给出题图，要求考生根据题意产生清晰的立体构想，画出题设情况的立体图或立体模型的顶视图、侧视图，再综合考查考生对物理知识要点的掌握情况和应用能力。试题设计颇有新意，命题者付出了创造性的劳动。

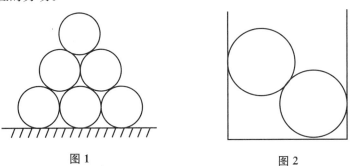

图1　　　　　　图2

解　第一步，要解答此题，必须利用空间概念画出题设条件下的顶视图，又因为要分析上球与下球之间的相互作用与影响，只能选择包括上、下球接触处在内的侧视图，如图3所示，画出 OA 截面的侧视图。再在此基础上进行正确的受力分析，并在 OA 截面的侧视图上标出：两个球的重力 mg，下球与圆筒接触处的摩擦力 f_1、弹力 N_1，下球与等重的上球接触处上球所受到的摩擦力 f_2、弹力 N_2（它们的反作用力 f_2'、N_2' 作用在下球上）。各力的正方向如图中箭头所示。

从答卷中得知，不少考生的思维仍然局限在平面内，将题设构图画成不符题意的平面图（图4），误入了圆木堆放问题的陈式，当然也就无法进行正确的受力分析与解答。

第二步，综合考查学生对力的平衡、力矩平衡、摩擦力概念等物理知识以及求解方程组的数学知识的掌握情况。

设系统已按题目要求提离桌面而保持平衡，并假设 θ 角如图中所示，视为已知。利用隔离法和联合体法可求出 f_1、f_2、N_1、N_2。

对于上球，它受到三个下球的摩擦力与弹力的作用，故有

$$3N_2\sin\theta - 3f_2\cos\theta = mg \qquad ①$$

对于下球，有 $f_1 + f_2'\cos\theta - N_2'\sin\theta = mg$，$N_1 = N_2'\cos\theta + f_2'\sin\theta$，考虑到 f_2' 与 f_2、N_2' 与 N_2 大小相等，故

$$f_1 + f_2\cos\theta - N_2\sin\theta = mg \qquad ②$$
$$N_1 = N_2\cos\theta + f_2\sin\theta \qquad ③$$

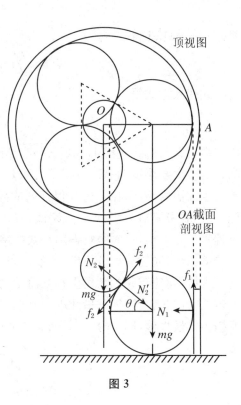

图 3

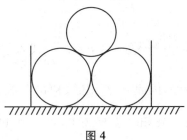

图 4

对于四个球的联合体，有

$$3f_1 = 4mg \qquad ④$$

又由于下球在所受力矩的作用下而不发生转动，故这个力矩应为平衡力矩。以球心为轴，f_1、f_2' 两摩擦力的力臂皆为 r，则有

$$f_1 = f_2' = f_2 \qquad ⑤$$

上述 5 个方程中，虽然①②④式不相互独立，但任选其中 2 个方程（如舍弃较繁杂的②式），再与③⑤式联立即可解得 f_1、f_2、N_1、N_2。由④⑤式得

$$f_1 = f_2 = \frac{4}{3}mg \qquad ⑥$$

将⑥式代入①式得

$$N_2 = \frac{4}{3}mg\cot\theta + \frac{1}{3}mg\frac{1}{\sin\theta} \qquad ⑦$$

⑥⑦式代入③式得

$$N_1 = \frac{1}{3}mg\cot\theta + \frac{4}{3}mg\frac{1}{\sin\theta} \qquad ⑧$$

命题者对解答过程中的要求是明显而合理的。他要求考生在解答过程中，思路要清晰，先把"次要矛盾"搁置，虽拐了几个弯求出最后答案，但要"步步为营"，不能混乱。不少考生却恰恰相反，在上述方程开列的同时，就将 μN_1、μN_2 代入，并把求未知量 θ 搅和到一块，既未搞清 $f=\mu N$ 中静摩擦力 f 与正压力 N 的关系，又急于进行繁杂的演算，演算过程写了一大堆，一时很难得出有效的结论。

第三步，通过演算分析出，为使不发生相互滑动，f_1、f_2 并非必须同时达到静摩擦力的最大值，而应首先判断发生相互滑动的临界状态是处在下球与筒壁之间，还是处在上、下球之间，这需要论证并借此求出 θ 值。显然，上述考虑的摩擦力 f_1、f_2 都必须不大于静摩擦力的最大值，即 $f \leqslant \mu N$，因而静摩擦系数 μ 的大小应满足

$$\frac{1}{\mu} \leqslant \frac{N_1}{f_1} = \frac{1}{4}\cot\theta + \frac{1}{\sin\theta} = \frac{\cos\theta+4}{4\sin\theta} \qquad ⑨$$

$$\frac{1}{\mu} \leqslant \frac{N_2}{f_2} = \cot\theta + \frac{1}{4\sin\theta} = \frac{4\cos\theta+1}{4\sin\theta} \qquad ⑩$$

因

$$\cos\theta + 4 > 4\cos\theta + 1$$

故满足⑩式的 μ 值必然满足⑨式，从而可知，如果发生相互滑动，应首先发生在上、下球之间。

这样就找到了求出 θ 角的不等式⑩，将 $\mu = \frac{3}{\sqrt{15}}$ 代入⑩式，即得 $\frac{\sqrt{15}}{3} \leqslant \frac{4\cos\theta+1}{4\sin\theta}$。

当 θ 增大时，$\frac{4\cos\theta+1}{4\sin\theta}$ 减小，因而 θ 有一极大值 θ_{max}，当 $\theta = \theta_{max}$ 时，有

$$4\sqrt{15}\sin\theta_{max} = 3(4\cos\theta_{max} + 1)$$

等式两边平方并整理后得到

$$128\cos^2\theta_{max} + 24\cos\theta_{max} - 77 = 0$$

解此一元二次方程，即得

$$\cos\theta_{max} = \frac{11}{16}, \quad 即 \quad \cos\theta \geqslant \frac{11}{16} \qquad ⑪$$

第四步，由 θ 值求上球半径 R。

由图3可知，将四个球的球心连接起来，则组成一个四面体，底面是棱长为 $2r$ 的正三角形，其余三个棱长均为 $r+R$。故有

$$\cos\theta = \frac{\frac{2}{3}\cdot\sqrt{(2r)^2 - r^2}}{r+R} = \frac{2\sqrt{3}r}{3(r+R)}$$

设 $R = br$,则 $\cos\theta = \dfrac{2\sqrt{3}}{3(1+b)}$,得

$$b = \dfrac{2\sqrt{3}}{3} \cdot \dfrac{1}{\cos\theta} - 1 \leqslant \dfrac{2\sqrt{3}}{3} \cdot \dfrac{16}{11} - 1 = \dfrac{32\sqrt{3}}{33} - 1$$

但 br 必须大于 $\left(\dfrac{2\sqrt{3}}{3} - 1\right)r$,否则上球会从三球中掉下,所以 R 所取之值应满足

$$\left(\dfrac{2\sqrt{3}}{3} - 1\right)r < R \leqslant \left(\dfrac{32\sqrt{3}}{33} - 1\right)r$$

即 $0.15r < R \leqslant 0.68r$。

  从解答的第三、四步中可以看到,命题者在考查最大静摩擦力等基础知识的同时,着重考查了学生运用数学工具解决物理实际问题的能力。这里涉及解一元二次方程的演算、不等式的概念与运算,并且要从物理实际出发(上球不能太小,否则下掉)作出合理的分析,才能获得正确的答案。

  统观此题的设计及解答,命题者考查了受力分析、力的平衡、力矩平衡、静摩擦力等多个物理基础知识点,要求学生自行正确画出图像,沿着清晰的思路"步步为营"地深入分析。同时,在运用数学知识方面也设置了几道不易逾越的"关卡"。命题者构题设计不落俗套,知识考查范围较大,着重考查了学生的能力,符合竞赛章程中规定的命题原则,也未超出竞赛内容提要所列的知识范围,可以说是一道好题、难题。

  但此题的求解思路较为狭窄,只有按前述四步才可求得最后答案,似乎有"自古华山一条路"之意境,培养学生发散思维的作用略显弱些。

  从考查效果来看,除了大多数学生因时间限制、难度较大而对此题无从问津外,少数考生动笔求解也得分很少。此题获得满分(20 分)的学生几乎没有。对全国 7.38 万名参赛学生中较好的 2700 份答卷进行统计,此题的平均得分率 $\left(\dfrac{100 \text{人本题实际得分总和}}{\text{本题满分} \times 100} \times 100\%\right)$ 仅为 6.5%,其余 9 道试题的平均得分率依次为 81.6%、33.4%、27.4%、40.9%、65.4%、48.3%、31.6%、36.6%、30.1%,而 10 道试题平均得分率的平均数为 40.25%,可见此题难度太大,显然考查面也小了。

  从此题的评分标准来看,求出 $\cos\theta \geqslant \dfrac{11}{16}$ 和最后 R 的取值范围共占 9 分,近全题总分的一半,且主要是数字运算的"数学分",似乎比例太大了。

  若将此题稍微改一下,上球的半径定为 $\dfrac{1}{2}r$(已知量),反过来求静摩擦系数 μ,考生可接受性便会大些,得分率也会显著提高,物理知识点的考查范围并未减小,能力的考查重点也未削弱,但数字运算的"关卡"减少了,效果可能会好一些。

  如果说上一赛题所设置的情境信息还不够新颖有趣的话,第 8 届全国中学生物理竞赛决赛笔试的第 8 题就令人耳目一新、妙趣横生。这道题也是一道力学题,原题是这样的:

  例 2 有一长为 l 的木块 A 放在足够长的水平地面上,取一无盖的长方形木盒 B

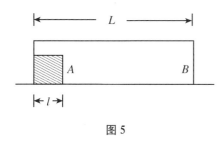

图 5

将 A 罩住。B 的左右内壁间的距离为 $L(L>l)$。B 的质量与 A 相同。A 与地面间的滑动摩擦系数为 μ_A，B 与地面间的滑动摩擦系数为 μ_B，且 $\mu_B>\mu_A$。开始时，A 的左端与 B 的左内壁相接触（如图 5 所示），两者以相同的初速度 v_0 向右运动。已知 A 与 B 左右内壁发生的碰撞都是完全弹性的，且碰撞时间都极短。A 与 B 的其他侧面之间均无接触。

(1) 要使最后 A、B 同时停止，而且 A 与 B 间轻轻接触（即无作用力），初速度 v_0 应取何值？

(2) 要使 B 首先停下，而且最后全部停下来时 A 与 B 轻轻接触，初速度 v_0' 应取何值？

(3) 有无 v_0 值使 B 停下后又由于被碰再次运动，最后 A、B 两者停在一起？为什么？

分析 命题者设计了一个动态的、A 与 B 同时同速出发，并多次发生完全弹性碰撞的情景，设问中新颖地提出 A 与 B 同时停止、B 先停且最后同时停止并"轻轻接触"，在考查考生的能力方面别具匠心。

参加决赛的学生共 104 人，都是各省、自治区、直辖市经预赛一、二试选拔出来的佼佼者，依据题目提供的情景信息，都能分析出木块 A 与木盒 B 的内壁依次在右端、左端、右端……反复多次发生完全弹性碰撞，直到"轻轻接触"而停止，且 A 与 B 皆做匀减速运动，碰撞时间极短，又因 A 与 B 质量相等而两者速度交换等内容。这些很容易使学生迅速"进入角色"，积极着手求解的心情迫切，这是命题者所企盼的，也避免了学生不易上手、见题就吃一闷棒而难以问津的弊病。吸引学生全心"投入"后，设问又不断提高难度，考查学生能力的力度不断加大，要完满解答出来绝非易事。笔者认为，这是命题者构题思想的高超巧妙之处。

下面让我们来对此题边解边议，看看命题者是怎样考查学生的物理基础知识和突出考查学生能力的。

解 为了叙述多次碰撞处及"轻轻接触"条件的方便，令木块 A 的左端面为 a，木盒 B 的左内壁为 b。开始同速出发时，$\overline{ab}=0$。其后，由于木盒 B 与地面间的滑动摩擦系数 μ_B 大于木块 A 与地面间的滑动摩擦系数 μ_A，虽 A 与 B 都做匀减速运动，但 B 减速快些，即 $v_A'>v_B'$，因而 $\overline{ab}$ 开始增大。当 $\overline{ab}=L-l$ 时，两者在右端发生碰撞。又由于 A 与 B 质量相等，完全弹性碰撞后两者速度交换，致使 $v_A''<v_B''$，故碰后 $\overline{ab}$ 开始减小，直到 $\overline{ab}=0$ 时又在左端发生第二次完全弹性碰撞。如此反复，直到停止。当两者停止时，若恰好满足 $\overline{ab}=0$ 或 $\overline{ab}=L-l$，即为题目设问中所要求的"轻轻接触"（即无作用力）。

(1) 设开始运动经过时间 T_1 后，第一次碰撞在右端发生，用 s_{1A} 和 s_{1B} 分别表示木块 A 和木盒 B 在这段时间内通过的路程，并考虑到两者的加速度分别为 $a_A=-\mu_A g$，$a_B=-\mu_B g$，则有

$$L - l = s_{1A} - s_{1B} = \frac{1}{2}(\mu_B - \mu_A)gT_1^2 \qquad ①$$

由①式可得

$$T_1 = \sqrt{\frac{2(L-l)}{(\mu_B - \mu_A)g}} \qquad ②$$

②式说明 T_1 与 A、B 的初速度 v_0 无关。碰撞前，木块 A 和木盒 B 的速度分别为

$$v'_{1A} = v_0 - \mu_A gT_1, \quad v'_{1B} = v_0 - \mu_B gT_1$$

由于 $\mu_B > \mu_A$，故 $v'_{1A} > v'_{1B}$，两者发生完全弹性碰撞，因 $m_A = m_B$ 而交换速度。碰后两者的速度分别为

$$v''_{1A} = v'_{1B} = v_0 - \mu_B gT_1, \quad v''_{1B} = v'_{1A} = v_0 - \mu_A gT_1$$

设第一次碰撞后又经过时间 T_2，两者在左端相遇，在这段时间内木块 A 和木盒 B 通过的路程分别为 s_{2A} 和 s_{2B}，加速度仍分别为 $-\mu_A g$ 和 $-\mu_B g$，则有

$$L - l = s_{2B} - s_{2A}$$
$$= \left[(v_0 - \mu_A gT_1)T_2 - \frac{1}{2}\mu_B gT_2^2\right] - \left[(v_0 - \mu_B gT_1)T_2 - \frac{1}{2}\mu_A gT_2^2\right]$$
$$= (\mu_B - \mu_A)gT_1T_2 - \frac{1}{2}(\mu_B - \mu_A)gT_2^2 \qquad ③$$

由①③两式，可得 $T_1 = T_2$，令 $T_1 = T_2 = T$。

在左端相碰前，木块 A 与木盒 B 的速度分别为

$$v'_{2A} = v''_{1A} - \mu_A gT_2 = (v_0 - \mu_B gT_1) - \mu_A gT_2 = v_0 - (\mu_A + \mu_B)gT$$

$$v'_{2B} = v''_{1B} - \mu_B gT_2 = (v_0 - \mu_A gT_1) - \mu_B gT_2 = v_0 - (\mu_A + \mu_B)gT$$

可见，$v'_{2A} = v'_{2B}$，即在左端两者相遇达到接触时其速度恰好相同，可称之为"同速会合"。

好一个奇妙的"同速会合"！命题者在综合考查了诸如匀减速运动、加速度、滑动摩擦力、完全弹性碰撞、速度互换等物理基础知识的同时，着重考查了学生分析问题的能力，巧妙地设计了"同速会合"这一个关键过程，颇具特色和雅趣，令人拍案叫好！

由于"同速会合"，木块 A 与木盒 B 并不发生碰撞，两者又逐渐分开，情况与分析和开始同速出发时完全相同，只需将初速度 v_0 改为 v'_{2A} 即可，再经过时间 $T_3 = T$ 在左端发生完全弹性碰撞。用 Δv_0 表示 v'_{2A} 与 v_0 的速度差，则有

$$\Delta v_0 = v_0 - [v_0 - (\mu_A + \mu_B)gT] = (\mu_A + \mu_B)gT$$

由于 T 与 v_0 无关，从前面的分析与解答可知，从左端接触以初速度 v_0 同时出发运动起，经过时间 T，在右端发生一次碰撞；再经时间 T，A 与 B 在左端"同速会合"；又经时间 T，A 与 B 将在左端发生一次碰撞；还经时间 T，又"同速会合"。即经过 $2T$ 的时间，再一次在左端同速会合，会合的共同速度为 $v_0 - 2\Delta v_0$。此后的情况可依此类推。因而得出结论，只要 v_0 是 Δv_0 的整数倍，则木块 A 与木盒 B 最后一定能达到共同速度为零的同速会合——"轻轻接触"，故有

$$v_0 = k\Delta v_0 = k(\mu_A + \mu_B)g\sqrt{\frac{2(L-l)}{(\mu_B - \mu_A)g}}$$
$$= k(\mu_A + \mu_B)\sqrt{\frac{2g(L-l)}{\mu_B - \mu_A}}$$

式中 k 为整数,且 $k \geq 1$,即为所求。

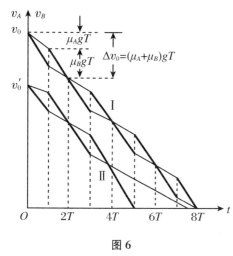

图 6

图 6 是木块 A 与木盒 B 的运动过程中的 v-t 图线,其中上部图线表示最后"轻轻接触"的一例,图中细线为 v_A,粗线为 v_B,最后在时间为 $8T$ 时 A 与 B 同时停止运动而轻轻接触。

以上我们以清晰的思路和奇妙的"同速会合"解答了第(1)问。不少考生考后饶有兴趣地述说着"这个题目解起来有味道",也得出了第(1)问的答案。但很少有考生画出速度图线来形象地表述此过程与结论,有的认为不必要,有的则想画又担心画不准,花费时间。这就说明他们还没有真正体会到图像描述的重要意义与作用。笔者接触到的一名考生,恰恰是在分析到第一次碰撞和第一次同速会合后,借助速度图线使自己的思路更为清晰,对讨论与结论把握十足,这是十分值得赞许的。下面的求解更能说明利用图线讨论问题的重要意义及带来的便利。

(2) 要使木盒 B 先停下来的情况发生在 B 慢 A 快时,即图 6 中下部图线所示的情况。我们用图 7 表示左端最后同速会合以后的情形。由图 6 中的图线 Ⅱ 与图 7 可以看出,这时初速度 v_0' 满足

$$v_0' = k\Delta v_0 + v_1 \quad (0 < v_1 < \mu_B gT)$$

式中 $k \geq 0$。

当 A、B 以共同速度从同速会合出发后,木盒 B 在通过 s_B 距离后首先停止,A 仍在运动。这时要分析两种情况:第一种情况是 A 在其右端与 B 的右壁接触时恰好停止;第二种情况是 A 与 B 在右端发生碰撞时其速度不为零,碰撞后木块 A 停下来,木盒 B 以碰前 A 的速度前进,直到其左壁与 A 的左端面恰好接触时停止。这两种情况是否都是可能的?若可能,v_0' 应取何值?

第一种情况:设最后一次同速会合时的共同速度为 v_1,木盒 B 先停止,停止点距最后的会合点的距离为 s_B,则

$$s_B = \frac{v_1^2}{2a_B} = \frac{v_1^2}{2\mu_B g} \quad ④$$

此时 A 仍在前进,不久 A 也停止,停止点到最后会合点的距离为 s_A,则

$$s_A = \frac{v_1^2}{2a_A} = \frac{v_1^2}{2\mu_A g}$$

A 停止时右端恰好与木盒 B 的右壁轻轻接触的条件是 $\overline{ab} = L - l$,即

$$\frac{v_1^2}{2\mu_A g} - \frac{v_1^2}{2\mu_B g} = L - l$$

由此得 $v_1 = \sqrt{\mu_A \mu_B} \sqrt{\dfrac{2g(L-l)}{\mu_B - \mu_A}} = \sqrt{\mu_A \mu_B}\, gT < \mu_B gT$,这一结果符合 $0 < v_0 < \mu_B gT$,由此

可求得
$$v_0' = k\Delta v_0 + v_1 = \left[k(\mu_A + \mu_B) + \sqrt{\mu_A\mu_B}\right]\sqrt{\frac{2g(L-l)}{\mu_B - \mu_A}}$$
式中 $k \geq 0$。

第二种情况是否可能出现正是本题第(3)问要讨论的问题。

(3) 第二种情况:当木盒 B 通过④式所表示的距离 s_B 后即停止,而木块 A 继续前进,到达右端碰撞之前 $v_A \neq 0$,这时应使 v_A 满足
$$v_1^2 - v_A^2 = 2\mu_A g(s_B + L - l)$$
此时木块 A 的动能为
$$E_A = \frac{1}{2}mv_A^2 = \frac{1}{2}\left(1 - \frac{\mu_A}{\mu_B}\right)mv_1^2 - \mu_A mg(L-l)$$
这些动能要恰好等于使 B 通过 $L-l$ 距离克服滑动摩擦力所做的功
$$W_B = \mu_B mg(L-l)$$
才能使木盒 B 恰好与 A 发生左端接触而停在一起。如果可能,$E_A = W_B$,则
$$\frac{1}{2}\left(1 - \frac{\mu_A}{\mu_B}\right)mv_1^2 - \mu_A mg(L-l) = \mu_B mg(L-l)$$
得到
$$v_1 = \sqrt{\mu_B(\mu_A + \mu_B)}gT > \mu_B gT$$
由于 v_1 应小于 $\mu_B gT$,所以这种情况是不可能出现的。

讨论 本题的解答到此结束。从第(2)、(3)问的解答中可以看出,命题者除了考查了学生有关运动学、功能关系等知识外,还着意考查了学生解答时的分析和推理能力。要求学生解答时,头脑里能有一幅清晰的 A 与 B 运动、碰撞、同速会合、轻轻接触而停止的图景,以及对两种可能性的推理与论证。这对基础知识好、理解分析能力强的学生是一个考验,甚至对学生的天赋也是一次检阅。

在几位决赛笔试成绩很好的同学考后小"侃"之中,还谈及此题"活中有难,难中有味"。虽然估计此题他们未都得满分,失误在未能利用图线帮助,因而不能清楚地分析 A 与 B 在左端最后同速会合后的情况,未能较好地解答第(2)、(3)问。笔者认为,这也可能是命题者的"得意"之处,说明构题设计中的"关卡"要求正"中"意中之"的",达到了此"把关题"挑选人才的目的。

其实,此题有未尽之余味,还可以设问,进一步要求学生讨论:若要使 A 先停下,而且最后全部停下时 A 与 B 轻轻接触,v_0'' 又应该取何值?

为此,我们在图6上加画图线Ⅲ,如图8所示。由图线Ⅲ可看出,使木块 A 先停下的情况

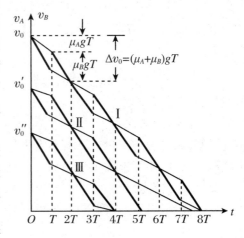

图8

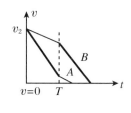
图9

发生在 A 慢 B 快时。木块 A 先停止,木盒 B 仍在前进,木盒 B 可能恰好与木块 A 接触时停止,也可能与木块 A 在左端发生碰撞,碰后木盒 B 停止,木块 A 以碰前木盒 B 的速度继续前进,然后停止,这时其右端恰好与木盒 B 右内壁轻轻接触。由图线Ⅲ与图9可知,在这种情况下,初速度 v_0'' 的条件是

$$v_0'' = k\Delta v_0 + v_2 \quad (\mu_B gT < v_2 < \Delta v_0)$$

设最后一次同速会合时的共同速度为 v_2。同速会合后还要经过一次速度交换的右端碰撞,碰撞后木块 A 与木盒 B 的速度分别是

$$v_A = v_2 - \mu_B gT, \quad v_B = v_2 - \mu_A gT$$

碰撞后,A 经过距离 s_A 后停止,则

$$s_A = \frac{v_A^2}{2\mu_A g} = \frac{1}{2\mu_A g}(v_2 - \mu_B gT)^2$$

在木块 A 停止后,又可分为两种情况。

第一种情况:木盒 B 继续前进,其左内壁恰好接触木块 A 的左端面时停止。若可能,则初速度 v_0'' 应满足方程

$$(v_2 - \mu_A gT)^2 = 2\mu_B g\left[\frac{1}{2\mu_A g}(v_2 - \mu_B gT)^2 + L - l\right]$$

化简为

$$v_2^2 - 2(\mu_A + \mu_B)gTv_2 + (\mu_A + \mu_B)^2 g^2 T^2 = 0$$

其判别式 $B^2 - 4AC$ 为

$$[2(\mu_A + \mu_B)gT]^2 - 4(\mu_A + \mu_B)^2 g^2 T^2 = 0$$

其解为

$$v_2 = (\mu_A + \mu_B)gT = \Delta v_0$$

此解即为两者同速会合的情况,故说明木块 A 先停止的情况不可能出现。

第二种情况:木盒 B 与木块 A 发生碰撞,碰后木盒 B 停止,木块 A 前进到木盒 B 的右内壁时,即恰好 $\overline{ab} = L - l$ 时停止。若此情况出现,则初速度 v_0'' 应满足

$$(v_2 - \mu_B gT)^2 + 2\mu_A g(L - l) = 2\mu_B g\left[\frac{1}{2\mu_A g}(v_2 - \mu_B gT)^2 + L - l\right]$$

化简为

$$v_2^2 - 2(\mu_A + \mu_B)gTv_2 + [\mu_A^2 + (\mu_A + \mu_B)^2]g^2 T^2 = 0$$

其判别式 $B^2 - 4AC$ 为

$$4(\mu_A + \mu_B)^2 g^2 T^2 - 4[\mu_A^2 + (\mu_A + \mu_B)^2]g^2 T^2 = -4\mu_A^2 g^2 T^2 < 0$$

由此可知,第二种情况也是不可能发生的。

综上所述,不可能发生木块 A 先停止的情况。

命题者可能考虑到考试时间的限制,或者考虑到一道试题的难度和分量不能太大,未将此小问在试题中再作要求,也可能是有意给考生竞赛后留有余味吧!

碰撞中 N、f 作用时间的不匹配性

北京大学 舒幼生

为使自己的学生能真正学好物理,每一位教师都会在基础性理论的讲授和应用性例题的编制上投入大量的时间和精力。教师各有所长,适当的交流有助于教学整体水平的提高。交流的方式可以是语言性的,也可以是文字性的。已发表的国内外中学生物理竞赛各种赛题自然地成为文字性交流的一种资源。这些题目之所以被竞赛采用,必定有其相当分量的教学参考价值,其中的物理思想尤其值得借鉴。竞赛题的教学可借鉴性也正体现了竞赛对教学所起的促进作用。

本文拟介绍的一类竞赛题均包含命题者关于碰撞中正碰力 N 与滑动摩擦力 f 作用时间的不匹配性的物理设计思想。在通常讨论的两体正碰撞过程中,由于碰撞前后两个物体都在同一直线上运动,因此不存在两者之间的切向滑动摩擦力。如果不是正向碰撞,例如在碰撞前的瞬间这两个物体有横向的相对运动,那么在碰撞的接触过程中两者之间便会有滑动摩擦力 f 出现。当 f 与纵向碰撞力 N 在数量级上相差不大时,其作用便不可忽略。碰撞的全部接触时间也是 N 的存在时间或者说 N 的作用时间,记为 Δt_N。如果将 f 的存在或者说作用时间记为 Δt_f,那么 Δt_f 必不大于 Δt_N,因为脱离接触后 f 便不再存在。f 的作用使物体间横向的相对速度减小,如果在 Δt_N 结束之前,横向相对速度已减到零,那么 f 即刻消失,便有 $\Delta t_f < \Delta t_N$,这就是 N、f 作用时间的不匹配性。自然也有可能 $\Delta t_f = \Delta t_N$,因此可一般地表述为

$$\Delta t_f \leqslant \Delta t_N$$

下面分别介绍这一类型的三道竞赛题。

例1 将一个长方形物体(譬如长方形的木块)投到理想的弹性墙上。木块的一个面整个时间都和墙面平行,它的速度 v 与墙的法线成 α 角。木块对墙的滑动摩擦系数为 $\mu = \dfrac{\sqrt{3}}{6}$。试求反射角 β 与入射角 α 的关系式,并画出函数 β-α 曲线的草图。

分析 本题为波兰国内物理竞赛试题,选自《中学物理奥林匹克趣题选及解答》(湖南教育出版社,1993年9月版)一书中的2.7题。这是依据 $\Delta t_f \leqslant \Delta t_N$ 而编制的一道简单竞赛题,为方便读者阅读,重写题解如下。

解 将木块与墙碰撞前、后的速度 v、v' 按图1所示分解,则有

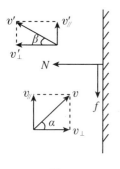

图1

$$v_\perp = v\cos\alpha, \quad v_{/\!/} = v\sin\alpha$$

$$\tan\beta = \frac{v'_{/\!/}}{v'_\perp}$$

题文所谓"理想的弹性墙",意指正向碰撞为弹性碰撞,即

$$v'_\perp = v_\perp$$

因此 $\tan\beta = \dfrac{v'_{/\!/}}{v_\perp}$。将碰撞时间 Δt_N 内 N 的平均值记为 $\bar{N}$,木块的质量记为 m,则有

$$\bar{N}\Delta t_N = 2mv_\perp$$

(1) 设 $\Delta t_f = \Delta t_N$。

Δt_N 时间内 f 的平均值为

$$\bar{f} = \mu\bar{N} = \mu\frac{2mv_\perp}{\Delta t_N}$$

结合 $\bar{f}\Delta t_N = mv_{/\!/} - mv'_{/\!/}$,则有

$$v'_{/\!/} = v_{/\!/} - 2\mu v_\perp$$

因 $v'_{/\!/} \geqslant 0$,故要求

$$\tan\alpha = \frac{v_{/\!/}}{v_\perp} \geqslant 2\mu$$

即

$$\tan\alpha \geqslant \frac{\sqrt{3}}{3}$$

此时

$$\tan\beta = \frac{v'_{/\!/}}{v_\perp} = \frac{v_{/\!/}}{v_\perp} - 2\mu = \tan\alpha - \frac{\sqrt{3}}{3}$$

或表述为

$$\tan\beta = \tan\alpha - \tan 30°$$

(2) 设 $\Delta t_f < \Delta t_N$。

从(1)的讨论可以看出,若 $\tan\alpha < \dfrac{\sqrt{3}}{3}$,则在假设 $\Delta t_f = \Delta t_N$ 后必导致 $v'_{/\!/} < 0$,这显然是不合理的,因为只要木块与墙之间的切向相对速度减到零,f 便消失(即 $\Delta t_f < \Delta t_N$),并使碰后恒有 $v'_{/\!/} = 0$。因此,当

$$\tan\alpha < \frac{\sqrt{3}}{3}$$

时,必有 $\Delta t_f < \Delta t_N$,且有

$$v'_{/\!/} = 0, \quad \tan\beta = 0$$

综上所述,$\tan\beta$ 与 $\tan\alpha$ 的关系为

$$\tan\beta = \begin{cases} \tan\alpha - \tan30°, & \text{当 } \tan\alpha \geqslant \dfrac{\sqrt{3}}{3} \text{ 时} \\ 0, & \text{当 } \tan\alpha < \dfrac{\sqrt{3}}{3} \text{ 时} \end{cases}$$

即

$$\beta = \begin{cases} 0, & \text{当 } \alpha < 30° \text{ 时} \\ \arctan(\tan\alpha - \tan30°), & \text{当 } \alpha \geqslant 30° \text{ 时} \end{cases}$$

β-α 的曲线草图画在图 2 中。

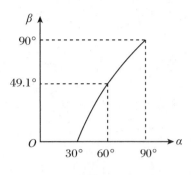

图 2

本题为突出 N、f 作用时间的不匹配性,将纵向碰撞设计成最简单的形式,即碰撞是弹性的,被碰撞者是质量无穷大的静止墙。众所周知,题目设计的难易程度与考查对象(学生)的能力水平及考查的预期目的有关,不可一概而论。

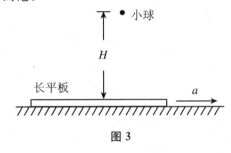

图 3

例 2 (改造型)质量足够大的长平板从 $t=0$ 时刻开始在水平方向上自静止出发朝右做匀加速运动,加速度大小为 a。如图 3 所示,在板的上方 H 高度处有一静止的小球,在 $t=0$ 时刻自由落下,而后与平板发生碰撞。设小球与平板接触时的滑动摩擦系数 $\mu=0.1$,小球反弹高度也为 H。将小球反弹离开平板时相对地面参照系的速度方向与朝右的水平方向夹角记为 β,试求 $\tan\beta$ 与 a 的关系,并作 $\tan\beta$-a 曲线。

分析 本题来源于第 22 届(1991 年)国际物理奥林匹克理论赛题(题 1)。原题涉及刚体球的平面平行运动,有兴趣的读者可查阅《90 年代国际物理奥赛试题及解答》(湖南教育出版社,1998 年版)一书。为满足我国中学物理教学与竞赛的需要,将原题改为上述形式。

与例 1 相比,本题添加了自由落体运动的内容,但几乎不构成新的难点。最主要的是在改后的题目中,被碰撞的平板有横向匀加速运动。由于该横向运动,小球与平板接触时即会受到水平方向的滑动摩擦力 $f=\mu N$,此力使小球水平加速。如果在 Δt_N 时间终止时,小球的水平方向速度 v_x 尚未或恰好达到该时刻平板的速度 v,那么 $\Delta t_f = \Delta t_N$。如果在 Δt_N 时间终止前的某时刻,小球的 v_x 已达木板的 v 值,滑动摩擦力 f 即消失,那么 $\Delta t_f < \Delta t_N$。然而在余下的 $\Delta t_N - \Delta t_f$ 时间内,由于平板仍在加速,小球与平板之间会出现静摩擦力 f',解题时需对此作简单的分析。

碰撞有两个特点,一是 N 非常大,二是 Δt_N 非常小。滑动摩擦力 $f(f=\mu N)$ 常与 N 有相同的数量级,故 f 也非常大。静摩擦力 f' 可大可小。在 $\Delta t_N - \Delta t_f$ 时间内,f' 只是使小球与平板一起加速运动,即 $f' = ma$,其中 m 为小球的质量。显然 f' 不是一个非常大的量,在非常短的 $\Delta t_N - \Delta t_f$ 时间内,其作用完全可以忽略。

作上述分析后,题解的其余部分简述如下。

解 小球于

$$t = \sqrt{\frac{2H}{g}}$$

时刻,以

$$v_\perp = \sqrt{2gH}$$

的速度下落与平板相碰。此时平板向右的水平速度为

$$v = at = a\sqrt{\frac{2H}{g}}$$

碰撞时间 Δt_N 非常小,不必考虑其间 v 的变化。将小球的质量记为 m,N 在 Δt_N 时间内的平均值记为 $\bar{N}$,滑动摩擦力 f 在 Δt_f 时间内的平均值记为 $\bar{f}$。因小球反弹高度仍为 H,碰撞后小球垂直向上的速度大小同于 $v_\perp$。再设碰撞后小球的水平速度为 $v_{/\!/}$,则有

$$\bar{N}\Delta t_N = 2mv_\perp$$
$$\bar{f}\Delta t_f = mv_{/\!/}$$

(1) 设 $\Delta t_f = \Delta t_N$。

则 Δt_N 内 f 的平均值为

$$\bar{f} = \mu\bar{N} = \frac{2\mu m v_\perp}{\Delta t_N}$$

得

$$v_{/\!/} = \frac{\bar{f}\Delta t_N}{m} = 2\mu v_\perp = 2\mu\sqrt{2gH} = \frac{\sqrt{2gH}}{5}$$

成立的条件是 $v_{/\!/} \leqslant v$,即

$$\frac{\sqrt{2gH}}{5} \leqslant a\sqrt{\frac{2H}{g}}$$

或

$$a \geqslant \frac{g}{5}$$

此时

$$\tan\beta = \frac{v_\perp}{v_{/\!/}} = 5$$

(2) 设 $\Delta t_f < \Delta t_N$。

若 $a < \dfrac{g}{5}$,则在假设 $\Delta t_f = \Delta t_N$ 后必导致 $v_{/\!/} > v$,这显然是不合理的。因此,当

$$a < \frac{g}{5}$$

时,必有 $\Delta t_f < \Delta t_N$,且有

$$v_{/\!/} = v = a\sqrt{\frac{2H}{g}}$$

$$\tan\beta = \frac{v_\perp}{v_{/\!/}} = \frac{\sqrt{2gH}}{a\sqrt{2H/g}} = \frac{g}{a}$$

联合(1)、(2),解得

$$\tan\beta = \begin{cases} \dfrac{g}{a}, & \text{当 } a < \dfrac{g}{5} \text{ 时} \\ 5, & \text{当 } a \geqslant \dfrac{g}{5} \text{ 时} \end{cases}$$

$\tan\beta$-a 的曲线画在图 4 中。

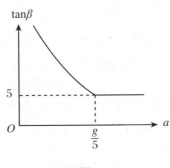

图 4

例 3 有一个质量及线度足够大的水平板，它绕垂直于水平板的竖直轴以匀角速度 ω 旋转。在板的上方 h 处有一群相同的小球（可视为质点），它们以板的转轴为中心、R 为半径均匀地在水平面内排成一个圆周（以单位长度内小球的个数表示其数线密度）。现让这些小球同时从静止状态开始自由落下，设每个球与平板发生碰撞的时间非常短，而且碰撞前后小球在竖直方向上的速度大小不变，仅是方向相反，而在水平方向上则会发生滑动摩擦，摩擦系数为 μ。

(1) 试求这群小球第二次和第一次与平板碰撞时小球数线密度之比值 ν_1。

(2) 如果 $R < \dfrac{\mu g}{\omega^2}$（$g$ 为重力加速度），且 $\nu_1 = \dfrac{1}{\sqrt{2}}$，试求这群小球第三次和第一次与平板碰撞时的小球数线密度之比值 ν_2。

分析 本题为第 5 届（1989 年）全国中学生物理竞赛预赛第 15 题。

与上两题相比，本题难度有所增加。小球与旋转平板第一次相碰前，在水平方向上无运动，平板被碰点有水平方向的运动，这与上面的例 2 颇为相似。需要补充分析的是，因被碰点做匀速圆周运动，小球在碰撞时间的 Δt_f 内将做变速圆周运动，它同时需要有切向加速度和向心加速度，摩擦力应为小球提供切向力和向心力。Δt_f 时间极短，此期间内为使小球获得并不是非常小的切向速度，就要求切向加速度非常大。相比之下，一般大小的向心加速度可以忽略，从而摩擦力的向心分量也可忽略，或者说摩擦力即为切向力。若 $\Delta t_f < \Delta t_N$，则在 $\Delta t_N - \Delta t_f$ 时间内小球做匀速圆周运动，必存在静摩擦力提供向心力，但此力仍为一般大小的力，可忽略。这一分析并不要求参赛学生作出，所以题中也未给出。第二次碰撞前小球已有水平方向速度，需要先确定小球与新的被碰点之间的水平方向相对速度，而后确定碰撞中滑动摩擦力的方向。这一增添的难点其实在国内竞赛中已经出现过（参见第 2 届全国中学生物理竞赛预赛第二部分第 6 题），就国内竞赛而言，本题要考查的新难点仍在于 $\Delta t_f \leqslant \Delta t_N$。记得当时有一赛区的学生普遍认为此题过难，甚至觉得无从下手，估计其他赛区的情况也差不多。原因是多方面的，其中最主要的

恐怕还是因为 $\Delta t_f \leqslant \Delta t_N$ 类型的题在国内竞赛或其他考试场合中不曾出现过,换一句话说,就是教员没有给学生讲过。"凡是没有讲过的题型,学生就不会做",这是题海战术的一项通病,尤其值得我们这些参与物理竞赛工作的教师重视。

为方便读者阅读,将本题题解重写于下。

解 (1) 设小球总数为 N,第一次碰撞时小球的数线密度为 $\lambda = \dfrac{N}{2\pi R}$。在这些小球中任取一个,它与平板相碰前垂直向下的速率为 $v_0 = \sqrt{2gh}$。设碰撞过程历时 Δt_N,平均法向作用力为 $\bar{N}$,根据题设,碰撞后小球垂直向上的速率仍为 v_0,根据动量定理有 $\bar{N} \Delta t_N = 2mv_0$,式中 m 为小球的质量。小球与平板刚接触时尚无水平方向速度,而平板被碰点有切向速度,大小为 $u_1 = \omega R$。这样便会因相对滑动而使小球受到沿相对速度 u_1 方向的滑动摩擦力 $f = \mu N$。由于 N 很大,f 对小球作用的结果是使得小球在 Δt_N 内获得水平沿 u_1 方向的速度,其大小记为 v_1,显然 $v_1 \leqslant u_1$,因为一旦 v_1 达到 u_1 值,相对运动就不再存在,滑动摩擦力也随之而消失,下面分两种情况讨论:

(i) 在 Δt_N 末尾时刻,v_1 仍小于 u_1,即小球与平板被碰点之间的相对速度未能达到零值,那么应有 $\bar{f} = \mu \bar{N}$,$\bar{f} \Delta t_N = m v_1$,式中 $\bar{f}$ 为 Δt_N 时间内的 f 平均值。结合 $\bar{N} \Delta t_N = 2mv_0$ 及 $v_0 = \sqrt{2gh}$,可得

$$v_1 = 2\mu v_0 = 2\mu \sqrt{2gh} \qquad ①$$

①式只有在 $2\mu \sqrt{2gh} < \omega R$ 时才成立。

(ii) 在 Δt_N 末尾或更早一些时刻,v_1 已达 u_1 值,即小球与平板被碰点已相对静止,则 $\bar{f} \leqslant \mu \bar{N}$(注意,此处 $\bar{f}$ 仍定义为 Δt_N 时间内的 f 平均值。若如前面两道赛题所述,将 $\bar{f}$ 定义为 Δt_f 时间内的 f 平均值,则上述不等式未必成立)。不管 $\bar{f}$ 取何值,碰撞后恒有

$$v_1 = u_1 = \omega R \qquad ②$$

既然 $\bar{f} \leqslant \mu \bar{N}$,$\bar{f}$ 所能提供的 v_1 自然不能超过在 $\bar{f} = \mu \bar{N}$ 时所能提供的 $2\mu \sqrt{2gh}$ 值,因此②式只能在 $2\mu \sqrt{2gh} \geqslant \omega R$ 的情况下成立。

第一次碰撞后,小球以 v_0 为垂直方向速度、v_1 为水平方向速度做斜抛运动。很容易算得水平射程为

$$L_1 = 2v_1 \sqrt{\dfrac{2h}{g}}$$

$$= \begin{cases} 8\mu h, & \text{当 } 2\mu \sqrt{2gh} < \omega R \text{ 时} \qquad ③ \\ 2\omega R \sqrt{\dfrac{2h}{g}}, & \text{当 } 2\mu \sqrt{2gh} \geqslant \omega R \text{ 时} \qquad ④ \end{cases}$$

所有小球在第二次落到平板上时,形成以

$$R_1 = \sqrt{R^2 + L_1^2}$$

$$= \begin{cases} \sqrt{R^2 + (8\mu h)^2}, & \text{当 } 2\mu \sqrt{2gh} < \omega R \text{ 时} \qquad ⑤ \\ R\sqrt{1 + \dfrac{8\omega^2 h}{g}}, & \text{当 } 2\mu \sqrt{2gh} \geqslant \omega R \text{ 时} \qquad ⑥ \end{cases}$$

为半径的圆,且小球仍均匀分布,小球的数线密度为 $\lambda_1 = \dfrac{N}{2\pi R_1}$,因此所求的比值 ν_1 为

$$\nu_1 = \dfrac{\lambda_1}{\lambda} = \dfrac{R}{R_1}$$

$$= \begin{cases} \dfrac{1}{\sqrt{1+\left(\dfrac{8\mu h}{R}\right)^2}}, & \text{当 } 2\mu\sqrt{2gh} < \omega R \text{ 时} \quad ⑦ \\[2ex] \dfrac{1}{\sqrt{1+\dfrac{8\omega^2 h}{g}}}, & \text{当 } 2\mu\sqrt{2gh} \geq \omega R \text{ 时} \quad ⑧ \end{cases}$$

(2) 如果取⑦式的结果,那么在 $\nu_1 = \dfrac{1}{\sqrt{2}}$ 时,$h = \dfrac{R}{8\mu}$,由 $2\mu\sqrt{2gh} < \omega R$,得到 $R > \dfrac{\mu g}{\omega^2}$,这与题设条件 $R < \dfrac{\mu g}{\omega^2}$ 是相矛盾的。

如果取⑧式的结果,那么在 $\nu_1 = \dfrac{1}{\sqrt{2}}$ 时,$h = \dfrac{g}{8\omega^2}$,由 $2\mu\sqrt{2gh} \geq \omega R$,得到 $R \leq \dfrac{\mu g}{\omega^2}$,这与题设条件 $R < \dfrac{\mu g}{\omega^2}$ 相符。因此应取 $2\mu\sqrt{2gh} > \omega R$,$h = \dfrac{g}{8\omega^2}$。将 h 值代入④式得到

$$L_1 = 2\omega R\sqrt{\dfrac{2h}{g}} = R \quad ⑨$$

由 $\nu_1 = \dfrac{R}{R_1} = \dfrac{1}{\sqrt{2}}$,得到

$$R_1 = \sqrt{2} R \quad ⑩$$

第二次碰撞过程中,每一个小球在垂直方向上仍有 $\bar{N}\Delta t_N = 2mv_0$。碰撞开始时,小球的水平方向速度 $\boldsymbol{v}_1$ 以及平板被碰点的速度 $\boldsymbol{u}_2$ 如图5所示。小球对平板被碰点的相对速度 $\boldsymbol{u}_2' = \boldsymbol{v}_1 - \boldsymbol{u}_2$,其大小为

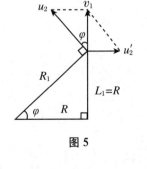

图5

$$u_2' = \sqrt{u_2^2 + v_1^2 - 2u_2 v_1 \cos\varphi}$$
$$= \sqrt{2v_1^2 + v_1^2 - 2\sqrt{2}v_1^2 \cdot \dfrac{\sqrt{2}}{2}}$$
$$= v_1 = \omega R \quad ⑪$$

既然相对速度大小也为 ωR,那么在 $2\mu\sqrt{2gh} > \omega R$ 的条件下,由第(1)问的讨论可知,平板为小球提供的摩擦力必朝 $\boldsymbol{u}_2'$ 的反方向。而且能使小球与平板被碰点在新的 Δt_N 结束前已处于相对静止状态。因此第二次碰撞后,小球相对地面参照系的水平方向速度即为

$$\boldsymbol{v}_2 = \boldsymbol{u}_2, \quad v_2 = \omega R_2 = \sqrt{2} v_1 \quad ⑫$$

它的水平射程为

$$L_2 = 2v_2\sqrt{\frac{2h}{g}} = 2\sqrt{2}\,v_1\sqrt{\frac{2h}{g}} = \sqrt{2}L_1 = R_1 \qquad ⑬$$

于是第三次相碰时,这群小球对应的圆半径如图6所示,为

$$R_2 = \sqrt{2}R_1 = 2R \qquad ⑭$$

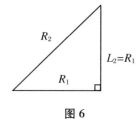

图 6

小球的数线密度为 $\lambda_2 = \dfrac{N}{2\pi R_2}$,所求比值为

$$\nu_2 = \frac{\lambda_2}{\lambda} = \frac{R}{R_2} = \frac{1}{2} \qquad ⑮$$

第 10 届全国中学生物理竞赛决赛理论笔试情况及其分析

湖南师范大学 彭圣儒

一

第 10 届全国中学生物理竞赛经过预赛的第一试和第二试后,于 1993 年 10 月 8 日至 11 日在湖南师范大学举行决赛,共有 29 个省、自治区和直辖市的 105 位同学参赛。经过理论笔试和实验考试,最后评选出一等奖 15 名、二等奖 34 名、三等奖 56 名和单项特别奖 3 名。

根据全国中学生物理竞赛章程所制定的命题原则的要求,竞赛命题要从我国目前中学生的实际情况出发,但题目的内容不必拘泥于现行的教学大纲和统编教材;既要考查学生的基础知识,又要着重考查学生的能力。这样有利于引导学生用正确的方法学习物理,有利于培养学生的能力,有利于发现人才,同时也能对物理教学改革提供有益的启发。

从第 10 届决赛的实际结果,对照竞赛的目的和命题原则来看,这一届决赛的理论试题具有以下特点:

第一,试题的内容集中在中学物理的基本原理和基础知识上,涉及的知识面较广。试题以力学和电学为主。力学题包括物体的平衡、牛顿定律、动量守恒、机械能守恒、简谐振动等。热学题包括热力学第一定律、理想气体状态方程和内能等。电学题包括电势、电容、静电平衡、安培力、电磁感应、自感等。光学题包括透镜和凹面镜的成像知识、作图法等。试题内容遵守不超出中学物理范围、不直接使用大学物理概念和公式、不采用微积分运算的界定。由于竞赛不同于毕业会考,也不同于高考,因此试题力求避开题海中常见的、中学反复训练过的题目,几乎没有简单的直来直去的试题。

第二,突出考查学生分析问题和解决问题的能力。题型新颖,试题具有原型性,富有竞技性。试题中涉及的单孔拱形桥的设计、双单摆、存在化学反应的热力学过程、具有自感的导线框在有界匀强磁场中的运动、等效光学系统的确定等问题,要求考生必须善于分析有关的较复杂的物理过程和现象的物理实质,具有准确鲜明的物理思想,才能把握解题的关键,条理分明地确定解题步骤,避免盲目性和随意性,增强自觉性,发挥创造性。如果对基本原理没有真正弄懂,物理思想贫乏,企图依靠套用某种题型、搬用公式来处理问题,显然是难以奏效的。

第三,要求能够掌握和运用灵活多样的解题技巧。竞赛题大都没有繁琐的计算,但仍具有一定的运算量。有些题还能一题多解,这就要求解法简便,讲究解题技巧。试题的解答将涉及对称性、等势法、递推法、隔离法、等效处理、级数求和、近似计算、振动的参考圆法、图形求解等多种解题技巧。考生必须具有灵活运用数学工具来解决物理问题的能力,并能敏捷反应、准确判断,寻求出最佳的解题方案。

第四,决赛题具有良好的区分度,能够拉开不同考分档次的考生。理论笔试共8道题,大体上可分为力学3道、热学1道、电学3道、光学1道,全卷按140分计算(原卷120分),考生得分的分布情况如表1。

表1

得分区间	110～100	99～90	89～80	79～70	69～60
考生人数	5	2	7	11	21
占考生总数之比	4.8%	1.9%	6.7%	10.5%	20%
得分区间	59～50	49～40	39～30	29以下	
考生人数	19	10	17	13	
占考生总数之比	18.1%	9.5%	16.2%	12.4%	

其中理论笔试的最高得分为110分,最低得分为7分,考生平均得分为55.56分。由表1可知,考生人数按得分的分布基本上是呈正态型的,具有"两头少、中间多"的特点,试题拉开了不同档次的考生的得分差距,具有良好的区分度。但是也有人认为,考生的平均分数偏低,个别题的运算略繁。

总之,竞赛试题总是具有一定的难度和深度的,或者说具有"难、新、活"的特点,但是第10届试题做到了难而不超、活而不怪、新而不偏。正如赛后有的考生所反映的:"这套试题所涉及的都是中学物理知识,但是它富有竞赛味。"

二

下面我们来逐题看看这一届考生的决赛情况。理论笔试各题的得分情况如表2。

表中的得分率按下式计算:

$$第 x 题得分率 = \frac{本题平均分}{本题标准分} \times 100\%$$

表2

试卷题次	1	2	3	4	5	6	7	8
原标准分	12	12	12	12	16	16	20	20
平均得分	6.77	7.56	5.63	6.78	9.06	3.76	4.50	3.57
最佳成绩者得分	12	12	6	12	14	6	12	20
本题得分率	56.4%	62.9%	46.9%	56.5%	56.6%	23.5%	22.5%	17.9%
得满分人数	4	47	3	53	2	1	0	3
得零分人数	11	3	5	35	9	22	34	57

由表2可知,第1、2、4、5题得分率较高,第6～8题得分率较低。下面分力、热、电、光四部分试题来谈谈应试情况(试题请参看本文第三部分)。

1．力学试题部分

(1) 第1题(题略)

此题要求用20块相同的积木块搭成一座具有最大跨度的单孔拱形桥,这是一个不考虑摩擦的多个物体的系统平衡问题,大部分同学能完成其设计示意图(图1),桥孔高度 $H=9h$。

为了保证桥的最大跨度,就要使第 $n-1$ 块以上的合重力 $(n-1)G$ 的作用线恰好通过第 n 块的边缘点 B,并以第 $n+1$ 块的端点 A 为支点,与第 n 块重力 G 相平衡(图2)。即

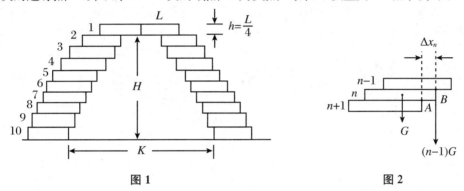

图1   图2

$$(n-1)G\Delta x_n = G\left(\frac{L}{2} - \Delta x_n\right)$$

$$\Delta x_n = \frac{L}{2n} = \frac{2h}{n}$$

跨度为

$$K = 2\sum_{n=1}^{9} \Delta x_n = 11.32h$$

得到

$$K : H = 1.258$$

也有考生逐块计算归纳得到递推公式,即第一块比第二块的最大突出量为 $\Delta x_1 = \frac{L}{2}$;第二块比第三块的最大突出量可由平衡条件

$$G\Delta x_2 = \left(\frac{L}{2} - \Delta x_2\right)G$$

得到

$$\Delta x_2 = \frac{L}{4} = \frac{L}{2 \times 2}$$

同理,第三块的突出量为

$$\Delta x_3 = \frac{L}{2 \times 3}$$

……

最后归纳得出 $\Delta x_n = \dfrac{L}{2n}$。

(2) 第6题(题略)

这是由两个相同的摆连成的双圆锥摆题,有两种情况(图3),但考生们普遍只想当然地考虑了 α、β 均为正的情况,而没考虑 α、β 异号的情况。

此题只有一位考生得满分,他能发现两种情况的运动可用同一组动力学方程来描述,即

质点 A $\begin{cases} T_1\cos\alpha = mg + T_2\cos\beta \\ mL\sin\alpha\omega^2 = T_1\sin\alpha - T_2\sin\beta \end{cases}$

质点 B $\begin{cases} T_2\cos\beta = mg \\ mL(\sin\alpha + \sin\beta)\omega^2 = T_2\sin\beta \end{cases}$

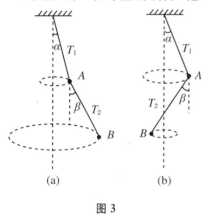

图 3

式中 $\beta > 0$ 对应图3(a)的情况,$\beta < 0$ 对应图3(b)的情况。取小角近似后,可得

$$\dfrac{\alpha}{\beta} = \dfrac{g - L\omega^2}{L\omega^2} = \dfrac{g}{2g - L\omega^2}$$

即

$$\omega^4 - 4\dfrac{g}{L}\omega^2 + 2\left(\dfrac{g}{L}\right)^2 = 0$$

解之可得转动平面的角速度为

$$\omega_{1,2} = \sqrt{\dfrac{(2\mp\sqrt{2})g}{L}} \quad (\beta_{1,2} = \mp\sqrt{2}\alpha)$$

两质点轨道半径之比为

$$\dfrac{\alpha}{\beta + \alpha} = \dfrac{1}{\sqrt{2}+1} = 0.414 \quad (情况 1)$$

$$\dfrac{\alpha}{|\beta| - \alpha} = \dfrac{1}{\sqrt{2}-1} = 2.414 \quad (情况 2)$$

(3) 第5题(题略)

考生都能根据题意作出图4,能得知 P、Q 释放后的分离点在其平衡位置 O 处,分离时两者速度同为 v_0,此后 P 做简谐振动,Q 以速度 v_0 做匀速直线运动。由

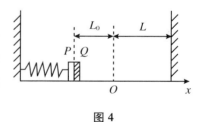

图 4

$$\dfrac{1}{2}(m_P + m_Q)v_0^2 = \dfrac{1}{2}kL_0^2$$

式中

$$m_Q = 2.5 m_P = 2.5 m$$

得到

$$v_0 = \sqrt{\dfrac{2k}{7m}}L_0$$

P 做一次完全振动在 O 处与 Q 第一次碰撞，应有

$$t_P = T = 2\pi\sqrt{\frac{m}{k}}$$

$$t_Q = \frac{2L}{v_0} = 2\frac{L}{L_0}\sqrt{\frac{7m}{2k}}$$

因有 $t_P = t_Q$，代入 L 值可得 $L_0 = 2.01$ cm。

P、Q 分离后至第一次碰撞之间，P 至分离点 O 的最大距离依题意可知就是 P 第一次全振动的振幅 A_1，即

$$\frac{1}{2}mv_0^2 = \frac{1}{2}kA_1^2$$

所以 $A_1 = 1.08$ cm。

在 P、Q 第一次与第二次碰撞之间，P 至原分离点的最大距离 A_2 是否是第二次振动的振幅呢？考生必须抓住在 O 处第一次碰撞后的瞬时速度，建立起 P、Q 运动的清晰图景。即

$$\begin{cases} m_P v_0 - m_Q v_0 = m_P v_P + m_Q v_Q \\ \frac{1}{2}m_P v_0^2 + \frac{1}{2}m_Q v_0^2 = \frac{1}{2}m_P v_P^2 + \frac{1}{2}m_Q v_Q^2 \end{cases}$$

解之可得

$$v_P = -\frac{13}{7}v_0（向左），\quad v_Q = \frac{1}{7}v_0（向右）$$

已知 Q 的速度为 v_0 时，Q 往返一次的时间恰等于 P 的振动周期，现在 Q 的速度小于 v_0，P 的周期不变，因此 P 在第一次碰撞后的 $\frac{1}{2}$ 周期内不会与 Q 发生第二次碰撞，A_2 应为第二次振动振幅。即由

$$\frac{1}{2}m_P v_P^2 = \frac{1}{2}kA_2^2$$

可得 $A_2 = 2$ cm。

考生很少能利用图解法来确定 P、Q 第二次的碰撞时刻 t^*，问题在于考生不善于利用初始条件来确定 P、Q 的运动方程。以第一次碰撞为计时起点，$t = 0$ 时，P 以最大负向速度通过 O，用参考圆可确定初位相 $\alpha = \frac{\pi}{2}$，故 P 的运动方程为

$$x_P = 2\cos\left(\sqrt{\frac{k}{m}}t + \frac{\pi}{2}\right)$$

Q 在第一次与第二次碰撞之间的运动方程为

$$x_Q = v_Q t = \frac{2}{13}\sqrt{\frac{k}{m}}t$$

当 $t = T$ 时，$x_Q = 1$ cm $< L$，故 Q 到达右壁之前的位移-时间图线是通过原点与 $(T, 1\text{ cm})$ 点的直线，即可标出 t^*（图5）。

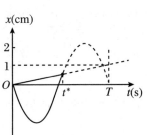

图5

2. 热学试题部分

第7题（题略）

热力学第一定律向来是物理竞赛中的重点和热点。本题是研究一个含有混合气体和钢丝棉的热力学系统，讨论系统中存在化学反应时等温等压（300 K，1 atm）过程中的热力学问题。缸内化学反应为

$$2Fe + \frac{3}{2}O_2 \longrightarrow Fe_2O_3$$

由于铁氧化生成 1 mol Fe_2O_3 后氧气耗尽，缸内气体的物质的量减少（$\Delta n = -1.5$ mol），气体体积相应减少 $\left(\Delta V = \dfrac{T}{p}R\Delta n\right)$，外界在此等温等压过程中对系统做的功为

$$W = -p\Delta V = -RT\Delta n = 3739.5 \text{ J}$$

已知系统放热 $Q = -8.24 \times 10^5$ J，故系统内能的改变量为

$$\Delta E = W + Q = -8.203 \times 10^5 \text{ J}$$

缸内气体的内能改变量亦即氧气的内能减少量为

$$\Delta E' = \frac{5}{2}RT\Delta n = -9.349 \times 10^3 \text{ J}$$

考生普遍不会区分热力学第一定律中各量的正负并按代数量运算，错误较多，没有考生能得到此题的满分。

求解缸内氮气密度的改变量可以有多种方式。这里介绍部分同学的一种解法：用 $p_0 = 1$ atm，V_0 表示反应前缸内空气的体积，M_1、M_2 分别表示反应前缸内氧气和氮气的质量，μ_1、μ_2 分别为氧和氮的摩尔质量；p 表示反应前氮气的压强；V 表示反应后氮气的体积。于是反应前缸内氧气和氮气的物质的量分别为

$$\begin{cases} \dfrac{M_1}{\mu_1} = 1.5 \text{ mol} \\ \dfrac{M_2}{\mu_2} = \dfrac{1}{\mu_2}\left(M_1 \times \dfrac{76.9}{23.1}\right) = 5.7 \text{ mol} \end{cases}$$

反应前，对缸内空气和氮气分别有气态方程为

$$\begin{cases} p_0 V_0 = \left(\dfrac{M_1}{\mu_1} + \dfrac{M_2}{\mu_2}\right)RT \\ pV_0 = \dfrac{M_2}{\mu_2}RT \end{cases}$$

于是反应前氮气的分压强 p 为

$$p = \dfrac{\dfrac{M_2}{\mu_2}}{\dfrac{M_1}{\mu_1} + \dfrac{M_2}{\mu_2}} p_0 = 0.79 \text{ atm}$$

反应后，缸内氧气耗尽，氮气的压强应为

$$p_0 = 1 \text{ atm}$$

于是氮气的密度改变量可由 $\rho = \dfrac{p\mu_2}{RT}$ 得到：

$$\Delta \rho = \frac{\mu_2}{RT}\Delta p = \frac{\mu_2}{RT}(p_0 - p) = 0.236 \text{ kg/m}^3$$

3. 电学试题部分

(1) 第 3 题(题略)

这是一道利用对称性和等电势法计算的静电学问题。带有电量 Q 的球 1 依次与球 2、球 3 用金属丝接触后,可用对称性或等势法确定各球电荷量,此时球 1、2、3 的带电量分别为 $Q_1'' = \frac{Q}{4}$,$Q_2 = \frac{Q}{2}$,$Q_3 = \frac{Q}{4}$。

当球 1 与球 4 接触时,由于电荷分布已不呈对称状态,因此球 1、4 的带电量 Q_1、Q_4 只能用等电势方法求出:

$$\begin{cases} V_1 = k\dfrac{Q_1}{a} + k\dfrac{Q_2}{r} + k\dfrac{Q_3}{\sqrt{2}r} + k\dfrac{Q_4}{r} \\ V_4 = k\dfrac{Q_1}{r} + k\dfrac{Q_2}{\sqrt{2}r} + k\dfrac{Q_3}{r} + k\dfrac{Q_4}{a} \end{cases}$$

由于 $V_1 = V_4$,$Q_1'' = Q_1 + Q_4 = \frac{Q}{4}$,利用 $r \gg a$ 忽略二阶小量后,有

$$Q_{1,4} = \frac{Q}{8}\left[1 \mp \frac{a(\sqrt{2}-1)}{\sqrt{2}(r-a)}\right] \approx \frac{Q}{8}\left[1 \mp \frac{a(\sqrt{2}-1)}{\sqrt{2}r}\right]$$

不少考生在 V_1、V_4 的表达式中只列三项,少了自身的那一项,若结果要精确到二次项就不对了。

最后将球 1 接地,设球 1 的电量变为 q,则

$$V_1 = k\frac{q}{a} + k\frac{Q_2}{r} + k\frac{Q_3}{\sqrt{2}r} + k\frac{Q_4}{r} \equiv 0$$

可得

$$q = -\frac{a}{r}\left(\frac{5}{8} + \frac{1}{4\sqrt{2}}\right)Q$$

由于球 1 带负电,故流入大地的电量为

$$Q_{\text{大地}} = Q_1 + |q| = \frac{Q}{8}\left[1 + \frac{a}{r}\left(4 + \frac{3\sqrt{2}}{2}\right)\right]$$

(2) 第 2 题(题略)

本题得分率最高,有 47 位同学得到满分。本题涉及的是纯电容电路。电容器两端电压应等于金属杆下滑的动生电动势 $U_C = BLv$;部分同学没抓住初始条件,即 $t=0$ 时,杆的下落速度为 v_0,必须考虑安培力,金属杆的运动方程应为 $ma = mg - BLI$,而误判金属杆为自由落体运动。

部分同学不善于确定杆下落后电容器的充电电流:

$$I = \frac{\Delta Q}{\Delta t} = C\frac{\Delta U_C}{\Delta t} = CBL\frac{\Delta v}{\Delta t} = CBLa$$

由此可见,金属杆将以匀加速度 $a = \dfrac{mg}{m + CB^2L^2}$ 下落,由于 $v = v_0 + at$,可得电容器被击

穿($U_C = U_b$)金属杆所需下滑的时间为

$$t = \left(\frac{U_b}{BL} - v_0\right)\frac{m + CB^2L^2}{mg}$$

(3) 第8题(题略)

本题得分率最低,有57位同学得0分。本题要讨论具有自感的导线框在有界匀强磁场区内外的运动情况。本题涉及的是纯电感电路。当 bc 边进入磁场区,ad 边仍在磁场区外时,bc 边的动生电动势与自感电动势相平衡,即

$$L\frac{\Delta I}{\Delta t} = Blv$$

$$L\Delta I = Blv\Delta t = Bl\Delta x$$

考虑到 $t = 0$ 时,$x = 0$,$v = v_0$,于是上式变成

$$LI = Blx$$

bc 边在磁场区受安培力作用,不少考生错误地判为匀减速运动,实际上导线框将做简谐振动,因为

$$F = ma = -BlI$$

$$a = -\frac{B^2l^2}{mL}x = -\omega^2 x$$

可见其振动周期为

$$T = \frac{2\pi}{\omega} = 2\pi\frac{\sqrt{mL}}{Bl} = \frac{\pi}{20} \text{ s}$$

根据 $t = 0$ 时,$x = 0$,$v = v_0$,借助参考圆分析可得初位相和振幅分别为

$$\alpha = -\frac{\pi}{2}, \quad A = \frac{v_0}{\omega} = \frac{\sqrt{mL}}{Bl}v_0$$

于是振动方程为

$$x = A\cos(\omega t + \alpha) = A\sin\omega t$$

$$v = -A\omega\sin(\omega t + \alpha) = v_0\cos\omega t$$

若 $v_0 = 4$ m/s,则 $A = 0.1$ m,意味着 bc 边到达 $\frac{s}{2}$ 处将返回,bc 边经 $t_1 = \frac{\pi}{\omega}$ 时回到 $x = 0$ 处,速度 $v = -v_0$,此后导线框将以 v_0 沿 x 的负向做匀速直线运动。有考生错误地认为线框将停止在 $x = 0.1$ m 处(注意:此处 $v = 0$,但 $F \neq 0$)。当 $t = \frac{\pi}{36}$ s 时,bc 的位置 x_1 为

$$x_1 = v_0(t - t_1) = -4\left(\frac{\pi}{36} - \frac{\pi}{\omega}\right) \text{ m} = -0.035 \text{ m}$$

当 $v_0' = \frac{4}{\sqrt{3}}v_0$ 时,$A' = 0.231$ m $> s$,表明 bc 边可越过磁场区,只要 ad 边尚未进入磁场区,导线框将沿 x 正向做匀速直线运动。设 bc 经过 $s = 0.2$ m 的时间为 t_2,由 $s = A'\sin\omega t_2$ 有

$$\sin\omega t_2 = \frac{s}{A'} = \frac{\sqrt{3}}{2}, \quad \omega t_2 = \frac{\pi}{3}$$

$$t_2 = \frac{\pi}{3\omega} = \frac{\pi}{120} \text{ s}$$

在 t_2 时刻，bc 边的速度 v_2 为

$$v_2 = v_0'\cos\omega t_2 = \frac{2v_0}{\sqrt{3}} = \frac{8}{\sqrt{3}} \text{ m/s}$$

当 $t = \frac{\pi}{36}$ s 时，bc 边的位置 x_2 为

$$x_2 = s + v_2(t - t_2) = 0.483 \text{ m}$$

因 $x_2 < l$，此时 ab 尚未进入磁场区，以上解法正确。

4．光学试题部分

第 4 题（题略）

这是一道确定等效光学系统的题，即一薄平凸透镜（凸面半径 $R = 30$ cm）在其平面镀银时，等同于焦距为 30 cm 的凹面镜（即半径为 60 cm 的球面反射镜）。根据凹面镜的成像特点，当物点置于其等效曲率中心 C_A 处时，任一近轴光线经凸面折射→平面反射→沿原路返回 C_A 点，物像重合。可见，光在透镜内方向必垂直于透镜的平表面，即平行主光轴（图 6(a)）。于是根据近轴条件下折射定律和几何关系有

$$i = ni' \quad \text{和} \quad i = u + i'$$

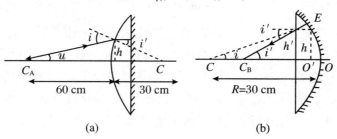

图 6

且有

$$h = 60u = 30i'$$

于是得

$$n = 1 + \frac{u}{i'} = 1.5$$

若凸面镀银，如图 6(b) 所示。按照上述思路，可在凸面任一点 E 作一垂直球面指向曲率中心 C 的光线。实际上，此光线经平面折射后交主光轴于 C_B。根据光路可逆性，由 C_B 发出的光经平面折射→凹面反射→沿原路返回 C_B，物像重合。因此，C_B 是等效凹面镜的曲率中心，$C_B O' = r$，图 6(b) 中 O' 与 O 重合，$h' \approx h$，$C_B O \approx C_B O'$，

$$i' = ni$$

$$i = \frac{h}{R}, \quad i' = \frac{h'}{r}$$

可得

$$r = \frac{R}{n} = 20 \text{ cm}$$

故等效凹面镜焦距 $f = \dfrac{r}{2} = 10$ cm。

本题虽有 53 位同学得满分，但有 $\dfrac{1}{3}$ 的学生得零分。

在考生卷面中还有两个问题值得注意：一是不少卷面不够工整美观，用图和书写的质量较差；二是有的考生对于公式的推导不尽可能从第一原理出发，不说明所采用的符号的意义，不交代物理过程中的物理实质及物理量相关的性质，不写出推导过程的关键步骤，往往只是赤裸裸地摆上几个式子便得出结果。个别的考生为了保证结果正确，竟在等式的一边变动其正负号。

三

下面给出第10届全国中学生物理竞赛决赛试题（理论部分）：

1. 用20块质量均匀分布的相同光滑积木块在光滑水平面上一块叠一块地搭成单孔桥。已知每一积木块的长度为 L，横截面是边长为 $h\left(h = \dfrac{L}{4}\right)$ 的正方形。要求此桥具有最大的跨度（即桥孔底宽）。试画出该桥的示意图，并计算跨度与桥孔高度的比值。

2. 如图7所示，在竖直放置的两平行光滑长直金属导轨的上端，接有一电容为 C、击穿电压为 U_b 的电容器，有一匀强磁场与两金属导轨平面垂直，磁感应强度为 B。现有一质量为 m、长为 L 的金属杆 ef 在 $t = 0$ 时以初速度 v_0 沿导轨下滑，试求金属杆下滑多长时间电容器会被击穿。假设图中任何部分的电阻和电感均可忽略不计。

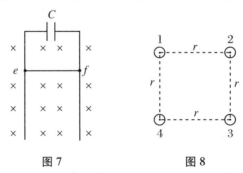

图7　　　　图8

3. 如图8所示，在真空中有4个半径为 a 的不带电的相同导体球，球心分别位于边长为 r $(r \gg a)$ 的正方形的4个顶点上。首先，让球1带电荷 Q $(Q > 0)$，然后取一细金属丝，其一端固定于球1上，另一端分别依次与球2、3、4、大地接触，每次接触时间都足以使它们达到静电平衡。设分布在细金属丝上的电荷忽略不计。试求流入大地的电量的表达式。

4. 有一薄平凸透镜，凸面曲率半径 $R = 30$ cm。已知在利用近轴光线成像时：(A)若将此透镜的平面镀银，其作用等同于一个焦距是30 cm的凹面镜；(B)若将此透镜的凸面镀银,其作用也等同于一个凹面镜。求在 B 情况下的等效凹面镜的焦距。

5. 在光滑平面上自由放置一轻弹簧,其左端固定,右端系着物块 P,另一物块 Q 在 P 的右边与它紧靠,Q 的质量是 P 的 2.5 倍。P 与 Q 的右边有一壁与弹簧垂直,物块与此壁相距 $L=\frac{14}{13}\pi$ cm。今使 P、Q 从原位置向左移一段距离,并令其处于静止状态后予以释放。已知 P 在第一次通过平衡位置后完成一次完全振动时,与 Q 恰好发生第一次碰撞,假设所有碰撞均为完全弹性碰撞,且两物块的大小均可忽略不计。

(1) 开始时,弹簧的压缩量 L_0 为多大?

(2) 在 P、Q 第一次分离与第一次碰撞的时间内,P 至两物块第一次分离点的最远距离是多少?

(3) 在 P、Q 第一次碰撞与第二次碰撞的时间内,P 至两物块第一次分离点的最远距离是多少?

(4) 图 9 中给出了一条余弦曲线,试以物块第一次相碰时刻为计时起点,在图中画出 P 和 Q 的位移-时间图线,并标出 P、Q 第二次相碰的时刻。

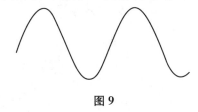

图 9

6. 有两个相同的摆,把一个拴在另一个的下面,使它们各在一个水平面内做匀速圆周运动。设两条摆线与竖直线所成的夹角都很小,已知在运动过程中两条摆线一直保持在同一个竖直平面内,求此平面转动的角速度,以及两质点的轨道半径之比。

7. 空气是混合气体,其质量的百分比是:氮气约 76.9%,氧气约 23.1%,其他组分可忽略不计。

现有一气缸,缸内充有空气,并装有一些由极细钢丝组成的钢丝棉;气缸内的活塞能无摩擦地活动,使缸内气压恒为 1 atm;缸内有非常缓慢的化学反应,假定反应生成 1 mol Fe_2O_3 后,氧气耗尽。已知这个过程是在 1 atm、300 K 的条件下进行的,系统放出热量 8.24×10^5 J,试求在此过程中:

(1) 整个系统内能的改变量;

(2) 缸内气体内能的改变量;

(3) 缸内氮气密度的改变量。

计算时,缸内气体作理想气体处理;1 mol 氧气和 1 mol 氮气的内能均认为是 $\frac{5}{2}RT$,R 是普适气体常数,T 是热力学温度;缸内钢丝棉等固态物质与缸内气体相比,所占体积很小,可忽略不计。

8. 如图 10 所示,在光滑的水平面上,有边长 $l=0.8$ m 的正方形导线框 $abcd$,其质量 $m=100$ g,自感 $L=10^{-3}$ V·s/A,电阻忽略不计。该导线框的 bc 边在 $t=0$ 时,从

$x = 0$ 处以初速度 $v_0 = 4$ m/s 进入磁感应强度为 B 的有界匀强磁场区域,磁场区域宽度为 $s = 0.2$ m,B 的方向与导线框平面垂直(图中指向纸内),B 的大小为 0.5 T。忽略空气阻力。

(1) 试求 $t = \dfrac{\pi}{36}$ s 时刻导线框 bc 边的位置;

(2) 若初速度为 $\dfrac{4v_0}{\sqrt{3}}$,求 $t = \dfrac{\pi}{36}$ s 时刻 bc 边的位置。

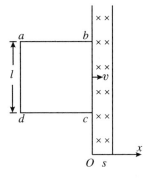

图 10

第 24 届 IPhO 一道试题中的科研性与综合性命题思想

舒幼生

在考试与竞赛中普遍存在着一种相当有趣的对偶现象,一方面是学生怕做不好题,另一方面是教员怕出不好题。幸亏大多数学生并未悟到教员的难处,否则他们也许会转而热衷于更多的赛事。出题不易,为能编制出较好的题目常需要借鉴。1993 年 7 月在美国威廉斯堡举行的第 24 届国际物理奥林匹克(简称 IPhO)中,东道国为赛事编制的名为"激光对透明棱镜的作用力"的理论试题被各国领队公认为是一道成功的好题目,其包含的科研性与综合性命题思想值得我们借鉴。此题内容恰好未超出我国中学生物理竞赛大纲范围,但为了便于介绍,本文在叙述方式上对原题目和题解作了适当的修改。

例 激光对透明棱镜的作用力。

一束强激光通过小的透明物体时,由于折射作用而会对物体产生相应的作用力,为对此有所理解,作如下讨论。

取一个底角为 α(顶角便为 $A = \pi - 2\alpha$)、底边长为 $2h$、厚度为 W、折射率为 n、密度为 ρ 的玻璃小三角棱镜,并将其按图 1 所示方式放置。图中 y 轴竖直向上,yz 坐标面与棱镜底面平行(图中画成重合),水平 x 轴穿过顶棱而垂直于棱镜底面。现用一束沿 x 轴方向传播的激光照射棱镜,周围空气的折射率取为 $n_a = 1$,并设棱镜各面均镀有防反射膜,确保不发生反射。

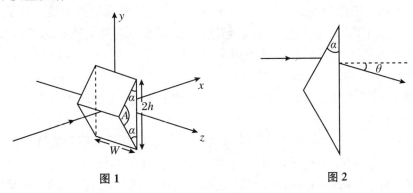

图 1 　　　　　　　　　图 2

光束的强度(简称光强)I 定义为单位时间内通过光束中单位垂直截面积的光子流能量,其单位是 W/m²。设所取激光束的光强沿 z 轴方向均匀分布,但是从 x 轴开始,沿 y 轴正、负方向按线性方式对称减弱,在 $y = 0$ 处光强值最大,记为 I_0,而到 $y = \pm 4h$ 处,光强降为零。光强的这种分布在后面的图 3 中有相应的几何描述。

现请解答下述各小题。

(1) 对射到棱镜上表面的一条光线,用所给量 α 和 n 来确定图 2 中的偏转角 θ。

(2) 将棱镜整体从原来所在位置沿 y 轴方向平移 y_0(可正、可负),如图 3 所示。若设 $|y_0|\leqslant 3h$,请用 I_0、θ、h、W 和 y_0 来表述激光束作用在棱镜上的净作用力在 x、y 轴方向的分量 F_x、F_y,并作图表示 F_x、F_y 随位移量 y_0 的变化情况。

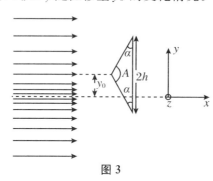

图 3

在此假设已利用了某种装置(例如光滑导轨)抵消掉上述的分力 F_x,使棱镜不会发生转动。这一假设也将适用于下面的第(3)(4)小题。

(3) 设激光束在 z 方向的宽度为 $d_1 = 1$ mm,在 y 方向的宽度为 $d_2 = 80$ μm;棱镜的参量为 $\alpha = 30°$,$h = 10$ μm,$W = 1$ mm,$n = 1.5$,$\rho = 2.5$ g/cm³。取 $y_0 = -\dfrac{h}{2} = -5$ μm 时,为让棱镜所受重力恰好被 F_y 所抵消而使棱镜能处于平衡状态,试求该激光束的功率(即单位时间通过激光束垂直全截面的光子流能量) P。

(4) 用与(3)中相同的棱镜和激光束,在没有重力的条件下做实验,且设定 $I_0 = 10^8$ W/m²。移动棱镜,使其顶端静止地处于 $y_0 = \dfrac{h}{20}$ 的位置,而后释放棱镜,它将在 y 方向上振动,试求振动周期 T。

分析 本题基本内容涉及的是光的物质性,即光子具有质量和动量。光子通过棱镜折射时,其运动方向发生偏转,动量随之变化,这意味着光子与棱镜间必有相互作用力,若能在实验上测出此种作用力,也就验证了光的物质性。题目中的第(3)、(4)小题讨论的就是该作用力的两项实验验证,(3)中所述的棱镜抗重力实验可在地面实验室进行,(4)中所述的失重下的棱镜振动实验可在航天飞机上进行,这明显体现出了本题包含的科研性命题思想。

为讨论激光对棱镜的作用力,首先需要运用几何光学知识来确定光线通过棱镜的偏转角,而后利用光子的动量与能量的关系以及光子的能量与光强的关系确定此力。此外,答题者在第(4)小题中将要处理的是物体在其平衡位置附近的小振动,这是力学中颇受重视的一类问题。一道赛题考查的知识面如此之广,并不多见,这充分显示出了本题包含的综合性命题思想。

值得一提的是,第(1)小题中偏转角 θ 的计算难度甚低,绝大多数参赛选手均能顺利地求解,起到了镇定学生情绪的良好作用。这有利于让考生平静地进入"角色",充分发挥自己的能力继续求解后面较难的问题。据了解,先易后难的竞赛题普遍受到各国选手的欢迎,在国际竞赛中这种类型题目所占比例较高。

为使读者对上面介绍的本题命题思想有更具体的了解,将各小题的解答叙述如下。

解 (1) 参照图 4,因 $\alpha_1 = \alpha$ 和 $\alpha_1 + \alpha_2 = \alpha_2 + \alpha_3 = 90°$,故入射角 $\alpha_3 = \alpha$。根据折射定律,有

$$n\sin\beta = n_a\sin\alpha = \sin\alpha$$

可确定折射角为

$$\beta = \arcsin\frac{\sin\alpha}{n}$$

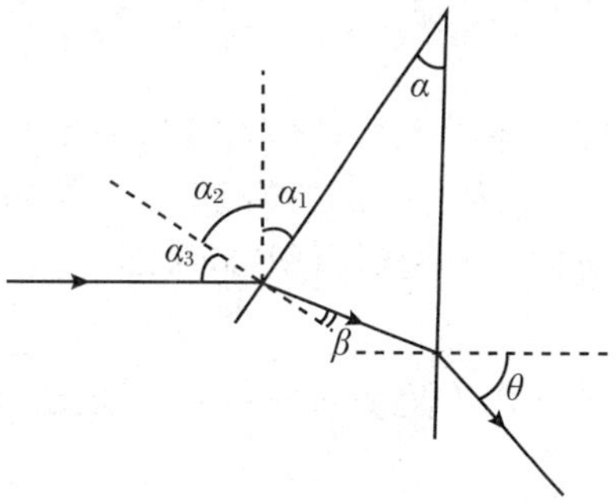

光束对棱镜底面的入射角应为

$$\frac{\pi}{2} - \left[\pi - \alpha - \left(\frac{\pi}{2} - \beta\right)\right] = \alpha - \beta$$

对底面应用折射定律,有

$$\sin\theta = n\sin(\alpha - \beta)$$

最后可解得

$$\theta = \arcsin\left[n\sin\left(\alpha - \arcsin\frac{\sin\alpha}{n}\right)\right]$$

图 4

(2) 棱镜所受力与激光束通过棱镜时的动量改变率的大小相同、方向相反。为进行分析,先考虑入射在棱镜上表面的激光的动量改变量。

设激光束中每秒有 τ_u 个光子沿着平行于 x 轴的方向射到棱镜的上表面,一个光子的能量记为 ε,它的动量为 $\boldsymbol{p}_i = \frac{\varepsilon}{c}\boldsymbol{i}$,其中 c 为真空光速,$\boldsymbol{i}$ 为 x 轴方向上的单位长度矢量。沿相对于 x 轴为 θ 角方向离开棱镜的光子与入射光子相比较,对应的动量变化量为

$$\Delta\boldsymbol{p}_i = \frac{\varepsilon}{c}(\cos\theta - 1)\boldsymbol{i} - \frac{\varepsilon}{c}\sin\theta\boldsymbol{j}$$

其中 $\boldsymbol{j}$ 是 y 轴方向上的单位矢量。τ_u 个光子的总动量改变量便是

$$\tau_u\Delta\boldsymbol{p}_i = \frac{\tau_u\varepsilon}{c}[(\cos\theta - 1)\boldsymbol{i} - \sin\theta\boldsymbol{j}]$$

$\tau_u\varepsilon$ 即为照射在上表面的激光功率,记为 P_u,故棱镜因上表面对激光的折射而受到的作用力为

$$\boldsymbol{F}_u = -\tau_u\Delta\boldsymbol{p}_i = \frac{P_u}{c}[(1 - \cos\theta)\boldsymbol{i} + \sin\theta\boldsymbol{j}]$$

由同样的分析,可得棱镜因下表面对激光的折射而受到的作用力为

$$\boldsymbol{F}_l = \frac{P_l}{c}[(1 - \cos\theta)\boldsymbol{i} - \sin\theta\boldsymbol{j}]$$

其中 P_l 为激光束照射在棱镜下表面的功率。

从上面两个结果,可知作用在棱镜的净力为

$$\boldsymbol{F} = \boldsymbol{F}_u + \boldsymbol{F}_l = \frac{1}{c}[(P_u + P_l)(1 - \cos\theta)]\boldsymbol{i} + \frac{1}{c}[(P_u - P_l)\sin\theta]\boldsymbol{j}$$

它的两个分力分别为

$$F_x = \frac{1}{c}(P_u + P_l)(1 - \cos\theta)$$

$$F_y = \frac{1}{c}(P_u - P_l)\sin\theta$$

其中角 θ 已由角 α 和棱镜折射率 n 确定。

P_u、P_l 分别为棱镜上、下表面的平均光强 I_u、I_l 各自乘以上、下表面在垂直于激光束方向上的投影面积 hW,即

$$P_u = I_u hW, \quad P_l = I_l hW$$

光强 I 随 y 的分布 $I(y)$ 是线性函数,由题文所给条件易得

$$I(y) = \begin{cases} \left(1 - \dfrac{y}{4h}\right)I_0, & 0 \leqslant y < 4h \\ \left(1 + \dfrac{y}{4h}\right)I_0, & -4h < y < 0 \end{cases}$$

现在假设棱镜从原位置沿 y 轴向上提升 y_0,即取 $y_0 > 0$,则可分下述两种情况讨论。

(a) $h \leqslant y_0 \leqslant 3h$。

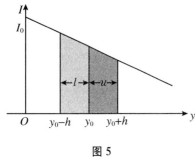

图 5

整个棱镜都处于激光束的上半部分,这种情况如图 5 所示,平均光强等于两个表面各自中央位置的值。棱镜上表面中央位置在 $y_0 + \dfrac{h}{2}$ 处,下表面中央位置在 $y_0 - \dfrac{h}{2}$ 处。据此得

$$I_u = \left(1 - \frac{y_0 + \dfrac{h}{2}}{4h}\right)I_0 = \left(\frac{7}{8} - \frac{y_0}{4h}\right)I_0$$

$$I_l = \left(1 - \frac{y_0 - \dfrac{h}{2}}{4h}\right)I_0 = \left(\frac{9}{8} - \frac{y_0}{4h}\right)I_0$$

这样,不难算得

$$F_x = \frac{2hWI_0}{c}\left(1 - \frac{y_0}{4h}\right)(1 - \cos\theta)$$

$$F_y = -\frac{hWI_0}{4c}\sin\theta$$

(b) $0 < y_0 < h$。

棱镜的下表面有一部分处在激光束的下半部分,如图 6 所示。棱镜下表面中从 $y = 0$ 到 $y = y_0$ 部分的面积为下表面面积的 $\dfrac{y_0}{h}$ 倍,其平均光强等于 $y = \dfrac{y_0}{2}$ 处的光强,即为

$$\bar{I}_{l1} = I\left(\frac{y_0}{2}\right) = \left(1 - \frac{y_0}{8h}\right)I_0$$

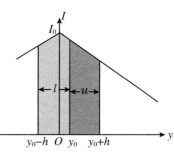

图 6

从 $y=0$ 到 $y=y_0-h$ 部分的面积为下表面面积的 $1-\dfrac{y_0}{h}$ 倍,其平均光强等于 $y=\dfrac{h-y_0}{2}$ 处的光强,即为

$$\bar{I}_{l2} = I\left(\dfrac{h-y_0}{2}\right) = \left(\dfrac{7}{8}+\dfrac{y_0}{8h}\right)I_0$$

联合起来考虑,便得

$$P_l = hW\dfrac{y_0}{h}\bar{I}_{l1} + hW\left(1-\dfrac{y_0}{h}\right)\bar{I}_{l2}$$
$$= hWI_0\left(\dfrac{7}{8}+\dfrac{y_0}{4h}-\dfrac{y_0^2}{4h^2}\right)$$

上表面平均光强与 y_0 的函数关系同(a)中所述,即得

$$P_u = hWI_0\left(\dfrac{7}{8}-\dfrac{y_0}{4h}\right)$$

于是有

$$P_u + P_l = hWI_0\left(\dfrac{7}{4}-\dfrac{y_0^2}{4h^2}\right)$$

$$P_u - P_l = -hWI_0\dfrac{y_0}{2h}\left(1-\dfrac{y_0}{2h}\right)$$

由此可得

$$F_x = \dfrac{hWI_0}{c}\left(\dfrac{7}{4}-\dfrac{y_0^2}{4h^2}\right)(1-\cos\theta)$$

$$F_y = -\dfrac{hWI_0}{c}\dfrac{y_0}{2h}\left(1-\dfrac{y_0}{2h}\right)\sin\theta$$

考虑到光强分布相对于 $y=0$ 面对称,故 $y_0<0$ 的解与 $y_0>0$ 的解之间具有镜面对称性。F_x 和 F_y 对 y_0 的函数关系如图7所示。

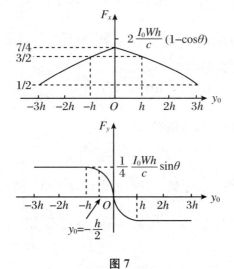

图 7

(3) 由 F_y 的表述式及图线均可看出,为使 $F_y>0$ 以克服棱镜所受重力,便必定要求 $y_0<0$。为获得克服棱镜所受重力必须对应的 F_y 力,需先求出棱镜的质量,再使激光束提供的 F_y 力等于棱镜所受重力。

棱镜的体积为
$$V = h^2 W \tan\alpha$$

其质量为
$$m = \rho V = \rho h^2 W \tan\alpha = 1.44 \times 10^{-10} \text{ kg}$$

所受重力为
$$mg = 1.41 \times 10^{-9} \text{ N}$$

上面(2)中的解对应 $y_0>0$ 而得,但因 $y_0<0$ 与 $y_0>0$ 之间具有对称性,可利用该解,故 I_0 需满足
$$\frac{hWI_0}{c} \frac{y_0}{2h}\left(1 - \frac{y_0}{2h}\right)\sin\theta = mg$$

其中
$$\theta = \arcsin\left[n\sin\left(\alpha - \arcsin\frac{\sin\alpha}{n}\right)\right] = 15.9°$$
$$y_0 = \frac{h}{2}$$

即可算得
$$I_0 = 8.29 \times 10^8 \text{ W/m}^2$$

激光束全功率 $P = \bar{I}S$,其中 $\bar{I}$ 为激光束的平均光强,显然有 $\bar{I} = \frac{I_0}{2}$,而 $S = d_1 d_2$ 为激光束截面积,故有
$$P = \frac{1}{2} I_0 d_1 d_2 = 33.2 \text{ W}$$

(4) 最大位移量 $y_0 = \frac{h}{20}$,对应有 $\frac{y_0}{h} = 0.05 \ll 1$,任意位移量 y 也对应有 $\left|\frac{y}{h}\right| \ll 1$,故在位移量 y 对应的竖直方向分力
$$F_y = -\frac{hWI_0}{c} \frac{y}{2h}\left(1 - \frac{y}{2h}\right)\sin\theta$$

中,可忽略含 y^2 项的高级小量,近似有
$$F_y = -\frac{WI_0 \sin\theta}{2c} y$$

这是一个线性回复力,棱镜将在平衡位置附近做简谐振动。简谐振动的角频率为
$$\omega = \sqrt{\frac{WI_0 \sin\theta}{2cm}} = \sqrt{\frac{I_0 \sin\theta}{2c\rho h^2 \tan\alpha}}$$

振动周期便为
$$T = \frac{2\pi}{\omega} = 2\pi\sqrt{\frac{2c\rho h^2 \tan\alpha}{I_0 \sin\theta}} = 3.88 \times 10^{-3} \text{ s}$$

略谈中学生物理竞赛命题

舒幼生

全国中学生物理竞赛的宗旨是帮助学校开展多样化的物理课外活动,活跃学习气氛,发现具有突出才能的青少年,以便更好地对他们进行培养。为了在物理课外活动中,成功地引导那些爱好物理学科且学有余力的学生"提高学习物理的主动性和兴趣,改进学习方法,增强学习能力",同样需要我们科学地研究竞赛命题。

因工作的关系,本人对中学生物理竞赛有些间接的了解。本文就竞赛命题略谈三点不成熟的看法。

1. 命题内涵的基本约定

竞赛本是高中生参加的一项课外学科活动,然而有些学生为了追求较好的竞赛成绩,尚未真正学好中学物理课程内容便盲目地提早学习大学普通物理和高等数学,违反了科学知识学习中循序渐进性的规律,结果适得其反。针对这种不良倾向,竞赛委员会不仅制定了以国家教委颁布的《高中物理教学纲要》为基础的《全国中学生物理竞赛内容提要》,使命题内容在此提要范围之内,而且命题教师间还有个基本约定,这就是所编赛题采用大学常规方法去解不会"占便宜"。

体现这一基本约定的赛题很多,第5届初赛第8题便是一例,简述如下:

一无限长均匀带电细线弯成如图1所示的平面图形,其中$\overset{\frown}{AB}$是半径为R的半圆弧,AA'平行于BB',试求圆心O处的电场强度。

设电荷线密度为λ(常量)后,采用中学的小量分析方法,只要简单地证明图2中一对线元Δl_1、Δl_2对O点的场强贡献相互抵消,即可得知O点处场强为零。采用大学常规方法,则需要对所有Δl_1、Δl_2的贡献作矢量积分。即使应用大学普通物理教材中作为例题给出的均匀带电直线段外场强分布公式,省掉Δl_2的直线积分,Δl_1沿半圆周的积分仍要由学生给出。两种方法相比,后者确无便宜可占。

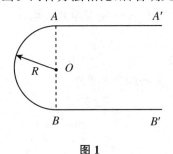

图1

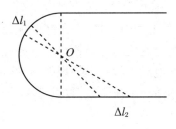

图2

2．基本题与能力题

竞赛章程中"命题原则"部分规定："竞赛命题……既要考查学生的基础知识，又要着重考查学生的能力"。前一种考查体现了基础知识的重要性，后一种考查尤其显示出竞赛有别于高考。尽管都是考查，后者却冠以"着重"一词，更显竞赛特征。

竞赛题可粗略地分为基本题与能力题两类。

基本题一般出现在初赛中，主要考查基础知识，难度相当于高考难题水平。最近，基本题所占比例有所增加，为的是使竞赛更具广泛性。可以设想，如果初赛题都是所谓的"难题"，绝大多数参赛者得分极低，怎能激发众多学生学习物理的兴趣？据了解，有不少被教师和同学们认定的"好学生"，初赛中基本题大量丢分，无论其原因是哪些方面的，归根结底均与基础知识不扎实有关，这值得我们重视。

能力题包含基础知识，但更注重于物理思想、物理方法和过程分析。初赛中有相当部分的能力题，决赛题一般均属能力题。

物理思想内容丰富，例如对称性思想便为其一。竞赛中出现的计算等效电阻或等效电容的题目常可利用对称性来简化求解。

物理方法灵活多样，前面所述的第5届初赛第8题的求解中采用的小量分析方法便是能力题中常涉及的一种物理方法。又如采用参照系选择法往往可将某些竞赛题化难为易。物理方法贵在创新，个别能力强的学生临场时能用非常规的方法巧妙解题，这是最值得赞赏的。

过程分析体现着学生逻辑思维的能力。例如，第5届初赛第15题的主要内容是高处自由落下的小球与水平大质量旋转圆盘发生有摩擦的碰撞，首先要确定小球反弹速度的方向和大小。逻辑思维能力强的学生自然会对碰撞中摩擦力的作用过程进行分析，这是关键，否则不可能得出完整的解答。

3．能力题类型变化的一种趋势

我国理科教学历来偏重理论，各类考试题目多由教师设计编制而成。世界发达国家的教育界看重实践，这在他们为国际物理奥林匹克竞赛编制的题目中能反映出来。例如，1995年第26届国际物理奥林匹克竞赛的东道国澳大利亚的命题者所编的三道理论题，其中两道来源于当代科研问题，另一道来源于实际问题。两种类型题目各具特色，均有长处和短处，不可一概而论。事实上，若要求所有题目都取自科研和实际，这也是不可能的，应当合理搭配。

以往国内竞赛中的能力题大多属于前一类型，后来在赛事中逐渐出现后一类型的能力题。例如1994年第11届决赛六道题中，四道题取材于现实事物（照相、放风筝）和科技装置（海浪发电的航标灯、电子张弛振荡器）。

能力题类型变化的这一趋势已开始被大多数关心竞赛的中学教师所接受和肯定，这无疑将会间接地对我国中学物理教学的改革产生某些积极的影响。

以上所述纯为个人所见，仅供参考。

物理问题中的小量分析

舒幼生

物理学中许多量都是连续性的量,例如时间、空间、分布性质量、分布性电量、分布性力、场能等。连续量的处理常需借助小量分析,因此自牛顿开始,小量分析便成为物理学的数学基础之一。事实上,小量分析乃至微积分理论可以说是萌芽于牛顿力学。大学物理教材中处处有用微积分表述的公式,从根本上来说,中学物理内容也不可完全避开小量分析。最明显的例子是直线运动中速度定义为 $v=\dfrac{\Delta x}{\Delta t}$,这就是小量分析中的小量比例式。中学物理与大学物理的区分之一是前者不用微积分演算公式,在现阶段的教学体制下,中学教学应严格地维护这一区分。但是不用微积分公式并不意味着不允许用小量分析的基本思想来讨论一些问题,因为这种讨论是有基础的,这基础就是从 $v=\dfrac{\Delta x}{\Delta t}$ 的定义式直到匀速圆周运动向心加速度的小量分析导出。更重要的还在于,这种讨论对开发学生的智力及提高他们的物理素质都是非常有益的。基于这一考虑,物理竞赛中不乏小量分析题。

本文拟就中学物理中已或可以涉及的小量比例、小量关联、小量近似和小量累加四种方法,介绍小量分析在物理中的应用。

1. 小量比例

物理量可分为基本量与导出量两类,导出量可直接或间接地归结为不同基本量之间的比值。例如,直线运动质点的平均速度 $\overline{v}$ 这一导出量定义为位移量 Δx 和对应的时间量 Δt 这两个基本量之间的比值,即

$$\overline{v}=\frac{\Delta x}{\Delta t}$$

由于多数物理量的连续可变性,尤其值得研究的是由小量比例式定义的导出量。这里的小量是无穷小量的简称,意即无限逼近零值又不为零值的量。在高等数学中,量前冠以 Δ,意即间隔(增)量,例如,上式中 Δx、Δt 均为间隔(增)量。间隔量可大可小,当间隔量小到成为无穷小量时,常将 Δ 改写为 d,例如 dx、dt。中学物理为避微积分之嫌,无穷小量仍取 Δ 标记,但在文字上给以限定性的说明。例如,直线运动质点的(瞬时)速度定义为

$$v=\frac{\mathrm{d}x}{\mathrm{d}t}$$

其中的小量比例性不言而喻,但也可以表述为
$$v = \frac{\Delta x}{\Delta t}$$
而附加说明比例式中 Δx、Δt 均为小量。

由小量比例定义的导出量是很多的,例如,加速度 $a = \frac{\Delta v}{\Delta t}$、(质量)密度 $\rho = \frac{\Delta m}{\Delta V}$、电荷密度 $\rho_e = \frac{\Delta Q}{\Delta V}$、比热 $C = \frac{\Delta Q}{m \Delta T}$、磁通量的变化率(无专用符号) $= \frac{\Delta \Phi}{\Delta t}$,等等,其中比例式中的量均为小量。

在物理学中小量比例随处可见,有些物理问题自然会涉及小量比例。

例 1 设在 x 坐标轴上运动的质点仅受到 x 方向的保守力 F 的作用,如果质点的速度 v 与其所在位置 x 有线性关系,且 $F(x=0)=0$,试证 F 必与 x 成正比例关系。

证明 由题设可写出
$$v = ax + v_0$$
其中 a、v_0 均为常量。质点的加速度为
$$a = \frac{\Delta v}{\Delta t}$$
式中 Δv、Δt 均为小量。以后为行文简略,凡冠以 Δ 的量,若无补充说明均为小量,而不再一一给出文字叙述。a 的表述式无非是量之间的除运算,分子、分母同乘一个非零物理量,商不变,因此可有
$$a = \frac{\Delta v}{\Delta x} \frac{\Delta x}{\Delta t}$$
因 $v = \frac{\Delta x}{\Delta t}$,故
$$a = \frac{\Delta v}{\Delta x} v = \frac{\Delta v}{\Delta x} \cdot (ax + v_0)$$

可以用类比的方法求解 $\frac{\Delta v}{\Delta x}$。为此将 $v = ax + v_0$ 中的 x 在数学上类比为某种时间 t^*,则有
$$v = at^* + v_0$$
这可解释为某一匀加速运动,其中 a 即为加速度,因此有
$$\frac{\Delta v}{\Delta t^*} = a$$
于是对 $v = ax + v_0$,必有
$$\frac{\Delta v}{\Delta x} = a$$
便得
$$a = \frac{\Delta v}{\Delta x}(ax + v_0) = a^2 x + av_0$$

设质点的质量为 m,则有

$$F = ma = ma^2 x + mav_0$$

由 $F(x=0)=0$，可得

$$mav_0 = 0$$

因此 F 与 x 成正比例关系。

例 2（分布力）长为 l、质量为 m 的匀质刚性细杆在光滑水平面（图 1 中的纸平面）上，绕过其端点 O 的竖直固定轴匀速转动，角速度为常量 ω，试求杆中张力的分布。

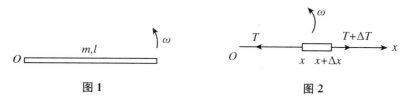

图 1　　　　　　　　　　图 2

解　沿杆的长度方向建立 x 轴，O 点取为坐标原点，本题要确定的便是杆中张力 T 与位置 x 之间的关系。如图 2 所示，取 $x \sim x+\Delta x$ 这一小段杆元，x 处张力为 T，$x+\Delta x$ 处张力为 $T+\Delta T$，它们的合力为杆元提供运动向心力，因此有

$$T - (T + \Delta T) = \left(\frac{m}{l}\Delta x\right)\omega^2 x$$

即有

$$\frac{\Delta T}{\Delta x} = -\frac{m}{l}\omega^2 x$$

与匀加速运动公式

$$\frac{\Delta x^*}{\Delta t} = at$$

$$x^* = \frac{1}{2}at^2 + x_0^*$$

相比较，仿例 1 的类比方法，即得

$$T = \frac{1}{2}\left(-\frac{m}{l}\omega^2\right)x^2 + T_0$$

T_0 为一待定常量。在 $x=l$ 处，应有 $T=0$，由此可定出

$$T_0 = \frac{m\omega^2}{2l}l^2$$

即得

$$T = \frac{m\omega^2}{2l}(l^2 - x^2)$$

例 3（分布力）图 3 中半径为 R 的圆盘固定不可转动，细绳不可伸长且质量可忽略，绳下悬挂的两物体的质量分别为 M、m。设圆盘与绳间光滑接触，试求盘对绳的法向支持力的线密度。

解　在与圆盘接触的半圆绳中取 $\theta \sim \theta+\Delta\theta$ 一小段绳元，θ 角的基轴取在水平方向上，如图 4 所示。绳元两端的张力分别记为 $T(\theta)$ 与 $T(\theta+\Delta\theta)$，绳元所受圆盘法向支持力记为 ΔN。因绳元质量为零，故可写出力的平衡式为

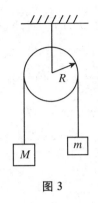

图 3

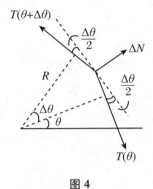

图 4

$$T(\theta + \Delta\theta) = T(\theta) = T(常量)$$
$$\Delta N = T(\theta + \Delta\theta)\sin\frac{\Delta\theta}{2} + T(\theta)\sin\frac{\Delta\theta}{2} = T\Delta\theta$$

最后一步利用了 θ 为小量时 $\sin\theta = \theta$ 的近似算式。

绳元长 $\Delta l = R\Delta\theta$,绳所受法向支持力的线密度便为

$$n = \frac{\Delta N}{\Delta l} = \frac{T\Delta\theta}{R\Delta\theta} = \frac{T}{R}$$

为两物体 M、m 建立动力学方程后,很易求得

$$T = \frac{2Mmg}{M + m}$$

因此

$$n = \frac{2Mmg}{(M + m)R}$$

例 4 (分布力)半径为 R、质量为 m 的匀质细圆环均匀带电,带电量 $Q > 0$。将此环放在光滑水平面上,周围有垂直向上的匀强磁场 B。若令圆环以角速度 ω 绕着过圆心的铅垂轴匀速转动,如图 5 所示,试求环内因此种运动而形成的附加张力。

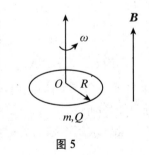

图 5

解 本题取自第 1 届(1985 年)全国中学生物理竞赛第三试第 2 题,文字稍有改动。

环静止时因环上电场强度不为零,环中电荷已受电场力,为抗衡这一电场力,环内必定有张力。如果环为线状的,那么场强必定发散,张力也需为发散量。实际上环不可能是几何上的圆线,总有一定的粗细,场强不会发散,张力也可为有限量。不管怎样,环在静止时必有张力存在。但本题并不要求计算这一张力,而是要计算因环的转动而形成的附加张力,记为 T。

圆环上取圆弧元 $\Delta l = R\Delta\varphi$,因角速度 ω 而形成的电流为

$$I = \frac{Q\omega}{2\pi}$$

电流元 $I\Delta l$ 所受安培力 ΔF_m 的方向如图 6 所示,大小为

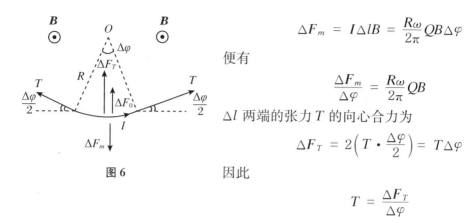

图 6

$$\Delta F_m = I\Delta l B = \frac{R\omega}{2\pi}QB\Delta\varphi$$

便有

$$\frac{\Delta F_m}{\Delta\varphi} = \frac{R\omega}{2\pi}QB$$

Δl 两端的张力 T 的向心合力为

$$\Delta F_T = 2\left(T \cdot \frac{\Delta\varphi}{2}\right) = T\Delta\varphi$$

因此

$$T = \frac{\Delta F_T}{\Delta\varphi}$$

Δl 所含质量为 $\frac{m\Delta\varphi}{2\pi}$,圆周运动所需向心力为

$$\Delta F_0 = \frac{m\Delta\varphi}{2\pi}\omega^2 R$$

因此有

$$\frac{\Delta F_0}{\Delta\varphi} = \frac{m}{2\pi}\omega^2 R$$

由力的合成可得

$$\Delta F_T - \Delta F_m = \Delta F_0$$

故所求 T 为

$$T = \frac{\Delta F_T}{\Delta\varphi} = \frac{\Delta F_m}{\Delta\varphi} + \frac{\Delta F_0}{\Delta\varphi} = \frac{R\omega}{2\pi}QB + \frac{m}{2\pi}\omega^2 R$$

即得

$$T = \frac{R\omega}{2\pi}(QB + m\omega)$$

例 5 (分布电荷)半径为 R 的细圆环上分布有不能移动的正电荷,总量为 Q,如果另外一个点电荷可在环内指定的直径 AOB 上做匀速直线运动,试确定环上电荷线密度 λ 的分布。

解 求解本题的关键在于将圆环上所求的电荷分布与球面上均匀的电荷分布联系起来。

电荷量 Q 均匀分布在球面上时,球内场强处处为零。从场强叠加原理来考察直径 AOB 上各点场强的建立过程,为此可用一系列与 AOB 垂直的平行平面将球面分割成一系列小带,如图 7 所示。在某小带上取图中对称的 P_1、P_2 两边元,它们在 AOB 上任意点 S 的场强贡献因对称而使垂直于 AOB 的所有方向的场强分量抵消。这种对称性使得整个小带的电荷对 S 点的合成场强相当于一半电荷折叠到 P_1,另一半电荷折叠到 P_2 的合成效果。由此可见,就直径 AOB 上的场强而言,电荷 Q 均匀分布在球面上的效果与将球面电荷对半地折叠到以 AOB 为直径的圆环上的效果相同,因而这样得到的圆环电荷分布在 AOB 上各点的场强必为零,于是另外一个点电荷在此直径上可做匀速直线运动。

据此分析,先将电荷 Q 均匀分布在球面上,电荷面密度为

$$\sigma = \frac{Q}{4\pi R^2}$$

用一对垂直于 AOB 的无限邻近的平行平面截得的球带元可由图 8 中的 φ 角来定位。带元面积为

$$\Delta S = 2\pi R^2 \sin\varphi \Delta\varphi$$

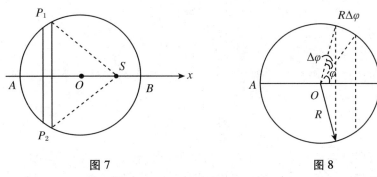

图 7　　　　　　　　　　图 8

带电量为

$$\Delta Q = \sigma \Delta S$$

被两边弧元 $R\Delta\varphi$ 均分，故圆环在 φ 角位置的电荷线密度为

$$\lambda(\varphi) = \frac{\Delta Q}{2R\Delta\varphi}$$

计算即得

$$\lambda(\varphi) = \frac{Q}{4R}\sin\varphi \quad (0 \leqslant \varphi \leqslant \pi)$$

例 6　（场能密度）电场对外加电荷有作用力，力可做功，电场必会有能量支出，换而言之，电场必内含能量，称之为电场能量。真空静电场的场强值 E 越大，作用力越强，做功本领越大，因此可以合理地假设电场任意一处的场能密度（单位体积中的场能）w 唯一取决于该处的 E 值。请据此先导出 w-E 关系式，再借此关系式确定均匀带电球面（Q、R）上的场强值 $E(R)$，设 $Q>0$。

解　先确定 w-E 关系。

取一真空平行板电容器，两板面积同为 S，面电荷密度分别为 σ 和 $-\sigma$。当板间距远小于板面线度时，电场可认为被封在电容器内。两带电平面之间的场强为常量

$$E = 4\pi k\sigma$$

其中 k 为静电力常量。$-\sigma$ 面上的场强为

$$E' = 2\pi k\sigma$$

此面受电场的吸引力大小为

$$F = (\sigma S)E' = 2\pi k\sigma^2 S$$

固定 σ 面板，同时用外力 $f = F$ 将 $-\sigma$ 面板缓慢地朝外平移小间距量 Δl，则 f 做的功为

$$\Delta W = f\Delta l = 2\pi k\sigma^2 S\Delta l$$

平移后电容器内场区域体积增大 $\Delta V = S\Delta l$，但场强 $E = 4\pi k\sigma$ 不变。原区域的场能不

变，f 做的功 ΔW 必转化为 ΔV 中的场能，因此有

$$w = \frac{\Delta W}{\Delta V} = \frac{2\pi k\sigma^2 S\Delta l}{S\Delta l} = 2\pi k\sigma^2$$

利用 $E = 4\pi k\sigma$，可将 w 与 E 联系起来，即为

$$w = \frac{E^2}{8\pi k}$$

这便是所要求的 w-E 关系式。

再求均匀带电球面 (Q, R) 上的场强值 $E(R)$。

半径为 R 的均匀带电球面的带电量 $Q > 0$ 时，球内场强处处为零，球外场强径向朝外，场强大小为

$$E = \frac{kQ}{r^2} \quad (r > R)$$

球面上的场强 $E(R)$ 待求。通过简单的定性分析（略）可知，$E(R)$ 径向朝外，故球面上电荷所受的电场力径向朝外。今用均匀分布的外力恰好处处平衡掉此分布性电场力，可使球面电荷缓慢地朝里移动小距离 ΔR，外力做的功为

$$\Delta W = QE(R)\Delta R$$

球外场强未变，场能不变，故 ΔW 全部转化为 $R - \Delta R \sim R$ 薄球壳层小区域的场能。小区域内场强大小处处相同，场能密度 w 也就处处相同，场能为 $w(4\pi R^2 \Delta R)$，便有

$$\Delta W = w(4\pi R^2 \Delta R)$$

解得

$$w = \frac{QE(R)}{4\pi R^2}$$

利用前面所得 $w = \frac{E^2}{8\pi k}$，注意到 $R - \Delta R \sim R$ 小场区已在新的均匀带电球面 $(Q, R - \Delta R)$ 之外，故应有

$$E = \frac{kQ}{r^2} \quad (R - \Delta R < r < R)$$

既然 ΔR 为小量，在 $R - \Delta R < r < R$ 小场区便有

$$E = \frac{kQ}{R^2}$$

$$w = \frac{E^2}{8\pi k} = \frac{k^2 Q^2}{8\pi k R^4}$$

与前面的 w-$E(R)$ 公式联立，即得

$$E(R) = \frac{4\pi R^2 w}{Q} = \frac{kQ}{2R^2}$$

这就是原均匀带电球面 (Q, R) 上的场强值。

2. 小量关联

由于物理问题中存在的某些关系，常使同一类型的物理量之间产生小量关联。中学物理问题中最常见的是因几何关系形成的小量关联，下面四个例题均属此种情况。

例 7 在某铅垂面上有一固定的光滑直角三角形细管轨道 ABC，光滑小球从顶点 A 处沿斜边轨道自静止出发自由滑到端点 C 处所需的时间恰好等于小球从顶点 A 处自静止出发自由地经两直角边轨道滑到端点 C 所需的时间。这里假设铅垂轨道 AB 与水平轨道 BC 的交接处 B 有极小的圆弧，可确保小球无碰撞地拐弯，且拐弯时间可忽略不计。

在此直角三角形范围内可构建一系列如图 9 中虚线所示的光滑轨道，每一轨道由若干铅垂与水平部分交接而成，交接处有极小的圆弧（作用同上），轨道均从 A 点出发，到 C 点终止，且不越出该直角三角形边界。试求小球在各条轨道中，由静止出发自由地从 A 点滑行到 C 点所经时间的上限与下限的比值。

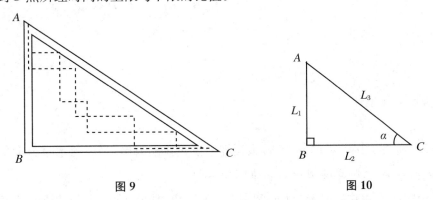

图 9　　　　　　　　图 10

解 本题取自《中学生物理奥林匹克辅导讲座》（湖南教育出版社，1993 年 9 月版）一书附录中第 I 组模拟赛题第 1 题，题解的主要线索如下：

直角三角形 AB、BC 和 CA 三边的长分别记为 L_1、L_2 和 L_3，如图 10 所示。小球从 A 到 B 所经的时间设为 T_1，再从 B 到 C 所经的时间设为 T_2，而从 A 直接由斜边到 C 所经的时间设为 T_3，则由题设条件 $T_1 + T_2 = T_3$，可首先导得

$$L_1 : L_2 : L_3 = 3 : 4 : 5$$
$$T_2 = \frac{2}{3} T_1$$

小球在图 9 中每一虚线所示的轨道中，经各垂直线段所需的时间之和同为 $t_1 = T_1$，经各水平段所需的时间之和记为 t_2，则从 A 到 C 所经的时间总和为

$$t = t_1 + t_2 = T_1 + t_2$$

最短的 t_2 对应 t 的下限 $t_{\min}$，最长的 t_2 对应 t 的上限 $t_{\max}$。

各水平段内的运动分别为匀速运动，同一水平段路程放在低处运动速度大，所需时间短。因此，所有水平段均处在最低位置（即与 BC 重合）时 t_2 最短，其值即为 T_2，故

$$t_{\min} = T_1 + T_2 = \frac{5}{3} T_1$$

t_2 的上限显然对应各水平段放在各自可达到的最高位置，实现它的方案是垂直段每下降小量 ΔL_1，便接一段水平小量 ΔL_2，这两个小量之间恒有正比例关联，即

$$\Delta L_2 = \Delta L_1 \cot \alpha$$

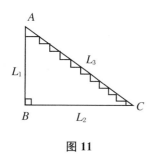

图 11

角 α 即为 $\angle ACB$。水平段到达斜边边界后再下降一小量并接一相应的水平小量,如此继续下去,构成图 11 所示的微齿形轨道。由于 ΔL_1、ΔL_2 均为小量,小球在其中的运动可处理为匀速率运动,分别所经的时间小量 $\Delta t_1(i)$ 与 $\Delta t_2(i)$ 之间有如下关联:

$$\frac{\Delta t_2(i)}{\Delta t_1(i)} = \frac{\Delta L_2}{\Delta L_1} = \cot\alpha$$

于是作为 $\Delta t_2(i)$ 之和的 t_2 上限与作为 $\Delta t_1(i)$ 之和的 T_1 之比也必为 $\cot\alpha$,故 t_2 的上限必为 $T_1\cot\alpha$,即得

$$t_{\max} = T_1 + T_1\cot\alpha$$

将 $\cot\alpha = \dfrac{4}{3}$ 代入,便得

$$t_{\max} = \frac{7}{3}T_1$$

这样,题文所求比值便为

$$t_{\max} : t_{\min} = 7 : 5$$

例 8 如图 12 所示,岸高为 h,人用绳经滑轮拉船靠岸,当绳与水平方向的夹角为 θ 时,收绳速率为 v,则在该位置船的速率为多大?

解 设船在 θ 角位置时经 Δt 时间左行 Δx 距离,如图 13 右下角的小量直角三角形所示。显然绳长缩短量 Δl 与 Δx 间有如下小量关联:

$$\Delta l = \Delta x \cos\theta$$

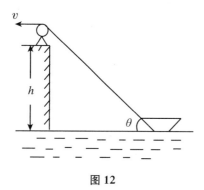

图 12

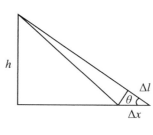

图 13

两边同除 Δt,即

$$v = \frac{\Delta l}{\Delta t} = \frac{\Delta x}{\Delta t}\cos\theta = v_{船}\cos\theta$$

因此船的速率为

$$v_{船} = \frac{v}{\cos\theta}$$

此题原为大学普通物理质点运动学部分的一道典型例题,用微积分的导数公式求

解。为简化运算,还常设 v 为恒量。如上所述,若直接用原始的小量关联,则题解简明且不必限定 v 为恒量。大学的解法为其教学目的服务,就此而言,各有安排。

例9 系统如图 14 所示,细绳不可伸长,B 通过某种约束轨道(图中未画出)只能贴着 C 的右侧面运动。以地面为参照系,设 A 的右行加速度为 a_A,B 的下行加速度为 a_B,C 连同 B 一起的左行加速度为 a_C,试求 a_A、a_B、a_C 之间的关联。

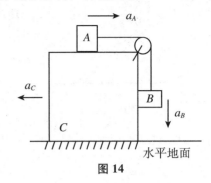

图 14

解 力学题中经常需要解题者建立各加速度量之间的关联。相当一部分学生习惯于直观地写出关联式,这不仅不严谨,而且容易出错。因为几何上真正能观察到的并非加速度的关联,而是位移量的关联,更何况这种观察实际上包含着分析过程。

分析此题时,可先设 C 不动,A 右移 Δl_A,则 B 下移 $\Delta l_{B,1} = \Delta l_A$;接着让 A(相对地面)不动,C 带着 B 左移 Δl_C,则 B 必须再下降 $\Delta l_{B,2} = \Delta l_C$。于是 B 的总下移量为

$$\Delta l_B = \Delta l_{B,1} + \Delta l_{B,2} = \Delta l_A + \Delta l_C$$

这就是 A、B、C 各自的小位移量之间的几何关联。两边同除位移所经的时间小量 Δt,便得速度关联为

$$v_B = v_A + v_C$$

Δt 时间内,速度增量之间便有相同的关联:

$$\Delta v_B = \Delta v_A + \Delta v_C$$

两边又同除 Δt,最后得加速度关联为

$$a_B = a_A + a_C$$

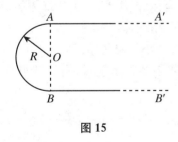

图 15

例10 一无限长均匀带电细线弯成如图 15 所示的平面图形,其中 $\overset{\frown}{AB}$ 是半径为 R 的半圆弧,AA' 平行于 BB',试求圆心 O 处的电场强度。

解 本题选自第 5 届(1989 年)全国中学生物理竞赛预赛第 8 题。

题文中未给出细线上的电荷线密度值,这暗示着所求 O 点的场强应为零。因为按国内考试传统,凡待求量表述式所需要的参量,除物理常量之外,编题者均会在题文中给出。

猜出 O 点的场强应为零后,根据图形明显包含的直观对称性,可以估计到左上侧四分之一圆上的电荷对 O 点的场强贡献与右下侧半无限长直线上的电荷对 O 点的场强贡献相互抵消。若证明了这一点,左下侧四分之一圆上的电荷与右上侧半无限长直线上的电荷对 O 点的场强贡献自然也相互抵消。

左上四分之一圆的线元 Δl_1 与右下直线的线元 Δl_3 间具有图 16 所示的角元 $\Delta \varphi$ 对

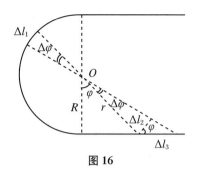

图 16

称关联。Δl_1 的电荷与 Δl_3 的电荷在 O 点的场强 ΔE_1 与 ΔE_2 方向相反,若它们的大小 ΔE_1 与 ΔE_2 相等,则 $\Delta E_1 + \Delta E_2 = 0$,即左上与右下线元的电荷场强成对抵消。因此只要证明 $\Delta E_1 = \Delta E_2$,便可得圆心处的场强 $\boldsymbol{E_O = 0}$。

设电荷线密度为常量 λ,因 $\Delta l_1 = R\Delta\varphi$,有

$$\Delta E_1 = \frac{k\lambda \Delta l_1}{R^2} = \frac{k\lambda \Delta\varphi}{R}$$

参量 φ、r、Δl_2 的几何含义已在图 16 中给出,有

$$\Delta E_2 = \frac{k\lambda \Delta l_3}{r^2}$$

$$\Delta l_3 = \frac{\Delta l_2}{\cos\varphi}$$

$$\Delta l_2 = r\Delta\varphi$$

$$\cos\varphi = \frac{R}{r}$$

因此

$$\Delta E_2 = \frac{k\lambda \Delta\varphi}{R} = \Delta E_1$$

从而

$$\boldsymbol{E_O = 0}$$

3．小量近似

为行文方便,近似号一律用等号代替,这在数学上虽有欠缺,但在物理解题方面不会造成混乱。

数学中,有限量 A 与小量 Δx 的乘积 $A\Delta x$ 仍为小量。有限量 A 与小量 $B\Delta x$ 相加,后者可忽略,和仍为 A。小量 $A\Delta x$ 与更高一级小量 $B(\Delta x)^2$ 相加,因 $A\Delta x + B(\Delta x)^2 = (A + B\Delta x)\Delta x$ 中 $A + B\Delta x = A$,而知其和仍为 $A\Delta x$,即高一级小量可忽略。在处理问题的中间步骤出现有限量与若干小量相加时,可按需要忽略某些高级小量,保留一些低级小量。例如在保留一级小量时,有

$$(1 + \Delta x)^{-1} = \frac{1}{1 + \Delta x} = 1 - \Delta x + (\Delta x)^2 - (\Delta x)^3 + \cdots = 1 - \Delta x \qquad ①$$

$$(1 + \Delta x)^N = 1 + N\Delta x + \frac{1}{2}N(N-1)(\Delta x)^2 + \cdots = 1 + N\Delta x \qquad ②$$

其中 N 为正整数。由②式可得

$$(1 + N\Delta x)^{\frac{1}{N}} = 1 + \Delta x$$

或

$$(1 + \Delta x)^{\frac{1}{N}} = 1 + \frac{\Delta x}{N} \qquad ③$$

由②式和①式还可得

$$(1+\Delta x)^{-N} = (1+N\Delta x)^{-1} = 1 - N\Delta x \qquad ④$$

综合②～④式可得

$$(1+\Delta x)^{\pm\frac{N_2}{N_1}} = \left[(1+\Delta x)^{\pm N_2}\right]^{\frac{1}{N_1}} = (1\pm N_2\Delta x)^{\frac{1}{N_1}} = 1 \pm \frac{N_2}{N_1}\Delta x \qquad ⑤$$

任一无理数 γ 可无限逼近一有理数 $\pm\dfrac{N_2}{N_1}$，即可表述为

$$\gamma = \pm\frac{N_2}{N_1} + \Delta\gamma$$

所以

$$(1+\Delta x)^{\gamma} = (1+\Delta x)^{\pm\frac{N_2}{N_1}}(1+\Delta x)^{\Delta\gamma}$$

因 $\Delta\gamma$ 为小量，无限接近零，可有 $(1+\Delta x)^{\Delta\gamma} = 1$，即得

$$(1+\Delta x)^{\gamma} = 1 \pm \frac{N_2}{N_1}\Delta x$$

再加上一个高级小量 $\Delta\gamma\Delta x$，便得

$$(1+\Delta x)^{\gamma} = 1 + \left(\pm\frac{N_2}{N_1} + \Delta\gamma\right)\Delta x$$

即

$$(1+\Delta x)^{\gamma} = 1 + \gamma\Delta x \qquad ⑥$$

⑤⑥两式可统一地表述为

$$(1+\Delta x)^{\alpha} = 1 + \alpha\Delta x \quad (\alpha \text{ 为任意实数}) \qquad ⑦$$

物理问题往往可通过小量近似进行简化，例如，平衡位置附近小振动问题常需借助⑦式来求解，全国中学生物理竞赛中就有这一类的赛题。

例 11 如图 17 所示，在边长为 a 的正三角形三个顶点 A、B、C 处分别固定电量 $Q > 0$ 的点电荷，在其三条中线的交点 O 上放置一个质量为 m、电量为 $q > 0$ 的带电质点，O 点显然为带电质点的平衡位置。设该质点沿某一中线稍稍偏离平衡位置，试证它将做简谐振动，并求其振动周期。

解 如图 18 所示，以 O 为坐标原点，在中线 AOD 上设置 x 轴，考虑带电质点沿 x 轴的小偏离运动。设偏移量 x 为小量，A 处 Q 对其作用力记为 $F_{x,1}$，B、C 处两个 Q 对其合作用力记为 $F_{x,2}$，这些力取正时朝 x 轴正方向，取负时朝 x 轴负方向。

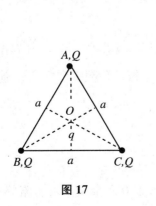

图 17

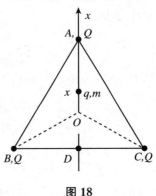

图 18

记
$$r = OA = OB = OC = \frac{\sqrt{3}}{3}a$$
$$h = OD = \frac{\sqrt{3}}{6}a$$

则有
$$F_{x,1} = -k\frac{qQ}{(r-x)^2} = -k\frac{qQ}{r^2}\left(1-\frac{x}{r}\right)^{-2} = -k\frac{qQ}{r^2}\left(1+\frac{2x}{r}\right)$$
$$= -3k\frac{qQ}{a^2}\left(1+\frac{6x}{\sqrt{3}a}\right)$$

$$F_{x,2} = 2\left[k\frac{qQ}{\left(\frac{a}{2}\right)^2+(h+x)^2}\frac{h+x}{\sqrt{\left(\frac{a}{2}\right)^2+(h+x)^2}}\right]$$
$$= 2kqQ(h+x)\left[\left(\frac{a}{2}\right)^2+(h+x)^2\right]^{-\frac{3}{2}}$$
$$= 2kqQ(h+x)\left(\frac{a^2}{4}+h^2+2hx\right)^{-\frac{3}{2}} (\text{已略去 } x^2 \text{ 项})$$
$$= 2kqQ(h+x)\left(\frac{a^2}{3}+\frac{\sqrt{3}}{3}ax\right)^{-\frac{3}{2}}$$
$$= 2kqQ(h+x)\left(\frac{a^2}{3}\right)^{-\frac{3}{2}}\left(1+\frac{\sqrt{3}}{a}x\right)^{-\frac{3}{2}}$$
$$= 6\sqrt{3}kqQ\frac{h+x}{a^3}\left(1-\frac{3}{2}\frac{\sqrt{3}}{a}x\right)$$
$$= 6\sqrt{3}k\frac{qQ}{a^3}\left(h-\frac{3\sqrt{3}}{2a}hx+x\right) (\text{已略去 } x^2 \text{ 项})$$
$$= 6\sqrt{3}k\frac{qQ}{a^3}h\left(1-\frac{3\sqrt{3}}{2a}x+\frac{x}{h}\right)$$
$$= 3k\frac{qQ}{a^2}\left(1+\frac{\sqrt{3}x}{2a}\right)$$

因此带电质点所受合力为
$$F_x = F_{x,1}+F_{x,2} = -3k\frac{qQ}{a^2}\left(\frac{6x}{\sqrt{3}a}-\frac{\sqrt{3}x}{2a}\right) = -\frac{9\sqrt{3}}{2}k\frac{qQ}{a^3}x$$

这是一个线性回复力，故带电质点将做简谐振动。振动角频率和周期分别为
$$\omega = \sqrt{\frac{9\sqrt{3}kqQ}{2a^3m}} = \frac{3}{a}\sqrt{\frac{\sqrt{3}kqQ}{2am}}$$
$$T = \frac{2\pi}{\omega} = \frac{2}{3}\pi a\sqrt{\frac{2am}{\sqrt{3}kqQ}}$$

例 12 在光滑的水平面(图 19 中的纸平面)上有两个质量可忽略的相同弹簧，它们

的一对端点共同连接着一个光滑的小物体,另外一对端点 A_1、A_2 固定在该水平面上,恰使两弹簧均处于自由长度状态且在同一直线上,如图 19 所示。如果小物体在此平面上沿着垂直于 A_1、A_2 连线的方向稍稍偏离初始位置,试分析判断它是否将做简谐振动。

解 如图 20 所示,建立 y 坐标轴,则小物体所受的回复力为

$$F_y = -2k(l - l_0)\sin\varphi$$

其中 k 为弹簧的劲度系数,l_0 为弹簧的自由长度,l、φ 如图所示,将

$$\sin\varphi = \frac{y}{l}, \quad l = \sqrt{l_0^2 + y^2}$$

代入后,可得

$$F_y = -2k\left[1 - \left(1 + \frac{y^2}{l_0^2}\right)^{-\frac{1}{2}}\right]y = -2k\left[1 - \left(1 - \frac{1}{2}\frac{y^2}{l_0^2}\right)\right]y = -\frac{ky^3}{l_0^2}$$

这是一个非线性回复力,因此小物体将不做简谐振动。

本题表明,平衡位置附近的小振动未必都是简谐振动。

4. 小量累加

从数学上来说小量累加就是积分,但涉及小量累加的某些物理问题不借助积分公式也能处理,下面举例说明。

例 13 图 21 中两个圆代表内、外半径几乎同为 R 的环形光滑轨道,它与长方体底座连在一起,放置于光滑的水平面上,环与底座连体的质量为 M。轨道内有一质量为 m 的光滑小球,开始时静置于最高处,后因受微小扰动而朝右滑下。在以后的运动过程中底座的底面始终全部与地面接触,试在地面参照系中确定小球的运动轨道。

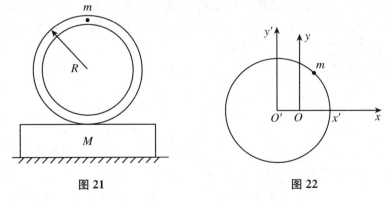

图 21　　　　　　　　图 22

解 如图 22 所示,在地面参照系建立 xOy 坐标系,O 点恰好在环心的初始位置,x 轴水平朝右,y 轴垂直朝上。另外,在运动的圆环中建立 $x'O'y'$ 坐标系,O' 点始终在环

心上。小球在 xOy 坐标系上的位置记为 (x_m, y_m)，在 $x'O'y'$ 坐标系上的位置记为 (x'_m, y'_m)，圆环与底座连体在 xOy 坐标系中的位移量记为 x_M。

小球相对圆环做圆周运动，故有
$$x_m'^2 + y_m'^2 = R^2 \qquad ①$$

因 $y'_m = y_m$，若能找到 x'_m-x_m 关系式，则将其代入①式后便可得小球在地面参照系的轨道方程。

设小球、连体相对 xOy 坐标系的 x 方向的速度分别为 $v_{m,x}$、$v_{M,x}$，由 x 方向动量守恒可得
$$mv_{m,x} + Mv_{M,x} = 0 \qquad ②$$

对于任意某个小时间间隔量 Δt，有
$$mv_{m,x}\Delta t + Mv_{M,x}\Delta t = 0$$

$v_{m,x}\Delta t$ 和 $v_{M,x}\Delta t$ 分别为小球、连体在 Δt 时间内的位移量 Δx_m 和 Δx_M，因此有
$$m\Delta x_m + M\Delta x_M = 0$$

从初始时刻到任意某时刻 t，对上式求和，得
$$\sum_0^t m\Delta x_m + \sum_0^t M\Delta x_M = 0$$

即
$$m\sum_0^t \Delta x_m + M\sum_0^t \Delta x_M = 0$$

显然，式中两个小量累加分别为小球和连体各自的总位移量 x_m 和 x_M，即
$$\sum_0^t \Delta x_m = x_m, \quad \sum_0^t \Delta x_M = x_M$$

因此有
$$mx_m + Mx_M = 0 \qquad ③$$

值得一提的是，学生解含有③式内容的这种类型题时，常在②式之后直接写出③式。其中有些学生并未真正理解②式至③式的小量累加过程，甚至有个别学生认为②式乘以运动总时间 t 即可得③式，这显然是不妥的，因为小球和连体在 x 方向的运动并非匀速运动，且②式中 $v_{m,x}$ 和 $v_{M,x}$ 也不是平均速度。自然，可根据质心公式及质心运动定理直接写出③式，但这已超出中学物理教学范围。

O' 点的 x 坐标即为 x_M，由相对运动关系即得
$$x_m = x_M + x'_m \qquad ④$$

联合③④两式可得
$$x'_m = \frac{M+m}{M}x_m$$

将它与 $y'_m = y_m$ 一起代入①式，便得所求轨道的方程为
$$\left(\frac{M+m}{M}\right)^2 x_m^2 + y_m^2 = R^2$$

可见小球相对地面参照系的运动轨道为一椭圆。

例 14 某气体系统在 pV 坐标系上的一条循环过程线如图 23 所示,试证该系统在对应的循环过程中比热 C 不能为恒量。

证 明 本题涉及比热,比热是一个与过程有关的物理量。如果系统的质量为 M,在过程中的某一小过程中吸热量为 ΔQ,升温量为 ΔT,则比热定义为

$$C = \frac{\Delta Q}{M\Delta T}$$

ΔQ、ΔT、C 均可正、可负。

根据热力学第一定律,对任一过程均有

$$Q = W + \Delta u$$

其中 Q 为全过程的系统吸热量,W 为系统对外做功量,Δu 为系统内能增量。对循环过程,恒有 $\Delta u = 0$,故

$$Q = W$$

而

$$Q = \sum \Delta Q = \sum CM\Delta T = M \sum C\Delta T$$

式中 $\sum$ 意指对循环过程求和。由上两式得

$$W = MC \sum \Delta T$$

T 为状态量,循环一周回到初态,必有

$$\sum \Delta T = 0$$

因此有

$$W = 0$$

但图 23 所示的循环过程无论取正循环(顺时针方向进行的循环)还是逆循环(逆时针方向进行的循环)均有

$$W \neq 0$$

这便发生矛盾。因此,C 必不可为恒量。

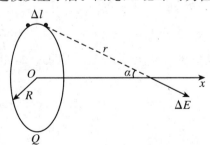

图 24

例 15 半径为 R 的圆环上均匀带电,总电量为 $Q>0$,试求垂直于环平面的中央轴线上的电场强度分布。

解 以圆心为坐标原点,在中央轴上建立 x 坐标轴,如图 24 所示。在环上任取一线元 Δl,带电量为 ΔQ,它在轴上 x 点处的场强 ΔE 的方向如图所示。x 处总场强 E 为圆环所有线元电荷的场强小量 ΔE 的累加,即

$$E = \sum \Delta E$$

考虑到对称性，ΔE 中垂直于 x 轴的分量必在累加中相互抵消，只有 ΔE 的 x 分量 ΔE_x 有非零的累加结果。因此 E 的方向朝 x 轴正方向，大小为

$$E = \sum \Delta E_x$$

对于选定的 Δl 线元，即使将它移到圆环的其他位置，ΔE_x 值仍不变，因此可将圆环总电荷 Q 移到圆环上任意一点，该点电荷 Q 在 x 处的场强的 x 方向分量即为上述式中的 $\sum \Delta E_x$。于是，即得

$$E = \sum \Delta E_x = k \frac{Q}{r^2} \cos\alpha = k \frac{Qx}{(x^2 + R^2)^{\frac{3}{2}}}$$

例 16 如图 25 所示，一个电阻为 R 的长方形线圈 $abcd$ 沿着磁针所指的南北方向平放在北半球的一个水平桌面上。ab 边长为 l_1，bc 边长为 l_2。现突然将线圈翻转 $180°$，使 ab 与 dc 互换位置，可设法测得导线中流过的电量为 Q_1。然后维持 ad 边不移动，将线圈绕 ad 边转动，使之突然竖直，这次测得导线中流过的电量为 Q_2。试求该处地磁场的磁感应强度大小。

解 本题取自第 2 届（1986 年）全国中学生物理竞赛预赛第 2 部分第 3 题。

北半球地磁场 B 可分解为朝下的 B_1 与水平朝北的 B_2，如图 26 所示。翻转过程中线圈的感应电动势和感应电流的大小分别为

$$\varepsilon = \frac{\Delta \Phi}{\Delta t}, \quad i = \frac{\varepsilon}{R} = \frac{1}{R} \frac{\Delta \Phi}{\Delta t}$$

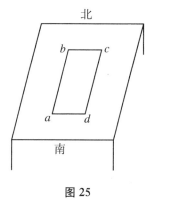
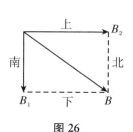

图 25   图 26

式中 $\Delta \Phi$ 为很短的时间 Δt 内穿过线圈的磁通量的改变量，$\Delta \Phi$ 也为小量且取正。Δt 内流过导线的电量便为

$$\Delta Q = i \Delta t = \frac{1}{R} \Delta \Phi$$

翻转全过程中流过导线的电量为

$$Q = \sum \Delta Q = \frac{1}{R} \sum \Delta \Phi$$

小量求和 $\sum \Delta \Phi$ 即为过程终态与初态之间的磁通量 Φ 的变化值，且取正。

第一次翻转时，仅有 B_1 起作用，Φ 的变化值为 $2B_1l_1l_2$，即得
$$\sum \Delta\Phi = 2B_1l_1l_2$$
因此有
$$Q_1 = \frac{2B_1l_1l_2}{R}$$
第二次翻转时，B_1、B_2 均起作用，因 Φ 的变化值取正，故或为 $B_2l_1l_2 - B_1l_1l_2$（当 $B_2 > B_1$ 时），或为 $B_1l_1l_2 - B_2l_1l_2$（当 $B_2 \leqslant B_1$ 时），即得
$$Q_2 = \begin{cases} (B_2 - B_1)l_1l_2, & 当\ B_2 > B_1\ 时 \\ (B_1 - B_2)l_1l_2, & 当\ B_2 \leqslant B_1\ 时 \end{cases}$$
由 Q_1、Q_2 两个表述式，可解得
$$B_1 = \frac{RQ_1}{2l_1l_2}$$
$$B_2 = \begin{cases} \dfrac{R(Q_1 + 2Q_2)}{2l_1l_2}, & 当\ B_2 > B_1\ 时 \\ \dfrac{R(Q_1 - 2Q_2)}{2l_1l_2}, & 当\ B_2 \leqslant B_1\ 时（必有\ Q_1 > 2Q_2） \end{cases}$$
地磁场 B 的大小便为
$$B = \sqrt{B_1^2 + B_2^2}$$
$$= \frac{\sqrt{2}R}{2l_1l_2}\sqrt{Q_1^2 \pm 2Q_1Q_2 + 2Q_2^2} \quad \begin{cases} +: B_2 > B_1 \\ -: B_2 \leqslant B_1 \end{cases}$$

$B_2 \leqslant B_1$ 显然对应北极附近，在该处做上述实验的"可能性"不大，所以原赛题的题解中只给出解答
$$B = \frac{\sqrt{2}R}{2l_1l_2}\sqrt{Q_1^2 + 2Q_1Q_2 + 2Q_2^2}$$

最后，对电量 Q_2 的测量作一补充解释。由于 B 是斜向下的，因此线圈竖起的过程可分解为两个阶段。第一阶段中，磁通量由 $B_1l_1l_2$ 增加到最大值 Bl_1l_2，此阶段中电流都朝同一方向流动，电荷流量的绝对值可算得为
$$Q_{21} = (B - B_1)l_1l_2$$
第二阶段中，磁通量由最大值 Bl_1l_2 减小到 $B_2l_1l_2$，此阶段中电流朝相反方向流动，电荷流量的绝对值为
$$Q_{22} = (B - B_2)l_1l_2$$
如果题文中所述"测得导线中流过的电量为 Q_2"指的是电量的绝对值，也就是测量的各阶段中电荷流量绝对值的叠加，那么应有
$$Q_2 = Q_{21} + Q_{22} = [2B - (B_1 + B_2)]l_1l_2$$
这与赛题题解给出的答案不相符。因此，Q_2 的测量必定先具有方向性，代数叠加后再取绝对值。例如，规定 Q_{21} 对应的流向为正，则 Q_{21} 为正，Q_{22} 前需增添一负号，而后再规定 Q_2 为两者代数和的绝对值，即

$$Q_2 = |Q_{21} - Q_{22}| = \begin{cases} (B_2 - B_1)l_1 l_2, & B_2 > B_1 \\ (B_1 - B_2)l_1 l_2, & B_2 \leqslant B_1 \end{cases}$$

这与赛题答案相符。按理说电流是有方向性的,电荷流量的测量自然也必定是有方向性的,但若是仅仅如此,那么 Q_{21}、Q_{22}、Q_2(还有 Q_1)都有正负号和取绝对值问题,所以应有适当的补充说明。

电学题的题文中关于感应电流电量的上述不确切性其实起源于大学普通物理的例题与习题。在所编的简单题目中,Φ 或者只是增加,或者只是减少,关系不大。题目编得稍有难度时,不免会疏忽这种不确切性产生的影响。

本题原型可参见马光群等编著的《英美大学物理典型题选》(南京大学出版社,1986年)题 5-5-5,题文中未限定此实验是在北半球进行的,故另有相应于南半球的如下答案:

$$B = \frac{\sqrt{2}R}{2l_1 l_2}\sqrt{Q_1^2 - 2Q_1 Q_2 + 2Q_2^2}$$

解答过程此处从略。

直流电源、电阻、电容网络

舒幼生

由直流电源、电阻器、理想导线和电容器构成的各种连通网络统称为直流电源、电阻、电容网络。

直流电源有正、负两极,其内部结构能使正极累积适量的正电荷,负极累积相应量的负电荷。电源未与其他元件接通时,正、负极之间的电势差称为电源电动势,记为 ε。一般来说,ε 值会随着电源的工作时间(即通路时间)延长而变小,由于空气尤其是湿空气具有一定程度的导电性,不使用的电源也有累积的通路时间。在工作的某段时间内 ε 的降低量非常小,可近似看作不变。若无特殊说明,直流网络问题中的直流电源都可作这种近似处理。直流电源与其他元件接通后,如果电源内部也有电流通过,便也有可能消耗能量,或者说放出焦耳热,这相当于电源本身又是一个电阻器,其电阻值称为电源内阻,常记为 r。$r=0$,ε 为恒量的直流电源称为理想直流电源。$r\neq0$ 的直流电源可分解出一个阻值为 r 的串联电阻器,余下部分便为理想直流电源。

电阻器为耗能元件,电荷在其内运动构成电流时,必定会受到某种耗能性的阻力。为使电流能持续下去,电阻器内必有电场,电场为运动电荷提供的电场力可与阻力抗衡。因有电场,电阻器一端到另一端便有电压。对于一个给定的电阻器,如果电流流入端和流出端确定,那么电压 U 与电流强度 I 之间恒有正比关系,比例系数记为 R,则有

$$U = RI \qquad ①$$

这就是欧姆定律,R 被称为电阻器的电阻。直流网络中的导线也有电阻,$R\to0$ 的导线称为理想导线。如果讨论的网络真实导线电阻不可忽略,那么其可视为一个电阻器与理想导线的串联件。若无特殊说明,网络中的导线都处理为理想导线。

电容器有两个导体极板,当它与直流电源直接或间接连通后,两个极板会分别积聚等量异号电荷,其间有电场,对应有电压。积聚正电荷的极板称为电容器正极,所带电量 Q 常称为电容器电量,正极板到另一极板(负极板)的电压 U 称为电容器电压。对于一个给定的电容器,U 与 Q 恒有正比关系,比例系数记为 $\frac{1}{C}$,有

$$U = \frac{Q}{C} \qquad ②$$

由直流电源、电阻器和理想导线构成的连通网络称为直流电源、电阻网络,又常称为直流电路。直流电路中各电阻器中均有电流,要解决的基本问题就是确定这一电流的分布。直流电路中某个部分可以是仅由电阻器和理想导线构成的连通小网络,称为电阻网

络。电阻网络显然是直流电路中的一种组元,因为单个电阻器也可看作是一个电阻网络。直流电路将先从电阻网络开始讨论。

如果上述直流电路中接通有若干个原先不带电的电容器,通往电容器极板的电阻和理想导线中的电流便会使极板积聚电荷,形成电容器充电过程。电容器带电量达到某值时充电过程结束,相应的电流减小到零。倘若此时电路中处处均无电流,那么电阻器与理想导线一样将只起等电势连接作用,均可简化为导线。从这个时候开始,称此电路为直流电源、电容网络。该网络的基本问题是要确定各电容器的电量分布。直流电源、电容网络中也有不包含直流电源的电容网络,讨论也将由此开始。

考察①②两式,不难发现 Q 与 I 相当,$\dfrac{1}{C}$ 与 R 相当。由此得到启示,如果为电容器引入新的类电阻参量 $C^* = \dfrac{1}{C}$,那么直流电源、电容网络基本问题(即各电容器电量分布问题)的求解完全类同于直流电源、电阻网络基本问题(即各电阻器电流分布问题)的求解。例如,为普遍地解决后一问题,可列出基尔霍夫方程组;为普遍地解决前一问题,必可列出完全相似的"类基尔霍夫方程组"。

如果前面提到的直流电路中接通若干电容器,并在电容器电量达到稳定值后,仍有若干电阻器中的电流不为零,则称此电路为直流电源、电阻、电容混合网络。混合网络总可分解为直流电源、电阻网络和直流电源、电容网络,只是在后一网络中可能有些直流电源并非是真实电源,而是虚构的等效电源。混合网络要解决的基本问题是电阻器的电流和电容器的电量分布。网络作上述分解后,这一基本问题显然归结为直流电源、电阻网络的基本问题和直流电源、电容网络的基本问题。

为叙述方便,以后的直流电源均指理想直流电源,导线均指理想导线,并常简称电阻器、电容器为电阻、电容。

1. 电阻网络

网络中各电阻用导线直接或间接地互相连通,网络有若干外接端可与网络外的电阻或直流电源连通。有 k 个外接端的网络称为 k 端网络,显然 $k \geqslant 2$ 的网络才有讨论意义,这里将只讨论二端网络与最简单的两种三端网络。

二端网络的基本问题是将它等效变换为只含一个电阻的二端网络,这种等效变换含有明显的简化目的,简化的电阻称为等效电阻。

最简单的三端网络是 Y 型网络和△型网络,它们分别包含三个电阻,将讨论这两种网络间的等效变换,这一变换称为 Y-△变换。

值得指出的是,二端网络中也可以包含有 Y 型或△型三端小网络,因此 Y-△变换也可用来帮助求解二端网络的等效电阻。

(1) 二端网络的等效电阻

假设电流 I 从二端网络的 A 端流入,B 端流出,A、B 间的电压为 U_{AB},则称

$$R_{AB} = \dfrac{U_{AB}}{I} \qquad ③$$

为该网络的等效电阻。

常可利用电阻串、并联公式,对称性简化,电流分布法,极限法和 Y-△变换来完成等效电阻的计算。

① 电阻串、并联公式。

电阻的串联是指依次首尾相连的连接。串联的电阻记为 R_1、R_2、$\cdots$、R_k,电流从 R_1 首端 A 流入,从 R_k 尾端 B 流出,等效电阻 R_{AB} 常写为 $R_串$。注意到串联中流经各电阻的电流相同,总电压为各电阻电压之和,结合欧姆定律及等效电阻定义,很容易导得

$$R_串 = \sum_{i=1}^{k} R_i \qquad ④$$

电阻的并联是指彼此首端相连、尾端相连的连接。并联的电阻分别为 R_1、R_2、$\cdots$、R_k,电流从共同的首端 A 流入,从共同的尾端 B 流出,等效电阻 R_{AB} 常写为 $R_并$。考虑到并联中总电流为各电阻电流之和,总电压等于各电阻电压,结合欧姆定律及等效电阻定义,很容易导得

$$R_并 = \left(\sum_{i=1}^{k} R_i^{-1}\right)^{-1} \qquad ⑤$$

基于电阻串、并联比较简单,不单独举例计算。

② 对称性简化。

所谓对称性简化,就是利用网络结构中可能存在的对称性来简化等效电阻的计算。需要指出的是,对称性简化并不给出等效电阻的某种直接算式,它的效果是使计算得以简化,计算最后必须依据电阻串、并联公式,电流分布法,极限法等来完成。

在某些情况下,通过对称性简化甚至能将非串、并联结构的网络等效变换为串、并联结构的网络。此处等效变换的含义是两个网络的等效电阻相同。

例 1 图 1 所示的四面体框架由电阻同为 R 的 6 根电阻丝连接而成,求任意两个顶点 A、B 间的等效电阻 R_{AB}。

解 可设电流从 A 点流入、B 点流出。因对称性,图中 C、D 两点等电势,或者说 C、D 间的电压为零,没有电流流过 C、D 间的电阻丝,此电阻丝实际上不起作用,可拆去。原网络便简化成图 2 所示的简单串、并联网络,很容易算得

$$R_{AB} = \frac{R}{2}$$

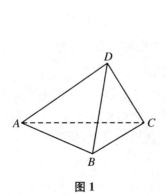

图 1

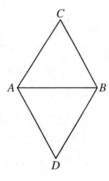

图 2

例 2 三个相同的金属圈两两正交地连成图 3 所示的形状,若每一金属圈的原长电阻为 R,试求图中 A、B 两点间的等效电阻 R_{AB}。

解 从图 3 可以看出,整个电阻网络相对 A、B 的电流流入、流出方式具有上、下对称性,因此可将上、下压缩成图 4 所示的等效简化网络,其中 r 为原金属圈四分之一长度部分的电阻,即有

$$r = \frac{R}{4}$$

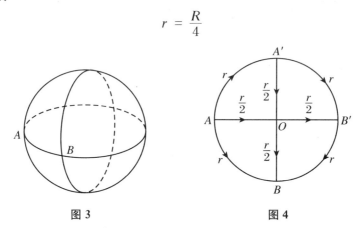

图 3　　　　　　　　　图 4

图 4 所示的网络中从 A 点到 O 点的电流与从 O 点到 B 点的电流必相同,从 A' 点到 O 点的电流与从 O 点到 B' 点的电流必相同。据此,可将 O 点断开,等效成图 5 所示的简单网络,继而再简化成图 6 所示的网络。最后可算得

$$R_{AB} = \frac{5}{12}r = \frac{5}{48}R$$

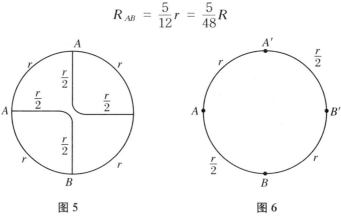

图 5　　　　　　　　　图 6

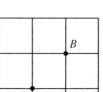

图 7

例 3 图 7 所示的格形网络中,每一小段电阻均为 R,试求 A、B 两点间的等效电阻 R_{AB}。

解 由于网络具有相对于过 A、B 的对角线的对称性,因此可折叠成图 8 所示的等效网络。后者中 O_1、O_2 两点等势,可短接,再去掉斜角部位两段不起作用的电阻,便等效变换为图 9 所示的简单网络。最后,不难算得

$$R_{AO} = R_{OB} = \frac{5}{14}R$$

$$R_{AB} = R_{AO} + R_{OB} = \frac{5}{7}R$$

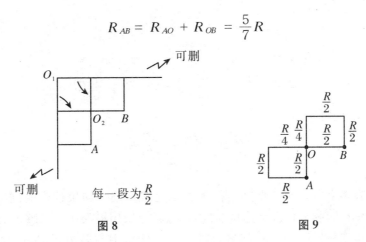

图 8 　　　　　　　图 9

③ 电流分布法。

设定电流 I 从网络 A 点流入，B 点流出。运用电流分流思想和网络中任意两点间不同路径等电压的思想，建立以网络中各电阻的电流为未知量的方程组，解出各电流与 I 的比例关系，然后选取 A 到 B 的某一路径，计算 A、B 间的电压 U_{AB}，再由③式计算 R_{AB}。在实际求解中，可尽量利用对称性予以简化。

例4 7 个电阻同为 R 的网络如图 10 所示，试求 A、B 间的等效电阻 R_{AB}。

解 如图 10 所示，设电流 I 由 A 点流入，B 点流出，网络中分布的电流为 I_1、I_2、I_3、I_4 和 I_5。因对称性，有

$$I_4 = I_2, \quad I_5 = I_1$$

再利用串联等效电阻公式，可将原网络简化为图 11 所示的等效网络。再根据分流思想，有

$$I_2 = I - I_1$$
$$I_3 = I_2 - I_1 = I - 2I_1$$

电流分布又可简化为图 12。根据两点间不同路径等电压的思想，图 12 中 A、O 间的电压无论取电流 I_1 流经电阻 $2R$ 的短路径，还是取电流 $I-I_1$ 流经电阻 R 及电流 $I-2I_1$ 流经电阻 R 的长路径，都有相同值。因此有

$$I_1(2R) = (I - I_1)R + (I - 2I_1)R$$

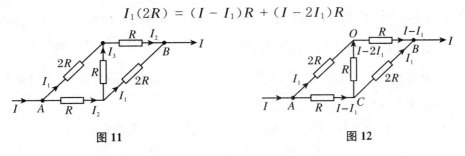

图 11 　　　　　　　图 12

解得

$$I_1 = \frac{2}{5}I$$

取 AOB 路径,可得 A、B 间的电压为

$$U_{AB} = I_1(2R) + (I - I_1)R = \frac{7}{5}IR$$

A、B 间的等效电阻便为

$$R_{AB} = \frac{U_{AB}}{I} = \frac{7}{5}R$$

④ 极限法。

包含有无限多个电阻的二端网络称为二端无限网络。如果这样的网络由无限多个某种小网络元按相同的方式逐个连接而成,那么常可采用极限法来求解等效电阻。

所谓极限法就是先设 k 个小网络元组成二端网络,其等效电阻记为 R_k,再连接一个小网络元,设法找出 R_{k+1} 与 R_k 之间的数学递推关系式,最后令 $k \to \infty$,R_{k+1} 与 R_k 便同为所求的原二端无限网络的等效电阻 R_{AB},R_{k+1} 与 R_k 之间的递推关系式便成为关于 R_{AB} 的一元代数方程,由此可解出 R_{AB}。

例 5 图 13 所示的无限长金属细框中每一段金属丝的电阻均为 R,试求 A、B 间的等效电阻 R_{AB}。

解 若电流从 A 点流入,B 点流出,则细框背面的那根无限长直金属丝中必无电流流过。因为如果此金属丝中有电流,根据对称性,只能从两侧向中间流(或从中间向两侧流),那么若使电流从 B 点流入,A 点流出,一方面因电流反向,此金属丝中的电流也须从中间向两侧流(或从两侧向中间流),另一方面 "B 点流入、A 点流出" 与 "A 点流入、B 点流出" 的效果是一样的,仍要求此金属丝中的电流从两侧向中间流(或从中间向两侧流),这便发生矛盾。

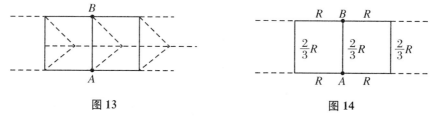

图 13 图 14

据上所述,背面的金属丝可拆去,再将每一个小三角形"压成"一条直线段,后者电阻均为 $\frac{2}{3}R$,于是得图 14 所示的等效二端无限网络。此网络具有相对 A、B 连线的左、右对称性,可折叠成图 15 所示的二端无限网络。

图 15 中引入无限靠近 A、B 的 x、y 点,所求等效电阻 R_{AB} 便可视为 $\frac{2R}{3}$ 电阻与待求的 R_{xy} 电阻的并联电阻。

R_{xy} 计算的示意图如图 16 所示,R_{k+1} 与 R_k 间的递推关系推导如下:

$$R_{k+1} = \frac{R}{2} + \frac{R}{2} + \left(\frac{3}{R} + \frac{1}{R_k}\right)^{-1} = \frac{4RR_k + R^2}{3R_k + R}$$

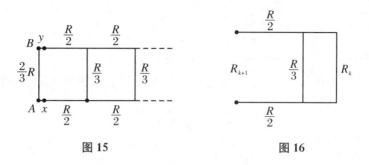

图 15　　　　　　　　　图 16

即得

$$R_{xy} = \frac{4RR_{xy} + R^2}{3R_{xy} + R}$$

可解出

$$R_{xy} = \frac{3 + \sqrt{21}}{6}R$$

最后得

$$R_{AB} = \left(\frac{3}{2R} + \frac{1}{R_{xy}}\right)^{-1} = \frac{2\sqrt{21}}{21}R$$

例6　7个阻值均为 R 的电阻组成的网络元如图17(a)所示,由这种网络元相继连接形成的无限梯形网络如图17(b)所示,试求 A、B 两点间的等效电阻 R_{AB}。

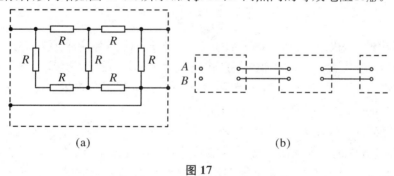

图 17

解　设 k 个网络元连成的梯形网络的等效电阻为 R_k,再连一个网络元的等效电阻为 R_{k+1},网络如图18所示。该网络又可简化为图19所示的网络,且有 $R_{k+1} = R_{PQ}$。设电流分布如图19所示,则可列出电压方程

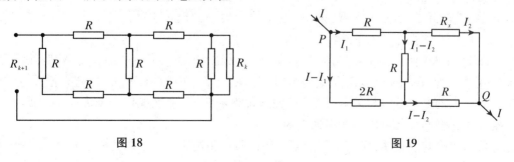

图 18　　　　　　　　　图 19

$$\begin{cases} I_1 R + (I_1 - I_2)R = (I - I_1)(2R) \\ I_2 R_x = (I_1 - I_2)R + (I - I_2)R \end{cases}$$

其中 R_x 为图 18 中 R_k 与一个 R 并联后再与一个 R 串联的等效电阻,即有

$$R_x = \frac{R + 2R_k}{R + R_k} R$$

由电压方程解得

$$I_1 = \frac{2R_x + 5R}{4R_x + 7R} I, \quad I_2 = \frac{6R}{4R_x + 7R} I$$

于是有

$$R_{k+1} = R_{PQ} = \frac{U_{PQ}}{I} = \frac{I_1 R + I_2 R_x}{I} = \frac{8R_x + 5R}{4R_x + 7R} R$$

将 R_x 的表述式代入后,可得

$$R_{k+1} = \frac{13R + 21R_k}{11R + 15R_k} R$$

当 $k \to \infty$ 时,R_{k+1}、R_k 同趋向于 R_{AB},故有

$$R_{AB} = \frac{13R + 21R_{AB}}{11R + 15R_{AB}} R$$

由此算得

$$R_{AB} = \frac{1}{15}(5 + 2\sqrt{55})R$$

值得指出的是,极限法假设 $k \to \infty$ 时,R_{k+1} 与 R_k 便同为所求原二端无限网络的等效电阻 R_{AB},R_{k+1} 与 R_k 之间的递推关系式便成为关于 R_{AB} 的一元代数方程,由此可解出 R_{AB}。不难看出,这在数理上是不严谨的,因为只有在证明了数列 R_1、R_2、…、R_k、… 的极限 R_∞ 是存在的之后,方可有 $k \to \infty$ 时,$R_{k+1} = R_k = R_\infty (= R_{AB})$。换言之,$k \to \infty$ 时,并非"想当然"地必有 $R_{k+1} = R_k = R_\infty$。不过,要求中学生作此证明,显然也是不合适的。对上述例5、例6中的二端无限网络及其他熟悉的二端无限网络,均可证明其极限的存在性。让学生求解这些题时均不要求他们作此证明,但这并不意味着鼓励学生用"想当然"的思维方式来求解物理题。

上述议论的目的在于强调物理学作为最具有数理逻辑性质的一门自然学科,其教学必须赋有数理严谨性。在课堂教学或课外活动辅导中,指出二端无限网络中存在着极限存在的待证明性但不要求学生证明之,这可以得到一种教学效果;教学中不作必要指点,听凭学生"想当然"地去求解物理问题,显然会有另一种教学效果。

(2) 三端网络的 Y-△ 变换

图 20 中左边的三端小网络称为 △ 型网络元,右边的三端小网络称为 Y 型网络元。如果 Y 型网络元中的 a、b、c 端电势分别与 △ 型网络元中的 A、B、C 端电势相同,从 a、b、c 端流入的电流分别与从 A、B、C 端流入的电流相同,那么在任一个大网络中此 Y 型网络元与 △ 型网络元可以互相等效置换。

可以置换的前提是:对于 △ 型网络元中的每一组电阻 R_{AB}、R_{BC}、R_{CA},必可在 Y 型网

络元中找到一组对应的电阻 R_a、R_b、R_c，使得可置换的条件能够满足。或者反过来，对于每一组 R_a、R_b、R_c，必可找到一组对应的 R_{AB}、R_{BC}、R_{CA}，使得可置换的条件能够满足。

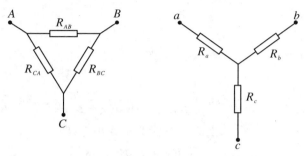

图 20

参考图 21，因 Y 型网络元中 a、b、c 三点的电势分别与 △型网络元中 A、B、C 三点的电势相同，故两者间有如下电压关系：
$$U_{ab} = U_{AB}, \quad U_{bc} = U_{BC}, \quad U_{ca} = U_{CA}$$

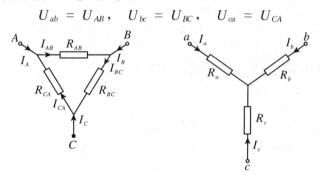

图 21

现在来考虑，为使 Y 型网络元中的电流与 △型网络元中的电流有如下对应关系：
$$I_a = I_A, \quad I_b = I_B, \quad I_c = I_C$$
电阻 R_a、R_b、R_c 与电阻 R_{AB}、R_{BC}、R_{CA} 之间必须存在什么样的关系。

先分析 $I_a = I_A$ 的成立条件。

在 Y 型网络元中，有
$$I_a R_a - I_b R_b = U_{ab}$$
$$I_c R_c - I_a R_a = U_{ca}$$
$$I_a + I_b + I_c = 0$$

由此可解得
$$I_a = \frac{R_c}{R_a R_b + R_b R_c + R_c R_a} U_{ab} - \frac{R_b}{R_a R_b + R_b R_c + R_c R_a} U_{ca}$$

在△型网络元中，则有
$$I_{AB} = \frac{U_{AB}}{R_{AB}}$$

$$I_{CA} = \frac{U_{CA}}{R_{CA}}$$

$$I_A = I_{AB} - I_{CA}$$

即得

$$I_A = \frac{U_{AB}}{R_{AB}} - \frac{U_{CA}}{R_{CA}}$$

由 $I_a = I_A$,得

$$\frac{R_c}{R_aR_b + R_bR_c + R_cR_a}U_{ab} - \frac{R_b}{R_aR_b + R_bR_c + R_cR_a}U_{ca} = \frac{U_{AB}}{R_{AB}} - \frac{U_{CA}}{R_{CA}}$$

因 $U_{ab} = U_{AB}$,$U_{ca} = U_{CA}$,便要求上式中对应的系数相等,即

$$R_{AB} = \frac{R_aR_b + R_bR_c + R_cR_a}{R_c} \qquad ⑥a$$

$$R_{CA} = \frac{R_aR_b + R_bR_c + R_cR_a}{R_b} \qquad ⑥b$$

分析 $I_b = I_B$、$I_c = I_C$ 的成立条件,同样可得到与上两式相似的四个关系式,其中两个与上述两式完全相同,另外两个同为

$$R_{BC} = \frac{R_aR_b + R_bR_c + R_cR_a}{R_a} \qquad ⑥c$$

⑥a、⑥b、⑥c 式即为满足可置换条件的第一组变换式。

⑥b 式与⑥c 式相除,可得

$$R_b = \frac{R_{BC}}{R_{CA}}R_a$$

⑥a 式与⑥c 式相除,可得

$$R_c = \frac{R_{BC}}{R_{AB}}R_a$$

将上述两式代入到⑥a 式的下述形变式:

$$R_a + R_b + \frac{R_b}{R_c}R_a = R_{AB}$$

即可得

$$R_a = \frac{R_{AB}R_{CA}}{R_{AB} + R_{BC} + R_{CA}} \qquad ⑦a$$

将此式代入上面的 R_b-R_a 和 R_c-R_a 关系式,即得

$$R_b = \frac{R_{AB}R_{BC}}{R_{AB} + R_{BC} + R_{CA}} \qquad ⑦b$$

$$R_c = \frac{R_{BC}R_{CA}}{R_{AB} + R_{BC} + R_{CA}} \qquad ⑦c$$

事实上由于网络的对称性,可以通过对称地置换⑦a 式中各电阻的下标字母直接写出⑦b、⑦c 两式。网络的对称性在⑥a、⑥b、⑥c 式中已明显地体现出来。

⑦a、⑦b、⑦c 即为满足可置换条件的第二组变换式。

Y-△变换的上述两组变换式互为正逆变换关系。

例7 应用 Y-△ 变换,重新计算例 4 的网络的等效电阻 R_{AB}。

解 先将图 10 所示的网络简化为图 22 所示的网络,将其中
$$R_a = 2R, \quad R_b = R, \quad R_c = R$$
的 Y 型网络元 O-ABC 等效置换成电阻分别为
$$R_{AB} = \frac{R_aR_b + R_bR_c + R_cR_a}{R_c} = 5R$$
$$R_{BC} = \frac{R_aR_b + R_bR_c + R_cR_a}{R_a} = \frac{5}{2}R$$
$$R_{CA} = \frac{R_aR_b + R_bR_c + R_cR_a}{R_b} = 5R$$
的 △ 型网络元 ABC 后,可得图 23 所示的等效网络。这是一个简单的串、并联网络,很容易算得
$$R_{AB} = \frac{7}{5}R$$

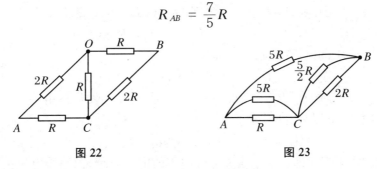

图 22 图 23

例8 求图 24 所示的双 T 桥网络的等效电阻 R_{AB}。

解 将双 T 桥网络中两个小的 Y 型网络元变换成两个小的 △ 型网络元,原网络便等效变换为图 25 所示的网络。由此很容易算得
$$R_{AB} = \frac{118}{93}\ \Omega$$

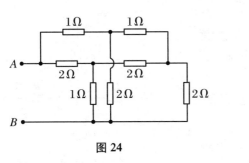 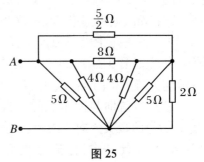

图 24 图 25

2. 直流电源、电阻网络

直流电源、电阻网络也就是常说的直流电路。对于一个给定的直流电路,其中各电源电动势和各电阻阻值常为已知量。直流电路的基本问题就是要确定流过各电阻的电流,或者把所要求解的电流范围扩大到包括流过电源的电流。

最简单的直流电路中,所有电源、电阻串联成一回路,只有一个电流,它的求解问题

较为简单,此处不予叙述。

许多直流电路中,各元件(电源、电阻)并非是全体串联连接,电流会在某些部位分流,这些部位称为节点,电流不分流的那些部分便称为一条支路。于是在直流电路中求解各电阻、电源电流的问题可等效为求解各支路电流的问题。

(1) 基尔霍夫方程组

任意直流电路,无论简单到什么程度或复杂到什么程度,它的基本问题已被基尔霍夫解决。基尔霍夫为全部待定的支路电流强度量建立了可解的、后来以他的名字命名的方程组,即基尔霍夫方程组。在中学课堂教学范围内一般不给出这一普遍的解决方案,但在若干重点中学、课外活动辅导或实验班的教学中,普遍地涉及前面曾提及的求解二端电阻网络的分流法。不难看出,分流法实际上已包含了基尔霍夫方程组中的电流分流思想以及任意两点间不同路径的等电压思想。后一思想稍微引申,便得回路零电压关系式。如图 26 所示,从 A 点选取两条路径 L_1 和 L_2,均到 B 点。于是有

图 26

$$U_{AB}(L_1) = U_{AB}(L_2)$$

显然由 B 逆 L_2 到 A 的电压必为

$$U_{BA}(-L_2) = -U_{AB}(L_2)$$

其中符号 $-L_2$ 意即与原 L_2 路径相反的路径。于是从 A 出发经过由 L_1 和 $-L_2$ 形成的回路返回 A,必得零值回路电压,即

$$U_{ABA} = U_{AB}(L_1) + U_{BA}(-L_2) = 0$$

电流分流思想的数学表述即为基尔霍夫方程组中的电流方程,回路零电压关系的数学表述即为基尔霍夫方程组中的回路电压方程。显然,这种引申几乎不涉及新的物理概念和规律,数学上也仍然是线性代数方程,但引申的结果则能使学生得到一种数理完备性的美感。科学中的美感往往要比某些细节重要,因此教员在引出基尔霍夫方程组时宜重数理思想,不必让学生去做繁琐的电路计算题。

为引出基尔霍夫方程组,先考虑某直流电路中的一个三端电源、电阻网络,如图 27 所示。网络中有三条支路,各支路中电流流向可任意选定,例如,可取图中已用箭头标出的三个支路电流 I_1、I_2、I_3 的流向。若算得的 I_1(或 I_2、I_3)为正,则 I_1(或 I_2、I_3)的真实流向与图示流向一致;若为负,则 I_1(或 I_2、I_3)的真实流向与图示流向相反。

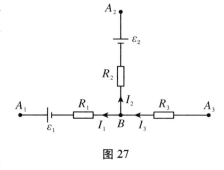
图 27

图中 B 为节点,根据分流思想可列出电流方程

$$I_3 = I_1 + I_2$$

此方程也可表述为

$$(-I_1) + (-I_2) + I_3 = 0$$

式中 I_3 为正可解释为流入节点 B,I_1、I_2 取负可解释为流出节点 B,流出也可说成是负

的流入。很容易理解,任一节点的电流方程可表述为:

流入每一节点的各支路电流之和为零,即

$$\sum_i (\pm I_i) = 0 \quad \begin{cases} +:流入 \\ -:负流入 \end{cases} \qquad ⑧$$

现在讨论网络中 A_1 点经 B 点到 A_2 点的电压 $U_{A_1BA_2}$,应注意到电压实际指电势降。第一个电源正极到负极的电势降的方向恰好与 A_1 到 A_2 的电压方向一致,所以它对 $U_{A_1BA_2}$ 有正的贡献量 ε_1。第二个电源正极到负极的电势降的方向与 A_1 到 A_2 的电压方向相反,所以它对 $U_{A_1BA_2}$ 有负的贡献量 $-\varepsilon_2$。电流在电阻上的流向为高电势到低电势的方向。电流 I_1 按图示方向流过电阻 R_1,它对 $U_{A_1BA_2}$ 做出的贡献量应为负值,即为 $-I_1R_1$。电流 I_2 按图示方向流过电阻 R_2,它对 $U_{A_1BA_2}$ 做出的贡献量应为正值,即为 I_2R_2。所有贡献量之和即为 $U_{A_1BA_2}$,有

$$U_{A_1BA_2} = \varepsilon_1 + (-\varepsilon_2) + (-I_1R_1) + I_2R_2$$

或表述成

$$U_{A_1BA_2} = \sum_m (\pm \varepsilon_m) + \sum_n (\pm I_nR_n) \quad \begin{cases} +:对 U_{A_1BA_2} 有正贡献 \\ -:对 U_{A_1BA_2} 有负贡献 \end{cases}$$

按这种方式,不难写出

$$U_{A_1BA_2} = \varepsilon_1 + (-I_1R_1) + (-I_3R_3)$$
$$U_{A_2BA_3} = \varepsilon_2 + (-I_2R_2) + (-I_3R_3)$$

将 A_1、A_2、A_3 彼此相连,便构成如图 28 所示的直流电路。电路中有两个节点 B 和 A_2,它们的节点方程

$$(-I_1) + (-I_2) + I_3 = 0$$
$$I_1 + I_2 + (-I_3) = 0$$

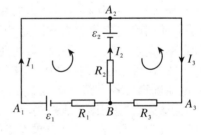

图 28

完全相同,或者说只有一个是独立的,只需取一个。根据图 26 所给公式,回路 $A_1 \to B \to A_2 \to A_1$ 的电压为零,即有

$$U_{A_1BA_2A_1} = U_{A_1BA_2} + U_{A_2A_1} = 0$$

因 A_1 与 A_2 接通后 A_1 与 A_2 等势,即 $U_{A_2A_1} = 0$,故

$$U_{A_1BA_2} = 0$$

由同样的分析可知

$$U_{A_1BA_3} = 0, \quad U_{A_2BA_3} = 0$$

因此,$A_1 \to B \to A_2 \to A_1$ 小回路零电压,$A_1 \to B \to A_3 \to A_2 \to A_1$ 大回路零电压和 $A_2 \to B \to A_3 \to A_2$ 小回路零电压可分别表述为

$$\varepsilon_1 + (-\varepsilon_2) + (-I_1R_1) + I_2R_2 = 0$$
$$\varepsilon_1 + (-I_1R_1) + (-I_3R_3) = 0$$
$$\varepsilon_2 + (-I_2R_2) + (-I_3R_3) = 0$$

称之为回路(零电压)方程。前两个方程相减即得第三个方程,故只有两个是独立的。回

路方程可一般地表述为：

对于每一回路，确定了回路方向后，回路中各电源对该回路的电压的贡献及电流、电阻联合对该回路的电压的贡献之和为零，即

$$\sum_m (\pm \varepsilon_m) + \sum_n (\pm I_n R_n) = 0 \quad \begin{cases} +: 正贡献 \\ -: 负贡献 \end{cases} \qquad ⑨$$

综上所述，直流电路的基尔霍夫方程组由两类方程构成，第一类为⑧式所示的节点电流方程，第二类为⑨式所示的回路零电压方程。需要指出的是，有些教材与参考书给出的电流方程和回路零电压方程与此处⑧式和⑨式在形式上不完全相同，但实质上都是等效的。例如，节点电流方程可改述成流入的电流之和等于流出的电流之和；回路零电压方程也可按电压升的方式写出，电源和电流、电阻的电压升贡献自然与本文规定的电压降贡献有相反的正、负号，但因贡献之和为零，故效果相同。本文取电压降的方式，因为电压本身就是高电势到低电势的"降值"。

若电路有 N 条支路，便有 N 个待定的电流量。电路的节点数若为 N_1+1，则可列出 N_1+1 个节点电流方程。参考图 28 所示的实例，可以理解这 N_1+1 个方程并不彼此完全独立，可以证明（略）其中有 N_1 个方程是彼此完全独立的。在图 28 中有两个节点，有一个独立的电流方程。电路有若干个大、小回路，所有回路方程也并不互相独立。图 28 所示的实例中有三个回路方程，其中有两个是独立的。独立的回路方程设有 N_2 个，其中包含了电流方程中不包含的电源电动势和电阻量，故它们必与 N_1 个电流方程互相独立。独立的回路方程一般可以这样逐个建立：先取任一回路，写出其回路方程；然后再找一个回路，要求它包含有前一回路未曾包含的电源或电阻，写出其回路方程；如此继续下去，只要新的回路包含了前面各回路均不曾包含的电源或电阻，它的回路方程便是独立的；最后不存在这样的新回路时，寻找便结束。N_1 个电流方程与 N_2 个回路方程联合构成包含 N_1+N_2 个独立方程的基尔霍夫方程组，方程组涉及 N 个未知电流量。从物理上考虑，电路确定后各支路电流也就唯一确定，这就要求 $N_1+N_2=N$。这要求必须被满足，但不能认为会"想当然"地被满足。必须在证明了任一直流电路的基尔霍夫方程组包含的独立方程个数 N_1+N_2 确实等于该电路的未知电流量的个数 N 之后，才能肯定基尔霍夫方程组的理论完备性。普遍的证明已被给出，但需要借助拓扑学（一门数学学科）中的图论知识，此处不宜介绍。

在图 28 所示的实例中，基尔霍夫方程组为

$$\begin{cases} -I_1 - I_2 + I_3 = 0 \\ \varepsilon_1 - \varepsilon_2 - I_1 R_1 + I_2 R_2 = 0 \\ \varepsilon_2 - I_2 R_2 - I_3 R_3 = 0 \end{cases} \qquad ⑩$$

其解为

$$\begin{cases} I_1 = \dfrac{\varepsilon_1 (R_2 + R_3) - \varepsilon_2 R_3}{R_1 R_2 + R_2 R_3 + R_3 R_1} \\ I_2 = \dfrac{\varepsilon_2 (R_1 + R_3) - \varepsilon_1 R_3}{R_1 R_2 + R_2 R_3 + R_3 R_1} \\ I_3 = \dfrac{\varepsilon_1 R_2 + \varepsilon_2 R_1}{R_1 R_2 + R_2 R_3 + R_3 R_1} \end{cases} \qquad ⑪$$

若 $\varepsilon_1 = 5$ V，$\varepsilon_2 = 2$ V，$R_1 = R_3 = 1 \Omega$，$R_2 = 2 \Omega$，则可算得
$$I_1 = 2.6 \text{ A}, \quad I_2 = -0.2 \text{ A}, \quad I_3 = 2.4 \text{ A}$$
其中 I_2 取负值表明真实电流方向与图 28 所示的方向相反。

(2) 电流叠加性

真空中静止的分布电荷是真空静电场的场源，如果将某组分布电荷分解为若干小组，各小组(用下标 i 区分)单独存在时的真空静电场场强记为 E_i，那么它们共同存在时的真空静电场场强 E 便为各 E_i 的叠加，即有

$$E = \sum_i E_i$$

这就是真空静电场的场强叠加原理。根据叠加原理，任意电荷分布的真空静电场场强最终均归结为一个点电荷的真空静电场场强。更完整地说，这种叠加是线性叠加。场强 E 可线性叠加的原因在于 E 等于单位正电荷在场中所受的力，而力具有矢量叠加性，即总场力 F 等于分场力 F_i 的线性叠加。叠加的数理内涵是归一性，也就是将复杂的数理对象分解归结为某一基元对象。叠加是线性的还是非线性的，这取决于被叠加量的数理性质。例如，E 具有线性叠加性，E 的大小(即模量)则不可线性叠加。

直流电路中的直流电源是电路电流的源，与真空静电场相联系，自然值得考虑直流电路中电流与电源之间是否也存在相应的线性叠加关系。如果也存在这种关系，那么将电路中所有电源分为若干小组，各小组单独存在时的电路电流代数叠加后即为原电路电流。这样，任一直流电路的电流分布最终也可归结为只含一个直流电源的电路电流分布。

先对图 28 所示的实例作一尝试。ε_1 单独存在时的直流电路画在图 29 中，需要注意的是，取走电源 ε_2 时，应保留电源 ε_2 所在的原支路电阻及理想导线，即该支路不可取消。将支路电流用 $I_1(1)$、$I_2(1)$、$I_3(1)$ 表示，方向仍同图 28 所示的方向。可列出基尔霍夫方程组

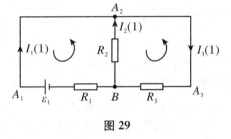

图 29

$$\begin{cases} -I_1(1) - I_2(1) + I_3(1) = 0 \\ \varepsilon_1 - I_1(1)R_1 + I_2(1)R_2 = 0 \\ -I_2(1)R_2 - I_3(1)R_3 = 0 \end{cases} \quad \text{⑩a}$$

其解为

$$\begin{cases} I_1(1) = \dfrac{\varepsilon_1(R_2 + R_3)}{R_1R_2 + R_2R_3 + R_3R_1} \\ I_2(1) = \dfrac{-\varepsilon_1 R_3}{R_1R_2 + R_2R_3 + R_3R_1} \\ I_3(1) = \dfrac{\varepsilon_1 R_2}{R_1R_2 + R_2R_3 + R_3R_1} \end{cases} \quad \text{⑪a}$$

当然，由于图 29 所示的电路的简单性，也可直接用简单串、并联方法解得⑪a 式。⑩a 式与⑩式相比，前者相当于后者 ε_2 取零的情况，即两者完全同构，因此解式⑪a 也应相当于

⑪式中 ε_2 取零的情况,即两者也是同构的。数学上可将方程组⑩式、⑩a 式视为"因",它们的解组⑪式、⑪a 式视为"果"。"因"是同构的,"果"也必定是同构的,这就是因、果间的对称关联,或者说是因果对称性。因果对称性是数理学科中的一条普遍规律。现在对 ε_2 单独存在时(图略)的基尔霍夫方程组及其解可直接写出:

$$\begin{cases} -I_1(2) - I_2(2) + I_3(2) = 0 \\ -\varepsilon_2 - I_1(2)R_1 + I_2(2)R_2 = 0 \\ \varepsilon_2 - I_2(2)R_2 - I_3(2)R_3 = 0 \end{cases} \quad \text{⑩b}$$

$$\begin{cases} I_1(2) = \dfrac{-\varepsilon_2 R_3}{R_1 R_2 + R_2 R_3 + R_3 R_1} \\ I_2(2) = \dfrac{\varepsilon_2 (R_1 + R_3)}{R_1 R_2 + R_2 R_3 + R_3 R_1} \\ I_3(2) = \dfrac{\varepsilon_2 R_1}{R_1 R_2 + R_2 R_3 + R_3 R_1} \end{cases} \quad \text{⑪b}$$

根据⑪、⑪a、⑪b 三式,很容易验证有

$$\begin{cases} I_1 = I_1(1) + I_1(2) \\ I_2 = I_2(1) + I_2(2) \\ I_3 = I_3(1) + I_3(2) \end{cases} \quad \text{⑫}$$

这就是电流的可叠加性,而且叠加是线性叠加。

从上面实例的讨论中可以看出,直流电路中电流的线性叠加性在数学上可归因于求解电流的基尔霍夫方程组是线性代数方程组,电流解必定与各 ε 值有线性关系,即各支路电流 I_n 必可表述为

$$I_n = \sum_m \alpha_{nm} \varepsilon_m \quad \text{⑬}$$

其中系数 α_{nm} 由电路的电阻分布确定。可以通过严格的数学演绎来普遍地证明直流电路的电流具有线性叠加性,但相信上述实例和定性说明已能使学生理解并接受这一结论,故不再给出数学讨论的细节过程。

除了上面给出的实例外,学生可自己设计不太复杂的例题来验证直流电路中电流的线性叠加性。

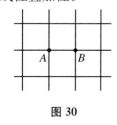

图 30

在高考或竞赛中经常出现一种对称性极强的二端无限平面(或者说二维)电阻网络,题目要求计算它的等效电阻。最具代表性的是图 30 所示的网络,其中每一小段电阻均为 R,求 A、B 两点之间的等效电阻 R_{AB}。通常采用电流分布法求解,并利用网络的对称性予以简化。将解答简述如下:

设电流 I 从 A 点流入,不让它从 B 点流出,而是向四周无穷远流出,根据对称性应有 $\dfrac{I}{4}$ 电流从 A 流到 B。再假设电流 I 不是从 A 点流入,而是从四周无穷远对称地流入,并从 B 点流出,根据对称性也应有 $\dfrac{I}{4}$ 电流从 A 流到 B。电流 I 从 A 点流入,最后从 B 点流出的流动方式,可视为上述两种流动方式的

合并。于是 A 到 B 的电流为 $\dfrac{I}{4} + \dfrac{I}{4} = \dfrac{I}{2}$，$A$、$B$ 间电压为 $U_{AB} = \dfrac{IR}{2}$，即得 $R_{AB} = \dfrac{U_{AB}}{I} = \dfrac{R}{2}$。

这一解答的论述中存在逻辑上的欠缺。第一种流动方式中对称性的存在是无疑的，因为此时无电流从 B 处流出；第二种流动方式中对称性的存在也是无疑的，因为此时无电流从 A 处流入。问题在于当这两种流动方式合并时，为什么 B 处电流的流出不会破坏原第一种流动方式关于 A 点的对称性？因为此时 A 点的另外三个邻接点并无电流流出。同理，为什么 A 处电流的流入不会破坏原第二种流动方式关于 B 点的对称性呢？事实上，不能直观地得出"不会破坏"的结论，故题解需要有补充说明。为行文方便，不单独给出这一补充说明，而是重新写出题解。

设从 A 点流入、B 点流出的电流为已知量 I，网络中各支路电流的正方向随意选定后，其中的电流量用带下标的 I 来标记，如 I_l、I_m、I_n 等。为解这些支路电流，可列基尔霍夫方程组：

节点方程组 $\begin{cases} \sum\limits_{l}(\pm I_l) = 0 & (\text{非 } A\text{、}B \text{ 点}) \\ \sum\limits_{m}(\pm I_m) + I = 0 & (A \text{ 点}) \\ \sum\limits_{n}(\pm I_n) + (-I) = 0 & (B \text{ 点}) \end{cases}$

回路方程组 $\sum\limits_{k}(\pm I_k R_k) = 0$

除 A、B 点之外的点的节点方程中的 $\sum\limits_{l}(\pm I_l)$ 是对正、负流入该节点的四个支路电流求和。A 点的节点方程中 $\sum\limits_{m}(\pm I_m)$ 项仍是对相应四个支路电流求和，附加的 I 项则是从网络外流入 A 点的电流。B 点的节点方程中 $\sum\limits_{n}(\pm I_n)$ 项的含义如前，附加的 $-I$ 项则是从网络外负流入（即流出）B 点的电流。回路方程组中 R_k 其实均为题给的 R，消去不消去都可以。基尔霍夫方程组可改写为

$\begin{cases} \sum\limits_{l}(\pm I_l) = 0 & (\text{非 } A\text{、}B \text{ 点}) \\ \sum\limits_{m}(\pm I_m) = -I & (A \text{ 点}) \\ \sum\limits_{n}(\pm I_n) = I & (B \text{ 点}) \\ \sum\limits_{k}(\pm I_k R_k) = 0 \end{cases}$

这是一个包含有无穷多电流未知量和无穷多独立方程的线性代数方程组，可以采用递推的方式得到支路电流量的级数解。因本题并不对所有支路电流感兴趣，故不作代数求解讨论。为分析方便，将方程组改写为

$$\begin{cases} \sum_l (\pm I_l) = 0 & (非 A、B 点) \\ \sum_m (\pm I_m) = -I_1 \quad (I_1 = I) & (A 点) \\ \sum_n (\pm I_n) = I_2 \quad (I_2 = I) & (B 点) \\ \sum_k (\pm I_k R_k) = 0 & \end{cases} \quad ⑭$$

那么各支路的电流解必可表述为

$$I_j = \alpha_j I_1 + \beta_j I_2 \quad ⑮$$

它与⑬式非常相似,也具有线性叠加性。这就是说,如果将⑭式分解为

$$\begin{cases} \sum_l [\pm I_l(1)] = 0 & (非 A、B 点) \\ \sum_m [\pm I_m(1)] = -I_1 \quad (I_1 = I) & (A 点) \\ \sum_n [\pm I_n(1)] = 0 & (B 点) \\ \sum_k [\pm I_k(1) R_k] = 0 & \end{cases} \quad ⑭a$$

和

$$\begin{cases} \sum_l [\pm I_l(2)] = 0 & (非 A、B 点) \\ \sum_m [\pm I_m(2)] = 0 & (A 点) \\ \sum_n [\pm I_n(2)] = I_2 \quad (I_2 = I) & (B 点) \\ \sum_k [\pm I_k(2) R_k] = 0 & \end{cases} \quad ⑭b$$

那么它们的解应分别为

$$I_n(1) = \alpha_n I_1 \quad ⑮a$$
$$I_n(2) = \beta_n I_2 \quad ⑮b$$

而有

$$I_n = I_n(1) + I_n(2) \quad ⑯$$

单独考虑⑭a式,它完全相当于电流 I_1 从 A 点流入后不从 B 点流出而是流向无穷远处对应的基尔霍夫方程组。既然如此,不必作完整的代数求解,由对称性分析可知,此时从 A 流到 B 的电流必为 $\dfrac{I_1}{4}$,即有

$$I_{AB}(1) = \frac{I_1}{4} = \frac{I}{4}$$

单独考虑⑭b式,它完全相当于电流 $-I_2$ 从 B 点流入后不从 A 点流出而是流向无穷远处对应的基尔霍夫方程组。这种情况下电流流向无穷远处必定也是对称地流出的。这种流动方式自然可"翻译"为电流 I_2 从无穷远处对称地流入(注意:在这里,电流从无穷

远对称地流入是经分析得到的),然后从 B 点流出,因此从 A 到 B 的电流必为 $\dfrac{I_2}{4}$,即

$$I_{AB}(2) = \dfrac{I_2}{4} = \dfrac{I}{4}$$

根据⑯式,便得

$$I_{AB} = I_{AB}(1) + I_{AB}(2) = \dfrac{I}{2}$$

由此自然可得 $R_{AB} = \dfrac{R}{2}$。

从上述完整解可以看出,本题涉及的仍然是直流电路中电流的线性叠加性,只是此处叠加源不是电源电动势而是已给的电流。这两者表面上虽不同,实质上却是一致的,因为将已给电流乘以一个假想的电阻(例如本题中的 R 或 R_{AB}),便成为一个给定的直流电压源,后者完全与电动势电源相当。从数学上考虑,它们的基础都在于基尔霍夫方程组的线性性质。

需要特别注意的是,⑭式在代数上分解为⑭a与⑭b两式,这对任何二端网络都适用,但只有对无穷网络才能将⑭a、⑭b两式分别解释为原网络的某种真实的电流流动方式。例如,对⑭a式而言,因网络无穷大,电流 I 从 A 点流入后虽不从 B 点流出,但仍可向无穷远一直流去。如果网络是有限的,则流不"通"。例如,前面图 3 所示的网络,若让电流 I 从 A 点流入,不许从 B 点流出,电流便无去处,显然不能形成直流电路,因此该题不能得出 $I_{AB} = \dfrac{I}{4} + \dfrac{I}{4} = \dfrac{I}{2}$,从而 $R_{AB} = \dfrac{R}{2}$ 的结论。

对称性极强的无限二维网络只有三种类型:正三角形网格网络、正方形网格网络和正六边形网格网络。如果要求学生"想当然"地按开始时提供的题解方式去解答这类问题,显然是有失教学严谨性的,当然也不可指望学生能自己独立地给出上述完整讨论。若是在教师辅导后,学生理解了这种题的完整讨论,那么确实也没有什么可"考"的了。因为这与前面介绍的用极限法来解一个方向上无限的网络的等效电阻问题不同,在那里学生理解极限的存在性是需要证明的(当然不必去证明),但这种类型的题中的网络可以在结构上有各种变化,值得"考"学生。

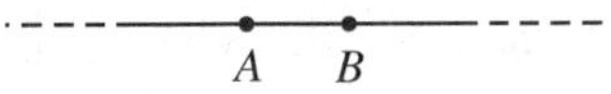

对于对称性极强的二维网络问题的讨论可引申到对称性极强的无限三维网络(甚至无限四维、五维……网络),其实前一种网络即为二维晶体的几何结构,后一种网络则为三维晶体的几何结构。当然也可退回到图 31 所示的一维(线形)网络,其中每一段电阻为 R。用上面提供的方法很容易得 A、B 间的等效电阻 $R_{AB} = R$。如果直接考虑这个网络,电流从 A 点流入,B 点流出,A 点左侧与 B 点右侧的电阻中均不会有电流流过,故不起作用,自然有 $R_{AB} = R$。反过来这也就验证了电流叠加性方法的正确性。

图 31

3. 电容网络

将电阻网络中的电阻均替换成电容,便构成电容网络。这里将只考虑各电容在接入到网络前均不带电的情况。电容网络也有若干外接端,外电路可通过这些外接端向网络

中各电容器充电。与电阻网络相似,这里将讨论二端电容网络的等效电容和三端电容网络中的 Y-△变换。

本文一开始已指出,电容器电压 U 与电荷量 Q 之间的关系式②和电阻器电压 U 与电流量 I 之间的关系式①相似,可以将

$$U = \frac{1}{C}Q$$

视为电容的类欧姆定律。电容的类电阻参量 $\frac{1}{C}$ 在电容网络中的行为与电阻 R 在电阻网络中的行为相当,因此有关电阻网络的种种讨论与结果可直接应用于电容网络。

电容网络的这种处理方式有两层含义。首先是归纳性的含义,也就是将新的物理问题尽可能地归结为已解决的物理问题。其次才是实用性的含义,即像作电阻网络计算一样去作电容网络计算。其中重要的是第一层含义,这是数理逻辑思维的一个重要原则。若是学生在这方面真有所得,电容网络的具体计算究竟仿不仿照电阻网络的计算其实无关紧要。

(1) 二端网络的等效电容

假设 Q 电量从电容网络 A 端输入,$-Q$ 电量从 B 端输入,A、B 间的电压为 U_{AB},则称

$$C_{AB} = \frac{Q}{U_{AB}} \qquad ⑰$$

为该网络的等效电容。它可改写为与③式相似的形式:

$$\frac{1}{C_{AB}} = \frac{U_{AB}}{Q} \qquad ⑱$$

为讨论方便,引入电容的类电阻量:

$$C^* = \frac{1}{C} \qquad ⑲$$

则有

$$C_{AB}^* = \frac{Q}{U_{AB}} \qquad ⑳$$

常可利用电容串、并联公式,对称性简化,电荷分布法,极限法和 Y-△变换来计算等效电容。

① 电容串、并联公式。

电容串、并联的网络结构与电阻串、并联的网络结构相仿,利用 C^* 与 R 的类比关系,可直接写出 k 个电容的串联与并联公式:

$$C_{串}^* = \sum_{i=1}^{k} C_i^* \qquad ㉑$$

$$C_{并}^* = \left(\sum_{i=1}^{k} C_i^{*-1}\right)^{-1} \qquad ㉒$$

再用⑲式得

$$C_{串} = \left(\sum_{i=1}^{k} C_i^{-1}\right)^{-1} \tag{㉓}$$

$$C_{并} = \sum_{i=1}^{k} C_i \tag{㉔}$$

即电容 C 的串联公式与电阻 R 的并联公式相同，C 的并联公式与 R 的串联公式相同。

② 对称性简化。

讨论类似于电阻网络中相应的内容。

将前面例1、例2、例3中各段电阻 R（或 r）改成电容 C，引入 $C^* = \dfrac{1}{C}$ 后，即可替换性地得到

$$C_{AB}^* = \dfrac{C^*}{2} \quad \text{（仿例 1）}$$

$$C_{AB}^* = \dfrac{5}{12}C^* \quad \text{（仿例 2）}$$

$$C_{AB}^* = \dfrac{5}{7}C^* \quad \text{（仿例 3）}$$

最后再恢复成 C，便可分别得到

$$C_{AB} = 2C$$

$$C_{AB} = \dfrac{12}{5}C$$

$$C_{AB} = \dfrac{7}{5}C$$

③ 电荷分布法。

设定电量 Q 从网络 A 点输入，$-Q$ 从网络 B 点输入。应用电荷守恒原理和网络中任意两点间不同路径等电压的思想，建立以网络中各电容的电量为未知量的方程组，解出各电量与 Q 的比例关系，然后选取 A 到 B 的某一路径计算 A、B 间的电压 U_{AB}，再由等效电容的定义式算出 C_{AB}。

引入 C^* 量后，完全可仿照电阻网络的电流分布法来计算 C_{AB}^*，再得 C_{AB}。例如，将例 4 中的电阻网络改成图 32 所示的电容网络，则必定可得

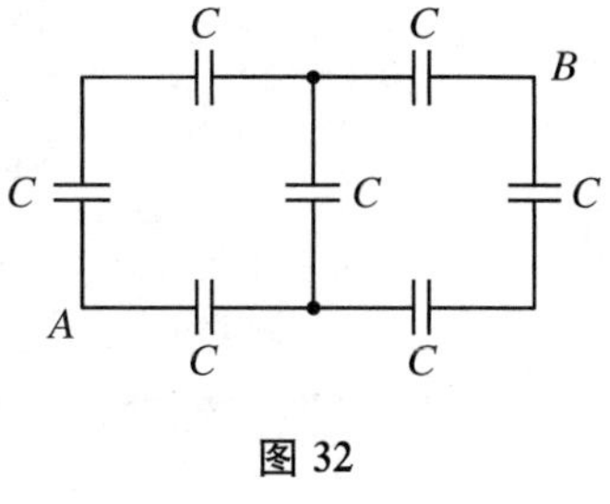

$$C_{AB}^* = \dfrac{7}{5}C^*$$

即

$$\dfrac{1}{C_{AB}} = \dfrac{7}{5}\dfrac{1}{C}$$

或

$$C_{AB} = \dfrac{5}{7}C$$

图 32

④ 极限法。

也可仿电阻网络的相应内容进行讨论。例如，将例 6 中的各电阻 R 均换成电容 C，

引入 $C^* = \dfrac{1}{C}$ 后可直接移用该例所得的 R_{AB} 公式写出

$$C^*_{AB} = \dfrac{1}{15}(5 + 2\sqrt{55})C^*$$

再转换成电容 C 的表述式：

$$\dfrac{1}{C_{AB}} = \dfrac{1}{15}(5 + 2\sqrt{55})\dfrac{1}{C}$$

最后便得

$$C_{AB} = \dfrac{1}{13}(2\sqrt{55} - 5)C$$

学生不妨采用原先熟悉的方法，也就是不利用 C^* 与 R 的关联，不借助例 6 的结果，而是直接去计算 C_{AB}，以此检查上述 C_{AB} 的表述式是否正确。

(2) 三端网络的 Y-△ 变换

图 33 中左边的三端电容小网络为△型网络元，右边的三端电容小网络为 Y 型网络元，其间也有等效变换。仿照电阻网络中 Y-△ 变换，必定可得

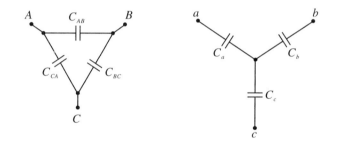

图 33

$$\begin{cases} C^*_{AB} = \dfrac{C^*_a C^*_b + C^*_b C^*_c + C^*_c C^*_a}{C^*_c} \\ C^*_{BC} = \dfrac{C^*_a C^*_b + C^*_b C^*_c + C^*_c C^*_a}{C^*_a} \\ C^*_{CA} = \dfrac{C^*_a C^*_b + C^*_b C^*_c + C^*_c C^*_a}{C^*_b} \end{cases}$$

和

$$\begin{cases} C^*_a = \dfrac{C^*_{AB} C^*_{CA}}{C^*_{AB} + C^*_{BC} + C^*_{CA}} \\ C^*_b = \dfrac{C^*_{AB} C^*_{BC}}{C^*_{AB} + C^*_{BC} + C^*_{CA}} \\ C^*_c = \dfrac{C^*_{BC} C^*_{CA}}{C^*_{AB} + C^*_{BC} + C^*_{CA}} \end{cases}$$

再替换成电容 C，便有

$$\begin{cases} C_{AB} = \dfrac{C_a C_b}{C_a + C_b + C_c} \\ C_{BC} = \dfrac{C_b C_c}{C_a + C_b + C_c} \\ C_{CA} = \dfrac{C_c C_a}{C_a + C_b + C_c} \end{cases} \qquad ㉕$$

和

$$\begin{cases} C_a = \dfrac{C_{AB}C_{BC} + C_{BC}C_{CA} + C_{CA}C_{AB}}{C_{BC}} \\ C_b = \dfrac{C_{AB}C_{BC} + C_{BC}C_{CA} + C_{CA}C_{AB}}{C_{CA}} \\ C_c = \dfrac{C_{AB}C_{BC} + C_{BC}C_{CA} + C_{CA}C_{AB}}{C_{AB}} \end{cases} \qquad ㉖$$

例 9 图 34 所示的电容器网络中各电容器用数字标出的电容量的单位均为 μF,试求 A、B 间的等效电容 C_{AB}。

解 利用㉖式将图 34 的中间 △ 型网络元变换为 Y 型网络元后,可得图 35 所示的等效电容网络。再由电容串联公式,得图 36 所示的等效电容网络。

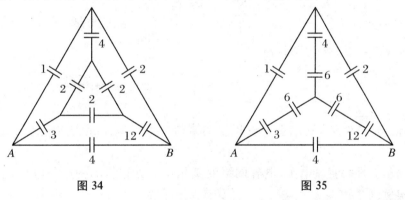

图 34   图 35

在图 36 所示的网络中,因左、右对称性而使 P、Q 两点等势,所以 P、Q 两点之间的电容不起作用,可拆去。这样,便得图 37 所示的等效电容网络。由此很容易算得

$$C_{AB} = 6\,\mu\text{F}$$

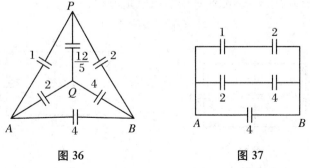

图 36   图 37

4. 直流电源、电容网络

在此仍限于电容接入网络前均不带电的情况。直流电源、电容网络达到稳定状态后，每一支路上各串联电容的电量 Q 相同。为讨论方便，对每一支路任选一个从正到负的方向，支路中串联的每一电容器靠近支路正方向端的极板为正极，靠近负方向端的极板为负极，正极带电量为 Q，负极带电量为 $-Q$。如果解出的 Q 为负值，那么电容器真实的正、负极与上面人为规定的正、负极相反。支路中的直流电源除提供电源电动势外，可处理为理想导线。将支路电量 Q 从正到负的方向类比为直流电路中支路电流 I 的流向后，仿照直流电路可建立能求解各支路电量的基尔霍夫方程组。

节点（电量）方程组：

"流入"每一节点的各支路电量之和为零，即

$$\sum_l (\pm Q_l) = 0 \quad \begin{cases} +: \text{"流入"} \\ -: \text{负"流入"} \end{cases} \qquad ㉗$$

回路（电压）方程组：

对于每一回路，确定回路方向后，回路中各电源对该回路电压的贡献及电量、电容联合对该回路电压的贡献之和为零，即

$$\sum_m (\pm \varepsilon_m) + \sum_n \left(\pm \frac{Q_n}{C_n}\right) = 0 \quad \begin{cases} +: \text{正贡献} \\ -: \text{负贡献} \end{cases} \qquad ㉘$$

若引入 $C^* = \dfrac{1}{C}$，则㉘式可改述为

$$\sum_m (\pm \varepsilon_m) + \sum_n (\pm Q_n C_n^*) = 0 \quad \begin{cases} +: \text{正贡献} \\ -: \text{负贡献} \end{cases} \qquad ㉙$$

则直流电源、电容网络的基尔霍夫方程组与直流电路的基尔霍夫方程组在结构上完全相同。

为帮助学生理解直流电源、电容网络的基尔霍夫方程组的构造与应用，下面给出两个简单的实例。

例 10 网络如图 38 所示，求电容 C_1、C_2 的电量 Q_1、Q_2。

解 设三条支路的电量分别为 Q、Q_1、Q_2，且各自从正到负的方向即类电流方向如图 39 所示。有两个节点 A、B，可列一个节点电量方程：

$$Q + (-Q_1) + (-Q_2) = 0$$

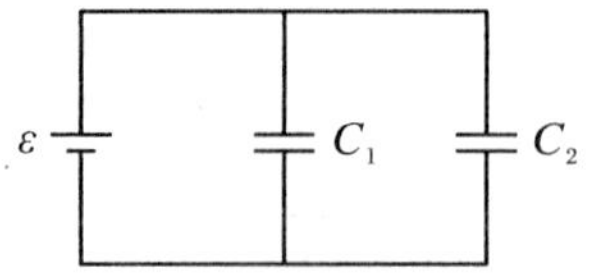

图 38

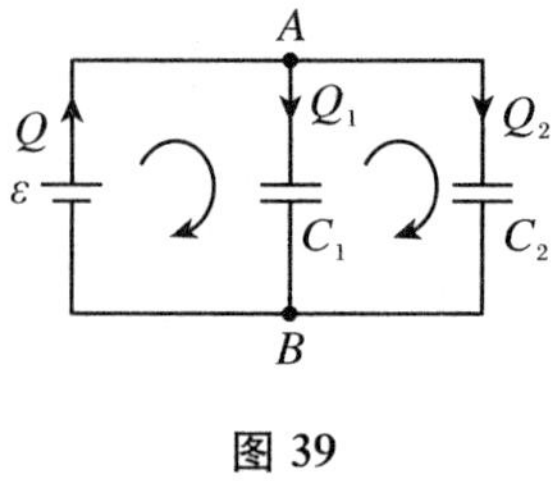

图 39

按图示的两个回路方向建立两个回路电压方程：

$$(-\varepsilon) + \frac{Q_1}{C_1} = 0$$

$$-\frac{Q_1}{C_1} + \frac{Q_2}{C_2} = 0$$

由上述三式可解得

$$Q_1 = C_1\varepsilon, \quad Q_2 = C_2\varepsilon, \quad Q = (C_1 + C_2)\varepsilon$$

本例中 Q 是一个不必求的量，节点方程可取消。引入 Q 的目的在于说明，即使支路上只有电源，同样可引入支路电量，并让其参与基尔霍夫方程组的建立。

例 11 直流电源、电容网络如图 40 所示，求电容 C_1、C_2、C_3 各自的电量 Q_1、Q_2、Q_3，且各支路电量从正到负的方向已设定如图所示。

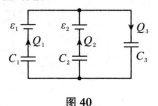

图 40

解 本题欲引入 $C^* = \frac{1}{C}$，仿照图 28 所示的直流电路实例来解即可。基尔霍夫方程组可仿⑩式写出：

$$\begin{cases} -Q_1 - Q_2 + Q_3 = 0 \\ \varepsilon_1 - \varepsilon_2 - Q_1 C_1^* + Q_2 C_2^* = 0 \\ \varepsilon_2 - Q_2 C_2^* - Q_3 C_3^* = 0 \end{cases}$$

其解必如⑪式，为

$$\begin{cases} Q_1 = \dfrac{\varepsilon_1(C_2^* + C_3^*) - \varepsilon_2 C_3^*}{C_1^* C_2^* + C_2^* C_3^* + C_3^* C_1^*} \\ Q_2 = \dfrac{\varepsilon_2(C_1^* + C_3^*) - \varepsilon_1 C_3^*}{C_1^* C_2^* + C_2^* C_3^* + C_3^* C_1^*} \\ Q_3 = \dfrac{\varepsilon_1 C_2^* + \varepsilon_2 C_1^*}{C_1^* C_2^* + C_2^* C_3^* + C_3^* C_1^*} \end{cases}$$

将 C^* 还原为 $\frac{1}{C}$，便得

$$\begin{cases} Q_1 = \dfrac{C_1[\varepsilon_1(C_2 + C_3) - \varepsilon_2 C_2]}{C_1 + C_2 + C_3} \\ Q_2 = \dfrac{C_2[\varepsilon_2(C_1 + C_3) - \varepsilon_1 C_1]}{C_1 + C_2 + C_3} \\ Q_3 = \dfrac{C_3(\varepsilon_1 C_1 + \varepsilon_2 C_2)}{C_1 + C_2 + C_3} \end{cases}$$

由基尔霍夫方程组的线性代数特性，同样可讨论支路电量的线性叠加性，此处从略，留给学生自己完成此项讨论并编题练习。

5. 直流电源、电阻、电容混合网络

仍限于在接入网络前各电容器均不带电的情况。

在混合网络中总可分解出若干个直流电路来，每个直流电路均内含有若干直流电源。将直流电路取出，各直流电路与混合网络余下部分的交接处可根据直流电路提供的交接电压虚设等效电源，这些等效电源与余下部分一起又可分解为若干个直流电源、电

容网络。

例如,图 41 所示的混合网络可先分解出图 42 所示的两个直流电路。这两个直流电路中的电压值 $U_{x_1y_1}$、$U_{x_2y_2}$ 和 $U_{x_3y_3}$ 又为图 41 中原混合网络余下部分提供三个虚设等效电源的电动势值:

$$\varepsilon_{x_1y_1} = U_{x_1y_1}, \quad \varepsilon_{x_2y_2} = U_{x_2y_2}, \quad \varepsilon_{x_3y_3} = U_{x_3y_3}$$

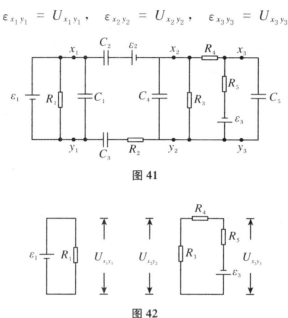

图 41

图 42

这三个虚设等效电源与原网络余下部分在一起,又可分解为两个直流电源、电容网络,如图 43 所示。图中左边网络中的电阻 R_2 不起作用,可用导线代替,$\varepsilon_{x_2y_2}$ 为负值,右边网络中 $\varepsilon_{x_3y_3}$ 也为负值。

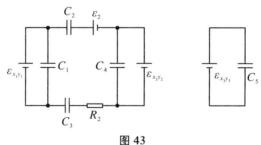

图 43

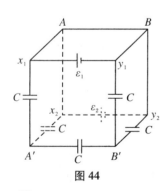

图 44

混合网络作上述分解后,各支路的电阻电流和电容电量便均可求解。

例 12 12 根电阻均为 R 的电阻丝连接成正六面体框架,然后按图 44 所示在其中两条棱上连接电动势分别为 ε_1、ε_2 的直流电源,各电源正、负极之间的距离及内阻均可忽略。另外,在图示的五条棱上分别连接电容量均为 C 的电容器。设 $\varepsilon_1 = 2I_0R$、$\varepsilon_2 = I_0R$,试求:

(1) 棱 AB 上的电流 I_{AB}；

(2) 棱 $A'B'$ 上电容器的电量 $Q_{A'B'}$。

解 这是一个直流电源、电阻、电容混合网络，可将它分解成一个图 45 所示的直流电路和一个图 46 所示的直流(等效)电源、电容网络。两者的交接处 x_1、y_1、x_2、y_2 均分别在两个图中标出。按前面所述方法可先解出 I_{AB}，同时算出直流电路中的 $U_{x_1 y_1}$、$U_{x_2 y_2}$，然后由 $\varepsilon_{x_1 y_1} = U_{x_1 y_1}$，$\varepsilon_{x_2 y_2} = U_{x_2 y_2}$ 可解出直流电源、电容网络中的 $Q_{A'B'}$。此方法需要计算 $U_{x_1 y_1}$、$U_{x_2 y_2}$，但并不太麻烦，作为一项练习留给学生自己去完成，这里从略。

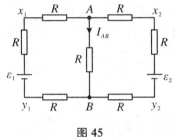

图 45

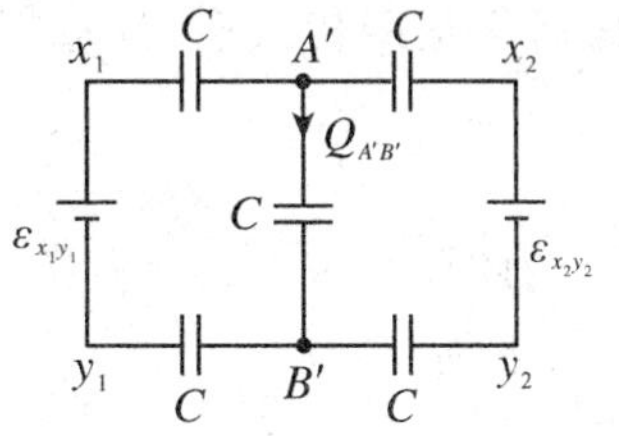

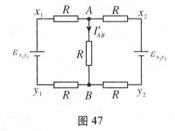

图 46

另一方法是在算出 I_{AB} 后并不计算 $U_{x_1 y_1}$、$U_{x_2 y_2}$ 的值，而是改取图 47 所示的直流电路，它相当于取消图 45 所示的直流电路中 $x_1 y_1$ 支路和 $x_2 y_2$ 支路中的电源、电阻，而代之以两个等效电源 $\varepsilon_{x_1 y_1}$ 和 $\varepsilon_{x_2 y_2}$。类似于直流电源、电容网络中引入等效电源，只要 $\varepsilon_{x_1 y_1} = U_{x_1 y_1}$，$\varepsilon_{x_2 y_2} = U_{x_2 y_2}$，那么流经图 47 所示的电流电路中 AB 支路的电流 I'_{AB} 必同于流经图 45 所示的原直流电路中 AB 支路的电流 I_{AB}，即有

$$I'_{AB} = I_{AB}$$

因 I_{AB} 必可表述为 ε_1、ε_2 和 R 的函数，若设为

$$I_{AB} = F(\varepsilon_1, \varepsilon_2, R)$$

则必有

$$I'_{AB} = F(\varepsilon_1, \varepsilon_2, R)$$

图 47

现在再将图 46 所示的直流电源、电容网络与图 47 所示的直流电路作一比较，很明显，只要为电容引入类电阻量 $C^* = \dfrac{1}{C}$，则两者完全类似。也就是说，将 I'_{AB} 表述式中的 R 参量用 C^* 参量替换后，即成 $Q_{A'B'}$ 量，因此有

$$Q_{A'B'} = F(\varepsilon_1, \varepsilon_2, C^*)$$

下面将给出第二种解法。

(1) I_{AB} 的计算。

可以采用建立基尔霍夫方程组的方法，也可采用线性叠加的方法来计算 I_{AB}。后一方法涉及的只是电阻的简单串、并联，故采用之。

取掉直流电源 ε_2，很容易算得直流电源 ε_1 对 I_{AB} 的贡献量为

$$I_{AB}(1) = \frac{\varepsilon_1}{5R}$$

同样,取掉直流电源 ε_1,直流电源 ε_2 对 I_{AB} 的贡献量对称地为

$$I_{AB}(2) = \frac{\varepsilon_2}{5R}$$

根据电流的线性叠加,便得

$$I_{AB} = I_{AB}(1) + I_{AB}(2) = \frac{\varepsilon_1 + \varepsilon_2}{5R}$$

将 $\varepsilon_1 = 2I_0 R$、$\varepsilon_2 = I_0 R$ 代入后,计算得

$$I_{AB} = \frac{3}{5}I_0$$

(2) $Q_{A'B'}$ 的计算。

因 I_{AB} 已表述为

$$I_{AB} = F(\varepsilon_1, \varepsilon_2, R) = \frac{\varepsilon_1 + \varepsilon_2}{5R}$$

如前面所述,应有

$$Q_{A'B'} = F(\varepsilon_1, \varepsilon_2, C^*) = \frac{\varepsilon_1 + \varepsilon_2}{5C^*}$$

其中 $C^* = \frac{1}{C}$。因此有

$$Q_{A'B'} = \frac{C}{5}(\varepsilon_1 + \varepsilon_2)$$

将 $\varepsilon_1 = 2I_0 R$,$\varepsilon_2 = I_0 R$ 代入后,算得

$$Q_{A'B'} = \frac{3}{5}I_0 RC$$

热力学状态与过程①

舒幼生

热力学中常将研究对象,即由大量微观粒子组成的宏观物体,称为系统。热力学将系统所处的宏观状态分为平衡态与非平衡态两类,平衡态是指没有外界影响的条件下系统各部分的宏观性质不会发生变化的状态,非平衡态是指没有外界影响的条件下系统各部分的宏观性质会发生变化的状态。为描述系统状态而引入的物理量称为状态量,它可分为两类:一类具有可叠加性,即整体量由部分量叠加而成,例如内能 U、体积 V 等;另一类不具有可叠加性,例如密度 ρ、压强 p、温度 T 等。第一类量无论系统处于什么状态都可以有确定的值,第二类量在系统处于平衡态时有一致性的值。描述平衡态的状态量也包含上述两类量。

平衡态状态量中有一些量在热力学之外已有定义,例如,V、p 在力学中已有定义。顺便一提,在分子运动论中 p 虽不必重新定义,但对其形成的机理需要作一番动态解释,即 p 起源于做不规则热运动的大量微观粒子与容器壁之间的碰撞力。热力学理论体系建立在宏观观察与实验基础之上,既然 p 是宏观可测的量,原则上便没有必要对它作任何补充性解释。平衡态状态量中有一些量在热力学之外并无定义,例如,温度 T 便需要在热力学中给以定义。如果说力 F 是经典力学体系的一个重要标志量,那么可以说温度 T 是热力学体系的一个重要标志量。F 在经典力学中通过牛顿第二定律被定义,其度量由受力质点的质量 m 和加速度 a 的乘积给出。T 在热力学中也是需要借助某个实验定律来完成其定义的,这就是物体间的热平衡可传递性定律。引入 T 的目的是为了对系统平衡态所具有的冷热程度有一个定量的表述,T 的度量则由系统冷热程度差异引起的可以测量的伴随效应(如热胀冷缩)量来给出。

冷热程度的差异起源于人的感觉。实验中,系统 A、B(均处于平衡态,下同)互相热接触后,若各自的冷热程度都发生变化(这可凭借感觉,或通过冷热程度变化的伴随效应来测出),则称 A、B 之间原来没有达到热平衡;若各自的冷热程度都无变化,则称 A、B 之间原来已达到热平衡。热平衡时,A、B 的冷热程度相同。定义温度量 T 来表述系统平衡态的冷热程度,也就是将冷热程度量化为 T,这就自然地要求:

若 A、B 间热平衡(A、B 的冷热程度相同),则 $T_A = T_B$;

若 A、B 间非热平衡(A、B 的冷热程度不同),则 $T_A \neq T_B$。

---

① 本文为向学有余力的中学生读者进一步阐明中学物理涉及的热力学基本概念和规律而编写。

由此不难证明如下推论：

若 $T_A = T_B$，则 A、B 间热平衡。

既然 T 为数量，其间的相等关系必可传递，即若 $T_A = T_B$，$T_B = T_C$，则必有 $T_A = T_C$。于是得如下推论：

若 $T_A = T_B$，$T_B = T_C$，则 A、C 间热平衡。

现在假设 A、B 间热平衡，B、C 间热平衡，那么必有 $T_A = T_B$，$T_B = T_C$，由上述推论便要求 A、C 间也必为热平衡，即：

若 A、B 间热平衡，B、C 间热平衡，则 A、C 间热平衡。

由此可见，冷热程度可量化（即温度可定义）的前提是热平衡间必须具有可传递性。热平衡是实验现象，其间是否具有可传递性须通过实验判定。应当指出的是，有些实验现象的确具有可传递性，例如，在同一参照系中观察到质点 A 的运动快于质点 B，质点 B 的运动快于质点 C，则必可观察到质点 A 的运动快于质点 C 的运动，因此质点运动的快慢程度量化为速率 v 后不会与实验相悖。在质点运动学中 v 为一导出量，故不必为其铺垫一个质点运动"快于"关系可传递性的实验规律。实验现象可传递性的另一个实例是物质间互相吸引的万有引力现象。也有一些实验现象并不具有可传递性，例如，若点电荷 A、B 间互相吸引，B、C 间也互相吸引，但 A、C 间并非互相吸引而是互相排斥。热力学家从实验中发现，热平衡的确具有可传递性，总结出的定律即为热平衡可传递性定律，也称为热力学第零定律。

从上述讨论可以看出，热力学第零定律也是平衡态温度量 T 可定义性的定律。

系统冷热程度的差异常会引起系统某些已定义且可测的量发生变化，这可称为冷热程度差异的伴随效应，例如体积的热胀冷缩效应。可以选择某系统（测温物体）的某种伴随效应量来线性、间接地标定温度数值，温度的这种标定方法称为经验温标。用等截面水银柱高度热胀增量来正比例地划定温度升高量便属经验温标一例。经验温标的缺点是不具普适性，例如，规定温度升高量与水银体膨胀增量成线性关系定出的温度量值未必能使该温度量值下的温度升高量与酒精体膨胀增量也成线性关系。与测温物体即测温物质无关的，或者说具有普适性的温度标定方法称为热力学温标。标定的温度称为热力学温度，或绝对温度，记为 T，其单位称为开尔文（K）。T 值无上限，下限为零。生活中常用的摄氏温度记为 t，单位为摄氏度（℃）。现在按国际上规定，摄氏温度由热力学温度导出，其关系为

$$t = T - 273.15 \qquad ①$$

按热力学温度定标的水银温度计的刻度严格来说并不等间距，但在生活中常涉及的一段温度范围内可以说几乎是等间距的。

平衡态的各状态量并非完全彼此独立，状态量之间存在的函数关联称为状态方程。例如，理想气体的平衡态只有两个独立状态量，若选为 p、V，则 T 可表述成 p、V 的函数，称

$$T = T(p, V) \qquad ②$$

为理想气体的一个状态方程。通过实验总结出理想气体的这一状态方程为

$$pV = \nu RT \qquad ③$$

其中 ν 为气体的物质的量，R 称为摩尔气体常数，也称为气体常量。前面提到过热力学温标，但并未说明如何实现这一温标。现在假设热力学温标尚未给出，则可以认为③式定义了一种温度 T，称之为理想气体温度。于是③式既是热力学中关于理想气体的一条实验性规律，又是理想气体状态量 T 的一种定义式，这与牛顿第二定律 $F = ma$ 既是规律性内容又是力 F 的定义式颇为相似。由热力学第二定律导出的卡诺定理（中学均未述及）可以证明理想气体温度可作为热力学温度使用。遗憾的是理想气体只是一种模型化的气体，实验中必须用真实气体取代，而物质太冷时不可能以气态方式存在，所以理想气体温度的实现有一低温下限，目前用低压 ^{3}He 气体可标定的理想气体温度下限约为 0.5 K。

除 p、V、T 外，系统还有其他的平衡态状态量，例如中学生熟知的理想气体的内能 U。顺便一提，系统即使处于非平衡态，也可有内能这一状态量。

系统的平衡态可用几何点来形象地表述。例如，可为理想气体构置三个互相垂直的 p、V、T 坐标轴，形成的坐标空间可称为理想气体的状态空间。因 p、V、T 均为正值，理想气体每一平衡态均可与状态空间的第一卦限中某个几何点对应。状态方程③式给出了这些几何点的集成曲面，可以称为理想气体的状态曲面。

系统从一初始态出发，经过一系列中间状态到达某终止态，便构成了热力学过程。终态与初态重合的过程称为循环过程。每一状态（包括初态与终态）都是平衡态的过程称为准静态过程，否则为非准静态过程。显然，对准静态过程的研究易于对非准静态过程的研究。真实过程多属于非准静态过程，许多情况下又与准静态过程较为接近，常近似处理为准静态过程。

既然平衡态用几何点来代表，那么准静态过程必可用连续的几何曲线来代表，称之为过程线。于是，准静态过程的数学表述转化为过程线的代数表述。理想气体的准静态过程线必在其状态曲面上，它可看作是状态曲面与另一曲面的交线。设后者的曲面方程为 $F(p,V,T)=0$，那么方程组

$$\begin{cases} pV = \nu RT \\ F(p,V,T) = 0 \end{cases} \qquad ④$$

唯一地确定这一过程线，可称为过程方程组。$F(p,V,T)=0$ 的选择显然不唯一，有三个较为简单的 F 曲面。其一是将过程线在 pV 坐标面上的投影线

$$p = p(V) \qquad ⑤$$

沿着 T 坐标轴平行地拉出所成的柱面；其二是将过程线在 VT 坐标面上的投影线

$$V = V(T) \qquad ⑥$$

沿着 p 坐标轴平行地拉出所成的柱面；其三是将过程线在 Tp 坐标面上的投影线

$$T = T(p) \qquad ⑦$$

沿着 V 坐标轴平行地拉出所成的柱面。考虑到状态方程 $pV = \nu RT$ 已经给出，为确定过程线，需补充的是曲面方程 $F(p,V,T)=0$，而⑤～⑦式均可充当此职，故此三式各自均被称为理想气体准静态过程的过程方程。讨论问题时也不必画出上述三个柱面，只要画

出三个投影曲线中的任何一个即可,⑤~⑦式也可简单地看成是坐标面上的曲线方程,于是这些平面曲线取代原空间过程曲线而被称为过程线。理想气体准静态过程中经常被讨论的是等容、等压、等温及绝热过程,但不能误认为这些过程就是全部准静态过程。

热力学中有三条关于过程的实验性定律,这就是热力学第一、二、三定律,它们适用于所有(准静态与非准静态)过程。中学物理课讲授了第一定律及其应用,该定律表述的是过程中能量的转换-守恒性,具体内容为:系统在任一热力学过程中,从外界吸收的热量 Q 等于系统对外界做功量 W 与系统内能增加量 ΔU 之和,即

$$Q = W + \Delta U \qquad ⑧$$

内能增量 ΔU 仅由初、终态确定,是一个与过程无关的量。ΔU 可正可负,为负时内能减少。循环过程初、终态相同,$\Delta U = 0$。功 W 是一个过程量,经常遇到的是机械功,也有其他形式的功,例如电流功等。气体性系统的机械功即为体积功,气体膨胀时对外做正功,体积缩小时对外做负功。这也就是说,体积增加量 ΔV 为正时,功 W 也为正;ΔV 为负时,功 W 也为负。液体表面积发生变化时也会对外做功,面积缩小时对外做正功,面积增大时对外做负功。

如果说温度 T 是关于系统热力学状态的一个重要标志量,那么热量 Q 是关于系统热力学过程的一个重要标志量。T 是由热力学定义的物理量,热力学第零定律构成了 T 的可定义性。Q 也是由热力学定义的物理量,热力学第一定律同时给出了 Q 的定义,其基础是焦耳的热功当量实验。从⑧式可以看出,为使系统内能有所增加,既可采用绝热施功($Q = 0$,$W < 0$)的方法,也可采用零功加热($W = 0$、$Q > 0$)的方法,这就是热、功相当,或者说热就是热现象过程中的一种传递性能量。热传递有三种方式,即热传导、对流和热辐射。热传导通过物体相互接触(接触处热运动的微观粒子相互碰撞)实现热量传递;对流通过热物质的宏观流动实现热量传递;热辐射通过热物质(因微观粒子热运动而产生)的电磁辐射实现热传递。

$Q = 0$ 的过程为绝热过程,绝热过程可以是准静态的,也可以是非准静态的。绝热过程中系统各部分之间仍可有热量交换,各部分内能也会发生变化,如冷、热物体构成的系统中的热传导。若系统可分成 $i = 1, 2, \cdots, k$ 各个部分,各部分吸热量记为 Q_i,则必有

$$\sum_{i=1}^{i} Q_i = 0 \qquad ⑨$$

这就是热平衡方程。求和式中有些 Q_i 为正,有些 Q_i 为负。真实情况下液体或固体的热传导多在大气环境中进行,液体与固体的体积变化量很小,体积功可忽略。如果与大气交换的热量可忽略,那么无论体积功是否可忽略,⑨式仍然成立。在大气环境中,热传导过程近似可认为是等压的,在等压条件下引入物体的比热 c_p,它定义为单位质量物体升高 1 K 所需吸收的热量。设第 i 种物体的质量为 m_i,初始温度为 T_i,经热传导过程后所有物体的温度同为 T。在许多情况中,液体、固体的 c_p 近似为常量,第 i 种物体在全过程中吸收的热量便可表述为

$$Q_i = m_i c_{p,i}(T - T_i) \qquad ⑩$$

根据⑨式便有

$$\sum_{i=1}^{k} m_i c_{p,i}(T - T_i) = 0 \qquad ⑪$$

由此可解出 T 值。计算中常将 c_p 的下标 p 略去而简写为 c，甚至笼统地称此 c 量为比热。如果热传导过程中还伴随有物态变化，那么上述⑪式中还需补充诸如熔解热、汽化热等量。

将比热这一概念稍加引申，即为更具普遍意义的过程热容量。将准静态过程分解为一系列小准静态过程，系统在每一小过程中的温度增加量记为 ΔT，吸热量记为 ΔQ，则定义

$$C = \frac{\Delta Q}{\Delta T} \qquad ⑫$$

为过程热容量。单位质量系统的过程热容量称为比热。热容量常用英文大写字母 C 表示，比热常用小写字母 c 表示，两者的关系为

$$c = \frac{C}{M} \qquad ⑬$$

其中 M 为系统总质量。

理想气体在准静态过程中的任一小过程中的吸热量为 $C\Delta T$，对外做功量为 $p\Delta V$，内能增量为 ΔU，根据⑧式有

$$C\Delta T = p\Delta V + \Delta U \qquad ⑭$$

对于等容过程，$p\Delta V = 0$，C 即记为 C_V，则有

$$\Delta U = C_V \Delta T \qquad ⑮$$

因理想气体的内能仅与 T 有关，所以无论取什么样的过程（例如等容、等压和绝热过程），只要系统的温度增量为 ΔT，则内能增量必同为 $C_V \Delta T$。若系统温度从 T_1 增为 T_2，内能增量便为

$$U(T_2) - U(T_1) = \sum_{1-2} C_V \Delta T \qquad ⑯$$

若 C_V 为常量，且取 $T = 0$ 状态为内能零值状态，则有

$$U(T) = C_V T \qquad ⑰$$

理想气体的等压过程热容量记为 C_p，可有

$$C_p \Delta T = p\Delta V + \Delta U = p\Delta V + C_V \Delta T \qquad ⑱$$

等压过程中 V 与 T 正比，由③式得

$$p\Delta V = \nu R \Delta T \qquad ⑲$$

因此

$$C_p = C_V + \nu R \qquad ⑳$$

理想气体的等温过程中因 $\Delta T = 0$ 而使热容量 $C_T = \frac{\Delta Q}{\Delta T}$ 无定义，但若将等温过程视为其他过程无限靠近它的某种极限，则有

$$C_T = \infty \qquad ㉑$$

理想气体的绝热过程热容量因 $\Delta Q = 0$ 而为

$$C_S = 0 \qquad ㉒$$

理想气体的其他准静态过程的过程热容量均可根据热力学第一定律及过程方程导出,热容量可为常量(这一类过程称为多方过程),也可为随过程变化的量(这一类过程称为非多方过程)。

例 1 某液体温度计中等截面液柱的长度记为 L,定义温标 t 与 L 之间的关系为
$$t = a\ln L + b$$
其中 a、b 均为常量。设此温度计的冰点读数为 $t_i = 0°$[1],水的沸点读数为 t_s,而相应的液柱长度分别为 L_i 与 L_s。

(1) 试求温度计读数 t_x、t_y 对应的液柱长度差 $\Delta L = L_x - L_y$;

(2) 已知 $t_s = 100°$,$L_i = 5.0$ cm,$L_s = 25.0$ cm,试计算 $10°$ 与 $0°$ 间的液柱长度差 ΔL_1 和 $100°$ 与 $90°$ 间的液柱长度差 ΔL_2。

解 (1) 由所给 t-L 关系式可写出:
$$t_x = a\ln L_x + b, \quad t_y = a\ln L_y + b$$
解得
$$L_x = e^{\frac{t_x - b}{a}}, \quad L_y = e^{\frac{t_y - b}{a}}$$
因此有
$$\Delta L = L_x - L_y = e^{-\frac{b}{a}}(e^{\frac{t_x}{a}} - e^{\frac{t_y}{a}})$$
又由
$$0 = t_i = a\ln L_i + b, \quad t_s = a\ln L_s + b$$
可得
$$e^{-\frac{b}{a}} = L_i, \quad e^{\frac{t_s}{a}} = \frac{L_s}{L_i}$$
于是有
$$\Delta L = L_i\left[(e^{\frac{t_s}{a}})^{\frac{t_x}{t_s}} - (e^{\frac{t_s}{a}})^{\frac{t_y}{t_s}}\right] = L_i\left[\left(\frac{L_s}{L_i}\right)^{\frac{t_x}{t_s}} - \left(\frac{L_s}{L_i}\right)^{\frac{t_y}{t_s}}\right]$$

(2) 若 $t_s = 100°$,$L_i = 5.0$ cm,$L_s = 25.0$ cm,则
$$\Delta L = 5.0(5^{t_x/100} - 5^{t_y/100})\text{ cm}$$
对于 $t_x = 10°$,$t_y = 0°$,可得
$$\Delta L_1 = 5.0(5^{1/10} - 5^0)\text{ cm} = 0.87\text{ cm}$$
对于 $t_s = 100°$,$t_y = 90°$,可得
$$\Delta L_2 = 5.0(5^1 - 5^{0.9})\text{ cm} = 3.72\text{ cm}$$
可见温度越高,相同的温差对应的液柱长度差别越大。

例 2 某热电偶测温计的一个触点始终保持为 $0\ °C$,另一触点与待测温度的物体接触。待测温度为 t($°C$)时,测温计中的热电动势为
$$\varepsilon = \alpha t + \beta t^2$$

---

[1] 因并未给此种温标命名,故仅在数值右上角加"°",表示该温标的温度。例 2 同。

其中 $\alpha = 0.20$ mV/℃，$\beta = -5.0 \times 10^{-4}$ mV/℃^{2}。

如果仍以其热电动势 ε 为测温属性，但改用下述线性关系来定义温标 τ：
$$\tau = a\varepsilon + b$$
并规定冰点为 $\tau = 0°$，汽点为 $\tau = 100°$，试作 $\tau\text{-}t$ 曲线。

解 由 $\varepsilon\text{-}t$ 关系式可算得冰点时 $\varepsilon = 0$，汽点时 ε 值为
$$100\alpha + (100)^2 \beta = 15 \text{ mV}$$
代入到 $\tau = a\varepsilon + b$，可列两个方程并解得
$$a = \left(\frac{100}{15}\right)°/\text{mV}, \quad b = 0$$
于是 $\tau\text{-}t$ 关系为
$$\tau = a\varepsilon + b = a\varepsilon = a(\alpha t + \beta t^2)$$
即
$$\tau = \frac{4}{3}t - \frac{1}{300}t^2$$

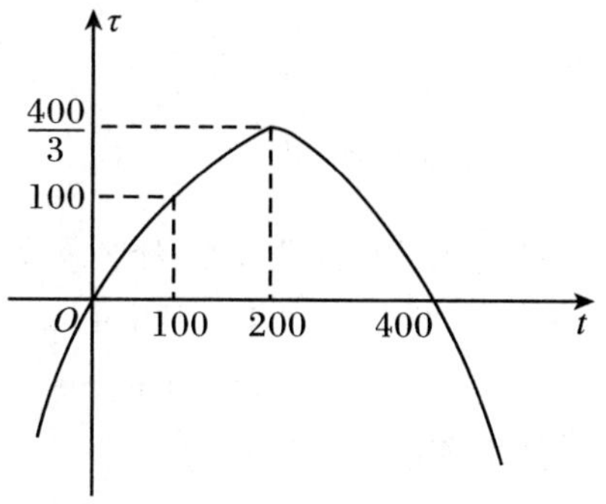

图 1

函数曲线如图 1 所示，τ 与 t 之间并非一一对应，且 τ 有极值。

例 3 如果摄氏温度用 t 表示，那么系统的体膨胀系数定义为满足
$$V = V_0(1 + \alpha t)$$
的系数 α，其中 V 为系统在温度 t 时的体积，V_0 则特指在 $t = 0$ ℃ 时的体积，且 V 与 V_0 均在相同压强下测得。试确定理想气体的 α 量。

解 等压时，对理想气体有
$$\frac{V}{V_0} = \frac{T}{T_0}$$
其中
$$T_0 = 273.15 \text{ K}, \quad T = t + T_0$$
即得
$$V = V_0\left(1 + \frac{t}{T_0}\right)$$
与 $V = V_0(1 + \alpha t)$ 比较，便有
$$\alpha = \frac{1}{T_0} = \frac{1}{273.15 \text{ K}} = 3.66 \times 10^{-3}/\text{℃}$$

理想气体的 α 量与压强无关，但一般系统的 α 量可随 p 变化。

例 4 证明两杯成分相同而体积、温度不同的液体混合后总体积不变。设该液体的体积随温度 t(℃) 线性变化，且在混合过程中与外界绝热。

证明 设两杯液体的质量与初温分别为 m_1、t_1 和 m_2、t_2，它们的比热同为 c，混合后终态温度为 t，则因绝热有
$$cm_1(t - t_1) = cm_2(t_2 - t)$$

解得
$$t = \frac{m_1 t_1 + m_2 t_2}{m_1 + m_2}$$
再设 0 ℃时它们的体积分别为 V_{10}、V_{20},密度同为 ρ,则有
$$m_1 = \rho V_{10}, \quad m_2 = \rho V_{20}$$
因此
$$t = \frac{V_{10} t_1 + V_{20} t_2}{V_{10} + V_{20}}$$
设液体的体膨胀系数为常数 β,则两杯液体混合前的总体积为
$$V = V_1 + V_2 = V_{10}(1 + \beta t_1) + V_{20}(1 + \beta t_2)$$
$$= (V_{10} + V_{20}) + \beta(V_{10} t_1 + V_{20} t_2)$$
混合热平衡后的总体积为
$$V' = V_1' + V_2' = V_{10}(1 + \beta t) + V_{20}(1 + \beta t)$$
$$= (V_{10} + V_{20}) + \beta(V_{10} + V_{20}) t$$
$$= (V_{10} + V_{20}) + \beta(V_{10} + V_{20}) \frac{V_{10} t_1 + V_{20} t_2}{V_{10} + V_{20}}$$
$$= (V_{10} + V_{20}) + \beta(V_{10} t_1 + V_{20} t_2)$$
$$= V$$
即混合后总体积不变。

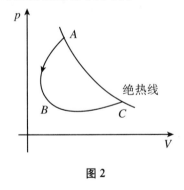

图 2

例 5 图 2 中,某理想气体的准静态过程线 ABC 的初态 A 与终态 C 恰好在该系统的一条绝热线上,试判断系统经 ABC 全过程的内能增量 ΔU、温度增量 ΔT 和吸热量 Q 的正负性。

解 系统的内能 U 和温度 T 均为状态量,经 ABC 过程对应的 ΔU、ΔT 与经绝热过程对应的 ΔU、ΔT 相同,而 A 至 C 绝热膨胀,系统对外做正功,内能减少,温度降低,故 ΔU、ΔT 均为负值。

再取 ABC 过程与 C 至 A 的绝热过程联合而成的循环过程,系统经此循环过程对外做负功,故向外界放热,但是 C 至 A 的绝热过程无热交换,系统必定通过 ABC 过程向外放热,即系统经 ABC 过程从外界吸热量 Q 为负值。

例 6 一根长为 76 cm 的玻璃管,上端封闭,插入水银中。水银充入管子的一部分,其上方气柱内有 0.001 mol 的空气,如图 3 所示。外界空气压强与 76 cm 高的水银柱相平衡。空气的等容摩尔热容量为 $C_V = 20.5$ J/(mol·K)。当玻璃管温度降低 10 ℃时,求管内空气柱放出的热量。

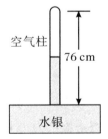

图 3

解 这是匈牙利 1989 年物理竞赛的一道热学赛题。

将玻璃管的截面积记为常量 S,空气柱的高记为 h,则空气柱的

体积为
$$V = hS$$

空气柱的压强 p 以 cmHg 为单位，考虑到玻璃管内水银柱的高为 $76-h$，故有
$$p + (76 - h) = p_外 = 76 \text{ cmHg}$$

即得
$$p = h = \frac{V}{S}$$

这就是空气柱降温过程的过程方程，相应的过程线示于图 4，其中 1、2 分别为初态与终态。

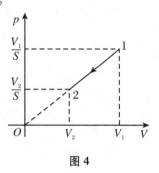

图 4

1→2 过程中，空气柱的内能增量为
$$\Delta U = \nu C_V (T_2 - T_1)$$

将 $\nu = 0.001$ mol，$C_V = 20.5$ J/(mol·K)，$T_2 - T_1 = -10$ ℃ $= -10$ K 代入，即得
$$\Delta U = -0.205 \text{ J}$$

1→2 过程中，空气柱对外做功量为
$$W = -\frac{1}{2}\left(\frac{V_1}{S} + \frac{V_2}{S}\right)(V_1 - V_2)$$
$$= -\frac{1}{2}\left(\frac{V_1^2}{S} - \frac{V_2^2}{S}\right)$$

因
$$pV = \nu RT, \quad p = \frac{V}{S}$$

故
$$\frac{V^2}{S} = \nu RT$$

即有
$$W = \frac{1}{2}\nu R(T_2 - T_1) = -0.042 \text{ J}$$

所求 1→2 降温过程中空气柱放热量为
$$Q_放 = -(W + \Delta U) = 0.247 \text{ J}$$

例7 等容热容量为 C_V（常量）、物质的量为 ν 的理想气体经历某准静态过程，在 pV 坐标面上对应的过程线 x 向下平移 p_0 量后恰好为 T_0 等温线，如图 5 所示。试求该过程的温度上、下限及过程热容量 C 与压强量 p 之间的关系，并画出 C-p 曲线。

解 利用过程线 x 与 T_0 等温线的几何关系，可得其方程为
$$(p - p_0)V = \nu RT_0$$

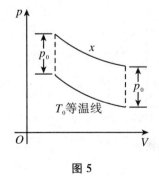

图 5

与理想气体状态方程 $pV = \nu RT$ 联立，消去 p，即可得此过程的 T-V 过程方程：

$$T = T_0 + \frac{p_0}{\nu R}V$$

因 V 恒为正，故该过程的温度上限为无穷大（当 $V \to \infty$ 时），下限为 T_0（当 $V \to 0$ 时）。

过程热容量记为 C，则有

$$C\Delta T = p\Delta V + C_V \Delta T$$

由 T-V 关系式可得

$$\Delta V = \frac{\nu R}{p_0}\Delta T$$

因此有

$$C = \frac{\nu R}{p_0}p + C_V$$

$p = p_0$ 时，$C = \nu R + C_V = C_p$（等压热容量）。对应的 C-p 曲线如图6所示。

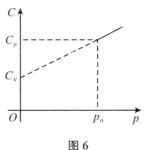

图 6

例 8 物质的量为 ν 的单原子分子理想气体的 $C_V = \frac{3}{2}\nu R$，如图7所示，其准静态过程在 pV 坐标面上的过程线为一直线，其中 A 为初态，B 为终态。

(1) 试确定过程中的 T-V 关系，画出 T-V 曲线；

(2) 试确定过程中的 C-V 关系，画出 C-V 曲线，并据此确定 $A \to B$ 过程中的吸热、放热区域。

解 由图7易得 $A \to B$ 过程线的方程为

$$p = -\frac{p_0}{V_0}V + 3p_0$$

(1) 将上式与状态方程 $pV = \nu RT$ 联立，消去 p，即得

$$T = -\frac{p_0}{\nu R V_0}V^2 + \frac{3p_0}{\nu R}V$$

T-V 关系曲线如图8所示，过程中 $V_0 \to \frac{3}{2}V_2$ 升温，$\frac{3}{2}V_0 \to 2V_0$ 降温。在 $\frac{3}{2}V_0$ 处温度达极大值，过程在该处附近类似于等温过程。

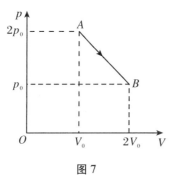

图 7   图 8

（2）对过程热容量 C 有
$$C\Delta T = p\Delta V + C_V \Delta T$$
由 T-V 关系可得
$$\Delta T = \left[-\frac{p_0}{\nu R V_0}(V+\Delta V)^2 + \frac{3p_0}{\nu R}(V+\Delta V)\right] - \left(-\frac{p_0}{\nu R V_0}V^2 + \frac{3p_0}{\nu R}V\right)$$
展开后略去含$(\Delta V)^2$因子的高阶小量，可得
$$\Delta T = \left(-\frac{2p_0}{\nu R V_0}V + \frac{3p_0}{\nu R}\right)\Delta V$$
将它与前面给出的含 C 的关系式联立，消去 ΔV 并将 $C_V = \frac{3}{2}\nu R$ 代入，可得
$$C = \frac{1}{2}\nu R\,\frac{15V_0 - 8V}{3V_0 - 2V}$$

C-V 曲线如图 9 所示。

由图 9 所示的曲线，结合图 8 所示的曲线，对 $A \to B$ 过程中的吸热、放热情况作如下讨论。

$V_0 \to \frac{3}{2}V_0$ 区域：

C 正，升温，由 $\Delta Q = C\Delta T$，可知 ΔQ 为正，系统吸热。

在接近 $\frac{3}{2}V_0$ 处，$C \to +\infty$，类似等温过程。

$\frac{3}{2}V_0 \to \frac{15}{8}V_0$ 区域：

C 负，降温，由 $\Delta Q = C\Delta T$，可知 ΔQ 为正，系统吸热。

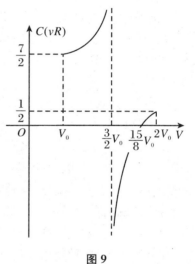

图 9

在接近 $\frac{3}{2}V_0$ 处，$C \to -\infty$，类似等温过程。

在 $\frac{15}{8}V_0$ 处，$C = 0$，类似绝热过程。

$\frac{15}{8}V_0 \to 2V_0$ 区域：

C 正，降温，由 $\Delta Q = C\Delta T$，可知 ΔQ 为负，系统放热。

综上讨论可知，$V_0 \to \frac{15}{8}V_0$ 区域为系统吸热区域，$\frac{15}{8}V_0 \to 2V_0$ 区域为系统放热区域。

理想气体的状态方程

黄国明

理想气体状态变化的规律及其应用是物理学中的重要内容,也是考查学生能力的一个重要途径。在物理竞赛中,这一内容不但每届必然涉及,而且加大了难度和灵活性。

我们研究气体的性质,首先要搞清研究的是什么样的气体,怎样建立其物理模型,用什么方法去研究它;然后是怎样从观察和实验中寻得其状态变化规律,这些规律的数学表达式及其物理意义是什么;最后是怎样综合和灵活地运用这些规律公式或图像来解决实际问题。

在中学物理范围内,我们目前只研究理想气体。什么样的气体是理想气体呢?从分子运动论的观点来看,组成任何物质(不论固体、液体、气体)的分子总是在无规则地、永不终止地运动。而气体分子又有它的特点。主要有:气体分子本身的大小与分子之间的平均距离相比可以忽略不计,因而可视同类分子为质量相等的质点;分子可视为完全弹性的小球,除分子之间或分子与器壁之间完全弹性碰撞的瞬间外,分子之间的相互作用力及分子所受的重力都可以忽略不计,因而可认为在平衡时分子在各个方向上运动的几率相等(各向同性),气体各处的密度均匀;等等。在这些特点的基础上,我们就可建立理想气体的物理模型:**理想气体是自由地无规则运动着的弹性球分子的集合**。通过大量实验已经知道,这样的气体遵从玻意耳-马略特定律、盖·吕萨克定律和查理定律。因此也可以说,严格遵从上述三条气体实验定律的气体叫作理想气体。实验表明,在压强不太大(与大气压比较)和温度不太低(与常温比较)的状态下,一般气体都能遵从玻意耳-马略特定律等三条实验定律,皆可视为理想气体。

既然我们的研究对象——理想气体是大量的自由地做无规则运动的弹性微粒,那么要像力学中研究宏观物体那样,寻求每一个分子的运动规律与受力情况是不可能的,也没有意义,因而研究的方法就只能是观察和测量这些大量的、自由的、无规则运动着的分子的集体表现了,也就是要用统计的方法来研究、观测大量分子的宏观性质。我们把表征大量无规则运动的分子的集体特性的物理量叫作宏观量,如质量、体积、压强、温度等,一般由实验测得。这些宏观量在气体处于不同状态时一般是不同的,我们又称它们为气体的状态参量。对于质量 m 一定的某种气体(摩尔质量也一定),常涉及的状态参量有三个:体积 V、压强 p、温度 T。值得注意的是,温度 T 的单位皆用绝对温标(开氏温标),其与摄氏温度 t 之间的关系是 $T = 273 + t$(K);压强 p 的单位换算要熟练掌握:$p_0 = 1$ atm $= 76$ cmHg $= 1.013 \times 10^5$ Pa ≈ 100 kPa ≈ 10 mH$_2$O,1 mmHg ≈ 133 Pa。

通常把所研究的由大量微观粒子(分子或其他粒子)组成的物体(或一组物体)叫作热力学系统,简称为系统。在没有外界影响下,系统的宏观性质不随时间而变化的状态叫作平衡态。实际上,从微观上看,处于平衡态的系统的内部的分子仍在不停地做热运动,因而实质上是热动平衡状态。说某理想气体处于平衡态,实际上是指它各部分的密度、温度、压强皆是均匀的热动平衡状态。在外界影响下,理想气体从一个状态不断地变化到另一状态所经历的过程称为状态变化过程。平常所说的平衡过程就是系统经历的所有中间状态都无限接近平衡态的过程。由此我们知道状态与过程是两个不同的概念。

在寻求气体状态变化规律的实验中,对于一定质量的理想气体,往往固定一个状态参量不变,来研究不同状态下另外两个参量之间的关系,这就得到了玻意耳-马略特定律(等温过程)、盖·吕萨克定律(等压过程)和查理定律(等容过程)三条实验定律。综合上述三条实验定律,从实验或推证,就可得到理想气体的状态方程。理想气体的状态方程揭示了它在状态变化过程中始末状态的两组状态参量之间的关系,且与中间的过渡状态无关。

理想气体的状态方程有多种不同的表达式,针对各种不同的情况和考虑角度。现分别阐述如下,且为了便于记忆,给部分表达式取了并不是很确切的名字。

1. 基本方程

一定质量的理想气体的压强、体积和温度同时发生变化时,压强和体积的乘积与绝对温度的比值在变化过程中是一个不变的量,即

$$\frac{p_1 V_1}{T_1} = \frac{p_2 V_2}{T_2} = \frac{p_3 V_3}{T_3} = \cdots \qquad ①$$

基本方程的来历、运用的注意事项等在教材中已有详细说明,在此不再重复。

2. 密度方程

某理想气体的压强除以该种气体的密度与绝对温度的乘积,所得的商是一个常量,即

$$\frac{p_1}{\rho_1 T_1} = \frac{p_2}{\rho_2 T_2} = \frac{p_3}{\rho_3 T_3} = \cdots \qquad ②$$

密度方程可由基本方程分别除以被研究气体的质量,并运用 $\dfrac{V}{m} = \dfrac{1}{\rho}$ 即可得到。它适用于密度变化问题,如漏去气体或补充气体等情况。运用时,除温度 T 必须使用开氏温标外,p、ρ 的单位只需对应相同。

3. 克拉珀龙方程

任何 1 mol 的理想气体在标准状况时的体积都是 22.4 L,因而 $\dfrac{p_0 V_0}{T_0}$ 是一个确定的值,通常用 R 表示,即 $R = \dfrac{p_0 V_0}{T_0}$,并称之为普适气体常数或气体常量,其值为

$$R = \frac{1.013 \times 10^5 \text{ Pa} \times 22.4 \times 10^{-3} \text{ m}^3/\text{mol}}{273.15 \text{ K}} = 8.31 \text{ J/(mol·K)} \quad (\text{国际制单位})$$

或

$$R = \frac{1 \text{ atm} \times 22.4 \text{ L/mol}}{273.15 \text{ K}} = 0.082 \text{ atm} \cdot \text{L/(mol} \cdot \text{K)}$$

注意：从上述两个数值可知，atm·L 是能的单位，且 1 atm·L = 101.3 J ≈ 100 J。

对于质量为 m、摩尔质量为 M，即物质的量为 $\frac{m}{M}$ 的理想气体，可写出通用的理想气体的状态方程，又名克拉珀龙方程，即

$$pV = \frac{m}{M}RT \qquad ③$$

克拉珀龙方程应用广泛，适合解答理想气体的变质量问题。使用时，p、V 的单位取决于 R 的取值。

4. 压强方程

$$p = nkT \qquad ④$$

设每个气体分子的质量为 m_0，气体分子总数为 N，则气体的质量 $m = m_0 N$，而摩尔质量 $M = m_0 N_A$（N_A 为阿伏伽德罗常量，且 $N_A = 6.02 \times 10^{23}/\text{mol}$）。由克拉珀龙方程，有

$$p = \frac{m}{VM}RT = \frac{m_0 N}{V m_0 N_A}RT = \frac{N}{V}\frac{R}{N_A}T = nkT$$

式中，$n = \frac{N}{V}$ 为单位体积内的分子数，即分子数密度；$k = \frac{R}{N_A} = \frac{8.31}{6.02 \times 10^{23}} \text{ J/K} = 1.38 \times 10^{-23} \text{ J/K}$，即玻尔兹曼常量。

压强方程揭示了理想气体的压强取决于分子数密度和温度，其微观解释是显而易见的：气体的压强来自分子对器壁的碰撞次数和每次碰撞的强度。分子数密度大，单位时间内气体分子对单位面积器壁的碰撞次数增多；温度越高，气体分子的平均平动动能越大，即分子运动的平均速率增大，使单位时间内对单位面积器壁的碰撞次数增多，单位时间内气体分子给单位面积器壁的总冲量也增大，因而气体的压强增大。

压强方程不仅是理想气体状态方程的又一重要形式，而且还可得出如下三个重要推论。

推论 1 洛施密特常量 $n_0 = 2.68 \times 10^{25}/\text{m}^3$。

由压强方程，在标准状态下 1 m^3 的任何理想气体所含的分子数 n_0 都相等，$n_0 = \frac{p_0}{kT_0} = \frac{1.013 \times 10^5 \text{ Pa}}{1.38 \times 10^{-23} \text{ J/K} \times 273 \text{ K}} \approx 2.68 \times 10^{25}/\text{m}^3$，这个数值就称为洛施密特常量，它给出了单位体积内气体分子数目多少的图景信息。

推论 2（阿伏伽德罗定律） 在相同的温度和相同的压强下，任何理想气体在相同的体积内所含的分子数相同。

由压强方程 $p = nkT$，有

$$p_1 = n_1 k T_1$$
$$p_2 = n_2 k T_2$$

当 $p_1 = p_2$、$T_1 = T_2$ 时，得

$$n_1 = n_2 \qquad ④a$$

推论 3（道尔顿分压定律） 几种不同组分且不发生化学反应的气体放置在同一容器中，则混合气体的压强等于各组分的分压强之和，即

$$p = p_1 + p_2 + \cdots \qquad ④b$$

设几种不发生化学反应的不同的理想气体装在同一容器内，系统的温度为 T，各组分气体的分子数密度分别为 n_1、n_2、$\cdots$、n_i、$\cdots$，各组分气体对系统提供的分压强分别为 p_1、p_2、$\cdots$、p_i、$\cdots$。由压强方程 $p = nkT$ 及系统内分子数总密度 $n = n_1 + n_2 + \cdots + n_i + \cdots$，后式每项乘以 kT，则有

$$nkT = n_1 kT + n_2 kT + \cdots + n_i kT + \cdots$$

即

$$p = p_1 + p_2 + \cdots + p_i + \cdots$$

5. 合分方程

对于不发生化学反应的几种或同种理想气体的合与分，有下列方程成立：

$$\frac{p_1 V_1}{T_1} + \frac{p_2 V_2}{T_2} + \cdots = \frac{p_1' V_1'}{T_1'} + \frac{p_2' V_2'}{T_2'} + \cdots \qquad ⑤$$

设甲容器中盛有 p_1、V_1、T_1、分子数 N_1 的理想气体，乙容器中盛有 p_2、V_2、T_2、分子数 N_2 的理想气体，将它们混合后（不发生化学反应）全部装入原系真空的丙、丁两容器，丙、丁容器中的状态参量分别为 p_1'、V_1'、T_1'、N_1' 和 p_2'、V_2'、T_2'、N_2'。

因为

$$N_1 + N_2 = N_1' + N_2'$$

又

$$p = nkT = \frac{N}{V}kT, \quad N = \frac{pV}{kT}$$

所以

$$\frac{p_1 V_1}{kT_1} + \frac{p_2 V_2}{kT_2} = \frac{p_1' V_1'}{kT_1'} + \frac{p_2' V_2'}{kT_2'}$$

即

$$\frac{p_1 V_1}{T_1} + \frac{p_2 V_2}{T_2} = \frac{p_1' V_1'}{T_1'} + \frac{p_2' V_2'}{T_2'}$$

亦可写成

$$\frac{pV}{T} \underset{合}{\overset{分}{\rightleftharpoons}} \frac{p_1 V_1}{T_1} + \frac{p_2 V_2}{T_2} + \cdots$$

合分方程可应用于理想气体进行分、合变状态的问题，不但准确可靠，而且异常简便，是其他状态方程所不及的。

上面我们列举了理想气体状态方程的五种不同表示式。在物理竞赛中有关理想气体的题目较难，多为变质量问题，求解时利用基本方程往往较为繁杂，而优先考虑运用克拉珀龙方程或合分方程求解则是非常有益的，可做出新奇明快的解答，雅趣盎然。

我们从下面几个例题来看看理想气体状态方程的具体应用。值得注意的是，运用理想气体状态方程解题时，一般步骤可概括为定研究对象、看始末状态、写状态参量、列状

态方程、解题求答案等五步,即依据题意确定研究的是哪部分气体,这部分理想气体由起始状态变化到另一个状态(相对的末状态),其中间状态过程不必虑及,只要对始、末两个平衡状态写出状态参量(注意统一单位),再视情况选列状态方程,解之即得所求答案。另外,由于有多种方程可选用,因此往往对一题有几种不同的解法,在练习中应主动从不同角度来思考同一问题,从而得到多种解法,实现一题多解,更进一步考虑寻求最佳解法,这对我们的发散思维是一种很好的训练。

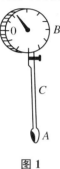

图1

例1 图1是低温测量中常用的一种气体温度计示意图。通过导热性能差的德银毛细管 C 连接压强计 B 和测温泡 A。毛细管 C 的容积比测温泡 A 的容积 V_A 和压强计 B 的容积 V_B 小得多,可忽略不计。测温时,先把温度计在室温 T_1 下充气到压强 p_1,加以密封,然后将测温泡 A 浸入待测物质(通常是液化的气体)。当 A 内气体与待测物质达到热平衡后,压强计 B 的读数为 p,求待测物质的温度 T。

解 解法1 根据题意,测温前,压强计 B 和测温泡 A 通过毛细管 C 盛有密封的气体,压强为 p_1,温度为 T_1,体积为 V_A+V_B。当测温泡浸入待测的液化气体内,A 内的气体与低温的液化气体达到热平衡时,A 内的气体温度降为 T,由于毛细管长而几乎不导热,故压强计 B 内的气体温度仍为 T_1,而压强却应与 A 内的气体压强同为 p。A 内的气体温度大大下降,必然会有部分气体(设质量为 Δm)进入 A。从而可以得知,虽然密封在 A、B 内的气体的总质量不变,但分别对 A 与 B 来说,其内的气体的质量是变化的,即这是变质量问题,可用克拉珀龙方程来求解。

设 A、B 内原有气体的质量分别为 m_A、m_B,A 浸入待测液化气体后,有质量 Δm 由 B 进入 A。由克拉珀龙方程 $pV=\dfrac{m}{M}RT$,有:

测温前,A 内的气体满足

$$p_1 V_A = \frac{m_A}{M}RT_1 \qquad ①$$

B 内的气体满足

$$p_1 V_B = \frac{m_B}{M}RT_1 \qquad ②$$

测温后,A 内的气体满足

$$pV_A = \frac{m_A+\Delta m}{M}RT \qquad ③$$

B 内的气体满足

$$pV_B = \frac{m_B-\Delta m}{M}RT_1 \qquad ④$$

①+②得

$$p_1(V_A+V_B) = \frac{m_A+m_B}{M}RT_1 \qquad ⑤$$

③+④得

$$p\left(\frac{V_A}{T} + \frac{V_B}{T_1}\right) = \frac{m_A + m_B}{M}R \qquad ⑥$$

解 ⑤⑥ 两式得

$$T = \frac{p}{p_1}\frac{1}{1 + \frac{V_B}{V_A}\left(1 - \frac{p}{p_1}\right)}T_1$$

解法 2 由前面的分析可知，显然测温前后 A 与 B 内的气体总质量不变，只是其质量分布变为 A 内的 $m_A + \Delta m$ 和 B 内的 $m_B - \Delta m$，用合分方程来解答更简洁明快。

测温前的气体处于相同状态，测温后的气体分成两部分状态不同的气体，由合分方程有

$$\frac{p_1(V_A + V_B)}{T_1} = \frac{pV_A}{T} + \frac{pV_B}{T_1}$$

解之得

$$T = \frac{p}{p_1}\frac{1}{1 + \frac{V_B}{V_A}\left(1 - \frac{p}{p_1}\right)}T_1$$

讨论 这个题目还可以运用基本方程来求解。但基本方程只适用于气体质量一定的情况，而 A、B 内的气体质量是变化的，就只能用"袋子法"或"空间填充法"，由 B 内一部分气体去填充 A 内被降低温度后腾出的"真空"，解答过程将是很繁杂的。从前面的两种解法中可以清楚地看出运用合分方程求解的奇特之处。

例 2 有两个体积不变的容器，它们的容积之比 $V_A:V_B = 3:2$，它们分别置于温度为 300 K 和 400 K 的两个恒温槽中。A 容器装有 10 atm 的氢气，B 容器装有 16 atm 的氦气。用细管将两容器连通起来，氢气与氦气视为互不发生化学反应的理想气体，连通管的容积忽略不计。试求混合后两容器内的压强。

解 解法 1 用克拉珀龙方程和道尔顿分压定律求解。

设氢气、氦气的质量分别为 m_A、m_B，摩尔质量分别为 M_A、M_B，体积分别为 $V_A (= 1.5V_B)$、V_B。

根据克拉珀龙方程 $pV = \frac{m}{M}RT$，有

$$m_A = \frac{p_A V_A M_A}{RT_A} = \frac{10 \times 1.5V_B M_A}{R \times 300} = \frac{V_B M_A}{20R}$$

设两容器连通后，A 中有 Δm_A 的氢气跑入 B 中，氢气在两容器中产生的分压强均为 p_1，则

$$m_A - \Delta m_A = \frac{p_1 V_A M_A}{RT_A} = \frac{p_1 \times 1.5V_B M_A}{300R} = \frac{p_1 V_B M_A}{200R}$$

$$\Delta m_A = \frac{p_1 V_B M_A}{RT_B} = \frac{p_1 V_B M_A}{400R}$$

因 $(m_A - \Delta m_A) + \Delta m_A = m_A$，所以

$$\frac{V_B M_A}{20R} = \frac{p_1 V_B M_A}{200R} + \frac{p_1 V_B M_A}{400R}$$

解得 $p_1 = \frac{20}{3}$ atm。

设质量为 Δm_B 的氦气在连通后进入 A 中,根据克拉珀龙方程和氦气在 A、B 两容器中产生的分压强均为 p_2,依前述同理列式,有

$$m_B = \frac{p_B V_B M_B}{RT_B} = \frac{16 V_B M_B}{400R} = \frac{V_B M_B}{25R}$$

$$m_B - \Delta m_B = \frac{p_2 V_B M_B}{RT_B} = \frac{p_2 V_B M_B}{400R}$$

$$\Delta m_B = \frac{p_2 V_A M_B}{RT_A} = \frac{1.5 V_B p_2 M_B}{300R} = \frac{p_2 V_B M_B}{200R}$$

$$m_B = (m_B - \Delta m_B) + \Delta m_B$$

$$\frac{V_B M_B}{25R} = \frac{p_2 V_B M_B}{400R} + \frac{p_2 V_B M_B}{200R}$$

解得 $p_2 = \frac{16}{3}$ atm。

根据道尔顿分压定律,混合后 A、B 两容器中的压强皆为

$$p = p_1 + p_2 = \left(\frac{20}{3} + \frac{16}{3}\right) \text{ atm} = 12 \text{ atm}$$

解法 2 用合分方程求解。

根据题意,$V_A = 1.5 V_B$,$p_A = 10$ atm,$T_A = 300$ K;$p_B = 16$ atm,$T_B = 400$ K,且 V_A、V_B、T_A、T_B 不变,连通后 $p'_A = p'_B = p$。

由合分方程

$$\frac{p_1 V_1}{T_1} + \frac{p_2 V_2}{T_2} = \frac{p'_1 V'_1}{T'_1} + \frac{p'_2 V'_2}{T'_2}$$

有

$$\frac{p_A V_A}{T_A} + \frac{p_B V_B}{T_B} = \frac{p V_A}{T_A} + \frac{p V_B}{T_B}$$

即

$$\frac{10 \times 1.5 V_B}{300} + \frac{16 V_B}{400} = \frac{p \times 1.5 V_B}{300} + \frac{p V_B}{400}$$

解得 $p = 12$ atm。

讨论 这是一个典型的变质量(即质量重新分配)问题,当然也可用基本方程来求解,但仍须适当假设一个合理的中间过程,例如,假定乙容器中为真空,未盛氦气,连通后,甲容器内的 $p_甲 = 10$ atm、$T_甲 = 300$ K、体积为 $\Delta V_甲$ 的氢气进入乙容器中,变为 p_1、$T_乙 = 400$ K、体积为 $V_乙$ 的氢气,容器甲中剩下 $p_甲 = 10$ atm、$T_甲 = 300$ K、体积为 $V_甲 - \Delta V_甲$ 的氢气等温膨胀到 $V_甲$、p_1,分别根据基本方程和玻意耳-马略特定律求出 p_1;依同样的假定和方法,求出氦气的分压强 p_2;最后由道尔顿分压定律求出 p。这不但需要合理的想象,而且解答繁杂。前面所列的两种解法又一次显现出运用合分方程解答变质量

问题的简便明快特点。

例 3 如图 2 所示,在一内径均匀的绝热的环形管内,有三个薄金属片制成的活塞将管隔成三部分。活塞的导热性和封闭性良好,且可无摩擦地在圆环内运动。三部分中盛有同一种理想气体。容器平放在水平桌面上。起始时,Ⅰ、Ⅱ、Ⅲ三部分气体的压强都是 p_0,温度分别是 $t_1 = -3\ ℃$、$t_2 = 47\ ℃$、$t_3 = 27\ ℃$。三个活塞到圆环中心连线之间的夹角分别是 $\alpha_1 = 90°$、$\alpha_2 = 120°$、$\alpha_3 = 150°$。

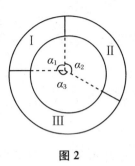

图 2

(1) 最后达到平衡时,三个活塞到圆环中心的连线之间的夹角各是多少?

(2) 已知一定质量的理想气体的内能的变化量与其温度的变化量成正比(与压强、体积的变化无关),试求达到平衡时气体的温度和压强。

解 (1) 设气体的摩尔质量为 M,三部分气体的质量分别为 m_1、m_2、m_3,起始时体积分别为 V_1、V_2、V_3,起始温度已知为 $T_1 = 270\ \text{K}$、$T_2 = 320\ \text{K}$、$T_3 = 300\ \text{K}$。由克拉珀龙方程可得

$$p_0 V_1 = \frac{m_1}{M}RT_1, \quad p_0 V_2 = \frac{m_2}{M}RT_2, \quad p_0 V_3 = \frac{m_3}{M}RT_3 \qquad ①$$

根据题意知

$$V_1 : V_2 : V_3 = \alpha_1 : \alpha_2 : \alpha_3 \qquad ②$$

最后达到平衡时,三部分气体的压强和温度都相同,所以它们的体积与其质量成正比,即

$$V_1' : V_2' : V_3' = m_1 : m_2 : m_3 \qquad ③$$

显然,若此时三部分气体所对应的角度分别为 α_1'、α_2'、α_3',则有

$$V_1' : V_2' : V_3' = \alpha_1' : \alpha_2' : \alpha_3' \qquad ④$$

$$\alpha_1' + \alpha_2' + \alpha_3' = 360° \qquad ⑤$$

由①式得

$$m_1 : m_2 : m_3 = \frac{V_1}{T_1} : \frac{V_2}{T_2} : \frac{V_3}{T_3} \qquad ⑥$$

由②~⑥式解得

$$\alpha_1' \approx 99°, \quad \alpha_2' \approx 112°, \quad \alpha_3' \approx 149°$$

(2) 根据题意,$\Delta E = k\Delta T$,k 为单位质量的理想气体温度变化 1 K 时的内能变化量。设气体达最后平衡时温度和压强分别为 T 和 p,由能量守恒可得

$$km_1(T - T_1) + km_2(T - T_2) + km_3(T - T_3) = 0$$

即

$$(m_1 + m_2 + m_3)T = m_1 T_1 + m_2 T_2 + m_3 T_3$$

$$T = \frac{m_1 T_1 + m_2 T_2 + m_3 T_3}{m_1 + m_2 + m_3} \qquad ⑦$$

将③④两式及 α_1'、α_2'、α_3' 的值代入⑦式,得

$$T = \frac{\alpha_1' T_1 + \alpha_2' T_2 + \alpha_3' T_3}{\alpha_1' + \alpha_2' + \alpha_3'} = 298 \text{ K}$$

设 $V = V_1 + V_2 + V_3$，由①式，有

$$p_0 V = (m_1 T_1 + m_2 T_2 + m_3 T_3)\frac{R}{M} \qquad ⑧$$

达到平衡时，有

$$pV = (m_1 + m_2 + m_3)\frac{RT}{M} \qquad ⑨$$

由⑦式可知，⑧⑨两式的右边相等，所以得到 $p = p_0$。

讨论 本题是第9届全国中学生物理竞赛预赛一试的一道赛题，运用克拉珀龙方程解决的问题只是全题的很小一部分——第(1)小题答之首及第(2)小题答之尾，另外考查了数学知识运用与力学知识的结合。这种命题方式具有综合性，在赛题中比较普遍。

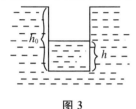

图3

例4 将一个高 $h_0 = 60$ cm 的圆桶开口朝上放入水中，当向圆桶内注入 $h = 10$ cm 深的水时，圆桶边缘恰好与水面齐平，如图3所示。桶壁厚度及桶中空气质量不计，下述整个过程中各处的温度不变，大气压 $p_0 = 10^5$ Pa $= 1000$ cmH$_2$O。

(1) 若将圆桶开口朝下放入水中，求平衡时桶口距水面的高度，并说明其平衡性质。

(2) 若施外力继续将桶缓慢地压入水中，当桶口在水面下某一深度时又可达到平衡。求这个深度，且说明其平衡性质。

(3) 若将另外一个高仍为 h_0 的圆桶开口向下放入水中，且在缓慢下压时，只能达到一次平衡。求在此平衡位置时，进入桶内水的高度。

解 圆桶开口向上放入水中且平衡时，根据力的平衡条件，圆桶所受浮力 $F_{浮}$ 应等于桶重 G，即 $F_{浮} = G$，设圆桶的横截面积为 S，则 $(h_0 - h)S\rho_水 g = G$，$G = 50 S g$，这里使用的单位是：体积为 cm^3，密度为 g/cm^3，压强为 cmH$_2$O。这样便于本题的单位统一与计算。

(1) 圆桶开口向下放入水中，设桶口距水面 x 时平衡，如图4所示。水因桶口处的压强大于 p_0 而进入桶中，高度设为 y。当 x 增加时，x 的增量 Δx 必然超过 y 的增量 Δy，否则，违背玻意耳-马略特定律。

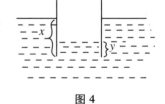

图4

平衡时，桶重 G 与此时桶所受浮力 $F_{浮}$ 等值反向，即

$$F_{浮} = (x - y)S\rho_水 g = G = 50 S\rho_水 g$$

则 $x - y = 50$ cm。

又

$$p_1 = p_0 = 1000 \text{ cmH}_2\text{O}, \quad V_1 = h_0 S = 60 S \text{ (cm}^3\text{)}$$
$$p_2 = p_0 + (x - y) = 1050 \text{ cmH}_2\text{O}, \quad V_2 = (60 - y)S \text{ (cm}^3\text{)}$$

由玻意耳-马略特定律，得 $p_1 V_1 = p_2 V_2$，因此有

$$1000 \times 60 S = 1050 \times (60 - y)S$$

$$y \approx 2.85 \text{ cm}$$

则此时桶口距水面的高度 $x = 50 \text{ cm} + y = 52.85 \text{ cm}$。

桶稍微向下压时,由于 $\Delta x > \Delta y$,则 $F_浮$ 增大,即 $F_浮 > G$,桶所受合力 $F_浮 - G$ 向上,指向原平衡位置。反之,桶稍微向上提时,$F_浮$ 减少,所受合力 $F_浮 - G$ 方向向下,亦指向平衡位置。故圆桶此时的平衡为稳定平衡。

(2) 当圆桶在外力作用下缓慢地压入水中时,设当桶口距水面 h' 时又达平衡,由 $F_浮 = G$ 可知,此时桶内空气柱的高度必为 50 cm(如图 5 所示)。

由玻意耳-马略特定律有 $p_0 V_0 = p_2 V_2$,且 $p_2 = p_0 + (h' - 10) = 990 + h'$,$V_2 = 50S$,故

$$1000 \times 60 S = (990 + h') \times 50 S$$
$$h' = 210 \text{ cm}$$

当圆桶再向下稍微离开此平衡位置时,因桶口处的压强增大而使进入桶内的水增多,即桶中空气柱高度小于 50 cm,浮力减小,重力不变,故桶自行下沉。反之,桶稍向上,浮力增大,桶自行上浮。故此平衡系不稳平衡。

(3) 将另一个 h_0 仍为 60 cm 的圆桶开口朝下放入水中,且缓慢下压时,因在桶底进入水中之前,浮力随深度的增加而增大,桶底与水面齐平时圆桶所受的浮力最大。继续下压时,浮力因桶内水的高度增加而减小。可见,如果要求在整个过程中,圆桶只能达到一次平衡,那么只能在浮力为最大值处才可能,即桶重等于浮力的最大值,否则就会有两次平衡或根本找不到平衡位置。只能达到一次平衡的位置即为桶底与水面齐平时(如图 6 所示),因为此时排开水的体积最大。

$$p = p_0 + x_1 = 1000 + x_1$$
$$V = x_1 S$$

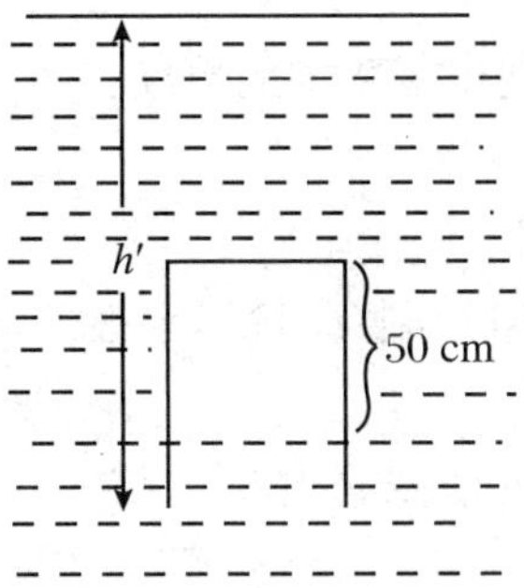

图 5 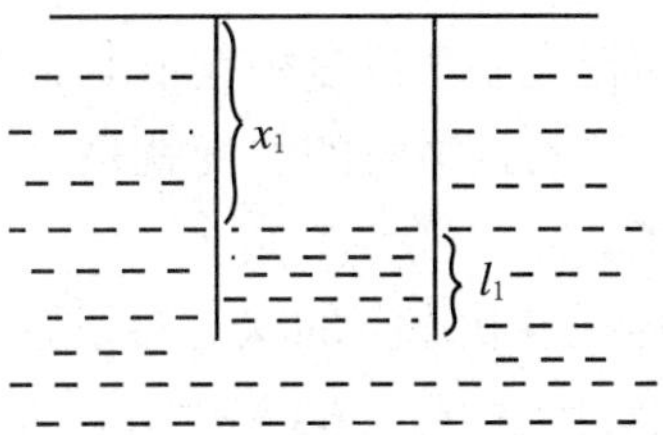   图 6

由玻意耳-马略特定律有 $p_0 V_0 = pV$,故

$$1000 \times 60 S = (1000 + x_1) x_1 S$$

解之得 $x_1 = 56.8 \text{ cm}$(舍去另一负根)。此时进入桶内的水的高度为 $l_1 = (60 - 56.8) \text{ cm} = 3.2 \text{ cm}$。

讨论 本题是关于平衡条件、平衡性质、浮力定律和玻意耳-马略特定律的综合应用题。求解时,关键是弄清物理过程,分析各个物理过程中压强、体积、浮力、平衡条件。另

外,若在运算中压强的单位采用国际单位制(SI制),则会给计算带来一些麻烦,而采用厘米水柱高则简捷得多,这说明我们在解题时要视情况选用最优方法与单位,既简便明快,又准确无误。还应注意的是,一旦将气态方程与力学综合,题目的难度就大大增加,而且气态方程在题中的份量不足 $\frac{1}{3}$,考查的知识和能力落到了力学方面。解题时,除了较好地掌握力学知识及其分析运用外,重要的是将气态方程与力学知识合理衔接与灵活运用。

例 5 如图7所示,在长为 L 的玻璃管内有一段长为 h 的水银柱封闭着一段长为 a 的气柱,玻璃管开口向上竖直放置。此时温度为 T_0、大气压强为 H_0,问温度至少升到多高,才可使水银柱全部排尽?试对多种可能情况进行演算和讨论。(本题中长度单位为 cm,压强单位为 cmHg,温度单位为 K)

解 研究对象是被水银柱封闭的气柱,可视为理想气体。它要排尽水银柱,应有两个物理过程,即首先是气体等压($=H_0+h$)升温膨胀过程(如图8(a)所示),然后是气体继续膨胀逐渐把水银柱排出管外的排液过程(如图8(b)所示)。

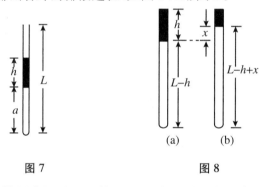

图7　　　图8

在排液过程中,要排尽水银柱又可能出现几种不同温度要求的情况:

(1) 气体连续升温,直到全部排完水银柱;
(2) 气体在某一个温度极大值时,自行排完水银柱;
(3) 气体开始排液时的温度就是最高温度,靠绝热减压膨胀排尽水银柱,而不出现一个温度极大值。

列出气体在各状态下的状态参量,设 S 为玻璃管的横截面积。

气体原态:$p_0 = H_0 + h$,$V_0 = aS$,T_0;
排液开始前(图8(a)):$p_1 = H_0 + h$,$V_1 = (L-h)S$,T_1;
排液过程中(图8(b)):$p_2 = H_0 + h - x$,$V_2 = (L-h+x)S$,T_2。

由基本方程,对原态→a态,有

$$\frac{(H_0+h)aS}{T_0} = \frac{(H_0+h)(L-h)S}{T_1}$$

得

$$T_1 = \frac{L-h}{a}T_0 \qquad ①$$

对 a 态→b 态,有

$$\frac{(H_0+h)(L-h)S}{T_1} = \frac{(H_0+h-x)(L-h+x)S}{T_2}$$

解之,并将①式代入,得

$$T_2 = \frac{(H_0+h-x)(L-h+x)}{(H_0+h)a}T_0 \qquad ②$$

在②式中,因 $(H_0+h-x)+(L-h+x)=H_0+L=$常数,故当 $H_0+h-x=L-h+x$,即 $x-h=\dfrac{H_0-L}{2}$ 时有极值。

令气柱长为 $Y=L-h+x(h>x)$,将 $x-h=\dfrac{H_0-L}{2}$ 代入,有

$$Y = L + \frac{H_0-L}{2} = \frac{H_0+L}{2}$$

说明 T_2 出现极值时,气柱长度 $Y=\dfrac{H_0+L}{2}$ 为极值点。

下面分别就排液过程可能出现的三种情况进行讨论与解答。

第一种情况:气体连续升温,直到排完水银柱。产生此情况的条件显然为 $Y\geqslant L$,因 Y 的极值点为 $Y=\dfrac{H_0+L}{2}$,故 $\dfrac{H_0+L}{2}\geqslant L$,即为 $L\leqslant H_0$。

$$p_0=H_0+h, \quad V_0=aS, \quad T_0$$
$$p=H_0, \quad V=LS, \quad T$$
$$\frac{(H_0+h)aS}{T_0} = \frac{H_0LS}{T}$$

则

$$T = \frac{H_0L}{(H_0+h)a}T_0 \qquad ③$$

此种情况的 T-Y 图线如图 9 所示。实际上,气体的体积是由 $aS\to LS$,也可由

$$p_1=H_0+h, \quad V_1=(L-h)S, \quad T_1=\frac{L-h}{a}T_0$$
$$p=H_0, \quad V=LS, \quad T$$

运用 $\dfrac{p_1V_1}{T_1}=\dfrac{pV}{T}$ 得到

$$T = \frac{H_0L}{(H_0+h)a}T_0$$

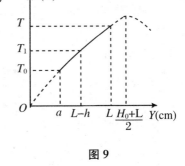

图 9

第二种情况:当 $Y<L$ 时,Y 的极值点为 $\dfrac{H_0+L}{2}$,故 $\dfrac{H_0+L}{2}<L$,即 $L>H_0$,而 $Y<L$ 又有两种可能:$Y>L-h$ 和 $Y\leqslant L-h$。前者说明排液过程中有温度极大值 T_m 出现,条件为 $L-h<\dfrac{H_0+L}{2}<L$,此时,$p_2=\dfrac{H_0+L}{2}$,$V_2=$

$\dfrac{H_0+L}{2}S$,代入②式得

$$T_m = \dfrac{\dfrac{H_0+L}{2} \cdot \dfrac{H_0+L}{2}}{(H_0+h)a} T_0 = \dfrac{(H_0+L)^2}{4(H_0+h)a} T_0 \qquad ④$$

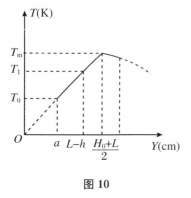

图 10

作出此种情况的 $T\text{-}Y$ 图线,如图 10 所示,从图线上很容易形象地看到极值点 $\dfrac{H_0+L}{2}$、$L-h$、L 之间及 T_0、T_1、T_m 之间的关系。

前述的后者是排液过程中的第三种情况。

第三种情况:当 $\dfrac{H_0+L}{2} \leqslant L-h$ 时,作出此种情况下的 $T\text{-}Y$ 图线,如图 11 所示。图 11(a)表示若 $\dfrac{H_0+L}{2} = L-h$,则气体将水银柱推到管口的末温度 T_1 恰好等于排液过程的极值温度,故排尽水银柱应达的最低温度可用①式或④式计算,为 $T = T_1 = \dfrac{L-h}{a} T_0 = \dfrac{(H_0+L)^2}{4(H_0+h)a} T_0$。

若 $\dfrac{H_0+L}{2} < L-h$,则此时温度的极值点不在排液过程而在等压膨胀过程,实际上,气体等压升温膨胀的第一个物理过程结束时将水银柱顶端推至管口的末温度 T_1 就是排液物理过程的最高温度,即 $T_1 = \dfrac{L-h}{a} T_0$,也即①式。

从第三种情况的讨论可知,当 $\dfrac{H_0+L}{2} \leqslant L-h$ 时,不论是图 11(a)还是图 11(b)所示的曲线,都说明排液过程中无极值温度,此过程是绝热减压降温膨胀过程,从而完成排尽水银柱。

综合三种情况的讨论,我们得出气体排尽水银柱应达到的最低温度的计算式为

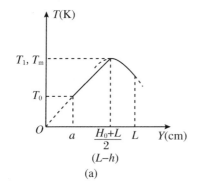

(a)

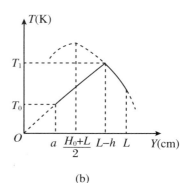

(b)

图 11

$$T = \begin{cases} \dfrac{H_0 L}{(H_0 + h)a}T_0, & \text{当 } L \leqslant H_0 \text{ 时} \\ \dfrac{(H_0 + L)^2}{4(H_0 + h)a}T_0, & \text{当 } L > H_0, \text{且} \dfrac{H_0 + L}{2} > L - h \text{ 时} \\ \dfrac{L - h}{a}T_0, & \text{当 } L > H_0, \text{且} \dfrac{H_0 + L}{2} \leqslant L - h \text{ 时} \end{cases}$$

讨论 本题虽属纯热学题,难度却很大。如果题尾不"提示"对多种情况进行讨论,很多解题者只会按第一种情况予以解答,而不会去挖掘本题更深一层的物理内涵。解答中如何主动地运用数学工具求极值点,对问题的讨论很重要。尤其自觉地利用图线,既能帮助我们弄清物理现象与过程,又能使我们思路清晰,解答明快准确,图线往往在完整的解答中起到关键作用。

摩擦角的应用

宁波市鄞州中学　陈光红

1. 摩擦角的概念及意义

如摩擦系数 μ 等于某一角 φ 的正切值，即 $\mu = \tan\varphi$，就称这个 φ 角为摩擦角。对滑动摩擦系数 μ_k，相应的摩擦角称为滑动摩擦角，记为 φ_k；对静摩擦系数 μ_s，相应的摩擦角称为最大静摩擦角，记为 φ_{sm}。

（1）几何意义

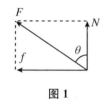

图 1

由于接触面的正压力 N 与摩擦力 f 总是互相垂直的，因此两者的合力 F（以下称接触面的合力）与 N 的夹角 θ（见图 1）满足 $\tan\theta = \dfrac{f}{N} = \mu$，这正是摩擦角的定义，也就是说图 1 中的 θ 角即是摩擦角 φ。

现在应该记住，摩擦角的几何意义是接触面的合力 F 与正压力 N 之间的夹角。还应明白，最大静摩擦角 φ_{sm} 对应着最大静摩擦力。

（2）物理意义

对给定的滑动摩擦系数 μ_k，对应的滑动摩擦角 φ_k 是一定角，根据摩擦角的几何意义可知，接触面的合力与正压力 N 之间的夹角一定，因此，接触面的合力 F 若随外界条件的改变而改变，只会改变大小，不会改变方向（相对于物体本身）。

我们再定义静摩擦力 f_s 未达到最大值时，接触面的合力与正压力 N 之间的夹角为静摩擦角，记为 φ_s，那么

$$\tan\varphi_s = \frac{f_s}{N} \leqslant \frac{f_{sm}}{N} = \mu_s = \tan\varphi_{sm}$$

所以存在静摩擦的接触面，用摩擦角来表示不发生滑动的条件是：静摩擦角小于等于其最大静摩擦角，即 $\varphi_s \leqslant \varphi_{sm}$。

2. 应用

（1）φ_k 的应用

例 1 一物体质量为 m，置于倾角为 α 的斜面上，物体与斜面间的滑动摩擦系数为 μ_k。若要使物体沿斜面匀速向上滑动，求拉力的最小值。

解 物体受力情况如图 2 所示，F 为 N 与 f_k 的合力，φ_k 为滑动摩擦角，由于物体匀速滑动，因此拉力 T 与 F 的合力恒为 mg。又因为 φ_k 一定，所以当拉力 T 改变时，F 只改变大小，不改变方向。

在以上限制条件下,考察图 3 所示的矢量图,不难看出当 T 与斜面的倾角 θ 由零起逐渐增大时,T 先减小后增大,而当 T 与 F 垂直时,T 取得极小值。

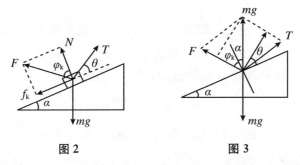

图 2　　　　　　　图 3

此时,由图 3 的几何关系可得拉力 T 与斜面的夹角 $\theta = \varphi_k$,T 的最小值 $T_{min} = mg \cdot \sin(\alpha + \varphi_k)$。

把 $\tan\varphi_k = \mu_k$ 代入后得到:当 $\theta = \varphi_k = \arctan\mu_k$ 时,

$$T_{min} = \frac{\sin\alpha + \mu_k\cos\alpha}{\sqrt{1+\mu_k^2}} \cdot mg$$

讨论 从图 3 可看出,当 F 的方向水平或偏下时,T 不能取得极小值,即以上极小值的存在是有条件的,此条件是 $\varphi_k < 90° - \alpha$,也就是 $\mu_k < \cot\alpha$。

而当 $\mu_k \geqslant \cot\alpha$ 时,只有 T 竖直向上才取得最小值,最小值为 $T_{min} = mg$。这只要重画图 3 即可得出。

这是一道常规题,通常根据共点力平衡条件列式,再求三角函数和极值。在此我们利用摩擦角的概念来求解,既方便又直观,更可贵的是显示了 T 变化时的动态情况,以及 T 存在极小值的条件,很多资料对这道题的解答没有指出这个条件。

(2) φ_{sm} 的应用

例 2 一架均匀梯子,一端放置在水平地面上,另一端靠在竖直的墙上,梯子与地面及梯子与墙的静摩擦系数分别为 μ_1、μ_2,求梯子能平衡时与地面所成的最小夹角。

解 当两接触处的静摩擦力都达到最大时,梯子处于极限平衡状态,此时梯子与地所成的夹角最小。

梯子的受力情况如图 4 所示,根据三力汇交原理,N_1 与 f_1 的合力 F_1、N_2 与 f_2 的合力 F_2 与重力 G 相交于一点 D,由于 f_1、f_2 是最大静摩擦力,因此图中 φ_1、φ_2 是最大静摩擦角,即

$$\tan\varphi_1 = \mu_1, \quad \tan\varphi_2 = \mu_2$$

此时梯子与地面所成角 θ 的正切

$$\tan\theta = \frac{BC}{AC} = \frac{DH - DE}{2AH} = \frac{DH}{2AH} - \frac{DE}{2EB}$$
$$= \frac{1}{2}\cot\varphi_1 - \frac{1}{2}\tan\varphi_2 = \frac{1}{2\mu_1} - \frac{1}{2}\mu_2 = \frac{1-\mu_1\mu_2}{2\mu_1}$$

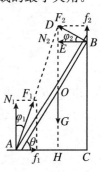

图 4

即梯子与地面所成的最小角为

$$\theta = \arctan\frac{1-\mu_1\mu_2}{2\mu_1}$$

与梯重、梯长均无关。

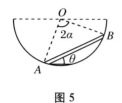

图 5

例 3 如图 5 所示,一均匀的直棒倾斜地放在半空心球形碗内,若球心到直棒两端所张的圆心角为 2α,而直棒与球碗表面的静摩擦系数为 $\mu_s = \tan\beta$,试证明直棒与水平面间的倾角为

$$\theta = \arctan\frac{\tan(\alpha+\beta)-\tan(\alpha-\beta)}{2}$$

解 这是第 2 届全国力学竞赛决赛题,题中所求证的直棒与水平面间的倾角 θ 其实是最大倾角,但题中没有表达出这一点,这是题目的不足,另外我们还需默认直棒放置在过球心的竖直平面内。为达到比较的目的,这里同时给出一般的解法。

解法 1 直棒 AB 的受力情况如图 6 所示,当直棒与水平面成最大角时,A、B 两处的静摩擦力达到最大值,即

$$f_A = \mu_s N_A, \quad f_B = \mu_s N_B$$

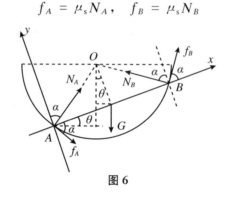

图 6

选球心 O 为支点,得

$$GR\cos\alpha\sin\theta = (f_A + f_B)R = \mu_s(N_A + N_B)R$$

所以

$$N_A + N_B = \frac{G}{\mu_s}\cos\alpha\sin\theta \qquad ①$$

由 $\sum F_x = 0$ 得到

$$N_A\sin\alpha + \mu_s N_A\cos\alpha + \mu_s N_B\cos\alpha = N_B\sin\alpha + G\sin\theta$$

即

$$\mu_s\cos\alpha(N_A + N_B) = (N_B - N_A)\sin\alpha + G\sin\theta \qquad ②$$

由 $\sum F_y = 0$ 得到

$$N_A\cos\alpha + N_B\cos\alpha + \mu_s N_B\sin\alpha = \mu_s N_A\sin\alpha + G\cos\theta$$

即

$$\cos\alpha(N_A + N_B) = (N_A - N_B)\mu_s\sin\alpha + G\cos\theta \qquad ③$$

②×μ_s+③,得
$$(1+\mu_s^2)\cos\alpha(N_A+N_B)=\mu_s G\sin\theta+G\cos\theta \quad ④$$
把①式代入④式得
$$(1+\mu_s^2)\cos^2\alpha\cdot\frac{\sin\theta}{\mu_s}=\mu_s\sin\theta+\cos\theta$$

所以
$$\cot\theta=\frac{1+\mu_s^2}{\mu_s}\cos^2\alpha-\mu_s=\frac{\cos^2\alpha-\mu_s^2\sin^2\alpha}{\mu_s}$$
$$=\frac{(\cos\alpha+\mu_s\sin\alpha)(\cos\alpha-\mu_s\sin\alpha)}{\mu_s}$$
$$=\frac{(\cos\alpha+\tan\beta\sin\alpha)(\cos\alpha-\tan\beta\sin\alpha)}{\tan\beta}$$
$$=\frac{\cos(\alpha-\beta)\cos(\alpha+\beta)}{\cos\beta\sin\beta}$$

因此
$$\tan\theta=\frac{\sin2\beta}{2\cos(\alpha-\beta)\cos(\alpha+\beta)}$$
$$=\frac{\sin[(\alpha+\beta)-(\alpha-\beta)]}{2\cos(\alpha-\beta)\cos(\alpha+\beta)}$$
$$=\frac{\tan(\alpha+\beta)-\tan(\alpha-\beta)}{2}$$

即
$$\theta=\arctan\frac{\tan(\alpha+\beta)-\tan(\alpha-\beta)}{2}$$

解法2 根据三力汇交原理,棒 A 端、B 端受到的作用力 F_A、F_B 与重力 G 的作用线相交于一点 O',如图7所示,当杆与水平面的倾角 θ 最大时,图中 $\angle OAO'$、$\angle OBO'$ 即为最大静摩擦角 β。

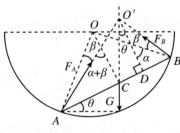

图7

考察图7的几何关系,有
$$\tan\theta=\frac{CD}{O'D}=\frac{\frac{1}{2}(AD-DB)}{O'D}=\frac{1}{2}\left(\frac{AD}{O'D}-\frac{DB}{O'D}\right)$$

$$= \frac{1}{2}(\tan\angle AO'D - \tan\angle BO'D)$$

$$= \frac{1}{2}[\tan(\alpha+\beta) - \tan(\alpha-\beta)]$$

即

$$\theta = \arctan\frac{\tan(\alpha+\beta) - \tan(\alpha-\beta)}{2}$$

(3) $\varphi_s \leqslant \varphi_{sm}$ 的应用

例4 质量为 m 的均匀梯子,一端靠在竖直光滑的墙上,另一端置于粗糙的水平地面上,静摩擦系数为 μ,一个质量为 M 的人沿梯往上爬,为保证该人的安全,对梯子的放置有什么要求?

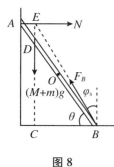

图8

解 为保证人的安全,必须是人爬到梯顶时,梯子仍不会滑倒,此时梯子受力情况如图8所示,F_B 是地面对梯子弹力与静摩擦力的合力,$(M+m)g$ 是梯子重力与人对梯子的压力 Mg 的合力,其作用点 D 满足 $M \cdot AD = m \cdot OD$,平衡时,F_B、$(M+m)g$ 与 N 相交于一点 E,图中 φ_s 即为静摩擦角。

设梯长为 L,则

$$BD = OD + \frac{L}{2} = \frac{M}{M+m} \cdot \frac{L}{2} + \frac{L}{2} = \frac{2M+m}{M+m} \cdot \frac{L}{2}$$

$$\tan\varphi_s = \frac{CB}{CE} = \frac{BD \cdot \cos\theta}{L \cdot \sin\theta} = \frac{2M+m}{2(M+m)} \cdot \cot\theta$$

而 B 端满足 $\tan\varphi_s \leqslant \tan\varphi_{sm} = \mu$,代入上式得

$$\tan\theta \geqslant \frac{2M+m}{2\mu(M+m)}$$

即梯子与地面的倾角 θ 满足此式,就能保证爬梯人的安全。

这里顺便说明两点:

(1) 梯子自身能靠住墙的条件是 $\tan\theta \geqslant \frac{1}{2\mu}$,这只要在上式中取 $M = 0$ 即可。

(2) 能保证人安全的最小倾角为

$$\tan\theta_0 = \frac{2M+m}{2\mu(M+m)} = \frac{1}{2\mu}\left(1 + \frac{1}{1+\frac{m}{M}}\right)$$

θ_0 与人的质量 M 有关,M 越大,θ_0 也越大,即能保证瘦子安全的最小倾角对胖子不安全。为对不管质量多大的胖子爬梯时,都能保证其安全,必须有条件 $\tan\theta \geqslant \frac{1}{\mu}$,这只要在上式中把 $M \to \infty$ 即可得到,这是一个很有趣的结论。

把以上两点结论连起来考虑,你是否对爬梯的安全问题有了更全面、深刻的认识?

例5 有一长为 l、重为 W_0 的均匀杆 AB,A 端顶在竖直粗糙的墙壁上,杆端与墙的静摩擦系数为 μ,B 端用一强度足够而不可伸长的绳悬挂,绳的另一端固定在墙壁上

的 C 点，木杆处于水平状态，绳与杆的夹角为 θ，如图 9 所示。

(1) 求杆能保持平衡时，μ 与 θ 满足的条件。

(2) 杆平衡时，杆上有一点 P 存在，若在 A 点与 P 点间任一点悬挂一重物，则当重物的重力 W 足够大时总可以使平衡被破坏；而在 P 点与 B 点之间任一点悬挂任意重的重物，都不能使平衡被破坏，求出这一 P 点与 A 点的距离。

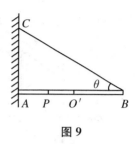

图 9

本题是第 1 届全国物理竞赛的决赛题，给出的解答比较冗长，而且数学处理上有一定的难度，在此不再列出，可参看有关资料。这里给出利用摩擦角的解法，不仅使求解过程简洁，更能展现出 P 点存在的物理本质。

解 (1) AB 杆的受力情况如图 10 所示，杆平衡时，N 与 f_s 的合力 F、拉力 T 及重力 W_0 的作用线相交于一点 O，显然有静摩擦角 $\varphi_s = \theta$。

而 A 端不发生滑动的条件是
$$\tan\varphi_s \leqslant \tan\varphi_{sm} = \mu$$
故杆能保持平衡时，μ 与 θ 满足的条件是
$$\mu \geqslant \tan\theta$$

(2) 杆平衡时，在 AB 间挂上重物 W，静摩擦角 φ_s 将发生变化。在图 10 中，若 W 挂于 O' 点与 B 点之间，则 $W + W_0$ 的作用点在 O' 点右侧，三力（F、$W + W_0$、T）的汇交点 O 沿绳右移，φ_s 减小，因此平衡不可能破坏；若 W 挂于 A 点与 O' 点之间，则 $W + W_0$ 的作用点在 O' 点左侧，三力的汇交点 O 沿绳左移，φ_s 增大，平衡有可能被破坏。

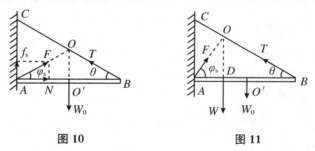

图 10 图 11

根据以上分析，现考虑足够大的 W 挂于 A 点与 O' 点之间的 D 点，由于 W 足够大，故 $W + W_0$ 的作用点就是 W 的悬挂点 D，要使杆能保持平衡，必须满足条件
$$\tan\varphi_s \leqslant \tan\varphi_{sm} = \mu$$
而由图 11 知
$$\tan\varphi_s = \frac{OD}{AD} = \frac{(l-AD)\tan\theta}{AD}$$
代入上式得
$$AD \geqslant \frac{l}{1 + \mu\cot\theta}$$
即对足够大的 W，悬挂点 O 满足上式，平衡不被破坏，反之平衡则被破坏，所以 AP 即为 AD 的最小值。

(4) 动力学中的应用

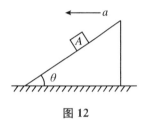

图 12

例 6 如图 12 所示，物体 A 放在倾角为 θ 的斜面上，接触面的静摩擦系数为 μ，现斜面沿水平方向加速，而要使物体 A 相对斜面仍静止，求斜面加速时，加速度允许的范围。

解 当 A 物体相对斜面静止时，两者的加速度相同，只要求出 A 物体的加速度范围，即是斜面加速度允许的范围。

当 A 物体所受静摩擦力沿斜面向上时，其受力情况如图 13 所示，F 为弹力 N 与静摩擦力 f_s 的合力，φ_s 即为静摩擦角。F 与重力 mg 的合力提供 A 物体的加速度，即

$$mg\tan(\theta - \varphi_s) = ma$$
$$a = g\tan(\theta - \varphi_s) \qquad ①$$

当 A 物体所受的静摩擦力沿斜面向下时，其受力情况如图 14 所示，同样有

$$mg\tan(\theta + \varphi_s) = ma$$
$$a = g\tan(\theta + \varphi_s) \qquad ②$$

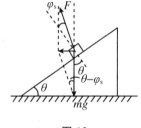

图 13

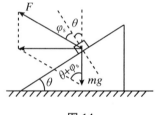

图 14

而要使 A 物体不发生滑动，必须满足

$$\varphi_s \leqslant \varphi_{sm} \qquad ③$$

把③式代入①②两式，即得

$$g\tan(\theta - \varphi_{sm}) \leqslant a \leqslant g\tan(\theta + \varphi_{sm})$$

讨论：

(1) 当 $\theta + \varphi_{sm} = 90°$ 时，上限 $g\tan(\theta + \varphi_{sm})$ 为无穷大，说明对任意大的向左的加速度，A 物体都不会沿斜面往上滑动，对于 $\theta + \varphi_{sm} > 90°$ 的情形，更是如此。因此当 $\theta + \varphi_{sm} \geqslant 90°$ 时，只要 $a \geqslant g\tan(\theta - \varphi_{sm})$，$A$ 物体就不会在斜面上滑动。

(2) 当 $\tan\theta < \mu$，即 $\theta < \varphi_{sm}$ 时，下限 $g\tan(\theta - \varphi_{sm}) < 0$，它并非无实际意义，而是说明当斜面向右加速时，只要 $a \leqslant g|\tan(\theta - \varphi_{sm})|$，$A$ 物体也不会沿斜面往下滑动，请读者自行领会。

结论：不管是 $\tan\theta > \mu$，还是 $\tan\theta < \mu$，总有

$$\begin{cases} a \geqslant g\tan(\theta - \varphi_{sm}), & \text{当 } \theta + \varphi_{sm} \geqslant 90° \text{ 时} \\ g\tan(\theta - \varphi_{sm}) \leqslant a \leqslant g\tan(\theta + \varphi_{sm}), & \text{当 } \theta + \varphi_{sm} < 90° \text{ 时} \end{cases}$$

为了便于把握这个结论，我们把加速度 a 的范围表示在函数图像中，如图 15、图 16

所示。

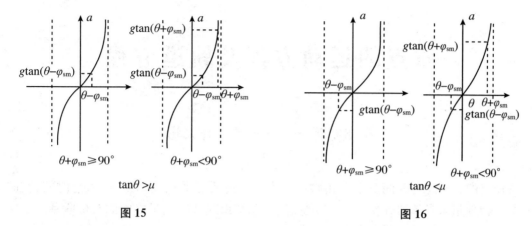

图 15　　　　　　　　　　　图 16

3. 结束语

通过上面的例子我们可领悟到,利用摩擦角解题,其实是在作出矢量图的基础上,依据问题的所求,结合摩擦角来寻求有关的几何关系。这种方法不仅具有形象、直观、求解过程简捷的优点,而且能直观地展现出问题的全过程及临界点,从而揭示出问题的物理实质,便于我们理解把握,这是通常解法所不能及的。但是寻求需要的几何关系也不是一件容易的事,本文例题中的几何关系尚不难,涉及的几何图形是直角三角形、等腰三角形及圆等,对于几何关系复杂的问题,不要硬用摩擦角求解,还是用通常的解法为好。

质点的运动方程及轨道方程

郑州市第一〇一中学　许文彬

质点的运动总与时间及空间相联系。为了描述质点的运动，必然引入与时间、空间有关的物理量来具体研究质点的运动状态，并总结出这些物理量之间的有机联系。本文只对质点运动的简单的时空关系做初步介绍。

1. 质点的运动方程

表示质点运动的位移与时间之间的函数关系的表达式称为质点的运动方程。质点的运动有时被限制在一条直线上，有时在某一平面内，也有时在立体空间，因此，质点的运动方程的表达方式也不尽相同。

质点的运动方程与质点所受的外力直接有关，因此在求质点的运动方程时，常可从分析物体受力情况入手，从而得出质点的运动方程。

例1　真空中有两个固定的点电荷，带电量均为 Q，且带正电，它们相距 L。在其连线的中点 O 处有一带正电、质量为 m、带电量为 $q>0$ 的静止点电荷，如图1所示。现将 q 沿连线偏移稍许（长度为 A）后松手，求点电荷的运动方程。

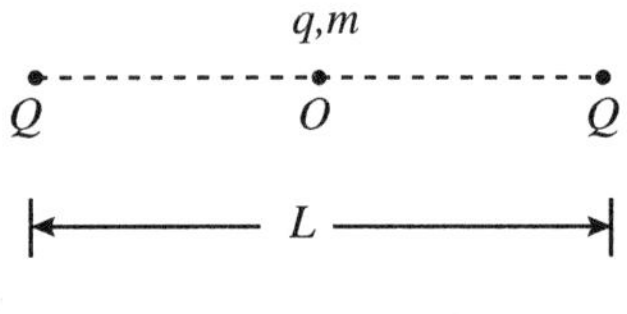

图1

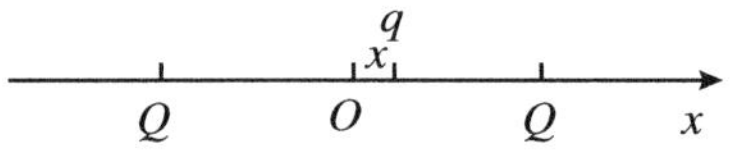

图2

解　如图2所示，取 O 点为坐标原点，Q、O 的连线在 x 轴上。当 q 偏离 O 为 x 时，质点所受合力为

$$F = +\frac{kQq}{\left(\frac{L}{2}+x\right)^2} + \frac{-kQq}{\left(\frac{L}{2}-x\right)^2}$$

$$= +kQq\left[\left(\frac{L}{2}+x\right)^{-2} - \left(\frac{L}{2}-x\right)^{-2}\right]$$

$$= +\frac{4kQq}{L^2}\left[\left(1+\frac{2x}{L}\right)^{-2} - \left(1-\frac{2x}{L}\right)^{-2}\right]$$

$$= +\frac{4kQq}{L^2}\left(1-\frac{4x}{L} - 1 - \frac{4x}{L}\right)$$

$$= -\frac{4kQq}{L^2} \cdot \frac{8x}{L} = -\frac{32kQq}{L^3}x$$

从上式可知，点电荷将以 O 点为平衡位置做简谐振动，其角频率为

$$\omega = \sqrt{\frac{32kQq}{L^3 m}} = \frac{4}{L}\sqrt{\frac{2kQq}{Lm}}$$

则点电荷的运动方程为

$$x = A\sin\frac{4}{L}\sqrt{\frac{2kQq}{Lm}}t$$

例2 如图3所示，离地面高 h 的 A 处有一点光源，离 A 为 s 处有一竖直的光屏 MN。现从 A 点平抛一物，物体落地时，恰落至地面与光屏交合处 M，求物体在光屏上的影子的运动方程。

解 本题实际上是求影子的运动位移随时间变化的规律。

如图4所示，取抛出时影子在 MN 上的位置点 O 为坐标原点，t 时刻物体到达 B 点，则由平抛运动的规律可知

$$AD = v_0 t \qquad ①$$

$$DB = \frac{1}{2}gt^2 \qquad ②$$

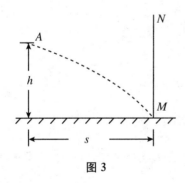

图3

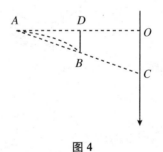

图4

由几何关系可得

$$\frac{AD}{DB} = \frac{AO}{OC} \qquad ③$$

由①～③式得

$$OC = \frac{AO \cdot g}{2v_0}t \qquad ④$$

由题设条件可知

$$v_0 t_1 = AO, \quad \frac{1}{2}gt_1^2 = h$$

其中 t_1 为运动总时间，则有

$$\frac{AO}{v_0} = \sqrt{\frac{2h}{g}} \qquad ⑤$$

将⑤式代入④式,得影子的运动方程为

$$OC = \frac{1}{2}\sqrt{2gh}\,t \quad \left(t \leqslant \sqrt{\frac{2h}{g}}\right)$$

从方程可知,影子做匀速直线运动,运动的速率为 $\frac{1}{2}\sqrt{2gh}$。

例3 有人曾设想在相距较远的两个城市之间打一条笔直的隧道,列车沿隧道从一个城市出发,利用重力先加速后减速,到达另一个城市。若忽略所有阻力的影响,求列车在两城市间运行一次所用的时间。

解 要解决这个问题,首先要解决地面下离地心为 r 处的重力加速度应该是多大。

如图5所示的均匀球壳,在其内任意一点处放一物体,可以用微元法证明,球壳对物体的万有引力的合力为零。若在地面下离地心 r 处放一物体,如图6所示,则图中阴影部分的地壳对物体的引力的合力为零。设地球的密度为 ρ,地球半径为 R,则

$$\rho = \frac{M}{\frac{4}{3}\pi R^3}$$

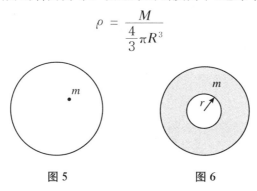

图5　　图6

地球对物体的吸引力为

$$F = G\frac{m_r m}{r^2} = G\rho \cdot \frac{4}{3}\pi r^3 \frac{m}{r^2} = G\frac{Mm}{R^3}r$$

地球表面处的重力加速度为 $g_0 = \frac{GM}{R^2}$。在地下距地心 r 处的重力加速度 g_r 的大小则为

$$g_r = \frac{g_0}{R}r$$

其方向指向地心。

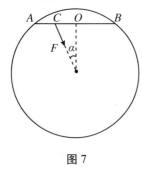

图7

如图7所示,AB 为一条笔直的隧道,O 为其中点。当列车到达 C 点时,受到的引力为 $F = mg_r = \frac{mg_0}{R}r$,此力沿 AB 方向的分力即为回复力。设 $OC = x$,则 $F_x = -F\sin\alpha = -\frac{mg_0}{R}r\sin\alpha = -\frac{mg_0}{R}x$,其方向与 x 方向相反。因此,列车在 AB 间运行时,做简谐振动。因回复系数为 $k = \frac{mg_0}{R}$,故运行周期为

$$T = 2\pi\sqrt{\frac{m}{k}} = 2\pi\sqrt{\frac{R}{g_0}}$$

上式正好与在地面附近做匀速圆周运动的人造地球卫星的周期相同,约为 84 min,因此,列车从 A 到达 B 的时间约为 42 min。不难写出其振动方程为

$$x = A\cos\sqrt{\frac{g_0}{R}}t \quad (A \text{ 为振幅})$$

如果物体同时参与两个或几个方向的运动,一般其运动方程用几个参数方程共同表示。如平抛运动的运动方程为 $x = v_0 t$,$y = \frac{1}{2}gt^2$;匀速圆周运动的运动方程为 $x = R\sin\omega t$,$y = R\cos\omega t$;等等。限于篇幅关系,不再一一叙述。

2. 质点运动的轨道方程

质点运动的轨道一般有平面直线、平面曲线、空间曲线几种。轨道曲线的方程称为质点运动的轨道方程,它与运动方程是不同的。

已知质点的运动方程,则其轨道方程一般是唯一的。但对于一个轨道方程而言,它对应的运动方程是不唯一的。如轨道方程 $x = y$ 对应的轨道是一条直线,但质点的运动可以是匀速的,也可以是匀变速的,还可以是非匀变速的。

下面通过实例来讨论确定质点运动的轨道方程的一般方法。

(1) 单纯由约束决定的轨道方程

质点在运动的过程中,由于受各种约束而决定其运动的轨道。如在水平面上运动的物体由于重力及地面的约束,它只可沿水平面运动。诸如此类,其轨道方程一般只能根据几何关系求得。

例 4 长为 L 的直杆 AB,A 端靠在竖直的墙面上,B 端放在水平地面上,杆 AB 上有一点 C,$AC = \frac{1}{4}L$,如图 8 所示。当 B 端水平向右滑动时,求 C 点的运动轨道(设 A 端不离墙)。

解 杆 AB 的运动受到竖直墙面、水平地面的约束,而 C 点在杆上,较难写出 C 点的运动方程,但可以并不困难地求出它的运动的轨道方程。

如图 8 所示建立平面直角坐标系,水平方向为 x 轴,竖直方向为 y 轴,C 点坐标为 (x, y)。设 AB 与水平面所夹锐角为 α,则有

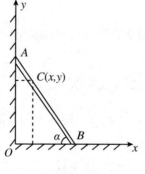

图 8

$$y = BC\sin\alpha = \frac{3}{4}L\sin\alpha \qquad ①$$

$$x = AC\cos\alpha = \frac{1}{4}L\cos\alpha \qquad ②$$

由①②两式得

$$\frac{16x^2}{L^2} + \frac{16y^2}{9L^2} = 1$$

其轨道为椭圆,且在第一象限内。

(2) 由运动方程求轨道方程

对某些质点的运动,可以写出其运动方程,于是可以从运动方程求出轨道方程。

质点在一条直线上运动,其轨道必为一条直线,当然,直线可在平面内的某个位置,这种轨道方程比较简单,这里就不再详细说明。

从运动方程求轨道方程的方法是比较简单的。运动方程一般可表示为 $x = f_1(t)$,$y = f_2(t)$,$z = f_3(t)$,将运动方程中的参数 t 消去,并注意函数的定义域,便得质点运动的轨道方程。

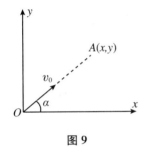

图9

例5 如图9所示,以初速度 v_0、抛射角 α 由地面斜上抛一物,求物体运动轨道方程。

解 物体在水平方向做匀速直线运动,在 y 方向做竖直上抛运动。取抛出点 O 为坐标原点,水平方向为 x 轴,竖直向上为 y 轴的正向。由抛体运动的规律可得其运动方程为

$$x = v_0\cos\alpha \cdot t \qquad ①$$

$$y = v_0\sin\alpha t - \frac{1}{2}gt^2 \qquad ②$$

上述运动方程对质点在任一位置都是成立的。由①②两式消去参数 t,便可得其运动轨道方程为

$$y = -\frac{g}{2v_0^2\cos^2\alpha}x^2 + x\tan\alpha$$

由于物体在空中运动的时间有关系式

$$2v_0\sin\alpha \geqslant gt$$

所以定义域为 $0 \leqslant x \leqslant \frac{v_0^2\sin 2\alpha}{g}$。

例6 初速度为0的不同带电粒子带有同号电荷,经过同一电场加速后,以水平速度进入同一平板电容器,且从同一点进入。设电容器板间的匀强电场方向竖直(不计重力影响),带电粒子飞出平板电容器后打在一荧光屏上。问:必须具备什么条件,它们才能打在荧光屏的同一点上?

解 如果这些粒子飞出电场后能打在同一点上,那么这些粒子在电场中的运动轨道必须相同,因此,本题便转化为探求带电粒子的运动轨道与哪些物理量有关。

带电粒子由静止经同一电场加速,设加速电压为 U,由动能定理可得

$$qU = \frac{1}{2}mv^2 \qquad ①$$

带电粒子进入匀强偏转电场后,做类平抛运动。设水平方向位移为 x,竖直方向位移为 y,则有

$$x = v \cdot t \quad \text{②}$$
$$y = \frac{1}{2}\frac{qE}{m}t^2 \quad \text{③}$$

由①~③式得轨道方程为
$$y = \frac{E}{4U}x^2$$

轨道为一抛物线。若要轨道相同，只需 $\frac{E}{U}$ 相同即可。本题中 U、E 对所有粒子是相同的，与带电粒子的带电量 q、质量 m 无关。

例7 一质点同时参与两个互相垂直的 x、y 方向的简谐振动，且振动的频率相同，试求质点运动的轨道方程。

解 设其振动的角频率为 ω，振幅分别为 A、B。则其振动方程可以写成
$$x = A\sin\omega t$$
$$y = B\sin(\omega t + \varphi)$$

其中 φ 为相位差。

(1) 当其初相位相同，即 $\varphi = 0$ 时，有
$$x = A\sin\omega t \quad \text{①}$$
$$y = B\sin\omega t \quad \text{②}$$

由①②两式可得，其轨道方程为
$$y = \frac{B}{A}x \quad (|x| \leqslant A)$$

此轨道为一条直线段。其实，质点的合运动也为一简谐振动，其振幅为 $\sqrt{A^2 + B^2}$。由此也可看出，一个简谐振动可以分解为互相垂直的两个方向的简谐振动。

(2) 当相位差为 $\frac{\pi}{2}$，即 $\varphi = \frac{\pi}{2}$ 时，有
$$x = A\sin\omega t \quad \text{③}$$
$$y = B\sin\left(\omega t + \frac{\pi}{2}\right) = B\cos\omega t \quad \text{④}$$

由③④两式可得其轨道方程为
$$\frac{x^2}{A^2} + \frac{y^2}{B^2} = 1$$

此轨道为一椭圆。当 $A = B$ 时，轨道为一圆。众所周知，匀速圆周运动可以视为两个方向互相垂直、相位差为 $\frac{\pi}{2}$ 的简谐振动的合运动。

关于 φ 为任意角时的轨道方程的讨论，本文从略。

例8 设一质点的运动方程可以表示为
$$x = 2 + \cos2(\omega t + \varphi)$$
$$y = 3 + \sin(\omega t + \varphi)$$

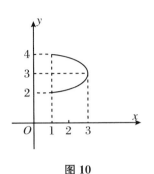

图 10

试画出质点的运动轨道。

解 由于 $\cos 2\omega t = 1 - 2\sin^2 \omega t$，所以有

$$x = 2 + 1 - 2\sin^2(\omega t + \varphi) \quad ①$$
$$y = 3 + \sin(\omega t + \varphi) \quad ②$$

由①②两式可得

$$2(y-3)^2 + x - 3 = 0$$

轨道为一抛物线。

由于 $1 \leqslant x \leqslant 3$，其轨道如图 10 所示。

例 9 如图 11 所示，在水平光滑的桌面的中心有一光滑小孔 O，一条劲度系数为 k 的轻而细的弹性绳穿过小孔 O，绳的一端固定于 A 点（A 点位于小孔的正下方），另一端系一质量为 m 的质点，弹性绳的自然长度等于 OA。现将质点沿桌面拉至 B 处（设 $OB = L$），并将质点沿垂直于 OB 方向以速度 v_0 沿桌面抛出，试求：

(1) 质点运动的轨道方程；

(2) 质点绕 O 转过 $90°$ 至 C 所需时间及质点在 C 处的速度。

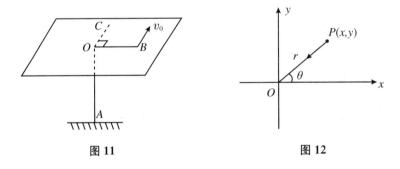

图 11　　　　　　　　图 12

解 (1) 取 OB 方向为 x 方向，OC 方向为 y 方向。如图 12 所示，质点运动至 P 时，受力大小为 $F = kr$，其 x 方向的分力为

$$F_x = -F\cos\theta = -kr\cos\theta = -kx$$

同理，y 方向的分力为

$$F_y = -ky$$

质点在 x、y 方向均做简谐振动，其频率相同，相位差为 $90°$，轨道为一椭圆。

当质点运动至 C 点时，y 方向的速度为 0，由机械能守恒得

$$\frac{1}{2}mv_0^2 = \frac{1}{2}kb^2$$

y 方向的振幅为

$$b = \sqrt{\frac{m}{k}}v_0$$

故轨道方程为

$$\frac{x^2}{L^2} + \frac{y^2 k}{mv_0^2} = 1$$

(2) 当质点从 B 点转至 C 点时,所用时间为 $\dfrac{T}{4}$。而 $T = 2\pi\sqrt{\dfrac{m}{k}}$,故所用时间为

$$t = \dfrac{T}{4} = \dfrac{\pi}{2}\sqrt{\dfrac{m}{k}}$$

质点经过 C 点时的速度为 x 方向质点通过平衡位置时的速度。由机械能守恒可得

$$\dfrac{1}{2}kL^2 = \dfrac{1}{2}mv_C^2$$

$$v_C = \sqrt{\dfrac{k}{m}}L$$

例 10 从同一点以相同的速率 v_0 向同一竖直平面的不同方向抛出许多质点,不计空气阻力,试证明:在落地之前同一时刻 t,各质点都分布在同一圆周上。

证 明 设抛出时抛射角为 θ,则质点的运动方程可表示为

$$x = v_0\cos\theta \cdot t \qquad ①$$

$$y + \dfrac{1}{2}gt^2 = v_0\sin\theta \cdot t \qquad ②$$

由①②两式得

$$x^2 + \left(y + \dfrac{1}{2}gt^2\right)^2 = (v_0 t)^2$$

这是一个圆的方程,对应一个 t,有一个固定的圆,圆心坐标为 $\left(0, -\dfrac{1}{2}gt^2\right)$,半径为 $v_0 t$,即质点分布圆的圆心做自由落体运动,分布圆的半径以速度 v_0 不断地随时间增大。

如果向空间各个方向抛出若干质点,初速率相同,不难证明,它们均分布在同一球面上,其球心做自由落体运动,球半径以速度 v_0 不断地随时间增大。

(3) 由约束和运动规律共同决定的轨道方程

在这种情况下,质点在运动过程中受到的力往往很难计算,有的为变力,中学阶段不易写出其运动方程,有的甚至写不出其运动方程,因而不可能从运动方程来求质点运动的轨道方程。但如果质点或其系统的动量或动能、机械能守恒,那么可由几何约束及物理规律求出质点的运动轨道。

例 11 质量为 m 的物体可视为质点,放在倾角为 α 的斜面体上,斜面体的质量为 M,置于光滑的水平面上,质点与斜面之间的摩擦很小。如图 13 所示,质点从高 h 处沿斜面从静止开始下滑,试求质点运动的轨道方程。

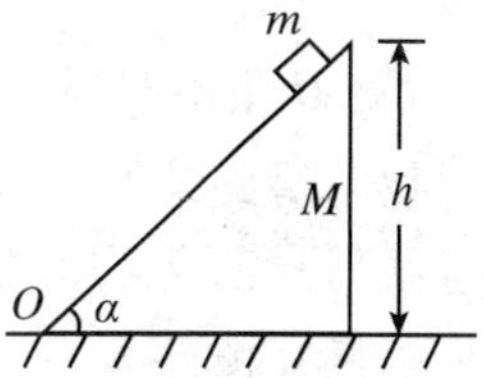

解 质点与斜面间的摩擦力未知,它与斜面间的弹力的计算也较为麻烦。因此,从求运动方程来求轨道方程是一件比较麻烦的事。但质点与斜面组成的系统在水平方向不受外力,其水平方向动量守恒。

取斜面静止时底角的顶点为坐标原点,水平向右为 x 轴,竖直方向为 y 轴,如图 14 所示。

图 13

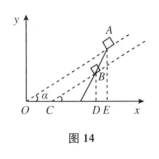

图14

设某时刻质点在 B 点，其坐标记为 (x,y)。
斜面后退的距离为 OC，由几何关系可知
$$OC = OD - CD = x - y \cdot \cot\alpha$$
质点在水平方向向左运动的距离为 DE，由几何关系可得
$$DE = OE - OD = h\cot\alpha - x$$
由水平方向动量守恒可得
$$M \cdot OC = m \cdot DE$$
即
$$M(x - y\cot\alpha) = m(h\cot\alpha - x)$$
质点的运动轨道方程为
$$M\cot\alpha \cdot y = x(M + m) - mh\cot\alpha$$

从上式可知轨道为一条直线段，其中 $0 \leqslant y \leqslant h$。由此也可以看出，质点所受合力一直沿轨道方向。

例12（第7届全国中学物理竞赛决赛试题）在光滑的水平面上，放置一个质量为 M，截面是 $\frac{1}{4}$ 圆（圆的半径为 R）的柱体 A，如图15所示。柱面光滑，顶端放一质量为 m 的小滑块 B。初始时刻 A、B 都处于静止状态，在固定坐标系 xOy 中的位置如图15所示。设小滑块从圆柱顶端沿圆弧滑下，试求小滑块脱离圆弧以前在固定坐标系中的轨迹方程。

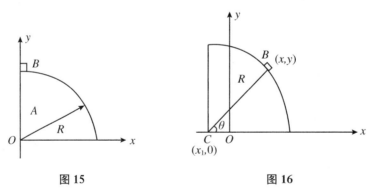

图15　　　　图16

解 B 下滑时，根据水平方向动量守恒，A 必向左移动。

设下滑到某处时，B 的坐标为 (x,y)，A 的位置用圆心 C 的坐标 $(x_1,0)$ 表示，B 和 C 的连线与 x 轴成 θ 角，如图16所示。A、B 沿水平方向的速度分别记为 v_A 及 v_B。由水平方向动量守恒得
$$mv_B + Mv_A = 0$$

C、B 的横坐标分别为 x_1 及 x，由于两物体的水平速率之比在任何时刻都相同，所以其水平方向的位移之比等于速率之比，从而得
$$Mx_1 + mx = 0$$

在 A 脱离 B 以前，由图中几何关系可知

$$R\sin\theta = x - x_1, \quad R\cos\theta = y$$

消去 θ 及 x_1,得

$$\frac{x^2}{\left(\frac{MR}{M+m}\right)^2} + \frac{y^2}{R^2} = 1$$

因此,B 的轨道是半长轴为 R(在 y 方向),半短轴为 $\frac{MR}{M+m}$(在 x 方向)的椭圆的一部分。

例 13 如图 17 所示,长为 $2L$ 的轻杆竖直立在光滑的地面上,杆上固定两个质量均为 m 的小球 A、B。A 与 B、B 与地的距离均为 L,放手后由于有轻微扰动,杆沿顺时针方向倒下。不计一切阻力,并假设杆与地始终不分离,求小球 A 运动的轨道方程。

提示:杆倒下的过程中,轻杆与两小球组成的系统的重心无水平方向运动。

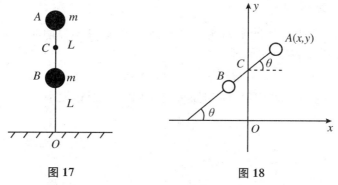

图 17　　　　　图 18

解 由于地面光滑,轻杆与小球组成的系统水平方向动量守恒,故如提示所述,A、B 组成的系统的重心在水平方向无速度,重心只在竖直方向运动。重心 C 在 AB 的中点,与 A 和 B 的距离均为 $\frac{L}{2}$。

取杆静止时与地面的接触点 O 为坐标原点,地面为 x 轴,杆静止方向为 y 轴。某时刻 A 的坐标为 (x, y),如图 18 所示,设此时杆与 x 轴正向的夹角为 θ。由几何关系可得

$$y = 2L\sin\theta \qquad ①$$

$$x = \frac{L}{2}\cos\theta \qquad ②$$

由①②两式消去参数 θ 可得

$$\frac{x^2}{\left(\frac{L}{2}\right)^2} + \frac{y^2}{(2L)^2} = 1$$

因此,A 的运动轨道为一椭圆,其半长轴为 $2L$(y 方向),半短轴为 $\frac{L}{2}$(x 方向)。

当 A 着地时,由于 A、B 沿杆方向必有相同速度,若有水平速度则水平方向动量不守恒,因此 A 着地时 A、B 的速度方向均与地面垂直。

例 14 如图 19 所示,三个小球 A、B、C 均可视为质点,$m_A = 3m$,$m_B = m_C = m$,AC、BC 均为长 L 的轻杆,AB 为长 L 的细绳。开始时 A、B、C 均静止在竖直平面内,A、

B 在光滑的水平地面上。现烧断细绳 AB，三个球均运动，试求 C 球的运动轨道方程。

解 烧断细绳 AB 后，系统在水平方向动量守恒。

取 C 原位置的竖直方向为 y 轴，水平方向为 x 轴，其交点为坐标原点，如图 20 所示。

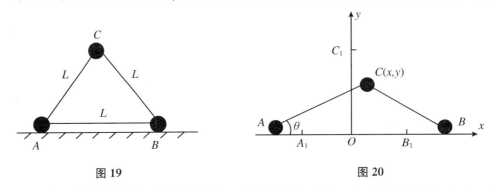

图 19　　　　　　　　　　图 20

设某时 C 点所处的位置的坐标为 (x,y)，并设 B、C 在 x 方向向右运动，A 在 x 方向向左运动，由动量守恒得

$$m_C v_C + m_B v_B = m_A v_A$$

由于三个球的速率在任何时刻都具有上述关系，因此，其位移大小也具有上述关系，即

$$m_C s_C + m_B s_B = m_A s_A$$

所以

$$m s_C + m s_B = 3 m s_A \qquad ①$$

由几何关系可知

$$s_C = x \qquad ②$$

$$s_B = BB_1 = OB - OB_1 = x + L\cos\theta - \frac{L}{2} \qquad ③$$

$$s_A = AA_1 = L\cos\theta - x - \frac{L}{2} \qquad ④$$

$$y = L\sin\theta \qquad ⑤$$

由①~④式得

$$5x + L = 2L\cos\theta \qquad ⑥$$

由⑤⑥两式得

$$\frac{y^2}{L^2} + \frac{(5x+L)^2}{4L^2} = 1$$

此式为一椭圆方程。

3. 边界曲线方程

一杯水绕其中心轴转动，水面不再水平；在电磁场中，为使带电粒子会聚或扩束等，便对电场、磁场的边界提出一定的要求。求边界方程与求质点运动的轨道方程有类似之处，下边仅举几例做简单的介绍。

例15 如图 21 所示，盛水容器绕中心轴以角速度 ω 匀速转动，求容器中水面的边界方程。

解 以液面的最低点 O 为原点建立直角坐标系，水平方向为 x 轴，竖直方向为 y 轴。

取液面与 xOy 坐标面交线上任意一点 P，其坐标设为 (x,y)，关系式 $y\text{-}x$ 即为交线方程。

在 P 正下方取一段长为 x，截面积很小为 ΔS 的细水柱，此水柱的质量为 Δm，则

$$\Delta m = \rho x \Delta S \qquad ①$$

此段水柱绕 O 做匀速圆周运动所需的向心力

$$\Delta F = \Delta m \omega^2 \cdot \frac{x}{2} \qquad ②$$

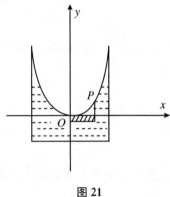

图 21

是由此水柱两端的压力差提供的，即

$$\Delta F = \Delta S \cdot \Delta p = \Delta S \cdot \rho g y \qquad ③$$

由①~③式得

$$y = \frac{\omega^2}{2g}x^2$$

这是一个抛物线方程，故液面为一旋转抛物面。

例 16 一簇离子，质量都为 m，带电量都为 $q > 0$，在 P 点以相同的速率 v 向不同方向散开，如图 22 所示。垂直于纸面的匀强磁场将这些离子聚焦于 A 点，已知 $PA = 2a$，离子的轨道为轴对称的，试确定磁场的边界方程。

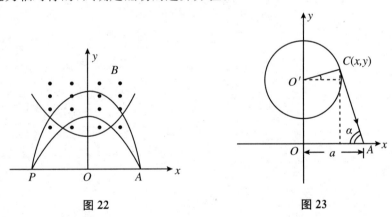

图 22　　　　　　图 23

解 取 PA 方向为 x 轴正方向，PA 的中点 O 为坐标原点，竖直向上为 y 轴正方向，则 $PO = OA = a$。

离子在磁场中做匀速圆周运动，轨道为圆周的一部分。由对称可知，其圆心均在 y 轴上。

取磁场边界上的任一点 C，其坐标记为 (x, y)，对应的圆心为 O'，圆的半径记为 R，则由牛顿第二定律可得

$$qvB = m\frac{v^2}{R}$$

$$R = \frac{mv}{qB} \qquad ①$$

由图23所示几何关系可得

$$OA = x + y \cdot \cot\alpha = a \qquad ②$$

$$x = R\sin\alpha \qquad ③$$

由①~③式得

$$y = \frac{x(a-x)}{\sqrt{R^2 - x^2}}$$

上式便是磁场右边界的函数曲线方程。磁场左边界曲线为右边界曲线的对称曲线。

力的独立作用原理和分运动独立性原理的综合应用

郑州市第七中学　高自友

力的独立作用原理可作如下表述：某一方向的力（或合力在某一方向的分量）将使受力物体在该方向上产生相应的加速度，加速度的大小由牛顿第二定律在该方向上的分式来确定；经历一定的过程，所指方向上的力将在这一方向上对物体有一冲量或做一定量的功，使物体在该方向上的动量或动能发生改变，物体动量的变化或动能的变化则分别由动量定理或动能定理在该方向上的分式来确定，而且以上关系不因物体还受其他方向的力而改变。

分运动的独立性原理可以这样表述：物体在某一方向上的分运动不受其他方向上分运动的影响，其在所指方向上的运动学量的变化情形及运动规律只由该方向上的运动初始条件和受力条件来决定。

力的独立作用原理和分运动的独立性原理是动力学中的两条基本原理，因为力和运动学量都是矢量，都可以按照平行四边形法则进行分解或合成。将这两条原理结合起来，认识力的分解和运动的分解之间的相关性，对于我们解决那些物体因受外力作用而做较为复杂的曲线运动的问题或物体因受短暂冲击而改变运动方向等方面的难题是十分必要的。即使对于一般难度的动力学问题，如果我们习惯于在某些特定方向上将力学量和运动学量进行分解，进而在这些方向上观察物体受力与其分运动的关系，然后分别在这些方向上运用牛顿第二定律、动量定理乃至动能定理来解决问题，往往也比从合力和合运动的关系出发解决问题要简明而且方便得多，这也就是为什么我们在中学物理里要研究力的分解和运动的分解的原因。

下面我们将通过举例从几个方面说明，在具体问题中怎样综合运用力的独立作用原理和分运动的独立性原理，并看看这样解题的优越性。

1. 物体在任一方向上的分运动的规律取决于它在该方向上的受力条件及运动的初始条件

例1 一质量为 m 的小球自离斜面上 A 处高为 h 的地方自由落下（如图1所示）。斜面光滑，小球在斜面上跳动时每次与斜面的碰撞都是完全弹性的。欲使小球恰能掉进斜面上距 A 点为 s 的 B 处小孔中，则小球下落高度 h 应满足什么条件（斜面倾角 θ 为已知，$g = 10 \text{ m/s}^2$）？

分析 因为小球与斜面碰后跳起时，只受重力作用，因而小球的运动轨迹是抛物线。如图2所示，建立直角坐标系，使 x 轴正方向沿斜面向下，y 轴垂直于斜面向上。将重力

沿两坐标轴投影,根据牛顿第二定律可知,物体沿两坐标轴的加速度分别为
$$a_x = g\sin\theta, \quad a_y = -g\cos\theta \qquad ①$$

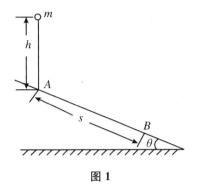
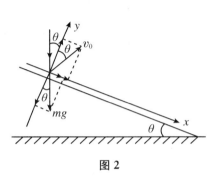

图1　　　　　　　　　　　　图2

又因小球与斜面的碰撞是完全弹性的,所以根据反射定律,小球与斜面碰前和碰后的速度与 y 轴的夹角均为 θ。设小球与斜面第一次相碰的反弹速度为 v_0,则它在两坐标轴上的分量分别是
$$v_{0x} = v_0\sin\theta, \quad v_{0y} = v_0\cos\theta \qquad ②$$

由①②两式可以看出,小球在空中飞行过程中,沿 x 轴方向的分运动是初速度为 $v_0\sin\theta$,加速度为 $g\sin\theta$ 的匀加速运动,而在 y 轴方向的分运动则是加速度为 $-g\cos\theta$ 的类竖直上抛运动。这样小球的实际运动被分解为两个方向上的简单运动,问题也就便于解决了。

解 根据 y 轴方向的分运动的规律可知,小球在相邻两次碰撞之间的飞行时间均为
$$T = \frac{2v_{0y}}{-a_y} = \frac{2v_0\cos\theta}{g\cos\theta} = \frac{2v_0}{g} \qquad ③$$

因为 x 轴方向的分运动是匀加速运动,所以第1、2次碰撞之间沿 x 轴方向的射程为
$$x_1 = v_{0x}T + \frac{1}{2}a_xT^2$$

将①～③式代入上式得
$$x_1 = \frac{v_0\sin\theta \cdot 2v_0}{g} + \frac{1}{2}g\sin\theta\frac{(2v_0)^2}{g^2} = \frac{4v_0^2\sin\theta}{g} \qquad ④$$

不难得知,以后每碰撞一次,在时间 T 内的射程比前一次增加
$$\Delta x = a_xT^2 = \frac{4v_0^2}{g}\sin\theta \qquad ⑤$$

故第2、3次碰撞之间的射程为
$$x_2 = x_1 + \Delta x$$

第3、4次碰撞之间的射程为
$$x_3 = x_1 + 2\Delta x$$
……

设小球在落入 B 处小孔前与斜面共发生 n 次碰撞,则有
$$s = x_1 + (x_1 + \Delta x) + (x_1 + 2\Delta x) + \cdots + [x_1 + (n-1)\Delta x]$$

$$= nx_1 + [1 + 2 + 3 + \cdots + (n-1)]\Delta x$$
$$= nx_1 + \frac{n(n-1)}{2}\Delta x$$

将④⑤两式代入上式得
$$s = n(n+1)\frac{2v_0^2}{g}\sin\theta \qquad ⑥$$

又易知小球下落高度
$$h = \frac{v_0^2}{2g} \qquad ⑦$$

由⑥⑦两式即得
$$h = \frac{s}{4n(n+1)\sin\theta} \quad (n = 1,2,3,\cdots)$$

例2 长为 l 的细线,一端系在支架上 O 处,另一端拴一小球,将小球拉至水平位置且使悬线伸直,然后由静止释放,如图3所示。小球下落至何位置时其竖直分速度最大?此时它的切向加速度、法向加速度、实际加速度各是多大?

分析 在小球下落过程中任意位置上,对小球进行受力分析,小球受到两个力:竖直向下的重力 mg 和悬线拉力 T。设此位置悬线与竖直方向成 θ 角,将悬线拉力 T 沿竖直方向和水平方向进行分解,如图4所示,则在竖直方向上列出牛顿第二定律方程应是

$$\sum F_y = -mg + T\cos\theta = ma_y \qquad ①$$

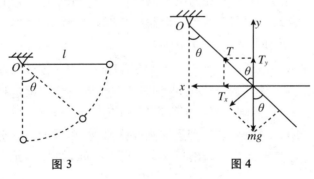

图3　　　　图4

显然,随着小球下落,θ 角变小,悬线拉力的竖直分量 $T_y = T\cos\theta$ 逐渐增大,合力的竖直向下分量随之减小,当 $\sum F_y = 0$,即 $a_y = 0$ 时,小球的竖直分速度 v_y 有最大(负)值。

解 当 $a_y = 0$ 时,由①式可得
$$mg - T\cos\theta = 0 \qquad ②$$

又因小球下落过程中机械能守恒,设小球此时实际速度为 v,则有
$$mgl\cos\theta = \frac{1}{2}mv^2 \qquad ③$$

再对小球列向心力方程:

$$T - mg\cos\theta = \frac{mv^2}{l} \qquad ④$$

解②~④式，即得

$$\cos\theta = \frac{1}{\sqrt{3}}$$

即 $\theta = \arccos\dfrac{1}{\sqrt{3}}$ 时，v_y 有最大值。此时小球的法向加速度，即向心加速度为

$$a_n = \frac{v^2}{l} = \frac{2gl\cos\theta}{l} = \frac{2}{\sqrt{3}}g$$

其切向加速度为

$$a_\tau = \frac{mg\sin\theta}{m} = \sqrt{\frac{2}{3}}g$$

因为此时 $\sum F_y = 0$，故合力就是悬线拉力的水平分量 T_x，即 $\sum F = T_x = ma$。所以实际加速度的方向水平向左，其大小为

$$a = \sqrt{a_n^2 + a_\tau^2} = \sqrt{2}g$$

2. 力在某一方向上对物体施以冲量时，仅使物体在该方向上有动量变化，而对其在另一垂直方向上的动量没有影响

例3 用长为 $l = 1.0$ m 的轻软绳将质量为 m 的小球悬于 O 点。然后拿住小球，将其自悬点正下方距离为 $h = 0.4$ m 的位置以初速度 v_0 水平抛出，当悬绳刚要伸直时，小球水平射程为 $s = 0.8$ m，如图5所示。设而后小球即做圆周运动，试计算小球落到最低位置时的速度（空气阻力不计，$g = 10$ m/s^2）。

分析 由于悬绳猛然张紧的刹那间，小球的机械能发生损失（类似于完全非弹性碰撞），因此小球自抛出到下落到最低点的过程不是一个机械能守恒过程。要计算小球落到最低点的速度，必须讨论悬绳张紧的短暂过程，并确定绳子伸直后的瞬时速度。

在悬绳张紧前，小球做平抛运动，到悬绳刚要张紧时，小球的水平分速度为 $v_x = v_0$，竖直分速度为 $v_y = gt$，其中 t 为自抛出到此刻经历的时间，如图6所示。

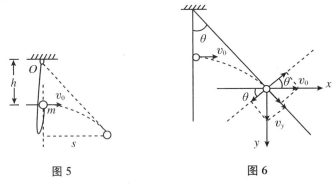

图5　　　　图6

再将 v_0 和 v_y 沿悬绳方向和垂直于悬绳的方向投影，得小球的径向分速度为

$$v_r = v_y\cos\theta + v_0\cos\theta \qquad ①$$

式中 θ 为此刻悬绳与竖直方向的夹角,并得到小球的切向分速度为
$$v_\tau = v_y \cos\theta - v_0 \sin\theta \qquad ②$$

在悬绳张紧的过程中,小球受重力和悬绳的张力,由于此过程极为短暂,故重力的冲量可忽略,仅需考虑悬绳张力对小球的冲量。这个冲量的方向与 v_r 方向相反,其作用的结果是使小球的径向分动量迅即减小到零,而切向分动量保持不变,故悬绳张紧后小球的即时速度等于 v_τ。自此以后直到小球落到最低点的过程中,由于只有重力做功,故机械能守恒。

解 设小球落到最低点的速度为 v,则有
$$\frac{1}{2}mv^2 = \frac{1}{2}mv_\tau^2 + mgl(1-\cos\theta) \qquad ③$$

悬绳刚伸直时与竖直方向的夹角为
$$\theta = \arcsin\frac{s}{l} = \arcsin 0.8 = 53° \qquad ④$$

小球自抛出到悬绳伸直下落的高度为
$$h' = l\cos\theta - h = 0.2 \text{ m}$$

所经历的时间 t 为
$$t = \sqrt{\frac{2h'}{g}} = 0.2 \text{ s} \qquad ⑤$$

从而可知小球水平速度为
$$v_0 = \frac{s}{t} = 4 \text{ m/s} \qquad ⑥$$

小球的竖直分速度是
$$v_y = gt = 10 \times 0.2 = 2 \text{ m/s} \qquad ⑦$$

将④⑥⑦式代入②式得
$$v_\tau = gt\sin\theta - v_0\cos\theta = -0.8 \text{ m/s}$$

再代入③式即得
$$v = \sqrt{v_\tau^2 + 2gl(1-\cos\theta)} = 2.94 \text{ m/s}$$

例4 如图7所示,竖直面内有两条平行的水平光滑导轨 PQ 和 MN,质量为 $m_A = m_B = m$ 的两个滑块 A 和 B 分别放在上、下两条导轨上,两滑块用长为 L、不可伸长的轻绳连接。两导轨间的距离为 H,且 $H = \frac{1}{2}L$。先使滑块 B 置于 A 的正下方,然后猛然对 B 施以冲击,使其获得水平向右的速度 v_0,并沿导轨向右做匀速运动。问绳子伸直后滑块 A 的速度为多大(设绳伸直后不再回缩,且 A 仅有水平方向的速度)?

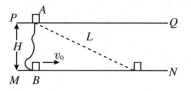

图7

分析 观察滑块 B,它滑到绳子伸直时,受到的力有重力,可能还有导轨的弹力,但主要受到绳子因张紧而对它产生的弹力 T,T 的方向沿绳子指向 A。由于绳子张紧的过

程很短，故除绳的弹力 T 对 B 的冲量外，其余力的冲量均可以忽略，B 只沿绳子方向有动量变化。

解 在绳子刚要伸直时，将滑块 B 的速度沿绳方向及垂直方向投影，如图 8 所示，有

$$v_r = v_0\cos\theta, \quad v_\perp = v_0\sin\theta \qquad ①$$

式中 θ 为此刻绳与水平方向的夹角，根据已知条件 $H = \dfrac{1}{2}L$，可知 $\theta = 30°$。

在绳子张紧时，因绳的弹力 T 对 B 施以反方向的冲量，使 v_r 减小为 v'_r，而 $v_\perp$ 不变，故 B 的瞬时速度 v'_B 改变方向，如图 8 中的虚线所示。

设绳张紧后滑块 A 获得速度 v_A，v_A 方向必沿水平向右，将 v_A 也沿绳及垂直方向进行投影，如图 9 所示，得

$$v_{Ar} = v_A\cos\theta \qquad ②$$

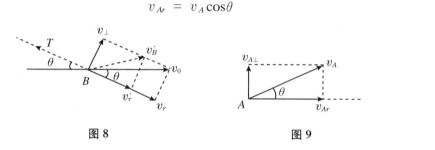

图 8　　　　图 9

因绳不可伸长，故绳张紧后，A、B 沿绳方向速度分量相等，即

$$v'_r = v_{Ar} = v_A\cos\theta \qquad ③$$

由①③两式可得绳张紧后 B 的速度水平分量为

$$\begin{aligned}v'_{B\text{水平}} &= v_\perp\cos 60° + v'_r\cos 30°\\ &= v_0\sin 30°\cos 60° + v_A\cos 30°\cos 30°\end{aligned} \qquad ④$$

把 A、B 两滑块看作一个系统，由于在水平方向上不受外力，故而水平方向动量守恒，于是有

$$m_B v_0 = m_A v_A + m_B v'_{B\text{水平}} \qquad ⑤$$

将 $m_A = m_B = m$ 及④式代入⑤式，得

$$v_0 = v_A + \left(\dfrac{1}{4}v_0 + \dfrac{3}{4}v_A\right)$$

解得

$$v_A = \dfrac{3}{7}v_0$$

3. 在两个互相垂直的方向上，力对物体所做的功分别等于物体在这两个方向上动能的增量

例 5 如图 10 所示，一质量为 m、带负电荷的微粒以初速度 v_0 自 A 处竖直向上垂直进入水平向右的匀强电场中，运动到 B 点时其速度方向恰好水平，而大小等于 $2v_0$。求带电微粒自 A 到 B 的过程中电场力所做的功 $W_\text{电}$。

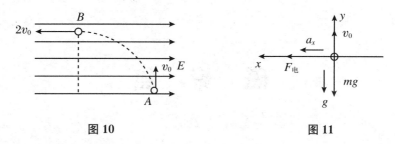

图 10　　　　　　　　　图 11

分析　带电微粒自 A 运动到 B 的过程中,除受水平向左的电场力外,还应受竖直向下的重力,因为如果忽略重力,那么带电微粒运动到 B 点时其瞬时速度方向不可能恰好水平。将带电微粒所受的力和运动学量沿竖直方向和水平方向投影,如图 11 所示,得

$$v_{x0} = 0, \quad v_{y0} = v_0$$
$$v'_x = 2v_0, \quad v'_y = 0$$
$$a_y = -g, \quad a_x = \frac{F_电}{m}$$

可知带电微粒沿水平方向做初速度为零的匀加速运动,而在竖直方向上做竖直上抛运动。

解　解法 1　设带电微粒自 A 到 B 经历的时间为 t,由竖直上抛运动规律得

$$t = \frac{v_0}{g} \quad ①$$

在水平方向上有

$$a_x = \frac{2v_0}{t} = 2g \quad ②$$

由 A 到 B 带电微粒在水平方向的位移为

$$x = \frac{1}{2} a_x t^2 = \frac{v_0^2}{g} \quad ③$$

所以电场力做的功为

$$W_电 = F_电 \cdot x = ma_x \cdot x = m \cdot 2g \cdot \frac{v_0^2}{g} = 2mv_0^2$$

解法 2　直接从功能关系来考虑。在竖直方向上重力做负功,使该方向上动能减少,重力势能增加。而在水平方向上由于电场力做正功,使其动能增加,故有

$$W_电 = \frac{1}{2} m v'^2_x - \frac{1}{2} m v_{x0}^2 = \frac{1}{2} m (2v_0)^2 - 0 = 2mv_0^2$$

磁 聚 焦

舒幼生

光在不同介质的界面上会因折射而改变其传播方向。运动的带电粒子在磁场中也会因受到的洛伦兹力而改变其运动方向,利用这一特性可使带电粒子击中空间的某一位置,这可以简略地称为磁瞄准。

利用光的折射性制造出的玻璃透镜或透镜组能将某一点光源 S 发射出的单色光束重新会聚到另一点 S'。S 处于无穷远、S' 在有限距离处时,便成为平行光束的聚焦;S 在有限距离处、S' 处于无穷远时,对应为平行光束聚焦的逆过程;S、S' 均处于无穷远时,则实现了平行光束间的转换,这种转换常伴随着光束宽度的变化,称之为扩束。以上所述现象均与透镜的聚焦性能有关,不妨简单地统称为光聚焦。利用运动的带电粒子在磁场中的偏转,也可设计出各种磁场区域,使得点粒子源 S 发射出的同种带电粒子束重新会聚到另一点 S',这可统称为磁聚焦。磁聚焦中也包含着平行粒子束的会聚和平行粒子束的扩束。光聚焦问题中透镜及透镜组的选择常不唯一,磁聚焦问题中磁场区域的设计也不唯一。正如光聚焦是光学显微镜的理论基础,磁聚焦是电子显微镜的理论基础。

电子显微镜中的带电粒子为电子,它们的运动速度常常相当高,严格地说,需要用相对论力学来分析它们的运动行为。但是为了在教学上让中学生理解磁聚焦的机理及电子显微镜的设计思想,完全可假设带电粒子的速度远小于真空光速,使得问题能在中学教学范围内的牛顿定律和洛伦兹力的基础上展开。在国际物理奥林匹克(简称 IPhO)竞赛中,某些试题也是如此编制的。

本文拟介绍若干有关磁瞄准和磁聚焦的中学物理题,其中以磁聚焦题为主。此外还将以兼述个别以电场代替磁场的瞄准和聚焦题。

1. 磁瞄准

例1 如图1所示,初速度近似为零的电子经 $U = 1000$ V 电势差加速后,从电子枪 T 发射出来,出射速度沿射线 a 的方向。若要求电子能击中在 $\alpha = 60°$ 方向、距枪口 $d = 5$ cm 处的靶 M,就以下两种情形求出所用的匀强磁场的磁感应强度 B:

(1) B 垂直于由射线 a 与点 M 所确定的面;

(2) B 平行于枪口向 M 所引的直线。

本题为第 10 届 IPhO 理论试题 3,原题文缺 $\alpha = 60°$ 的条件,今补上。

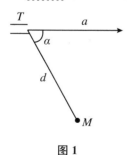

图1

本题中要击中的靶并不在电子初速度方向上,所设计的磁场将使电子沿着曲线路径击中靶。需要注意的是电子为微观粒子,即使受到重力也是极弱的,可以忽略,更何况题中并未出现"水平""竖直"等提示有重力场存在的词,故不必考虑重力的作用。

解 (1) 使电子沿着图 2 中的圆弧运动到 M,故 B 的方向垂直纸平面朝里。根据图 2 所示的几何关系,可得圆弧半径为

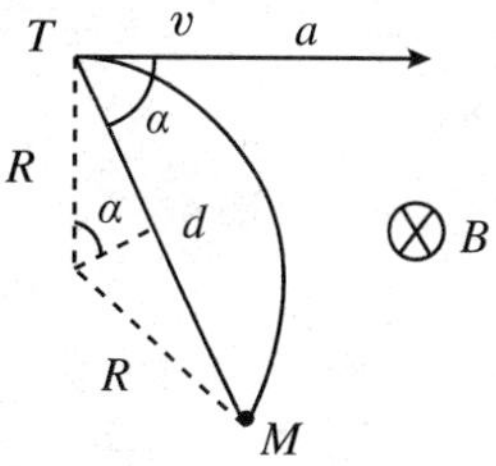

$$R = \frac{d}{2\sin\alpha}$$

另一方面,根据洛伦兹力公式和牛顿第二定律可导得

$$R = \frac{mv}{eB}$$

其中 m 和 e 分别为电子质量和电子电量的绝对值,v 为电子从 T 出射时的速率。由能量关系

$$\frac{1}{2}mv^2 = eU$$

可得

$$v = \sqrt{\frac{2eU}{m}}$$

于是有

$$B = \frac{mv}{eR} = \frac{2\sin\alpha}{d}\sqrt{\frac{2mU}{e}}$$

将题文已给数据及 $m = 9.11 \times 10^{-31}$ kg,$e = 1.6 \times 10^{-19}$ C 代入,便得

$$B = 3.7 \times 10^{-3} \text{ T}$$

图 2

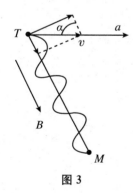

图 3

(2) 若 B 平行于图 3 中的直线 TM,则电子将沿等距螺旋线轨道运动。在垂直于 B 的方向上电子做匀速圆周运动,周期为

$$T = \frac{2\pi m}{eB}$$

在平行于 B 的方向上电子以速度 $v\cos\alpha$ 做匀速直线运动。为使电子能击中 M,要求

$$\frac{d}{v\cos\alpha} = kT \quad (k = 1, 2, \cdots)$$

即得

$$B = \frac{2k\pi mv\cos\alpha}{ed} = \frac{2k\pi\cos\alpha}{d}\sqrt{\frac{2mU}{e}}$$

将数据代入后,可算得

$$B = 6.7k \times 10^{-3} \text{ T} \quad (k = 1, 2, \cdots)$$

例2 空间有一足够大的水平匀强磁场区域,磁感应强度 B 的方向如图 4 所示。场区中 a、b 两点相距 s,a、b 连线水平且与 B 垂直。带电量为 $q(q>0)$、质量为 m 的粒子以初速 v_0 从 a 点对着 b 点射出,为使粒子能击中 b 点,试问 v_0 可取什么值?

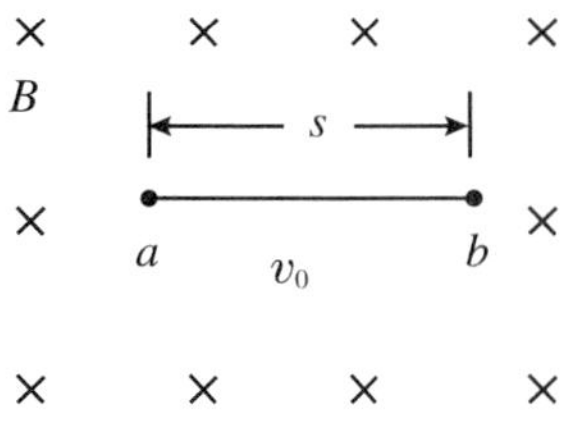

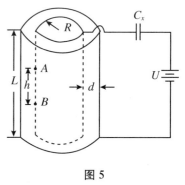

图4

本题为学生题屋1第6题,由长沙市一中郭靖(1993年10月获得第10届全国中学生物理竞赛一等奖)编制。

题中有"水平"二字,且未限定带电粒子为微观粒子,所以重力作用不可忽略。由于需考虑重力,因此如果没有磁场,带电粒子不可能击中 b 点。有磁场存在,若洛伦兹力与重力恰好抵消,则粒子将走直线击中 b 点。问题的趣味性在于如果两力不能抵消,粒子将走曲线轨道,此时粒子能否击中 b 点呢?通过分析,郭靖给出的结论是:

① 若 $s\neq\dfrac{2n\pi m^2 g}{B^2 q^2}(n=1,2,\cdots)$,则粒子以速度 $v_0=\dfrac{mg}{qB}$ 射出时必能击中 b 点;

② 若 $s=\dfrac{2n\pi m^2 g}{B^2 q^2}(n=1,2,\cdots)$,则粒子以任何速度 v_0 射出后均能击中 b 点。

本题的详细解答请参阅本书431、432页。

带电粒子在电场中会受到电场力,也可设计出要求粒子击中某一目标点的物理题,举一例如下。

例3 如图5所示,有两个同轴导体薄圆筒,内筒的半径为 R,两筒间距为 d,筒高 $L\gg R\gg d$。内筒通过一个未知电容量 C_x 的电容器与电动势 U 足够大的直流电源正极相连接,外筒与电源负极相连接。圆筒的中央轴恰好在某铅垂线上,筒间 A、B 两点的连线与中央轴平行,间距为 h。在 A 点有一质量为 m、带电量为 $-Q(Q>0)$ 的粒子,以初速率 v_0 沿着与 A 点和筒中央轴线所在平面垂直的方向运动。为使粒子能经过 B 点,试求所有可供选择的 v_0 和 C_x 的值。

图5

解 在铅垂方向上,粒子从 A 到 B 经过时间

$$t=\sqrt{\dfrac{2h}{g}}$$

要求此时间内,粒子绕筒的中央轴匀速转动 n 周,每周需要的时间为

$$T=\dfrac{t}{n}=\dfrac{1}{n}\sqrt{\dfrac{2h}{g}}\quad(n=1,2,\cdots)$$

故 v_0 需满足下述条件:

$$v_0=\dfrac{2\pi R}{T}=n\pi R\sqrt{\dfrac{2g}{h}}\quad(n=1,2,\cdots)$$

这就是全部可供选择的 v_0 值。

粒子做匀速圆周运动所需的向心力由电场力提供,两个圆筒构成的电容器可近似处理为平行板电容器,其内有大小相同的径向电场。设此电容器分压(即两筒间的电势差)为 U_R,则粒子所受电场力大小为

$$F_e = QE = Q\frac{U_R}{d}$$

此力提供向心力,即

$$F_e = F_心 = m\frac{v_0^2}{R}$$

可算得

$$U_R = \frac{mv_0^2 d}{QR}$$

将 v_0 值代入,得

$$U_R = \frac{2n^2\pi^2 Rdmg}{hQ} \quad (n = 1, 2, \cdots)$$

又因 C_R、C_x 串联,有

$$\begin{cases} C_R U_R = C_x U_x \\ U_R + U_x = U \end{cases}$$

得

$$C_x = \frac{C_R U_R}{U - U_R}$$

按平行板电容器公式可算得

$$C_R = \frac{2\pi RL}{4\pi kd} = \frac{RL}{2kd}$$

代入 C_x 表达式,便得全部可供选择的 C_x 值为

$$C_x = \frac{n^2\pi^2 R^2 Lmg}{k(hQU - 2n^2\pi^2 Rdmg)} \quad (n = 1, 2, \cdots)$$

2. 磁聚焦

例 4 质量均为 m、电荷量均为 q 的一簇离子,在 P 点以同一速率 v 朝图 6 中 xy 上半平面各个方向散开,垂直于 xy 平面的匀强磁场将这些离子会聚于 R 点,R 与 P 相距 $2a$,离子的轨道应是轴对称的。设离子间的相互作用可以忽略,磁感应强度为 B,试确定磁场区域的边界。

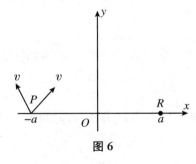

图 6

本题为第 8 届 IPhO 理论试题 3。本题虽在 xy 平面内讨论平面离子束的聚焦(实为成像),但将解答的图像绕 x 轴旋转 360°便成为空间离子束的聚焦。当然,此时再称该空

间磁场为匀强的便不妥了,因为匀强磁场不仅要求 **B** 的大小相同,而且还要求 **B** 的方向也处处一致。

题中带电粒子为离子,仍属微观粒子,故也不必考虑重力作用。原题解中对答案的讨论有欠缺,下面给出的解答中已作了相应的补充。

解 这里不必考虑离子电荷的正负性,因为题目只要求给出磁场区域的边界,未要求确定 **B** 的方向。可以肯定的是离子一旦进入磁场,它便做匀速圆周运动。又根据轨道对称性的要求,圆心一定都在 y 轴上,场区也必左右对称,因此只需建立右侧场区边界曲线的方程即可。

设轨道圆心在 $y = b$ 点,轨道半径为

$$r = \frac{mv}{|q|B}$$

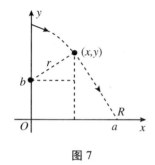

图 7

离子在磁场边界点 (x, y) 处切向地飞离圆轨道指向 R 点。由图 7 中两个直角三角形的相似关系可得

$$\frac{y - b}{x} = \frac{a - x}{y}$$

而点 (x, y) 仍属圆轨道,因此

$$x^2 + (y - b)^2 = r^2$$

两式联立消去 $y - b$,便得

$$(r^2 - x^2)y^2 = (a - x)^2 x^2$$

这是一条过 $(0, 0)$ 点的四次曲线,但它并不相对 y 轴对称,因此只取它在第 Ⅰ 象限的部分代表磁场区域的右边界。左边界为右边界的对称曲线,应是

$$(r^2 - x^2)y^2 = (a + x)^2 x^2$$

现在可将所求磁场边界表述为

$$y = \begin{cases} \dfrac{x(a - x)}{\sqrt{r^2 - x^2}}, & x \geq 0 \\ -\dfrac{x(a + x)}{\sqrt{r^2 - x^2}}, & x < 0 \end{cases}$$

显然必有

$$0 \leq |x| < r$$

下面分几种情况来讨论可会聚于 R 点的离子束角的范围。

(1) $r < a$,即 $\dfrac{mv}{|q|B} < a$。

磁场区域如图 8 所示,离子束中出射角 $\varphi < 90°$ 的离子均可会聚于 R 点,而出射角 $\varphi \geq 90°$ 者均不能会聚于 R 点。

(2) $r = a$,即 $\dfrac{mv}{|q|B} = a$。

这种情况下,首先要将磁场边界线定下来。由上面给出的边界线方程可以看出,$|x| < r = a$ 时,y 值都可以确定,$|x| = r = a$ 时,y 值却不能直接计算。为此,须采用极限的

方法或者用图像的方法来定出 $|x|\to r=a$ 的边界点。从图 7 可以看出，当轨道圆心趋于坐标原点 O 处（对应 $b=0$）时，离子在第 I 象限的轨道趋于四分之一圆周，场边界点 (x,y) 也趋向与 R 点重合，对应 $r=a$，此轨道对应离子出射角 $\varphi=90°$。

现在可将磁场边界线画成图 9 所示的曲线，$\varphi\leqslant 90°$ 的离子均可会聚于 R 点，$\varphi>90°$ 的离子均不能会聚于 R 点。

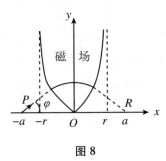

图 8

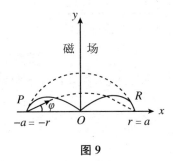

图 9

(3) $r>a$，即 $\dfrac{mv}{|q|B}>a$。

当 $|x|<a$ 时，$y>0$；当 $|x|=a$ 时，$y=0$；而当 $|x|>a$ 时，因 $y<0$ 而落在 xy 平面下半部分，这部分边界不必取，如图 10 中的虚线所示。

对于小出射角，离子将先通过非场区，而后再进入场区，根据前面的讨论，离子必能过 R 点，且它们的轨道圆心均在 y 轴负半轴上。随着出射角的增大，圆心在 y 轴负半轴上的位置逐渐向上移动。当出射角恰好使离子切向地直接进入场区时，离子

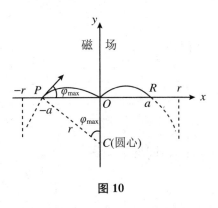

图 10

便立即进入圆轨道，R 点也将直接落在圆轨道上，此时的出射角 φ 记为 $\varphi_{\max}$，它满足下述关系：

$$\tan\varphi_{\max}=\frac{a}{\sqrt{r^2-a^2}}$$

如果出射角超过 $\varphi_{\max}$，一方面要求离子轨道仍属于圆轨道，另一方面圆心 C 还将在 y 轴上（显然还要上移），半径仍为 r，这显然是不可能的，所以离子不能会聚于 R 点。

综上所述，在 $r>a$ 时，仅当出射角

$$\varphi\leqslant\varphi_{\max}=\arctan\frac{a}{\sqrt{r^2-a^2}}$$

时，才能会聚于 R 点。

值得指出的是，磁聚焦问题的解或者说磁场区域的设计常常不是唯一的，例如在后面将要讲述本题磁场区域的另一种设计。

也可将例 3 改为设计一个电场区域，使得 P 点发射出的离子束能会聚于 R 点。为讨论方便，取为正离子，其解如下。

设计一个向下的对称匀强电场区域，场强大小记为 E，场区边界线如图 11 中的实线

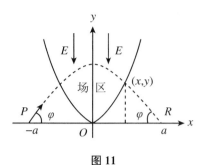

图 11

所示。以 φ 角出射的正离子运动轨道如图中虚线所示,未进入场区前离子以 v_0 做匀速直线运动。进入场区后受到向下的电场力,产生向下的加速度,其大小为

$$a^* = \frac{qE}{m}$$

这一加速度类似于重力加速度,离子在场区内将做类斜抛运动。离开场区的位置(x,y)与进入场区的位置对称,(x,y)点即为场区右边界点,设类斜抛运动部分半射程所经时间为 t,则有

$$\begin{cases} x = v_0\cos\varphi\, t \\ v_0\sin\varphi = a^* t \end{cases}$$

可得

$$\sin\varphi\cos\varphi = \frac{a^* x}{v_0^2}$$

将几何关系

$$\begin{cases} \sin\varphi = \dfrac{y}{\sqrt{y^2 + (a-x)^2}} \\ \cos\varphi = \dfrac{a-x}{\sqrt{y^2 + (a-x)^2}} \end{cases}$$

代入上式,即得

$$\frac{y(a-x)}{y^2 + (a-x)^2} = \frac{a^* x}{v_0^2} \quad (x \geqslant 0)$$

离子在(x,y)点离开场区时速度大小又恢复成 v_0,根据对称关系可知,该离子必做匀速直线运动击中 R 点。将场区右边界曲线方程中的 x 用 $-x$ 代替,即得左边界曲线方程:

$$\frac{y(a+x)}{y^2 + (a+x)^2} = \frac{-a^* x}{v_0^2} \quad (x < 0)$$

这样设计出的匀强电场区能使发射角处在 $0° \leqslant \varphi \leqslant 90°$ 范围内的正离子都会聚于 R 点,不过此电场实际上不能实现。

例 5 图 12 所示的两个圆代表一个面包圈形状的环,环外侧面密密地绕着通有直流电的导线(图中未画出),使环内形成圆环形的场区,场区中磁感线为一系列均以环心轴为中心轴的圆,磁感应强度 B 的大小处处相同。今在某一以 R 为半径的圆形磁感线中有一电子发射源 P,从 P 沿磁感线方向发出小孔径角 $2\varphi_0$($\varphi_0 \ll 1°$)的电子束,束中电子都是从静止经电压 U_0 加速后射出的。设电子束中各电子间的相互作用可以忽略,且已知电子的荷质比为 $\dfrac{e}{m} = 1.76 \times 10^{11}$ C/kg,$R = 50$ mm,$U_0 = 3$ kV。

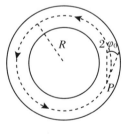

图 12

(1) 为了使电子束沿环形磁场运动,需要另外加一个使电子束偏转的均匀磁场 B_1,对于在环内沿半径为 R 的圆形轨道运动的一个电子,试计算所需的 B_1 的大小。

(2) 当电子束沿环形磁场运动时,为了使电子束每绕一圈有四个聚焦点,即每绕过 $\dfrac{\pi}{2}$ 的圆周角聚焦一次,试问 B 的值应为多大(此处可忽略 B_1 的细致作用,并可忽略 B 的磁感线的弯曲性)?

本题为第 18 届 IPhO 理论试题 2 中的前两个小题,解答如下。

解 (1) 对于沿半径为 R 的圆轨道(即沿磁感线)运动的电子,环形磁场 B 对它的作用力为零。电子做圆周运动所需的向心力由均匀磁场 B_1 提供,B_1 的方向应垂直于图 12 所在纸平面向外。根据洛伦兹力公式,有

$$\frac{mv_0^2}{R} = ev_0 B_1$$

其中电子运动速率 v_0 由加速电压确定,有

$$\frac{1}{2}mv_0^2 = eU_0$$

两式联立可解得

$$B_1 = \frac{1}{R}\sqrt{\frac{2mU_0}{e}} = 3.7 \times 10^{-3} \text{ T}$$

(2) 由题设,忽略 B_1 的细致作用,忽略 B 的磁感线的弯曲性,这相当于将电子束处理为在均匀的磁感线为平行直线的磁场 B 中运动。任一电子的速度矢量 v 可按平行和垂直磁场 B 分解为 $v_\parallel$ 和 $v_\perp$,电子以速度 $v_\parallel$ 做匀速直线(实为半径为 R 的圆曲线)运动,同时以速度 $v_\perp$ 做匀速圆周运动(垂直于半径为 R 的圆曲线的小半径圆曲线运动)。设电子的 v 与 B 的夹角为 φ,则

$$v_\parallel = v_0\cos\varphi, \quad v_\perp = v_0\sin\varphi$$

设电子以速度 $v_\perp$ 做匀速圆周运动的半径为 r,则

$$r = \frac{mv_\perp}{eB} = \frac{mv_0\sin\varphi}{eB}$$

因 $2\varphi_0 \ll 1°$,故 φ 很小,r 也很小,电子的螺旋轨道不会越出环内的空间。电子旋转一圈的周期为

$$T = \frac{2\pi m}{eB}$$

螺距为

$$b = v_\parallel T = \frac{2\pi mv_0\cos\varphi}{eB}$$

其中

$$v_0 = \sqrt{\frac{2eU_0}{m}}$$

要求电子每绕 $\dfrac{\pi}{2}$ 聚焦一次,故

$$b = \frac{2\pi R}{4}$$

这样便可解得

$$B = \frac{4\cos\varphi}{R}\sqrt{\frac{2mU_0}{e}} \approx \frac{4}{R}\sqrt{\frac{2mU_0}{e}} = 1.48 \times 10^{-2} \text{ T}$$

例 6 在 xy 平面上有一片稀疏的电子处在 $-H < y < H$ 范围内,从 x 轴负半轴的远处以相同的速率 v 沿着 x 轴方向平行地向 y 轴射来。试设计一磁场区,使得:

(1) 所有电子均能在磁场力作用下通过坐标原点 O;

(2) 这一片电子最后扩展到 $-2H < y < 2H$ 范围内继续朝着 x 轴正半轴的远处射去,如图 13 所示。

这曾是国家集训队选拔 5 人代表队的一道试题,所涉及的内容为磁扩束。本题解答方法并不唯一,下面给出的只是其中的一个方法。

解 电子分布稀疏,其间的相互作用可忽略。

入射电子群与出射电子群的范围均具 x 轴对称性,而且每条电子运动轨道在坐标原点 O 处弯曲时必具连续性,因此可假设第 Ⅱ 象限入射电子通过 O 点将成为第 Ⅳ 象限出射电子,第 Ⅲ 象限入射电子则将成为第 Ⅰ 象限出射电子。这样可在 O 点附近为四个象限分别设计磁场区域。

首先设计第 Ⅰ 象限的匀强磁场区域。此时可将 O 点视为电子发射源,所发射的电子均具速率 v,初速度方向与 x 轴的夹角 θ 满足

$$0 \leqslant \theta \leqslant \frac{\pi}{2}$$

考虑到电子应朝 x 轴方向偏转,故 $\boldsymbol{B}_\text{I}$ 应垂直 xy 平面朝里(即 z 轴负方向)。在该磁场区域内电子做半径为

$$R_\text{I} = \frac{mv}{eB_\text{I}}$$

的圆轨道运动,其中 m 与 e 分别为电子质量和电子电量的绝对值。电子到达磁场边界点 $S(x, y)$ 后,即沿圆切线方向朝 x 轴正方向运动,如图 14 所示,应有

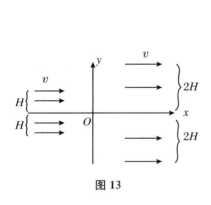

图 13

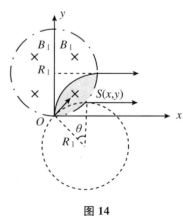

图 14

$$\begin{cases} x = R_{\text{I}} \sin\theta \\ y = R_{\text{I}} - R_{\text{I}} \cos\theta \end{cases}$$

消去 θ，便得磁场边界方程为

$$x^2 + (y - R_{\text{I}})^2 = R_{\text{I}}^2$$

故该区域边界也属半径为 R_{I} 的圆，此圆在图中已用点划线画出。由于 $0 \leqslant \theta < \frac{\pi}{2}$，故 $\theta \geqslant \frac{\pi}{2}$ 的电子轨道对应的那部分磁场区域多余，因此可用 $\theta \to \frac{\pi}{2}$ 的电子轨道（其方程为 $(x - R_{\text{I}})^2 + y^2 = R_{\text{I}}^2$，图中已画出它的四分之一圆轨道）来约束所取磁场区域。这样，在第 I 象限设计出的磁场区域为

$$圆: x^2 + (y - R_{\text{I}})^2 = R_{\text{I}}^2$$
$$圆: (x - R_{\text{I}})^2 + y^2 = R_{\text{I}}^2$$

所包围的区域，即图 14 中的阴影区域。图中上方电子轨道须对应出射电子群区域的上极限，故应取

$$R_{\text{I}} = 2H$$

于是该区域中的磁场大小为

$$B_{\text{I}} = \frac{mv}{eR_{\text{I}}} = \frac{mv}{2eH}$$

$\boldsymbol{B}_{\text{I}}$ 的方向如图 14 所示。

完全相似的分析表明，第 IV 象限的磁场区域与第 I 象限的磁场区域关于 x 轴对称，$\boldsymbol{B}_{\text{IV}}$ 的方向与 $\boldsymbol{B}_{\text{I}}$ 的方向相反，大小相同。

第 II、III 象限的电子入射到 O 点，可逆转对应从 O 点反向回射，故讨论完全与上面相似，只是须调整速度逆转对 $\boldsymbol{B}$ 方向的影响及用 H 代替 $2H$。由此可得第 II 象限的磁场区域为

$$圆: x^2 + (y - R_{\text{II}})^2 = R_{\text{II}}^2$$
$$圆: (x - R_{\text{II}})^2 + y^2 = R_{\text{II}}^2$$

所包围的区域，其中

$$R_{\text{II}} = H$$

而 $\boldsymbol{B}_{\text{II}}$ 的方向同 $\boldsymbol{B}_{\text{I}}$ 的方向，大小为

$$B_{\text{II}} = \frac{mv}{eH} = 2B_{\text{I}}$$

第 III 象限的磁场区域与第 II 象限的磁场区域关于 x 轴对称，$\boldsymbol{B}_{\text{III}}$ 的方向与 $\boldsymbol{B}_{\text{II}}$ 的方向相反，大小相同。

综上所述，设计的一组磁场区域如图 15 所示。

上面所提供的答案中，核心思想是平行粒子束先通过某磁场区域会聚于一点，而后再通过另一磁场区域出射成扩束的平行粒子束。这非常类似于用两块透镜来实现平行光的扩束。

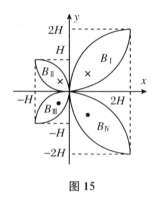

图 15

现在来重新考察例3，另有一种解是先使 P 点发射出的离子束通过某场区出射成平行于 x 轴的离子束，再通过另一场区会聚于 R 点。不难看出，这两场区具有对称性。采用这一种解的好处是例3中的离子从 P 点出射的速度 v 与 x 轴的夹角 φ 不受任何限制，即 $0°\leqslant\varphi\leqslant 360°$ 均可。这一解答显然要比原 IPhO 给出的解答更完备，因为该解答中 φ 角受限制。想到可取这一解答的是江苏省常州市武进区前黄中学91级学生钟敏。解题思路有了，具体的解答留给读者自己完成。

牛顿宇宙学简介

第 27 届 IPhO 金牌得主　倪征

鉴于中学物理知识所限,本文基本上只在经典物理的范围内介绍宇宙学问题。由于天体运动在很大尺度范围内速度远小于真空光速,因此牛顿力学亦能很好地说明宇宙图像。为定性、半定量地联系个别近代宇宙学问题,全文会用到狭义相对论的少量知识,但不考虑广义相对论效应。

在夏日晴朗的夜晚,抬头遥望天空,看到星星分布得相当稀疏。根据天文观测,类似银河的星系有许许多多,它们在宇宙中的分布也很稀疏。在更大的空间范围内去统计星系物质的分布,发现星系数密度和质量密度几乎是相同的。宇宙是如此巨大,上述大空间范围在宇观上竟可以近似处理为一个点!这样,在讨论宇宙学问题时,可以把宇宙空间处理为由这样的宇宙点构成的连续空间,宇宙中的物质也同样处理为连续分布。

1. 宇宙运动学

宇宙运动学依据的一条基本原理即为哥白尼原理,表述如下:

在宇宙中没有特殊位置,每一个位置的静止观察者朝任一个方向看到的宇观现象都是一样的。

由这一原理,可以得出宇宙的若干性质:

(1) 在宇宙中任一点观察,宇宙均为中心对称的。

由于不存在特殊位置,亦不存在特殊方向,故宇宙有旋转对称性,即具有中心对称性。

(2) 同一时刻测量宇宙各点,密度均相等。

如图 1 所示,O 处的测量者测得 O' 处的密度为 $\rho(r)$,因宇宙相对 O 具有中心对称性,因此

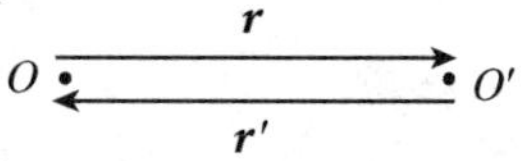

$$\rho(r) = \rho(r)$$

O' 处的测量者测得的 O 处的密度 $\rho(r')$ 也具有中心对称性质:

$$\rho(r') = \rho(r')$$

因宇宙中没有特殊位置,因此

$$\rho(r') = \rho(r)$$

或者

$$\rho(r') = \rho(r)$$

图 1

(3) 宇宙中任一点的观察者对其他点的物质或者说质点进行测量,后者相对于前者

的速度 v 与前者到后者的矢径 r 间满足关系式

$$v = \alpha r$$

其中 α 是一个仅与时间有关的量。

首先由宇宙的中心对称性可知,任何两点之间的相对速度 v 必定沿两点连线方向 r,即有

$$v = \alpha r$$

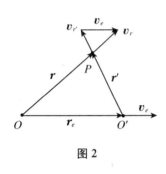

图 2

如图 2 所示,取 O、O'、P 三点,P 相对 O 的速度记为 v_r,P 相对 O' 的速度记为 $v_{r'}$,O' 相对 O 的速度记为 v_e,相应的位矢也已在图中示出。所有测量均在同一时刻实现,速度间满足经典叠加关系,即有

$$v_r = v_e + v_{r'}$$

又由 $v = \alpha r$,可得

$$v_r = \alpha_r r, \quad v_{r'} = \alpha_{r'} r', \quad v_e = \alpha_e r_e$$

而由图中相似三角形关系,可得

$$\frac{v_r}{r} = \frac{v_{r'}}{r'} = \frac{v_e}{r_e}$$

即得

$$\alpha_r = \alpha_{r'} = \alpha_e$$

可见对于任一观察者,α 为相同的量,此量与观察者的位置无关,与被观察者的位置无关,但可以与测量时刻 t 有关。

2. 宇宙动力学

运动学所描述的是一个瞬间的宇宙图景,为对动态宇宙有所了解,须从动力学方面考虑。

如图 3 所示,设 t 时刻距观察者 O 为 r 处的质点 P 具有速度 v,应有

$$v = \alpha(t) r$$

在 $t = t_0$ 时刻,有

$$v_0 = \alpha(t_0) r_0$$

引入参量

$$H_0 = \alpha(t_0)$$

则有

$$v_0 = H_0 r_0$$

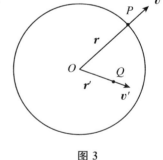

图 3

在以 O 为球心、$r(t)$ 为半径的球体内,取任意一点 Q,Q 相对 O 的位矢为 $r'(t)$ ($r'(t) < r(t)$),速度为 v',则有

$$v' = \alpha(t) r', \quad v' < v$$

即在以后任意时刻,Q 的速度恒小于 P 的速度,这表明 Q 点永远不会运动到以 O 为球心、P 点所在球面之外,据此可知,P 点所在球面内的质量守恒。

再设 t 时刻宇宙各处密度为 $\rho(t)$，$t = t_0$ 时刻的密度记为 ρ_0。$\rho(t)$ 及 P 点到 O 点的距离 r 均会随 t 而变化，但由质量守恒可得

$$\rho r^3 = \rho_0 r_0^3$$

由于宇宙物质相对 O 点具有球对称分布，以 P 点所在球面为界，球面外的物质对 P 点的万有引力合力为零，球面内的物质对 P 点的万有引力相当于一个质量恒定的球体对外部质点的万有引力。据此，质点 P 的万有引力势能为

$$E_p = -\frac{GMm}{r}$$

其中 m 为 P 点的质量，M 为球体总质量，r 为 O 点到 P 点的距离。M 可表述为

$$M = \frac{4}{3}\pi r^3 \rho = \frac{4}{3}\pi r_0^3 \rho_0$$

P 质点的机械能为

$$E = E_k + E_p = \frac{1}{2}mv^2 - G\frac{Mm}{r}$$

$$= \frac{1}{2}mv^2 - \frac{4}{3}\pi G \frac{m}{r}\rho_0 r_0^3$$

机械能守恒要求 $E = E_0$（常量）。引入一个新的常量

$$K = \frac{2E_0}{mr_0^2}$$

则机械能守恒式可表述成

$$K = \frac{v^2}{r_0^2} - \frac{8}{3}\pi G \rho_0 \frac{r_0}{r}$$

由 $t = t_0$ 时，$v = v_0$，$v_0 = H_0 r_0$，$r = r_0$，可得

$$K = H_0^2 - \frac{8}{3}\pi G \rho_0$$

因为在同一时刻宇宙各点有相同的 H_0 和 ρ_0，且在任何时刻上述能量守恒式均成立，故对于宇宙内的任何一点，K 为相同的常量，且此常量不随 t 而变化。

引入宇宙普适常量 K 后，借助于前面给出的 K-v 关系式，可将 P 点相对 O 点的速度表述为

$$v = \pm \sqrt{\frac{8}{3}\pi G \rho_0 \frac{r_0^3}{r} + Kr_0^2}$$

此式对任选的 O、P 点均成立。v 取正时，表示 v 沿 r 的正方向；v 取负时，表示 v 沿 r 的负方向。下面分三种情况进行讨论。

(1) $K > 0$。

对应机械能 $E_0 > 0$。若初态 $v > 0$，则 r 将一直增至无穷大；若初态 $v < 0$，开始时 r 减小，宇宙收缩到一点后，r 将沿反方向增大，直到无穷。这样的宇宙是一个无限膨胀的宇宙。

(2) $K < 0$。

对应机械能 $E_0 < 0$。为使 v 表述式中的根号内不出现负值，要求

$$r \leqslant r_{max} = -\frac{8\pi G\rho_0 r_0}{3K}$$

当 $r = r_{max}$ 时，$v = 0$，即 r 将在 r_{max} 和 $-r_{max}$ 之间往返振荡。这样的宇宙是一个振荡的宇宙。

(3) $K = 0$。

对应机械能 $E_0 = 0$。此时可解得

$$H_0^2 = \frac{8}{3}\pi G\rho_0$$

$$v = \pm\sqrt{\frac{8}{3}\pi G\rho_0 \frac{r_0^3}{r}} = \pm H_0 r_0 \sqrt{\frac{r_0}{r}}$$

在牛顿宇宙学中，这一解与 $K > 0$（即 $E_0 > 0$）的解本质上一致。若宇宙一开始就是膨胀（对应 $v > 0$）的，便膨胀到无穷远；若宇宙一开始为收缩（对应 $v < 0$）的，收缩到一点后再反向膨胀到无穷远。两者的区别仅在于 $K > 0$（即 $E_0 > 0$）时，宇宙膨胀到无穷远，速度不会减到零，而当 $K = 0$（即 $E_0 = 0$）时，宇宙膨胀到无穷远，速度会减到零。

取正向膨胀解，即取

$$v = H_0 r_0 \sqrt{\frac{r_0}{r}}$$

且将 $r = 0$ 的时刻作为计时起点 $t = 0$，则由上式可解得 r 随 t 的变化关系为

$$\left(\frac{r}{r_0}\right)^{\frac{3}{2}} = \frac{3}{2}H_0 t$$

$r = r_0$ 的时刻 t_0 与 H_0 的关系为

$$t_0 = \frac{2}{3H_0}$$

t_0 时刻是随意取的，$H_0 = \alpha(t_0)$ 是与 t_0 相应的量，因此任意时刻 t 均对应有

$$t = \frac{2}{3H}, \quad H = \alpha(t)$$

现代宇宙大爆炸理论认为，宇宙初态是全部物质压缩在相当小的区域（可简单地说成是一个奇点区域）中，该时刻为宇宙起源时刻，即为绝对的 $t = 0$ 时刻，与牛顿宇宙学不同的是这里不存在比 $t = 0$ 更早的时刻。而后宇宙急剧膨胀，即所谓大爆炸，t 时刻与观察者相距 r 处的宇宙物质相对观察者径向远离的速度为

$$v = \alpha(t)r = Hr$$

这一现象首先由哈勃通过天文观察得出，故称 H 为哈勃常数。

从宇宙诞生到 t_0 时刻，物质最远只能运动到

$$R_0 = ct_0 = \frac{2}{3}\frac{c}{H_0}$$

的距离，这是因为狭义相对论知识告诉我们，任何物质的运动速度均不可能超过真空光速 c。在宇宙学中，称 R_0 为 t_0 时刻的哈勃半径，这也是天文上所能观察的最大半径。事实上，地球观察者所观察到的星体发光须经历一定时间才能到达地球。设 t 时刻与地球相距 r 处的星体发出的光经 $t' = \frac{r}{c}$ 时间于 t_0 时刻到达地球，通过某种光学方法，观察

者测得 t 时刻该星体相对地球的远离速度为 v，则有

$$\begin{cases} v = H_t r \\ H_t = \dfrac{2}{3}\dfrac{1}{t} = \dfrac{2}{3}\dfrac{1}{t_0 - t'} \\ t_0 = \dfrac{2}{3}\dfrac{1}{H_0} \\ t' = \dfrac{r}{c} \end{cases}$$

据此可得

$$v = \left(1 - \dfrac{3H_0 r}{2c}\right)^{-1} H_0 r$$

由所测得的 v、r，可估算出

$$H_0 = 23 \text{ km/(s} \cdot \text{Ml.y.)}$$

这里的 Ml.y.（兆光年）是长度单位，1 l.y.（1 光年）的长度等于光在真空中于 1 年的时间通过的距离。最后由

$$t_0 = \dfrac{2}{3H}$$

可估算出

$$t_0 \approx 8 \times 10^9 \text{ a}$$

这也就是宇宙从大爆炸开始到现在所经历的时间，即现在的宇宙年龄。

能量守恒与物理过程

福州第一中学　林应基

能量的转化和守恒定律是自然界最普遍的规律之一,也是物理学最重要的定律之一。它集中反映了物体之间及各种形式的能量之间的转移或转化的数量关系,在中学物理解题中占有重要地位。本文拟从几方面讨论这一问题。

1. 功是能量转化的量度

能量的转移或转化是通过一定的过程来实现的,做功是实现这种转移或转化的主要物理过程。例如,重力势能转化为动能是通过重力做功来实现的,物体克服摩擦力做功往往会把机械能转化为内能。而且能量的转移或转化的多少可以直接通过做功的多少来量度。

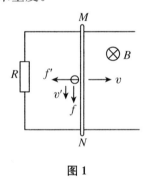

图 1

例1 讨论闭合电路的一部分导体在磁场中做切割磁感线运动时机械能与电能的转化。如图 1 所示,金属棒 MN 垂直切割磁感线将产生动生电动势,从而产生感应电流。若某时刻棒的运动速度为 v,棒中的自由电子因产生感应电流而具有的定向运动速度为 v'。对于一个电子来说,它因随棒运动而受的磁场力 $f = eBv$,正是该力使电子发生定向运动从而产生感应电流,该力对电子做功的功率为 $P = eBvv'$。同时,电子定向运动又受洛伦兹力 $f' = eBv'$,其方向与 v 恰相反,该力的功率为 $P' = -eBv'v$。

比较 P、P' 可知,MN 正是克服 f' 力做功而使自己的动能减少(除非另用外力对它做功以维持其匀速运动),同时 f 力对电子做正功使电能增加(产生感应电动势)。因此,磁场对运动电荷的总作用力(f 和 f' 的合力)对运动电荷不做功,但它的两个分力分别做正功和负功正是实现机械能转化为电能的必要物理过程,也可以用以量度这种变化的多少。

在讨论宏观电路问题时,MN 上所有做定向运动的电荷所受 f' 的合力就是安培力 $F = IBL$,不论 MN 做什么运动,克服安培力做功的瞬时功率的绝对值都等于瞬时电功率。

例2 一对相互作用力的功。如图 2 所示,质量为 m 的滑块 A 以速度 v_0 滑到原静止于光滑水平面上的质量为 M 的木板 B 上。当 A 滑到板的另一端时速度为 v_1,B 的

速度为 v_2。设它们之间相互作用的摩擦力为 f，则依据动能定理，对 A 有

$$-fs_A = \frac{1}{2}mv_1^2 - \frac{1}{2}mv_0^2$$

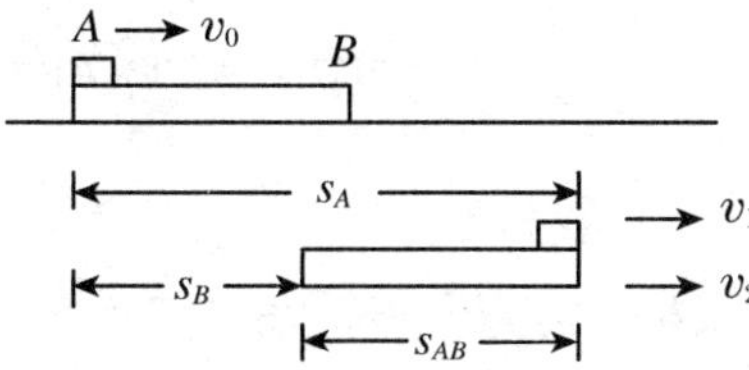

图 2

对 B 有

$$fs_B = \frac{1}{2}Mv_2^2 - 0$$

两式相加，得

$$-f(s_A - s_B) = -fs_{AB} = \left(\frac{1}{2}mv_1^2 + \frac{1}{2}Mv_2^2\right) - \frac{1}{2}mv_0^2$$

由上述三式我们可以看出 A 的动能的减少大于 B 的动能的增加。一对相互作用力所做的总功 $-fs_{AB}$（s_{AB} 为两物体的相对位移）则反映了系统动能的减少，它转化为 A、B 的内能。

在碰撞问题中，如果两物体相互作用时产生的形变为弹性形变，相互作用力消失时形变完全消失，则最终 $s_{AB} = 0$，弹力做功又只取决于形变大小而与路径无关，因此在全过程中一对弹力做的总功为零。于是碰撞前后（不是全过程）系统动能守恒，这就是弹性碰撞。如果相互作用力消失时，形变没有完全消失，则最终 $s_{AB} \neq 0$，在全过程中一对相互作用力做的总功不为零，系统将出现动能损失，这就是非弹性碰撞的情况。当然，如果在初始状态时物体间存在一定相互作用力（如两个小球间夹一根被压缩的弹簧），随后由于力的作用而分离，当作用力消失时，它们间的相互作用力所做的总功将是正的，系统的总动能增加。

2. 能量守恒应用示例

例 3 一个质量为 m、带有电荷 $-q$ 的小物体可在水平轨道 Ox 上运动，O 端有一固定墙。轨道处于匀强电场中，场强大小为 E，方向沿 Ox 轴正向，如图 3 所示。小物体以初速度 v_0 从 $x = x_0$ 点沿轨道向 O 运动，小物体与轨道间的摩擦系数为 μ，小物体与墙壁发生碰撞时不损失机械能和带电量。求它在停止运动前所通过的总路程 s。

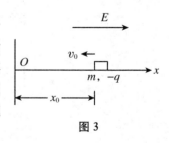

图 3

解 由于小物体与墙碰撞时没有机械能损失，因此当它停下时，动能和静电势能的总减少量全部通过克服摩擦力做功转化为内能。由于摩擦力总是与滑块运动方向相反，因此总是做负功，而摩擦力大小不变，所以

$$W = -fs_1 - fs_2 - fs_3 - \cdots = -f(s_1 + s_2 + s_3 + \cdots)$$

由于 s_1、s_2、s_3、$\cdots$ 为绝对值，因此 $\sum_{i=1}^{n} s_i$ 为小物体运动的总路程 s。

由于摩擦力与电场力大小关系不同，小物体的终止位置和运动过程也不同。

(1) 若 $qE < \mu mg$ 且 $qEx_0 + \frac{1}{2}mv_0^2 < \mu mgx_0$，则小物体将不与墙碰撞而停在 $x = x_1$ 处，其总路程即位移 $s = x_0 - x_1$，

$$\mu mgs = \frac{1}{2}mv_0^2 + qEx_0 - qEx_1$$

得

$$s = \frac{mv_0^2}{2(\mu mg - qE)}$$

(2) 若 $qE \leqslant \mu mg$ 但 $qEx_0 + \frac{mv_0^2}{2} \geqslant \mu mgx_0$，则小物体将与墙发生一次碰撞后停在 $x = x_2$ 处，$s = x_0 + x_2$，因而 $x_2 = s - x_0$，

$$\mu mgs = \frac{1}{2}mv_0^2 + qEx_0 - qEx_2$$

得

$$s = \frac{mv_0^2 + 4qEx_0}{2(\mu mg + qE)}$$

(3) 若 $qE > \mu mg$，则小物体最终将停在 O 点，因此有

$$\mu mgs = \frac{1}{2}mv_0^2 + qEx_0 - 0$$

$$s = \frac{mv_0^2 + 2qEx_0}{2\mu mg}$$

例 4 如图 4(a)所示，A、B 两球用长为 $2l$ 的轻线连接后置于光滑水平面上，线处于伸直状态，用恒力 F 作用于连线中点 O，其方向水平且垂直于连线。在运动过程中两球多次碰撞，直到相对静止。该过程中由于碰撞而增加的总内能是多少（不考虑空气阻力作用）？

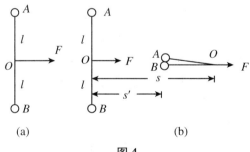

图 4

解 如图 4(b)所示，设当 A、B 相对静止时 O 点的位移为 s，球的位移为 s'。这一过程中除 F 力做功外，两球碰撞时由于不是完全弹性的，因此相互作用力的总功将使动能转化为内能。依据功的定义，F 力所做的功为

$$W = F \cdot s$$

到两球相对静止时,依动能定理有

$$W' = F \cdot s' = \frac{1}{2} \cdot 2m \cdot v^2$$

因此由于碰撞而产生的内能为

$$E_内 = W - W' = F(s - s') = Fl$$

3. 要注意物理过程分析

能量转化和守恒定律反映了物理变化过程必须遵从的一种量的关系,凡是违反能量转化和守恒定律的过程都是不能实现的。永动机不可能制造成功,就是因为它违反了这一规律。然而每一个物理过程又都有自己的规律,这同样不能违背,如在热机工作过程中,从热源取得的热量不可能全部转化为机械能,尽管这样的转化并不违背能量守恒定律。

例 5 一部汽车的质量为 10 t,前进中受到的阻力保持 5000 N 不变,当它以额定功率行驶时,在 60 s 内前进 700 m,速度从 5 m/s 增大到最大值。求该汽车发动机的额定功率和在该路段行驶的最大速度。

解 因在恒定功率下加速运行,速度增大时牵引力减小,因此汽车做加速度逐渐减小的加速运动。依据动能定理有

$$Pt - fs = \frac{1}{2} m(v_m^2 - v_0^2)$$

$$P = fv_m$$

联立求得

$$v_{m1} = 15 \text{ m/s}, \quad P_1 = 75 \times 10^3 \text{ W}$$

$$v_{m2} = 45 \text{ m/s}, \quad P_2 = 225 \times 10^3 \text{ W}$$

这两组解代入原方程都成立,也就是说都不违反能量守恒定律。但根据题给和求得的数据,我们可以画出如图 5 所示的 v-t 图像。对于第一组解,有 $\frac{1}{2}(v_0 + v_{m1}) < \frac{s}{t}$,因此其图像如图中实线 BDC 所示(因为图像下的面积大于梯形 $OABC$ 的面积),这一图像恰好能符合汽车速度增大而加速度减小的运动变化过程。对于第二组解,因 $\frac{1}{2}(v_0 + v_{m2}) > \frac{s}{t}$,为使曲线下方的面积相等,该图像所描述的则是速度越大、加速度越大的运动变化过程,不符合汽车运动变化的实际过程。可

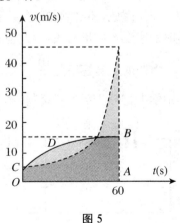

图 5

见,在运用能量守恒定律解题时要注意对过程的分析,不认真分析可能会造成错误。

例 6 有 5 个质量相同、其大小可忽略的小木块 1、2、3、4、5,等距离地依次排在倾角 $\theta = 30°$ 的斜面上,如图 6 所示。斜面在木块 2 以上部分是光滑的,以下部分是粗糙的,

5个滑块与斜面粗糙部分之间的静摩擦系数与滑动摩擦系数都是 μ。开始时用手扶着木块1,其余各木块都静止在斜面上。现在放手,使木块1自然下滑并与木块2发生碰撞,接着陆续发生其他碰撞。假设各木块碰撞后的速度均变为相同的,求 μ 取何值时木块4能被撞而5不被撞。

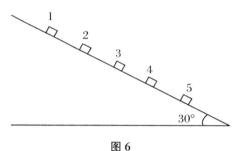

图6

错解 要使4被撞,则前3个滑块应能到达4所在位置且速度不为零。设木块间距为 s,则依据能量守恒有

$$mg(3s + 2s + s)\sin\theta - \mu \cdot 2mgs\cos\theta - \mu \cdot 3mgs\cos\theta > 0$$

$$\mu < 1.2\tan\theta = 0.4\sqrt{3}$$

要使滑块5不被撞,则前4个滑块必须在到达5之前静止,依据能量守恒定律有

$$mg(4s + 3s + 2s + s)\sin\theta - (\mu \cdot 2mgs\cos\theta + \mu \cdot 3mgs\cos\theta + \mu \cdot 4mgs\cos\theta) < 0$$

$$\mu > \frac{10}{9}\tan\theta = \frac{10}{27}\sqrt{3}$$

即符合题意的摩擦系数为 $\frac{10}{27}\sqrt{3} < \mu < 0.4\sqrt{3}$。

错解分析 该解法的错误在于认为重力势能的减少仅用于克服摩擦力做功,而漏掉了在每一次碰撞时,由于木块速度发生突变,且为完全非弹性碰撞,必然有机械能转化为内能。因此,还必须扣除每次碰撞的这一机械能损失。由于碰撞时的机械能损失与碰撞时的速度及质量有关,因此应逐段进行分析求解。

本题的正确答案是 $\frac{10\sqrt{3}}{29} < \mu < \frac{14\sqrt{3}}{39}$。解题过程留给读者自己解决(或阅读《1990全国中学生物理竞赛参考资料》第34页第14题解)。

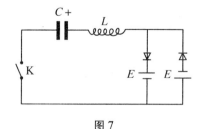

图7

例7 在图7所示电路中,电池、二极管、电感线圈都是理想的,电池的电动势 $E = 1.5$ V,电容器充电至电压 U。在电键K闭合及电路中电流停止后发现,电容器两极板极性改变,且电压 $U_1 = 1$ V。求电容器原电压 U 的值。

错解 由能量守恒定律得

$$\frac{1}{2}CU^2 - \frac{1}{2}CU_1^2 = CE(U + U_1) \qquad ①$$

或

$$\frac{1}{2}CU^2 - \frac{1}{2}CU_1^2 = CE(U - U_1) \qquad ②$$

由此得 $U = 4$ V 或 2 V。显然,选择电压能使振荡不止发生一次,而是多次,情况是
$$|U_n| = |U_{n-1}| - 2E \times 2$$
这样
$$U_n = 4 + 4nE \quad 或 \quad U_n = 2 + 2nE$$
式中 $n = 0,1,2,\cdots$。

错解分析 上面①②两式中等式左边均为电容器中电能的减少,等式右边是电流流过电池时(电流总是从电源正极流入电池)电能转化的化学能(qE)。其中①式是正确的,而②式显然不对,因为按题意要求电容器极板极性改变,而②式表示的流过电路的电量 $q = C(U - U_1)$ 属于极性不变的情况。

为了便于分析两种过程中 U-t 的变化情况,描绘出如图 8 所示的 U-t 图像,其中实线就是与原解中①式相对应的情况,虚线表示的才是正确的另一种过程,经半周期的放电和反向充电后电容器电压达到 $U'(|U'| > E)$,经反向放电到 $U_1 = -1$ V 停止。故应满足下列两个关系式:

$$\frac{1}{2}CU^2 - \frac{1}{2}CU'^2 = CE(U + |U'|) \qquad ③$$

$$\frac{1}{2}CU'^2 - \frac{1}{2}CU_1^2 = CE(|U'| - |U_1|) \qquad ④$$

联立③④两式求得 $U' = -2$ V,$U = 5$ V。

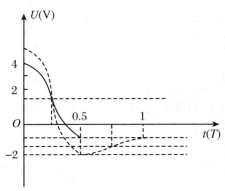

图 8

故一般解为
$$U_n = 4 + 4nE \quad 或 \quad U_n = 5 + 4nE$$
其中 $n = 0,1,2,\cdots$。

物理学习中的一些数值和数量级估算

北京实验中学　王　敏

一般地讲,在物理学习中人们注重搞清物理概念,毫无疑问,这是对的,可是也应该注意具体物理对象中物理量的数值,做到既有质的了解,又有量的观念。然而有些学生对物理问题中的数量观念的建立不够重视,即使做了大量的计算题,也多半是为了巩固和加深理解物理概念,结果对一些具体物理对象中的物理量的数值不能清楚地了解,这自然有碍于对物理问题更深入地理解。在物理学习和物理研究中,对具体物理对象应当做到"胸中有数"。倘若一时得不到由精确理论计算得到的结果,不妨作一番粗估,得到物理量的数量级,这样可以避免盲目性。

浩瀚无垠的宇宙中存在着无数大大小小的物理客体,它们的变化过程的快慢和寿命有着极其巨大的差别,为明显起见,下面在表1中给出差别极大的若干空间尺度和时间尺度。

表1

空间范围(m)		经历时间(s)	
10^{24}		10^{18}	宇宙年龄
10^{21}	由地球到最邻近的星系	10^{15}	地球年龄
10^{18}	由地球到银河系中心	10^{12}	最早人类(至今)
10^{15}	由地球到除太阳外最近的恒星	10^{9}	人的寿命
10^{12}	由地球到太阳	10^{6}	
10^{9}	由地球到月亮	10^{5}	一昼夜
10^{6}	人造卫星高度	1	心跳一次
10^{3}		10^{-6}	无线电波周期
1		10^{-9}	
10^{-3}		10^{-12}	分子振动周期
10^{-6}		10^{-15}	可见光振动周期
10^{-9}	分子半径	10^{-18}	光穿过原子
10^{-12}	原子半径	10^{-21}	原子核振动周期
10^{-15}	核半径	10^{-24}	光穿过原子核
……		……	

本文采用国际单位制(SI 制)(注意不同单位制中物理常数的值不同),从力学、热学、电磁学、光学、原子物理和核物理中选取如下的物理常数做数值估算:引力常量 $G=6.67\times10^{-11}\ \text{N}\cdot\text{m}^2/\text{kg}^2$;普适气体常数 $R=8.314\ \text{J}/(\text{mol}\cdot\text{K})$;电子电荷的绝对值 $e=1.6\times$

10^{-19} C;普朗克常量 $h = 6.626 \times 10^{-34}$ J·s;斯特藩-玻尔兹曼辐射常数 $\sigma = 5.67 \times 10^{-8}$ W/(m²·K⁴);核半径经验常数 $R_0 = 1.5 \times 10^{-15}$ m。用这些基本的物理常数,从宏观世界到微观世界作一番对若干具体物理客体的物理量估算,获益会颇多。

下面从谈天开始。天上有无数星体,其中一些巨大的恒星在比较平缓地演化到其核心部分变成 ^{56}Fe(最稳定的原子核)时,便不再在其核心部分进行热核反应,因此没有巨大的热压力抵抗引力收缩,于是其核心部分的密度很快上升,这更加强了引力,最后导致引力坍缩,发生超新星爆炸,这是令天体物理学家激动不已的稀少壮观天象,现对其作一数量级估算。

例 1 超新星爆炸形成致密中子星。

超新星爆炸使其外围绝大部分物质被抛射出去,留下很小的内核部分,这个致密的内核部分就是中子星。中子星是由中子物质构成的,这种中子物质的形成是在引力坍缩过程中原子壳层被压破,电子被挤入原子核内而中和核内的质子,使核内核子都变成中子的结果(这是一种形象的解释)。超新星爆炸的物理模型和数值模拟都极为复杂,涉及许多专门知识,这里仅从能量原则估计超新星爆炸的结果是形成了中子星。设 M_1、R_1 分别是爆炸前恒星的质量和平均半径,爆炸几乎将全部 M_1 抛射出去。显然,从质量为 M_1、半径为 R_1 的恒星上移走 M_1 需要 $\frac{GM_1^2}{R_1}$ 的能量,该能量只能由恒星内部引力坍缩释放的能量来提供,引力坍缩形成质量和半径分别为 M_2、R_2 的新结构(处于原来恒星的中心部位),这个坍缩过程释放的引力势能是 $\frac{GM_2^2}{R_2}$,令两者相等,则得坍缩后致密内核的半径 R_2 为

$$R_2 = R_1 \left(\frac{M_2}{M_1}\right)^2 \qquad ①$$

由此可得致密内核的密度为

$$\rho_2 = \frac{M_2}{\frac{4\pi}{3}R_2^3} = \frac{M_1^6}{\frac{4\pi}{3}R_1^3 M_2^5} \qquad ②$$

取 $M_1 = 15 M_s$(太阳质量 $M_s = 2 \times 10^{30}$ kg),$M_2 = 1.5 M_s$,$R_1 = 2 \times 10^6$ m,则由①式得 $R_2 = \frac{R_1}{100}$,由②式得 $\rho_2 = 10^{17}$ kg/m³ $= \rho_{中子星} =$ 常数,可见新形成的内核部分是中子星。中子星的质量 M_2 和平均半径 R_2 不是唯一的,这可由在②式中令其 $\rho_2 = \rho_{中子星}$ 而知,这样做可得

$$M_2 = \left[\frac{M_1^6}{\frac{4\pi}{3}R_1^3 \rho_{中子星}}\right]^{1/5} \qquad ③$$

显然,M_1、R_1 取不同的值,M_2 便取不同值,进而由①式知 R_2 也取不同值。例如,当 $M_1 = 20 M_s$,$R_1 = 10^6$ m 时,由③式得 $M_2 = 3.2 M_s$,由①式得 $R_2 = 2.5 \times 10^4$ m。

可以预料,若某些特定的超新星爆炸后形成的中子星的质量大到一定程度,中子星也不稳定,引力收缩又开始,从而使密度再上升,驱动基本粒子反应,当 M_2 再进一步增加时,引力超过基本粒子压力,最后坍缩成黑洞(见 219 页)。

谈天,自然还要谈到太阳,太阳对于人类太重要了。太阳给地球送来多少能量呢?

例 2 太阳通过辐射方式传递给地球的能量。

根据斯特藩-玻尔兹曼定律可知,绝对温度为 T 的黑体表面单位面积的辐射功率为 σT^4,太阳表面的热辐射本领近于 1,可认为它进行黑体辐射,其表面温度是 6000 K,表面积为 $4\pi R_s^2$(太阳半径 $R_s = 6.96 \times 10^8$ m),因此,太阳的总辐射功率 $P_s = 4\pi R_s^2 \cdot \sigma T^4$,代入具体数值可得 $P_s \approx 4.4 \times 10^{26}$ W。这是太阳每秒钟向四面八方辐射的能量,认为太阳与地球之间的广大空间不对这个太阳辐射造成衰减,则有 $P_s = 4\pi R_{SE}^2 P_e$(日地之间距离 $R_{SE} = 1.49 \times 10^{11}$ m),于是可求出太阳辐射到地球表面每秒每平方米的热辐射能量为 $P_e = \dfrac{P_s}{4\pi R_{SE}^2} \approx 1600$ W/m²。地球的横断面积为 πR_e^2,于是一昼夜(8.64×10^4 s)太阳送给地球的能量 $E_d = 8.64 \times 10^4 \pi R_e^2 P_e \approx 1.7 \times 10^{22}$ J,一年送给地球的能量为 $365 E_d \approx 6.5 \times 10^{24}$ J。1 t 碳水化合物的储能是 1.7×10^{10} J,因此在一年时间内太阳送给地球的能量相当于 3.9×10^{14} t 碳水化合物(精粮)所含的能量。太阳送来如此巨量的能量并非全部为地球所吸收,有一部分被地球反射掉了,还有一部分被地球再辐射损失掉了,因此地球从太阳那里得到的能量虽然巨大但毕竟是有限的,倘若人口数量的增长不加限制,恐怕有一天人类会面临无法养活自己的困境!

谈地,首先分析一个前人在物理学上开的一个玩笑,他说给他一个支点,他就可以把地球撬动。通过简单估算可知这是绝对不可能的。其次庆幸地球自转角速度 $\omega < \dfrac{V_1}{R_e}$($V_1$ 是第一宇宙速度),读者可以自己分析一下,如果地球自转角速度变为 $\dfrac{V_1}{R_e}$(即比现在的自转快约 16 倍),那将会发生什么现象。

例 3 一个人绝对不能撬动地球一丝一毫。

从杠杆原理讲,要省力就得以增加力的作用距离为代价。设人作用于杠杆一端的力 $F = 100$ kg,而地球的重力近似为 6×10^{24} kg,于是力臂与重臂之比 $\dfrac{L_力}{L_重} = 6 \times 10^{22}$。另外由相似三角形可知,撬动距离 s_1 与 $L_重$ 之比等于力的作用距离 s_2 与 $L_力$ 之比,即 $\dfrac{s_1}{L_重} = \dfrac{s_2}{L_力}$,若以速度 v 扳动杠杆一端,则 $s_2 = vt$,将此 s_2 代入上式,即得力的作用时间 $t = \dfrac{s_1 L_力}{v L_重}$。设撬动距离 $s_1 = 0.001$ m,$v = 30$ m/s(已够大),再利用上述 $\dfrac{L_力}{L_重}$ 值,可得 $t = 2 \times 10^{18}$ s,这是宇宙年龄!也就是说要撬动地球 1 mm,以 30 m/s 的速度扳动杠杆,竟需花费长达宇宙年龄的时间,所以一个人在其生命期间是绝对不能撬动地球一丝一毫的。不仅从时间上讲不可能,从对于构成支点及杠杆的材料强度要求上讲也不可能,即使它们用核物质构成,支点也会压碎,杠杆也会撬断(见例 7)。

人体内在各种酶的催化作用下进行着成千上万种生物化学反应,学物理的人无须仔细了解这些,但应知人体的能量需求。从能量原则可以知道分解反应通常是放能反应,合成反应是吸能反应。无论从生化反应、生理活动(心跳、呼吸、胃肠蠕动等),还是从人类从事劳动活动来讲,人体必须从自然界不断地摄取能量,下面作一估算。

例 4 一天中人体应补充多少含能食物?

人体的能量需求因人而异。24 小时静卧,只有心、肺、肠、胃等生理活动,所需能量是 1000~1800 kcal[①];维持中等强度的劳动所需能量约 1000 kcal。我们知道,碳水化合物(粮食中的淀粉、糖)、脂肪和蛋白质都是含能食物,每克上述食物在氧化分解时产生的热量分别是 4 kcal、9 kcal 和 4 kcal。由上述情况可知,一个进行中等强度劳动的人每天所需能量大约是 3000 kcal,设其每天吃进 M_T 克碳水化合物、M_Z 克脂肪、M_D 克蛋白质,则有等式 $3000 = 4M_T + 9M_Z + 4M_D$(未计入其他有机物的能量)。当 $M_Z = 20$ g,$M_D = 70$ g 时,由上述等式可求出其每天所需碳水化合物的质量,即 $M_T = \frac{1}{4}(3000 - 4 \times 70 - 9 \times 20) = 635$ g,若每天食用的 M_T 超过这一值,则补充过量。过量的碳水化合物会在体内转化成脂肪储存起来,长时间的过量补充就会得肥胖症,对健康十分不利。应当指出,人体除应补充含能食物外,尚应补充矿物质、维生素和水等。还应知道,要减肥还是控制食量最有效,这由一简单计算即可明白:一个重 100 g 的馒头所含的能量是 100×4 kcal $\approx 1.7 \times 10^6$ J,这相当于把 1 t 物体提升 170 m 所做的功!这不是说明吃下去容易而欲将其消耗掉(通过身体的运动)却十分难吗?

人体由大约 50 万亿个细胞构成,细胞是构成人体的基本单位。细胞的化学成分主要是碳、氢、氧、氮等元素。各种细胞的大小不同,一般地,其直径大约在 1~200 μm。各种细胞的功能也不同,构成脑、肝、肌肉的细胞的功能尤为复杂。细胞是一个极其灵巧的微型化学反应池,也是一个充电、放电极快的微型电池。细胞内外维持有 70~80 mV 的电位差,这么小的电位差为什么能快速完成信息传递呢?

例 5 横过细胞壁的电场可达 10^7 V/m。

细胞内外存在电位差 $\Delta V \approx 70 \sim 80$ mV,这是由于细胞膜具有半通透性。膜有选择地让 K^+、Na^+、Cl^- 及其他正负离子通过,以便使细胞内外的电解质浓度分布有不连续性,于是维持细胞内外的电位差,并维持内外的渗透压。细胞膜厚度 ΔL 只有 7~8 nm,因此横过细胞膜的电场 $E = \frac{\Delta V}{\Delta L} = 10^7$ V/m。细胞充放电过程便是信息传递过程:神经细胞休息时,细胞内 K^+ 浓度很高,细胞外 Na^+ 浓度高,细胞内外维持着电位差 ΔV 和渗透压。刺激一发生,由于存在高电场,膜很快被击穿(放电),K^+ 快速通过击穿的膜向外,Na^+ 则快速向内,电位差迅速变为零;刺激一过,膜快速地让 K^+ 进入细胞内,Na^+ 迅速地运动到细胞外,于是恢复细胞内外电位差和渗透压(充电),这既是生理需要,也是为下一次信息传递做好准备。正是靠这种细胞快速充、放电过程,刺激信号才能迅速地传到大脑,大脑下达的命令才能快速地传到人体各处,使人体能动地完成一系列动作。

细胞由大量的蛋白质分子、脂肪酸分子及一些原子(矿物质)构成。原子或分子是构成物质的最小化学单位,利用普适气体常数 R ($R = N_A k$,是阿伏伽德罗常量和玻尔兹曼常量的乘积),可以估算一些气体的宏观参数,由于篇幅所限,这里不做介绍。下面估算

---

① 1 kcal = 4.18 kJ。

一下实验室条件下用多大强度的电场作用于原子才能影响其结构。

例6 影响原子结构的电场强度应是多大?

原子可以认为是由原子核及在核外一系列特定"轨道"上的环绕电子构成的。原子核由 Z 个质子和 N 个中子组成,它带的正电荷是 Ze,在核外第 n 个轨道处形成的静电场为

$$E_n = \frac{Ze}{4\pi\varepsilon_0 r_n^2} \qquad ①$$

其中 ε_0 是真空介电常数,r_n 是第 n 个轨道到核中心的距离。这个静电场对第 n 个轨道上的电子的作用力就作为电子做环绕运动的向心力,即

$$\frac{Ze^2}{4\pi\varepsilon_0 r_n^2} = \frac{m_e v_n^2}{r_n} \qquad ②$$

其中 m_e 为电子质量,v_n 是第 n 个轨道上电子的环绕速度。为使环绕电子不辐射能量,要求它们只能处在满足如下条件的一些特定轨道上:

$$m_e v_n r_n = \frac{nh}{2\pi} \quad (n = 1,2,3,\cdots) \qquad ③$$

由②③两式可以得到

$$r_n = n^2 \frac{\varepsilon_0 h^2}{Ze^2 \pi m_e} = \frac{n^2 a_0}{Z} \qquad ④$$

其中 $a_0 = \frac{\varepsilon_0 h^2}{\pi m_e e^2} = 5.3 \times 10^{-11}$ m(是氢原子的玻尔轨道半径),

$$v_n = \frac{Ze^2}{2nh\varepsilon_0} = \frac{Zv_0}{n} \qquad ⑤$$

其中 $v_0 = \frac{e^2}{2\varepsilon_0 h} = \frac{c}{137}$($c$ 为真空中光速),它是氢原子玻尔轨道上电子的环绕速度。

求得轨道半径,就可以由①式求得核电荷 Ze 在各轨道处形成的静电场。对于氢原子,$Z=1$,故 $E_1 \approx \frac{e}{4\pi\varepsilon_0 a_0^2} \approx 5 \times 10^{11}$ V/m,$\cdots$,$E_5 = \frac{E_1}{5^2} = 2 \times 10^{10}$ V/m;对于多电子原子,由于存在内壳层(或内层轨道)电子对核电荷的屏蔽作用,内、外轨道处的电场值差别比氢原子的要大。影响原子结构的电场值有一个相差大约几十倍的范围。在实验室中,用电学方法产生的电场远比上述的 E_1 和 E_5 小,因此所产生的电场作用于氢原子,就如同轻风吹拂大厦,大厦的结构无丝毫变化;然而用高能激光聚焦产生的激光电场可以大于 E_1,用它作用于原子,就如同飓风袭击大厦,大厦会被摇动,甚至使结构破坏。

上面已确定了原子核外各稳定轨道处的电场,因此可以求出原子的结合力。以氢原子为例,玻尔轨道上的电子受力为 $F = eE_1 \approx 8 \times 10^{-8}$ N,这便是原子结合力的数量级。现在要问:核子(中子和质子)是以多大的力结合成原子核的?

例7 核密度有多大?核力有多强?

实验发现,核力作用范围约为 10^{-14} m,核半径的经验公式为

$$R = R_0 A^{1/3} \qquad ①$$

这里 R 以 m 为单位,R_0 见上文,A 是核内中子数和质子数之和。作为估算,认为中子和质子的质量相等,而中子的质量 $m_n = 1.67 \times 10^{-27}$ kg,核密度为

$$\rho = \frac{Am_n}{\frac{4\pi}{3}R^3} \approx 10^{17} \text{ kg/m}^3 \qquad ②$$

可见核密度就是中子星的平均密度。

核力有多大？以 $^{56}_{26}\text{Fe}$ 原子核为例，其核内两个质子间的库仑斥力为 $\frac{e^2}{4\pi\varepsilon_0(R_0 A^{1/3})^2}$ ≈ 7 N，这是原子结合力的约 1 亿倍。显然核力要大于这个值，否则质子就会因斥力作用而分开，从而不能形成原子核。

核和原子的结合力的大小，上文已给出了数量级，把它们与引力比较一下是有益的。玻尔轨道上的电子受氢原子核中质子的引力为 $\frac{Gm_p m_e}{a_0^2} = 3.7 \times 10^{-47}$ N，可见作为原子结合力的电力（量级为 8×10^{-8} N）是引力的 $\frac{8 \times 10^{-8}}{3.7 \times 10^{-47}} \approx 10^{39}$（倍），由上文知核力约是电力的 1 亿倍，因此核力约是引力的 10^{47} 倍。顺便说一下，分子的结合力从本质上讲也是电力，但对多电子原子形成的分子来说，其结合力远小于原子结合力，这是由于一方面形成分子的原子间的距离大于原子的尺寸，另一方面原子形成分子是通过原子最外层电子（它们结合在原子上比较松）的相互作用，因此可以说分子的结合力是静电屏蔽后的剩余电力。

上文从宇宙中大的恒星开始一直追踪到极小的原子核，越往小的空间进军，越面临高能超快过程，越会频繁地遇到物理世界中的未解之谜。下面从测不准关系出发，估算一下微观世界各层次的能量变化和过程经历的时间。

例 8 微观世界的能量变化和相互作用时间。

我们从 x 方向的测不准关系着手：由 $\Delta x \Delta p \geqslant \frac{h}{2\pi}$，可知 x 方向的位置测得越准（即 $\Delta x \to 0$），x 方向的动量就越不准（即 $\Delta p \to \infty$），光波的窄缝衍射能说明这种情况。上述关系对物质波而言有 $\Delta x = v \Delta t = \frac{p}{m} \Delta t$（非相对论时速度 v 是动量 p 与静止质量 m 之比），故有 $\Delta x \Delta p = \frac{p}{m} \Delta t \Delta p = \Delta t \frac{p^2}{2m} = \Delta t \Delta E$，由此知 $\Delta t \Delta E \geqslant \frac{h}{2\pi}$；对于光波，$\Delta x = c \Delta t$，$\Delta p = \frac{h}{c} \Delta \nu$（$\Delta \nu$ 是频率 ν 的变化值）$= \frac{\Delta(h\nu)}{c} = \frac{\Delta E}{c}$，故也有 $\Delta t \Delta E \geqslant \frac{h}{2\pi}$ 关系。由这一关系，可估算微观世界各层次的能量变化 ΔE 和相互作用时间 Δt，具体见表 2。

表 2

微观世界	能量变化(eV)[①]	相互作用时间(s)
分子	1	10^{-15}
原子外层	10	$10^{-17} \sim 10^{-16}$
原子内层	10^3	$10^{-19} \sim 10^{-18}$
原子核	10^6	$10^{-22} \sim 10^{-21}$
基本粒子	10^9	$10^{-25} \sim 10^{-24}$

---

① 1 eV = 1.6×10^{-19} J。

浅谈物理学佯谬

谭清莲

著名的时钟佯谬问题又叫作孪生子佯谬,说的是有一对孪生兄弟 H 和 Z,H 留在地球上,Z 乘飞船去旅行,旅行归来后,H 和 Z 相遇,都发现对方比自己年轻了许多。是否对方都比自己年轻?究竟是谁年轻了许多?在这里先将结论告诉读者,那就是乘飞船旅行的孪生子 Z 比留在地球上的 H 要年轻许多。怎样解决孪生子佯谬问题呢?这关联到相对论的动尺缩短和动钟延缓效应等知识,当你学习了这部分知识后自然就会明白其中的奥秘。现在,我们先来讨论几个浅显的物理学佯谬问题。

1. 光学佯谬实例

例 1 光路可逆佯谬。

如图 1 所示,入射光束 1 经 n_1、n_2 两介质界面反射和折射成光束 2 和光束 3。使光束 2、3 逆向传播,理应仅仅构成原光束 1 的逆向传播。然而参考图 2,由几何光学知识可知,2′(光束 2 的逆向光束)反射、折射成 1′(2)、4(2),3′(光束 3 的逆向光束)反射、折射成 4(3)、1′(3)。1′(2)与 1′(3)显然可以合成 1 的逆向光束,然而 4(2)、4(3)的存在却似乎与"光束 2、3 逆向传播,理应仅仅构成原光束 1 的逆向传播"发生矛盾。这就是光路可逆佯谬。

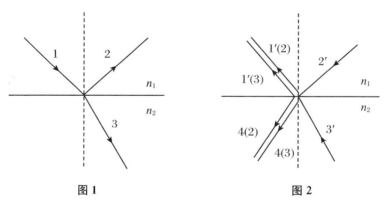

图 1　　　　　图 2

在几何光学中,这一佯谬无法获得解释。但是如果我们考虑到光的波动性,理解到光束 2、3 分别是光束 1 的反射、折射光束,两者具有相干性,它们的逆向传播束 2′、3′也是相干光束,因此光束 4(2)、4(3)也是相干光束,那么它们相干叠加的结果就有可能完全相消。这里尤其需要注意 2′、3′分别是原光束 2、3 的逆向传播光束,不是随便取的两个反向照射光束。建议有兴趣的中学生读者记下这一问题,将来在大学学习了更多的波动光学知识后,可以自己证明光束 4(2) 与光束 4(3) 的叠加结果确实完全相消。届时,这一佯谬问题便可彻底解决。

例 2 圆币佯谬。

如图 3 所示,用一束单色平行激光垂直照射一个圆的硬币,在硬币后面的平行屏幕中央位置 O 处(硬币中央轴与平行屏幕的交点处)可以发现有个亮点。这一现象是几何光学理论无法"接受的",但它却是实验事实,在几何光学范畴内不妨称之为圆币佯谬。

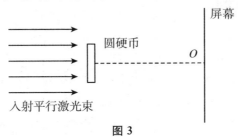

图 3

运用光的波动性,这一佯谬问题同样可迎刃而解。平行激光束遇硬币,硬币的圆周边缘上各点均成为新的点光源(这类似于杨氏双孔干涉中每一个孔在入射光束照射下均成为新的点光源)。各点光源发出的光为相干光,经过相同的路程,它们在 O 点相遇时振动的相位相同,叠加后振幅加强,因此形成亮点。

例 3 光子光速佯谬。

光波在真空中的传播速度记为 c,在介质中的传播速度记为 u。若介质折射率为 n,则有

$$u = \frac{c}{n}$$

因 $n > 1$,故 $u < c$。然而光子在真空中的运动速度为 c,在任何介质中的运动速度也为 c,许多中学生对此疑惑不解,故这里称之为光子光速佯谬。

这一佯谬问题的解决其实并不困难。光波在介质中的传播速度的测量是一种宏观测量,可比喻为气体流速的测量。光子是微观粒子,可比喻为气体中的分子是微观粒子。众所周知,分子运动速度与气体流速并不完全一致。同样,光子运动速度与光波传播速度也可以有差异。作为微观粒子的光子在介质中运动时若向四周"观望","看"到的应是组成介质的一个个微观粒子(例如分子、原子、电子、离子、原子核等)。光子在与介质中某个微观粒子相碰前,它是在真空中"行走"的,因此光子运动速度恒为 c。

2. 电学佯谬实例

例 4 面电荷密度等值异号的一对无穷大均匀带电平行平面两侧无穷远处的电势不能同为零值。

通过简单的计算,学生会承认这是事实,可又觉得与无穷远处的电势一致为零的经验相矛盾。其实这一经验是不完整的,它与学生没有充分理解势能零点概念有一定关系。物理上定义的势能零点仅仅是一个几何点,对于无穷远也只能选定某一个指定方向

的无穷远点作为势能零点。当势场场源物质分布在有限空间范围内(即通常遇到的情况),且场的强度在所有方向无穷远处均为零时,无穷远区便成为零场强区,即为等势区,于是所有方向的无穷远点都成为势能零点。如果在无穷远处也有场源物质(例如无穷大均匀带电平面对的情况),那么其他方向无穷远处的势能有可能取得非零值。对于本例,选定一侧某条射线方向无穷远处为电势零点时,可导得该侧所有方向无穷远处均取零值电势。但从该侧无穷远处取任一势差累积路线到达另一侧无穷远处均需通过一段匀强场区,故另一侧无穷远处有非零电势。当然在现实世界中并不存在无穷大带电平面,佯谬是理论上的而不是客观实际上的。

3. 力学伴谬实例

例 5 存在有左、右振幅不相等的自由振动。

所谓自由振动,也就是机械能守恒的振动。简谐振动是自由振动,非小角度单摆运动(不考虑空气阻力)尽管是非简谐振动,但也是自由振动。中学生熟悉的自由振动也就是这些内容。无论是简谐振动还是非小角度单摆运动,左、右振动幅度均相同,因此可以只用一个振幅量 A 来表述。于是有相当多的中学生误认为凡是自由振动都只有一个振幅量,即左、右振动幅度都必定相同。这样的学生自然会觉得"存在左、右振幅不相等的自由振动"是一种错误的说法。

左、右振幅不相等的实例是很多的,图 4 所示便为一例。小球在两个光滑斜面之间的往返运动当属自由振动,当图 4 中两斜面倾角 $\varphi_左 \neq \varphi_右$ 时,以 O 为平衡位置,小球在水平方向的左振动幅度 $A_左$ 和右振动幅度 $A_右$ 不相等。

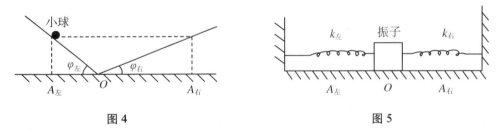

图 4   图 5

甚至用弹簧也可构成 $A_左 \neq A_右$ 的自由振动。图 5 中两个水平轻质弹簧的劲度系数分别为 $k_左$、$k_右$,开始时均处于自由长度状态,各自的一端分别固定在左、右端上,另一端与振子自由接触,但不连接在一起。将振子从平衡位置 O 点向左或向右偏移,便会在光滑的水平面上形成自由振动。很容易证明左、右振幅的比值为

$$\frac{A_左}{A_右} = \sqrt{\frac{k_右}{k_左}}$$

若 $k_左 \neq k_右$,则 $A_左 \neq A_右$,形成左、右振幅不相等的自由振动。

例 6 弹簧可形成非简谐振动。

据了解,有相当多的学生认为这是谬论,其依据的经验是弹性力为线性回复力。事实上弹簧可形成非简谐振动,一个实例如图 6 所示。在光滑的水平面上有两根相同的轻质弹簧,它们的一端共同连接着一个光滑的小物体,另外一对端点 A_1、A_2 固定在该水平面上,并恰使两弹簧均处于自由长度状态且在同一直线上。如果小物体在此平面上沿着

图示 y 方向稍稍偏离初始位置,则会受力

$$\begin{cases} F_y = -2k(l-l_0)\sin\varphi \\ l = \sqrt{l_0^2 + y^2} \\ \sin\varphi = \dfrac{y}{l} \end{cases}$$

因 $|y| \ll l_0$,不难算得(见 52、53 页例 12)

$$F_y = -\frac{k}{l_0^2} y^3$$

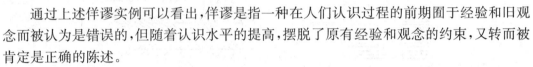

图 6

这是一个非线性的回复力,因此小物体所做的自由振动为非简谐振动。

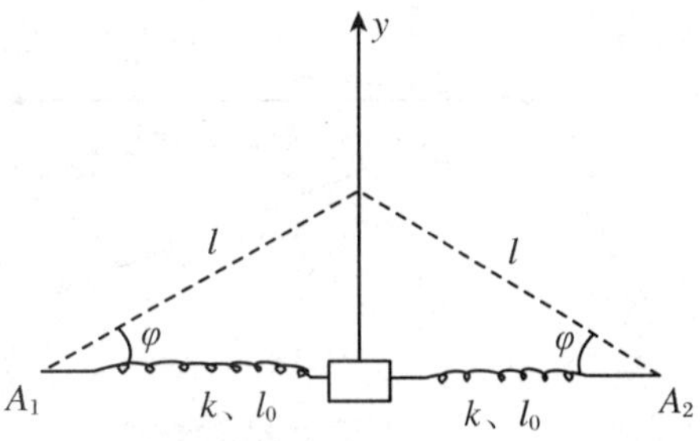

通过上述佯谬实例可以看出,佯谬是指一种在人们认识过程的前期囿于经验和旧观念而被认为是错误的,但随着认识水平的提高,摆脱了原有经验和观念的约束,又转而被肯定是正确的陈述。

在学生进入课堂之前,佯谬已经开始出现。比如图 7~图 18 所示的一系列实例,开始,学生往往会作出错误的判断,其依据是不严谨的视觉经验。进入课堂后,他们学会了用尺子去量一量、用圆规比一比之后,便会转而作出正确的陈述。

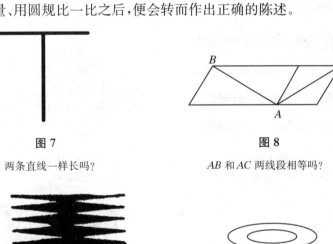

图 7

两条直线一样长吗?

图 8

AB 和 AC 两线段相等吗?

图 9

在这张图里,高度和宽度比较,哪个大些?

图 10

哪个椭圆更大些?是下面的,还是上面内部的?

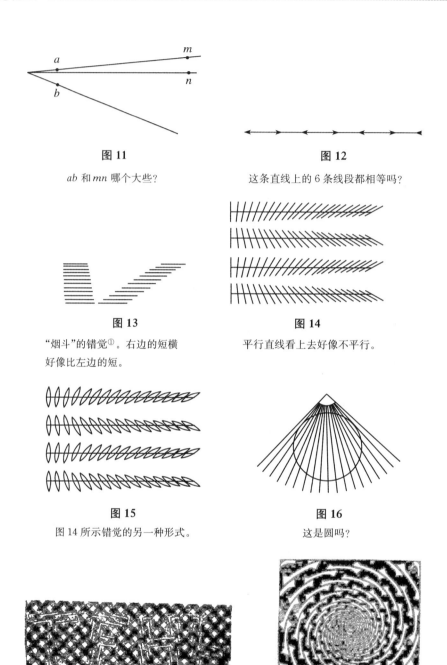

图 11

ab 和 mn 哪个大些？

图 12

这条直线上的 6 条线段都相等吗？

图 13

"烟斗"的错觉①。右边的短横好像比左边的短。

图 14

平行直线看上去好像不平行。

图 15

图 14 所示错觉的另一种形式。

图 16

这是圆吗？

图 17

字母都是竖直的吗？

图 18

图中的曲线看起来仿佛是螺旋形，实际上却是一些圆。

① 这是几何学中著名的卡瓦列利定律的图解（"烟斗"的两部分所占的面积是相等的）。

有了数学知识后,仍会出现其他类型的佯谬。例如,当年伽利略认为小球从 A 点由静止出发沿图 19 中光滑圆弧轨道 $\overset{\frown}{AB_1C}$ 到 C 点的时间要比沿光滑直线轨道 AB_2C 到 C 点的时间长。倘若一名初中学生尚未学过有关匀加速直线运动和圆周运动的知识,那么很可能会认为伽利略的断言是谬论,他所凭借的经验是"两点间最短的连线是直线"这一几何学公理。这可能就是他的第一个物理学方面的佯谬。

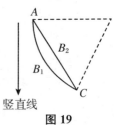

图 19

接受正规的物理教育之后,学生还会因知识的阶段性和认识的渐进性而在学习过程中产生这样或那样的物理学佯谬。注意,发现并帮助解决学生在学习过程中可能产生的佯谬在教学中能起到解惑的作用;有意给出并指导学生讨论若干有趣的物理学佯谬在教学中更能起到深化对理论的认知的作用。

对称性原理在物理学中的应用

舒幼生

有这样一个问题,说是一位先天性的盲人,通过手摸的感觉能将球形物体和立方形物体区分开,如果某一天他突然获得了视觉,试问在无人告知的情况下,他是否可能仅通过视觉来区分球形物体和立方形物体? 当然,这里假设两个物体的颜色处处相同,且假定这位盲人有足够强的逻辑思维能力。

对于一个逻辑思维能力强的盲人来说,他有可能会在长期的触觉中发现,球形物体表面的任何一个部位引起的触觉都是一样的,而立方形物体则不然。于是他可确立这样一种关联:

球形物体——各部位触觉全同;

立方形物体——各部位触觉不全同。

盲人一旦获得光明,他有理由假设一种新的关联:

球形物体——各部位视觉全同;

立方形物体——各部位视觉不全同。

根据这样的关联,他可以观察两个物体的不同部位,所得视觉全同者即为球形物体。

盲人建立和假设的上述两项关联涉及的正是本文所要介绍的对称性原理。物体的几何结构与触觉之间的关系在一定程度上是因与果的关系;单色物体的几何结构与视觉之间的关系在一定程度上也是因与果的关系。球形物体表面各部位具有对称性,即任一部位的几何结构都相同,于是对应的触觉和视觉也具有各部位全同性,或者说也具有相同的对称性。其核心内容可以概括地叙述为:

如果原因中具有某种对称性,那么结果中也具有此种对称性。

这就是法国物理学家皮埃尔·居里于1894年首先提出的"对称性原理"的简略(即不太严谨的)表述。相信读者不会去追究盲人是否学习过这一原理。既然居里是通过科学研究的经验总结得出这一原理的,理应认为聪明的盲人也有可能在自己的实践经验中意识到因、果间的这种对称关联。

对称性原理在数学中表现得最为明显,因为数学的因果关系格外清楚。例如,在弹性正碰撞问题中,已知两个小球的质量分别为 m_1、m_2,碰撞速度分别为 v_{10}、v_{20},为求解碰后的速度 v_1、v_2,可列出动量、能量守恒式:

$$m_1 v_1 + m_2 v_2 = m_1 v_{10} + m_2 v_{20}$$

$$\frac{1}{2} m_1 v_1^2 + \frac{1}{2} m_2 v_2^2 = \frac{1}{2} m_1 v_{10}^2 + \frac{1}{2} m_2 v_{20}^2$$

至此，v_1、v_2 的求解成为纯数学问题。在这一数学问题中，上述两个方程是因，所得的 v_1、v_2 解是果。在因中，将下标 1、2 置换一下，两个方程不变，即因具有 1、2 下标置换对称性。根据对称性原理，果也必具有 1、2 下标置换对称性，即若得出

$$v_1 = \frac{(m_1 - m_2)v_{10} + 2m_2 v_{20}}{m_1 + m_2}$$

那么，只要把此解中的 1、2 下标置换，便得 v_2 解，即必有

$$v_2 = \frac{(m_2 - m_1)v_{20} + 2m_1 v_{10}}{m_2 + m_1}$$

事实的确如此。顺便提一下，上述两个方程还有另一组数学解，即

$$v_1 = v_{10}, \quad v_2 = v_{20}$$

这一组数学解仍具有 1、2 下标置换对称性。此解对应的是碰撞前的初态，在物理上须舍掉。

对称性原理在物理学中的应用很广。物质世界的存在与物理学理论之间显然有因果关联，前者是后者的原因，后者是前者的结果。物质世界中存在的某些对称性必然使得物理学理论也具有相应的对称性，后一种对称性甚至可构成物理学中的规律性内容。例如，封闭物质系统的动量守恒定律与机械能守恒定律正是起源于空间与时间的某些对称性，牛顿第三定律也是起源于空间中两个静止质点构成的系统所具有的某些对称性，下面予以论述。

牛顿第三定律是说两个物体之间的一对作用力和反作用力大小相同、方向相反，而且在它们的连心线上。这里有个问题，如果物体有大小和结构，那么连心线的"心"到哪里去找？所以如果没有其他说明补充，这个定律所指的物体应该是两个质点。于是，需要讨论的是两个质点间的作用力、反作用力应具有什么普遍特性。惯性系的空间是平直空间，或者说是欧几里得空间，在这一空间中欧几里得几何命题处处成立，例如，任何位置处的直边三角形的内角和恒为 180°。这样的空间具有点对称性和球对称性，此说法并非专业术语，为的是便于中学生容易理解接受。所谓点对称性，是指空间任何点的地位等同，没有哪一个点比其余点特殊；所谓球对称性，是指从任何一个点朝任何方向观察，效果都相同，没有哪一个方向比其余方向特殊。现在在此空间中放一个静止质点，点对称性便遭破坏，质点所在位置显然成为特殊点，其余点在与该点的距离远近方面也将处于不全等同的地位。相对质点所在点，球对称性仍被保留。顺便一提，假如放入的不是质点，而是一个具有大小、结构的物体，一般来说后一种对称性也难以保留。例如，一个立方形物体的对角线方向与面心方向显然不同。再放第二个静止质点，上述球对称性也遭破坏，因为两质点之间的连线方向成为特殊方向。但是从这一连线垂直地朝各个方向观察，效果都一样。或者说，现在余下的正是这样一种所谓的轴对称性。两个质点放在空间里，静止不动，它们的存在是它们相互作用的原因，它们的原因具有轴对称性，那么它们的相互作用也应该具有轴对称性。因此，两个静止质点之间的作用力、反作用力方向必定在它们的连心线上。

质点间的相互作用与质点的某种属性量有关，这种属性量可称为相互作用荷。例如，静电相互作用中的电荷和万有引力相互作用中的引力质量（可理解为万有引力荷）。

设某类相互作用荷只有一种，取作用荷大小相同的两个静止质点，根据对称性，作用力和反作用力必定大小相同，而且或者都是吸引力，或者都是排斥力，即大小相同、方向相反。万有引力作用荷便属这种情况，而且万有引力相互作用是吸引性的相互作用。若某类相互作用荷有两种，取作用荷量值相同的两个静止质点，根据对称性便有两种可能性：

(1) 同种荷相互吸引，异种荷相互排斥，这两个静止质点间的作用力、反作用力仍是大小相同、方向相反的；

(2) 同种荷相互排斥，异种荷相互吸引，这两个静止质点间的作用力、反作用力也是大小相同、方向相反的。

静电相互作用属于(2)。对作用荷大小不同的两个静止质点，总可找到一个最小公因子，这一最小公因子可以是有限量值，也可以是无限小量值。于是每个质点的作用荷均可分解为若干个最小公因子作用荷，根据前面所述，这两个质点的每一对最小公因子作用荷之间的作用力、反作用力大小相同、方向相反，而且在质点间的连线上。由力的矢量叠加可知，两质点间的合成作用力、反作用力也必定大小相同、方向相反，而且在两质点的连线上。这就是完整的牛顿第三定律。

值得一提的是，如果这两个质点是运动的，而且运动的方向并不在质点间的连线上，那么就有可能破坏上面所述的轴对称性。这种可能性造成的后果就是对牛顿第三定律原始形式的修正，即作用力、反作用力有可能不在两质点的连线上。

对称性原理在物理学中应用广泛，它不仅能帮助人们去认识和探索物质世界的某些基本规律，而且也能帮助我们去求解某些具体的物理问题，只要这类物理问题中涉及的对象具有一定的对称性。下面举两个例子予以说明。

例 1 行星运动轨道的平面曲线性。

忽略太阳的运动，将它处理为固定不动的质点 M，对所讨论的某颗行星，忽略其他星体对它的作用力，将它处理为一个运动质点 m 后，可借助对称性原理证明其轨道必为一条平面曲线。

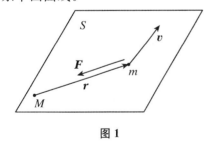

图 1

选任意时刻 t，若 m 的位置矢量 r 和速度矢量 v 不在同一直线上，则它们可唯一地确定一个平面，即图 1 中的 S 平面，m 受 M 的万有引力 F 也必在此平面内。m 在之后很小一段时间 Δt 内的运动只取决于 r、v 和 F，后者与前者间有因果关系。"原因"全在 S 平面内，即它们既不出现在 S 的上方，也不出现在 S 的下方，或者说"原因"相对于 S 平面具有对称性，"结果"也就必定具有这种对称性，在 Δt 时间内的运动也必在 S 平面内。对新的 $t + \Delta t$ 时刻可继续作相同的分析，显然 $t + \Delta t$ 时刻的 r'、v' 和 F' 仍在原 S 平面内，故之后 Δt 时间内的运动也必在 S 平面内。如此继续下去，可知 m 的运动轨道必定为 S 平面上的一条曲线。

如果开始时 r、v 和 F 在同一直线上，那么行星轨道必为一直线，直线可看作特殊的平面曲线。

行星运动轨道的平面曲线性与万有引力的具体表述形式无关。如果给出了万有引力的牛顿表述式,通过定量求解可知,除了直线之外,行星可取的平面曲线轨道有椭圆(包括圆)、抛物线和双曲线。真实世界中行星能被人类长期观察到,其轨道只能是闭合的椭圆曲线。

例2 静电学中无穷大均匀带电平面上的零场强性。

静止电荷分布在平面上,这种分布具有面对称性,面上各点场强的方向既不能指向面的这一侧,也不能指向面的另一侧,场强矢量只能在该平面上。若平面为无穷大平面,电荷又是均匀分布的,则从平面上任何一点在面内朝任意方向观察,电荷分布都相同,即具有面上各向同性的对称性。于是该点场强矢量的方向不能朝任何方向引出,场强矢量只能为零。

静电学中无穷大均匀带电平面上的零场强性与库仑定律的具体表述形式无关。

从例2可以看出,利用对称性原理解决具体物理问题时,首先要找出"因"这方面所具有的对称性,或者说找出物理对象内涵的对称性(当然并非所有对象均具有对称性)。下面举几个例子予以说明。

例3 平而薄的匀质圆板放在水平桌面上,圆板绕着过中心 O 的竖直轴旋转,O 点相对桌面做水平运动,如图2所示。如果圆板与桌面间的摩擦系数处处相同,那么圆板所受摩擦力的合力方向必与 O 点运动方向相反。

运动平板所受摩擦力不仅与平板的几何形状有关,而且还与板的运动有关。圆板具有几何形状的方向对称性,但不能据此断言圆板所受摩擦力的合力也必定具有相应的对称性。将几何形状中所具有的圆对称性和圆板各部位运动情况相结合,自然地会选取图3中的四个对称部位 A、B、C、D,A 与 B、C 与 D 分别关于 y 轴对称,A 与 D、B 与 C 分别关于 x 轴对称。这里的 x 轴与圆板中心 O 点在讨论时刻所具有的平动速度 v_0 方向一致,O 点取为坐标原点。总可取 A、B、C、D 四个部位所含质量相同,如果它们所受摩擦力的合力与 v_0 反向,那么将圆板分解成一系列的这种小部位结构组,即可知圆板所受摩擦力合力与 v_0 反向。这一论述显然对任意时刻均适用。

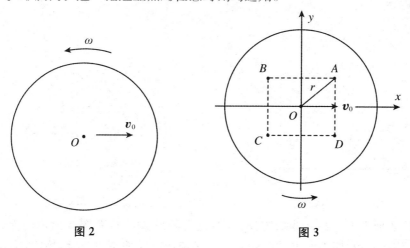

图2　　　　　　图3

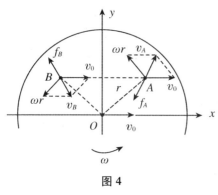

图4

设此时圆盘的转动角速度为 ω，转动方向如图3所示，A、B、C、D 各部位与 O 点的间距记为 r。通过矢量合成，可得 A、B 各自相对桌面的速度 v_A、v_B 以及各自所受摩擦力 f_A、f_B，已在图4中画出。f_A、f_B 的大小相同，很容易证明（此处从略），它们相对 v_0 矢量的方向线具有上、下对称性，即彼此的 y 轴分量上、下抵消，合力与 v_0 反向。同样，C、D 两部位所受摩擦力的合力也具有这一性质。如果圆板旋转方向与图3所示方向相反，类似地也可证得 A、B、C、D 四个部位所受摩擦力的合力与 v_0 反向。最终可知，整个圆板所受摩擦力的合力也必与 v_0 反向。

例4 三根等长的带电绝缘细棒首尾相接构成图5所示的等边三角形，其中电荷的分布如同绝缘棒都换成等长导体棒且已达到静电平衡时的电荷分布。测得图中 A、B 两点的电势分别为 U_A、U_B。今将 ab 棒取走，设不影响 ac 及 bc 两棒的电荷分布，试求此时 A、B 两点的电势 U'_A、U'_B。

初看题文与题图，会明显地感到系统中的电荷分布必定具有某种对称性。电荷究竟如何对称分布？这正是首先需要分析确定的。有些学生曾简单地认为三棒表面上的电荷都均匀分布，这是不正确的。显然他们是把导体棒表面上的电荷分布与单一导体球面上的电荷分布联系了起来，后者在静电平衡时电荷均匀分布，于是想当然地认为前者也均匀分布。从对称性原理来考虑，导体球面具有对称性，球面上任一部位所处地位是等同的，因此球面电荷分布也必定具有这种球对称性，任一部位的电荷分布相同，即为均匀分布。有限长度导体棒则不然，表面上各个部位占据的位置并不等同，因此不能得到电荷均匀分布的结论。更何况现在是三根棒连接在一起的系统，更不能与单一导体球类比。顺便一提，如果是一根无限长圆柱形直导体棒，那么也可由对称性分析得出面电荷均匀分布的结论。

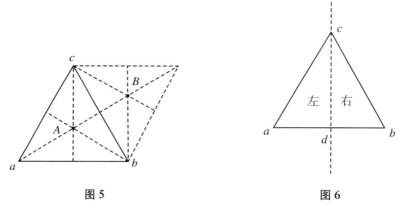

图5　　　　　　图6

虽然棒表面上的电荷并非均匀分布，但正三角形 abc 具有图6所示的左、右对称性（即镜面对称性），ab 棒表面上的电荷分布也必定具有这种左、右对称性，即从 d（ab 棒中间部位)到 a 的电荷分布全同于从 d 到 b 的电荷分布。在正三角形中，ab、bc、ac 三棒具有对称关系，因此 bc、ac 棒中的电荷分布同于 ab 棒中的电荷分布。电荷的这种分布使得三棒各自对图 5 中 A 点的电势贡献相同，记为 U_1，则有

$$U_A = 3U_1$$

bc 棒对 B 点的电势贡献也为 U_1，ac、ab 棒对 B 点的电势贡献相同，记为 U_2，则有

$$U_B = U_1 + 2U_2$$

可解得

$$U_1 = \frac{1}{3}U_A, \quad U_2 = \frac{1}{2}U_B - \frac{1}{6}U_A$$

将 ab 棒取走后，它对 A 点的贡献 U_1 取消，它对 B 点的贡献 U_2 也取消，便得

$$U'_A = 2U_1 = \frac{2}{3}U_A$$

$$U'_B = U_1 + U_2 = \frac{1}{6}U_A + \frac{1}{2}U_B$$

例 5 三个相同的均匀金属圆圈两两正交地连成图 7 所示的网络，已知每一个金属圆圈的电阻都是 R，试求图中 A、B 两点之间的等效电阻 R_{AB}。

这不是一个简单的串并联网络，但在结构上明显地具有上、下对称性。根据对称性原理可知，当电流从 A 点流入、B 点流出时，上、下两半(指包括 A、B 在内的平面的上部和下部)的电流分布必定完全相同。于是可将上、下两半压并成图 8 所示的等效网络，其中 $\overset{\frown}{ABB'A'}$ 就是图 7 中的水平圆。弧 $\overset{\frown}{AA'}$、$\overset{\frown}{A'B'}$、$\overset{\frown}{B'B}$、$\overset{\frown}{BA}$ 都是四分之一圆，其电阻即为整个圆周的电阻 R 的 $\frac{1}{4}$，也即

$$r = \frac{R}{4}$$

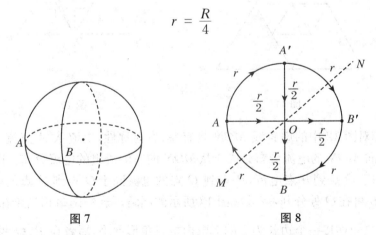

图 7　　　　　　图 8

图 8 中其余四个直线段电阻均为两个四分之一圆弧电阻的并联，其值为 $\frac{r}{2}$。对于图 8 所示的网络，当电流从 A 点流入、B 点流出时，相对图中所画的虚直线 MON，左上侧的流入和右下侧的流出必定对称。因此，从 A 点流到 O 点的电流必定等于从 O 点流到 B 点的电流，从 A' 点流到 O 点的电流必定等于从 O 点流到 B' 点的电流。于是可将交叉的 AOB 和 $A'OB'$ 从 O 点断开，等效成图 9 所示的不在 O 点交叉的简单网络。进而由串、

并联关系,可将网络再简化成图 10 所示的等效网络。由图 10,易算得 A、B 间的等效电阻为

$$R_{AB} = \frac{5}{12}r = \frac{5}{48}R$$

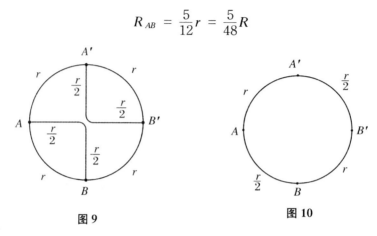

图 9　　　　　　　　　图 10

例 6　试求图 11 所示的框架中 A、B 两点间的电阻 R_{AB},此框架是用同种金属细丝制作的单位长度电阻为 r 的一连串内接等边三角形构成的无限网络,AB 边长为 a,向内每个三角形的边长依次减小一半(见 218 页第 3 题)。

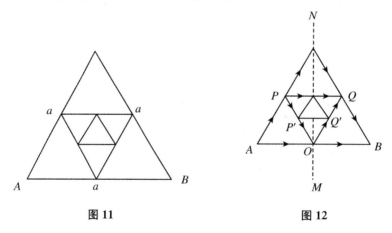

图 11　　　　　　　　　图 12

此网络相对图 12 中的虚直线 MON 具有左、右对称性,电流从 A 点流入、B 点流出时,从左侧流向 MON 的电流分布必同于从 MON 向右侧流出的电流分布。因此,A 点到 O 点的电流同于 O 点到 B 点电流,P' 点到 O 点的电流同于 O 点到 Q' 点的电流。这样,$P'OQ'$ 与 AOB 可在 O 处分开,等效成图 13 所示的网络。这一网络相当于在大三角形两边中点 P、Q 之间连接一个边长为 $\frac{a}{2}$ 的无限内接三角形网络,后者在 P、Q 两点间的等效电阻记为 R_{PQ},图 13 所示的网络便又可简化成图 14 所示的网络。易导得

$$R_{AB} = \frac{ar + 2R_{PQ}}{2ar + 3R_{PQ}}ar$$

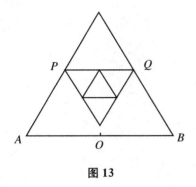

图 13

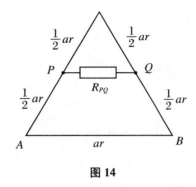

图 14

R_{PQ} 对应的是外边长为 $\dfrac{a}{2}$ 的无限内接正三角形网络，R_{AB} 对应的则是外边长为 a 的无限内接正三角形网络。因电阻与长度成正比，即有

$$R_{PQ} = \dfrac{1}{2} R_{AB}$$

代入上式可解得

$$R_{AB} = \dfrac{1}{3}(\sqrt{7} - 1)ar$$

例 7 10 根电阻均为 R 的电阻丝连接成图 15 所示的网络，试求 A、B 两点之间的等效电阻 R_{AB}。

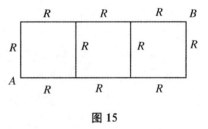

图 15

由结构对称性，电流 I 从 A 点流入后的电流分布应与电流 I 从 B 点流出前的电流分布相同，中间正方形必具有上、下电流分布对称和左、右电流分布对称，因此网络内的电流分布应如图 16 所示。对于图中的 C 点和 D 点，电流关联为

$$I - I_1 = I_2 + (I_1 + I_2)$$
$$(I_1 + I_2) + I_2 = I - I_1$$

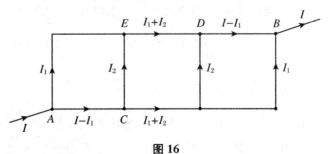

图 16

从这两个电流关联式均可解得

$$I_1 + I_2 = \dfrac{1}{2} I$$

由 A、E 两点间不同路线等电压的要求，得

$$I_1 \cdot 2R = (I - I_1)R + I_2 R$$

即
$$3I_1 - I_2 = I$$

与 $I_1 + I_2 = \dfrac{I}{2}$ 联立，可解得

$$I_1 = \dfrac{3}{8}I, \quad I_2 = \dfrac{1}{8}I$$

选择 AEDB 路线，可得

$$U_{AB} = I_1 \cdot 2R + (I_1 + I_2)R + (I - I_1)R = \dfrac{15}{8}IR$$

A、B 间的等效电阻便为

$$R_{AB} = \dfrac{U_{AB}}{I} = \dfrac{15}{8}R$$

有些物理问题表面上看来并不对称，但是可以通过一些辅助的方法将其转化为包含对称性的问题。下面举三个例子予以说明。

例 8 将体积为 V 的空间区域分解为一系列小区域，第 i 个小区域的体积为无限小量 ΔV_i，该区域的电场强度为 E_i，则 V 区域的平均电场强度为

$$\overline{E} = \sum_i \dfrac{E_i \Delta V_i}{V}$$

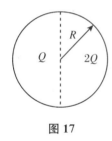

图 17

如图 17 所示，空间有一半径为 R 的球体，球体左半部分均匀带有静止电荷，总电量为 Q，右半部分也均匀带有静止电荷，总电量为 $2Q$，试求全空间的平均场强 $\overline{E}$。

球体的这种带电方式并不对称，但是若在其中取一个半径 r_i 为无穷小的带电小球，这一小球在全空间的场强 E_i 便具有球对称性，对应的平均场强必为零，即有

$$\overline{E}_i = 0$$

原带电球体分解为一系列无穷小带电小球后，便将表面上看来并不对称的原问题转化为包含对称性的问题。原带电球体全空间场强 E 为一系列 E_i 的叠加，即

$$E = \sum_i E_i$$

于是有

$$\overline{E} = \sum_i \overline{E}_i = 0$$

例 9 如图 18 所示，半径为 R 的半球面上均匀带有静止电荷，电荷的面密度为 σ，试求半球面底圆所在平面 Σ 上任一圆半径方向（x 轴）上的电势分布 U-x。

带电半球面不具有球对称性，为此可补设另一个 (σ, R) 半球面，两者构成完整的 (σ, R) 球面。可以求得（求解过程此处从略）后者在 x 轴上的电势分布为

$$U' = \begin{cases} 4\pi k\sigma R, & x \leqslant R \\ \dfrac{4\pi k\sigma R^2}{x}, & x > R \end{cases}$$

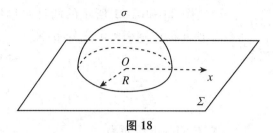

图 18

由于对称性,每个半球面电荷在 x 轴上的电势贡献相同,因此原半球面电荷在 x 轴上的电势分布为

$$U = \frac{U'}{2} = \begin{cases} 2\pi k\sigma R, & x \leqslant R \\ \dfrac{2\pi k\sigma R^2}{x}, & x > R \end{cases}$$

例 10 电阻丝网络如图 19 所示,每一小段电阻丝的电阻均为 R,试求 A、B 间等效电阻 R_{AB}。

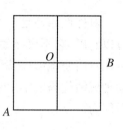

图 19

对于从 A 端流入、B 端流出的电流流动方式,这一网络并不具有直观的对称性。但若是根据电流的可叠加性,将电流 I 从 A 点流入、B 点流出的方式处理为电流 I 从 A 点流入、O 点(网络中心)流出的方式与电流 I 从 O 点流入、B 点流出的方式的叠加,那么后两种方式均具有对称性,于是便将原不对称的问题转化成了具有对称性的问题。

电流 I 从 A 点流入、O 点流出的电流分布如图 20 所示。从 A 点流入的电流对称地分流,即得

$$I_1' = \frac{I}{2}$$

因对称性,BDE 部分无电流。由电阻并联倍数关系,易得

$$I_2' = \frac{1}{4}I_1' = \frac{1}{8}I$$

电流 I 从 O 点流入、B 点流出的电流分布如图 21 所示。利用对称性,不难求得(过程从略)

$$I_1'' = \frac{1}{24}I, \quad I_2'' = \frac{5}{24}I$$

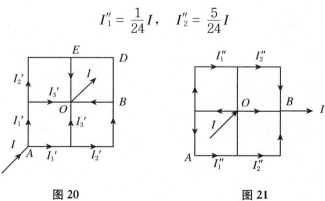

图 20　　　　图 21

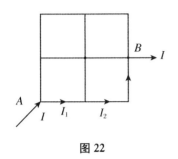

图 22

图 20 和图 21 所示的两种对称性电流分布叠加成图 22 所示的原网络的电流分布，则有

$$I_1 = I_1' + I_1'' = \frac{13}{24}I$$

$$I_2 = I_2' + I_2'' = \frac{8}{24}I$$

A、B 间的电压便为

$$U_{AB} = I_1 R + I_2 \cdot 2R = \frac{29}{24}IR$$

即得所求 R_{AB} 为

$$R_{AB} = \frac{U_{AB}}{I} = \frac{29}{24}R$$

对称性原理是前人在长期研究工作中总结出的一条普适性规律。从上面的介绍中可以看出，它不仅能使学生在更高的层次上理解某些重要的物理学定律，而且能帮助学生比较简便地解决若干具体问题。因此在中学物理教学范畴内，如果条件允许，不妨向物理成绩优秀的学生讲述一些有关对称性原理的知识，以提高他们的物理学习兴趣和素质能力。

数学问题的力学趣味解

舒幼生

平面上弯曲程度处处相同的曲线显然是圆。引申到空间，弯曲程度处处相同的非平面曲线是什么呢？做过带电粒子在匀强磁场中运动题目的一些中学生读者也许能正确地联想到是等距螺旋线。形象地说，等距螺旋线是在半径为 r 的圆柱面上边旋转边沿着母线方向行进的曲线。无论从哪个位置开始，每旋转一周，行进距离都是相同的常量，记为 h，称为螺距。

圆的弯曲程度可以用半径 r 描述，r 越小，弯曲程度越高，r 越大，弯曲程度越低。如果 r 趋于无穷大，圆的可观察部分实际上变成一条直线。对于任意一条平面光滑曲线（处处没有尖角的曲线）L 中某点 P 附近的无限小曲线段，总可为其找到一个相应的圆，使得这一无限小曲线段成为此圆上的无限小圆弧段，如图1所示。圆的半径 R_P 便称为 L 在 P 处的曲率半径。曲率半径的大小可用来描述 L 上各处的弯曲程度。例如，图1中 P 处 R_P 小，弯曲程度高；Q 处 R_Q 大，弯曲程度低。

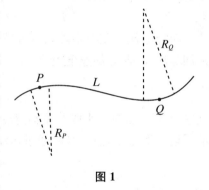

图1

如果 L 是空间光滑曲线，则 P 点附近的无限小曲线段必定首先可确定一个平面，在此平面内再找相应的圆，使得这一无限小曲线段成为此圆上的无限小圆弧段。这种情况下，L 中各处对应的这种圆一般不在同一平面内。等距螺旋线的曲率半径 R 显然处处相同，且必有 $R > r$。

补充的上述数学知识，相信本书的中学生读者均能接受，由于在中学范围内介绍，必有不完整之处，请教员读者予以理解。

现在提出这样一个数学问题：等距螺旋线的旋转半径为 r，螺距为 h，其曲率半径 R 为何值？有的学生一定会摇头，心里在说："数学课上没有讲过这样的问题，我们怎么会求解呢？"如果告诉你们，不是用纯数学方法去求解，而是用物理中的力学方法去求解，也许你们更会感到奇怪了："这怎么可能呢？"

事实上这是可能的。不仅上述问题可用力学方法求解，而且几何中三角形的某些三线共点问题也可以用力学方法来求解。下面分别进行介绍。

1．平面光滑曲线特殊位置的曲率半径的力学解法

（1）运动学解法

设光滑曲线在 xOy 坐标面上，曲线方程可表述成

$$y = f(x)$$

的形式，也可表述成以 t 为参量，形如

$$x = x(t), \quad y = y(t)$$

的参量方程形式。如果把 t 解释成时间变量，则曲线的上述参量方程形式相当于质点曲线运动的两个直线分运动方程。根据这种关联，对于任何给定的平面光滑曲线，总可构造出一种尽可能简单的运动形式，使得质点运动轨道即为此光滑曲线。

例如，对于余弦曲线

$$y = A\cos x$$

一种简单的运动可设为 x 方向做匀速运动，即假定

$$x = v_0 t$$

于是 y 方向的运动便为

$$y = A\cos v_0 t$$

曲线上任一无限小段既然可看作某个圆的无限小段圆弧，质点在该小段的运动便属圆周运动，有向心加速度公式

$$a_心 = \frac{v^2}{R}$$

其中 v 为该点在该小段的运动速度，R 为该小段对应的圆的半径，即为曲率半径。在构造了运动形式后，便有可能通过运动学关系找出 v 和 $a_心$，于是曲率半径可由算式

$$R = \frac{v^2}{a_心}$$

求出。

这里先讨论一些特殊点，在这些点上 $a_心$ 较容易确定，R 也就比较容易算得。

例 1 试求余弦曲线 $y = A\cos x$ 在 $x = 0$ 处的曲率半径。

解 设 $x = v_0 t$，$y = A\cos v_0 t$ 后，x、y 方向的速度、加速度分别为

$$v_x = v_0, \quad v_y = -v_0 A\sin v_0 t = -v_0 A\sin x$$

$$a_x = 0, \quad a_y = -v_0^2 A\cos v_0 t = -v_0^2 A\cos x = -v_0^2 y$$

将 $y = A\cos v_0 t$ 类比为 $\omega = v_0$ 的简谐振动 $y = A\cos\omega t$ 后，即可由振动速度、加速度公式获得上述 v_y、a_y 表述式。

参照图2，在 $x = 0$ 处，$v_x = v_0$，$v_y = 0$，因此质点的运动速度为

$$v = v_0$$

在 $x = 0$ 处，$a_x = 0$，$a_y = -v_0^2 y$，因此质点的运动加速度为

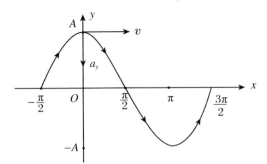

图 2

$$a = a_y = -v_0^2 y = -v_0^2 A$$

由于质点在 $x=0$ 处速度 v 沿 x 轴方向,而向心力方向必定与 v 方向垂直,考虑到曲线在 $x=0$ 处附近是向上凸出的,圆心只能在凸出部位的下方,加速度 a 也恰好是朝下的方向,因此 a 即为 $a_心$。后者大小便为

$$a_心 = v_0^2 A$$

最后可算得 $x=0$ 处的曲率半径为

$$R = \frac{v^2}{a_心} = \frac{1}{A}$$

例2 试求椭圆 $\frac{x^2}{A^2} + \frac{y^2}{B^2} = 1$ 顶点处的曲率半径。

解 在 x、y 方向分别做简谐振动

$$x = A\cos\omega t, \quad y = B\sin\omega t$$

的质点,其轨道即为所给椭圆。x、y 方向的速度、加速度分别为

$$v_x = -\omega A\sin\omega t, \quad v_y = \omega B\cos\omega t$$

$$a_x = -\omega^2 A\cos\omega t = -\omega^2 x, \quad a_y = -\omega^2 B\sin\omega t = -\omega^2 y$$

在图 3 的顶点 A 处,$x=A$,$y=0$,即可对应 $t=0$,因此有

$$v_x = 0, \quad v_y = \omega B, \quad v = \omega B$$

$$a_x = -\omega^2 A, \quad a_y = 0, \quad a = a_x = -\omega^2 A$$

A 处的加速度 a 即为向心加速度,即有

$$a_心 = |a| = \omega^2 A$$

于是可算得顶点 A 处的曲率半径为

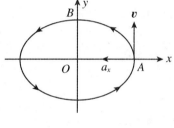

图 3

$$R_A = \frac{v^2}{a_心} = \frac{B^2}{A}$$

由于对称性,将 A、B 置换后,即得顶点 B 处的曲率半径为

$$R_B = \frac{A^2}{B}$$

读者也可直接将 B 处的速度和向心加速度求出后,再计算 R_B,结果同上。

(2) 动力学解法

利用动力学公式

$$\frac{mv^2}{R} = F_心$$

在获知 v、$F_心$ 后,也可求出曲率半径为

$$R = \frac{mv^2}{F_心}$$

例如,利用天体的椭圆、双曲线运动轨道,可采用动力学方法求出椭圆、双曲线顶点处的曲率半径。

例3 地球绕太阳(设为不动)做椭圆运动,已知轨道半长轴、半短轴分别为 A、B,

试用动力学方法求此椭圆顶点处的曲率半径。

解 太阳的质量记为 M，地球的质量记为 m，椭圆轨道的三顶点 1、2、3 如图 4 所示。

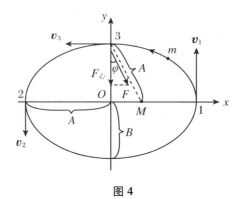

图 4

1、2 两顶点间的能量关系为

$$\frac{1}{2}mv_1^2 - G\frac{Mm}{A-C} = \frac{1}{2}mv_2^2 - G\frac{Mm}{A+C}$$

其中 $C = \sqrt{A^2 - B^2}$ 为太阳 M 到椭圆中心 O 的距离。1、2 两顶点间的开普勒第二定律关联式为

$$v_1(A-C) = v_2(A+C)$$

由此可解得

$$v_1 = \frac{A+C}{B}\sqrt{\frac{GM}{A}}$$

在 1 处

$$F_\text{心} = G\frac{Mm}{(A-C)^2}$$

于是 1 处的曲率半径为

$$R_1 = \frac{mv_1^2}{F_\text{心}} = \frac{(A+C)^2(A-C)^2}{B^2 A}$$

利用

$$(A+C)(A-C) = A^2 - C^2 = B^2$$

即得

$$R_1 = \frac{B^2}{A}$$

读者也可由上述关联求出 v_2，用相同方法计算 R_2，检查是否也得

$$R_2 = \frac{B^2}{A}$$

1、3 两顶点间的能量关系为

$$\frac{1}{2}mv_3^2 - G\frac{Mm}{A} = \frac{1}{2}mv_1^2 - G\frac{Mm}{A-C}$$

将所得 v_1 代入后，可算得

$$v_3 = \sqrt{\dfrac{GM}{A}}$$

顶点 3 处地球所受太阳的万有引力大小为

$$F = \dfrac{GMm}{A^2}$$

它的向心分量为

$$F_\text{心} = F\cos\varphi = F\dfrac{B}{A} = \dfrac{GMmB}{A^3}$$

于是顶点 3 处的曲率半径为

$$R_3 = \dfrac{mv_3^2}{F_\text{心}} = \dfrac{A^2}{B}$$

例 4 小星体在太阳引力的作用下可能做双曲线轨道运动,太阳为双曲线的内焦点。对于此种运动轨道,开普勒第二定律仍然成立,试由此计算双曲线

$$\dfrac{x^2}{A^2} - \dfrac{y^2}{B^2} = 1$$

在顶点处的曲率半径。

解 质量为 m 的小星体的双曲线轨道设为图 5 所示,其中 D 为顶点,虚直线为双曲线的渐近线。

根据引申的开普勒第二定律,在双曲线轨道上由太阳(在焦点 F 上)向小星体引出的矢径于单位时间扫过的面积 $\dfrac{\Delta S}{\Delta t}$ 为恒量,此恒量可用小星体在双曲线顶点 $D(A,0)$ 处的参量来表述。参考图 5 有

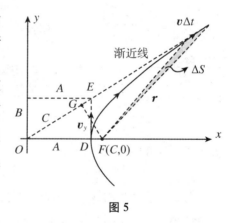

图 5

$$\begin{cases} \dfrac{\Delta S}{\Delta t} = \dfrac{1}{2}v_D(C-A) \\ C = \sqrt{A^2 + B^2} \end{cases}$$

这种表述与小星体实际上是否经过 D 点无关,它只是数学上的等效表述。在其他位置,Δt 时间内小星体经过位移量 $v\Delta t$,矢径 r 扫过的面积为图 5 中阴影三角形的面积。小星体趋向无穷远时,$v_\infty \Delta t$ 逼近渐近线,三角形的 $v_\infty \Delta t$ 底边上的高即为焦点 $F(C,0)$ 到渐近线的距离 $h = FG$。因两个直角三角形 OED 与 OFG 全等,故

$$h = FG = DE = B$$

无穷远处矢径在 Δt 时间内扫过的面积为

$$\Delta S = \dfrac{1}{2}(v_\infty \Delta t)h = \dfrac{1}{2}v_\infty B\Delta t$$

即

$$\dfrac{\Delta S}{\Delta t} = \dfrac{1}{2}v_\infty B$$

与前面式子相比较,可得
$$v_\infty = \frac{C-A}{B}v_D$$

D 处与无穷远处之间的能量关联式为
$$\frac{1}{2}mv_D^2 - G\frac{Mm}{C-A} = \frac{1}{2}mv_\infty^2$$

与上式联立,可解得
$$v_D^2 = \frac{GMB^2}{A(C-A)^2}$$

D 处小星体所受万有引力即为向心力,故有
$$F_心 = \frac{GMm}{(C-A)^2}$$

于是 D 处的曲率半径便为
$$R = \frac{mv_D^2}{F_心} = \frac{B^2}{A}$$

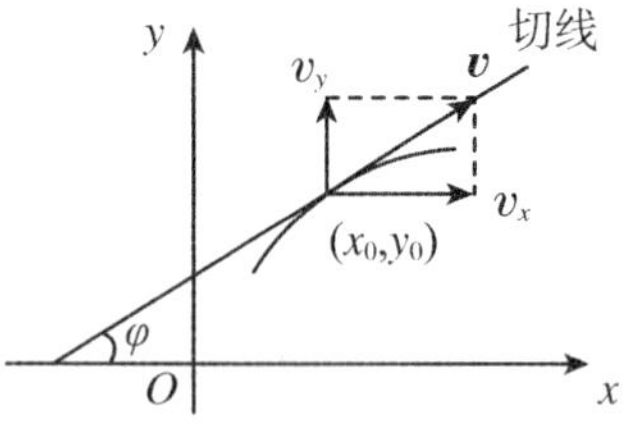

2. 平面光滑曲线切线方程的运动学解法

平面光滑曲线在任意点 (x_0, y_0) 的切线与 x 轴的夹角记为 $\varphi (0 \leq \varphi \leq \pi)$,如图 6 所示,其斜率便为
$$k = \tan\varphi \quad (0 \leq \varphi \leq \pi)$$

用运动学方法构造质点运动后,若求出该位置的两个分速度 v_x、v_y,那么
$$k = \tan\varphi = \frac{v_y}{v_x} \quad (0 \leq \varphi \leq \pi)$$

图 6

利用点斜式,可得切线方程为
$$y - y_0 = k(x - x_0)$$

例 5 求余弦曲线 $y = A\cos x$ 各处的切线方程。

解 设 $x = v_0 t$,$y = A\cos v_0 t$,前面已给出
$$v_x = v_0, \quad v_y = -v_0 A\sin x$$

参考图 7,在 (x_0, y_0) 处的切线斜率为
$$k = \tan\varphi = \frac{v_y}{v_x} = -A\sin x_0$$

切线方程便为
$$\begin{aligned}y &= y_0 + k(x - x_0) \\ &= A\cos x_0 - (x - x_0)A\sin x_0 \\ &= A(\cos x_0 + x_0\sin x_0) - xA\sin x_0\end{aligned}$$

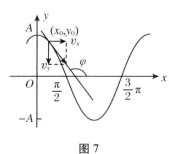

图 7

例 6 求椭圆 $\dfrac{x^2}{A^2} + \dfrac{y^2}{B^2} = 1$ 各处的切线方程。

解 设 $x = A\cos\omega t$,$y = B\sin\omega t$,前面已给出

$$v_x = -\omega A\sin\omega t, \quad v_y = \omega B\cos\omega t$$

或

$$v_x = -\omega A\frac{y}{B}, \quad v_y = \omega B\frac{x}{A}$$

在 (x_0, y_0) 处的切线斜率为

$$k = \tan\varphi = \frac{v_y}{v_x} = -\frac{B^2 x_0}{A^2 y_0}$$

切线方程便为

$$\begin{aligned}
y &= y_0 + k(x - x_0) = y_0 - \frac{B^2 x_0}{A^2 y_0}(x - x_0) \\
&= y_0 + \frac{B^2 x_0^2}{A^2 y_0} - \frac{B^2 x_0}{A^2 y_0}x = \frac{A^2 y_0^2 + B^2 x_0^2}{A^2 y_0} - \frac{B^2 x_0}{A^2 y_0}x \\
&= \frac{A^2 B^2}{A^2 y_0} - \frac{B^2 x_0}{A^2 y_0}x = \frac{B^2}{y_0} - \frac{B^2 x_0}{A^2 y_0}x
\end{aligned}$$

3. 平面光滑曲线任意位置处的曲率半径的运动学解法

设定质点的运动后，质点在曲线任意位置的速度 $\boldsymbol{v}(v_x, v_y)$ 和加速度 $\boldsymbol{a}(a_x, a_y)$ 均可求得。曲线在该点处的切线方向可由 $\tan\varphi = \dfrac{v_y}{v_x}$ 来确定，运动的向心方向与切线方向垂直，于是 $\boldsymbol{a}$ 的向心分量 $a_{心}$ 便可获得。最后由

$$R = \frac{v^2}{a_{心}}$$

可求得曲线在该点处的曲率半径。

例 7 求余弦曲线 $y = A\cos x$ 任意位置的曲率半径。

解 参照例 5，设定 $x = v_0 t$ 后，可得任意 (x, y) 处质点的运动速度大小为

$$v = \sqrt{v_x^2 + v_y^2} = v_0\sqrt{1 + A^2\sin^2 x}$$

切线如图 8 中的虚直线所示。根据例 5，有

$$\tan\varphi = \frac{v_y}{v_x} = -A\sin x$$

引入 φ' 角，如图 8 所示，不难得到

$$\tan\varphi' = \tan(\pi - \varphi) = A\sin x$$

$$\cos\varphi' = \frac{1}{\sqrt{1 + \tan^2\varphi'}} = \frac{1}{\sqrt{1 + A^2\sin^2 x}}$$

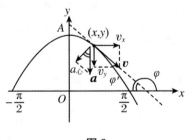

图 8

参照例 1，在 (x, y) 处的加速度分量为

$$a_x = 0, \quad a_y = -v_0^2 A\cos x$$

参照图 8，可得

$$a_{心} = |a_y|\cos\varphi' = \frac{v_0^2 A|\cos x|}{\sqrt{1 + A^2\sin^2 x}}$$

因此，(x, y) 处的曲率半径为

$$R = \frac{v^2}{a_{\text{心}}} = \frac{(1+A^2\sin^2 x)^{\frac{3}{2}}}{A|\cos x|}$$

在 $x=0$ 处，$R=\frac{1}{A}$，这与例 1 的结果一致；在 $x=\frac{\pi}{2}$ 处，$R\to\infty$，表现为直线性。

例 8 求椭圆 $\dfrac{x^2}{A^2}+\dfrac{y^2}{B^2}=1$ 任意位置的曲率半径。

解 根据例 2，设
$$x = A\cos\omega t, \quad y = B\sin\omega t$$

任意 (x,y) 处有
$$v_x = -\omega A\sin\omega t = -\frac{\omega A y}{B}, \quad v_y = \omega B\cos\omega t = \frac{\omega B x}{A}$$

$$a_x = -\omega^2 A\cos\omega t = -\omega^2 x, \quad a_y = -\omega^2 B\sin\omega t = -\omega^2 y$$

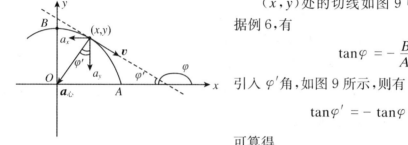

图 9

(x,y) 处的切线如图 9 中的虚直线所示，根据例 6，有
$$\tan\varphi = -\frac{B^2 x}{A^2 y}$$

引入 φ' 角，如图 9 所示，则有
$$\tan\varphi' = -\tan\varphi = \frac{B^2 x}{A^2 y}$$

可算得
$$\sin\varphi' = \frac{B^2 x}{\sqrt{B^4 x^2 + A^4 y^2}}$$

$$\cos\varphi' = \frac{A^2 y}{\sqrt{B^4 x^2 + A^4 y^2}}$$

$\boldsymbol{a}_{\text{心}}$ 方向如图 9 所示，有
$$a_{\text{心}} = |a_x|\sin\varphi' + |a_y|\cos\varphi' = \frac{\omega^2(B^2 x^2 + A^2 y^2)}{\sqrt{B^4 x^2 + A^4 y^2}}$$

因为
$$B^2 x^2 + A^2 y^2 = A^2 B^2$$

所以
$$a_{\text{心}} = \frac{\omega^2 A^2 B^2}{\sqrt{B^4 x^2 + A^4 y^2}}$$

因此，(x,y) 处的曲率半径为
$$R = \frac{v^2}{a_{\text{心}}} = \frac{\omega^2}{A^2 B^2}(B^4 x^2 + A^4 y^2)\frac{\sqrt{B^4 x^2 + A^4 y^2}}{\omega^2 A^2 B^2} = \frac{(B^4 x^2 + A^4 y^2)^{\frac{3}{2}}}{A^4 B^4}$$

在 $x=A$，$y=0$ 处，有
$$R = \frac{(B^4 A^2)^{\frac{3}{2}}}{A^4 B^4} = \frac{B^2}{A}$$

与例 2 的结果一致；在 $x=0$，$y=B$ 处，有

$$R = \frac{(A^4 B^2)^{\frac{3}{2}}}{A^4 B^4} = \frac{A^2}{B}$$

也与例 2 的结果一致。

例 9 求抛物线 $y = Ax^2$ 任意位置处的曲率半径。

解 设

$$x = v_0 t, \quad v_x = v_0, \quad a_x = 0$$

则有

$$y = Av_0^2 t^2$$

这是在 $t = 0$ 时刻,位置在 $y = 0$ 点,速度为零的匀加速直线运动,其加速度即为 $2Av_0^2$,因此有

$$v_y = 2Av_0^2 t, \quad a_y = 2Av_0^2$$

参照图 10,在 (x,y) 点的速度大小为

$$v = \sqrt{v_x^2 + v_y^2} = \sqrt{v_0^2 + 4A^2 v_0^4 t^2}$$

因为 $v_0 t = x$,所以有

$$v = v_0 \sqrt{1 + 4A^2 x^2}$$

在 (x,y) 点的向心加速度大小为

$$a_心 = a_y \cos\varphi = a_y \frac{v_x}{v} = \frac{2Av_0^2 v_0}{v}$$

在 (x,y) 处的曲率半径便为

$$R = \frac{v^2}{a_心} = \frac{v^3}{2Av_0^3}$$

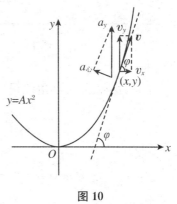

图 10

结合上面给出的 v 表述式,可得

$$R = \frac{(1 + 4A^2 x^2)^{\frac{3}{2}}}{2A} = \frac{(1 + 4Ay)^{\frac{3}{2}}}{2A}$$

$y = 0$ 处曲率半径最小,为 $R = \frac{1}{2A}$。y 越大,R 越大,$y \to \infty$ 处,$R \to \infty$,表现为直线性。

例 10 求滚轮线的曲率半径分布。

解 半径为 r 的轮子在地面上沿直线轨道做纯滚动时,轮子边缘上的点 P 的运动轨迹线便为滚轮线,如图 11 所示。显然,滚轮线上的曲率半径不再是常量 r。引入图 11 中的 φ 角,P 在最高处时取 $\varphi = 0$,现在来计算任意 φ 角位置对应的曲率半径 R。

设轮匀速滚动,轮心 O 点的水平直线速度记为 v_0(常量),则轮绕 O 旋转的角速度为

$$\omega = \frac{v_0}{r}$$

P 处于 φ 角位置时,相对于地面系的速度 v 由 v_0 与 P 绕 O 旋转的速度(其大小为 ωr)叠加而成,如图 12 所示。因 $\omega r = v_0$,故有

$$v = 2v_0 \cos\frac{\varphi}{2}$$

取随着轮心 O 一起匀速运动的惯性系 S'，在 S' 系中 P 做匀速圆周运动，加速度 a' 仅为向心加速度，其方向已在图 12 中标出，大小为

$$a' = \frac{v_0^2}{r}$$

回到地面系，P 相对地面系的加速度 a 同于 P 相对 S' 系的加速度 a'。相对于地面系，P 的向心加速度分量 $a_心$ 的方向如图 12 所示，大小为

$$a_心 = a'\cos\frac{\varphi}{2} = \frac{v_0^2}{r}\cos\frac{\varphi}{2}$$

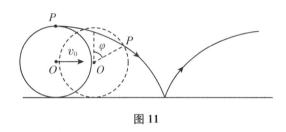

图 11

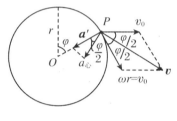

图 12

于是，滚轮线在 φ 角位置处的曲率半径为

$$R = \frac{v^2}{a_心} = \frac{4v_0^2\cos^2\frac{\varphi}{2}}{\frac{v_0^2}{r}\cos\frac{\varphi}{2}} = 4r\cos\frac{\varphi}{2}$$

$\varphi = 0$ 处，曲率半径最大，为 $R = 4r$；而后 φ 增大，曲率半径 R 减小；$\varphi = \pi$ 处，曲率半径减至零。

4. 等距螺旋线的曲率半径

现在用运动学方法来解决在本文开始部分提出的一个数学问题：等距螺旋线的旋转半径为 r，螺距为 h，其曲率半径 R 为何值？

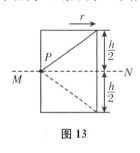

图 13

图 13 为在圆柱面上等距螺旋线的正视图。等距螺旋线是空间曲线，但具有明显的对称性。具体来说，在图 13 中此曲线相对其上任意一点 P 具有右上、左下对称性。因此，P 点附近无限小曲线段所确定的平面必定为过 P 点的圆柱斜截面，而图 13 中的虚直线 MN 为其对称轴。这一无限小曲线便可视为该斜截面上某个半径为 R 的圆（以下简称 R 圆）上的一小段圆弧，R 即为等距螺旋线的曲率半径。

设质点沿等距螺旋线轨道运动，此运动可分解为半径为 r 的圆（以下简称 r 圆）上的圆周运动和沿圆柱面母线方向（或者说 h 方向）的直线运动。这里并不限定等距螺旋运动为匀速率运动，既可以是匀速率的，也可以是变速率的。相应地，r 圆上的圆周运动及 h 方向的直线运动可以是匀速率的，也可以是变速率的。在 P 点处的速度记为 v，则可分解为

$$\boldsymbol{v} = \boldsymbol{v}_r + \boldsymbol{v}_h$$

由于对称性，R 圆的圆心必定在 P 点和 r 圆的圆心的连线方向上，因此，不仅 v_h 对应的加速度分量对上述截面上的 R 圆上的运动的向心加速度无贡献，而且 v_r（r 圆上的运动速度）对应的切向加速度分量对这一截面上的 R 圆上的运动的向心加速度也无贡献。结果是 v_r 对应的向心加速度 $a_{r,心}$ 即为 R 圆上的运动的向心加速度 $a_{R,心}$，即有

$$a_{R,心} = a_{r,心}$$

由

$$R = \frac{v^2}{a_{R,心}}, \quad r = \frac{v_r^2}{a_{r,心}}$$

可得

$$R = \left(\frac{v}{v_r}\right)^2 r$$

将质点沿等距螺旋线轨道在圆柱面上绕行一周的运动曲线展成图 14 所示的几何图线，速度 v、v_r 和 v_h 的相对方向也在图 14 中示出。借助图 14 所提供的几何关系，可得

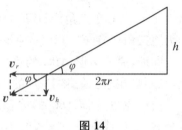

图 14

$$\frac{v}{v_r} = \frac{1}{\cos\varphi} = \frac{\sqrt{(2\pi r)^2 + h^2}}{2\pi r}$$

代入 R 的表述式，即得等距螺旋线的曲率半径为

$$R = \left(1 + \frac{h^2}{4\pi^2 r^2}\right) r$$

5. 三角形三中线共点、三角平分线共点的静力学解法

采用静力学中确定重心的方法，可证明任意三角形的三条中线必定共点和任意三角形的三条角平分线必定共点这两个几何命题。

（1）三角形三中线共点

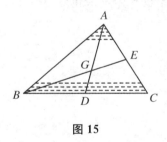

图 15

取任意一个匀质三角形薄板 ABC，将它分割成一系列平行于 BC 边的窄条，如图 15 所示。每一窄条的重心在其长边的中点上，这些中点的连线便为 BC 边上的中线 AD，三角形匀质薄板 ABC 的重心必在 AD 线上。

再将 ABC 分割成一系列平行于 CA 边的窄条，同理可知 ABC 的重心必在 CA 边上的中线 BE 上。

薄板 ABC 的重心既要在 AD 线上，又要在 BE 线上，则必定在 AD 与 BE 的交点 G 上。

最后，将 ABC 分割成一系列平行于 AB 边的窄条，同理可知 ABC 的重心必在 AB 边上的中线 CF（图 15 中未画出）上。由于物体的重心是唯一存在的，故 CF 必过 G 点，这就证明了三角形三中线必定共点。

（2）三角形三角平分线共点

用质量线密度为常量 λ 的细丝构成一个任意三角形 ABC，如图 16 所示。AB、BC 和 CA 边长分别记为 l_1、l_2 和 l_3，现求此三角形的重心位置。

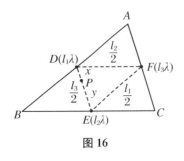

图 16

AB、BC、CA 各自的重心分别位于各边的中点 D、E、F，将各边质量 $l_1\lambda$、$l_2\lambda$、$l_3\lambda$ 分别集中于 D、E、F，便形成质量分别为 $l_1\lambda$、$l_2\lambda$、$l_3\lambda$ 的三质点，此三质点的重心即为原三角形 ABC 的重心。

三质点 D、E、F 构成的三角形如图 16 中的虚线所示。D、E 的重心位于它们连线上的某点 P 处，按图示几何量 x、y，应有

$$(l_1\lambda)x = (l_2\lambda)y$$

因此有

$$x : y = l_2 : l_1 = \frac{l_2}{2} : \frac{l_1}{2}$$

这表明 P 点必在三角形 DEF 的顶角 F 的角平分线（图中未画出）上。P 点与 F 点的重心即为原三角形 ABC 的重心，它必在此角平分线上。

同理，原三角形 ABC 的重心也必在小三角形 DEF 的另外两个顶角 D、E 的角平分线上，从而必在小三角形 DEF 的三个顶角的角平分线上。

由于原三角形 ABC 的重心是唯一存在的，因此小三角形 DEF 的三条角平分线必须有公共交点，或者说小三角形 DEF 的三条角平分线必定共点。

三角形 ABC 为任意三角形，小三角形 DEF 也为任意三角形，故证明了任意三角形三条角平分线必定共点。

也可一开始直接取任意三角形 DEF，在三个顶点 D、E、F 上放置质量分别为 m_1、m_2、m_3 的三个质点，使得

$$m_1 : m_2 : m_3 = l_1' : l_2' : l_3'$$

其中 l_1'、l_2'、l_3' 分别为 DE、EF、FD 的边长。此三质点的重心必在三角形 DEF 的三个顶角的角平分线上，由于重心唯一，故任意三角形 DEF 的三条角平分线必定共点。

优化学生的非智力因素,促进物理教学

四川省绵阳中学　罗明福

多年的高中物理教学实践和班主任工作,使我深深地体会到,学生在学习过程中的成功与失败是不能完全归结于智力因素的。不少学生尽管智商很高,但由于非智力因素较差,仍然会导致学习上的失败。反之,一些智商虽然不是很高的学生,由于教员有意识地培养、优化其非智力因素,最终却取得了优异的成绩。因此我们认为,在高中物理教学中,不仅要通过科学的有效途径提高学生的智力因素品质,还应加强对学生的非智力因素的培养和优化。

非智力因素有许多种。就物理学习而言,笔者认为需要着重强化的是学科兴趣和目标性动力。对于物理学科具有浓厚兴趣、并为达到学以致成目标而有持久动力的学生才能在长期的学习中做到成不骄、败不馁,始终以旺盛的热情为能在未来的科学事业中有所作为而一步一个脚印地向前迈进。经验表明,充分发挥非智力因素的强化功能,是大面积提高学生物理成绩的有效途径。

1. 浓厚的学习兴趣是从事学习活动并能取得成功的初始条件

对绝大多数青少年学生来说,兴趣要比父母、师长的"说教"更能激发学习热情,这既是人性的弱点,也是人性的优点。有鉴于此,教员尤其应重视对学生学科兴趣的培养。

为此,在我们给刚入校的高一学生上第一节物理课时,首先向他们演示若干有趣的物理实验,激发学生对物理学科的兴趣。接着讲述前辈物理学家如何通过对这些实验进行认真观察和做细致分析,从中得出重要的物理规律。进而介绍物理学科的发展对人类文明进步所起的巨大作用。最后指出,自1900年以来100多年中荣获物理学科最高奖——诺贝尔物理学奖的学者有许许多多,其中著名的物理学家杨振宁、李政道、丁肇中等虽系炎黄子孙,但却都是美籍华人,而纯属我国的物理学工作者至今尚无人获此殊荣。然而与我国同为发展中国家的印度、巴基斯坦等国均已有学者登上过领奖台。诺贝尔奖是世界上公认的科学最高奖,问津成功者的多少在一定程度上反映了一个国家的科学技术水平。至此,我们勉励学生,作为21世纪的中国青年,在未来的事业中争取为我国赢得诺贝尔物理学奖是他们义不容辞的责任,激发他们的使命感。课后确实有一些学习优秀的学生暗下决心学好物理,将来要成为一名物理学家,进而为完成这一使命而努力奋斗。

2. 不断增强学习物理的目标性动力

要取得理想的效果,只有目标计划,而无坚持不懈的努力,目标计划是难以实现的。从目标计划的确立到实现,尚有相当长的一段路程。在此过程中,不断增强学生学习物理的目标性动力是十分重要的,它对目标能否实现往往起着决定性的作用。要使动机和动力作用持久下去,应做到内部动力和外部动机、近期动机和远期动机相互结合、相互转化。鉴此,我们要求学生分阶段订出近期目标和远期规划。例如,有位学生在老师指导下制订出一个目标性计划:高一上学期的前半期,重在掌握高中物理的学习方法;高一学年内学完高中物理全部课程;高二刚开始,参加中学生物理竞赛预赛,争取获省级奖;高二上学期,在老师指导下系统学习物理竞赛有关内容;高二下学期,对所学的知识进行整理、归纳和总结,将已做过的题目归类整理,重解一些难题并总结重解难题的收获和体会;高三上学期开学初,再次参加中学生物理竞赛,争取赢得决赛一等奖。

在这位学生制订出近、远期相结合的目标计划后,教师定期检查阶段计划是否实现,并帮助他解决学习中的困难问题。在他第一次参加中学生物理竞赛预赛并取得省级二等奖的好成绩后,及时给以肯定和鼓励。学习上的成功又增强了他学习物理的浓厚兴趣,浓厚的学习兴趣再次强化了他学习的动力和意志。正像他在解题总结中所写的那样:"在为奥林匹克物理竞赛那诱人的桂冠冲击的日日夜夜中……常遇到这样一些题目,它们自身包含着一定的难度,需要构思特殊的物理模型和数理技巧方能获解。但正是这些非常精彩的题目,激起了我的浓厚兴趣,以至于'衣带渐宽终不悔'。"这位学生在第12届全国中学生物理竞赛省级复赛中取得了理论和实验两项全省第1名的好成绩。

3. 发挥非智力因素的强化功能

在高中阶段的物理学习中,对实验观察、实验和理论的分析、综合、抽象、联想等方面的能力要求远比初中阶段要高。因此,从初中刚进入高中的部分学生对物理学习产生畏惧心理。在教学目标上,物理对学生在实验操作、逻辑思维和解决实际问题方面均有较高的要求。学生在学物理时,无论哪个方面出问题,都会产生心理压力。一部分学生会因此而降低自身的目标要求,即使优秀学生亦可能半途而废。

针对学生在学习中出现的情况,在教学中我们及时向他们介绍世界人类心理学联合会主席琴思·休士顿博士的观点:"我们仅仅才开始发现,大脑的能力实际是无限的。"以此鼓励学生,让学生们时常回忆自己在学习中、特别是在物理学习中的成功事例。告诉他们,每个人都是能学好高中物理知识的。学习中遇到困难,主要是因为对一些方法还未完全掌握。帮助他们找出各自问题的关键所在,并使他们在点滴的进步和成功中逐步消除畏惧心理,恢复自信心,向自己的计划目标一步步迈进。

由于在物理教学中,一方面注意引导、培养学生的观察、实验、思维、分析及解决问题的能力,另一方面有计划、有目的地培养和优化学生的非智力因素。笔者在物理教学和班主任工作中取得了较好的成绩。我班学生不仅物理成绩优异,在竞赛方面表现也较出色。在第11届、第12届全国物理竞赛及省物理竞赛中,我班共有24人次获国家级、省级奖。其他学科成绩提高也较快。在1996年的高考中,我班学生百分之百地达到大学统招线,最低分也高出一般本科院校录取线15分。上名牌大学、重点院校的学生占84%。

在多年的物理教学实践和班主任工作中,深感优化非智力因素对于显著提高物理成绩起着重要的促进作用。特别是对于优秀学生的培养,不仅要使其在知识和能力上具有扎实的基本功,而且需要优化其非智力因素,以推动他们成才。

解物理题中惯性参照系的选择

长沙市一中　彭大斌

一个物体相对于其他物体的位置发生变化的运动叫作机械运动。为研究物体的机械运动，必然要以另一个物体作为参照物，通常我们把作为参照物的物体假定为不动的。参照物又称为参照系。根据牛顿第一定律，若一个物体不受任何外力的作用，则它将保持静止或匀速直线运动状态，以这样的物体作为的参照系叫作惯性参照系。显然，一切相对于某一惯性参照系静止或做匀速直线运动的参照系也都是惯性参照系。力学的相对性原理告诉我们：在所有的惯性参照系中，力学定律都是同样成立的。因此，我们在研究和解决某一力学问题时，选用不同的惯性参照系并不会妨碍我们对力学规律的运用，也不会妨碍我们得出正确的结果。

为研究问题的方便，通常研究不同物体的运动时可以采用不同的参照系。比如，研究物体在地面上的运动时，可以选用地面作参照系（此时地面可近似作为惯性参照系）；研究行星在太空中的运动则以太阳为参照系比较方便；而研究正在行驶中的火车上的旅客的走动又以火车为参照系比较方便……参照系取得好，往往可以使物理问题清晰，解题思路明了，解题过程简单；反之，若参照系取得不好，则可能把简单的问题复杂化，甚至引入一时无法求解的歧途。因此，我们在求解物理题时，要注意选好参照系。

1. 选择"动"的参照系，化运动的物体为静止的物体

"动"和"静"是相对的。同一物体在不同的参照系中，既可以是"动"的，也可以是"静"的。如我们研究坐在行驶的车中的乘客，以地面为参照系时，他是运动的。但若转换为以车为参照系，他又是静止的。这是我们每个有简单物理知识的人都熟知的结论。而不少力学问题正是通过参照系的简单转换而得到简洁明了的解法。

例1 某人划船在河水中顺流而下，某刻，船上一球掉入河中而随水漂流，球掉下后经过时间 t_1，此人发觉并立即掉转船头逆流而上，又历时 t_2 而遇到球。设人划船时，在逆流和顺流时都保持船对水的速度大小不变，则以下说法中正确的是（　　）。

A. $t_2 > t_1$　　　　　　B. $t_2 = t_1$
C. $t_2 < t_1$　　　　　　D. 无法比较 t_1 和 t_2 的大小

解 由于人划船不管是逆流还是顺流，船对水的速度都一样大，故可取随水一起运动的球为参照系，则船顺流时是相对于球离开，逆流时是相对于球靠拢，且离开和靠拢的速度大小相等（都等于船对水的速度），因此离开和靠拢的时间也相等，即 $t_1 = t_2$，故本题应选B。

讨论 本题如选地面为参照系,则需研究船和球对地的运动,势必引入船在静水中的划速和水的流速,并通过列方程求解,才可得出结论。

例2 火车以速度 v_1 向前行驶,司机忽然发现在其前方的同一轨道上距车 s 处有另一辆火车,它正沿着相同方向以较小的速率 v_2 做匀速运动,于是他立即使车做匀减速运动,其加速度大小为 a。要使两车不致相撞,则 a 应满足的关系式是_____。

解 取前面一列火车为参照系,在此参照系中,后面一列火车的运动初速度为 v_1-v_2,并以大小为 a 的加速度做减速运动,它向前运动可能达到的最大位移是

$$s' = \frac{(v_1-v_2)^2}{2a}$$

显然,当 $s'<s$ 时,两车不会相撞。由此得到 a 应满足的关系式是

$$a > \frac{(v_1-v_2)^2}{2s}$$

讨论 若以地面为参照系,则应分别研究前车和后车对地的位移,再通过比较两位移来求解。这样做较之上法数学演算就要多得多。

例3 一网球以速度 v_1 飞来,运动员持球拍从正面迎击,球拍的速度大小为 v_2,则球被弹回的最大速度为多少?

解 一个质量相对很小的物体与一个质量相对很大的物体在两者速度相差不是很大时发生碰撞,小质量的物体的速度会发生明显的变化,而大质量的物体的速度则不会发生明显的变化。取球拍为参照系,则球飞向球拍的速度大小为 v_1+v_2,在弹性碰撞的情况下,球被弹回的速度最大,又由于球拍的质量远大于球的质量,故球接近于以原相对速率反弹,即球被击回的最大速度相对于球拍为 v_1+v_2。再转换到地面参照系中,这个速度的值即为

$$(v_1+v_2)+v_2 = v_1+2v_2$$

(注意本题最后仍要转换到以地面为参照系中的值作为答案)

讨论 本题以弹性正碰为模型。若始终以地面为参照系,可列出两者碰撞过程中动量守恒的方程和机械能守恒的方程,通过二元二次方程的联立求解(这个演算是较为复杂的),可得出球被反弹后的速度表达式,再利用球拍的质量比球的质量相对大很多这一条件来作近似处理,也可得出以上答案。显然,循此途径求解较之上法要难得多。

2. 选择投影坐标轴的方向,化多维问题为一维问题

研究物体运动时,常涉及的参量中,力、位移、速度、加速度、冲量、动量等都是矢量,在利用这些矢量进行具体求解时,往往需要把它们投影到我们选定的参照系的坐标轴上,再根据这些投影所得到的各个分量进行有关的代数运算。一个任意方向的空间矢量通常在空间的三个互相正交的坐标轴上的投影都不为零,在解题中就要分别按这三个方向的分量来列式求解,由此往往导致方程个数多,求解的演算繁杂。而若这个矢量刚好与某一坐标轴的方向垂直,则它在该坐标轴方向的分量就为零;若这个矢量刚好与某两个坐标轴都垂直,即它刚好与另一坐标轴方向平行,则它仅在这个坐标轴方向的分量不

为零,而在另两个坐标轴方向的分量都为零,在解题列式时就可减少方程中未知数的项数或者减少方程的个数而使得求解过程简化。因此,我们在选定参照系坐标轴的方向时,应尽量使其与有关矢量的方向平行或者垂直。

例 4 一质点在平面上做匀变速运动,在时间 $t = 1$ s、3 s、5 s 时,质点分别位于平面上的 A、B、C 三点,已知 $AB = 8$ m,$BC = 6$ m,且 $AB \perp BC$。试求此质点运动的加速度。

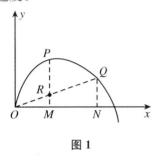

图 1

分析 设想有一质点做匀变速曲线运动,其轨迹如图 1 中的曲线所示,轨迹上有 O、P、Q 三点,质点由 O 至 P 所用的时间为 Δt_1,由 P 至 Q 所用的时间为 Δt_2,质点运动的加速度方向为 $-y$ 方向,则质点沿 x 方向的运动为匀速运动,又作出图中的 PM、QN 均与 y 轴平行,则应有

$$\frac{OR}{RQ} = \frac{OM}{MN} = \frac{\Delta t_1}{\Delta t_2}$$

可见,在加速度方向未知的情况下,只要根据

$$\frac{OR}{RQ} = \frac{\Delta t_1}{\Delta t_2}$$

在 OQ 上找出 R 点,然后连接 PR,则 PR 所指示的方向就是此质点的加速度的方向。据此,我们可以确定此类问题中质点的加速度的方向。

解 如图 2 所示,作直角三角形 ABC,使 $AB = 8$ m,$BC = 6$ m,由于质点由 A 至 B 和由 B 至 C 的时间相等(都是 2s),故取 AC 的中点 D,连接 BD,则由分析可知,射线 BD 所指示的方向即为此质点的加速度的方向。今取射线 BD 为坐标的 x 轴,则质点在 x 轴上投影的运动为加速度为 a 的匀变速直线运动,设此运动的初速度为 v_0(即质点在 A 处时的速度在 x 轴上的投影),取 $T = 2$ s,则质点由 A 运动到 B,其投影在 x 轴上的运动位移为

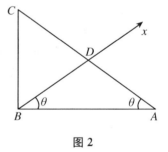

图 2

$$v_0 T + \frac{1}{2} a T^2 = -AB\cos\theta$$

质点由 A 运动到 C,其投影在 x 轴上的运动位移为

$$2v_0 T + \frac{1}{2} a (2T)^2 = -AC\cos 2\theta$$

由题给条件有 $AC = 10$ m,$\cos\theta = 0.8$,$\cos 2\theta = \cos^2\theta - \sin^2\theta = 0.28$,将其代入以上两式,联立求解可得

$$a = 2.5 \text{ m/s}^2$$

质点的加速度的方向与 BA 方向的夹角为 $\theta = \arccos 0.8 = 37°$,与 BC 方向的夹角为 $90° - \theta = 53°$。

讨论 本题给出 $AB \perp BC$,很容易使求解者在建立参照系时选 AB 和 BC 为两正交

坐标轴。如果这样，那么加速度在两个坐标轴方向的投影均不为零，且初速度在两坐标轴方向上的投影也都是未知量，这就要在每个坐标轴方向上用两个方程联立才可解出加速度在该坐标轴方向上的分量，由此要四个方程才能解出此加速度的两个分量，再由此两分量求出此加速度的大小。显然，这样解题的工作量将比本题所采用的方法的工作量多得多。

可见，本题所采用的选择待求矢量(本题中为加速度)的方向为投影坐标轴方向的方法起到了把二维问题转化为一维问题的作用。

例 5 质量分别为 m_1、m_2 和 m_3 的三质点 A、B 和 C 位于光滑水平桌面上，用已拉直的、不可伸长的柔软轻绳 AB 和 BC 连接，$\angle ABC = \pi - \alpha$，$\alpha$ 为一锐角，如图 3 所示。今有一冲量为 J 的冲击力沿 BC 方向作用于质点 C，求质点 A 开始运动时的速度。

解 设受冲击后 A、B、C 三质点开始运动时的速度分别为 v_A、v_B、v_C，由于三质点中除质点 C 受冲击外，A、B 所受的只有绳的张力，所以 v_3 必沿 BC 方向，v_1 必沿 AB 方向，v_2 必指向 $\angle ABC$ 的范围之内，令 v_2 与 BC 方向的夹角为 θ，如图 4 所示，此时三质点的动量和应等于所受的冲量 J，即

$$m_1 \boldsymbol{v}_1 + m_2 \boldsymbol{v}_2 + m_3 \boldsymbol{v}_3 = \boldsymbol{J} \qquad ①$$

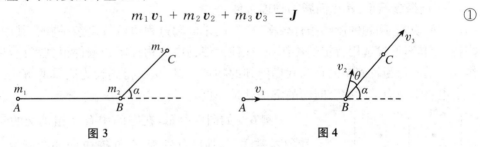

图 3　　　　　　　　　图 4

由于绳已拉直且不可伸长，所以每条绳两端的速度(其方向可能不沿着绳本身的方向，且两者的方向也不一定相同)在绳本身方向上的投影必然相等，由此，对于 AB 绳应有

$$v_1 = v_2 \cos(\alpha + \theta) \qquad ②$$

对于 BC 绳，应有

$$v_3 = v_2 \cos\theta \qquad ③$$

将①式中的矢量向 AB 方向投影有

$$m_1 v_1 + m_2 v_2 \cos(\alpha + \theta) + m_3 v_3 \cos\alpha = J\cos\alpha \qquad ④$$

将①式中的矢量向 BC 方向投影有

$$m_1 v_1 \cos\alpha + m_2 v_2 \cos\theta + m_3 v_3 = J \qquad ⑤$$

将②式和③式分别代入④式和⑤式中，得

$$(m_1 + m_2)v_1 + m_3 v_3 \cos\alpha = J\cos\alpha$$

$$m_1 v_1 \cos\alpha + (m_2 + m_3)v_3 = J$$

由上两式消去 v_3，即解得

$$v_1 = \frac{J m_2 \cos\alpha}{m_2(m_1 + m_2 + m_3) + m_1 m_3 \sin^2\alpha}$$

讨论 以上解法的巧妙之处在于灵活地选用了两次投影坐标轴的方向。为最方便地利用一条直绳两端的速度在绳本身方向上的投影相等这一事实,两次投影坐标轴的方向就分别选两绳 AB 和 BC 的方向,尽管此两方向并不正交,但由于两者互不平行,故由矢量式①分别沿此两方向投影得到的②式和③式还是互相独立的,在求解对应的未知量上,它们能起到将①式向两个互相正交的方向上投影所得的两式同样的作用。

在本题的求解中,如果机械地将矢量式①沿两个互相正交的方向投影,例如,将①式沿 BC 方向和垂直于 BC 方向来投影,则得到

$$m_1 v_1 \cos\alpha + m_2 v_2 \cos\theta + m_3 v_3 = J \qquad ⑥$$
$$m_1 v_1 \sin\alpha - m_2 v_2 \sin\theta = 0 \qquad ⑦$$

再联立②③⑥⑦四式,也可以解出 v_1。但为消去 θ,演算比上法要复杂得多。有兴趣的读者不妨自行一试。

以上两法中都选择了两个投影坐标轴,得到了相同个数的独立方程,但两法对应的方程组的数学求解却难易不同。可见选择适当的投影坐标轴的方向以使求解过程简单是很有实际意义的。

3. 选择参照系,转化问题的物理条件

一般说来,问题的制约条件较多,求解的手段和过程也就较复杂一些。其中,对于有些特殊问题,通过选用特定的参照系,往往可使题中的物理制约条件得到简化,使复杂的物理图景转化为较简单的且为我们熟知的物理图景,从而得到较为简单的解法。下面对一个电磁学与力学的综合问题的解法就是一例。

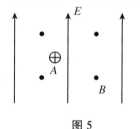

图 5

例 6 如图 5 所示,在空间中有互相正交的匀强电场和匀强磁场,其强度分别为 E 和 B,方向如图所示。今有一质量为 m、带电量为 $+q$ 的离子自图示位置 A 由静止开始在此空间中运动。试求此离子在运动中任意时刻的位置。

分析 我们先建立相对于地面静止的参照系 $O\text{-}xy$,令其 x 轴与电场方向和磁场方向都垂直且指向图中的右方,y 轴与电场方向一致。

在参照系 $O\text{-}xy$ 中,离子运动时受到电场力和磁场力的作用,电场力与其运动速度无关,而磁场力则随其运动速度变化而变化。一般情况下,离子的运动情况将会较为复杂。而一特殊情况是:若离子的速度大小刚好为 $v_0 = \dfrac{E}{B}$ 且其方向沿 $+x$ 方向,则离子所受的电场力 $F_1 = Eq$ 恰好与它所受的磁场力 $F_0 = Bqv_0$ 互相平衡,离子将做匀速直线运动。这时离子的受力情况与它在既无电场也无磁场的空间中的受力情况是等效的。

现在我们进一步来讨论在参照系 $O\text{-}xy$ 中,离子以任意速度 v 运动时的受力情况。不难看出,由于离子所受电场力总是沿着 y 轴方向,所受磁场力总与磁场方向垂直,因此离子在任何时刻都没有沿磁场方向的加速度,又由于离子的初速度为零,故离子的运动将不离开 xy 平面,即其速度 v 必在 xy 平面内。现将 v 分解为两个分量 v_0 和 v'(v_0 即

前述的特殊速度,其大小为 $v_0 = \dfrac{E}{B}$,方向沿 $+x$ 方向),即

$$v = v_0 + v'$$

由运动的独立性原理可看成此时离子同时具有两个速度 v_0 和 v',这两个速度使离子所受的磁场力 $F = Bqv$ 也等效于两个力 $F_0 = Bqv_0$ 和 $F' = Bqv'$ 的共同作用。这一点从另一个角度也可以看出,即由于 F、F_0、F' 分别与 v、v_0、v' 垂直且它们的大小又分别成比例,v、v_0、v' 能组成图 6 所示的平行四边形,故 F、F_0、F' 也可组成图 7 所示的平行四边形,即

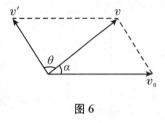

图 6

$$F = F_0 + F'$$

由力的等效代替原理,可以以力 F_0 和 F' 的共同作用代替力 F 的作用,则离子以任意速度 v 运动时,其等效受力图如图 8 所示,其中 F_0 与电场力 F_1 互相平衡,可见 F' 即为离子此时所受的电场力与磁场力的合力。由于 F' 本来是由分速度 v' 所产生的磁场力,可见,只要求出与任意速度 v 对应的分速度 v',便可求出此时离子所受的合外力 F'。又由图 6 可见,速度 v' 也可以看成是离子相对于另一个本身相对于参照系 $O\text{-}xy$ 以速度 v_0 运动的参照系的速度。

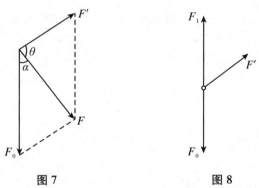

图 7   图 8

由此,我们假定再建立一个参照系 $O'\text{-}x'y'$,令它相对于参照系 $O\text{-}xy$ 沿 x 轴以速度 $v_0 = \dfrac{E}{B}$ 做匀速直线运动,且 $t = 0$ 时,y' 轴与 y 轴重合,x' 轴与 x 轴重合。由于离子受力不因惯性参照系的改变而改变,故在 $O'\text{-}x'y'$ 参照系中,由上面的分析知离子受力仍应为 $F' = Bqv'$,且 F' 与 v' 垂直,这个力正好是在 $O'\text{-}x'y'$ 参照系中所见的离子所受的磁场力,这也是在参照系 $O'\text{-}x'y'$ 中所见到的离子所受的全部外力。可见,经过这样一次参照系的转换,在参照系 $O'\text{-}x'y'$ 中,离子的运动就等效于在只有磁感应强度为 B 的磁场而无电场的空间中运动。

解 由上分析,分别取参照系 $O\text{-}xy$ 和 $O'\text{-}x'y'$。则在 $O'\text{-}x'y'$ 中,离子的初速度大小为 v_0,方向沿 $-x'$ 方向,由于磁场力的作用,离子将做匀速圆周运动,其圆周半径 R 和旋转角速度 ω 分别为

$$R = \frac{mv_0}{Bq} = \frac{mE}{B^2q}$$

$$\omega = \frac{Bq}{m}$$

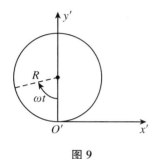

图9

其轨道圆的圆心坐标为 $\left(0, \dfrac{mE}{B^2q}\right)$，它在 O'-$x'y'$ 中的位置如图 9 所示。离子在时刻 t 所在的位置为

$$x' = -R\sin\omega t = -\frac{mE}{B^2q}\sin\frac{Bqt}{m}$$

$$y' = R - R\cos\omega t = \frac{mE}{B^2q}\left(1 - \cos\frac{Bqt}{m}\right)$$

由于参照系 O'-$x'y'$ 相对于参照系 O-xy 做匀速直线运动，故在时刻 t 离子在参照系 O-xy 中的位置为

$$x = v_0 t + x' = \frac{Et}{B} - \frac{mE}{B^2q}\sin\frac{Bqt}{m}$$

$$y = y' = \frac{mE}{B^2q}\left(1 - \cos\frac{Bqt}{m}\right)$$

讨论 本题若只在参照系 O-xy 中按牛顿定律列方程求解，则需用到高等数学中的微积分知识才可解出，这对仅掌握初等方法的中学生来说便无能为力了。

巧用"面积"解题

彭大斌

描述同一物理过程或者状态的两个相关物理量的量值之间的关系可以用图像来表示。借助于图像，不仅可以直观明了地看出两者的量值间的对应关系，而且往往还可利用图像的其他内涵特征（如图线的斜率、图线在坐标轴上的截距、图线与坐标轴所夹区域的面积等）来研究与此过程或状态有关的其他物理量。

现仅就如何利用图像中有关的"面积"来解题选列数例如下。

例1 如图1所示，一质量为 M、长度为 l 的长方形木板 B 放在光滑水平地面上，在其右端放一质量为 m 的小木块 A，$m < M_0$。现以地面为参照系，给 A 和 B 以大小相等、方向相反的初速度，使 A 开始向左运动，B 开始向右运动，但最后 A 刚好没有滑离 B 板。若初速度大小未知，求小木块 A 向左运动到达最远处（从地面上看）离出发点的距离。

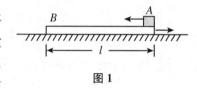

图1

解 依题意，B 与地面间无摩擦力作用，而 A 与 B 间必有摩擦力作用，当 A 与 B 间有相对运动时，其间的摩擦力使 A 和 B 分别产生加速度 a_A 和 a_B，由于 A、B 所受摩擦力大小相等，故有

$$\frac{a_A}{a_B} = \frac{M}{m}$$

当 A 滑至 B 的另一端时，两者的速度刚好相等且再无相对运动，这段时间内 A 和 B 的速度-时间图像如图2所示。图中 AC 线段、BC 线段分别为两物体在这段时间内的速度图线。由于 A 的加速度较大，故两图线的交点 C 位于时间坐标轴的上方。又由对于任何一时刻，此两图线上对应点之间的距离表示两者的速度差，即表示两者间的相对速度，可见△ABC 的面积 $S_{\triangle ABC}$ 表示两者达到共同速度前的相对位移，依题意有

$$S_{\triangle ABC} = l \qquad ①$$

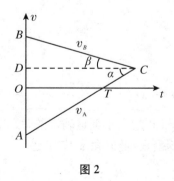

图2

又由图可见，在时刻 T 时物体 A 的速度为零，此前 A 的速度值为负，表示它向左运动，此后，A 的速度值为正，表示它向右运动，故在时刻 T 时，A 达到向左运动的最远处，此时它离出发点的距离为△AOT 的面积 $S_{\triangle AOT}$ 所表示。在图中作 CD 与时间轴平行，且令

它与两图线的夹角分别为 α 和 β，则有

$$\frac{S_{\triangle ADC}}{S_{\triangle DBC}} = \frac{AD}{DB} = \frac{\tan\alpha}{\tan\beta} = \frac{a_A}{a_B} = \frac{M}{m} \qquad ②$$

显然

$$S_{\triangle ADC} + S_{\triangle DBC} = S_{\triangle ABC} \qquad ③$$

又由于 O 为 AB 的中点，故

$$AD = \frac{M}{M+m} \cdot AB = \frac{2M}{M+m} \cdot AO \qquad ④$$

注意到 $\triangle AOT$ 与 $\triangle ADC$ 相似，则有

$$\frac{S_{\triangle AOT}}{S_{\triangle ADC}} = \left(\frac{AO}{AD}\right)^2 \qquad ⑤$$

联立①~⑤式，可解得

$$S_{\triangle AOT} = \frac{M+m}{4M} l$$

这就是小木块 A 向左运动到达最远处离出发点的距离。

例 2 在离水平地面高 h 处以一定速率 v_0 抛出一石子，试问应以多大的仰角将石子抛出，才可使其水平射程最远？（不计空气阻力）

解 设石子落地时速度大小为 v，则由机械能守恒定律有

$$\frac{1}{2}mv_0^2 + mgh = \frac{1}{2}mv^2$$

$$v = \sqrt{v_0^2 + 2gh}$$

可见，不管沿何方向抛出石子，石子落地时的速度大小都为一个确定的值。

又设石子在空中运动的时间为 t，则应有

$$\boldsymbol{v} = \boldsymbol{v}_0 + \boldsymbol{g}t$$

$\boldsymbol{v}$、$\boldsymbol{v}_0$、$\boldsymbol{g}t$ 三个矢量组成一个封闭三角形，如图3所示，其中 $\boldsymbol{g}t$ 沿竖直向下方向，并以 α 表示 $\boldsymbol{v}_0$ 与水平方向的夹角。

石子的水平射程为

$$x = v_0\cos\alpha \cdot t$$

而图3所示的三角形的面积 S 为

$$S = \frac{1}{2} v_0\cos\alpha \cdot gt \propto x$$

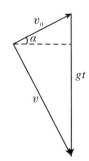

图 3

可见，欲使 x 最大，则需 S 最大。由于 $\boldsymbol{v}_0$ 和 $\boldsymbol{v}$ 的大小都是确定的，故当两者互相垂直时，它们所围成的三角形面积最大，此时角 α 应满足

$$\tan\alpha = \frac{v_0}{v} = \frac{v_0}{\sqrt{v_0^2 + 2gh}}$$

即当抛射仰角 $\alpha = \arctan\dfrac{v_0}{\sqrt{v_0^2 + 2gh}}$ 时，石子的水平射程最远。

例 3 从地面以速度 v_0 竖直向上抛出一皮球，皮球落地时速度为 v_2。若皮球在运

动过程中所受空气阻力的大小与其速率成正比,试求皮球在空中运动的时间。

解 作皮球在整个运动过程中的速度-时间图像,如图 4 所示。由于球上升和下落的高度相等,故图中时间轴上下两部分阴影区域的面积相等。

另外,由于空气阻力 f 与球的速率成正比,若改取图中纵轴表示空气阻力 f(以向下的方向为正),选用适当的坐标标度,则 v-t 图线也可以表示此过程中的 f-t 图线。在 f-t 图中,两部分阴影区域的面积则分别表示上升过程和下降过程中空气阻力对球的冲量,可见这两个冲量的大小相等、方向相反,则在球的整个运动过程中,空气阻力对球的总冲量为零。这样一来,根据动量定理,以球为对象,以 t 表示运动的总时间,对于整个运动过程,则有

$$mgt = mv_2 - m(-v_1)$$

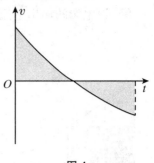

图 4

便得

$$t = \frac{v_1 + v_2}{g}$$

例 4 在一气缸的活塞下面,封闭有物质的量为 μ 的理想气体。由于受到剧烈的加热,气体迅速膨胀,且膨胀过程中其热力学温度与其体积的平方成正比,即 $T = kV^2$。在其体积由 V_1 膨胀至 V_2 的过程中,气体从外界吸收的热量为 Q,试问此过程中气体的内能增加了多少?

解 缸内气体应满足克拉珀龙方程,即

$$pV = \mu RT$$

又由题给条件有

$$T = kV^2$$

由以上两式可得

$$p = \mu RkV$$

可见气体膨胀时,其压强 p 与体积 V 成正比例,因此,在 p-V 图上此过程的图线是过坐标原点的直线上的一段,如图 5 所示。

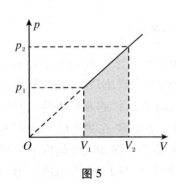

图 5

图中阴影区域的面积表示气体在此过程中对外所做的功 W,由图可见

$$W = \frac{p_1 + p_2}{2}(V_2 - V_1) = \frac{1}{2}\mu Rk(V_2^2 - V_1^2)$$

由热力学第一定律可知,在此过程中气体内能的增加量为

$$\Delta U = Q - W = Q - \frac{1}{2}\mu Rk(V_2^2 - V_1^2)$$

例 5 一电源的电动势为 ε,内电阻为 r,试问外电阻为何值时,电源的输出功率

最大?

解 设电源的输出电流为 I,路端电压为 U,由于

$$U = \varepsilon - Ir$$

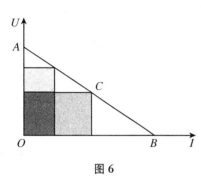

图 6

故 U 随 I 变化的图线如图 6 中的线段 AB 所示,AB 线上不同点的坐标与不同外电阻值 R 所决定的 U 和 I 相对应。以 AB 线上任意一点和坐标原点为相对顶点所围成的矩形(图中画出了两个)的面积为

$$S = UI$$

上式中的 U 和 I 即上述的 AB 线上某一点的两个坐标。显然,S 表示此时对应的电源输出功率,要使电源的输出功率最大,即要使此矩形的面积最大。

当外电阻取不同值时,在图 6 中即有不同的矩形与之对应。由几何知识可知,在这些可能的矩形中,顶点位于线段 AB 的中点 C 处的矩形面积最大,从图中可看到这时

$$U = \frac{1}{2}\varepsilon$$

又由欧姆定律应有

$$U = \frac{\varepsilon}{R+r}R$$

故得

$$R = r$$

即当外电路电阻 $R = r$ 时,电源的输出功率最大。

例 6 试证明最大值为 I_m 的正弦交流电流的有效值为 $\dfrac{I_m}{\sqrt{2}}$。

证明 最大值为 I_m 的正弦交流电的瞬时值可写为

$$i = I_m \sin\omega t$$

它通过某一电阻 R 产生电热的功率的瞬时值为

$$P = i^2 R = I_m^2 R \sin^2\omega t = I_m^2 R \cdot \frac{1 - \cos 2\omega t}{2}$$

P 随时间 t 变化的关系如图 7 中的曲线所示,图中以竖线画出的阴影区域的面积表示在对应时间内此交流电通过电阻 R 所发的热。由图形的对称性可以看出,在任意个整数倍周期的时间内,这部分面积与图中以横线画出的同一时间内的阴影区的面积相等。而后一阴影区的面积又相当于一个大小为 I 的恒定电流通过同一电阻 R 在相同时间内所发的热。由于交流电 $i = I_m \sin\omega t$ 通过电阻 R 所发的热与恒定电流 I 在相同时间内通过同一电阻所发的热相等,依交流电有效值的定义可知,I 即为该交流电的电流有效值。由图可见 I 值应满足

$$I^2 Rt = \frac{1}{2} I_m^2 Rt$$

即

$$I = \frac{I_m}{\sqrt{2}}$$

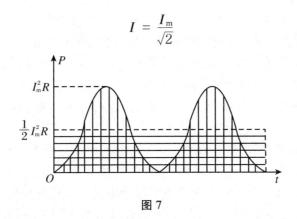

图 7

通过以上几例的解答,我们看到在解某些物理题时,灵活地利用图形面积来求解的方法有它的优势。以下略述几点,以供参考。

利用图形面积来解题,有助于我们对问题物理意义的理解。一般情况下,图上的"面积"表示的是两坐标轴代表的物理量的乘积,这个乘积有物理意义时,图上的"面积"才被赋予这一物理意义。对图形的物理意义的清楚理解,不仅可以帮助我们充分利用图形来解题,而且往往还可以让我们对题述内容更深入地理解和掌握。如例 1 中,通过图形,我们明显地看出了以下几点:

(1) 同一时刻 AC、BC 两速度图线上对应点之间的距离表示此时刻 A、B 两者相对运动速度的大小;

(2) △ABC 的面积表示 A、B 由最初速度不等、有相对滑动直至最后两者速度达到相等的过程中两者间相对滑动的距离;

(3) 在时刻 T 之前 A 向左运动,T 之后 A 向右运动;

(4) △AOT 的面积表示 A 向左运动所达到的最远距离;

(5) A、B 最后一起以 D 处对应的速度值向右运动。

显然,通过上述这几点,已经将题述这一较为复杂的物理过程的每一步都清晰地展示了出来,由此,各步中对应物理量的量值也不难利用图中的关系求出。

利用图形面积来解题,常可得到简洁的解法。如前述,有了图形,往往使问题的物理意义更为清晰,所涉及的物理量的关系可利用图中的几何关系来表示,涉及的数学演算也转化为几何量间的关系的演算。这样,我们在求解中能有清晰的思路,还可能找到简洁的演算途径。如例 2 中求斜抛体的最大射程,如果采用常规的方法,将运动分解为水平方向和竖直方向的两分运动,再对此两分运动分别列方程,最后用解析的方法来求,其演算就繁难得多,且在繁杂的数学演算中,数学式所体现的物理意义也不太容易理解清楚。又如例 3 和例 6,按常规的方法,都要用到超出中学范围的物理和数学知识才能求解,且其求解过程的演算甚繁,而我们巧用了"面积",便在中学物理和数学知识的范围之内,不太费力就能将其解出。

利用图形面积来解题,有助于我们挖掘题目的隐含条件。找出并利用题中的隐含条件往往是求解那些包含隐含条件的题的关键。利用图形面积解题时,有时把图形作出,其隐含条件也就随之暴露了。如例 3 中,很容易看出的隐含条件是球上升的高度与下降的高度相等;而解题的关键却是要利用球在上升过程中所受到的阻力的冲量与球在下降过程中所受到的阻力的冲量大小相等这一关系,这是一个深层次的隐含条件,但这一关系在一般解法的思路下不容易想到,即使想到了也不易证明。如果作出图 4,且注意到要利用图形的面积,则前一关系便是不言自明的,而后一关系也容易通过对图形的联想得出。

利用图形面积解题,还有利于启迪我们的求异思维。这种方法在常规题的求解中用得不多,正因为如此,我们在分析和求解问题时,往往会忽视它。而如果我们能对它有意地予以注意,那么思维将更开阔,解题时也可能产生超出常规的新思路,有时甚至可在按常规方法走到山重水复疑无路时,借助于此法看到柳暗花明又一村的前景,前面已经提到的例 3 和例 6 正属于这种情况。

电阻的计算

长沙市一中　刘渝民

本文介绍的内容是用高中物理和数学知识讨论电路总电阻的计算方法。

中学生在平时学习、高考、竞赛中遇到的这类问题一般说来有三种：

(1) 串、并联电路及混联电路的电阻。

(2) 不是混联电路，但属于对称电路，通过某些技巧性的处理可以化为混联电路，从而用串并联的方法求出总电阻。

(3) 非混联电路、也非对称电路的电阻。

1. 串、并联电路及混联电路的电阻

串联电路的总电阻为

$$R = R_1 + R_2 + R_3 + \cdots$$

并联电路的总电阻为

$$\frac{1}{R} = \frac{1}{R_1} + \frac{1}{R_2} + \frac{1}{R_3} + \cdots$$

如属混联电路，可按串、并联的顺序依次计算求解。

例1　求图1中的 R_{AB}，已知 $R_1 = 4\ \Omega, R_2 = 2\ \Omega, R_3 = 8\ \Omega, R_4 = 8\ \Omega$。

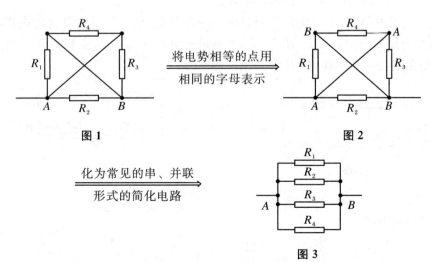

因此，求出总电阻 $R_{AB} = 1\ \Omega$。

例2 求图 4 中的 R_{AB},已知 $R_1=R_2=8\ \Omega,R_3=4\ \Omega,R_4=2\ \Omega$。

解

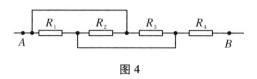

图 4

$\xRightarrow{\text{将电势相等的点用相同的字母表示}}$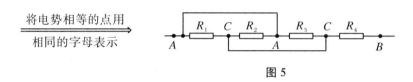

图 5

$\xRightarrow{\text{化为常见的混联电路}}$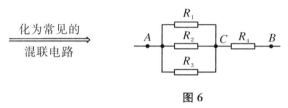

图 6

由此求得 $R_{AB}=4\ \Omega$。

简化电路的顺序是:

(1) 将电势相等的点标上相同的字母。

(2) 画出简化电路图。

从简化电路图上能明显地看出电阻串、并联关系的顺序,因而可以十分容易地求出电路的总电阻(或称等效电阻)。

2. 对称电路的电阻

先求出图 7、图 8 所示电路的总电阻 R_{AB}。

这两个电路的特点是:在电路上通过由 $A\to B$ 的电流时,C 点和 D 点的电势相等。

这两个电路的不同处在于:图 7 是四个电阻先串联后并联,C 点和 D 点是断开的;图 8 是四个电阻先并联后串联,C 点和 D 点是连通的。

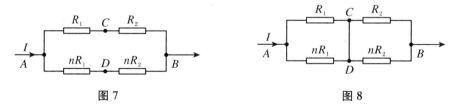

图 7   图 8

可求出:

图 7 中的电阻为

$$R_{AB}=\frac{(R_1+R_2)(nR_1+nR_2)}{R_1+R_2+nR_1+nR_2}=\frac{n}{n+1}(R_1+R_2)$$

图 8 中的电阻为

$$R_{AB} = \frac{nR_1 \cdot R_1}{nR_1 + R_1} + \frac{nR_2 \cdot R_2}{nR_2 + R_2} = \frac{n}{n+1}(R_1 + R_2)$$

可见,对于这种对称电路中电势相等的点,将它们连起来,或者将它们分开,所得两个电路的电阻值是相同的。这个方法从下面几例中可以体现出来。

例3 求图9中的R_{AB},已知$R_1 = 1\ \Omega, R_2 = 2\ \Omega, R_3 = 3\ \Omega, R_4 = 4\ \Omega, R_5 = 8\ \Omega$。

解

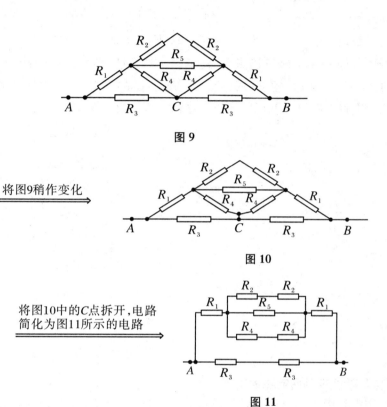

由此求得$R_{AB} = 2.4\ \Omega$。

本题求解的关键是在C点处按如图10所示拆开。

例4 求图12中的R_{AB},已知图中各电阻的阻值全部为$1\ \Omega$。

解 C点和D点可以拆开,拆开后电路变为图13。

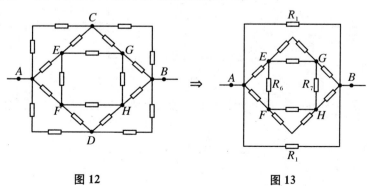

图12　　　　　图13

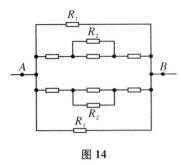

图 14

由电路的对称性可以看出：图 13 所示的电路中，E、F 两点电势相等，G、H 两点电势相等，故都可以拆开。取走它们之间的电阻 R_6、R_7 后，电路变为图 14。在图 14 所示的电路中，$R_1 = 4\ \Omega$，$R_2 = 2\ \Omega$，其余电阻均为 $1\ \Omega$，可求得 $R_{AB} = 0.8\ \Omega$。

例 5 求图 15 中的 R_{AB}，已知 $R_1 = 1\ \Omega$，$R_2 = 2\ \Omega$，$R_3 = 3\ \Omega$，$R_4 = 4\ \Omega$。

解 分析图 15 所示电路可以看出，此电路虽然有四种阻值不同的电阻，但此电路为对称电路，其中 C_1、C_2、C_3 的电势相等，D_1、D_2、D_3 的电势相等，即可以用导线将 C_1、C_2、C_3 连接，用导线将 D_1、D_2、D_3 连接。这样电路简化为图 16。

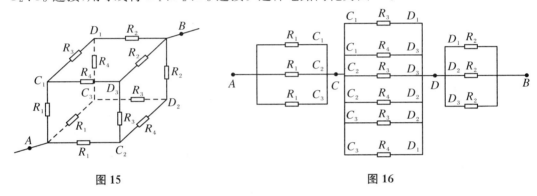

图 15　　　　　　　　　　　　图 16

可求得
$$R_{AB} = \frac{1}{3}\ \Omega + \frac{2}{3}\ \Omega + \frac{4}{7}\ \Omega = \frac{11}{7}\ \Omega$$

3．既非混联也非对称电路的电阻

可以利用电路中各部分的电压关系和电流关系，用递推的方法先求出总电压 U 和总电流 I，再由电阻的定义式求出总电阻 $R = \dfrac{U}{I}$。

例 6 求图 17 中的 R_{AB}，已知 $R_1 = 1\ \Omega$，$R_2 = 2\ \Omega$。

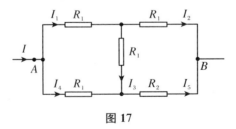

图 17

解 在图 17 中标出通过各个电阻的电流 I_1、I_2、I_3、I_4、I_5，并设 $I_1 = 1$ A，$I_2 = x$ A，则
$$I_3 = I_1 - I_2 = (1-x)\ \text{A}$$

由

$$I_1R_1 + I_3R_1 = I_4R_1$$

得

$$I_4 = [1 + (1-x)] \text{ A} = (2-x) \text{ A}$$
$$I_5 = I_4 + I_3 = [(2-x) + (1-x)] \text{ A} = (3-2x) \text{ A}$$

又由

$$I_1R_1 + I_2R_1 = I_4R_1 + I_5R_2 = U$$

可得

$$1 + x = 2 - x + 6 - 4x$$
$$x = \frac{7}{6}$$

因为

$$U = I_1R_1 + I_2R_1 = \frac{13}{6} \text{ V}$$
$$I = I_1 + I_4 = \frac{11}{6} \text{ A}$$

所以

$$R_{AB} = \frac{U}{I} = \frac{13}{11} \text{ Ω}$$

例7 求图18中的 R_{AB}，电路中每个电阻均为 1 Ω。

解 考虑到电路的对称性，可知在 C 点可将电路拆开，在 D 点可将电路拆开，便得图19所示的等效电路。在图19中，$R_1 = 1 \text{ Ω}$，$R_2 = 1 \text{ Ω}$，$R_3 = 1 \text{ Ω}$，即仍然是电阻阻值全部为 1 Ω 的电路。

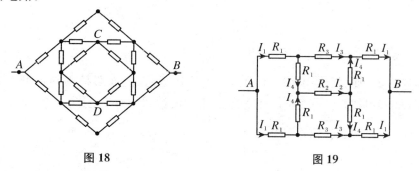

图18　　　　　图19

设电流 I 由 A 端流向 B 端。在图19上标上电流方向及名称。考虑到电路的对称性，在电流相同时用同一字母标记。

设 $I_1 = 1 \text{ A}$，$I_4 = x \text{ A}$，则 $I_3 = (1-x) \text{ A}$，$I_2 = 2x \text{ A}$。

由

$$I_3R_3 = I_4R_1 + I_2R_2 + I_4R_1$$

得

$$1 - x = x + 2x + x$$
$$x = 0.2$$

所以总电流为
$$I = 2I_1 = 2 \text{ A}$$
总电压为
$$U = I_1R_1 + I_3R_3 + I_1R_1 = 2.8 \text{ V}$$
得
$$R_{AB} = \frac{U}{I} = 1.4 \text{ Ω}$$

本题先选某一支路（称为起始支路），设其电流为 1 A（选它为 1 A 的原因仅仅是为了便于计算）（也可设电压），然后根据起始支路的电流（或电压）逐步推算出其他支路的电流（或电压），最后算出电路的总电流 I 和总电压 U，再根据 $R = \dfrac{U}{I}$ 计算出该电路的总电阻 R_{AB}。

练习题

1. 如图 20 所示，正五边形框架由 10 个相同电阻 $R = 1$ Ω 的直电阻丝组成。图中除 A、B、C、D、E 五个点为连接点外，其余交叉部分均为相互绝缘，求 R_{AB}。$\left(\dfrac{2}{5} \text{ Ω}\right)$

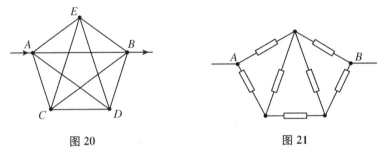

图 20　　　　　　　　　　图 21

2. 试求图 21 所示电路的 R_{AB}，图中 $R = 1$ Ω。$\left(\dfrac{8}{7} \text{ Ω}\right)$

3. 试求图 22 所示框架中 A、B 两点间的电阻 R_{AB}，此框架是用同种细金属丝制作的，单位长度的电阻为 r，一连串内接等边三角形的数目可认为趋向无穷，取 AB 边长为 a，其内每个三角形的边长依次减少一半。$\left(\dfrac{1}{3}(\sqrt{7}-1)ra\right)$

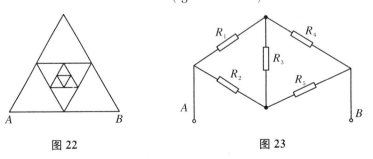

图 22　　　　　　　　　　图 23

4. 试求图 23 所示电路的 R_{AB}，图中 $R_1 = 10.8$ Ω，$R_2 = 3$ Ω，$R_3 = 2$ Ω，$R_4 = 1$ Ω，$R_5 = 5$ Ω。（3.69 Ω）

小议黑洞半径的经典近似估算方法

舒幼生

爱因斯坦的引力场理论（广义相对论）预言，当星体中的物质因引力而坍缩到极小的球半径范围内时，其周围的引力场可以强到使光子不能离开星体而去，外部世界将"看"不到此星体，故称之为黑洞。如果星体的物质分布具有球对称性，总质量为 M，球半径为 R，由爱因斯坦场方程可导得，当

$$R \leqslant R_0 = \frac{2GM}{c^2}$$

时，该星体便成为黑洞，R_0 称为黑洞的临界半径。

中学物理不可能涉及 R_0 的严格导出过程，但光子的能频公式 $E = h\nu$、爱因斯坦的质能方程 $E = mc^2$ 及引力质量与惯性质量的同一性等近代物理知识已包含在教学内容之中，因此在国内外物理竞赛中便出现了要求中学生用经典近似的方法来估算黑洞半径的赛题。

黑洞半径的经典近似估算方法有两种。第一种方法利用了 $E = h\nu$ 公式，这在波兰国内竞赛赛题的题文（《中学物理奥林匹克趣题选及解答》题 9.3，湖南教育出版社，1993 年 9 月版）中就已向学生作出了明确的提示，抄录于下：

"一个最有趣的宇宙物体就是所谓黑洞，它是某些类型的星体的最后演变期。一切都证明，黑洞确实存在，而不仅仅是学者们的假想。当某种确定类型的星体的半径减小到从它的表面发射的光线没有足够的能量去脱开它、无限地远离它时，估计这种星体可能成为黑洞。确切地描述黑洞要求使用非常复杂的数学工具和爱因斯坦的引力论概念。但某些问题可以用守恒原理近似地（不会有数量级的错误）求解。频率为 ν 的光子可以赋予一个质量 $\frac{h\nu}{c^2}$，此处 h 代表普朗克常量，c 是光的速度。

我们想象，星体是一个质量为 M 的均匀的球。利用上面的情况，计算它成为黑洞的临界半径 R_0。当太阳演变到生成黑洞时，求太阳的 R_0 的数值。相应的已知数据请到书表中去找。"

尽管此题的题解已被多数准备参赛的学生所熟知，但仍有必要对题解中涉及的一些基本概念作适当的补充说明。

题解利用的基本关系式

$$E = mc^2, \quad E = h\nu$$

中的 E 为物体自能，它包括物体静止时的静能与运动时增加的动能。有些中学生，甚至

有些大学生误以为 E 中还应包括该物体的引力势能和电势能等,这是不对的。在经典力学中,因为物体受外加保守力作用而引入的势能量既然与外作用有关,因此不属于该物体自身所有。自从发现了场物质的存在后,势能量最终均归属于场能。物体若有内部结构,内部质点间相互作用力场的场能自然地包含于物体的静能之中,或者说静能中包含了物体内部的相互作用势能。这一内部势能对 E 有贡献,因此对 m 也有贡献。某些重核裂变反应释放出的能量中有一部分即属于此内部势能的减少量,由 $E=mc^2$ 可知,裂变后必定对应有质量亏损。某些轻核聚变时也会使粒子间相互作用总势能减少,同样会造成质量亏损。总之,可以通俗地说,E 中包含物体的内势能,但不包含物体的外势能。

从逻辑关系上也有必要了解到 $E=mc^2$ 是由狭义相对论力学中修正的牛顿第二定律等导出的,因此 m 的原意为惯性质量。既然 E 中包含着物体的动能,而动能理应随物体运动速度增大而增大,考虑到真空光速 c 的恒量性,便不难理解 m 也必随速度增大而增大,这是对牛顿第二定律中 m 恒为常量的假设的修正。经典力学中物体的引力质量与惯性质量是两个不同的概念,但由实验得知两者的度量之间严格地成正比例关系,适当选取单位,可使比例系数为1,于是 m 既是惯性质量的度量也是引力质量的度量。爱因斯坦的广义相对论则认为惯性质量与引力质量是同一概念,均称为质量,记为 m。

光子的静能为零,E 即为其动能。按经典的观点

$$m = \frac{h\nu}{c^2}$$

既为它的惯性质量也为它的引力质量,因此在引力场中具有引力势能 E_p,光子的总能量便为

$$E_总 = E + E_p = h\nu + E_p$$

在波兰赛题的解答中,将距星球无穷远处设为势能零点,则在距星球中心 $r>R$(星球半径)处有

$$E_p = -G\frac{Mm}{r} = -G\frac{Mh\nu}{c^2 r}$$

$$E_总 = h\nu\left(1 - \frac{GM}{c^2 r}\right)$$

式中 G 为引力常量。设光子在星球表面处的频率为 ν_0,则有

$$E_总 = h\nu_0\left(1 - \frac{GM}{c^2 R}\right)$$

若光子能离星体远去,则由能量守恒要求在无穷远处有

$$E_总 = h\nu_\infty > 0$$

即要求

$$1 - \frac{GM}{c^2 R} > 0 \quad \Rightarrow \quad R > \frac{GM}{c^2}$$

反之,若 R 不满足上式,即

$$R \leqslant R_0 = \frac{GM}{c^2}$$

则光子便不能远离星体而去,星体也就成为黑洞,R_0 即为黑洞的临界半径。

实际上按这一解法,若 $R \leqslant R_0$,则 $E_总 \leqslant 0$,对任意 $r > R_0$ 处均会因

$$h\nu\left(1 - \frac{GM}{c^2 r}\right) \leqslant 0$$

而使

$$\nu \leqslant 0$$

但不存在 $\nu \leqslant 0$ 的光子,故光子甚至不可能从黑洞表面跑到 $r > R_0$ 的有限远处。

这一解法中存在两个问题。第一个问题是在 $r \leqslant R_0$ 处的光子向 $r > R_0$ 处行进过程中,ν 将达到零值,或者说光子将消失,经典近似中可将这解释为原光子的质与能转化为其他物质形式的质与能。广义相对论的解释并非如此,它的解揭示出光子之所以不能到达 $r > R_0$ 处是因为它需经无限长时间来渡越 $r = R_0$ 这一临界面,或者说在 $r = R_0$ 附近光子的真实速度将趋于零。采用经典近似方法估算 R_0 值的解答中无需讨论这一问题,因为它已超出经典范畴。第二个问题是需要取无穷远为引力势能零点,而经典理论中势能零点具有任选性,似有不完备之处。但在估算中这种不完备性常是允许的,因为估算并非严谨的推演,估算就是在某些简化假设或某些特殊情况下得到定性或半定量的结果。

黑洞半径的第二种经典估算方法较为简单,这就是当该星体的"第一宇宙速度"达到光速时,光子可以绕星体表面旋转而不会远离星体而去。由此即得

$$c = \sqrt{\frac{GM}{R_0}} \Rightarrow R_0 = \frac{GM}{c^2}$$

这一方法甚至不必涉及 $E = mc^2$ 和 $E = h\nu$ 公式。作为一种估算,自然也不必追究诸如"光子若不是绕星体旋转,它能否远离星体"之类的问题。顺便一提,由广义相对论可知,光子做这种圆周运动的真实速度实际上也会趋向零,这仍是经典理论无法理解的,也就不必在中学范围内过问。

前已给出广义相对论的黑洞临界半径的计算公式,其值为上述近似估算值的两倍,由此可算得太阳、地球和电子的 R_0 值分别为 1.5 km、0.44 cm 和 $1.4 \times 10^{-55} \text{ cm}$。

若设星体为质量均匀分布的球体,它恰好成为黑洞时按经典近似其体积为 $\frac{4\pi R_0^3}{3}$(广义相对论中此式不成立),则很容易导得它的密度 ρ 与总质量 M 的二次方成反比,即有

$$\rho \propto \frac{1}{M^2}$$

可见,星体质量大者相对而言较易成为黑洞。

黑盒子问题的解题思路

中国人民大学附属中学　杨正川　王珉珠

在我们周围存在着大量其内部结构和机理都还不为人知的系统,这些系统可统称为"黑箱"。在现实中,诸多"黑箱"是不能打开来直接观察和研究的,这时只能通过外部观测,利用猜想、验证的方法来探究其内部的情况。这种解决和认识问题的特殊方法就是所谓"黑箱"方法。究其实质,这种方法就是由果而溯因的逆向思维方法。

运用"黑箱"方法,第一步,弄清"果",即收集自"黑箱"输出的所有信息(包括其主动输出的信息,或对人为输入信息的反馈信息等),分析这些输出信息,或对输入、输出信息进行比较,总结其特点。

第二步,应用物理规律找出上述"果"所对应的各种可能的"因",从而对内部情况提出合理的假设。

由于不同的"因"常可产生在某些方面相同的"果",所以当所获得的信息不全时,可能会出现多个不同的假设,因此,还存在着去伪存真的检测必要,这就是:

第三步,输入不同信息,获得多侧面反馈,找出能同时产生诸多"果"的"因"。事物的限制越多,范围便越小,如此反复,便可逐步缩小可能范围,渐渐逼近目标。

第四步,基于推测、判断的结果,再输入新的信息,并预测输出的结果,通过实验,看实际与预测的符合程度,从而判定假设的正确性。

这种研究问题的方法体现了人类对事物从不知到知、由感性到理性、由表面到本质的认知升华的过程。它作为一种通用的科学方法,渗透在自然科学和社会科学的许多领域。

例如,太阳的组成未知,它就是一个"黑箱"系统,而太阳光就是从"黑箱"中主动输出的信息。捕捉到阳光的信息——太阳光谱,利用人类已知的吸收光谱理论,便可推知太阳外层气体的组成成分。

在中学教学中出现的"黑箱"问题共有两类。一类是题目已经提供了输入、输出信息,另一类是"黑箱"实验问题。

1. 已提供输入、输出信息的"黑箱"问题

解决这类问题,要求学生既具有熟练掌握物理规律及物理元件特性的知识基础,又具备较高的分析判断、特别是逆向思维的能力。其解题步骤可见下面几例。

例1　如图1所示,单色平行光束从左侧射入方盒,从右侧出射,则方盒中放置何种透镜,位置如何(设透镜个数不超过2)?

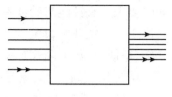

图1

解 题目中入射光线即输入信息,出射光线即"黑箱"反馈信息。其分析见表1。

表1

果	规律	因
出射光束变窄	凸透镜对光束有会聚作用	内含凸透镜
入、出射光均为平行光束	单个凸透镜使平行光束变为会聚光束	内含一个凸透镜和另一个透镜
入、出射光线顺序一致	两个凸透镜组合,光线顺序颠倒,一凸、一凹两透镜组合,光线顺序一致	一凸、一凹两透镜组合,且后焦点重合

以上从多侧面反馈信息(果)出发,通过物理规律,推出逐步强化的对"因"的限定要求,使范围逐步缩小,最后推测出内部光学仪器的组成。

接着再按推测画出透镜组,并作平行入射光束,依光路作图法找出相应的出射光束,验证推测的合理性。

例2 如图2所示,一个盒子内装有由导线和几个阻值为 $5\ \Omega$ 的电阻组成的串并联电路,盒外的1、2、3、4是该电路的4个接线柱。已知1、3接线柱间所测得的电阻等于2、4接线柱间的电阻,均等于 $5\ \Omega$;1、2接线柱间的电阻为 $10\ \Omega$;在3、4接线柱间没有测出明显阻值。试画出盒内的电路图。

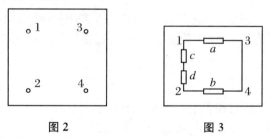

图2　　　　　图3

解 本题中已知信息为电路由纯电阻构成,每个电阻均为 $5\ \Omega$,且 $R_{13} = R_{24} = 5\ \Omega$,$R_{12} = 10\ \Omega$,$R_{34} = 0$。以这些信息为依据,并根据串联电路的规律,可以推测1、2接线柱间有两个 $5\ \Omega$ 电阻,1、3和2、4间各有一个电阻,3、4接线柱间没有电阻,于是,可推测电路如图3所示。

下面再根据此电路进行复核运算,以检验推测的正确性,不难发现,在1、2两接线柱间,a、b 两电阻串联,c、d 两电阻串联,然后两部分再并联,所以 $R_{12} = 5\ \Omega$,证明上述推测是不正确的。

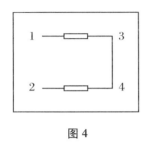

图4

此时要先检查预测与验证不相符合的原因,以便对上述推测提出修正。在图3中,$R_{12} \neq 10\ \Omega$ 的原因是3、4接线柱间有短路导线,造成 a、b 电阻串联后又并联在1、2接线柱间。由于 $R_{34}=0$,所以3、4间的短路导线必须保留,而将 c、d 电阻去掉。这样,1、2接线柱间由于 a、b 电阻的串联,同样能满足 $10\ \Omega$ 的要求,于是可以推测电路如图4所示。

对第二次推测电路再进行复核运算,可知其正确。

值得注意的是,由于本题所给出的信息限定不严(或说信息不全),因此相对题给的所有的"果","因"是多种的,下面图5(a)~(c)所示的三种电路同样满足题设的要求。这一点应该引起足够的注意。这不仅涉及解题的完整性,更重要的是,对同一个"果"寻求不同的"因",正好体现了发散思维方法,而这种思维方法是在进行科学探索过程中必不可少的。例如,对于原子结构,历史上就有汤姆孙的枣糕模型和卢瑟福的核式结构模型两种不同假说。这种由于信息的不全以及研究者思维方式的不同而造成对同样的"果"提出不同的"因"的现象在科学发展的历程中屡见不鲜。不同的假说或相互矛盾、斗争,或相互补充、印证,使人类对客观规律的认识一步步趋向真实,这正是科学理论形成和发展的一般模式。

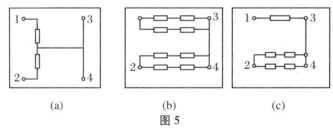

图5

例3 有一个盒子外部只有两个接线柱 A、B,内部有由两个电动势均为 $2\ V$,内阻均为 $1\ \Omega$ 的电池和几个电阻为 $1\ \Omega$ 的定值电阻组成的串并联电路。用内阻很大的电压表测得 A、B 间的电压为 $2\ V$,用内阻很小的安培表测得 A、B 间的电流读数为 $2\ A$,试画出盒子内部电路。

解 题目提供的信息是:

① 电路由两个已知电池和若干已知电阻构成。

② 用内阻很大的电压表接收的信息为 $2\ V$ 电压。

③ 用内阻很小的安培表接收的信息为 $2\ A$ 电流。

因为内阻很大的电压表内部可看作断路,因此电压表所测值 $2\ V$ 应为 A、B 间的实际电压。由电池串、并联规律可得第一种推测,即 A、B 间可能并联两电池,同时 A、B 间不能再并有其他支路,此时 A、B 间的 $2\ V$ 电压是并联电池组的电动势。其电路如图6所示。

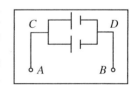

图6

这种推测是很粗略的,它包含的可能性有多种。例如,在图

6 的 AC、BD 段及两电池所在支路中可任意加接电阻,其结果都符合在 A、B 间的电压为 2 V 的信息要求。到底哪个正确,仅由以上两个信息无法做出判断。此时要利用信息③,即用电阻很小的安培表测得 A、B 间的电流读数为 2 A,据此作强化限制,使可选范围缩小。

因电阻很小的安培表内部可看作短路,将其加到图 6 中,根据全电路欧姆定律可知通过其电流应为 4 A,与实测值不符,所以对图 6 须加修正,其结果可能为图 7(a)和(b)所示的情况。

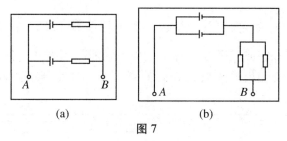

图 7

由于缺乏进一步限制的信息,上述两种结果均应保留。

第二种推测为两电池正串,如图 8 所示。在信息②中,电压表所测的 2 V 电压为此电路中部分电阻的两端电压。由全电路欧姆定律可知,A、B 间的电阻值必为 2 Ω。所以具体结构为 A、B 间有两个 1 Ω 电阻串联,如图 9 所示。

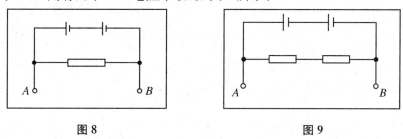

图 8　　　　　　　　　图 9

此推测是否正确,需用信息③加以验证。当短路安培表接到 A、B 间时,根据全电路欧姆定律,预测通过安培表的电流为 2 A,与实测值相符,所以图 9 正确。

例 4 在一个"黑箱"中有四个电容均为 C 的电容器和若干导线构成的串并联电路,盒外 a、b、c、d 为四个接线柱,已测知 a、b 间的电容为 $\frac{3}{5}C$,c、d 间的电容为 $\frac{3}{2}C$,试画出盒内电路图。

解 相同电容器的串并联问题在中学阶段涉及不多,此类问题可借助电阻的串、并联规律,用类比的方法解决。

电容器两板间的电压 U 与带电量 Q 及电容 C 的关系式 $U = \frac{1}{C}Q$ 可与电阻的欧姆定律表述式 $U = RI$ 类比,其中 $\frac{1}{C}$ 类比为 R,Q 类比为 I。因此,n 个相同电容器串联时的关系式 $\frac{1}{C_{总}} = n\frac{1}{C}$ 可类比于 n 个相同电阻串联时的关系式 $R_{总} = nR$,n 个相同电容器并联

时的关系式 $C_总 = nC$ 可类比于 n 个相同电阻并联时的关系式 $\dfrac{1}{R_总} = \dfrac{n}{R}$。下面就用此方法求解本题。

用类比的方法,可将原题"翻译"为有四个相同电阻 R 和导线构成串、并联电路,a、b 间的电阻为 $\dfrac{5}{3}R$,c、d 间的电阻为 $\dfrac{2}{3}R$。

根据有四个相同电阻 R,$R_{ab} = \dfrac{5}{3}R$ 这两条信息以及电阻串、并联规律,利用排除法可知:因为出现 $\dfrac{5}{3}$ 这个倍数,所以首先排除可能出现倍数 1、4 或 $\dfrac{1}{4}$ 的所有对称性分布以及三个串联再与一个并联或三个并联再与一个串联的排列方式。然后利用累加法,在两个电阻并联的基础上推测出如图 10(a)~(c)所示的三种可能电路,由计算可知,这三种电路都不符合要求。

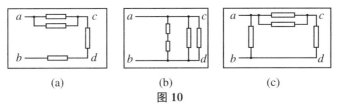

图 10

再在两个电阻串联的基础上推测如图 11 所示的电路,由计算可知,图 11 是可能的。

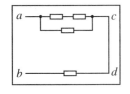

图 11

下面再由题目中最后一条信息,即 c、d 间的电阻为 $\dfrac{2}{3}R$,进一步推出图 11 中 a、c 两点即为题中所述的 c、d 两点,所以改画电路如图 12 所示。根据此图计算得 $R_{cd} = \dfrac{2}{3}R$,与题设相符,因此图 12 正确。

最后再将图 12 所示的电阻电路"翻译"成为图 13 所示的电容电路。

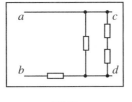

图 12

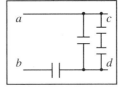

图 13

例 5 在一个方盒外面有两个接线柱 a、b,用来接交流电源。已知在方盒内部有两条相同的电炉丝,一个双刀双掷开关和若干导线组成的电炉装置。开关掷向一方时的电炉功率为开关掷向另一方时的电炉功率的 4 倍。如两次电流强度不变,则方盒内电路如何?

解 由题目所给信息知两条电炉丝相同。再由纯电阻热功率计算公式 $P = I^2R$ 可知,由于电流强度不变,只要两种电路的电阻值为 4 倍的关系,其消耗功率就可以满足 4 倍的关系。由此可推测当双刀双掷开关掷向一侧时,两电阻丝并联;掷向另一侧时,两电阻丝串联。满足此条件的电路即为题目所求,如图 14 所示,当双刀双掷开关掷向 1、2 时,两电阻丝串联;掷向 3、4 时,两电阻丝并联。

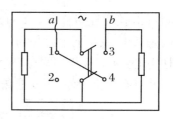

图 14

2. "黑箱"实验问题

在第一类问题中,题目给出了为进行猜想而必需的实验结果,即输入及反馈信息;而在第二类问题中,题目所给已知条件甚少,需解题者自己选取恰当的仪器、仪表,输入必需的信息,并获取相应的反馈,为进一步猜想推测取得足够的依据。这就要求解题者不仅具备解决第一类问题所要求的基础知识和能力,而且还要有熟练选择和使用仪器、仪表的扎实功底,应用发散型思维方式设计不同的实验方法的创造能力以及解决实验中出现的各种复杂情况的应变能力。其解题步骤可见下面几例。

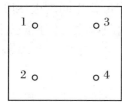

图 15

例 6 一个黑箱上面有四个接线柱,编号如图 15 所示。箱内装有三个元件,按一定方式连接。每两个接线柱间最多只连一个元件,可能没有,也可能短路。盒内的三个元件可能是电池、电阻、半导体二极管。有一块万用表可供测试。要求确定黑箱内三个元件的名称,画出连接电路图,注明各元件的数值。

解 题目给出了三条信息,一是箱中有三个元件,二是元件至多只有三个种类,三是每两个接线柱间至多连一个元件。仅由这三条信息,显然无法推测电路的构成。但题目给出了一块万用表,所以可用此表逐步测试,得到必要的信息。

首先,确定有无电池及电池的位置。这不仅因为电池容易判断,更重要的是,如有电池存在而没有找出其确切的位置,就不能用万用表的欧姆挡测各接线柱之间的阻值,否则就可能烧毁万用表。所以开始时,应当用万用表的直流高压挡去测试各接线柱间的电压,如测试中指针偏转较小,再改用电压较低挡去测试,如直到电压最低挡表头指针仍不偏转,则说明箱内无电池存在。在测试中,有可能电压表反接而造成指针反指,但因一般所测电池的电压较小,电压表指针反打一两个小格不会对表头造成什么损害。

若以上步骤测得 $U_{13}=0$、$U_{14}=0$、$U_{24}=1.5$ V、$U_{23}=1.5$ V、$U_{21}=1.5$ V、$U_{34}=0$,则由此可以判断箱内有干电池,且其一端一定与接线柱 2 相连,又由两接线柱间只能有一个电池,且测得电压均是 1.5 V,说明内部本身无回路。

接着,判断有无二极管。因为二极管的正、反向电阻完全不同,所以可用万用表欧姆挡去检测两接线柱之间正、反两向电阻情况,但在测试中表笔不可接触接线柱 2,这是因为这种接法可能造成欧姆表内部电路与箱内电池构成回路,从而烧毁欧姆表。同时为保护箱内可能存在的二极管,不要使用欧姆表的最高与最低阻挡,因为使用高阻挡时,欧姆表的内接电源电压较高,如恰使二极管反接,可造成二极管反向击穿。使用低阻挡时,欧姆表的内部电阻很小,如恰使二极管正接,由于总电阻很小,电流过大,会造成二极管烧毁。

若以上步骤测量结果为 $R_{34}=1100$ Ω、$R_{43}=51000$ Ω、$R_{31}=1000$ Ω、$R_{13}=1000$ Ω、$R_{14}=50000$ Ω、$R_{41}=100$ Ω(R_{ij} 为红表笔接第 i 接线柱时所测的值)。由这些信息可以推

测:1、3 接线柱间有一个 1 kΩ 的定值电阻,且 1、3 间电路没有与含二极管的支路并联,原因是其正、反两向电阻相同。1、4 接线柱间有一个二极管相连,并且二极管正极接在接线柱 1 上。4、3 接线柱间有一个 1 kΩ 的定值电阻,且与 1、4 间的二极管为串联关系。由于一共只有三个元件,所以推测电路如图 16(a)～(c)所示。

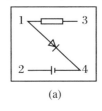 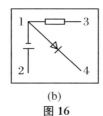 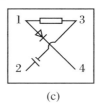

(a)　　　　　　(b)　　　　　　(c)

图 16

最后,对上述电路进行预测。若是图 16(a),则用万用表直流电压挡测量 2、4 间的电压时,电压表示数应为 1.5 V。而在图 16(b)(c)中,用直流电压挡测量 2、4 间的电压时,因二极管均反向接入电路之中,其电阻很大,此时二极管与电压表内阻串联,其分压已不可忽略,所以由表头读出的电压值应明显小于 1.5 V。实际测量结果已于第一步显示:$U_{24} = 1.5$ V,所以图 16(a)正确。

图 17

例 7 如图 17 所示,电学黑箱外有三个接线柱,已知其内部有两个电学元件,按一定的方式连接。这两个电学元件可能是小型电池、电阻、二极管、电容大于 1 μF 的电容器。又知在两个接线柱间若有电阻,则不会再有其他元件。供检测用的仪表及仪器是万用表、示波器、信号源、电阻箱、安培表、秒表、干电池组、电键和导线。要求确定黑箱内元件的名称,画出连接电路,并注明各元件量值。

解 已知信息只有元件个数、种类范围及两接线柱间不会出现电阻与其他元件共存的现象这三条,显然必须使用所给测量仪器、仪表进行实验,以补充必需的信息,这样才能推测出电路的组成。

首先,用万用表直流电压挡检测 1 与 2、2 与 3、1 与 3 间有无电压。检测结果为从高压挡降至最低压挡,表头指针均未偏转,因此可以判定黑箱内部无电池。

再换用万用表欧姆挡,检测 1、2 接线柱之间的情况,发现在表笔换向时,1、2 间的电阻值明显变化,说明在 1、2 接线柱之间连有二极管,且其正极与接线柱 2 相连。同时说明在 1、2 之间不存在电容器和电阻。

接着,用万用表欧姆挡检测 2、3 接线柱间的情况,发现无论表笔如何连接,2、3 间的电阻恒为无穷。用同样方法检测 1、3 间的直流电阻,也为无穷。由于已知电路共有两个元件,所以以上情况说明,在 1、3 和 2、3 接线柱间,总有一个接有电容器,另一个断路。由这些信息可推测电路可能为图 18(a)(b)。

要想确定一种连接方法,须进一步补充信息。采用交流信号源、示波器与 2、3 接线柱串联,若在示波器屏幕上观察到正弦电流波形,则图 18(a)正确;若在屏幕上观察到半波整流式电流波形,则图 18(b)正确。实际观测结果与图 18(b)预期效果一致,因此图 18(b)正确。

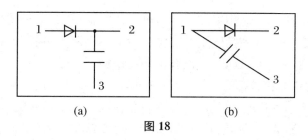

图 18

最后,要测量电容器的电容 C 值,由于已知电容器电容量超过 1 μF,所以应采用放电法进行测量。取干电池组、电阻箱、安培表和电键,连接如图 19 所示的电路,并将其两端 A、B 分别与接线柱 1、3 相连。关闭电键 K,调电阻箱,使安培表指向满刻度。准备好秒表,从电键 K 打开瞬间开始计时,到安培表示数减为一半时为止,读出所经历时间 t 值,再读出电阻箱的接入电阻值 R,利用公式 $t = RC\ln 2$,便可计算出电容器的电容量 $C = \dfrac{t}{R\ln 2}$。

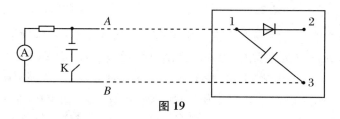

图 19

至此,电路可最后确定。

用实验的方法解决"黑箱"问题是一种极其重要的方法,因为物理学本身就是一门实验的科学。事物的本质、科学的真谛只有通过实验去探索,才能被逐步揭示和认识,所以锻炼和培养用实验方法来研究问题的能力十分重要。

练习题

1. 如图 20 所示,一黑箱内有由若干阻值相同的电阻及导线(不计电阻)构成的电路,用欧姆表测得 R_{12} 是 R_{13} 的 2 倍,R_{34} 是 R_{12} 的 2 倍,$R_{13} = R_{24}$,试画出箱内电路图。

2. 如图 21 所示,一黑箱外有 1、2、3、4 共四个接线柱,其内部电路完全由电阻元件构成。用欧姆表测得 $R_{24} = 0$,$R_{12} = 8\ \Omega$,$R_{34} = 8\ \Omega$。当在 1、2 间加直流电压 1 V,并且 1 接正,2 接负时,用电压表测得 3、4 间的电压为 0.1 V,且 3 为正,4 为负。反之,在 3、4 两端加电压 1 V(3 为正,4 为负)时,测得 1、2 间的电压也为 0.1 V(1 为正、2 为负)。若箱内电阻元件已做到尽可能少,则箱内电路结构如何?各电阻元件阻值如何?

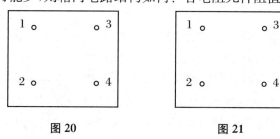

图 20　　　　　图 21

3. 如图 22 所示,已知一黑箱内有由一个电源(直流)和 5 个阻值相同的电阻组成的电路,箱外有 4 个接线柱,分别标以 1、2、3、4。用伏特表测量各接线柱间的电压,得 $U_{12} = 5$ V,$U_{34} = 3$ V,$U_{13} = 2$ V,$U_{24} = 0$,试画出箱内电路。

4. 如图 23 所示,黑箱外部有 A、B、C、D 共四个接线柱。用万用表电压挡在各接线柱间测量,结果是:$U_{AB} = U_{AC} = U_{AD} = 1.5$ V,$U_{BC} = U_{BD} = U_{CD} = 0$。用万用表欧姆挡在 B、C、D 各接线柱间测量,结果是:$R_{BC} = 3$ Ω,$R_{BD} = 4$ Ω,$R_{CD} = 5$ Ω。若箱内只有四个元件,试画出其内部结构图。

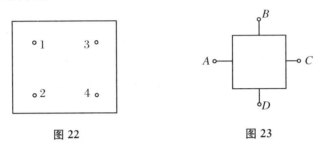

图 22   图 23

5. 将一个电阻和一个半导体二极管串联起来,共有三个端点,分别与接线柱 A、B、C 相连。将这些元件放在黑箱内,箱外只露出三个接线柱,如图 24 所示。用欧姆表进行测量,结果为:在 A、C 两点之间,红、黑表笔无论正接还是反接,所测电阻值不变。在 B、C 两点之间,红表笔接 C 而黑表笔接 B 时,所测电阻值很大,而反接时,所测电阻值很小。在 A、B 两点之间,当红表笔接 A、黑表笔接 B 时,所测电阻值很大,而表笔反接时,所测电阻值接近 A、C 两点间的电阻值。试判断电阻及二极管分别接在哪两个接线柱之间,并指出二极管正极与哪个接线柱相连。

6. 在图 25(a)(b)两图中,S 为从光学黑箱左侧入射的平行单色光束,S' 为从箱内出射的光束。S 中画单、双箭头的光线分别与 S' 中画单、双箭头的光线一一对应。如黑箱内光学元件的种类限定在下述范围内:全反射棱镜、正三棱镜、凸透镜、凹透镜,并且元件个数尽量少,试确定黑箱中各有哪些光学元件,并画出元件的位置和光路图。

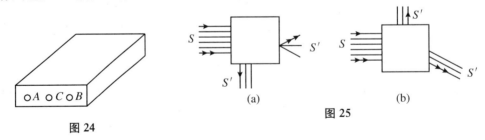

图 24   (a)   (b)
         图 25

7. 一个黑箱内装有三种元件:330 μF 电解电容一只;初级为 220 V、次级为 7.5 V 的小型变压器一只;D_1、D_2、D_3、D_4 整流二极管四只,每两个二极管已分别串联焊好。箱的表面共有 10 个接线柱,分别和变压器次级绕组和上述元件的两端及焊接点相连接。请用万用表来判别它们,并用导线连接成一全波整流滤波电源,作为已焊接好的电路(如图 27 所示)的工作电源,在工作电源与电路始终连接和通电的情况下,测出电阻 R_A 和 R_B 的电阻。

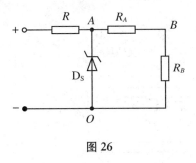

图 26

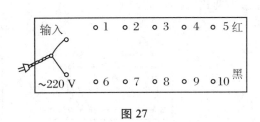

图 27

可选用的器材:电阻箱 R_0、R_1、R_2(阻值皆为 0~999.9 Ω,0.2 级)共三个,检流计一只,低压稳压电源一台,单刀单掷开关(K_1、K_3)两只,单刀双掷开关(K_4)一只,带保护电阻 R_4 的单刀开关(K_2)一只,导线若干,万用表一块(只在判别元件时用)。

要求:

(1) 在图 27 中画出盒内元件与接线柱的连接示意图。

(2) 画出用上述元件组成的全波整流滤波电路图。

(3) 画出测量 R_A 和 R_B 的连线图,说明测量原理和方法,并导出计算公式。

(4) 改变测量条件,重复测量三次,取平均值作为测量结果,结果应有合理的有效数字。

思考题:

假如低压稳压电源和工作电源电压都绝对稳定,如何提高测量结果的精确度?

说明:

(1) 当按下检流计标有"电计"的按钮时,检流计与外电路接通。

(2) D_S 是一只稳压二极管,当整流滤波电路接到电路"+""−"两端时,它与 R 和整流滤波电路组成一简易稳压电源,在负载电流(即流过 R_A 和 R_B 的电流)不大的情况下,A、O 两点间的电压保持基本稳定。

(3) 线路连接完毕,举手请监考老师检查,保证检流计安全和全波整流滤波电路正确才能通电。老师不检查测量线路是否合理,或接线是否正确。

参考答案

1. 如图 28 所示。

2. 由 $R_{24}=0$ 推测 2、4 间有短路导线,由 R_{12} 和 R_{34} 的对称性推测电路如图 29 所示。在图 29(a)中,由题目所给测量结果,得

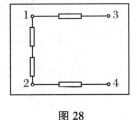

图 28

$$\frac{(R+r)r}{(R+r)+r} = 8 \text{ Ω} \quad ①$$

$$R + r = 10r \quad ②$$

联立①②两式可得

$$R = 79.2 \text{ Ω}, \quad r = 8.8 \text{ Ω}$$

在图 29(b)中,由题目所给测量结果,得

$$R + r = 8 \text{ Ω} \quad ③$$

$$R + r = 10r \qquad ④$$

联立③④两式可得

$$R = 7.2\ \Omega, \quad r = 0.8\ \Omega$$

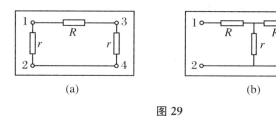

图 29

3. 如图 30 所示。

4. 由题目所给电压测量结果可推测箱内一定有一节干电池(或其他 1.5 V 直流电源)的一端与 A 连接,并且在 B、C 和 C、D 之间无其他电源。再由电阻测量结果可推测四个元件如图 31 所示连接。

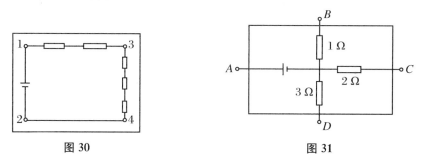

图 30　　　　　　　　　　图 31

5. A、C 之间接电阻,C、B 之间接二极管,且二极管的正极与接线柱 C 相连接。

6. 如图 32(a)(b)所示。

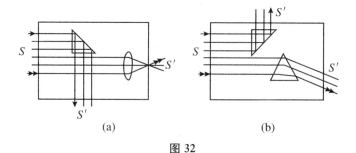

图 32

7. (1) 箱内元件判别。

根据整流二极管的正向电阻较小、反向电阻较大,小型低压输出变压器次级绕组的电阻较小和电容器充、放电现象,用万用表内欧姆挡的 ×1k 挡可判别出各元件。电解电容的正、负极可用如下方法判别:当用黑表笔接"+"、红表笔接"−"端时,有较大电阻,反之电阻相对较小,测出箱内元件连接如图 33 所示。

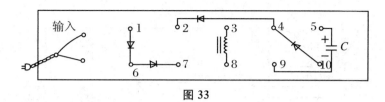

图33

(2) 全波整流滤波电路如图34所示。

(3) R_A、R_B 的测量。

① 电桥法：连接电路，如图35所示，R_1、R_2、R_0 为可变电阻箱，R_4 为保护电阻，G 为检流计。

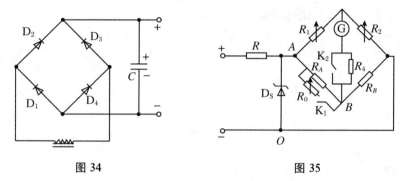

图34　　　　　　　　　　图35

利用电桥平衡原理和并联 R_0 于 R_A（或 R_B），以改变桥路状态，即可测得 R_A、R_B。

断开 K_1、K_2，调节 R_1、R_2，使电桥接近平衡，然后闭合 K_2，进一步使电桥完全平衡，则有

$$\frac{R_A}{R_B} = \frac{R_1'}{R_2'} \qquad ①$$

闭合 K_1，重调 R_1、R_2，使电桥完全平衡，则有

$$\frac{R_A \cdot R_0}{R_A + R_0} \cdot \frac{1}{R_B} = \frac{R_1''}{R_2''} \qquad ②$$

由①②两式得

$$R_A = R_0\left(\frac{R_2'' R_1'}{R_1'' \cdot R_2'} - 1\right), \quad R_B = R_0\left(\frac{R_2''}{R_1''} - \frac{R_2'}{R_1'}\right)$$

R_1、R_2 开始时应置于较大阻值位置，$R_1 + R_2$ 不得太小，否则导致 A、O 两点间的电压不稳。

② 电位差法：连接电路，如图36所示。R_1、R_2、R_0 皆为可变电阻箱，E 为低压稳压电源，电压值为 E，R_4 为保护电阻，G 为检流计。

利用 R_1、R_2 组成的分压电路，测出 A、O 和 B、O 间的电压比，然后并联 R_0 于 R_A（或 R_B）以改变电路状态，再测出改变后的电压比，即可计算出 R_A、R_B。

断开 K_1、K_2，K_4 掷向"1"，闭合 K_3，调节 R_1、R_2，使流过检流计的电流 $I_g \approx 0$。然后闭合 K_2，使 $I_g = 0$。设这时 R_1、R_2 的阻值分别是 R_{11}、R_{21}，则

$$U_{AO} = I(R_A + R_B) = \frac{R_{11} E}{R_{11} + R_{21}} \qquad ③$$

K_4 掷向"2"，再调节 R_1、R_2，使 $I_g = 0$，这时 R_1、R_2 的阻值分别是 R_{12}、R_{22}，则

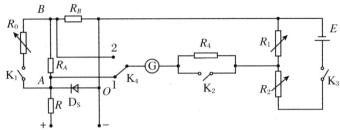

图36

$$U_{BO} = IR_B = \frac{R_{12} E}{R_{12} + R_{22}} \quad ④$$

闭合 K_1，重测 U_{AO}、U_{BO}。阻值读数分别为 R_{13}、R_{23}、R_{14}、R_{24}，则

$$U_{AO} = I_1 \left(\frac{R_A \cdot R_0}{R_A + R_0} + R_B \right) = \frac{R_{13}}{R_{13} + R_{23}} \cdot E \quad ⑤$$

$$U_{BO} = I_1 R_B = \frac{R_{14} E}{R_{14} + R_{24}} \quad ⑥$$

由③④两式得

$$\frac{R_A + R_B}{R_B} = \frac{R_{11}(R_{12} + R_{22})}{R_{12}(R_{11} + R_{21})} = \alpha \quad ⑦$$

由⑤⑥两式得

$$\left(\frac{R_A \cdot R_0}{R_A + R_0} + R_B \right) \frac{1}{R_B} = \frac{R_{13}(R_{14} + R_{24})}{R_{14}(R_{13} + R_{23})} = \beta \quad ⑧$$

将⑦⑧两式简化，得

$$R_A = R_B(\alpha - 1) \quad ⑨$$

$$\frac{R_A \cdot R_0}{R_A + R_0} = R_B(\beta - 1) \quad ⑩$$

由⑨⑩两式得

$$R_A = \frac{R_0(\alpha - \beta)}{\beta - 1}, \quad R_B = \frac{R_0(\alpha - \beta)}{(\beta - 1)(\alpha - 1)}$$

（4）思考题。

要提高测量结果的精确度，可采用准确度更高的变阻箱，用灵敏度更高的检流计，改善电源的稳定性并做多次测量。

关于光具组成像的计算问题

长沙市一中　张维德

在几何光学中，光线这个抽象出来的理想物理模型为我们作图提供了依据。根据穿过透镜的光线所作的图，可推导出透镜成像公式：$\frac{1}{u}+\frac{1}{v}=\frac{1}{f}$。这是一个非常有用的基本公式，为把几何光学的研究推向精确的计算提供了理论基础。为了方便，此式也经常写成

$$f=\frac{uv}{u+v},\quad u=\frac{vf}{v-f},\quad v=\frac{uf}{u-f}$$

对于以上公式，由于在高中课本中一般只研究一次成像，故物距 u 恒为正；凸透镜的焦距 f 取正值，凹透镜的焦距取负值；实像的像距 v 为正，虚像的像距 v 为负。

透镜的成像公式也可以推广到球面镜反射成像。对于球面镜，在近轴光线成像的前提下，有 $f=\frac{R}{2}$，焦距为球面半径的一半，且取凹面镜的焦距为正，凸面镜的焦距为负，故成像公式为 $\frac{1}{u}+\frac{1}{v}=\frac{1}{f}=\pm\frac{2}{R}$。

平面镜可以看作球面镜的特例：$R\to\infty$，故有 $\frac{1}{u}+\frac{1}{v}=0$，$v=-u$，且放大系数为 $k=\frac{|v|}{u}=1$。这表示平面镜所成的像为等高的虚像，且像与物关于镜面对称，完全符合平面镜成像规律。

对于经由多个光具形成的像的计算可以在以上的透镜、面镜成像的基础上进行。为说明问题，先看一个例题。

例1　设有两个薄凸透镜 O_1 和 O_2，其焦距分别为 $f_1=20$ cm，$f_2=30$ cm，两者共轴，相距 $d=35$ cm。如图1所示，在光轴上透镜 O_1 左方 100 cm 处垂直于主轴放一长为 4 cm 的物体，求最终成像的位置、大小和虚实、正倒情况。

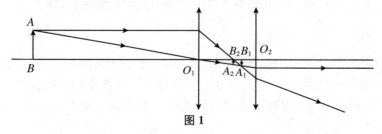

图1

解 结合作图1的过程逐步计算。

由透镜 O_1 的第一次成像：
$$u_1 = 100 \text{ cm}, \quad f_1 = 20 \text{ cm}$$
$$v_1 = \frac{u_1 f_1}{u_1 - f_1} = 25 \text{ cm}$$
$$k_1 = \frac{v_1}{u_1} = \frac{25}{100} = \frac{1}{4}$$
$$h_1 = k_1 h = 1 \text{ cm}$$

可见，第一次所成的像为倒立缩小的实像。

由透镜 O_2 的第二次成像：
$$f_2 = 30 \text{ cm}$$

从图1可知
$$u_2 = d - v_1 = 10 \text{ cm}$$

故
$$v_2 = \frac{u_2 f_2}{u_2 - f_2} = -15 \text{ cm}$$
$$k_2 = \frac{|v_2|}{u_2} = \frac{15}{10} = 1.5$$
$$h_2 = k_2 h_1 = 1.5 \text{ cm}$$

可见，第二次成像即把第一次所成的像当作物，第二次所成的像相对而言为放大的正立的虚像。

由于第一次成像为倒立的，第二次成像为正立的，故最终所成的像是长为1.5 cm、倒立、在透镜 O_2 左方15 cm处的虚像。

通过对以上这类的例题分析（不一一写出），我们可以归纳出几点规律：

(1) 共轴的薄透镜紧贴组合的总焦距。以两个薄透镜的组合为例，应有
$$u = u_1, \quad v = v_2, \quad u_2 = -v_1$$

且
$$\frac{1}{u_1} + \frac{1}{v_1} = \frac{1}{f_1}, \quad \frac{1}{u_2} + \frac{1}{v_2} = \frac{1}{f_2}$$

两式相加，得
$$\frac{1}{f_1} + \frac{1}{f_2} = \frac{1}{u_1} + \frac{1}{v_1} + \frac{1}{u_2} + \frac{1}{v_2} = \frac{1}{u} + \frac{1}{v} = \frac{1}{f}$$

即两透镜紧贴组合的总焦距只与各个透镜的焦距有关。我们可以很容易地推论出：共轴的薄透镜紧贴组合的总焦距的倒数等于各个透镜的焦距倒数之和，即
$$\frac{1}{f} = \frac{1}{f_1} + \frac{1}{f_2} + \cdots + \frac{1}{f_n}$$

(2) 对于光具组的多次成像，不仅像有虚、实之分，而且物亦有实物、虚物之分。透镜接收的发散光线的交点为实物点，此时从物到光心的距离在主轴上的投影与主轴上的光线同向，如图2(a)中 A 点；透镜接收的会聚光线的延长线的交点为虚物点，此时从物到

光心的距离在主轴上的投影与主轴上的光线反向,如图2(b)中 B 点。我们定义物距为物点到光心的距离在主轴上的投影,则实物的物距为正,虚物的物距为负。同样,可以定义像距为光心到像点的距离在主轴上的投影,这样实像的像距为正,虚像的像距为负。

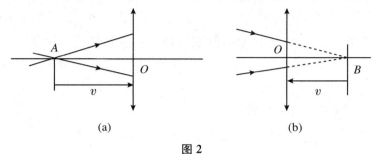

图 2

(3) 从例1可以看出,$u_2 = d - v_1$,其实此式可以适用于各种不同情况。如图3所示,按上述规定的方向,图(a)表示第一次成的像为实像,第二次为实物成像;图(b)表示第一次成的像为实像,第二次为虚物成像;图(c)表示第一次成的像为虚像,第二次为实物成像。例1即为图3(a)所示的现象。注意,不可能有第一次成的像为虚像,第二次为虚物成像的现象。还有一点值得提出的是,这里虽然提到方向,但不能作矢量处理。

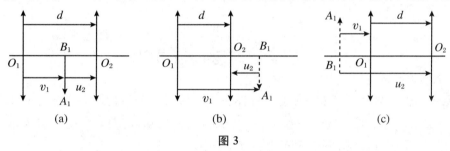

图 3

由此,我们可以进一步推导出公式:
$$u_{n+1} = d_n - v_n$$
此式表示后一次成像的物距等于两光具的距离与前一次成像的像距之差。注意,两光具间的距离 d_n 永远取正值。

(4) 最终所成的像的位置由最后一个光具所成的像的位置决定。当 $v_n > 0$ 时,表示最终所成的像在最后光具沿主轴的正向侧;当 $v_n < 0$ 时,在最后光具的反向侧。

(5) 最终所成的像的虚实由最后一次成像决定。$v_n > 0$,为实像;$v_n < 0$,为虚像。

(6) 最终所成的像的大小由总放大系数与物长决定:
$$h_n = kh$$
而总放大系数为
$$k = k_1 k_2 \cdots k_n = \left|\frac{v_1}{u_1}\right| \cdot \left|\frac{v_2}{u_2}\right| \cdot \cdots \cdot \left|\frac{v_n}{u_n}\right| = \left|\frac{v_1 v_2 \cdots v_n}{u_1 u_2 \cdots u_n}\right|$$

(7) 最终所成的像的正倒的确定。我们知道,单次成像时,实物成实像则倒立,虚物成虚像也为倒立,实物成虚像则正立,虚物成实像也为正立。多次成像的正倒可按如下方法确定:倒立偶数次,则最终所成的像正立;倒立奇数次,则最终所成的像倒立。

下面我们利用以上几条规律与定义来解几道例题。光具包括薄透镜、球面镜与平面镜。我们力图不借助作图而运用公式来较精确地寻求解答。

例2 显微镜的物镜的焦距为 1 cm,目镜的焦距为 4 cm,两者相距 16 cm(即镜筒长),如果观察者的明视距离为 24 cm,问观察物应放在物镜前多远处?其总放大率为多少?

解 观察者看到的像为明视距离上的虚像,故 $v_2 = -24$ cm。

第二次成像的物距即对目镜成像的物距为

$$u_2 = \frac{v_2 f_2}{v_2 - f_2} = \frac{24}{7} \text{ cm}$$

第一次成像的像距为

$$v_1 = d - u_2 = \frac{88}{7} \text{ cm}$$

由此可得出被观察物放在物镜前的距离,即第一次成像的物距为

$$u_1 = \frac{v_1 f_1}{v_1 - f_1} = 1.09 \text{ cm}$$

总放大率为

$$k = \left| \frac{v_1 v_2}{u_1 u_2} \right| = \frac{\frac{88}{7} \times 24}{\frac{88}{81} \times \frac{24}{7}} = 81$$

例3 想用两个薄凸透镜最后在物体所在处形成一个与物体大小相等的倒立的虚像。已知靠近物体的那个透镜的焦距为 f_1,物体与此透镜的距离为 u_1。试求第二个透镜的焦距 f_2 及它与第一个透镜间的距离 L。

解 第一次成像的像距为

$$v_1 = \frac{u_1 f_1}{u_1 - f_1} \qquad ①$$

第二次成像的物距为

$$u_2 = L - v_1 \qquad ②$$

根据题意,第二次所成的像为虚像,且在原物处,故有

$$v_2 = -(L + u_1) \qquad ③$$

对于第二次成像,则有

$$\frac{1}{u_2} + \frac{1}{v_2} = \frac{1}{f_2} \qquad ④$$

由题设,最终所成的像与原物大小相等,故总放大系数为 1;最终所成的像为倒立,则两次成像有一次倒立,一次正立,故有一次物距与像距异号。由此得方程

$$k = \frac{v_1 v_2}{u_1 u_2} = -1 \qquad ⑤$$

将①~③式代入⑤式,得

$$\frac{u_1 f_1}{u_1 - f_1}(L + u_1) = u_1\left(L - \frac{u_1 f_1}{u_1 - f_1}\right)$$

由此得到两透镜间的距离为

$$L = \frac{2u_1 f_1}{u_1 - 2f_1} \qquad ⑥$$

将⑥式代入②式，可求出

$$u_2 = \frac{2u_1 f_1}{u_1 - 2f_1} - \frac{u_1 f_1}{u_1 - f_1} = \frac{u_1^2 f_1}{(u_1 - f_1)(u_1 - 2f_1)} \qquad ⑦$$

将⑥式代入③式，可求出

$$v_2 = \frac{2u_1 f_1}{2f_1 - u_1} - u_1 = \frac{u_1^2}{2f_1 - u_1} \qquad ⑧$$

将⑦⑧两式代入④式，即可求出第二个透镜的焦距 f_2 为

$$\frac{1}{f_2} = \frac{(u_1 - f_1)(u_1 - 2f_1)}{u_1^2 f_1} + \frac{2f_1 - u_1}{u_1^2} = \frac{(u_1 - 2f_1)^2}{u_1^2 f_1}$$

$$f_2 = \left(\frac{u_1}{u_1 - 2f_1}\right)^2 f_1$$

讨论 本题是第 5 届全国中学生物理竞赛一试的一道试题。我们可以运用基本规律直接求得答案，如果再辅以作图，则物理图像就更加明确了。

例 4 在焦距为 15 cm 的会聚透镜左方 30 cm 处放一物体，在透镜右侧放一垂直于主轴的平面镜，试问平面镜的位置在何处才能使物体通过此系统所成的像距离透镜 30 cm？

解 先讨论凸透镜的第一次成像：

$$f = 15 \text{ cm}, \quad u_1 = 30 \text{ cm}$$

$$v_1 = \frac{u_1 f}{u_1 - f} = 30 \text{ cm}$$

像是倒立的。

第二步是平面镜成像：

$$u_2 = d - v_1, \quad v_2 = -u_2 = v_1 - d$$

所成的像相对第一次所成的像为正立的。

再看凸透镜的第二次成像：

$$u_3 = d - v_2 = d - (v_1 - d) = 2d - v_1$$

$$v_3 = \frac{u_3 f}{u_3 - f} = \frac{(2d - v_1) \cdot f}{2d - v_1 - f}$$

$$= \frac{(2d - 30) \times 15}{2d - 30 - 15} = \frac{(d - 15) \times 30}{2d - 45}$$

对于凸透镜的这次成像，有两种情形都符合题目要求，即像可在镜的两侧。

(1) 若为实像，则 $v_3 = 30$ cm，代入上式得

$$30 = \frac{(d - 15) \times 30}{2d - 45}$$

$$d = 30 \text{ cm}$$

(2) 若为虚像，则 $v_3 = -30$ cm，代入上式得

$$-30 = \frac{(d-15) \times 30}{2d - 45}$$

$$d = 20 \text{ cm}$$

讨论 本题有两解。由于平面镜的反射作用，反射光折回前进方向，故透镜的第二次成像的正向应是自右向左。由此，第(1)种情形所成的像应在透镜左侧，且最终成正立的等大的实像，即与物完全重合。第(2)种情形所成的像应在透镜右侧，且最终成放大的倒立的虚像。为加深认识，将第(1)和第(2)种情形的光路图分别画出，如图4和图5所示。

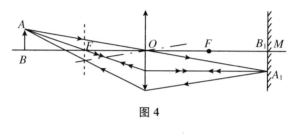

图 4

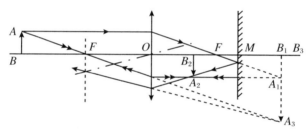

图 5

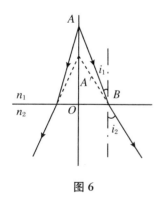

图 6

物理竞赛中已多次出现单一折射面的成像问题。这里我们来看看近轴光线在单一平面折射成像的问题。先用近似方法推导成像公式。如图6所示，处在折射率为 n_1 的介质中的光点 A 发出的近轴光线通过两种介质的平面分界进入折射率为 n_2 的介质中，则 A' 为折射所成的像。入射角和折射角分别为 i_1 和 i_2，物距等于线段 AO 的长，像距等于线段 OA' 的长的负值。由折射定律有

$$\frac{\sin i_1}{\sin i_2} = \frac{n_2}{n_1}$$

$$\frac{\sin i_1}{\sin i_2} = \frac{OB/AB}{OB/BA'} = \frac{BA'}{AB} \approx \frac{OA'}{AO} = \frac{-v}{u}$$

可得

$$v = -\frac{n_2}{n_1}u$$

$$k = \left|\frac{v}{u}\right| = \frac{n_2}{n_1}$$

此即物体发出的近轴光线在单一平面折射的成像公式。由此可见,单一折射面在成像的性质上与平面镜相似,总是实物成虚像和虚物成实像,但物与像在界面同侧,像距和物距的比值与两种媒质的相对折射率有关,即像与物不等大小。

下面看两道这方面的例题。

例 5 一层厚 $h_2 = 2$ cm 的醚浮在深 $h_1 = 4$ cm 的水上,已知水的折射率 $n_1 = 1.33$,醚的折射率 $n_2 = 1.36$,问沿正入射方向看下去时,从醚面到水底的表观距离为多少?

解 由单一平面折射成像公式来求解。如图 7 所示,设水底物点 A 通过两液体分界面所成的像为 A_1,则

$$h_1' = v_1 = -\frac{n_2}{n_1}u_1 = -\frac{n_2}{n_1}h_1$$

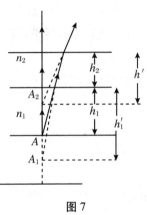

图 7

A_1 相对于醚上表面成像的物距则为

$$u_2 = h_2 - v_1 = h_2 + \frac{n_2}{n_1}h_1$$

通过醚的上表面成像,即人看水底的视深为

$$h' = -\frac{1}{n_2}u_2 = -\frac{1}{n_2}\left(h_2 + \frac{n_2}{n_1}h_1\right)$$

$$= -\left(\frac{h_1}{n_1} + \frac{h_2}{n_2}\right) = -4.48 \text{ cm}$$

其中负号表示看到的是底的虚像,且在液面(即醚的上表面)之下 4.48 cm 处。

例 6 有一半径为 $R = 0.128$ m 的玻璃半球,过球心 O 并与其平面部分相垂直的直线为其主轴,在主轴上沿主轴放置一细条形发光体 A_1A_2(A_2 离球心 O 较近),其长度为 $l = 0.020$ m。若人眼在主轴附近对着平面部分向半球望去(如图 8 所示),则可以看到条形

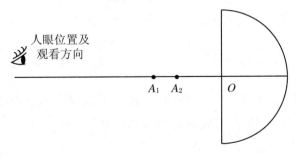

图 8

发光体的两个不很亮的像(此外可能还有亮度更弱的像,不必考虑)。当条形发光体在主轴上前后移动时,这两个像也在主轴上随着移动。现在调整条形发光体的位置,使得它的两个像恰好头尾相接,连在一起,此时条形发光体的近端 A_2 距球心 O 的距离为 $a_2 = 0.020$ m。

试利用以上数据求出构成此半球的玻璃的折射率 n(计算时只考虑近轴光线)。

解 其中一个像是由平面反射而形成的。细条形发光体两端点的像距分别为

$$OA_1' = -a_1 = -(l + a_2) = -0.040 \text{ m} \qquad ①$$

$$OA_2' = -a_2 = -0.020 \text{ m} \qquad ②$$

另一个像为细条形发光体的光线经平面折射进入玻璃,又在凹面镜上反射,再经过平面折射穿出玻璃而形成的。

先看端点 A_1 的成像。

由平面折射成像的像距为

$$v_1 = -nu_1 = -na_1$$

凹面镜反射成像的物距、像距分别为

$$u_1' = R - v_1 = R + na_1$$

$$v_1' = \frac{u_1' f}{u_1' - f} = \frac{(R + na_1)\frac{R}{2}}{R + na_1 - \frac{R}{2}} = \frac{R^2 + nRa_1}{R + 2na_1}$$

平面再次折射成像的物距、像距分别为

$$u_1'' = R - v_1' = R - \frac{R^2 + nRa_1}{R + 2na_1} = \frac{nRa_1}{R + 2na_1}$$

$$v_1'' = -\frac{1}{n}u_1'' = -\frac{Ra_1}{R + 2na_1} \qquad ③$$

此即 A_1 的最终的像位置,在平面分界面的玻璃一侧(图中右侧),为虚像。

同理,A_2 的最终的像也在平面分界之右,像距为

$$v_2'' = -\frac{Ra_2}{R + 2na_2} \qquad ④$$

因为 $a_1 > a_2$,由③④两式可知

$$\frac{Ra_1}{R + 2na_1} = \frac{R}{\frac{R}{a_1} + 2n} > \frac{R}{\frac{R}{a_2} + 2n} = \frac{Ra_2}{R + 2na_2}$$

故 A_1 的最终的像 A_1'' 在 A_2 的最终的像 A_2'' 之右,依题意条形发光体的两个像头尾相接,则有两种可能情况,即 A_1' 与 A_2'' 重合或者 A_2' 与 A_1'' 重合。

先看第一种情况,由①④两式,得

$$-\frac{Ra_2}{R + 2na_2} = -a_1$$

$$n = \frac{R(a_2 - a_1)}{2a_1 a_2} < 0$$

不合题意,舍去。

再看第二种情况,由②③两式,得

$$-\frac{Ra_1}{R + 2na_1} = -a_2$$

$$n = \frac{R(a_1 - a_2)}{2a_1 a_2} = \frac{0.128 \times (0.040 - 0.020)}{2 \times 0.040 \times 0.020} = 1.6$$

讨论 本题为第4届全国中学生物理竞赛一试的一道试题,运用基本方法计算,非常方便。

近似处理法的应用

郑州四中　卢浩然

在观察物理现象、进行物理实验、建立物理模型、推导物理规律和求解物理问题时，为了分析认识所研究问题的本质属性，往往突出实际问题的主要方面，忽略某些次要因素，从而进行近似处理。在求解物理问题时，采用近似处理的手段简化求解过程的方法叫作近似处理法。近似处理法是研究物理学的基本思想方法之一，具有广泛的应用。善于对实际问题进行合理的近似处理，是从事创造性研究的重要能力之一。纵观近几年的物理竞赛试题和高考试题，它们越来越注重对这种能力的考查。本文从三个方面谈一下近似处理法在解题中的应用。

1. 用近似处理法还原物理模型

把某些物理现象抽象为某种物理模型，然后分析研究该物理模型中各个物理量之间的关系，再给出其中的某些物理量作为已知条件，把另一些物理量作为待求量，这就是物理习题的编制过程。由于物理题是根据物理模型编制出来的，所以解答物理题的首要问题是正确还原物理模型。近似处理法是还原物理模型的基本方法之一。

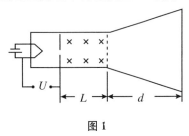

图1

例1　图1是电视机显像管的原理示意图。电子由灯丝发出，经电子枪内的电压 $U = 2.0 \times 10^4$ V 的电场加速后，进入偏转线圈产生的磁感应强度 $B = 3 \times 10^{-3}$ T、宽度为 $L = 8$ cm 的匀强磁场发生偏转，最后打在荧光屏上。已知荧光屏到偏转磁场的距离 $d = 20$ cm，求电子的偏转角和横向位移。

解　解答本题的关键是利用下列近似处理还原显像管的物理模型：① 由于从灯丝飞出的热电子的速度比经电子枪内的电场加速后的速度小得多，可以近似认为电子加速前的速度为零。② 由于电子所受的重力和电子束中各电子间的相互作用力比加速电场对电子的电场力和偏转磁场对电子的磁场力都小得多，可以近似认为电子所受的重力和电子束中各电子间的相互作用力都可忽略不计。③ 由于显像管内的空气十分稀薄，它对运动电子的阻力可以忽略不计。④ 偏转线圈产生的是有界匀强磁场，忽略边缘效应。根据上述近似处理，可以认为电子在电子枪内做初速为零的匀加速直线运动，在偏转磁场内做匀速圆周运动，离开偏转磁场后做匀速直线运动，这就是显像管的物理模型。

假设电子的质量为 m，电量为 $-e$，经电子枪加速后的速度为 v，根据动能定理有

$$eU = \frac{1}{2}mv^2 \qquad ①$$

电子在偏转磁场中做匀速圆周运动的向心力是洛伦兹力。设圆周运动的轨道半径为 R，根据牛顿第二定律，有

$$eBv = m\frac{v^2}{R} \qquad ②$$

①②两式联立，解得

$$R = \frac{1}{B} \cdot \sqrt{\frac{2mU}{e}} \approx 0.16 \text{ m}$$

由图 2 可知偏转角的正弦为

$$\sin\varphi = \frac{L}{R} = 0.5$$

所以 $\varphi = 30°$。

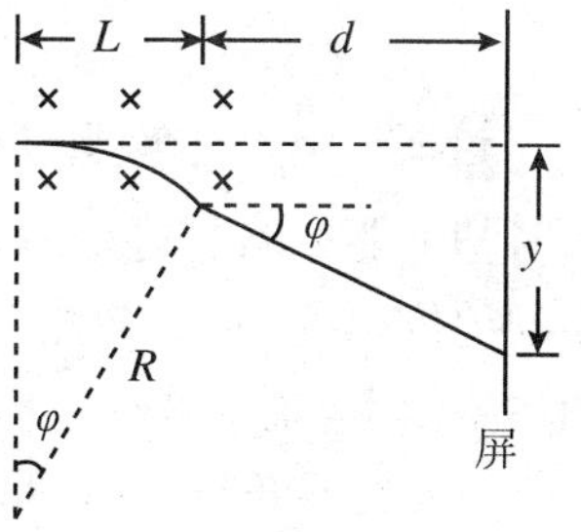

电子到达荧光屏时的横向位移为

$$y = R - \sqrt{R^2 - L^2} + d\tan\varphi \approx 0.135 \text{ m}$$

图 2

2. 用近似处理法简化计算

(1) 当两个量相加时，若这两个量的数值相差很大，则起主要作用的是数值大的量，在满足要求的精确范围内，可以忽略数值较小的量。

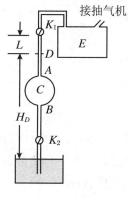

图 3

例 2 利用抽气机抽气时，需要测定被抽容器内气体的压强。图 3 是用来测定被抽容器 E 内气体压强的装置，其中 K_1、K_2 是手动阀门，球形容器 C 的容积为 200 cm^3，与之相通的 K_1A 管是长约几十厘米的均匀细管，其内腔横截面积为 $S = 1 \text{ mm}^2$，BK_2 也是内径很小的细管。对容器 E 抽气前打开 K_1 和 K_2，然后开动抽气机，随着 E 和 C 内气压的降低，水银槽内的水银将通过 K_2 上升，当水银即将进入 C 球时，将 K_2 关闭；然后继续抽气，抽气结束时先关闭 K_1，再打开 K_2，则水银充满 C 球后继续上升到 K_1A 管中的某一点 D。若测出 K_1D 的长度 $L = 20 \text{ cm}$，D 点到水银槽内液面的高度差 $H_D = 63.1 \text{ cm}$，此时外界大气压强 $p_0 = 75.6 \text{ cmHg}$，求抽气结束时容器 E 内的气体压强。

解 以抽气刚结束关闭 K_1 时 BAK_1 之间的气体为研究对象。关闭 K_1，尚未打开 K_2 时为始态，始态的压强与抽气结束时容器 E 内的气体压强 p_E 相同，始态的体积为 $V_{BAK_1} = V_C + V_{AK_1}$，已知 $V_C = 200 \text{ cm}^3$，AK_1 管的长度约几十厘米，它的最大容积 V_{AK_1} 约为几百立方毫米，可见 V_C 与 V_{AK_1} 之比的数量级约为 10^4，V_{AK_1} 最多只有 V_C 的 10^{-3}，因此可以忽略 V_{AK_1}，认为 $V_{BAK_1} \approx V_C = 200 \text{ cm}^3$。打开 K_2，水银充满 C 球继续上升到 D 点时为终态，终态的压强为 $p_0 - H_D$，终态的体积为

$$V_{K_1D} = LS = 20 \text{ cm} \times 0.01 \text{ cm}^2 = 0.20 \text{ cm}^3$$

根据玻意耳-马略特定律，有

$$p_E V_C = (p_0 - H_D) V_{K_1 D}$$

解得抽气结束时 E 容器内的气体压强为

$$p_E = \frac{(p_0 - H_D) V_{K_1 D}}{V_C}$$

$$= \frac{(75.6 - 63.1) \times 0.20}{200} \text{ cmHg}$$

$$= 0.0125 \text{ cmHg}$$

讨论 由上述解题过程可以看出，同一段导管的体积，在始态时可以忽略不计，在终态时却不能忽略。这是因为在 K_2 打开前，体积 V_{BAK_1} 中 V_C 占主要地位，V_{AK_1} 占十分次要的地位，V_{AK_1} 可以忽略；而打开 K_2，水银上升到 D 点后，DK_1 段的体积成为气体体积的主要因素（是气体的全部体积），如果再把它忽略不计，就是荒谬的了。

(2) 当 θ 角很小时，$\sin\theta \approx \theta$；$\theta$ 角的弧度值与 θ 角的正弦值可以互相近似代换。

例3 如图 4 所示，半径为 R、质量为 m 的圆形绳圈以角速度 ω 绕中心轴 O 在光滑的水平面上匀速转动时，绳中的张力为多大？

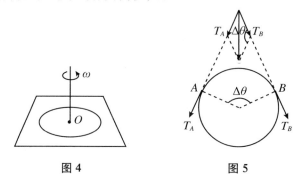

图 4 图 5

解 取绳圈上很短的一小段绳 $\overset{\frown}{AB}$ 为研究对象，设这段绳所对的圆心角为 $\Delta\theta$，这段绳两端所受的张力分别为 T_A 和 T_B（方向见图 5）。因为绳圈匀速转动，无切向加速度，所以 T_A 和 T_B 的大小相等（假设都等于 T）。T_A 和 T_B 在半径方向上的合力提供这一段绳做匀速圆周运动的向心力。根据牛顿第二定律，有

$$2T \sin \frac{\Delta\theta}{2} = \frac{R\Delta\theta}{2\pi R} m \cdot \frac{v^2}{R}$$

即

$$T = \frac{m \frac{\Delta\theta}{2} v^2}{2\pi R \sin \frac{\Delta\theta}{2}} \qquad ①$$

因为 $\overset{\frown}{AB}$ 段很短，它所对应的圆心角 $\Delta\theta$ 很小，所以

$$\sin \frac{\Delta\theta}{2} \approx \frac{\Delta\theta}{2}$$

将此近似关系式和 $v = R\omega$ 代入①式，解得绳中张力大小为

$$T = \frac{mR\omega^2}{2\pi}$$

(3) 当 θ 角很小时，$\tan\theta \approx \sin\theta$；$\theta$ 角的正切值与 θ 角的正弦值可以互相近似代换。

例 4 将焦距为 10 cm 的一块双凸透镜沿其表面的垂直方向切割成相同的两部分。把这两部分沿垂直于主轴的方向移开一段距离 $\delta = 0.1$ cm，并用不透明的材料将其挡住。若在原透镜左侧主轴上，距透镜光心 20 cm 处放一点光源 M（图 6），点光源能射出波长为 0.5 μm 的单色光，则在透镜另一侧距透镜 50 cm 的屏幕（垂直于透镜主轴放置）上将出现多少亮条纹？

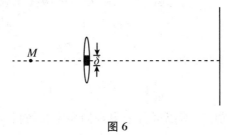

图 6

解 由图 7 可以看出，单色点光源 M 经切割成的两半透镜分别成像于 M_1 和 M_2。M_1 和 M_2 是相干光源，在 M_1 和 M_2 "发出"的光线相互重叠的区域内（阴影区），可以从屏幕上看到干涉条纹，屏幕中央是零级亮条纹，两侧依次分布着各级干涉条纹。

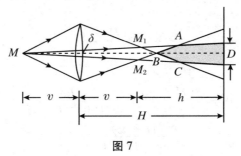

图 7

根据透镜公式 $\dfrac{1}{u} + \dfrac{1}{v} = \dfrac{1}{f}$ 得

$$v = \frac{uf}{u-f} \qquad ①$$

设 $M_1M_2 = d$，由图 7 中的几何关系可知

$$\frac{d}{\delta} = \frac{u+v}{u} \qquad ②$$

由①②两式解得

$$d = \frac{\delta}{u}\left(u + \frac{uf}{u-f}\right) = \frac{\delta u}{u-f} \qquad ③$$

由图 7 知

$$h = H - v = H - \frac{uf}{u-f} = \frac{H(u-f) - uf}{u-f} \quad ④$$

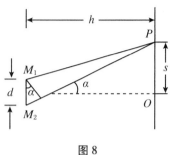

图 8

如图 8 所示，设屏幕上 P 为一级亮条纹，则光程差为

$$\Delta = M_2P - M_1P \approx d\sin\alpha = \lambda \quad ⑤$$

因为 α 角很小，所以有

$$\sin\alpha \approx \tan\alpha \approx \frac{s}{h}$$

将其代入⑤式，可得一级亮条纹与中央亮条纹的间距为

$$s = \frac{\lambda h}{d} \quad ⑥$$

将③④两式代入⑥式得

$$s = \frac{\lambda}{u\delta}[H(u-f) - fu] \quad ⑦$$

由于干涉条纹是等间距的，所以屏幕上出现的亮条纹数目为

$$N = \frac{D}{s} \quad ⑧$$

根据图 7 所示的几何关系得

$$\frac{\delta}{D} = \frac{u}{u+H}$$

解得

$$D = \frac{\delta(H+u)}{u} \quad ⑨$$

将⑨式代入⑧式得

$$N = \frac{\delta(H+u)}{u} \cdot \frac{u\delta}{\lambda[H(u-f) - fu]}$$
$$= \frac{\delta^2(H+u)}{\lambda[H(u-f) - uf]} \quad ⑩$$

将 $f = 10$ cm、$u = 20$ cm、$\delta = 0.1$ cm、$\lambda = 0.5$ μm 和 $H = 50$ cm 代入⑩式，得

$$N = 46.6$$

(4) 当 $|x| \ll 1$ 时，$(1\pm x)^n \approx 1 \pm nx$，$(1\pm x)^{-n} \approx 1 \mp nx$。忽略高次无穷小量是常用的近似计算方法。

例 5 如图 9 所示，两个带正电的点电荷的带电量均为 Q，固定放置在 x 轴上的 A、B 两处，A、B 到原点的距离都等于 r。若在原点 O 放置另一正点电荷 P，其带电量为 q，质量为 m，则限制 P 在哪些方向上运动时，它在原点 O 处才是稳定的？

注：本题为全国中学生物理竞赛的一道试

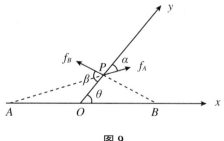

图 9

题,题文所述的"限制"一词意指限制 P 在某方向的光滑轨道上运动,轨道可提供法向支持力。

解 设 y 轴与 x 轴的夹角为 θ,正电点电荷 P 沿 y 轴方向有微小的位移 s 时($s = OP$),A、B 两处的点电荷对 P 的库仑力分别为 f_A、f_B,方向如图 9 所示。P 所受的库仑力在 y 轴上的分量为

$$f_y = f_A\cos\alpha - f_B\cos\beta \qquad ①$$

根据库仑定律和余弦定理,可得

$$f_A = \frac{kqQ}{r^2 + s^2 + 2rs\cos\theta} \qquad ②$$

$$f_B = \frac{kqQ}{r^2 + s^2 - 2rs\cos\theta} \qquad ③$$

$$\cos\alpha = \frac{r\cos\theta + s}{\sqrt{r^2 + s^2 + 2rs\cos\theta}} \qquad ④$$

$$\cos\beta = \frac{r\cos\theta - s}{\sqrt{r^2 + s^2 - 2rs\cos\theta}} \qquad ⑤$$

将②~⑤式代入①式得

$$f_y = \frac{kqQ(r\cos\theta + s)}{(r^2 + s^2 + 2rs\cos\theta)^{3/2}} - \frac{kqQ(r\cos\theta - s)}{(r^2 + s^2 - 2rs\cos\theta)^{3/2}}$$

因为 s 很小,略去上式中的 s^2 项后,得

$$f_y = \frac{kqQ}{r^3}\left[\frac{r\cos\theta + s}{\left(1 + \frac{2s}{r}\cos\theta\right)^{\frac{3}{2}}} - \frac{r\cos\theta - s}{\left(1 - \frac{2s}{r}\cos\theta\right)^{\frac{3}{2}}}\right]$$

因为 $s \ll r$,$\frac{2s}{r}\cos\theta \ll 1$,利用近似公式

$$(1 \pm x)^{-\frac{3}{2}} \approx 1 \mp \frac{3}{2}x$$

得

$$f_y \approx k\frac{qQ}{r^3}\left[(r\cos\theta + s)\left(1 - \frac{3s}{r}\cos\theta\right) - (r\cos\theta - s)\left(1 + \frac{3s}{r}\cos\theta\right)\right]$$

化简后得

$$f_y = -k\frac{2qQs}{r^3}(3\cos^2\theta - 1)$$

当 $3\cos^2\theta - 1 > 0$ 时,f_y 具有回复力的形式,所以在 $\cos^2\theta > \frac{1}{3}$ 范围内,P 在原点处是稳定的。

3. 用物理图像进行近似计算

(1) 数格子法

如图 10 所示,速度-时间图像中阴影部分的面积表示物体运动的位移;力-位移图像

中阴影部分的面积表示力对物体所做的功;力-时间图像中阴影部分的面积表示力对物体的冲量;气体的压强-体积图像中阴影部分的面积表示气体的体积变化时气体所做的功。根据物理图像中阴影部分面积的物理意义,数出阴影部分的小方格数,再乘以每一小方格所代表的物理量的大小,可以近似计算出某些物理量的值。

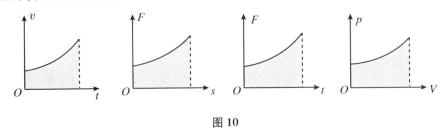

图 10

例 6 质量分别为 $m_1 = 0.3$ kg 和 $m_2 = 0.2$ kg 的两球以大小均为 20 m/s 的速度相向飞行,发生碰撞,碰撞过程中两球相互作用力的大小随时间变化的图像如图 11 所示,在碰撞过程中有多少热释放出来?

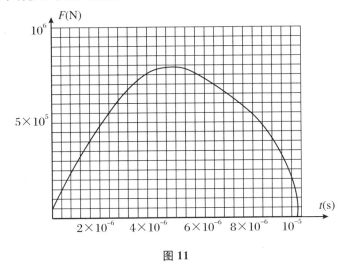

图 11

解 碰撞过程中两球所受的相互作用力的冲量大小都等于 $F\text{-}t$ 图像下的面积。图 11 中每个小方格为 $0.5 \times 10^5 \times 0.4 \times 10^{-6}$ N·s $= 0.02$ N·s,可数出图像下共有约 285 个小方格,从而可得相互作用力的冲量为

$$I = 285 \times 0.02 \text{ N·s} = 5.7 \text{ N·s}$$

碰撞后两球的动量分别为

$$p_1 = m_1 v_1 - I = 0.3 \times 20 \text{ N·s} - 5.7 \text{ N·s} = 0.3 \text{ N·s}$$
$$p_2 = I - m_2 v_2 = 5.7 \text{ N·s} - 0.2 \times 20 \text{ N·s} = 1.7 \text{ N·s}$$

碰撞过程中释放的热量等于系统损失的动能,即

$$Q = \frac{1}{2} m_1 v_1^2 + \frac{1}{2} m_2 v_2^2 - \frac{p_1^2}{2m_1} - \frac{p_2^2}{2m_2}$$

$$= \frac{1}{2} \times 0.3 \times 20^2 \text{ J} + \frac{1}{2} \times 0.2 \times 20^2 \text{ J} - \frac{0.3^2}{2 \times 0.3} \text{ J} - \frac{1.7^2}{2 \times 0.2} \text{ J}$$
$$\approx 93 \text{ J}$$

(2) 图像相交法

例7 在图 12 所示的电路中,标准电阻 $R_0 = 1.0 \text{ k}\Omega$,其阻值不随温度变化,$R_1$ 为可变电阻。电源电动势 $\varepsilon = 7.0 \text{ V}$,内阻忽略不计。这些电阻周围的温度保持 25 ℃。电阻 R 的电压与电流的关系图像如图 13 所示(由于 R 的阻值随温度改变,所以不是直线)。

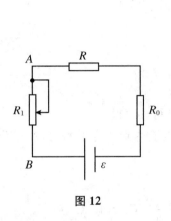
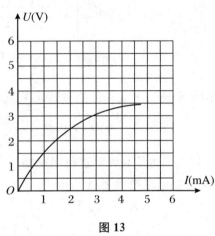

图 12   图 13

(1) 改变 R_1,使 R 和 R_0 消耗的电功率相等,此时通过 R 的电流是多少?加在 R 两端的电压是多少?

(2) R 向外散热的快慢与周围温度有关。若相差 1 ℃放热 6.0×10^{-4} J/s,这时 R 上的温度是多少?

(3) 改变 R_1 的阻值,使 $U_{AB} = U_{BA}$,这时通过 R 的电流和 R_1 的阻值各是多少?

解 (1) 由 $\dfrac{U_0}{I_0} = R_0$ 可知,标准电阻 R_0 的 U-I 图像的斜率 $\tan\alpha = 1$,即 $\alpha = 45°$。作出标准电阻 R_0 的伏安特性曲线,如图 14 所示。

因为 R_1、R 和 R_0 三者串联,所以

$$I_{R_0} = I_{R_1} = I_R$$

且

$$\varepsilon = U_{R_0} + U_1 + U_R$$

由 R 与 R_0 消耗的功率相等得

$$I_R^2 \cdot R = I_{R_0}^2 \cdot R_0$$

即

$$R = R_0$$

在伏安特性曲线图(图 14)上,交点 P 满足上述条件。由 P 点的纵横坐标可知,这时加在 R 上的电压为 3.0 V,通过 R 的电流强度为 3.0 mA。

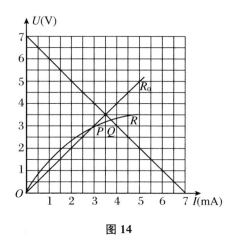

图 14

(2) 电阻 R 通过电流时的能量转化关系为

$$电能 \rightarrow 内能 \rightarrow \begin{cases} 温度升高 \\ 与外界进行热交换 \end{cases}$$

当电能转化的内能与外界进行热交换所消耗的内能达到动态平衡时，R 的温度不再上升。设 R 上的温度增量为 ΔT，则

$$I_R^2 R = K \Delta T$$

$$\Delta T = \frac{I_R^2 R}{K} = \frac{(3.0 \times 10^{-3})^2 \times 1000}{6.0 \times 10^{-4}} \ ℃ = 15 \ ℃$$

电阻 R 的温度为

$$t = t_0 + \Delta T = 25 \ ℃ + 15 \ ℃ = 40 \ ℃$$

(3) 要使 $U_{AB} = U_{BA}$，须使 $R_1 = 0$。因为电源的内阻 $r = 0$，所以有

$$\varepsilon = U_{R_0} + U_R$$

R 上的电压为

$$U_R = \varepsilon - U_{R_0} = \varepsilon - R_0 I_{R_0}$$

即

$$U_R = 7.0 - 1000 I_{R_0}$$

在图 14 中作出此式相应的直线，该直线与 R 的伏安特性曲线相交于 Q 点，从 Q 点的坐标可知 $U_{AB} = U_{BA}$ 时通过 R 的电流强度为 3.7 mA。

(3) 图像反转法

对于两个相互串联的电学元件，如果已知它们各自的伏安特性曲线，那么只要把原点移到两串联元件的总电压处，并把其中某一元件的伏安特性曲线反过来画，找出反转后的伏安特性曲线与另一元件的伏安特性曲线的交点，此交点所对应的电流强度就是串联电路中的电流强度，所对应的电压就是两个元件上的电压值。

例 8 "220 V, 60 W"的白炽灯 A 和"220 V, 100 W"的白炽灯 B 的伏安特性曲线如图 15 所示，若将两白炽灯串联后接在 220 V 的电源上，两灯实际消耗的电功率各是多少?

解 如图16所示,选(0,220 V)为另一坐标系的原点,其电压轴正方向为原 U 轴的相反方向,电流轴正方向与原坐标系相同。把 B 灯的伏安特性曲线反过来画,得到在另一坐标系中 B 灯的伏安特性曲线 B'。B' 与 A 两条伏安特性曲线的交点为 P,由 P 点的纵坐标可知两灯中的电流强度均为 $I=0.25$ A,由 P 点的横坐标可知两灯的电压分别约为 $U_A=150$ V,$U_B=70$ V。

根据电功率的定义式,可知两灯实际消耗的电功率分别为

$$P_A = IU_A = 0.25 \times 150 \text{ W} = 37.5 \text{ W}$$
$$P_B = IU_B = 0.25 \times 70 \text{ W} = 17.5 \text{ W}$$

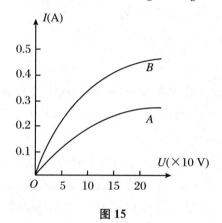

图 15

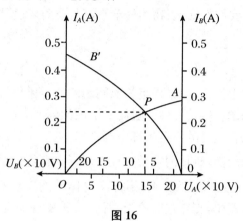

图 16

巧选支点解平衡问题

陈光红

我们熟知,当物体处于平衡状态时,其所受力的合力为零,合力矩为零,即

$$\begin{cases} \sum F = 0 \\ \sum M = 0 \end{cases}$$

原则上说,以上方程组加上问题的特定条件,可解决静力学的全部问题,这就为我们解平衡问题提供了一种一般而又机械的解题方法,这就是进行受力分析后,列出上述方程组,再结合题目的特定条件求解结果。

然而,机械的背后隐藏着灵活。我们知道,力矩 M 是对某一支点而言的,而 $\sum M = 0$ 对任意选取的支点(不排除物体外的支点)都成立,因此支点的选取有很大的灵活度。在解题中,支点选取恰当,就会使平衡现象变得简单,解题过程简洁明了,大大提高解题效率。下面先看一些例子。

1. 合理选取研究对象,巧选支点

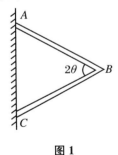

图1

例1 如图1所示,AB、BC 是完全相同的均质杆,重各为 G,A、B 两处用铰链相连,可自由转动,C 端靠在墙上,两杆处于平衡状态,$\angle ABC = 2\theta$。问:

(1) AB 杆的 A 端所受的力为多大?

(2) C 端与墙的静摩擦系数至少为多大?

解 (1) 选 AB、BC 的整体为研究对象,C 为支点,则根据 $\sum M_C = 0$ 可判断 A 端所受力的水平分量 F_1 向左,且

$$F_1 \cdot L \cdot 2\sin\theta = 2G \cdot \frac{L}{2}\cos\theta \quad (L \text{ 为杆长})$$

所以

$$F_1 = \frac{G}{2}\cot\theta$$

选 AB 杆为研究对象,B 为支点,根据 $\sum M_B = 0$ 可判断 A 端所受力的竖直分量 F_2 向上,且

$$F_2 L\cos\theta = F_1 L\sin\theta + G\frac{L}{2}\cos\theta$$

$$F_2 = F_1\tan\theta + \frac{G}{2} = G$$

所以 A 端受到的力的大小为

$$F_A = \sqrt{F_1^2 + F_2^2} = \frac{G}{2}\sqrt{4 + \cot^2\theta}$$

(2) 如图 2 所示,仍以 AB、BC 杆的整体为研究对象,则

$$N_C = F_1 = \frac{G}{2}\cot\theta$$

$$f_C = 2G - F_2 = G$$

C 端没有滑动,满足 $f_C \leqslant \mu_s N_C$,即

$$\mu_s \geqslant \frac{f_C}{N_C} = 2\tan\theta$$

所以 C 端与墙的静摩擦系数至少为 $2\tan\theta$。

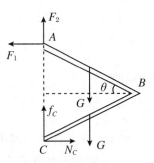

图 2

讨论 在以上解题过程中,先后选 C、B 为支点,使问题迅速顺利地得以解决。但必须注意到,C、B 支点的选取是以合适的研究对象的选取为前提的。这就提示我们,在思考时应明白某一支点对什么样的对象求解未知量是方便的。如果对象和支点选取不当,就会增加解题的繁琐程度。

例 2 有两个质量分别为 m_1、m_2 的光滑小环,套在铅直放置且固定的光滑大环中,并用细绳连接,如图 3 所示,平衡时细绳与铅直线的夹角为 θ。已知细绳所对的圆心角为 α,求证:

$$\tan\theta = \frac{m_1 + m_2}{m_1 - m_2} \cdot \cot\frac{\alpha}{2}$$

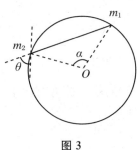
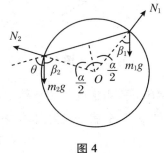

图 3   图 4

证明 对本题,通常会很自然地分别以两小环为研究对象,作出它们受力情况的分析,根据 $\sum F = 0$ 对两小环各列出方程,以绳子的拉力为桥梁,把两方程联系起来求解结果。

如果我们变换一下研究对象,把两小环和细绳作为一个整体来研究,则该整体仅有四个力作用,如图 4 所示。再选大圆环的圆心 O 为支点,则 N_1、N_2 对 O 点无力矩,$m_1 g$、$m_2 g$ 对 O 点的力矩相等。即

$$m_1 g R \cdot \sin\beta_1 = m_2 g R \cdot \sin\beta_2$$

R 为大环半径,其中

$$\beta_1 = \theta - \left(90° - \frac{\alpha}{2}\right)$$

$$\beta_2 = 180° - \theta - \left(90° - \frac{\alpha}{2}\right) = 90° - \theta + \frac{\alpha}{2}$$

将 β_1、β_2 代入上式得

$$-m_1\cos\left(\theta + \frac{\alpha}{2}\right) = m_2\cos\left(\theta - \frac{\alpha}{2}\right)$$

化简后便有

$$\tan\theta = \frac{m_1 + m_2}{m_1 - m_2} \cdot \cot\frac{\alpha}{2}$$

讨论 在本题的求解中,先选择两小环与绳的整体为研究对象,再选取大环圆心 O 为支点,把两质点的共点力平衡问题转化成一刚体的力矩平衡问题,既减少了研究对象的个数,又避开了矢量运算。

2. 巧选支点求解静摩擦的相关问题

例3 长为 l、重为 G 的均匀杆 AB,A 端靠在墙上,B 端用绳系住,绳的另一端连于墙上 C 点,如图5所示。已知杆与墙的静摩擦系数为 μ,要使杆与墙成 θ 角的位置保持平衡,求 A、C 的距离。

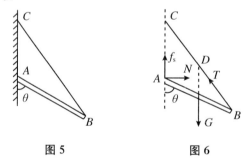

图5　　　　图6

分析 杆 AB 的受力情况如图6所示,其中 A 端的静摩擦力有向上、向下两种可能,要使杆能平衡,即要求 A 端不发生滑动,其物理条件是

$$-\mu_s N \leqslant f_s \leqslant \mu_s N \qquad ①$$

接着,一般的解法是:选 A 为支点,根据 $M_{GA} = M_{TA}$ 求出绳拉力 T,然后再依据 $\sum F_x = 0$ 求出 N,根据 $\sum F_y = 0$ 求出 f_s,把求出的 f_s、N 代入①式,再利用题中的几何关系求解 AC,读者不妨演算一下,现在我们看以下两种解法。

解 解法1　设 $AC = x$,选 C 为支点,则

$$Nx = G\frac{l}{2}\sin\theta \qquad ②$$

选 B 为支点,则

$$Nl\cos\theta + f_s l\sin\theta = G\frac{l}{2}\sin\theta \qquad ③$$

联立②③两式得

$$Nl\cos\theta + f_s l\sin\theta = Nx \qquad ④$$

$$\frac{f_s}{N} = \frac{x - l\cos\theta}{l\sin\theta}$$

代入①式可求出

$$l(\cos\theta - \mu_s\sin\theta) \leqslant x \leqslant l(\cos\theta + \mu_s\sin\theta)$$

解法 2 选重力 G 与拉力 T 的作用线的交点 D(见图 6)为支点,由图中的几何关系可看出,f_s 的力臂是 $\frac{l}{2}\sin\theta$,N 的力臂是 $\frac{x}{2} - \frac{l}{2}\cos\theta$,因此对支点 D 有

$$N \cdot \left(\frac{x}{2} - \frac{l}{2}\cos\theta\right) = f_s \cdot \frac{l}{2}\sin\theta$$

这就是上面的④式。

下面对各种情况进行讨论:

① 若墙壁光滑,即 $\mu_s = 0$,则 $x = l\cos\theta$,说明绳的 C 端只有唯一的位置能拉住杆。而当墙壁粗糙时,C 端在墙壁上一定的范围内能拉住杆,这合乎我们的直觉。

② 若 $\cos\theta - \mu_s\sin\theta \leqslant 0$,即 $\mu_s \geqslant \cot\theta$,则 x 的下限小于等于零,即 C 点与 A 端重合或在 A 端以下,而实际上这样的情况下杆是不可能平衡的(选 A 为支点即可看出)。

所以本题的最后结果是:

当 $\mu_s \geqslant \cot\theta$ 时,$0 < x \leqslant l(\cos\theta + \mu_s\sin\theta)$;

当 $\mu_s < \cot\theta$ 时,$l(\cos\theta - \mu_s\sin\theta) \leqslant x \leqslant l(\cos\theta + \mu_s\sin\theta)$。

讨论 以上解答过程的思路是:在有①式的条件之后,就要从物体处于平衡状态所遵循的规律出发,求出 f_s 和 N,或者找出 f_s 与 N 的关系,进而求解结果。本题一开始叙述的解法就是求 f_s 和 N,需要利用 $\sum F = 0$ 和 $\sum M = 0$,而后面两种解法直接寻求 f_s 与 N 的关系,只需利用 $\sum M = 0$,显然比前面的方法少走了"路",同时避开了矢量运算。

而直接寻求 f_s 与 N 的关系的原则是:必须选除 A 点之外的其他点为支点,使尽可能少的力(除 f_s、N 外)对所选的支点有力矩,最佳的情况是只有 f_s、N 对支点有力矩。下面再举较为复杂的两例,以说明该原则的可行性。

例 4 半径为 r 和 R 的两个圆柱置于同一水平粗糙的平面上,如图 7 所示,在大圆柱上绕上细绳,在绳端作用一水平向右的力,求大圆柱有可能翻过小圆柱的条件,已知所有接触面的静摩擦系数均为 μ_s。

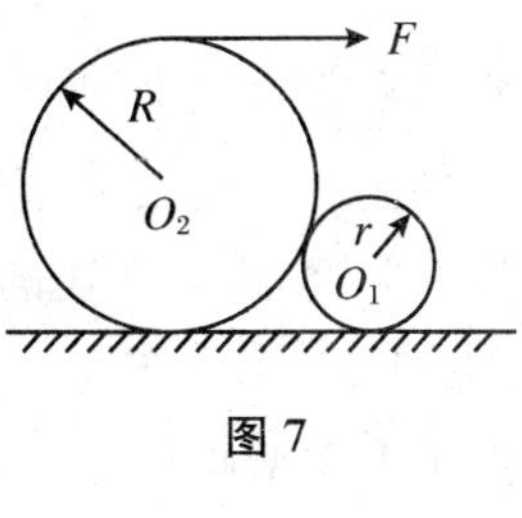

解 不难理解,要使大圆柱有可能翻过小圆柱,小圆柱与地接触处以及两圆柱的接触处均不能发生滑动,在此前提下,只要加于绳端的水平力足够大,大圆柱就能翻过小圆柱。

图 7

当大圆柱处于刚好翻转的临界状态时,地面对它的弹力为零,此时两圆柱的受力情

况如图 8 所示,两接触处不发生滑动的物理条件是

$$f_1 \leqslant \mu_s N_1 \qquad ①$$
$$f_2 \leqslant \mu_s N_2 \qquad ②$$

对小圆柱,选其圆心 O_1 为支点,则 $f_1 = f_2$。

这样在①②两式中,如果 $N_1 > N_2$(或 $N_1 < N_2$),则当②式(或①式)成立时,①式(或②式)必成立。因此我们会想到接下去应该比较 N_1 与 N_2 的大小关系。

一般的做法是:以小圆柱为研究对象,列出 $\sum F_x = 0$,$\sum F_y = 0$ 的方程,消去 f_1、f_2,来比较 N_1 与 N_2 的大小,这需要较多的演算。

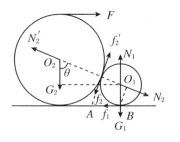

图 8

现在,我们选 f_1 与 f_2 的交点 A(见图 8)为支点,则 N_1、N_2、G_1 对 A 点的力臂相等,均为 A 点到圆柱 O_1 的切线长(设为 L),则

$$N_2 \cdot L + G_1 \cdot L = N_1 \cdot L$$

即说明 $N_1 > N_2$。

所以若②式成立,则①式必成立,也就是说滑动不可能先发生在小圆柱与地的接触处。只要两圆柱的接触处不滑动,大圆柱就能在水平拉力足够大时翻过小圆柱。

对于②式,我们按例 3 的评注所述的原则来直接寻 f_2 与 N_2 的关系。

以小圆柱为研究对象,选它与地的接触处 B 为支点(见图 8),则 N_1、f_1、G_1 无力矩,f_2 与 N_2 对 B 的力矩相等,即

$$f_2(r + r\cos\theta) = N_2 r\sin\theta$$

由图 8 的几何关系可知

$$\sin\theta = \frac{\sqrt{4Rr}}{R + r}, \quad \cos\theta = \frac{R - r}{R + r}$$

$$\frac{f_2}{N_2} = \frac{\sin\theta}{1 + \cos\theta} = \sqrt{\frac{r}{R}}$$

结合②式得到

$$\mu_s \geqslant \sqrt{\frac{r}{R}}$$

这就是本题所要求的条件。

讨论 在本例中,判断 N_1、N_2 的大小和找 f_2 与 N_2 的关系这两步工作是求出本题结果的关键,也是本题的繁难之处。在此选不为人所注意的 A、B 为支点,便可一眼看出 N_1 与 N_2 的大小关系,一步找出 f_2 与 N_2 的关系,不仅使解题过程简洁,更能使学生对该题产生不难的感觉。

例 5 半径为 r、质量为 m 的三个相同的刚性球放在光滑的桌面上,两两互相接触,用一高为 $1.5r$ 的圆柱形刚性圆筒(上下均无底)将此三球套在筒内,圆筒的半径选取适当值,使得各球间及圆筒与球间均保持接触,但相互间无作用力。现取一质量为 m,半

径为 R 的第四个球放在三球上方的正中,设所有接触面的静摩擦系数均为 $\mu = \dfrac{3}{\sqrt{15}}$,问 R 取何值时,用手轻轻竖直向上提起圆筒,即能将四球一起提起来?

分析 本题是第 8 届全国物理竞赛题,给出的解答过程较为冗长,如果我们把以上所述的选取支点的技巧用到此题,就会简便很多。

解 画出俯视图,球 O_1 受力情况如图 9 所示。要使竖直向上提起圆筒时能将四球一起提起,即要求满足

$$F_1 \leqslant \mu N_1 \qquad ①$$
$$F_2' \leqslant \mu N_2' \qquad ②$$

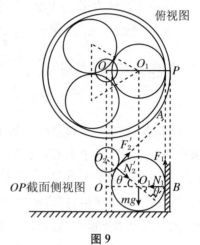

图 9

也就是说,上、下球的接触处及球与圆筒的接触处不能发生滑动,否则就不可能提起。

对下面一个球,选球心 O_1 为支点,则有 $F_1 = F_2'$。

选 F_1 与 F_2' 的交点 A 为支点(见图 9),则

$$N_2' \cdot L + mg \cdot r = N_1 \cdot L$$

其中 L 为 A 点到球 O_1 的切线长。

$$N_1 = N_2' + \dfrac{r}{L} \cdot mg > N_2'$$

由于 $F_1 = F_2'$,$N_1 > N_2'$,所以②式若满足,那么①式必满足,为此只需考虑②式。

选球 O_1 与圆筒的接触点 B 为支点(见图 9),对球 O_1 有

$$N_2' \cdot r\sin\theta + mg \cdot r = F_2' \cdot (r + r\cos\theta) \qquad ③$$

另一方面,把四个球当作一个整体,便有

$$F_1 = \dfrac{4}{3}mg$$

$$mg = \dfrac{3}{4}F_1 = \dfrac{3}{4}F_2'$$

代入③式得

$$\dfrac{F_2'}{N_2'} = \dfrac{4\sin\theta}{1 + 4\cos\theta}$$

结合②式得

$$\dfrac{4\sin\theta}{1 + 4\cos\theta} \leqslant \mu = \dfrac{3}{\sqrt{15}}$$

两边平方整理后有

$$128\cos^2\theta + 24\cos\theta - 77 \geqslant 0$$

解出

$$\cos\theta \geqslant \dfrac{11}{16} \quad 或 \quad \cos\theta \leqslant -\dfrac{7}{8}(舍去)$$

设 $R = br$,由图 9 中的几何关系知

$$\cos\theta = \frac{O_1O}{O_1O_2} = \frac{\frac{2}{3} \cdot \frac{\sqrt{3}}{2} \cdot 2r}{R+r} = \frac{\frac{2}{3}\sqrt{3}}{b+1}$$

$$b = \frac{2\sqrt{3}}{3\cos\theta} - 1 \leqslant \frac{2\sqrt{3}}{3} \cdot \frac{16}{11} - 1 = \frac{32\sqrt{3}}{33} - 1$$

还应考虑到 R 不能太小,否则将在三球中掉下,即必须使

$$R > O_1O - r = \frac{2\sqrt{3}}{3}r - r$$

因此 R 的取值范围为

$$\left(\frac{2\sqrt{3}}{3} - 1\right)r < R \leqslant \left(\frac{32\sqrt{3}}{33} - 1\right)r$$

讨论 本题的求解思路与例 4 类同,只是增加了一个空间上的维度,画出俯视图,弄清空间关系自然是求解本题的基础。

从以上的例子可看到,支点选取合适,会对解题带来很大的方便。究其原因,其实是通过合适支点的选取,使通常用 $\sum F = 0$ 方程处理的问题转化成用 $\sum M = 0$ 方程来处理,而前者是矢量运算,后者是代数运算,只要力臂的几何关系不复杂,就会显得简便。

本文的前两例是在合理选择研究对象的前提下,再巧选支点,实现从 $\sum F = 0$ 到 $\sum M = 0$ 的转化,意在阐明这类问题的支点选取与研究对象的相关性。后三例是靠静摩擦来维持平衡的问题,在有不滑动条件 $f_s \leqslant \mu_s N$ 之后,通常利用 $\sum F = 0$ 来求出 f_s 和 N,而文中巧选支点,利用 $\sum M = 0$ 来直接寻求 f_s 与 N 的关系,具有非常明显的优越性。这种处理方法有一定的普遍意义,对球、圆柱之类的客体尤为有效,因为它们力臂的几何关系往往很简单。希望读者能从以上例子中获得一些解题经验,并逐渐练就选取合适支点的慧眼。

值得指出的是,$\sum M = 0$ 并不是万能的,它不能代替本文开始所述的方程组,对于某些待求量必须用 $\sum F = 0$。从 $\sum F = 0$ 到 $\sum M = 0$ 的转化只对特殊的待求问题有效。如例题中,用 $\sum M = 0$ 求 f_s 与 N 的关系有效,而要分别求出 f_s 和 N 时,则必须用 $\sum F = 0$。

特例在解物理题中的应用

彭大斌

物理问题所描述的过程或者状态是由多个物理参数所决定的。通常这些参数都在各自对应的一定范围内可以自由变化,这样,由它们所描述出来的便是一幅幅生动的、千变万化的物理图景。而物理问题所要求解的则是这些图景中的某一个或几个物理量或者它们之间的关系。一般情况下,由于涉及的参数多并且可以变化,求出某一量在各种变化情况下的值或者它随其他参数变化的关系往往较难。但如果我们能选出一两个特例,即对应于其中一个或几个可变化的参数取某一特殊值的情况,这时在这些特例中那些可变化的参数都有某一具体的取值而不变了。这好比是在连续放映的电影中取出其中的一帧画面来研究,把动的场景转化为静的场景,使待求量或待求关系更明显地展现出来,这样便把要求解的物理问题由难化易了。

以下拟通过几个例子从几方面来说明特例在解物理题中的应用。

1. 以特例为依据来求解一般性的问题

例1 设有如图1所示的两个三端网络元(左、右两边的分别称为 Y 型网络元和 △ 型网络元),它们在任意一个大的电路网络中都可以互相等效代替,即当 Y 型网络元中的 A、B、C 端的任意两端间的电势差分别与 △ 型网络元中的 A'、B'、C' 端的任意两端间的电势差对应相等时,从 A、B、C 三端流入(或流出)网络元的电流分别与从 A'、B'、C' 三端流入(或流出)网络元的电流对应相同。若以 a、b、c 表示 Y 型网络元中三个电阻的阻值,以 g、e、f 表示 △ 型网络元中三个电阻的阻值,试写出由已知其中的一组值求另一组值的转换关系式。

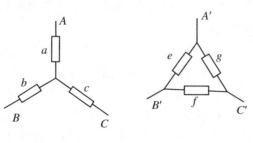

图1

解 由于两者在任意一个大电路网络中都能等效代换,则它们在以下所设想的特例中也应该是可以互相等效代换的。我们设想的第一个特例是 C 和 C' 端与大网络断开（相当于 C 和 C' 不断开但大网络流向 C 和 C' 的电流为零），此时两者间等效的条件显然是 A、B 间的电阻与 A'、B' 间的电阻相等，即

$$a + b = \frac{e(f+g)}{e+f+g}$$

我们设想的第二个和第三个特例分别是 A 和 A' 与大网络断开及 B 和 B' 与大网络断开的情况。同上，由这两个特例可以分别得到

$$b + c = \frac{f(g+e)}{e+f+g}$$

$$c + a = \frac{g(e+f)}{g+e+f}$$

以 a、b、c 为已知量时，由上三式所组成的方程组可以解得

$$e = \frac{ab+bc+ca}{c} \quad \text{①}$$

$$f = \frac{ab+bc+ca}{a} \quad \text{②}$$

$$g = \frac{ab+bc+ca}{b} \quad \text{③}$$

以 e、f、g 为已知量时，由前述方程组可解得

$$a = \frac{ge}{e+f+g} \quad \text{④}$$

$$b = \frac{ef}{e+f+g} \quad \text{⑤}$$

$$c = \frac{fg}{e+f+g} \quad \text{⑥}$$

上述①~⑥式即为 Y 型网络与 △ 型网络等效代替互换的变换关系式。

例 2 （第 12 届全国中学生物理竞赛一试试题）一个由绝缘细线构成的刚性圆形轨道，其半径为 R，此轨道水平放置，圆心在 O 点，一个金属小珠 P 穿在此轨道上，可沿轨道无摩擦地滑动，小珠带有电荷 Q。已知在轨道平面内的 A 点（$OA = r < R$）放有一电荷 q，若在 OA 上的某一点 A' 放电荷 q'，则给 P 一个初速度，它就沿着轨道做匀速圆周运动。求 A' 点的位置及电荷 q' 的值。

解 若要使带电小珠能在圆轨道上做匀速圆周运动，则必须使轨道上各点的电势相等。这样，在轨道上任取几个特殊点时，各点的电势也应该是相等的。如图 2 所示，设圆心 O 为坐标原点，A 和 A' 均位于 x 轴上，B、C、D 诸点为坐标轴与圆的交点，又以 φ_0 表示此圆环轨道上的电势，设 $OA' = r'$，则对于 B、C、D 三个特殊点分别有

$$\frac{kq}{R-r} + \frac{kq'}{r'-R} = \varphi_0 \quad \text{①}$$

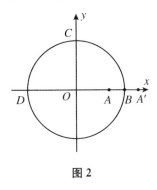

图 2

$$\frac{kq}{\sqrt{R^2+r^2}} + \frac{kq'}{\sqrt{r'^2+R^2}} = \varphi_0 \qquad ②$$

$$\frac{kq}{R+r} + \frac{kq'}{r'+R} = \varphi_0 \qquad ③$$

由①③两式联立可解得

$$q' = \frac{r(R^2-r'^2)}{R(R^2-r^2)}q \qquad ④$$

以④式代入②式得

$$\frac{1}{R-r} - \frac{1}{\sqrt{R^2+r^2}} = \frac{r}{R} \cdot \frac{r'^2-R^2}{R^2-r^2}\left(\frac{1}{r'-R} - \frac{1}{\sqrt{r'^2+R^2}}\right)$$

整理上式,有

$$\left(\frac{R}{r}+1\right) - \frac{\left(\frac{R}{r}\right)^2-1}{\sqrt{\left(\frac{R}{r}\right)^2+1}} = \left(\frac{r'}{R}+1\right) - \frac{\left(\frac{r'}{R}\right)^2-1}{\sqrt{\left(\frac{r'}{R}\right)^2+1}}$$

上式是关于 r' 的一个方程,该式左右两边形式对称,由观察法可知,当

$$\frac{r'}{R} = \frac{R}{r}$$

即

$$r' = \frac{R^2}{r} \qquad ⑤$$

为本方程的解。现以⑤式代入④式,得

$$q' = -\frac{R}{r}q$$

2. 由特例的组合来求解问题

有些较复杂的问题可以看成由几个较为简单的特例组合而成。这时,如果对于这几个组成它的特例有一些相关的已知结论可以利用,那么利用这些已知结论便使问题迎刃而解了。这种情况往往在求解那些具有可叠加性的物理量时可用上,如例3和例4所求的速度、电势都是可叠加的物理量。

例3 质量分别为 m_1 和 m_2 的两个小球1和2发生了弹性正碰,其初速度分别为 v_{10} 和 v_{20},求它们碰后的速度。

分析 根据运动的叠加性,可以把题述的碰撞看成是以下两个碰撞过程的叠加,即球1以速度 v_{10} 与静止的球2发生弹性正碰撞和球2以速度 v_{20} 与静止的球1发生弹性正碰撞这两个过程。而对于上述两个碰撞过程,我们有熟知的运动球与静止球弹性正碰的结论可以利用。

解 球1以速度 v_{10} 与静止的球2发生弹性正碰后,两球的速度分别为

$$v_1' = \frac{m_1-m_2}{m_1+m_2}v_{10}, \qquad v_2' = \frac{2m_1}{m_1+m_2}v_{10}$$

球 2 以速度 v_{20} 与静止的球 1 发生弹性正碰后，两球的速度分别为

$$v''_1 = \frac{2m_2}{m_1 + m_2} v_{20}, \quad v''_2 = \frac{m_2 - m_1}{m_1 + m_2} v_{20}$$

由于题中的碰撞可以看成上述两碰撞的叠加，故题述碰撞发生后，两球的速度分别为

$$v_1 = v'_1 + v''_1 = \frac{(m_1 - m_2)v_{10} + 2m_2 v_{20}}{m_1 + m_2}$$

$$v_2 = v'_2 + v''_2 = \frac{(m_2 - m_1)v_{20} + 2m_1 v_{10}}{m_1 + m_2}$$

例 4 有一平行板电容器，其电容为 2.0×10^{-9} F，两极板 A、B 上分别带有电荷 $Q_A = +7.0 \times 10^{-6}$ C 和 $Q_B = +6.0 \times 10^{-6}$ C，试求出电容器两极板间的电势差。

分析 题述两极板的带电量不是等量异号的，因而不便于直接利用电容器的公式来求它们间的电势差，但可以把题述带电情况看成是两种带电情况的叠加：一是两板带有某一值的等量异号电荷，二是两板带有另一值的等量同号电荷，这两种情况下两板电量的代数和若与题述情况相同，则根据电场的可叠加性，这两种情况下两板间电势差的代数和也就是题述情况下两板间的电势差。不难看出，满足这两种情况的极板带电量应分别是原两极板带电量和的一半和原两极板带电量差的一半。

解 设 A 板和 B 板分别带有电量

$$Q'_A = \frac{Q_A - Q_B}{2} = 5 \times 10^{-7} \text{ C}$$

$$Q'_B = \frac{Q_B - Q_A}{2} = -5 \times 10^{-7} \text{ C}$$

则此时两极板间的电势差为

$$U' = \frac{Q'_A}{C} = 2.5 \times 10^2 \text{ V}$$

其中 A 板的电势较高。

又设 A、B 两板均带有电量

$$Q''_A = Q''_B = \frac{Q_A + Q_B}{2} = +6.5 \times 10^{-6} \text{ C}$$

则由于对称，此时两板间的电势差应为

$$U'' = 0$$

将上述设想的两种情况中各板的带电量分别叠加，便得到题述的带电情况。可见，题述情况下 A、B 两板间的电势差应为

$$U = U' + U'' = 2.5 \times 10^2 \text{ V}$$

其中 A 板的电势较高。

讨论 在用特例求解的思路中，突出了"特殊"和"一般"。在本题的解答中，还有一点值得提出的是："特殊"和"一般"也是相对的。例如，通常我们接触到的情况都是电容器的两极板带有等量异号的电荷，因而我们会很自然地把它认为是一般情况，而把两极

板的带电量不等看成是特殊情况;本题的解答中却与之相反,把后者视为一般情况,而把前者视为特殊情况。可见,灵活地对具体问题进行具体分析而不拘泥于某种一定的思维模式也是学生应该具有的思维品质之一。

例5 用同种材料制成两个大小相同的矩形导线框甲和乙,甲框框边导体的横截面积是 30 mm²,乙框框边导体的截面积为 20 mm²。如图3所示,今将甲、乙两框置于空中无磁场区域的同一高度上,让它们同时开始自由下落,各自下落 h 后均进入同一匀强磁场,求由开始至框完全进入磁场区域的过程中两框的发热量之比。

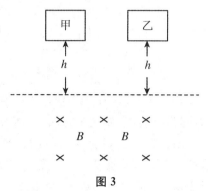

图 3

解 想象有一个由同种材料制成的同样大小的丙框,设其框边的横截面积是 10 mm²,也和甲、乙一样落入磁场中,以 $Q_甲$、$Q_乙$、$Q_丙$ 分别表示甲、乙、丙三框由开始至框完全进入磁场区域过程中的发热量。比较甲框和丙框,可以把甲框看成由三个丙框并在一起而成,则在此过程中甲框的发热量也相当于三个丙框的发热量,即

$$Q_甲 = 3Q_丙$$

同理,对于乙框应有

$$Q_乙 = 2Q_丙$$

由以上两式可得甲、乙两框的发热量之比为

$$Q_甲 : Q_乙 = 3 : 2$$

讨论 本题采用常规解法的途径是:框刚进入磁场时的速度→框中的感应电动势→框中的感应电流→框边所受的安培力→框运动的加速度→两框在各对应位置的加速度、速度都对应相等→在一段微小位移上两框的发热量之比(为3:2)→全过程中两框的发热量之比。此解法较之以上解法就要麻烦得多。照此常规途径来求解本题,读者不妨自行一试。

3. 由特例确定物理量的变化范围

一个系统在一定物理条件制约下发生变化时,描述它的各个物理量将会随之发生对应的变化。这些量的变化往往在一定范围之内,而这个范围的边界值则一般是根据系统变化中的某些临界状态来确定的,这些临界状态就是整个变化过程中诸多状态中的特例。

例6 如图4所示,三根轻绳系于结点 O,其中两根绳分别跨过同一高度上的两个定滑轮 A 和 B,三条绳的另一端分别系有质量分别为 m_1、m_2、m_3 的物体,已知 $m_1 = 4 \text{ kg}$,$m_3 = 2 \text{ kg}$,求 m_2 为何值时,此系统才能维持平衡。计算中不考虑滑轮的大小、绳的质量和摩擦。

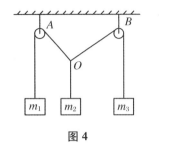
图 4

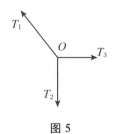
图 5

解 m_2 变大时，图中的 O 点下沉，OA 与 OB 间的夹角减小。极端情况下，OA 与 OB 接近于竖直，则由 O 点的平衡条件可知，此时 m_2g 接近于 $(m_1+m_3)g$。

m_2 变小时，O 点上升且向 A 滑轮靠拢。极端情况下，BO 线将接近于水平，此时 O 点所受三条绳的张力 T_1、T_2、T_3 的方向和大小关系如图 5 所示，其中 $T_3 = m_3g$，方向接近于水平；$T_2 = m_2g$，沿竖直方向；$T_1 = m_1g$。由于此三力平衡，故近似有 $T_2 = \sqrt{T_1^2 - T_3^2} = 33.9$ N。考虑到本题的实际情况是 BO 绳可以十分接近于水平而不可能完全水平，故 T_2 的取值可以很接近于 33.9 N，此值对应的 m_2 值为 3.4 kg，即 m_2 的取值应满足 $m_2 > 3.4$ kg。

综合以上所述，可知本题 m_2 的取值范围为

$$6 \text{ kg} > m_2 > 3.4 \text{ kg}$$

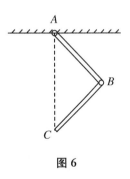
图 6

例 7 如图 6 所示，一根细棒的上端 A 处与天花板相连，下端由铰链与另一细棒相连，两棒长度相等，它们都被限制在图示竖直平面内运动，且不计铰链处的摩擦。当在 C 端加一适当的外力（在纸面所表示的棒所在的平面内）时，可使棒平衡在图示的位置处，即两棒间夹角为 90°且 C 端处在 A 的正下方。试说明不管两棒质量如何，此外力只可能在哪个方向范围之内。只需说明道理而不要求计算。

分析 在此我们需要先说明一下"二力杆"及其平衡条件。一根刚性硬杆若其自重可以忽略不计而仅在其两端受外力作用，此杆即称为二力杆。二力杆平衡的充要条件是作用在此杆两端的两个外力是一对平衡力。本题所说的两棒的质量变化情况可从两棒的质量 m_{AB} 和 m_{BC} 之比 $k = \dfrac{m_{AB}}{m_{BC}}$ 来考虑。显然，这一比值的两个极端情况是 $k \to 0$ 和 $k \to \infty$，我们可以通过确定这两个特殊情况下外力的指向来确定所有各种可能情况下外力指向的范围。

解 当 $k \to 0$，即 $m_{BC} \gg m_{AB}$ 时，AB 的重力可以忽略不计，便可将 AB 视为二力杆，则 BC 对 AB 的作用力必沿 AB 方向，其反作用力为 AB 对 BC 的作用力 T，必沿 BA 方向。现以 BC 为研究对象，它受到 C 端的推力 F、重力 G_{BC} 和 AB 对它的拉力 T 三个力的作用而平衡。由物体的平衡条件知此三力必定共点，这样，此时 F 必然指向 AB 的中点 D 处。

当 k 值逐渐增大，亦即 AB 的重力相对说来不可忽略时，以 AB 为研究对象，从它绕 A 点转动平衡的关系可知，为与棒的自重 G_{AB} 对 A 点产生的力矩相平衡，BC 作用于 AB

的力的作用线必离开 AB 而逆时针转动一个角度。这样，T 与 G_{AB} 的交点将移至图 7 中的 $\triangle CDB$ 中，而 F 应指向这一交点，可见，F 的指向将向 CB 方向靠拢。

当 $k \to \infty$，即 $m_{BC} \ll m_{AB}$ 时，可视 BC 为二力杆，由 BC 的平衡条件可知，此时 F 应沿 CB 方向。

综合上述可知，不管 AB、BC 两棒的质量如何变化，外力 F 的指向总应在图 7 中的 $\angle BCD$ 范围之内。

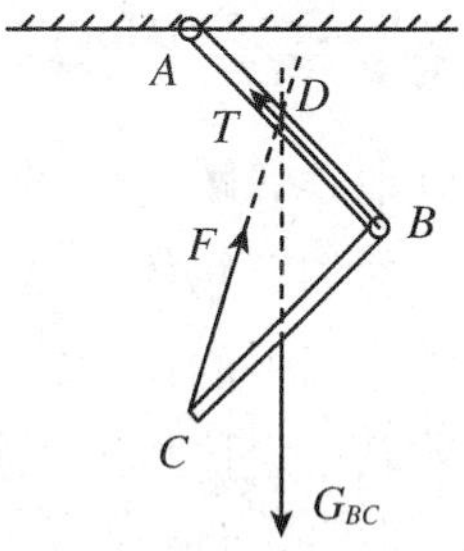

图 7

4．根据特例检验解题结果

有时，对于某些物理问题的一般性的结论，为检验其正误，可以将该一般性结论用于某一特例上，便可将结论的正误鲜明地展现出来。

例 8 如图 8 所示，一根弹簧上端固定，下端挂一个质量为 M 的平盘，盘中有一物体质量为 m。当静止时，弹簧的长度比其自然长度伸长了 L。今向下拉盘，使弹簧再伸长 ΔL 后停止，然后松手放开。设弹簧总处在弹性限度之内，则刚刚松手时，盘对物体的支持力大小为（　　）。

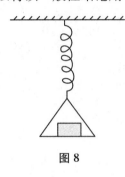

图 8

A. $\dfrac{\Delta L}{L} mg$ 　　　　B. $\left(1 + \dfrac{\Delta L}{L}\right) mg$

C. $\dfrac{\Delta L}{L} (M+m)g$ 　　D. $\left(1 + \dfrac{\Delta L}{L}\right)(M+m)g$

解 取一特殊情况，令 $\Delta L = 0$，则支持力的大小应为 mg，比照上述的四个答案，显然只有选项 B 正确。

例 9 图 9 表示一支两端封闭的竖直玻璃管，中央为一段水银柱，上、下两端各封闭有一段空气柱。今若使管内气温均升高 ΔT，则管中水银柱将（　　）。

A. 向上移动　　　　B. 仍在原位置不动
C. 向下移动　　　　D. 无法确定水银柱将如何运动

解 管中上部气体的压强 $p_上$ 加上水银柱的压强才等于下部气体的压强，即 $p_上 < p_下$，可见上部气体分子的密度也小于下部气体分子的密度。取特殊情况，可以想象上部气体分子的密度趋近于零（显然此时下部气体分子的密度不可能趋近于零），这一情况可看成管的上部接近于没有气体而下部有气体。当温度升高时，下部气体将膨胀而使水银柱上升，故本题应选答案 A。

图 9

5．把问题转化为某种普遍情况中的特例

有些问题可以看成某种普遍情况的特例，故它也应遵从该普遍情况的普遍规律，然后将这些普遍规律用于这一特殊情况而使问题得到解决。

例 10 一物体 A 从离地面很远处由静止开始向地球下落，落至地面上时，其速度大小恰等于第一宇宙速度。已知地球的半径 $R = 6400$ km，物体在地球引力场中的引力势

267

能为 $E_p = -\dfrac{GMm}{r}$（式中 G 为万有引力常量，M 为地球的质量，m 为物体的质量，r 为物体到地心的距离）。若不计物体在运动中所受到的阻力，试求物体在空中运动的时间。

分析 物体 A 的下落是它仅在地球引力作用下的运动，不少情况下，物体仅在地球引力作用下的运动轨迹是圆或椭圆。此类运动的规律类似于行星运动的规律，后者已由开普勒三定律作出了描述。为利用开普勒定律的结论，可以想象一个很狭长的椭圆轨道，其远地点恰为 A 物体开始下落的点，则此椭圆越扁，其两侧轨道就越向 A 下落的轨道靠拢。极限情况下，可以认为两者是重合的。这样，题述的下落运动也就可以看成是上述椭圆轨道运动的一个特例的一部分。由此，如果能求出物体沿上述椭圆轨道对应部分运动的时间，那么也就可以求出物体下落的时间了。

解 物体 A 落至地面时其速度为第一宇宙速度，即
$$v = \sqrt{Rg}$$
设 A 最初与地心的距离为 r，由于其下落过程中机械能守恒，故应有
$$\dfrac{1}{2}mv^2 - \dfrac{GMm}{R} = -\dfrac{GMm}{r}$$
同时还注意到 g 为地球表面处的重力加速度，其值为
$$g = \dfrac{GM}{R^2}$$
上述三式联立，解得
$$r = 2R$$
对于分析中所假定的很狭长的椭圆来说，其两个焦点非常接近位于此椭圆长轴的两端，作为极限情况来说，可以认为其两焦点就在其长轴的两端。又由开普勒第一定律知道地心为此椭圆的一个焦点，故此椭圆半长轴的长度为
$$a = \dfrac{r}{2} = R$$
又由开普勒第三定律可知，物体沿上述椭圆轨道运行的周期和沿绕地心的半径为 R 的圆轨道运行的周期相等，而后一轨道正是沿地面附近的圆轨道，其周期为
$$T_0 = \dfrac{2\pi R}{v} = 2\pi \sqrt{\dfrac{R}{g}}$$

再由开普勒第二定律，物体沿椭圆轨道运行的时间与物体和地心的连线在物体运动中扫过的面积成正比。现设椭圆的半长轴、半短轴分别为 a 和 b，则椭圆的面积为
$$S_0 = \pi ab$$
图 10 中的阴影区域为物体自椭圆轨道的一半长轴端点运动至一半短轴端点过程中物体与椭圆焦点连线所扫过的区域。由于我们研究的椭圆很扁，故此区域的面积近似为
$$S = \dfrac{1}{4}\pi ab + \dfrac{1}{2}ab$$

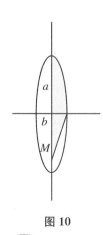

图 10

如上所述，当此椭圆扁到极限情况时，物体沿椭圆轨道运动这一段所用的时间便和物体 A 下落的时间相等，故 A 下落的时间 t 应满足

$$\frac{t}{T_0} = \frac{S}{S_0}$$

即得

$$t = \frac{S}{S_0} T_0 = \left(\frac{\pi}{2} + 1\right)\sqrt{\frac{R}{g}} = 2.06 \times 10^3 \text{ s}$$

约束条件在解题中的应用

林应基

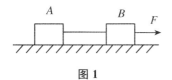

图 1

在力学中解连接体问题时,除必须认真分析物体受力情况及运动变化过程,从而确定所需要运用的规律和公式外,确定连接体各部分之间的运动学关系也是必不可少的,甚至有时成了解题的关键。反映连接体各部分间运动学相互制约的关系就称为约束条件。最简单的约束条件如图 1 所示,在拉力作用下,A、B 以相同的加速度运动,"相同的加速度"就可以认为是 A、B 运动关系的约束条件。

约束条件一般隐含在题目所给的条件中,需要通过认真分析才能找到,下面通过一些实例加以分析说明。

1. 初速度为零的匀加速运动中的约束条件

如果连接体各部分同时开始做初速度为零的匀加速运动,那么由 $v=\dfrac{2s}{t}$ 和 $a=\dfrac{2s}{t^2}$ 知各部分的速度、加速度均与各自的位移成正比。因此可将速度、加速度的关系都变为位移关系。

例 1 图 2 中的均匀球 A 及斜劈 B 的质量都是 M,劈的倾角为 θ,各接触面间摩擦均可忽略不计。用力 F 顶住斜劈,使系统静止。开始时 A 的底部离地高度为 h,求撤去 F 力后 A 下落过程中 A 对 B 的压力和 A 落地瞬间的速度。

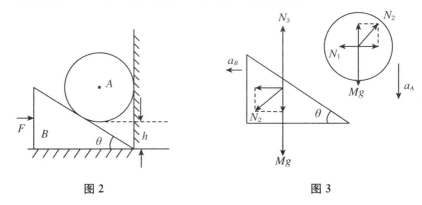

图 2　　　　图 3

解 在 A 到达地面前,A、B 均在恒力作用下做初速度为零的匀加速运动,因此,A、B 的速度、加速度之比均等于位移之比。由图 3 可知

$$\frac{a_A}{a_B} = \frac{v_A}{v_B} = \frac{s_A}{s_B} = \tan\theta$$

图 3 表示出 A、B 的受力情况，可以依据牛顿第二定律列出方程：
$$Mg - N_2\cos\theta = Ma_A$$
$$N_2\sin\theta = Ma_B$$

依据系统机械能守恒列出
$$Mgh = \frac{1}{2}Mv_A^2 + \frac{1}{2}Mv_B^2$$

根据上述各式可求出
$$N_2 = Mg\cos\theta$$
$$v_A = \sqrt{2gh}\sin\theta$$

例 2 如图 4 所示，正三角形滑块 B 的高为 h，质量为 $m_B = 3m$。小滑块 A 的质量 $m_A = m$。将它们从静止开始释放，A 由 B 的顶端滑下。如果所有的滑轮、绳子的质量及一切摩擦阻力均不计，求 A 下滑过程中受到的绳子拉力和斜面支持力以及 A 滑到 B 底端时的速度。

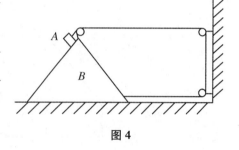

图 4

解 A、B 均做初速度为零的匀加速运动，由于装在 B 顶端的动滑轮的作用，A 相对 B 的斜面下滑的长度应等于 B 右移距离的 2 倍，而 B 的截面为正三角形，由几何知识可确定 A 的对地运动轨迹恰好竖直向下，所以
$$\frac{a_A}{a_B} = \frac{v_A}{v_B} = \frac{s_A}{s_B} = \frac{\sqrt{3}}{1}$$

依据系统机械能守恒得
$$m_A gh = \frac{1}{2}m_A v_A^2 + \frac{1}{2}m_B v_B^2$$

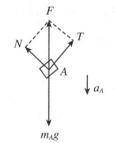

图 5

将 $m_B = 3m_A = 3m$ 及约束条件代入可求得
$$v_A = \sqrt{gh}$$

利用运动学关系
$$v_A^2 = 2a_A h$$

得
$$a_A = \frac{1}{2}g$$

根据图 5 列出牛顿第二定律方程：
$$m_A g - F = m_A a_A$$

得
$$F = 0.5mg$$
$$T = 0.5F = 0.25mg$$

$$N = \frac{1}{2}\sqrt{3}F = \frac{1}{4}\sqrt{3}mg$$

2. 连接体的刚性连接包含的约束条件

当物体不是做匀变速直线运动时,要利用连接体沿某一方向的"刚性"(意指该方向距离保持不变)连接,在该方向上任意瞬间应具有相同的速度或当速度为零时具有相等的加速度,据此来建立约束方程。例如,用一根不可伸长的细线连接两物体,两物体的运动方向各不相同,但只要线处于伸直状态,则两物体沿线方向的分速度一定相等。

例3 如图6所示,质量为 m 的重球固定于长度为 l(从 O 点到球心)的轻杆上,杆的另一端连在转轴 O 上。开始时,杆斜靠在质量为 M、高度为 d 的长方块上。若不计一切摩擦,让杆从与水平面成 α 角由静止开始释放。求当杆转到与水平面成 β 角时长方块的运动速度。

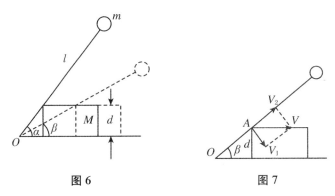

图6　　　　　　图7

解 在上述过程中球和长方块组成的系统机械能守恒,不难列出

$$mgl(\sin\alpha - \sin\beta) = \frac{1}{2}mv^2 + \frac{1}{2}MV^2$$

本题的关键是找出该时刻 v 和 V 的关系。由于在运动过程中杆始终与长方块接触,因此如图7所示,长方块的速度 V 在垂直杆方向的分量 V_1 必定与杆的 A 点的线速度相等。设杆在该时刻的瞬时角速度为 ω,则

$$V_1 = V\sin\beta = \omega \cdot \overline{OA} = \frac{\omega d}{\sin\beta}$$

$$\omega = \frac{V\sin^2\beta}{d}$$

球的速度为

$$v = \omega l = \frac{Vl\sin^2\beta}{d}$$

求得

$$v = \sqrt{\frac{2mgl^3\sin^4\beta(\sin\alpha - \sin\beta)}{ml^2\sin^4\beta + Md^2}}$$

例4 如图8所示,质量均为 m 的小球 A、B 用长为 l 的细线相连接。B 被穿在水

平光滑杆上，A 被放在与滑杆同一水平面的光滑桌面上。开始时，A、B 相距 $\dfrac{l}{2}$ 且 AB 与杆垂直。若 A 球突然获得与滑杆平行的速度 v_0 向右运动，求当细线伸直（线不能伸长）瞬间球 B 获得的速度。

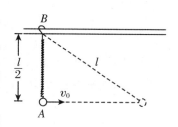

图 8

解 A 球向右运动到线伸直瞬间通过线的相互作用使 A、B 的动量都发生了变化。由于杆光滑，因此沿杆方向两球组成的系统动量守恒，虽然可以列出该方向的动量守恒关系，但 A、B 两球作用后的速度大小及 A 球的运动方向均未知，因此要找出两球速度之间的关系。

如图 9(a) 所示，在连线刚要伸直前将 A 球的速度分解为沿连线方向的分速度 v_2 和垂直连线的分速度 v_1。在线伸直瞬间 v_1 不变，v_2 因为绳子的张力作用而变为 v_2'。由于线不可伸长，因此如图 9(b) 所示，应有约束条件

$$v_2' = v_B\cos\theta \qquad ①$$

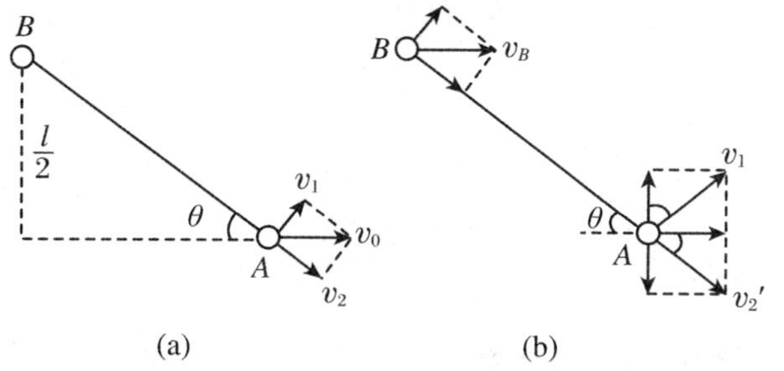

图 9

A 球沿杆方向的速度 v_x 应为

$$v_x = v_1\sin\theta + v_2'\cos\theta \qquad ②$$

由系统沿杆方向动量守恒得

$$m_A v_0 = m_A v_x + m_B v_B \qquad ③$$

联立①~③式并将 $v_1 = v_0\sin\theta$，$\theta = 30°$，$m_A = m_B = m$ 代入，即可解得

$$v_B = \dfrac{3}{7} v_0$$

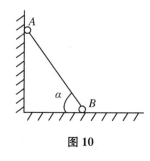

图 10

例 5 质量均为 m 的 A、B 两球固定在长为 l 的轻杆两端，靠在光滑的墙壁与地面之间（如图 10 所示）。

(1) 若让棒从倾角为 α 的位置开始释放，求刚开始运动瞬间两球的加速度及棒上的作用力。

(2) 若 $\alpha \approx 90°$，即棒从几乎贴着墙壁开始释放，求 B 球运动的最大速度。

解 (1) 对 A、B 两球的受力分析如图 11(a) 所示，由此可列出

$$mg - T\sin\alpha = ma_1$$
$$T\cos\alpha = ma_2$$

等方程，但若不能确定 a_1、a_2 的关系，则方程无法解。

由于两球从静止开始运动瞬间，如图 11(b)所示的关系对加速度同样适用，即
$$a_1\sin\alpha = a_2\cos\alpha$$

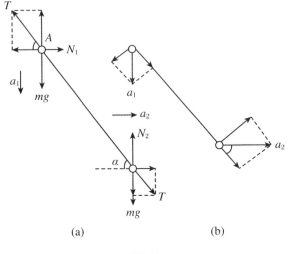

图 11

将该关系代入牛顿定律方程，即可求得
$$a_2 = g\sin\alpha\cos\alpha$$
$$a_1 = g\cos^2\alpha$$
$$T = mg\sin\alpha$$

(2) 在滑动过程中，A、B 组成的系统的机械能守恒。设当杆与地面夹角为 θ 时，两球的速度分别为 v_1、v_2，则
$$mgl(1-\sin\theta) = \frac{1}{2}mv_1^2 + \frac{1}{2}mv_2^2$$

在运动的任意时刻，由于杆不能伸长和压缩，因此都应有约束条件
$$v_1\sin\theta = v_2\cos\theta$$

将该关系代入机械能守恒式，整理得
$$v_2^2 = gl(2-2\sin\theta)\sin^2\theta$$

由于当 $2-2\sin\theta = \sin\theta$ 时，$(2-2\sin\theta)\sin^2\theta$ 有最大值，所以当 $\sin\theta = \frac{2}{3}$ 时，有
$$v_{2m}^2 = lg\cdot\left(\frac{2}{3}\right)^3$$
$$v_{2m} = \frac{2}{9}\sqrt{6gl}$$

3. 在确定的约束条件下,运用运动的叠加原理确定各物体运动学量之间的相互关系

例6 图12中斜劈 B 的倾角为 $30°$,质量 $M=1$ kg,小滑块 A 的质量 $m=2$ kg。若 A、B 间及 B 与水平面间的摩擦均不计,求 A 运动的加速度。

解 A、B 受力如图13(a)所示,由于在运动过程中受力情况没有改变,因此它们都做初速度为零的匀加速运动。由于 B 向右做加速运动,使得 A 的加速度方向不能直接得出。但因 A、B 在运动过程中始终互相接触,故沿垂直接触面方向的位移、速度、加速度都相等。将加速度按垂直和平行斜面两个方向分解,如图13(b)所示,则应有约束条件

$$a_1' = a_2' = a_2\sin\theta \qquad ①$$

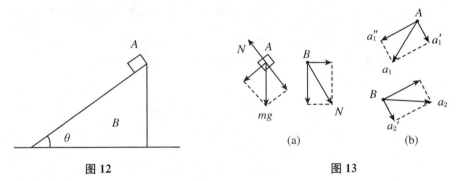

图12 图13

再依据牛顿第二定律列出

$$mg\cos\theta - N = ma_1' \qquad ②$$
$$mg\sin\theta = ma_1'' \qquad ③$$
$$N\sin\theta = Ma_2 \qquad ④$$

联立①~④式并将 $m=2$ kg,$M=1$ kg,$\theta=30°$ 代入,求得

$$a_1' = \frac{1}{6}\sqrt{3}g$$
$$a_1'' = 0.5g$$
$$a_1 = \sqrt{a_1'^2 + a_1''^2} = \frac{1}{3}\sqrt{3}g$$

其方向与水平方向成 $60°$ 角。

例7 如图14所示,A、B 球的质量均为 m,C 球的质量为 $2m$,用两根长均为 l 的轻线系在同一直线上,且都置于光滑的水平面上。若突然使 C 球获得大小为 v_0 的速度,求:

(1) A、B 球即将相碰时的速度大小。

(2) A、B 球即将相碰时线上的拉力大小。

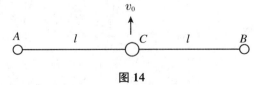

图14

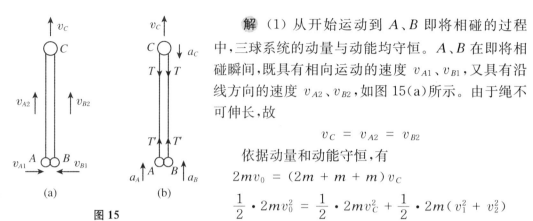

图 15

解 (1) 从开始运动到 A、B 即将相碰的过程中，三球系统的动量与动能均守恒。A、B 在即将相碰瞬间，既具有相向运动的速度 v_{A1}、v_{B1}，又具有沿线方向的速度 v_{A2}、v_{B2}，如图 15(a)所示。由于绳不可伸长，故

$$v_C = v_{A2} = v_{B2}$$

依据动量和动能守恒，有

$$2mv_0 = (2m + m + m)v_C$$

$$\frac{1}{2} \cdot 2mv_0^2 = \frac{1}{2} \cdot 2mv_C^2 + \frac{1}{2} \cdot 2m(v_1^2 + v_2^2)$$

式中

$$v_1 = |v_{A1}| = |v_{B1}|, \quad v_2 = v_{A2} = v_{B2} = v_C$$

解得

$$v_1 = \frac{1}{2}\sqrt{2}\,v_0, \quad v_2 = \frac{1}{2}v_0$$

所以

$$|v_A| = |v_B| = \sqrt{v_1^2 + v_2^2} = \frac{1}{2}\sqrt{3}\,v_0$$

(2) 由于 A、B 相对 C 做半径为 l 的圆周运动，在即将相碰时，线速度大小为 $v_1 = \frac{1}{2}\sqrt{2}\,v_0$，则向心加速度为

$$a_n = \frac{v_1^2}{l} = \frac{v_0^2}{2l}$$

同时，由于 C 球受绳子拉力 T（两根为 $2T$）的作用而具有加速度

$$a_C = \frac{2T}{2m} = \frac{T}{m}$$

其方向与 T 相同（见图 15(b)）。

依据加速度的叠加原理，A、B 的加速度为

$$a_A = a_B = a_n + a_C$$

取速度 v_C 的方向为正方向，则

$$T = -T'$$

$$T' = ma_A = m(a_n + a_C) = m\left(\frac{v_0^2}{2l} + \frac{T}{m}\right) = m\left(\frac{v_0^2}{2l} - \frac{T'}{m}\right)$$

解得

$$T' = \frac{mv_0^2}{4l}$$

再谈类比方法在解题中的应用

谭清莲

笔者在《类比性思想的教学实例》(《物理教学》,1996年第6期)一文中,曾就"绳的类碰撞作用""加速运动物体万有引力的类电磁辐射力"等问题进行了阐述和讨论。本文将在此基础上进一步阐述和讨论类比方法在解题中的应用。

类比方法是根据两个研究对象或两个系统在某些属性上类似而推出其他属性也类似的思维方法,是一种由个别到个别的推理形式。其结论必须由实验来检验。类比对象间共有的属性越多,则类比结论的可靠性越大。

在研究物理问题时,经常会发现某些不同问题在一定范围内具有形式上的相似性,其中包括数学表述上的相似性和物理图像上的相似性。类比方法的作用就在于发现和探索这一相似性,从而利用已知系统的物理规律去寻找乃至表述未知系统的物理规律。

类比方法在物理学发展过程中曾起到过积极的促进作用。例如,将原子与太阳系类比,得到原子结构的"行星模型"假说;将微观粒子与正、负电子类比,提出正、反粒子假说;将电荷间作用力与万有引力类比,提出库仑力的"平方反比规律"假说。

库仑定律是电学中的一个基本定律,建立于1785年,但早在1750年前后就已经有学者开始做这方面的探讨。首先是埃皮努斯在实验中发现:当发生相互作用的电荷之间的距离缩短时,两者之间的吸引力或排斥力便增加;富兰克林在他的冰桶实验中也观察到:"把一品脱银罐放在绝缘支架上,使它带电,用丝线吊着一只直径约为1英寸(1英寸=2.54 cm)的木椭球放进银罐,直到触及银罐底部,但是,当取出木椭球时,没有发现它带电。"1766年,富兰克林写信给英国化学家普利斯特利,介绍了他在实验中发现的放在金属杯中的软木球完全不受金属杯电性影响的现象,请他给予验证。普利斯特利用一系列实验证明,当中空的金属容器带电时,除了靠近开口的地方外,金属容器内表面上没有任何电荷,它对空腔内部的电荷没有作用力。在这以前牛顿已经证明,如果引力是随着与引力中心的距离的平方而减弱,那么中空的球状体对于空腔内部的物体就没有引力作用。由此,普利斯特利立刻联想到,电作用的这一现象与万有引力相似,根据这样的类比,他猜测电的作用力也遵从平方的比定律。1785年,库仑通过扭秤实验确定了电力平方反比律。试想,单靠实验数据的积累,要得到严格的平方反比律不知要到何时。

又如,早在1697年,约翰•伯努利在探求匀强重力场中最速下降路线时,发现其中的最速性与光行进中所取路线经历的时间的最短性(费马原理的内容之一)在数学上是相似的。因此他将所求的最速下降路线类比于光在折射率沿某一方向连续变化的介质中所取的路线,后者运用光的折射定律很易找出,于是匀强重力场中最速下降路线的问题获得了解决。在研究电学问题时,汤姆孙(即开尔文)曾将电、磁场的力学结构与液体的力学结构作了对比,为麦克斯韦最终建立完整的电、磁场动力学理论作了铺垫。法国物理学家德布罗意在他的一篇博士研究生论文中将实物粒子性物质与光物质作了类比,认为既然后者具有波(电磁波)、粒(光子)二象性,那么前者也应具有波、粒二象性。德布罗意的这一假设,即实物粒子具有波动性,为近代量子理论的建立奠定了基础。

鉴于类比方法的重要性,本文拟就几个方面的内容,通过对一些物理问题的求解,向读者介绍这一方法。

1. 数学类比

不同的物理问题的基本数学表述形式相同时,便可借助数学类比将待解问题转化为已解问题以获得解。

例1 蚂蚁离开蚁巢沿直线爬行,它的速度与到蚁巢中心的距离成反比。当蚂蚁爬到距蚁巢中心 $L_1 = 1$ m 的 A 点时,速度为 $v_1 = 2$ cm/s。试问:蚂蚁从 A 点爬到距蚁巢中心 $L_2 = 2$ m 的 B 点所需的时间为多少?

解 蚂蚁在距蚁巢中心 L 处的速度 v 可表述为

$$v = \frac{k}{L}$$

由题文所给条件($L_1 = 1$ m 时,$v_1 = 2$ cm/s)可得

$$k = 2.0 \times 10^{-2} \text{ m}^2/\text{s}$$

由 $v = \frac{\Delta L}{\Delta t}$,可得蚂蚁从 L 到 $L + \Delta L$ 所需时间 Δt 的数学表述式为

$$\Delta t = \frac{1}{k} L \Delta L \qquad ①$$

在匀加速直线运动中,设 $t = 0$ 时,$x = 0$,$v = 0$,则 t 时刻的位置为

$$x = \frac{1}{2} a t^2$$

速度为

$$v = at$$

在 t 时刻经过 Δt 时间所经位移 Δx 的数学表述式为

$$\Delta x = v \Delta t = a t \Delta t \qquad ②$$

比较①②两式可以看出,蚂蚁问题中 Δt 与 ΔL 间的基本数学关系和匀加速直线运动问题中 Δx 与 Δt 间的基本数学关系相同。据此,可将蚂蚁问题中的参量 t 和 L 分别类比为匀加速直线运动问题中的参量 x 和 t,于是由后者的 x 表述式

$$x = \frac{1}{2} a t^2$$

即可得前者的 t 解为

$$t = \frac{1}{2} \frac{1}{k} L^2$$

再令 t_1 对应 L_1，t_2 对应 L_2，则所求时间为

$$t_2 - t_1 = \frac{1}{2}\frac{1}{k}(L_2^2 - L_1^2)$$

计算可得

$$t_2 - t_1 = 75 \text{ s}$$

2. 平动惯性力与重力的类比

在一个相对某惯性系 S_0 做匀加速直线运动的非惯性系 S 中，为了使牛顿第二定律在形式上仍能得以保持，需在质点所受真实力之外附加一个虚设的力，此力称为平动惯性力。设 S 相对 S_0 的加速度为 $\boldsymbol{a}_0$，质点的质量为 m，所受真实力为 $\boldsymbol{F}_{真}$，则该质点相对 S 系的加速度 $\boldsymbol{a}$ 满足下述类牛顿第二定律关系式：

$$\boldsymbol{F}_{真} + \boldsymbol{F}_{惯} = m\boldsymbol{a}$$

其中

$$\boldsymbol{F}_{惯} = m(-\boldsymbol{a}_0)$$

即为平动惯性力。

由于 $-\boldsymbol{a}_0$ 为常矢量，故可类比于重力加速度 $\boldsymbol{g}$，$\boldsymbol{F}_{惯}$ 便相应地可类比于重力。重力对应重力势能，$\boldsymbol{F}_{惯}$ 也可有（虚设的）类比于重力势能的等效势能。有时 $-\boldsymbol{a}_0$ 与 $\boldsymbol{g}$ 的合矢量

$$\boldsymbol{g}' = (-\boldsymbol{a}_0) + \boldsymbol{g}$$

可类比于重力加速度，为了方便可称为（虚设的）等效重力加速度。$\boldsymbol{F}_{惯}$ 与 $m\boldsymbol{g}$ 的合力 $m\boldsymbol{g}'$ 也可类比于重力，称为（虚设的）等效重力，相应地也有（虚设的）等效重力势能。

例 2 系统如图 1 所示，$a = \dfrac{g}{\sqrt{3}}$，小球开始时静止在固定的半圆柱面顶点，而后无摩擦地自由滑下，在图中 θ 角方位离开半圆柱面，试求 θ 值（精确到 $0.1°$）。

解 车厢为非惯性系，其等效重力加速度 $\boldsymbol{g}'$ 的方向如图 2 所示，易算得

$$\varphi = 30°$$

参照图 3，在非惯性系中小球相当于从 $\theta_1 = \varphi$ 位置由静止开始自由滑到 θ_2 位置，即离开半圆柱面。若求出 θ_2 角，则题文所求 θ 为

$$\theta = \theta_2 + \varphi$$

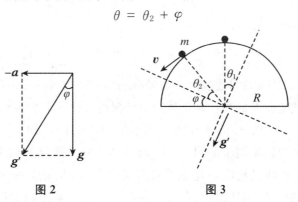

图 2   图 3

在非惯性系中引入 g' 对应的等效势能后，小球在运动过程中机械能守恒。引入小球的质量 m 和圆的半径 R，便有

$$\frac{1}{2}mv^2 + mg'R\sin\theta_2 = mg'R\cos\theta_1$$

离开半圆柱面的条件为

$$mg'\sin\theta_2 = \frac{mv^2}{R}$$

联立后，即可解得

$$\sin\theta_2 = \frac{2}{3}\cos\theta_1$$

将

$$\cos\theta_1 = \cos\varphi = \cos 30° = \frac{\sqrt{3}}{2}$$

代入后，可得

$$\sin\theta_2 = \frac{\sqrt{3}}{3}$$

$$\theta_2 = 35.3°$$

因此所求的角为

$$\theta = \theta_2 + \varphi = 35.3° + 30° = 65.3°$$

3．绳作用与碰撞的类比

在光滑的水平桌面上，用一轻质且不可伸长的细绳将质量分别为 m_1、m_2 的两个小球 1、2 连接起来。开始时，绳处于松弛状态，球 1、2 分别有同一直线上的初速度 v_{10}、v_{20}，且设 $v_{20} > v_{10}$，如图 4 所示。

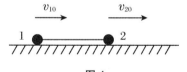

图 4

将球 1、2 与绳一起处理为质点组，在水平桌面上动量守恒。绳未伸直前，球 1、2 间无相互作用。绳伸直的瞬间，球 1、2 受绳的作用力，此作用力可类比为球 1、2 间的碰撞力。作用结束时，球 1、2 的速度分别用 v_1、v_2 表示，则根据动量守恒有

$$m_1 v_1 + m_2 v_2 = m_1 v_{10} + m_2 v_{20}$$

如果绳的作用不损耗机械能，便有

$$\frac{1}{2}m_1 v_1^2 + \frac{1}{2}m_2 v_2^2 = \frac{1}{2}m_1 v_{10}^2 + \frac{1}{2}m_2 v_{20}^2$$

这完全可类比为球 1、2 间的弹性碰撞。如果绳的作用使得 $v_1 = v_2$，那么可类比为完全非弹性碰撞，此时机械能损失最大。介于其间的情况可类比为非弹性碰撞，同样可引入

$$v_1 - v_2 = e(v_{20} - v_{10}) \quad (0 < e < 1)$$

作这样的类比后，绳伸直瞬间所得的 v_1、v_2 与两球正碰撞所得的结果完全相同。据此可知，类弹性和类非弹性碰撞对应的是绳伸直后又会回缩，只有类完全非弹性碰撞对应的是绳伸直后不再伸缩。换句话说，仅在所述问题中直接或间接地给出绳一旦伸直不再回

缩的条件,才能将其处理为类完全非弹性碰撞,并得

$$v_1 = v_2 = \frac{m_1 v_{10} + m_2 v_{20}}{m_1 + m_2}$$

的结果。

例 3 质量相同的两个小球 A、B 用长为 L 的轻绳连接后放在光滑的水平桌面上。开始时 A、B 间距为 $\frac{\sqrt{2}L}{2}$,B 静止,A 朝着与 A、B 连线垂直的方向以初速 v_0 运动,如图 5 所示。假设绳不可伸长且不损耗能量,试分析并画出之后 A、B 的运动轨迹。

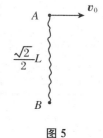

图 5

解 开始时,A 在桌面上以 v_0 速度做匀速运动,直到绳被拉直,v_0 与绳拉直方向成 $45°$ 角,如图 6 所示。此时 A 沿绳拉直方向的分速度 $v_{/\!/}$ 和与绳垂直方向的分速度 $v_\perp$ 分别为

$$v_{/\!/} = \frac{\sqrt{2} v_0}{2}, \quad v_\perp = \frac{\sqrt{2} v_0}{2}$$

由于绳中张力的作用可类比为弹性碰撞力,故作用结果为 A、B 交换沿绳方向的速度,即 A 沿绳方向的速度由 $v_{/\!/}$ 降为零,B 沿绳方向的速度由零升为 $v_{/\!/}$。A、B 在绳的垂直方向上不受绳的作用力,A 在该方向上的速度仍为 $v_\perp$,B 在该方向上的速度仍为零。于是经一次类弹性碰撞后,A、B 运动速度将如图 7 所示。可以证明(此处从略),在 B 未到达图 7 中的最高点前,A 与 B 的间距小于 L,因此绳呈松弛状态。

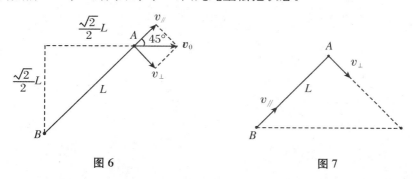

图 6　　　　　　　　图 7

当 B 到达图 7 的最高点时,A、B 各自通过路程 L,A、B 的间距又达 L,绳第二次被拉直。此时 B 的速度因与绳方向垂直而转化为新的 $v_\perp$,而 A 的速度恰好沿绳的伸直方向,从而转化为新的 $v_{/\!/}$。经第二次类弹性碰撞后,A 失去 $v_{/\!/}$ 从而处于静止状态,B 则在原有的速度 $v_\perp$ 之外又获得速度 $v_{/\!/}$,从而具有合成速度

$$v = v_{/\!/} + v_\perp = v_0$$

其中 v_0 即为 A 的原始速度。当 B 以速度 v_0 前行 $\frac{\sqrt{2}L}{2}$ 时,系统又呈现与图 5 完全相似的状态,只是 A、B 位置互换。

A、B 而后的运动分别与前面所述的 B、A 的运动类似。如此进行下去,不难画出 A、B 的运动轨迹,如图 8 所示。

图 8

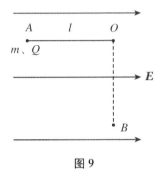

图 9

例 4 如图 9 所示，小球的质量 $m = 30$ g，带有正电荷 $Q = 0.0866$ C，用长 $l = 1$ m 的轻丝线系住，悬挂在 O 点，放在场强 $E = 2$ N/C、水平向右的匀强电场中。将线水平拉直至 A 点，然后无初速度释放，试求小球到达最低点 B 时丝线的拉力（取 $g = 10$ m/s²）。

解 这是一道常在刊物中被讨论的题目，公认的正确解答如下：

参考图 10，小球首先从 A 点沿与竖直线成

$$\theta = \arctan \frac{QE}{mg} = \arctan 0.577 = 30°$$

角、斜向下的方向做匀加速直线运动，直到图 11 中的 C 点。由于底角 $\varphi = 90° - \theta = 60°$，$\triangle OAC$ 为等边三角形，AC 的长也为 l。小球在 C 点速度 v 的方向已在图中画出，大小为

$$v = \sqrt{2al}, \quad a = \frac{g}{\cos\theta}$$

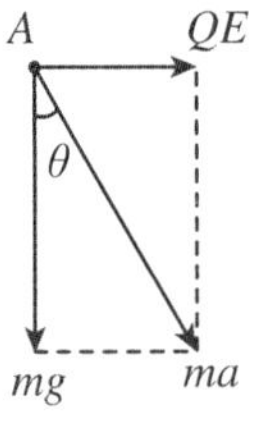

图 10 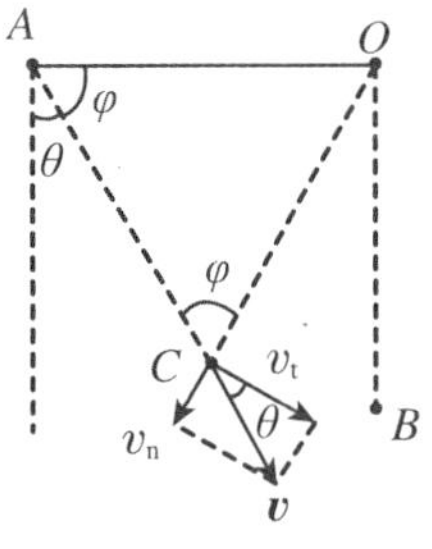   图 11

在 C 点丝线绷直，小球受到丝线拉力作用，径向速度 v_n 全部丢失，只余下切向速度为

$$v_t = v\cos\theta = \sqrt{2gl\cos\theta}$$

在小球从 C 点到 B 点的过程中，很易看出丝线转过的角度也为 θ，重力势能与电势能减少量之和为

$$mgl(1 - \cos\theta) + QEl\sin\theta = mgl(1 - \cos\theta) + mg\tan\theta l\sin\theta$$
$$= mgl(1 - \cos\theta + \tan\theta\sin\theta)$$

小球在 B 点的速度便为

$$v_B = \sqrt{v_1^2 + 2gl(1 - \cos\theta + \tan\theta\sin\theta)}$$
$$= \sqrt{2gl\cos\theta + 2gl(1 - \cos\theta + \tan\theta\sin\theta)}$$
$$= \sqrt{2gl(1 + \tan\theta\sin\theta)}$$

此时小球对丝线的拉力为

$$T = m\frac{v_B^2}{l} + mg = 2mg(1 + \tan\theta\sin\theta) + mg$$
$$= mg(3 + 2\tan\theta\sin\theta) = 1.07 \text{ N}$$

讨论 上述解答中的关键一步是小球在 C 点时丝线绷直,小球受到丝线拉力作用,径向(沿丝线伸直方向)速度 v_n 全部丢失。这里丝线起的作用相当于完全非弹性碰撞,但题文中并无这种暗示。若编题者要取上述解答,宜在题目中补充诸如"丝线一旦伸直,便不再回缩"之类的文字。当然,这样的补充也意味着给学生某种解题提示。

4. 电容、电阻的类比

电容器两极板间所加电压为 U、正极板上的电量为 Q 时,电容则为

$$C = \frac{Q}{U}$$

电阻器两端所加电压为 U、通过的电流强度为 I 时,电阻便为

$$R = \frac{U}{I}$$

C、R 的表述式中 U 相同,Q 与 I 类似,但两个式子显然有颠倒的关系。若为电容器引入

$$C^* = \frac{1}{C} = \frac{U}{Q}$$

C^* 便可与 R 类比。

例如,在图 12 所示的网络中,A、B 间的等效电阻为

$$R_{AB} = \frac{15}{8}R$$

在图 13 所示的网络中引入

$$C^* = \frac{1}{C}, \quad C_{AB}^* = \frac{1}{C_{AB}}$$

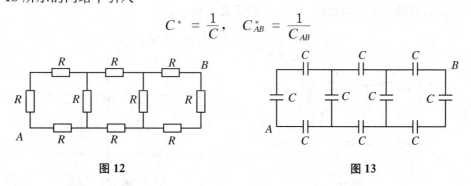

图 12　　　　　　　　图 13

后,C_{AB}^* 与 C^* 间的关系必同于图 12 中 R_{AB} 与 R 间的关系,故有

$$C_{AB}^* = \frac{15}{8}C^*$$

还原后便得
$$C_{AB} = \frac{8}{15}C$$

类似地,若已算得图 14 所示的电阻网络中 A、B 间的等效电阻为
$$R_{AB} = \frac{29}{24}R$$

那么对图 15 所示的电容网络引入
$$C^* = \frac{1}{C}, \quad C^*_{AB} = \frac{1}{C_{AB}}$$

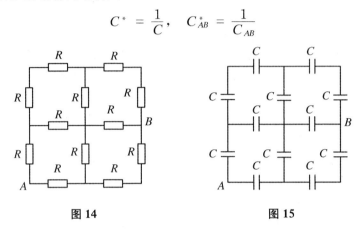

图 14   图 15

后,必有
$$C^*_{AB} = \frac{29}{24}C^*$$

从而得 A、B 间的等效电容为
$$C_{AB} = \frac{24}{29}C$$

这种类比对无限网络也同样适用。例如,图 16 所示的梯形无限网络中 A、B 间的等效电阻为
$$R_{AB} = (\sqrt{3}+1)R$$

则图 17 所示的梯形无限网络中 A、B 间的等效电容必为
$$C_{AB} = \frac{C}{\sqrt{3}+1} = \frac{1}{2}(\sqrt{3}-1)C$$

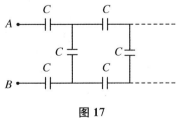

图 16   图 17

C^* 与 R 的类比有广泛的应用。例如,由电阻器三端网络中 Y-△ 的 R 参量变换公式即可写出表述形式完全相同的电容器三端网络中 Y-△ 的 C^* 参量变换公式,再将后一

公式中的 C^* 用 $\dfrac{1}{C}$ 替换，便得 C 参量变换公式。

C^* 与 R 的类比的最重要应用在于可为稳恒电源、电容器网络建立类基尔霍夫方程组。众所周知，稳恒电源、电阻器网络（直流电路）中各元件的 ε、R 参量给定后，可通过基尔霍夫方程组来确定各电阻器的电流强度 I。对于稳恒电源、电容器（假设在接入网络前均不带电）网络，在各元件的 ε、C 参量给定后，需要确定的是各电容器的电量 Q。引入 C^* 后，通过变换关系

$$C^* \sim R, \quad Q \sim I$$

由 $\{\varepsilon, C^*\}$ 参量组确定的电源、电容网络可类比地对应为 $\{\varepsilon, R\}$ 参量组确定的电源、电阻网络。于是，求解 I 分布的基尔霍夫方程组便转化为求解 Q 分布的类基尔霍夫方程组。

参照系选择法

舒幼生

据说在国外的一份报纸上曾刊登一则旅游广告,有意者只要邮寄 1000 美元便可参加行程 40000 km 的长途旅行。稍有地理知识的人都知道赤道周长大约就是 40000 km,花上 1000 美元能做一次几乎是环绕地球一周的旅行,确实便宜。申请参加者为数不少,钱寄出后过些日子,他们都收到一封内容相同的信件。组织者通知他们于某一个晴朗的夜晚,去阳台或房顶抬头望着星光万点的银河,共同乘坐着地球这艘航船,跟随太阳系一起参加一次围绕银河中心的 3 min 旅行。根据天文测算,太阳系绕银河中心的运行速度为 250 km/s,3 min 足足走过 45000 km,比广告原先承诺的 40000 km 还多出 5000 km 呢!于是,大家都明白上当了。

故事的具体内容与上面所述不尽一致,但"框架结构"大同小异。显然,骗局的设计者利用了运动的相对性在玩花招。旅游是一种运动,运动就有相对哪一个参照系的问题。按常识,人们所谓的旅游都是相对地面而言的,骗子却选择了银河中心区域为参照系,构造了一次盈利百分之百的旅游活动。

骗人的勾当不可学,但如何巧妙地利用参照系选择方法来解决具体的问题,或者说解决具体的物理问题,在中学教学范围内还是有讨论价值的。

在运动学范畴内,所有参照系都是平等的,没有哪一个或者哪一类参照系相对于其他参照系处于特殊的地位。但在处理具体问题时,选择不同的参照系在解决问题的难易程度上会有所不同。例如,树上有一只猴,某时刻地上的不法偷猎者把枪口对准猴射出一颗麻醉弹,假如已发现情况不妙的猴同一时刻从树上掉落下来,略去空气阻力,试问子弹能否射中猴?若选取地面参照系解决这一问题,子弹做斜抛运动,猴做初速度为零的落体运动,分析有一定的难度。如果改取随猴一起下落的参照系,猴静止,子弹朝猴做直线运动,问题变得如此简单,猴必中弹无疑。

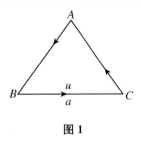

图 1

有一道大家熟悉的运动学题目:如图 1 所示,在边长为 a 的等边三角形三个顶点处有三个质点 A、B、C,它们以相同速率 u 运动,运动中 A 始终对着 B,B 始终对着 C,C 始终对着 A,问经过多长时间三者相聚?如果选择原三角形所在平面为参照系,那么因为 A、B、C 均做匀速曲线运动,会使求解变得较为麻烦。通常采用相对运动的方法来简化。例如,取随 B 一起运动的参照系,在此参照系中 A 朝着 B 做匀速直线运动,只

要求出 A 相对 B 的速度即可，计算得到了简化。北京大学附属中学 94 级 6 班学生王鹏并不以此为满足，他改取坐标原点 O 在正三角形的中心位置、同时随 A 点一起旋转的平面坐标系为参照系，在这一参照系中 A 点朝着 O 点做匀速直线运动。由于 O 点固定不动，A 相对 O 的运动速度很容易直接写出，为

$$u\cos 30° = \frac{\sqrt{3}u}{2}$$

A 到 O 的距离为 $\frac{a}{\sqrt{3}}$，可以非常容易地算出相聚所需时间为

$$T = \frac{2a}{3u}$$

A 相对 O 的运动速度的计算要比 A 相对 B 的运动速度的计算方便得多，因为 O 是不动点，B 是运动点。为了进一步显示选择这一参照系的优点，王鹏还设计了一个正五边形的运动质点问题，读者可查阅学生题屋 3 例 15。

在教学中，为了训练学生对参照系的选择能力，不妨收集或者编制一些针对性强的题目，供学生分析讨论。下面两道题均属此例。

例 1 设图 2 中滑块 A 在水平面上匀速朝右运动，其光滑斜面上有一小物体 B 在外力作用下相对于 A 静止地随 A 一起运动。今将外力撤去，假设 A 继续保持原匀速运动，试问 B 触地前相对地面的运动轨道属于什么类型的曲线？

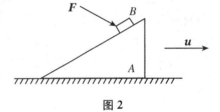

图 2

解 有些学生直接在地面系中解决这一问题颇感困难。如果采用分步思维，首先考察 B 相对 A 的运动，绝大部分学生都能说出这是初速度为零的匀加速直线运动。继而转到地面系，因 A 相对地面做匀速运动，B 相对地面的加速度即为 B 相对 A 的加速度，B 相对地面便做匀加速运动。B 相对地面的初速度就是 A 相对地面的匀速度，这一初速度与 B 相对地面的匀加速度不在同一直线上。因此 B 相对地面的运动为匀加速曲线运动。将加速度类比为重力加速度，B 的初速度类比为斜抛初速度，B 相对地面的运动可类比为斜抛运动，轨道曲线是抛物线。

这种分步思维其实就是灵活选择参照系。先在随 A 一起运动的参照系中讨论 B 的简单运动，再回到地面系讨论 B 的较复杂运动。

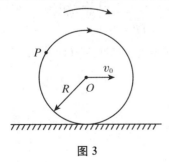

图 3

例 2 半径为 R 的车轮在水平地面上沿着一条直线做匀速纯滚动，车轮中心 O 的速度为 v_0，如图 3 所示。将轮缘上任一点 P 的运动加速度绝对值记为 a，试求 a 的最大值 a_{max} 和最小值 a_{min} 的比值。

解 P 相对地面的运动为变速曲线运动，其运动轨道为中学生未在数学课上学过的滚轮线，直接在地面系中求 a_{max} 与 a_{min} 的比值是不可能的。选取随 O 一起做匀速运动

的参照系 S，在 S 系中 P 点做匀速圆周运动，加速度即为向心加速度，其大小恒定不变。因 S 系相对地面匀速运动，P 相对 S 的加速度即为 P 相对地面的加速度，大小仍然恒定不变，便得

$$a_{\max} : a_{\min} = 1$$

题文中的 R、v_0 均为无用参量，起迷惑作用。

进入到动力学内容后，一开始在讲授牛顿定律时非常强调参照系的划分，即分为牛顿定律在其中成立的惯性系和不成立的非惯性系。在而后讲述功-能与冲量-动量内容时，却几乎不再提及参照系的问题，这不能不说是一件遗憾的事。参照系问题的研究在力学（牛顿力学、电动力学、狭义相对论力学、广义相对论力学）的形成和发展过程中曾起过关键性的作用。然而在问及中学生时，竟有相当多的学生不曾去想过所学的功-能与冲量-动量内容中的一些定律是否在所有惯性系中都成立。问题不在于要讲多少，而是在于是否至少应该提一下。也许有人认为，既然牛顿定律在所有惯性系中成立，其展开内容自然在所有惯性系中都成立。然而这种逻辑推理是大多数中学生不会主动去做的，需要我们给以启发，也就是在教学中应当至少"提一下"。在课外竞赛活动小组中，更有条件作适当的展开，使那些尖子生的物理素养有质的提高。非惯性系的动力学内容可以少涉及或者不涉及，但非惯性系的运动学内容仍然可以在动力学问题中有所联系，以实现教学的连贯性。

下面先举三个可利用惯性系选择法来简化求解的动力学实例。

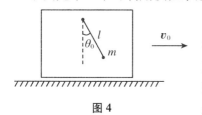

图 4

例 3 光滑水平面上的车厢始终以匀速度 v_0 向右运动，车厢内的单摆开始时相对车厢静止，摆线与竖直线的夹角为 θ_0，其方位如图 4 所示。设摆线长为 l，摆球的质量为 m，试求在摆球从初始位置到第一次达最低位置的过程中绳的张力对摆球所做的功 W。

解 所问 W 显然是相对地面系的量。计算功的原始方法是直接利用力和位移，本题中绳的张力为变力，摆球相对地面系的位移也并不单一，求功不方便。计算功的另一种方法是运用机械能定理，即非保守力所做功等于机械能增量。本题中绳的张力对小球所做的功 W 等于小球的机械能（动能与重力势能之和）的增量，小球的重力势能的变化很易算得，如果求出其动能的增量，那么 W 便可计算。在初始位置，小球相对车厢静止，小球相对地面的速度及动能可知。在终态位置，小球相对地面的速度及动能也可通过小球相对车厢的速度 v 来求得。于是，问题转化为终态小球相对车厢的速度的计算，这一计算可在车厢参照系中进行。车厢是惯性系，机械能定理同样成立，而且其方便之处在于绳张力对小球不做功，机械能守恒，很易求得

$$v' = \sqrt{2gl(1 - \cos\theta_0)}$$

终态小球相对地面系朝右的速度（可正、可负）为

$$v = v_0 - v'$$

由机械能定理可得

$$W = \left(\frac{1}{2}mv^2 - \frac{1}{2}mv_0^2\right) + mgl(1-\cos\theta_0)$$
$$= \frac{1}{2}m(v_0-v')^2 - \frac{1}{2}mv_0^2 - \frac{1}{2}mv'^2 = -mv_0 v'$$

即有
$$W = -mv_0\sqrt{2gl(1-\cos\theta_0)}$$

例 4 在某惯性系 S 中有两个质量分别为 m 与 M 的质点 A 与 B，开始时两者相距 l_0，A 静止，B 具有沿 AB 连线延伸方向的速度 v_0。为使 B 能继续保持匀速直线运动，如图 5 所示，对 B 施加一个沿 v_0 方向的变力 F，以平衡 A 对 B 的万有引力。试求 A、B 间距最大时的 F，以及从开始时刻到 A、B 间距达最大时的过程中变力 F 所做的功 W。

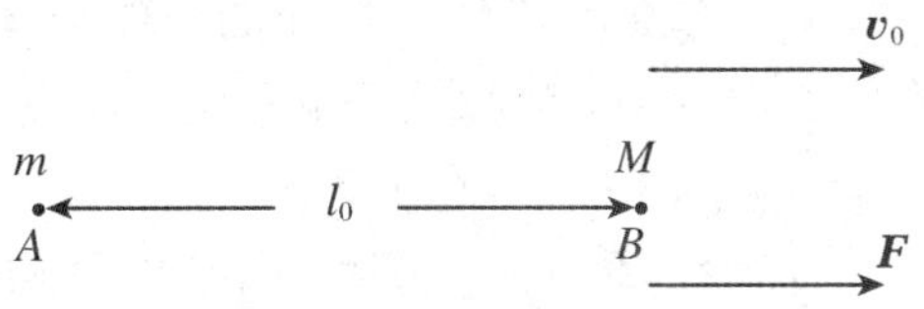

图 5

解 A、B 间距达最大值 $l_{\max}$ 时的 F 值等于此时 B 受 A 的万有引力值，即有
$$F = \frac{GMm}{l_{\max}^2}$$

问题转化为对 $l_{\max}$ 的计算。由于涉及万有引力类型的变力，很难在中学范围内直接应用牛顿定律来求解 $l_{\max}$。A、B 间距的变化会影响系统的万有引力势能，然而在 S 系中由于变力 F 的做功量尚不好计算，无法利用机械能定理来求解。为了在一开始避免对 F 的做功量的计算，转而选取随 B 一起匀速运动的惯性系 S'，在 S' 系中 B 不运动，F 的做功量为零，机械能守恒。初态 A 朝左运动，速度大小为 v_0，终态 A 停止，A、B 间距达 $l_{\max}$，有
$$\frac{1}{2}mv_0^2 - G\frac{mM}{l_0} = -G\frac{mM}{l_{\max}}$$

由此可解得
$$l_{\max} = \frac{2l_0 GM}{2GM - l_0 v_0^2}$$

代入前面给出的 F 表达式，可得
$$F = \frac{m(2GM - l_0 v_0^2)^2}{4l_0^2 GM}$$

回到 S 系。初态 A 静止，B 向右的速度为 v_0，A、B 间距为 l_0。终态 A、B 向右的速度均为 v_0，A、B 间距为 $l_{\max}$。由功能关系，可得 F 在 S 系中的做功量为
$$W = \left[\frac{1}{2}(m+M)v_0^2 - G\frac{mM}{l_{\max}}\right] - \left(\frac{1}{2}Mv_0^2 - G\frac{mM}{l_0}\right)$$
$$= \frac{1}{2}mv_0^2 - G\frac{mM}{l_{\max}} + G\frac{mM}{l_0}$$

$$= \frac{1}{2}mv_0^2 + \frac{1}{2}mv_0^2$$
$$= mv_0^2$$

最后需要说明,以上结果只适用于 $2GM - l_0 v_0^2 > 0$,即
$$v_0 < \sqrt{\frac{2GM}{l_0}}$$

对 $v_0 \geqslant \sqrt{\frac{2GM}{l_0}}$ 情况的补充讨论,在此从略。

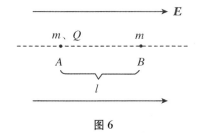

图 6

例 5 在惯性系 S 中有匀强电场 E,其方向如图 6 所示。在电场中与 E 平行的一条几何直线(图中的虚线)上,有两个静止的小球 A 和 B。两小球的质量均为 m,A 球所带的电量为 $Q>0$,B 球不带电。开始时两球相距 l,在电场力的作用下,A 球开始沿直线运动,并与 B 球发生弹性正碰撞,从而使 B 球也参与运动。设在各次碰撞过程中,A、B 球之间并无电量的转移。忽略 A、B 间的万有引力,试证 A、B 球相邻的两次碰撞之间的时间间隔相同,并求出该时间间隔 T。

解 在惯性系 S 中,A 球在电场力作用下,从静止开始沿电场方向(即向右)以加速度
$$a = \frac{QE}{m}$$
做匀加速直线运动,经过时间
$$t = \sqrt{\frac{2l}{a}} = \sqrt{\frac{2ml}{QE}}$$
与 B 球相碰。弹性碰撞后交换速度,即 A 球静止,B 球以速度 $v = at$ 向右匀速运动。而后 A 球从静止开始,以加速度 a 做加速运动直至追上 B 球,发生第二次碰撞,再次交换速度……如此继续下去。根据以上分析,在原 S 系可以逐一计算第一次与第二次碰撞之间的时间间隔,第二次与第三次碰撞之间的时间间隔等,并注意计算结果的规律性,即可完成本题的解答。但这样做显然较麻烦。

在第一次碰撞后,若改取随 B 球一起运动的惯性系 S_1,在 S_1 系中 B 球静止,A 球以初速度 v 向左运动。A 球在 S 系中所受电场力不变,所得向右加速度 a 不变,在 S_1 系仍具有这一加速度,因此也经时间 $t = \frac{v}{a}$ 速度降到零,且向左走过距离 l。而后 A 球又在 S_1 系经时间 t,向右走过距离 l 再次与 B 球相碰。相碰前,A 球在 S_1 系中的右行速度又达到上述 v 值,因此在 S_1 系中的第二次碰撞完全同于在 S 系中的第一次碰撞,两次碰撞之间的时间间隔为
$$T = 2t$$
接着又可选取第二次碰撞后随 B 球一起匀速运动的 S_2 系,再将 A 球在 S 系中算得的 a 带到 S_2 系中去,第二次碰撞后到第三次碰撞之间的讨论内容与在 S_1 中第一次碰撞后到

第二次碰撞之间的讨论内容完全相同,故第二次到第三次碰撞之间的时间间隔仍为上述 T。每次碰后采取换惯性系的处理办法,于是便证得相邻两次碰撞的时间间隔相同的结论,这一时间间隔即为

$$T = 2\sqrt{\frac{2ml}{QE}}$$

在有些动力学问题中,也可以选择非惯性系来简化有关运动学内容的讨论,便于原问题的求解。下面三例均属此种情况。

例6 质量为 M 的长平板以速度 v_0 在光滑水平面上做直线运动,现将速度为零、质量为 m 的木块放在长平板上。设木块与板之间的滑动摩擦系数为 μ,试问木块在长平板上滑行多长距离 l,才能与板取得相同速度?

解 木块与长板间摩擦力大小为

$$f = \mu mg$$

因受摩擦力的作用,木块相对地面系有朝右的水平加速度 a_m,长板有朝左的水平加速度 a_M,如图7所示。它们的大小分别为

$$a_m = \frac{F}{m} = \mu g$$

$$a_M = \frac{F}{M} = \frac{\mu mg}{M}$$

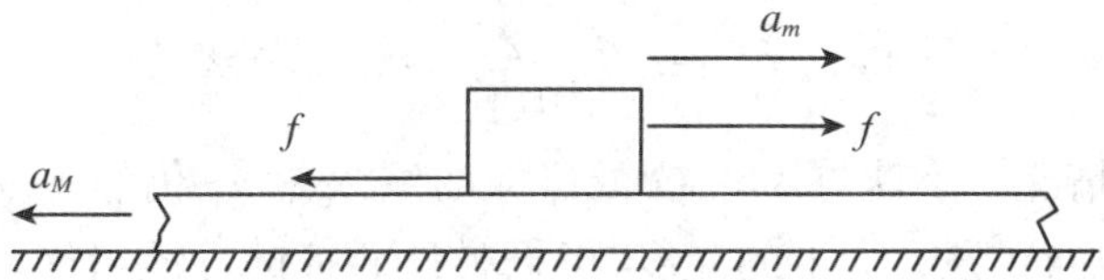

图7

所求 l 为木块相对长板滑行的距离,直接在长板这一非惯性系中进行计算更为方便。木块相对长板的左行初速度为 v_0,右向加速度为

$$a' = a_m + a_M = \frac{\mu(m + M)g}{M}$$

经距离 l 后,木块相对长板静止,即得

$$l = \frac{v_0^2}{2a'} = \frac{Mv_0^2}{2\mu(m + M)g}$$

例7 半径为 R、质量为 M 的匀质刚性光滑圆环开始时静止在光滑水平大桌面上。设圆环有一小缺口 P,引起的质量缺损可忽略不计。质量为 m 的小球以初速度 v_0 从缺口 P 进入环内,v_0 的方向线与 P 到环心 O 的连线的夹角为 $\varphi>0$,如图8所示。试问 φ 取何值,小球能在环内碰行一周后恰好又从 P 处射出环外?

解 本题的难点在于小球碰环后环会运动,多次碰撞的结果会使环相对桌面的运动

变得复杂。

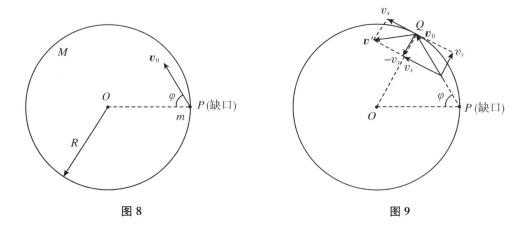

图 8　　　　　　　　　　　　　　图 9

避开这一难点，先分析环固定不动的情况。小球第一次与环相碰点设为 Q，如图 9 所示。可将碰前 $\boldsymbol{v}_0$ 分解为 OQ 连线方向的 v_y 与切向的 v_x，小球与光滑圆环碰撞时，两者间无切向摩擦力，碰后 v_x 不变。在 OQ 方向上为弹性碰撞，碰后 v_y 反向成为 $-v_y$。小球碰后的速度 $\boldsymbol{v}'$ 已在图中示出。不难发现，碰撞的效果相当于光线的镜面反射。以后的碰撞效果也均是如此，因此可以理解，为使小球在环内碰行一周后恰好又从 P 处射出，要求小球在环内的运动轨道构成正多边形。由此可算得（过程从略）

$$\varphi = \frac{1}{2}\left(\pi - \frac{2\pi}{n}\right) = \frac{n-2}{2n}\pi \quad (n = 3,4,5,\cdots)$$

回到环可动的情况。小球与环在 Q 处碰撞的结果是 v_x 仍然不变，在 OQ 连线方向上，碰撞虽然使环也获得该方向上的速度，但据弹性碰撞的性质可知，碰撞后的分离速度等于碰撞前的接近速度，即碰撞前后小球相对圆环的 OQ 方向的速度大小不变、方向相反。这也就是说，如果改取圆环参照系，那么小球碰前在 OQ 方向上的速度为 v_y，碰后在 OQ 方向上的速度依旧同于图 9 中的 $-v_y$，碰撞的效果仍然相当于光线的镜面反射。这一结论对以后的碰撞也都成立。圆环参照系在相邻两次碰撞之间均为惯性系，在碰撞过程中却为非惯性系。但在运动学方面，小球相对圆环的运动轨道仍须构成正多边形，小球方能在环内碰行一周后恰好又从 P 处射出环外。故要求 φ 角仍为

$$\varphi = \frac{n-2}{2n}\pi \quad (n = 3,4,5,\cdots)$$

例 8　图 10 中两个圆代表内、外半径几乎同为 R 的环形光滑轨道，它与长方体形的底座固连在一起静止地放在光滑的水平面上，环与底座的总质量为 M。轨道内有一质量为 m 的光滑小球，开始时静置于最高处，后因受某种扰动而朝右滑下，底座也因此而运动。设在以后的运动过程中，底座的底面始终全部与地面接触，试在地面参照系中确定小球的运动曲线。

解　如果底座不动，小球相对地面的运动曲线即为环形轨道圆。底座参与运动时，尽管底座参照系并非惯性系，但因小球相对它的运动曲线仍为圆，故可先写出小球在底座

参照系中的圆方程,再通过底座参照系与地面参照系之间的相对运动关系,将圆转换到地面系,便可获得小球相对地面系的运动曲线。

在底座参照系中,以环心 C 为坐标原点,建立水平向右的 x' 轴和竖直向上的 y' 轴。在地面参照系中以环心 C 的初始位置为坐标原点 O,建立水平向右的 x 轴和竖直向上的 y 轴。在小球下滑的初始阶段,底座水平朝左运动,坐标框架的相对位置如图 11 所示。

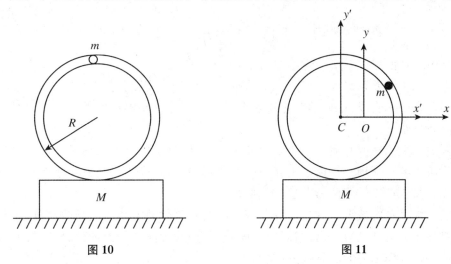

图 10   图 11

在 $C\text{-}x'y'$ 坐标系中,小球的圆周运动曲线方程为
$$x'^2 + y'^2 = R^2$$
设小球某时刻在 $C\text{-}x'y'$ 系中的位置坐标为 (x', y'),在 $O\text{-}xy$ 系中的位置坐标为 (x, y),此时 C 点在 $O\text{-}xy$ 系中的位置为 $(x_C, 0)$,则有坐标转换关系
$$\begin{cases} x' = x - x_C \\ y' = y \end{cases}$$
对于图 11 所示的情况,x'、x 均为正,但 x_C 为负。$y' = y$ 可直接代入到前面的圆方程,但 $x' = x - x_C$ 中因含有 x_C,不宜直接代入。为消去 x_C,可利用系统在地面系中动量守恒。初始时刻记为 $t = 0$,任意 $t > 0$ 时刻小球相对地面的 x 方向速度记为 v_m,环心 C 点相对地面的 x 方向速度记为 v_C,则有
$$mv_m + Mv_C = 0$$
当 v_m 为正时,v_C 为负。在 $t \to t + \Delta t$ 时间内,应有
$$mv_m\Delta t + Mv_C\Delta t = 0$$
将 $t = 0$ 到某时刻 t 的时间过程分解为一系列小段时间过程,则有
$$m\left(\sum_0^t v_m\Delta t\right) + M\left(\sum_0^t v_C\Delta t\right) = 0$$
第一求和项的结果为小球在 t 时刻的坐标量 x,第二求和项结果为环心 C 点的坐标量 x_C,即得
$$mx + Mx_C = 0$$
与 $x' = x - x_C$ 联立,可得

$$x' = \frac{(M+m)x}{M}$$

将它与 $y' = y$ 一起代入圆方程,便得

$$\left(\frac{M+m}{M}\right)^2 x^2 + y^2 = R^2$$

或可表述为

$$\frac{x^2}{A^2} + \frac{y^2}{B^2} = 1 \quad \left(A = \frac{MR}{M+m}, B = R\right)$$

这就是小球在地面参照系中的运动曲线,为一椭圆曲线。

以上介绍了参照系选择法在力学中的应用。参照系选择法在电学中也有应用,但这种应用不仅在中学阶段,在大学普通物理学习阶段都是几乎不涉及的。下面对其中的原因作一简单介绍。

牛顿力学理论在所有惯性参照系中都成立,同样电学理论也应在所有惯性系中都成立。这里所说的电学理论是指电相互作用的全部理论,磁作用只是电相互作用的部分表现形式,因此将电、磁学统称为电学。

在任一惯性系中按统一的规则将电相互作用场分解为电场和磁场两部分:电相互作用场中对静止或运动电荷(只要它们的电荷量相等)有相同作用力的部分定义为电场,对运动电荷有附加作用力的部分称为磁场。

受力电荷的静止或运动状态的区分在不同惯性系有不同的结果。这就表明,电相互作用场本身是统一体,将它分解为电场部分和磁场部分是相对的,在不同的惯性系有不同的分解结果。如果在求解电学问题时,时而选择这个惯性系,时而选择那个惯性系,势必涉及这两个惯性系之间电场、磁场的定量变换,然而这一变换只有在讲授狭义相对论时才能给出。如果两个惯性系 S_1、S_2 之间的相对速度远小于真空光速,它们的电、磁场分解差异可以忽略,即有 $\boldsymbol{E}_2 = \boldsymbol{E}_1$,$\boldsymbol{B}_2 = \boldsymbol{B}_1$。在这种情况下,用参照系选择法来求解电学问题也未尝不可,但是需要向学生作必要的说明,以防学生形成错误的观念,误认为电、磁场的结构与惯性系的选取无关。一般情况下,在中学阶段还是回避选用这一方法为好。回避的方法就是凡涉及电、磁力的计算,均只在一个惯性系中进行。前面例 5 中就是只在原 S 系中计算带电小球 A 所受的电场力,再算得 A 所获得的加速度,最后将此加速度转移给其他惯性系,这一转移是在牛顿力学范畴内进行的。

电、磁场分解相对性的实例很多,在竞赛课外辅导中可作适当介绍,使学生对此有初步的定性了解。

例如,在惯性系 S_1 中有一个静止的点电荷 Q,其周围只存在静电场,另一点电荷 q 所受的力仅为静电场力。如果改取相对 S_1 做匀速运动的惯性系 S_2,在 S_2 中 Q 为运动电荷,其周围空间便存在变化的电场和变化的磁场,另一点电荷 q 所受的力为电场力和磁场力(如果 q 在 S_2 中为运动电荷)。S_2 相对 S_1 的速度越大,这种区别越显著。若相对速度较小,即 Q 在 S_2 系中的运动速度远小于真空中的光速,则这种区别常可忽略,在 S_2 系中 q 所受的力近似处理为静电场力(库仑力)。

再如,在惯性系 S_1 中有匀强磁场 $\boldsymbol{B}_1$,设法使长方形导体块如图 12 所示匀速地横向

运动,导体内自由电子因受磁场力而向下表面移动,使上表面累积正电荷,下表面累积负电荷。电荷的这种累积会在导体内产生向下的附加电场,电场强到一定程度时,导体内其余自由电子所受的电场力恰好与磁场力抵消,它们便不再向下迁移。改取随导体块一起运动的惯性系 S_2,在 S_2 中导体块静止,即使仍有磁场 B_2,自由电子也不会受磁场力,那么如何解释上、下表面已有的累积电荷呢?很容易想到,在 S_2 系中这是导体静电平衡的结果。因此在 S_2 系中除了有磁场 B_2

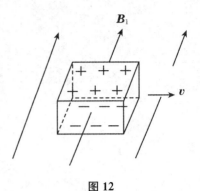

图 12

外,还必须有竖直向上的静电场 E_2。如果导体块相对 S_1 系的运动速度 v 远小于真空中的光速 c,自由电子所受磁场力很弱,上、下表面的累积电荷量可忽略不计,那么 S_2 系(注意,S_2 系相对 S_1 系的运动速度 v 远小于真空光速 c)中导体的静电平衡现象很弱,这也就意味着 S_2 系中的静电场 E_2 弱到可以忽略,同时也容易理解 B_2 近似等于 B_1。

速度分析法

舒幼生

与牛顿同时代的物理学家和数学家约翰·伯努利在 1696 年 6 月号的《教师学报》上提出了被后人称为最速降线的问题,作为向其他物理学家和数学家的挑战。问题是要在一个竖直平面内,求从一给定点 P_1 到不在它正下方的另一点 P_2 的一条曲线,使得质点沿此曲线从 P_1 下滑到 P_2 所用时间最短,假设质点在 P_1 处沿曲线切线方向下滑的初速率是给定的常量,且忽略摩擦和空气阻力。在当时,它确实是一道极有趣且富有挑战性的题目,因为伽利略早在 1630 年和 1638 年便已系统地研究过这个问题,给出的答案是圆弧曲线,此结果已被确认是错误的。对于约翰·伯努利的挑战,牛顿、莱布尼兹及约翰的哥哥雅各布·伯努利等各自努力,都成功地求得了正确的解答,即为一条旋轮线(沿平直轨道做纯滚动的车轮边缘上任何一点的轨迹线),所有这些解法都发表在 1697 年 5 月号的《教师学报》上。顺便一提,雅各布的方法虽然相当麻烦,但最具普遍意义。在这基础上,后来诞生了一门新的数学分支——变分法。现在大学理论力学教程中,几乎都是采用变分法来求解最速降线的。

约翰作为挑战者,当然已经解决了这一问题,所用方法非常巧妙简洁,归纳起来,一是速度分析,二是光学类比。质点从给定高度点出发,以确定的初始速率不受阻力地运动时,其运动速率仅由所在高度唯一确定。光在不同介质中的行进速度由介质折射率 n 确定,如果介质折射率 n 随高度连续变化,那么光的行进速度也仅由高度唯一确定,这就是速度分析。质点在重力场中的最速降线问题可以模拟为光在介质折射率 n 随高度作相应变化的竖直平面上的最速行进路线问题。由几何光学中著名的费马原理可知,光的真实行进路线必定是最速路线。根据这一原理可导得光的折射定律,由折射定律可确定折射率 n 随高度连续变化时光行进的最速曲线,于是就得到了质点在重力场中的最速降线。这就是光学类比。

约翰·伯努利解决最速降线问题的关键虽然是光学类比,但速度分析显然是这一类比的基础。本文意在中学物理教学内容及竞赛考纲范围内介绍如何应用速度分析法来解决某些物理问题。行文至此,想起了一件往事。第 24 届 IPhO 中国代表队队员韦韬在阅读莫里斯·克莱因著《古今数学思想》(上海科学技术出版社,1979 年 8 月版)第二册时,得知伽利略曾不正确地认为圆弧曲线是最速降线。出于对伽利略的崇敬,他与第 23 届 IPhO 中国代表队队员李翌、石长春想证明圆弧曲线必定比直线段省时。当然他们猜测伽利略肯定已证得这一结果,但他们还是希望能自己想办法,而且是用初等的方法进行证明,为的是可介绍给中学生读者。他们做到了这一点,所用的核心方法正是速度分析法,同时运用了平面几何证明中添加辅助线的技巧。成文后,以"伽利略快速圆弧问题"为题被收录于本书中。

下面分两个方面介绍速度分析法。

1. 速度比较法

在研究某个系统运动过程所经历的时间 T 时,常可找到一个相应的系统运动过程,后者经历的时间设为 T_0,把这两个过程分解为一系列对应的小过程,分析每一对小过程的速度以及所经时间,若两者的大小之间始终有单调的对应关系,那么就可以得到 T 与 T_0 间的大小关系。

有时可以直接得出 T 与 T_0 间的比例关系,下面两道例题便属此种情况。

例 1 系统如图 1 所示,M 为均匀刚性光滑细杆的质量,m 为套在细杆上的光滑小圆环的质量,l 为两根轻质悬挂线的长度。给 M 以很小的水平方向初速度,试求系统的运动周期 T。

解 细杆因有初始的水平方向速度而会左右摆动,小环与细杆光滑接触,它会上下往返运动,但不会参与水平运动。细杆初速度很小,摆角也很小,它的运动类似于小角度单摆的运动。设细杆摆动的幅角为 θ_0,摆动一次的全过程可分解为一系列摆角为 $\theta \rightarrow \theta + \Delta\theta$ 的小过程。小过程中,设细杆的圆运动速度为 v,参考图 2 可知小环的速度为

$$v_y = v\sin\theta$$

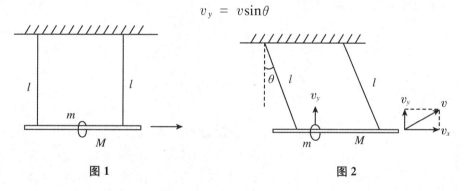

图 1   图 2

可列出能量方程:

$$\frac{1}{2}Mv^2 + \frac{1}{2}mv_y^2 = (M+m)gl(\cos\theta - \cos\theta_0)$$

即

$$(M + m\sin^2\theta)v^2 = 2(M+m)gl(\cos\theta - \cos\theta_0)$$

由此解得

$$v = \sqrt{2\frac{M+m}{M+m\sin^2\theta}gl(\cos\theta - \cos\theta_0)}$$

因 θ 为小量,高级小量 $\sin^2\theta$ 可略去,便得

$$v = \sqrt{2\frac{M+m}{M}gl(\cos\theta - \cos\theta_0)}$$

对于摆线长为 l、幅角也为 θ_0 的单摆,设摆球的质量为 m_0,则在 $\theta \rightarrow \theta + \Delta\theta$ 的小过程中摆球的运动速度 v_0 可由能量方程

$$\frac{1}{2}m_0 v_0^2 = m_0 gl(\cos\theta - \cos\theta_0)$$

求得,为

$$v_0 = \sqrt{2gl(\cos\theta - \cos\theta_0)}$$

于是,任意一对小过程的速度间均有确定的比例关系:

$$\frac{v}{v_0} = \sqrt{\frac{M+m}{M}}$$

各自对应的时间为

$$\Delta t = \frac{l\Delta\theta}{v}, \quad \Delta t_0 = \frac{l\Delta\theta}{v_0}$$

一对小过程所经的时间均有确定的比例关系:

$$\frac{\Delta t}{\Delta t_0} = \sqrt{\frac{M}{M+m}}$$

全过程经历的时间 T 与 T_0 之间的比例关系便为

$$\frac{T}{T_0} = \sqrt{\frac{M}{M+m}}$$

已知小角度单摆的摆动周期为

$$T_0 = 2\pi\sqrt{\frac{l}{g}}$$

便得

$$T = 2\pi\sqrt{\frac{Ml}{(M+m)g}}$$

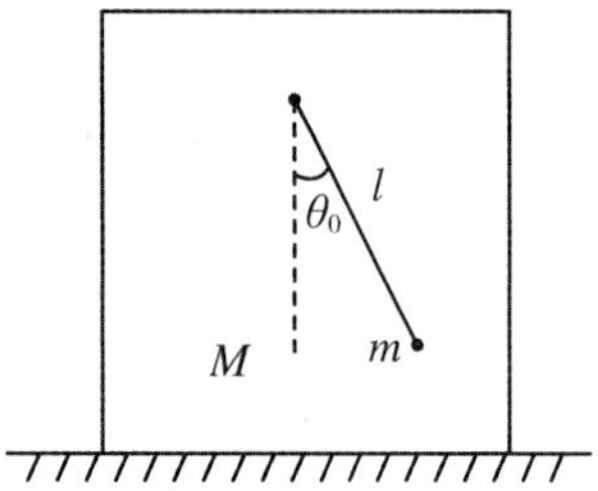

例 2 质量为 M 的滑板可在光滑的水平面上无摩擦地左右滑动,滑板上悬挂一个摆线长为 l、摆球的质量为 m 的单摆,摆线、摆球与滑板不接触。开始时,摆线与竖直线之间的夹角为小角度 θ_0,且摆球与滑板均静止,如图 3 所示。假设在而后的运动过程中滑板不会倾倒,试求系统的运动周期 T。

图 3

解 摆球首先朝左方摆动,同时滑板因系统水平方向动量守恒而朝右运动。摆线到达左侧与竖直线之间的夹角达 θ_0 时,系统又处于静止状态。而后摆球将朝右方摆动,滑板朝左运动,再次回到初始状态,完成系统的一次周期运动。在这一周期运动中,摆球相对滑板做幅角为 θ_0 的类单摆运动。

如图 4 所示,摆角为 θ 时摆球相对地面的水平、竖直分速度分别记为 v_x、v_y,滑板的水平反向运动速度记为 u,则根据能量守恒有

$$\frac{1}{2}m(v_x^2 + v_y^2) + \frac{1}{2}Mu^2 = mgl(\cos\theta - \cos\theta_0)$$

水平方向的动量守恒关系为
$$mv_x = Mu$$
摆球相对滑板做圆周运动,如图 5 所示,有运动关联为
$$v_y = (v_x + u)\tan\theta$$

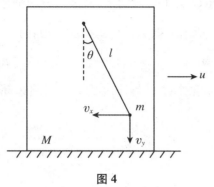
图 4

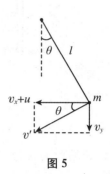
图 5

图中 v' 为摆球相对滑板的运动速率。由上述三式可得
$$\frac{1}{2}m\left[1 + \left(1 + \frac{m}{M}\right)^2 \tan^2\theta + \frac{m}{M}\right]v_x^2 = mgl(\cos\theta - \cos\theta_0)$$
θ 为小量,$\tan^2\theta$ 可忽略,可得
$$v_x = \sqrt{\frac{2glM(\cos\theta - \cos\theta_0)}{M + m}}$$
$$v_x + u = \left(1 + \frac{m}{M}\right)v_x = \sqrt{\frac{2gl(M + m)(\cos\theta - \cos\theta_0)}{M}}$$
参考图 5,可得
$$v' = \frac{v_x + u}{\cos\theta}$$
θ 为小量,$\cos\theta$ 近似取 1,有
$$v' = \sqrt{\frac{2gl(M + m)(\cos\theta - \cos\theta_0)}{M}}$$
v' 与 θ 的关系和例 1 中 v 与 θ 的关系相同,因此同样可得
$$T = 2\pi\sqrt{\frac{Ml}{(M + m)g}}$$

以上两例均在小角度近似下得出 T 与 T_0 的比例关系。不取小角度近似的情况下,有时只能比较 T 与 T_0 的大小关系(下面的例 3),有时也能得出 T 与 T_0 的比例关系(下面的例 4)。

例 3 如图 6 所示,长为 $2l$ 的轻绳下端连接一个质量为 m 的小球,上端连接质量同为 m 的小圆环,环套在水平横梁上,相互间无摩擦。开始时,绳与竖直方向的夹角为 θ_0,$\theta_0 < \frac{\pi}{2}$,但未必为小角度,小球和环均静止。而后系统将做自由摆动,摆动周期记为 T。另取一个摆长为 l、幅角也为 θ_0 的单摆,摆动周期记为 T_0,试比较 T 与 T_0 哪一个长。

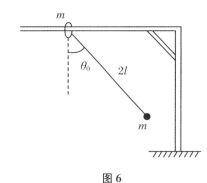

图 6

解 设轻绳与竖直线夹角为 θ 时，小球水平方向的速度为 v_x，竖直方向的速度为 v_y。因系统水平方向动量守恒，故圆环水平方向的速度为 $-v_x$。轻绳的中点 O 无水平方向运动，竖直方向的速度必为 $\frac{v_y}{2}$，如图 7 所示。根据系统机械能守恒，有

$$\frac{1}{2}mv_x^2 + \frac{1}{2}m(v_x^2+v_y^2) = mg2l(\cos\theta-\cos\theta_0)$$

小球相对 O 点做半径为 l 的圆周运动，相对速度 $\boldsymbol{v}'$ 的两个分量分别为

$$v'_x = v_x, \quad v'_y = \frac{v_y}{2}$$

参考图 8，v'_x、v'_y 间的角关联为

$$v'_y = v'_x \tan\theta$$

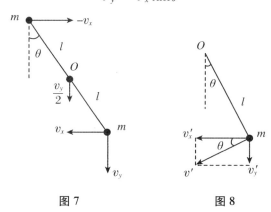

图 7　　　　　　图 8

即得

$$v_y = 2v_x\tan\theta$$

代入能量守恒式，可解得

$$v_x = \sqrt{\frac{2gl(\cos\theta-\cos\theta_0)}{1+2\tan^2\theta}}$$

小球相对 O 点的摆动速度为

$$v' = \frac{v'_x}{\cos\theta} = \frac{v_x}{\cos\theta} = \sqrt{\frac{2gl(\cos\theta-\cos\theta_0)}{1+\sin^2\theta}}$$

摆长为 l、幅角也为 θ_0 的单摆摆球在摆角为 θ 时的摆动速度已在例 1 中求得，为

$$v_0 = \sqrt{2gl(\cos\theta-\cos\theta_0)}$$

此表述式与 θ_0 是否为小角度无关。对于 $\theta \to \theta+\Delta\theta$ 角范围有

$$\Delta t = \frac{l\Delta\theta}{v'}, \quad \Delta t_0 = \frac{l\Delta\theta}{v_0}$$

除了 $\theta = \theta_0$ 与 $\theta = 0$ 之外，均有

$$\frac{\Delta t}{\Delta t_0} = \sqrt{1 + \sin^2\theta} > 1$$

据此即可得

$$T > T_0$$

例 4 图 9 所示的平面为一竖直平面,质量不计的细杆无摩擦地靠在其上。细杆长 $2l$,它的两端固定连接质量相同的两个小球,A 球嵌在竖直轨道内且可无摩擦地上下运动,B 球在水平轨道上,也可无摩擦地左右滑动,且其大小略大于竖直轨道宽度。初始位置由图中 θ_0 角给出,θ_0 未必为小角度。已知摆长为 l、幅角也为 θ_0 的单摆的摆动周期为 T_0,试求图 9 所示的系统的摆动周期 T。

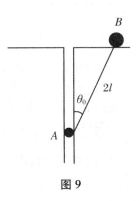

图 9

解 很容易证明,细杆的中点 C 将做半径为 l、幅角为 θ_0 的圆弧摆动。在摆角为 θ 时,由 A、B、C 三者的运动关联及机械能守恒,可求得中点 C 的圆运动速度为

$$v_C = \sqrt{gl(\cos\theta - \cos\theta_0)}$$

推导过程留给读者自己完成。单摆对应的圆周运动速度已在例 1 中给出,为

$$v_0 = \sqrt{2gl(\cos\theta - \cos\theta_0)}$$

据此很易求得(过程从略)

$$T = \sqrt{2}\,T_0$$

2. 速度极限法

在中学物理教学中,有这样一道典型的题目:在竖直平面上有一个固定的光滑半圆轨道,轨道顶点处静止地放一小球,如图 10 所示。后因某种扰动,小球沿轨道外侧自由滑下,试问当图中 θ 角取何值时,小球滑离轨道?

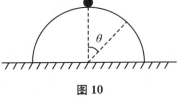

图 10

常规的解法是根据机械能守恒,求得在 θ 角位置处小球做圆周运动的速度为

$$v = \sqrt{2Rg(1-\cos\theta)}$$

式中 R 为圆的半径。若此时小球重力 mg 的向心分力恰好提供圆周运动所需的向心力,即若

$$\frac{mv^2}{R} = mg\cos\theta$$

成立,则小球与半圆轨道间的作用力 N 为零,小球恰好要离开半圆轨道。由此很易求得

$$\theta = \arccos\frac{2}{3} = 48°11'$$

如果把这道题中的半圆轨道改为图 11 所示的半椭圆轨道,在中学范围内便无法求出小球恰好脱离轨道所对应的 θ 角。在这种情况下,能否论证小球一定会在某个 $\theta(0 < \theta < \frac{\pi}{2})$ 角脱离半椭圆轨道呢?这是可以做到的,采用的方法就是速度极限法。

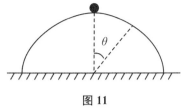

图 11

速度极限法正是在讨论某种约束(例如轨道约束)条件下运动的物体是否会脱离约束或者在何处脱离约束的问题中形成的一种解题方法。下面通过图 11 中的小球必定会在中途某个 θ 角位置脱离半椭圆轨道的论证来介绍这一方法。

取正方向水平朝右的 x 轴,小球在最高点时的 x 方向分速度 $v_x=0$。在小球沿半椭圆轨道下滑过程中,v_x 从零值开始增加,必定对应有 x 方向加速度 $a_x>0$。小球的 a_x 不可能来源于竖直向下的重力,只能来源于半椭圆轨道给予的指向右上方的支持力 N,即 N 的 x 方向分量 N_x 使小球获得正值 a_x。如果小球不会离开轨道,一直下滑到轨道的右侧底端,那么再次有 $v_x=0$,这期间必有过 $a_x<0$、$N_x<0$,即 N 应指向左下方,但这是不可能的。因此,小球必定会在某个 $\theta<\dfrac{\pi}{2}$ 的位置离开轨道。事实上,离开轨道时恰好 $N_x=0(N=0)$、$a_x=0$,即 v_x 达到极大值。

若需要确定脱离约束的位置,可以先找出 v_x 与 θ 间的函数关系,再求出 v_x 达到极大值时对应的 θ 角,此 θ 角即为所求。当然,在某些情况下 v_x 单调增加,即在讨论的范围内并无极大值,则不会脱离约束。在有些问题中讨论的可能不是 v_x-θ 关系,而是 v_x(或 v_y 等)与其他参量(例如 x、y、l 等)之间的关系。

以上介绍的就是速度极限法。

下面先举三个例子,用速度极限法证明物体不会脱离约束。

例 5 在竖直平面上建立如图 12 所示的 O-xy 坐标系,x 为水平轴,y 为竖直向下轴。光滑的抛物线轨道方程为 $y=Ax^2$,顶点 O 处有一小球自静止因受扰动而沿轨道朝右下方滑下,试问小球是否会脱离轨道?

解 小球在 (x,y) 处的速度为
$$v=\sqrt{2gy}=x\sqrt{2Ag}$$
由中学数学知识可知,抛物线在 (x,y) 处的切线斜率为
$$k=2Ax$$
即在图 13 中有
$$\tan\theta=2Ax$$

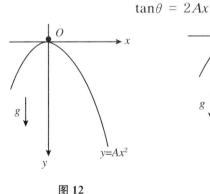

图 12　　　　图 13

即得
$$\cos\theta = \frac{1}{\sqrt{1+4A^2x^2}}$$

于是
$$v_x = v\cos\theta = \frac{\sqrt{2Ag}}{\sqrt{\frac{1}{x^2}+4A^2}}$$

可以看出，v_x 随 x 的增大而单调地增大，v_x 无极大值，故小球不会离开轨道。

例 6 系统如图 14 所示，处处无摩擦，试证滑块 m 自静止下滑不会半途离开大滑块 M。

证明 在 m 下滑过程中 M 会朝右退行，故不能想当然地认为 m 必不会半途离开 M。证明 m 不会半途离开 M 的常规方法是算出在 m 下滑过程中受到的 M 的支持力为

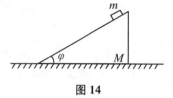

图 14

$$N = \frac{mg\cos\varphi}{1+\frac{m}{M}\sin^2\varphi}$$

此力为大于零的恒力，故 m 不会半途离开 M。

另一方法即为速度极限法。以 m 相对斜面下滑的距离 l 为参量，可以求得（过程从略）m 相对地面水平向左的速度分量为

$$v_x = \sqrt{\frac{2M^2gl\sin\varphi}{M^2+(M+m)^2\tan^2\varphi+Mm}}$$

v_x 随 l 单调增大，无极大值，故 m 不会半途离开 M。

例 7 系统如图 15 所示，处处无摩擦。小球 m 从四分之一圆轨道顶点处自静止开始自由滑下，设 M 不会倾倒，试证 m 不会半途离开轨道。

证明 参考图 16，小球在 θ 角位置时有动量和能量守恒关系为
$$mv_x = Mu$$
$$\frac{1}{2}m(v_x^2+v_y^2)+\frac{1}{2}Mu^2 = mgR\sin\theta$$

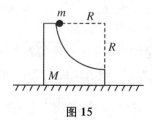

图 15

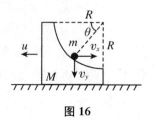

图 16

考虑到 m 相对 M 做圆周运动，可得运动关联式：
$$v_y = (v_x+u)\cot\theta$$

三式联立,可解得
$$v_x = \sqrt{\frac{2M^2 gR\sin\theta}{M^2 + (M+m)^2\cot^2\theta + Mm}}$$

θ 增大时,$\sin\theta$ 增大,$\cot\theta$ 减小,v_x 增大,故 m 不会半途离开轨道。

下面再举两个例子,用速度极限法求出物体脱离约束的位置。

例 8 试求图 10 中小球离开固定光滑半圆轨道的角位置 θ。

解 在 θ 角位置,小球做圆周运动的速度为
$$v = \sqrt{2gR(1-\cos\theta)}$$

可得
$$v_x = v\cos\theta = \sqrt{2gR(1-\cos\theta)}\cos\theta$$

v_x 恒为正,v_x 为极大值时,v_x^2 也为极大值,故改取
$$v_x^2 = 2gR(1-\cos\theta)\cos^2\theta$$
$$= 8gR\left[(1-\cos\theta)\left(\frac{1}{2}\cos\theta\right)\left(\frac{1}{2}\cos\theta\right)\right]$$

由代数不等式
$$ABC \leqslant \frac{1}{3}(A+B+C)^3$$

(A、B、C 均为正量,等号仅在 $A=B=C$ 时取得)可知 v_x^2 有极大值,此极大值在
$$1-\cos\theta = \frac{1}{2}\cos\theta$$

时取得,或者说在
$$\cos\theta = \frac{2}{3}$$

时取得。因此,当
$$\theta = \arccos\frac{2}{3} = 48°11'$$

时,小球脱离半圆轨道。

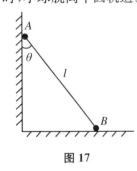

图 17

例 9 系统如图 17 所示,l 为刚性轻质细杆长度,A、B 为两个质量相同的小球,竖直线代表光滑竖直墙,水平线代表光滑水平面。开始时 $\theta=0$,A、B 与杆均静止。而后因扰动而下滑,试问 θ 取何值时,A 球离开竖直墙面?

解 设 A、B 的质量均为 m,在 θ 角位置处 A 向下的速度记为 v_A,B 朝右的速度记为 v_B,则由机械能守恒可得
$$\frac{1}{2}mv_A^2 + \frac{1}{2}mv_B^2 = mgl(1-\cos\theta)$$

由 A、B 沿杆长方向速度相同,可得
$$v_A\cos\theta = v_B\sin\theta$$

代入能量方程可解得
$$v_B = \sqrt{2gl(1-\cos\theta)\cos\theta}$$

v_B 开始时为零，随后增大，即有向右的加速度。此加速度来源于杆对 B 的推力，从而杆对 A 必有向左的推力，但 A 无水平向左的加速度，故 A 必受墙向右的弹力或说支持力。当 v_B 达极大值时，向右加速度为零，杆对 B 无推力，杆对 A 也无推力，墙对 A 的支持力也就为零，A 将脱离墙。

综上所述，v_B 达极大值的 θ 角即为 A 脱离墙的 θ 角。因 v_B-θ 关系式与例 8 中的 v_x-θ 关系式相同，故同样可求得，当
$$\theta = \arccos\frac{2}{3} = 48°11'$$
时，A 球离开墙面。

如果把物体的质量考虑进去，那么速度极限法可引申出动量极限法，利用动量极限法可以更方便地讨论系统脱离约束的问题。

现在用动量极限法来分析例 9 中 A 球离开墙面约束的问题。将 A、B 与杆视为一个系统，系统的水平方向动量
$$p_x = m_B v_B = m v_B$$
由开始的零值变为正值的过程中必有正的增加量。p_x 的增加来源于墙通过与 A 球的接触施加给系统水平朝右的力 N，当 p_x 增到极大值时，N 必定为零，即 A 球离开墙面。

可以看出，采用系统的动量极限法往往可省去对系统内力的分析，这是其方便之处。

最后，用动量极限法来分析一道常见力学题中的错误。

例 10 长度为 l 的匀质软绳的绝大部分沿长度方向静放在光滑的水平桌面上，仅有很少一部分垂挂于桌面外，如图 18 所示。而后绳将滑下，试问绳全部离开桌面的瞬间，它的速度 u 为多大？

解 编题者给出的解答是设绳的质量线密度为常量 λ 后，由机械能守恒式
$$\frac{1}{2}(\lambda l)u^2 = (\lambda l)g\frac{l}{2}$$
求得
$$u = \sqrt{gl}$$

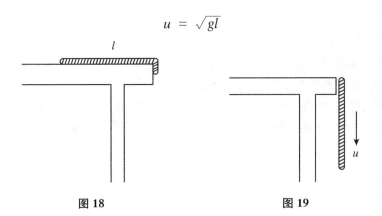

图 18　　　　　图 19

在这一解答中,编题者显然认为绳能达到图 19 所示的状态。但是用动量极限法很容易论证,这一终态是不可能达到的。绳处在图 18 所示的初态时,水平朝右的动量 p_x 为零。然后一部分绳下落,一部分绳朝右加速,系统 p_x 增加,p_x 的增量来源于桌子边棱提供的指向右上方的支持力 $\mathbf{N}$ 的水平分量 N_x。如果绳能达到图 19 所示的终态,则在此终态 p_x 又为零,这之前 p_x 必有减小的过程,此过程中绳必须受到水平朝左的作用力,即应有 $N_x < 0$。但是桌子边棱不可能为绳提供这一分力,因为 $\mathbf{N}$ 只能指向右上方。如果将光滑水平桌面改为图 20 所示的光滑固定直角细管道,一部分水平,另一部分竖直,那么在绳滑动的后一阶段可为绳提供指向左下方的力 $\mathbf{N}$,对应 $N_x < 0$,使绳可达到类似图 19 所示的竖直下落状态。

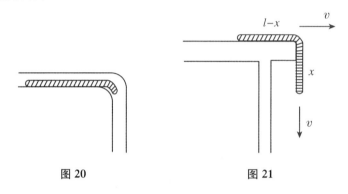

图 20   图 21

回到图 18 所示的水平桌面,设绳有长度 x 处于竖直状态,如图 21 所示。此时绳各处的运动速度大小记为 v,则由能量关联式

$$\frac{1}{2}(\lambda l)v^2 = (\lambda x)g\frac{x}{2}$$

解得

$$v = \sqrt{\frac{g}{l}}x$$

绳的水平方向动量便为

$$p_x = \lambda(l-x)v = \lambda\sqrt{\frac{g}{l}}(l-x)x$$

利用中学数学知识很容易得知,当 $x = \dfrac{l}{2}$ 时,p_x 达极大值。此时 $N_x = 0$,$\mathbf{N} = \mathbf{0}$,绳与桌面边棱的接触处开始脱离桌面。而后,留在桌面上的那段绳会甩离桌面,绳的运动将变得很复杂,但可以肯定不会出现图 19 所示状态。

关于绳滑落问题的详细讨论,可参阅第 26 届 IPhO 中国代表队队员倪彬在 1995 年第 12 期《中学物理教学参考》中发表的题为"关于绳滑落的一道自编力学题"的文章。

基 础 实 验

湖南师范大学物理系　青一平

做基础实验的主要目的是使学生认识到,做科学实验的能力的形成是以实验的基本知识、基本方法、基本技能的熟练掌握为基础的,并且通过实验教学来培养良好的实验素养。比如,良好的观察能力、正确的记录数据方法、对实验结果的分析等。在基础实验训练过程中,要主动去培养做科学实验所需要的物理思维能力。

在下述的 16 个基础实验里有许多共同的准则,望能引起重视。

(1) 测的是什么?

(2) 实验条件是什么?

(3) 如何测?例如,采用一定的实验方法,把不易测准的量转换为易测准的量;将测量物理量本身转换为测量物理量的改变量等。

(4) 如何确定有效数字?

(5) 实验数据记录的完善性。

(6) 正确运用数据处理方法。例如,列表法、作图法、逐差法、累加法、经验公式拟合法、插值法等。

(7) 误差分析的合理性。例如,用比重瓶法测铅粒密度的实验中,在水中未经搅动的铅粒上附着的气泡是偶然误差事件,还是差错事件等。

(8) 实验操作的规范化。

① 实验程序的合理性。例如,用比重瓶法分别测量甘油和酒精的密度,只能先测酒精密度,后测甘油密度。因为酒精有挥发性,测量它的密度的实验做完后,仍能保证比重瓶的干净,不会影响后者的再度使用。

② 仪器竖直和水平的调节。例如,天平、朱利氏秤等的调节。

③ 仪器零点的调节。例如,电表的调零、螺旋测微计调节中的零点飘移因素等。

④ 仪器使用的安全性。例如,开关、滑线变阻器在分压或制流电路中安全端的设置、光学元件的正确拿法、元器件量程(安全)问题等。

⑤ 仪器的正确读数,确定有效数字位数。

实 验 一

合理使用仪器,测量一长方体铜块的体积(长约 5 cm,宽约 3 cm,厚约 0.5 cm,内有一矩形缺口槽,槽长约 1.2 cm,宽约 0.4 cm)。

【实验器材】

游标卡尺、螺旋测微计、读数显微镜、待测铜块。

【实验要求】

(1) 写明计算公式,注明式中各量含义。

(2) 保证测量结果有四位有效数字。

【仪器说明】

读数显微镜用来测量微小距离或微小距离的变化,它的分度值是 0.01 mm,估读一位可到 0.001 mm(见图 1)。

A:转鼓,能使显微镜 B、C、D、E_1 左右移动,与 E_2 配合读出毫米以下三位小数(包括估读位)。

B:物镜。

C:目镜。

D:旋钮,能使 B、C 上下移动,看清待测物。

F:标尺。

E_1:指标,可与 F 配合读出毫米的整数部分。

E_2:指标,可与 A 配合读出毫米以下三位小数。

G:反光镜窗口。

【参考答案】

$$V = LDd - lhd$$

长 L 约 5 cm,宽 D 约 3 cm,均用游标卡尺测量;厚度 d 约 0.5 cm,用螺旋测微计测量;缺口长 l 约 1.2 cm,用游标卡尺的探尺部分测量;缺口宽度 h 约 0.4 cm,用读数显微镜测量。测量结果都能保证四位有效数字。

【注意事项】

(1) 同一个量的测量必须在三个不同位置上进行,取其平均值。

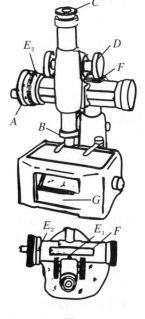

图 1

(2) 游标卡尺和螺旋测微计的测量结果需作零点飘移修正。

(3) 旋转螺旋测微计的棘轮旋柄,保证每次测量时对物件的夹紧力相同,且能防止待测物因过分压紧而变形和螺旋因过分受力而损坏。

(4) 运用游标卡尺须使被测面与尺面平行或垂直,且不能夹持物件太紧,以防物件变形和损伤卡脚。

(5) 读数显微镜的反光镜窗口不能对着测量者,否则观察视场无亮度,无法看清物件。

(6) 调节读数显微镜的目镜 C,看清视场内的叉丝。

(7) 旋转 A,使镜 B 基本对准物件。

(8) 旋转 D,调节 B 到物体的距离,看清物件。

(9) 要使显微镜移动的方向与被测两点间的连线平行。

(10) 防止回程差(移动显微镜,使其从相反方向对准同一目标的两次读数似乎应当相同,但实际上由于螺旋和螺套不可能完全密接,螺旋方向改变时,它们的接触状态也将改变,两次读数将不同,由此产生的误差称为回程差)。在测量时转动 A 应使叉丝多超过目标一段距离,再反方向退回,使叉丝对准目标再进行测量。

实 验 二

使用下列器材,测定钢尺的质量。

【实验器材】

钢尺(毫米刻度)、三角刀口架、标准砝码(10.00 g)、镊子。

【实验要求】

(1) 简要图示实验原理,写明计算公式,注明式中各量含义。

(2) 使用复秤法。

(3) 正确记录测量数据,结果取三位有效数字。

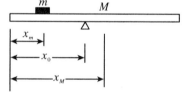

图 2

【参考答案】

(1) 如图 2 所示,根据力矩平衡原理得

$$mg|x_m - x_0| = Mg|x_M - x_0|$$

(2) 将质量为 M(待测)的钢尺放在三角刀口上,调节平衡,测定其重心位置 x_M。

(3) 用夹子夹砝码放在支点的左边,调节支点位置 x_0 和砝码位置 x_m,使系统在刀口上平衡(砝码质量 $m = 10.00$ g)。

(4) 将砝码放在支点的右边,重复上述实验,测得 x_0', x_m'。

$$M = \frac{m}{2}\left(\left|\frac{x_m - x_0}{x_M - x_0}\right| + \left|\frac{x_m' - x_0'}{x_M' - x_0'}\right|\right)$$

【注意事项】

(1) 复秤法必须在支点左、右两边各测量一次,计算平均值,减小不平衡因素的影响。

(2) 平衡调节时要仔细,且保证 $|x_m - x_0|$ 和 $|x_M - x_0|$ 有三位有效数字。

(3) 在砝码中心处读取 x_m。

实 验 三

使用下列器材,测量当地的重力加速度。

【实验器材】

单摆仪(附有米尺)、直角三角板、秒表(精度为 0.1 s)。

【实验要求】

(1) 推导计算公式,注明式中各量含义。

(2) 保证测量结果有四位有效数字。
(3) 合理使用仪器。

【参考答案】

由于只有米尺,不能较精确地测量摆长,故采用测量摆长差的方法。

当摆线长为 l_1 时,测得振动周期为

$$T_1 = 2\pi\sqrt{\frac{l_1 + r}{g}} \quad (r \text{ 为小球半径}) \qquad ①$$

改变摆长为 l_2 时,测得振动周期为

$$T_2 = 2\pi\sqrt{\frac{l_2 + r}{g}} \qquad ②$$

由①②两式得

$$g = \frac{4\pi^2(l_1 - l_2)}{T_1^2 - T_2^2}$$

【注意事项】

(1) 调节单摆架的竖直轴,保证单摆架上附加米尺处于铅垂状态。
(2) 利用三角形的一直角边紧贴米尺,另一直角边轻贴小球底部,保证较准确的测量。
(3) 起摆方法正确,待小球静止后,轻拨悬线,防止摆角过大和小球旋转,要在一铅垂面内摆动。
(4) 须稳态计时,不能计时与释放同步。
(5) 累计计时,使 n 个周期内的时间超过 100 s,保证四位有效数字。
(6) 两次摆长均需超过 60 cm,且摆长差要超过四位有效数字。
(7) 不必理会单摆悬点的读数位置,但须保证单摆在摆动过程中悬点位置不变。

实 验 四

研究单摆周期 T 与摆长 l 的关系,根据测量数据,导出 T 与 l 的经验公式。

【实验器材】

单摆球、细线、支架、钢卷尺、游标卡尺、秒表、毫米方格坐标纸、四位数学用表。

【实验要求】

(1) 安装单摆。
(2) 列出数据记录表,记录数据,用作图法处理数据。
(3) 确定 T 与 l 的经验公式。

【参考答案】

我们假定的数学模型是最简单、最普通的指数函数形式 $T = Al^B$,式中 T 为周期,l 为摆长,A、B 为待定系数。

$$\log T = B\log l + \log A$$

表 1　实验数据记录表

摆长 l(cm)	60	75	90	105	120
20 个周期时间 t(s)					
周期 T(s)					
$\log T$					
$\log l$					

作 $\log T$-$\log l$ 图,根据斜率、截距求解 A、B 值($0.19 \leqslant A \leqslant 0.21$,$0.47 \leqslant B \leqslant 0.51$),将 A、B 值代入数学模型,即得所求经验公式。

【注意事项】

(1) 正确安装和使用单摆仪器(见实验三)。

(2) 推导经验公式时,一般采用指数函数形式,运用对数将其线性化。

(3) 作图规范化。

① 根据函数关系选择适当坐标纸,其大小应根据测量值的大小和有效数字与结果的需要来确定。

② 适当选取横轴和纵轴的比例、坐标起点,使曲线较对称地充满整张图纸。

③ 标明图名、轴名、单位、方向、分度格、分度值。

④ 标点:根据测量数据用"＋"标出各点坐标。如果图纸上要画上几条曲线,每条曲线要用不同的标记,如"＋""⊙"等。

⑤ 一条直线的确定必须有四个以上的数据点;一条曲线的测定则需要更多的数据点。

⑥ 直线或曲线的绘制要匀、细、光滑,不在图线上的各数据点要均匀分布在图线两侧。

⑦ 利用图线求解斜率诸量时,在图线上取点要有随机性,不能使用原测量数据点;在用多点求解时,随机点之间的距离不能太近。

⑧ 内插法:根据自变量 x 和因变量 y 的对应测量数据绘制 y-x 曲线,由曲线上未实测的 P_0 点的坐标,找到 x_0 所对应的 y_0 值。

⑨ 外推法:若要寻求的点在各数据点以外,则使用已测数据绘制 y-x 曲线,再将曲线按原规律延长到待求值范围,在延长部分求与 x_0 对应的 y_0 值。

实 验 五

一团粗细均匀的铜线,测其单位长度的质量(室温下水的密度 $\rho_0 = 1.00 \text{ g/cm}^3$)。

【实验器材】

物理天平、砝码、螺旋测微计、盛有水的烧杯、待测物、细线。

【参考答案】

用螺旋测微计测出其直径,然后利用静力称衡法称出铜线所受浮力,再利用阿基米德原理求出铜线的长度 L。

$$(m - m')g = \frac{\pi}{4}D^2 L \rho_0 g$$

$$L = \frac{4(m - m')}{\pi D^2 \rho_0}$$

$$\frac{m_x}{L_0} = \frac{m}{L}$$

$$m_x = \frac{m}{L}L_0 = \frac{\pi D^2 \rho_0}{4(m - m')} m L_0$$

式中 mg 为铜线在空气中的重力（不计空气浮力），$m'g$ 为铜线浸没在水中的视重，D 为铜线直径，L_0 为单位长度量，m_x 即为所求的单位长度的质量。

【注意事项】

（1）实验程序只能是先测铜线在空气中的质量，以免铜线带有水珠引起差错。

（2）测量三次。

（3）天平使用规范化。

① 调水平。

② 托盘放在天平两端刀口上。

③ 游码拨至横梁最左端，调零点。

④ 砝码的取放均应使用镊子。

⑤ 每次取放重物或砝码、调节天平平衡螺母和不使用天平时，必须将天平止动。

⑥ 使用完毕后，将称盘摘离刀口。

⑦ 天平负载量不得超过其最大称量。

实 验 六

使用下列器材测定颗粒状铅的密度（室温下水的密度 $\rho_0 = 1.00 \text{ g/cm}^3$）。

【实验器材】

物理天平、砝码、无内塞的比重瓶、烧杯、水（密度为 $\rho_0 = 1.00 \text{ g/cm}^3$）、搅拌棒、黑细线、透明黏合胶带、剪刀、称液管、吸水纸、待测物（矿石铅粒）。

【参考答案】

比重瓶见图3。

用一小段黑细线在瓶颈某处作一标记 A，每次测量都将液面保持在 A 处，保证实验过程中液区体积不变。

$$\rho = \frac{m_2}{V} = \frac{m_2}{m_1 + m_2 - m_3}\rho_0$$

式中 m_1 为空比重瓶盛水至 A 处的质量；m_2 为矿石（体积为 V）在空气中的质量；m_3 为质量为 m_2 的矿石投入瓶中后，使液面仍保持在 A 处时瓶、水、矿石的总质量；ρ 即为所求密度。

图3

【注意事项】

(1) 天平调节(见实验五)。

(2) 每次测量都要保证液面在 A 处,且瓶外、壁底无水珠。

(3) 矿石投入后,要搅拌,以驱除气泡。如不搅拌,铅粒上附着气泡属于实验差错。搅拌后仍存在的极微小气泡导致的测量误差属于偶然误差。

(4) 矿石质量不能太少。

(5) 测量三次。

实 验 七

用斜杯溢水法测定一块不规则形状石蜡的密度 ρ(室温下水的密度 $\rho_0 = 1.00 \text{ g/cm}^3$)。

【实验器材】

物理天平、砝码、烧杯、细线、毛巾、玻璃皿、重锤、小木块、待测物。

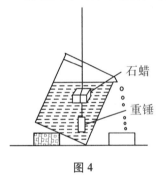

图 4

【参考答案】

实验装置如图 4 所示,所求量为

$$\rho = \frac{M}{m_0 - m}\rho_0$$

式中 M 为石蜡在空气中的质量;m 为玻璃皿的质量;m_0 为溢出水和玻璃皿的总质量。

【注意事项】

(1) 天平调节(见实验五)。

(2) 在杯口外侧涂上一层薄薄的石蜡,保证溢出的水不沿杯外壁流出。

(3) 使用小木块,适当调整烧杯的倾斜度。

(4) 重锤先全部浸入杯内,并使水刚好满到杯口处。由于表面张力的存在,仔细观察水表面情况。

(5) 石蜡要小心平稳地浸入水中。

(6) 测量三次。

实 验 八

使用下列器材测定一块不规则形状的石蜡密度(水的密度 $\rho_0 = 1.00 \text{ g/cm}^3$)。

【实验器材】

大烧杯两个(无刻度)、升降台架、自行车胎气门芯用的长橡皮管一根、夹子、水、小针一枚、小木块、待测物。

【参考答案】

用数液滴法进行测量。

由于实验器材中没有度量衡器材,故需实现量具的自我标定。以一滴水的体积 ΔV 为单位,一定量的水的体积可以用液滴数来表示;又因为现在需要的是两个体积的比值,所以与所取的体积单位无关。

(1) 甲杯倾斜,盛水到溢出为止。

(2) 将石蜡小心地放入甲杯中,此时一部分水溢出,接着将石蜡从水中小心取出。

(3) 将盛满水的乙杯放到升降台上,利用虹吸现象,用橡皮管将水一滴一滴地引出到甲杯,直到甲杯中的水注满到原来的状态为止,记下水滴数 n_1。

(4) 接着将石蜡用小针顶着,使之完全沉入甲杯,此时甲杯中的水又有溢出;然后把石蜡小心地从甲杯中取出。再按上述方法,又将甲杯滴满,记下水滴数 n_2。则所求量为

$$\rho = \frac{n_1 \Delta V}{n_2 \Delta V}\rho_0 = \frac{n_1}{n_2}\rho_0$$

【注意事项】

(1) 升降台与皮管出水端的高度调节要恰当,保证水滴均匀滴出。

(2) 斜杯溢水见实验七。

实 验 九

使用下列器材,用振动法测弹簧的劲度系数和有效质量。

【实验器材】

朱利氏秤、弹簧一根、砝码盘(1.00 g)、秒表、中间有横线的标杆 G(无质量标记)、2.00 g 砝码 5 个、毫米方格坐标纸、四位数学用表。

【实验要求】

(1) 用作图法求劲度系数 k 和有效质量 m_0。

(2) 若所使用的秒表不准确,则对测量结果 k 和 m_0 是否会形成系统误差?

【实验说明】

(1) 在弹簧下端挂上一质量为 m 的物件,将物体沿竖直方向偏离平衡位置后放手,在弹簧回复力的作用下,若忽略阻力的影响,则物体做简谐振动。当忽略弹簧本身质量的影响时,其振动周期 $T = 2\pi\sqrt{\dfrac{m}{k}}$;在考虑弹簧本身质量的影响,并用有效质量 m_0 表征时,其振动周期 $T = 2\pi\sqrt{\dfrac{m+m_0}{k}}$。

(2) 朱利氏秤(见图5)是弹簧秤的一种。它的主要部分是立柱 A 和有毫米刻度的圆柱 B;在 A 柱的上端固定一游标 V,F 处挂上弹簧 D,转动旋钮 E 可以升降 B 和 D,G 为中间附有横线的标杆,K 为立柱架底脚螺旋,用以调节立柱的竖直。实验时,旋转 E,使 B 上升(或下降),保证 G 上的横线与玻璃管 M 上的横线等高,即可测量弹簧的伸长量。

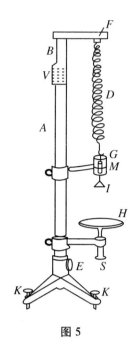

图 5

【参考答案】

(1)
$$T = 2\pi \sqrt{\frac{m + m_1 + m_0}{k}}$$
$$T^2 = \frac{4\pi^2}{k}(m + m_1) + \frac{4\pi^2}{k}m_0$$

式中 m 为砝码的质量，m_1 为砝码盘的质量，m_0 为弹簧的有效质量。

五次改变砝码盘内砝码的质量，依次测出其相应的周期。相应数据填入表 2。

表 2

$m + m_1$	3 g	5 g	7 g	9 g	11 g
$t = nT$					
T					
T^2					

作 T^2-$m + m_1$ 图。

由图求解斜率 $\frac{4\pi^2}{k}$，将直线外推到 $T = 0$ 处，得图线在 $m + m_1$ 轴上的截距 m_0。

(2) 如果所用秒表不准确，则测得的 T 值实为 αT。因为

$$k = \frac{4\pi^2(m_j - m_i)}{\alpha^2(T_j^2 - T_i^2)}$$

$$m_0 = \frac{\alpha^2 T_i^2 m_j - \alpha^2 T_j^2 m_i}{\alpha^2(T_j^2 - T_i^2)} = \frac{T_i^2 m_j - T_j^2 m_i}{T_j^2 - T_i^2}$$

故 T 的变化使 k 发生恒定的变化，存在系统误差；而 m_0 没有变化，不存在系统误差。

【注意事项】

(1) 不能将无质量标记的标杆 G 挂在弹簧下作为弹簧振子的一部分。

(2) 不能丢弃砝码盘的质量 m_1。

(3) 不能用伸长法测 k。

(4) 起振方法应正确，即向上托起砝码盘，再轻放。

(5) 须从稳态开始计时，且考虑 n 个周期后，振子是否还做简谐振动。

(6) 须用累计计时法测周期。

(7) 实验公式只能是 $T^2 = \frac{4\pi^2}{k}(m + m_0)$，不能颠倒因果关系而采用公式 $m = \frac{k}{4\pi^2}T^2 - m_0$。

(8) 必须在直线上任取两点求斜率。

(9) 用外推法在 m 轴上求截距 m_0。

(10) 判别 m_0 系统误差的处理方法。

实　验　十

测定冰的熔解热(忽略温度计的吸放热)。

【实验器材】

物理天平、量热器(包括搅拌器,比热容为 0.3851 J/(g·℃))、温度计、冰块、冷水(比热容为 4.186 J/(g·℃))、热水、镊子、毛巾、吸水纸。

【实验说明】

量热器是由良导体做成的内筒,放在一较大的外筒中组成。通常在内筒中放水、温度计及搅拌器,它们和放进的待测物体构成了我们所要考虑的进行实验的系统(见图6)。空气与外界对流很小,又因空气是不良导体,所以内、外筒间借传导传递的热量也很小;同时,内、外筒的内壁都很光亮,所以实验系统和环境之间因辐射而产生的热量传递也很小,这样实验系统可被粗略认为是一个绝热系统。

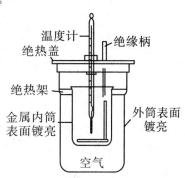

图 6　量热器示意图

【参考答案】

质量为 M 的冰熔解及熔解后的水由 0 ℃升到温度 t 所吸收的热量为

$$LM + MCt$$

其中 L 为冰的熔解热,C 为水的比热容。

质量为 m_1 的量热器(包括搅拌器)和它所装的质量为 m 的水从初温 t_0 冷却到终温 t 时所放出的热量为

$$(m_1 C_1 + mC)(t_0 - t)$$

由此可得

$$LM + MCt = (m_1 C_1 + mC)(t_0 - t)$$

$$L = \frac{(m_1 C_1 + mC)(t_0 - t)}{M} - Ct$$

式中 L 为冰的溶解热,C_1 为量热器和搅拌器的比热容(已知)。

(1) 称出内筒和搅拌器的质量 m_1。

(2) 装入比室温约高 5 ℃的水(约 100 g)到量热器中,第二次称量量热器,确定水的质量 m,并记下水的初温 t_0。

(3) 将一小块冰(约 20 g)用镊子夹住,小心地放入水中。

(4) 小心搅拌至全部冰块熔解后,再读出水的终温 t。

(5) 第三次称量量热器,确定冰的质量 M。

【注意事项】

(1) 温度补偿问题:实际上实验系统并非一个真正的绝热系统,它和外界环境仍存在一些热量的交换。为了减小实验误差,我们使水的初温 t_0 高于室温,则系统向外传递热量。当投入适量的冰块熔解后,系统温度低于室温,则系统从外界吸收热量,这一失一得实现热量的补偿,我们仍可认为该系统为一绝热系统。

(2) 天平的调节(见实验五)。

(3) t_0 的测量必须是在量热器内筒放入外筒后进行,再马上小心地放入冰块。

(4) 平衡点温度 t 是在温度的回升点。因为冰投入后,整个过程是从高于室温的 t_0 开始,经过室温点,下降到平衡点 t 时温度不再下降,再从外界获得热量使温度回升。

(5) 冰块适量,保证平衡温度约低于室温 5 ℃,不能造成冰、水共存状态。

(6) 冰块外部需用吸水纸抹干。

(7) 放入冰块及搅拌时,严禁将水溅出来。

(8) 温度计取出时,不能带出水珠。

实 验 十 一

测量二极管的伏安特性。

【实验器材】

直流稳压电源、毫安表(内阻 R_A)、电压表(内阻 R_V)、滑线变阻器、可变电阻箱、倒顺开关、开关、微安表、导线、待测二极管(内阻为 R_D)。

【实验说明】

由半导体物理推得二极管伏安特性的理论公式为

$$I_D = I_e(e^{\frac{eV_D}{kT}} - 1) \qquad ①$$

式中 I_D 和 V_D 分别为流过二极管的电流和二极管的端电压,指数中的 e 是电子的电荷量,T 是绝对温度,k 是玻尔兹曼常量。当二极管反向连接时,$V_D = -|u|$,若 $|u|$ 足够大,则①式变为 $I_D = -I_e$ = 常数,所以 I_e 是二极管的反向饱和电流,它与所加电压无关。

【参考答案】

(1) 电流表内、外接法。

要同时测量二极管的电流 I 和二极管两端的电压 V,可能的接法有两种,分别如图7和图8所示。前者称为电流表内接,后者称为电流表外接。$\sqrt{R_V R_A} > R_D$ 作为外接法的判别依据;$\sqrt{R_V R_A} < R_D$ 作为内接法的判别依据;$\sqrt{R_V R_A} = R_D$ 时,两种接法可任意采用。由于二极管正向连接时内阻 R_D 随 I_D 增加而迅速减小到很小,因此 I_D 较大时应采用外接法测量,目的是为减小测量误差。

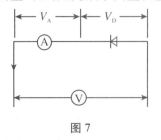

图 7

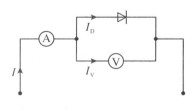

图 8

(2) 制流和分压。

① 制流电路(见图9)。

当滑线变阻器活动接头 C 由 A 端移至 B 端时,其电压调节范围是 $E \sim \dfrac{R}{R+R_0}E$,相应电流的调节范围是 $\dfrac{E}{R} \sim \dfrac{E}{R_0+R}$,对负载 R 而言,此时的安全性最好,故称此情况下的 B 端为滑线变阻器在制流电路中的安全端。

② 分压电路(见图10)。

当滑线变阻器活动接头 C 由 B 移至 A 时,其电压调节范围是 $E \sim 0$,对负载 R 而言,此时的安全性最好,故称此情况下的 A 端为滑线变阻器在分压电路中的安全端。

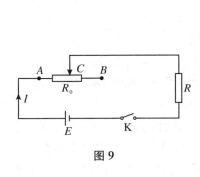

图9

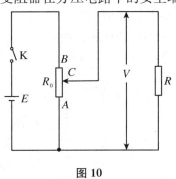

图10

(3) 由于分压器适用于负载电阻较大、调压范围较宽的场合,限流器适用于负载电阻较小、变流范围较窄的场合,而本实验中二极管的正向电阻较小,电流随电压的变化很大,故要求调压范围较窄,变流范围较宽。二极管的反向电阻很大,电流基本不随电压变化,因而要求调压范围较宽,变流范围较窄。为了起到调压和限流相互补充的作用,得到较好的调节效果,本实验采用限流分压线路,如图11所示。在线路中,限流变阻器 R_i 应比分压变阻器有较大阻值。

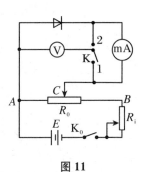

图11

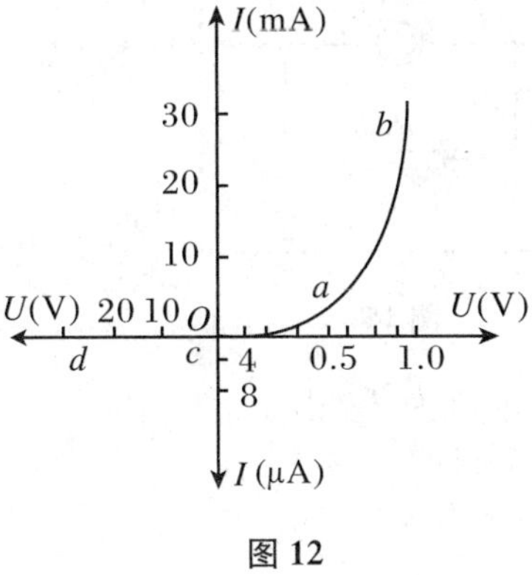

【注意事项】

(1) 电源处须接入一个开关 K_0,不使用时 K_0 应断开。

(2) 制流器、分压器接入电路后须立即将活动接头 C 移至其安全端。

(3) 正确接入倒顺开关 K。

(4) 检查线路后,先将电源电压旋钮调至最小处,再开启电源。

(5) 配合调节 R_i、R_0。

(6) 以电压为横坐标,电流为纵坐标,在坐标纸上画出二极管的伏安特性曲线。由于正向电流为 mA 级,反向电流为 μA 级,故纵轴的正半轴和负半轴分度值和单位都不同,必须标清楚,如图12所示。

图12

实验十二

伏安法测电阻。

【实验器材】

100 μA 表头两个(内阻为 R_g)、开关两个、六转盘的电阻箱两个、导线若干、电池(电动势约 3 V)、待测电阻(阻值约 2 kΩ)。

【实验要求】

(1) 用半偏法测 μA 表头的内阻。
(2) 电表扩程正确。
(3) 电表的内外接法正确。

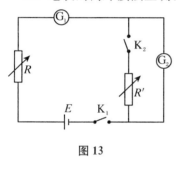

图 13

【参考答案】

(1) 用半偏法测 μA 表头的内阻。

① 按图 13 接线,K_2 断开,K_1 合上,调节 R,使两表满偏转(100 μA)。

② 合上 K_2,合理调节 R、R',使表 G_1 满度,表 G_2 为半偏转(50 μA),测得 $R_{g2} = R' = 560$ Ω。

(3) 将表 G_1、表 G_2 互换,重复上述实验,得 $R_{g1} = 560$ Ω。

(2) 电表改装。

① 将表 G_1 改装为 4 V 电压表(见图 14)。表头满度电流为 I_g,由于

$$V = I_g R_g + I_g R_S$$

得

$$R_S = \frac{V - I_g R_g}{I_g} = \frac{4 - 100 \times 10^{-6} \times 560}{100 \times 10^{-6}} \Omega = 39.44 \text{ kΩ}$$

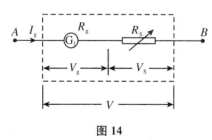

图 14

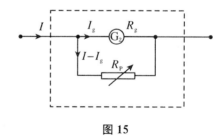

图 15

② 将表 G_2 改装为 2 mA 电流表(见图 15)。表头满度电流为 I_g,由于

$$I_g R_g = (I - I_g) R_P$$

得

$$R_P = \frac{I_g R_g}{I - I_g} = \frac{0.1 \times 560}{2 - 0.1} \Omega = 29.5 \text{ Ω}$$

表 G_2 和 R_P 并联成的 2 mA 电流表内阻为 $R_A = 28$ Ω。

(3) 电表的正确接法。
$$\sqrt{R_A R_V} = \sqrt{40000 \times 28}\ \Omega = 1058\ \Omega$$

因为 $\sqrt{R_A R_V} < 2\ \text{k}\Omega$，故采用电流表内接法，如图 16 所示。

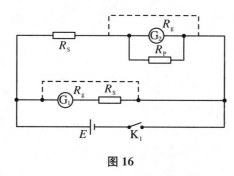

图 16

(4) 测量结果：$V = 2.92$ V，$I = 1.52$ mA，则 $R = \dfrac{V}{I} = 1.92\ \text{k}\Omega$。

【注意事项】
(1) 半偏法测内阻的正确调节方法。
(2) 估算量程范围。

① 电流范围：$I = \dfrac{V}{R} = \dfrac{3\ \text{V}}{2\ \text{k}\Omega} = 1.5$ mA。若扩程后的电流表为 2 mA 表，则估算测量值 1.5 mA 在仪表满偏转的 $\dfrac{2}{3}$ 范围内。

② 电压范围：$V \approx 3$ V，由于仪表有 50 个分度格，若扩程为 3 V 电压表，则读数时会引起一些不必要的麻烦。故扩程为 4 V 电压表，测量值也在仪表满偏转的 $\dfrac{2}{3}$ 范围内，符合要求。

(3) 电流表内外接法判别式的正确使用。
(4) 根据仪表实际分度情况确定有效数字位数。不能随意估读，影响测量精度。

实 验 十 三

用惠斯通电桥测定 500 μA 电表的内阻 R_g。电路如图 17 所示。

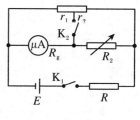

图 17

【实验器材】
钾电池一个、四转盘电阻箱一个（R_2）、滑线变阻器一个、单刀开关 2 个、4 kΩ 限流电阻一个、导线若干、待测电表。

【参考答案】
电桥平衡时，K_2 接通或断开，微安表指示不变。
调节 R_2，使电桥平衡，则

$$\frac{r_1}{r_2} = \frac{R_g}{R_2}$$

将 R_2 和 μA 表互换位置,再调节 R_2,使电桥又一次平衡,则

$$\frac{r_1}{r_2} = \frac{R_2'}{R_g}$$

$$R_g = \sqrt{R_2 R_2'}$$

【注意事项】

(1) 限流电阻的作用。
(2) 滑线变阻器活动头位于中间部位。
(3) 粗调 R_2,采用跃接法,观看电流表指向,若指针反偏转,则改变电源极性。
(4) 反复通断 K_2,细调 R_2,保证电流表指针位置不变。
(5) 采用交换法,清除不平衡因素。

实 验 十 四

测量未知电感的电感量。电路如图 19 所示。

【实验仪器】

6.3 V 交流电源(经市电变压而成)、SB-10 示波器、固定电阻 R(80.0 Ω)、双刀双掷开关、导线若干、待测电感(直流电阻 $r = 35.0$ Ω)。

【仪器说明】

示波器(见图 18)的调节方法如下:

(1) 插上电源插销,打开电源开关 17,等待电子管加热 30 s,使荧光屏中出现亮点。
(2) 调节辉度钮 3,使亮度适中。
(3) 调节聚焦钮 4,使亮斑成小圆点。
(4) 调节 X 轴位移钮 2,使亮点位置左右适中。
(5) 调节 Y 轴位移钮 1,使亮点位置上下适中。
(6) 把 X 轴衰减钮 13 扳向扫描位置,使亮点成一条线,并调节 X 轴增益钮 9,使亮线长短合适。
(7) 由 Y 轴输入钮 14 和接地钮 15 两端输入信号。调节 Y 轴衰减钮 10 和 Y 轴增幅钮 6,使图形不失真,大小又合适(注意若有几台仪器,它们的"地"必须相连)。
(8) 调节扫描范围钮 12 和扫描微调钮 8,使图形较为简单稳定。
(9) 把整步选择钮拨到"内+"或"内-"位置,并

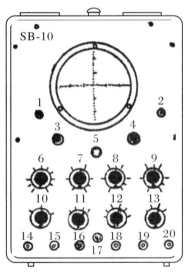

图 18

1. Y 轴位移;2. X 轴位移;3. 辉度;4. 聚焦;5. 指示灯;6. Y 轴增幅;7. 整步增幅;8. 扫描微调;9. X 轴增幅;10. Y 轴衰减;11. 整步选择;12. 扫描范围;13. X 轴衰减;14. Y 轴输入;15. 接地;16. 试验电压;17. 电源开关;18. 整步输入;19. 接地;20. X 轴输入。

调节整步增幅钮 7，使图形完全稳定。

(10) 关机时，需将辉度旋至最小。

【参考答案】

电压比较法测量电感量。

由于串联电路中电流相等，因此其电压之比等于阻抗之比。

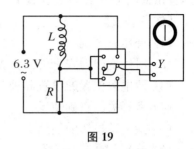

图 19

$$\frac{R}{\sqrt{r^2 + (\omega L)^2}} = \frac{V_R}{V_L}$$

$$L = \frac{1}{\omega}\sqrt{R^2\left(\frac{V_L}{V_R}\right)^2 - r^2}$$

式中 $\frac{V_L}{V_R}$ 为电感和电阻两端的电压比值。

我们用示波器进行测量，示波器上显示的峰值分别为 l_L、l_R，则 $\frac{V_L}{V_R} = \frac{l_L}{l_R}$，因此

$$L = \frac{1}{\omega}\sqrt{R^2\left(\frac{l_L}{l_R}\right)^2 - r^2}$$

【注意事项】

(1) 电压比较法的原理。

(2) 示波器的调节。

(3) 测量峰值长度时，必须考虑有效数字位数。

(4) 两个量的测量必须使用同一个增益大小。

(5) 市电频率 $f = 50$ Hz。

实 验 十 五

利用补偿法较精确地测定一个电阻的阻值（50 Ω 左右）。

【实验器材】

钾电池两个（内阻为 r）、滑线变阻器、开关两个、毫安表（0.5 级、25 mA）、检流计（设有两个串有不同电阻的按钮开关 A、B 和一个直接按钮开关 G）、标准电池（电动势 $E_S = 1.018\,6$ V）、导线若干。

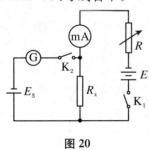

图 20

【参考答案】

电路如图 20 所示。

$$R_x = \frac{V}{I}$$

I 用 mA 表测量，V 用补偿法测得，应有 $V = E_S$，故

$$R_x = \frac{E_S}{I}$$

(1) 根据 E_S 和 R_x 的估计值，调节 R，使电流表指示为

20 mA 左右(K_1 闭合,K_2 断开)。

(2) 闭合 K_2,检查电路补偿情况,边检查边调节 R(先用串有大电阻的按钮开关 A,再用串小电阻的开关 B,最后用直接按钮开关 G),直到接 G 时,无电流通过检流计为止,读出此时 mA 表的指示值 I。

【注意事项】

(1) 补偿原理。
(2) 滑线变阻器安全端的设置。
(3) 两电源位置的设置和极性接法。
(4) 两开关的正确使用。
(5) 检流计按钮的使用。
(6) mA 表的正确读数。

实 验 十 六

组装开普勒望远镜并测其放大倍数。

【实验器材】

光具座、凸透镜 L_1 和 L_2(焦距不等)、毛玻璃光屏 Q、点光源 P。

【参考答案】

开普勒望远镜的物镜的焦距大,目镜的焦距小,物镜的后焦点跟目镜的前焦点要重合。远处物体通过物镜得到一个倒立的缩小的实像,它位于目镜的焦点以内,通过目镜得到一个放大的虚像。

(1) 位移法测凸透镜焦距。

取物与屏之间的距离 A 大于四倍焦距。屏、物位置固定,移动透镜,必能在屏上两次成像,如图 21 所示。成大像时,物距为 u_1,像距为 v_1;成小像时,物距为 u_2,像距为 v_2。测量物、屏之间距离 A,设两次成像中透镜移动距离 l,则可得

$$f = \frac{A^2 - l^2}{4A}$$

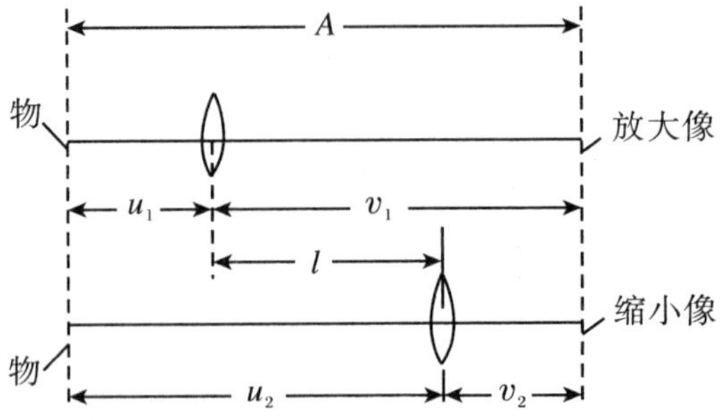

图 21

测得两透镜的焦距分别为 f_1、f_2,设 $f_1 > f_2$。选大者作为物镜 L_1,取小者作为目

镜 L_2。

(2) 按图 22 安装 P、L_1、L_2、Q。

(3) 共轴调节。

(4) 以点光源为物,调节物镜 L_1 的位置,使毛玻璃 Q 上得到清晰缩小的倒立实像。

(5) 移动目镜 L_2,通过 L_2 观察光屏上的像,待看到清晰放大的倒立虚像时,移去光屏,再通过 L_2 观察物体,微调 L_2,观察到物体清晰的像。

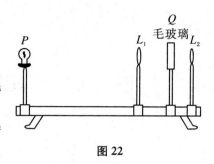

图 22

(6) 放大率 $m = \dfrac{f_1}{f_2}$。

【注意事项】

(1) 光具座上各元件共轴的调节。

① 粗调。将各元件装到光具座上并靠拢,调节高低、左右,使各元件的中心大致调到一条和导轨平行的直线上,各元件的平面互相平行且垂直于导轨。

② 细调。通过仪器和成像规律来判断细调的方向。例如,利用位移法两次成像时,若大小像中心不重合,则需进一步调整镜或物的位置,直到两次成像的像位置没有变动为止。

(2) L_1、L_2 的焦距的测量。

(3) 正确使用光学元件,手不能触摸光学面,只能拿磨砂面。发现光学面不清洁时,可用洁净的镜头纸轻拭干净。轻拿轻放光学元件。

设计性实验

中南大学 郭长寿

物理竞赛的设计性实验与常规教学的设计性实验不同,更不同于生产和科研工作中的科学实验,它完全限制在中学学科知识的范围内,与物理常规教学实验相比,同样具有探索性、综合性和开放性,但也有科学实验的一般设计程序。它要求考生根据设计性题目的内容和所提供的仪器,推证有关实验原理,提出符合设计要求的某种设想,确定实验方案和方法,拟定实验步骤、组装仪器、正确操作,合理处理数据,写出实验报告等。个别题目还要求考生在所提供的仪器中选择合适的仪器。

设计性实验的核心是设计、选择实验方案。物理竞赛中的设计实验一般要根据仪器配置情况、实验精度要求,选择实验方法和测量方法,选择合适的测量条件。所谓精度要求,就是指实验结果在一定的误差范围内的要求,这是选择实验方法和测量方法的依据。单就实验方法来说,根据设计要求可罗列各种不同的方法,这就要求分析各种方法的适用条件和可能达到的实验精度等因素,最后选出适合设计要求的方法。例如,设计一个测电阻的实验方法,可列出伏安法、电桥法和补偿法,但必须分析给定仪器情况和设计精度的要求,选出其中某一个方法。

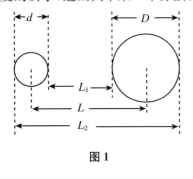

图 1

测量方法的选择是在实验方案确定后,其主要依据是使测量结果误差最小。例如,用米尺测图 1 中两圆孔中心的间距,怎样测量才能使 L 误差最小?L 的测量有三种方法:

(1) $L = L_1 + \dfrac{d}{2} + \dfrac{D}{2}$;

(2) $L = L_2 - \dfrac{d}{2} - \dfrac{D}{2}$;

(3) $L = \dfrac{L_1 + L_2}{2}$。

由误差分析可知,第三种测量方法误差最小,或者说 $\dfrac{L_1 + L_2}{2}$ 为 L 的最佳测量方法。至于测量仪器的选择、测量条件的选择以及数据处理等,在竞赛的设计性实验与在常规实验中的重要性是相同的。

自然,竞赛的设计性实验的基础仍是物理基础性实验和基本仪器的使用,掌握好基本功才能在基础之上灵活地完成设计性实验。

弹簧振子的简谐振动(气轨)研究

【实验器材】

气垫导轨装置、数字计时器、弹簧组及砝码若干。

【实验要求】

(1) 观察简谐振动的运动学特征。

(2) 用作图法求出弹簧振子的周期公式(经验公式)。

【参考答案】

主要内容是通过实验总结物理现象的规律。具体来说,是总结描述弹簧振子的参量 T(周期)、A(振幅)、m(滑块的质量,弹簧的质量可忽略)之间的关系并用公式(经验公式)表示。为此,就必须:

(1) 确定所研究的物理现象与哪些物理量有关,并总结出它们之间的定性关系。建立起数学模型(即确定它们之间的函数关系)。

(2) 对有关物理量在一定条件下进行测量。

(3) 对测量数据用作图法处理,得出经验公式。

1. 观察实验现象

(1) 实验装置如图 2 所示。

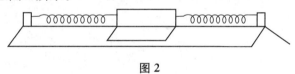

图 2

(2) 确定 T 与 A、m、k(串接弹簧的劲度系数)之间的关系。

在观察弹簧振子运动时,通过计时装置测出它的运动周期,发现改变振幅 A 的大小,其周期不变。这就说明弹簧振子的运动是一个周期性振动,而且周期 T 与振幅 A 大小无关。

进一步发现,固定 m,换上不同 k 的弹簧组,或固定 k,改变滑块的质量 m(采取加砝码的办法),弹簧振子的运动周期不同。而且当 $m=0$ 或 $k=\infty$ 时,周期 $T=0$,可见,m、k 对 T 的总影响就数学形式来讲应该以乘积形式出现。因为如果以加减形式出现,仅 $m=0$,T 不能为零,同理仅 $k=\infty$,T 不可能为零,故可设其规律为

$$T = Ck^\alpha m^\beta \quad \text{①}$$

其中 C、α、β 为待定常数,可通过实验确定。

2. 测量方法

由于采用作图法,一般要求应有五个测点才便于作图。

(1) 固定 m(不改变滑块质量),换上五组不同劲度系数 k_i 的弹簧,测出相应的 T_i,每换上一组弹簧就测出相应弹簧组(串联)的劲度系数。

(2) 任选一组弹簧,即固定 k,改变五次滑块的质量 m_j(采取加砝码的办法),测出相

应的 T_j。

(3) 串接弹簧的劲度系数的测量方法是给滑块加上一水平拉力 F,量出在此拉力 F 作用下移动的位移 x,则根据 $F = -kx$ 公式算出 k。

(4) 由于周期 T 很小,仅测一个周期得不到准确数据,故采用累计放大方法,即测 $50T$ 的时间。

3. 用作图法处理数据

(1) 将所测的数据列表。

(2) 对①式取对数,得

$$\ln T = \ln C + \alpha \ln k + \beta \ln m$$

固定 k,令 $\ln T = y$,$\ln C + \alpha \ln k = b$,$\ln m = x$,则上式为

$$y = \beta x + b$$

即为大家所熟知的直线方程。

以 $y(\ln T)$ 为纵坐标、$x(\ln m)$ 为横坐标,作出 $y(\ln T)$-$x(\ln m)$ 图,它为一条直线,其斜率为 β,截距 $b_1 = \ln C + \alpha \ln k$。

同理,固定 m,作出 $\ln T$-$\ln k$ 图,其斜率为 α,截距 $b_2 = \ln C + \beta \ln m$。则得

$$\ln C + \beta \ln m = b_2 \qquad ②$$
$$\ln C + \alpha \ln k = b_1 \qquad ③$$

将已求出的 α、β、$\ln m$、$\ln k$、b_1、b_2 代入②式或③式,可求出 C(也可两式联立求 C)。即可得出与

$$T = 2\pi \sqrt{\frac{m}{k}}$$

相近的经验公式。

测定液体的密度

图 3

【实验器材】

(1) 密度已知的液体两种,其密度 ρ_1、ρ_2 由实验室给出。

(2) 玻璃管一支(形状如图 3 所示),其带刻度部分直径均匀。

(3) 小重物(保险丝)若干,细铜丝少许。

(4) 待测液体,其密度介于 ρ_1 和 ρ_2 之间。

(5) 用具:清水一杯、毛巾一块、剪刀一把、坐标纸一张。

【实验要求】

(1) 用上述器材制作一只测定液体密度的仪器。

(2) 用已知密度的液体给该仪器定标,在直角坐标纸上作出其呈线性关系的定标曲线。

(3) 测出待测液体的密度 ρ_x。

说明:所谓定标曲线,在本题是指利用这条曲线,由仪器的刻度值可求出相应的密

度值。

【参考答案】

(1) 制作。剪取适量的保险丝,用细铜丝悬挂在玻璃管底部的小钩上,使玻璃管在两种密度已知的液体中均处于悬浮状态,玻璃管既不沉没,大玻璃泡(直径不均匀部分)也不露出液面(这往往要细心地多次调整保险丝的量才能办到)。注意重物的悬挂点,使玻璃管在液体中呈竖直状态。

(2) 用坐标纸作定标曲线。设玻璃管和重物的总质量为 M,零刻度(假定零刻度在玻璃管的均匀部分。不过,零刻度不在玻璃管的均匀部分亦不影响结论的正确性)以下的体积为 V,玻璃管的均匀部分的半径为 r,液面的读数为 L,则有

$$Mg = V\rho g + \pi r^2 L \rho g$$

所以

$$\frac{1}{\rho} = \frac{V}{M} + \frac{\pi r^2}{M}L$$

可见,$\frac{1}{\rho}$ 与 L 有线性关系。因此,如用坐标纸作 $\frac{1}{\rho}$-L 关系曲线,它是一条直线。由密度已知的两液体的数据定出 $\left(\frac{1}{\rho_1}, L_1\right)$、$\left(\frac{1}{\rho_2}, L_2\right)$ 两点,该直线即可作出。

(3) 测出未知液体密度。在待测液体中读出 L_x,从定标曲线中查出对应的 $\frac{1}{\rho_x}$,再求出 ρ_x。

用伏安法测电阻

待测电阻 R_x 约 40 Ω,额定功率为 1 W,试用伏安法(电流表内接)测其阻值,对测量误差要求 $\frac{\Delta R_x}{R_x} \leqslant 1.4\%$,可供选择的仪器见表1～表3。

表1 电表

	电 压 表			电 流 表		
量 程	7.5 V	3.00 V	1.500 V	100.0 mA	50.0 mA	25.0 mA
内 阻	7.2 kΩ	2.9 kΩ	1.4 kΩ	0.3 Ω	0.6 Ω	1.2 Ω
等 级	1.0	0.5	0.2	0.5	1.0	0.2

表2 变阻器

全电阻	20 Ω	100 Ω	1000 Ω	18200 Ω
额定电流	10 A	1 A	0.5 A	0.1 A

表3 稳压源

输出电压	3 V	6 V	9 V	12 V

【参考答案】

本实验主要根据设计要求选择仪器,需要考虑三方面问题。

(1) 选择电源及供电方式。

如果采用分压供电方式,按滑线变阻器的分压特性,只有当负载电阻 R_x 与滑线变阻器全电阻 R_0 间满足 $R_0 \leqslant 0.5 R_x$ 时,供给的电压与滑线变阻器上滑键的位置才基本呈线性关系(分压的均匀性)。

所以选 20 Ω 的滑线变阻器为宜。

(2) 选择电流表和电压表。

由额定功率和待测电阻大小,可算出额定电流 $I = 0.16$ A,题目给定的三种电流表的量程都大于额定电流,都可选用,但是要根据测量误差要求选择合适级别的电流表来满足测量误差要求。

因 $\dfrac{\Delta R_x}{R_x} \leqslant 1.4\%$,即

$$\frac{\Delta R_x}{R_x} = \frac{\Delta V}{V} + \frac{\Delta I}{I} \leqslant 1.4\%$$

由误差等影响准则,可令

$$\frac{\Delta V}{V} \leqslant 0.7\%, \quad \frac{\Delta I}{I} \leqslant 0.7\%$$

可见,选 0.5 级的电流表、电压表能满足测量误差要求。故选量程为 100 mA 的电流表。

由于 $I < 100.0$ mA,故测量电压

$$V \leqslant 100 \text{ mA} \times 40 \text{ Ω} = 4 \text{ V}$$

故选取量程为 3.00 V 的电压表,而稳压源可选 3 V。

(3) 分析电表读数在什么范围内能满足测量误差要求。

由于选取的电表是 0.5 级,即相对误差为 0.5%,故

$$\Delta V = 3 \text{ V（量程）} \times 0.5\% = 0.015 \text{ V}$$
$$\Delta I = 100 \text{ mA} \times 0.5\% = 0.5 \text{ mA}$$

由于 $\dfrac{\Delta I}{I} \leqslant 0.7\%$,$I \geqslant \dfrac{0.5 \text{ mA}}{0.7\%} = 71.4$ mA ≈ 72 mA,即电流表读数要不小于 72 mA。

电压表读数 $V \geqslant 72 \text{ mA} \times 40 \text{ Ω} = 2.88$ V,则

$$\frac{\Delta R_x}{R_x} \leqslant \frac{0.015 \text{ V}}{2.88 \text{ V}} + \frac{0.5 \text{ mA}}{72 \text{ mA}} = 1.3\%$$

故上述仪器的选择和测量条件满足设计要求。

改 装 电 表

现有一只量程为 200 μA、内阻为 2.5 kΩ 的电流表,请改装为量程 1 mA、10 mA、1 V、10 V 的多量程电流、电压两用表。

【实验器材】

微安表:0～200 μA,内阻 $R_g=2.5$ kΩ。

毫安表:0.5 级,0～1～10 mA。

电压表:0.5 级,0～1.5～15 V。

电阻箱:0～99999.9 Ω。

直流稳压电源:输出分为 2 V、4 V、6 V、12 V 四挡。

定值电阻:12 Ω、51 Ω、200 Ω、300 Ω、9.1 kΩ 等五种。

接线板:供焊定电阻用。

波段开关。

滑线变阻器:全电阻 300 Ω。

电烙铁、焊锡、松香、镊子、开关、导线若干。

【实验要求】

(1) 设计改装表的最佳电路图。

(2) 简述原理,计算所需电阻的阻值。

(3) 组装所需的电流、电压两用表。

(4) 校正改装表,画出校正曲线。

【参考答案】

(1) 多量程电流表中分流电阻至少有两种接法:一种为开路置换式,如图 4 所示;另一种为闭路抽头式,如图 5 所示。

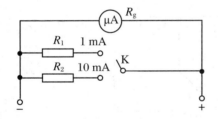

图 4

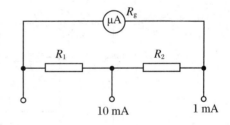

图 5

① 接法 a 如图 4 所示,R_1、R_2 分别与 R_g 并联。

$$I_g R_g = (I_1 - I_g)R_1, \quad I_g R_g = (I_2 - I_g)R_2$$

$$R_1 = \frac{I_g R_g}{I_1 - I_g} = \frac{200 \times 10^{-6} \times 2500}{(1000 - 200) \times 10^{-6}} \Omega = 625 \ \Omega$$

$$R_2 = \frac{I_g R_g}{I_2 - I_g} = \frac{200 \times 10^{-6} \times 2500}{(10000 - 200) \times 10^{-6}} \Omega = 51.0 \ \Omega$$

② 接法 b 如图 5 所示,量程为 1 mA 时,R_g 与 $R_1 + R_2$ 并联;量程为 10 mA 时,$R_g + R_2$ 与 R_1 并联,即有

$$\begin{cases} I_g R_g = (R_1 + R_2)(I_1 - I_g) \\ I_g(R_g + R_2) = R_1(I_2 - I_g) \end{cases}$$

将 $I_g = 200 \times 10^{-6}$ A,$I_1 = 1 \times 10^{-3}$ A,$I_2 = 10 \times 10^{-3}$ A,$R_g = 2.5$ kΩ 代入上两式,解方程

组,得
$$R_1 = 62.5\ \Omega, \quad R_2 = 562.5\ \Omega$$

虽然接法 a 的分流电阻独立,便于计算和调整,但转换开关 K 接触不良时,将有很大的电流通过表头而把表头烧坏,因此使用不安全。接法 b 没有这个缺点,故本实验采用接法 b 进行改装。

(2) 改装表的电压挡与电流挡共用一个表头,在设计电压挡时,应以改装后的 1 mA 电流表作为等效表头。这时,等效表头的量程为 1 mA,内阻 R_g' 为

$$R_g' = \frac{(R_1 + R_2)R_g}{R_1 + R_2 + R_g} = \frac{(562.5 + 62.5) \times 2500}{562.5 + 62.5 + 2500}\ \Omega = 500\ \Omega$$

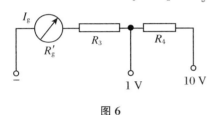

图 6

多量程的电压表是用多个电阻与表头串联而成的,如图 6 所示。

量程为 1 V 时,

$$R_3 = \frac{V_1}{I_g'} - R_g' = \left(\frac{1}{1 \times 10^{-3}} - 500\right)\ \Omega = 500\ \Omega$$

量程为 10 V 时,

$$R_3 + R_4 = \frac{V_2}{I_g'} - R_g'$$

$$R_4 = \frac{V_2}{I_g'} - (R_3 + R_g') = \left[\frac{10}{1 \times 10^{-3}} - (500 + 500)\right]\ \Omega = 9000\ \Omega$$

(3) 多量程电流、电压两用表的电路图如图 7 所示。

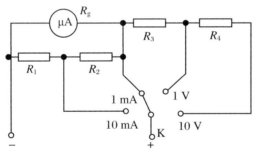

图 7

(4) 组装两用表。

$R_1 = 62.5\ \Omega$,可用 51 Ω 和 12 Ω 串联;

$R_2 = 562.5\ \Omega$,可用 200 Ω、300 Ω、12 Ω 和 51 Ω 串联;

$R_3 = 500\ \Omega$,可用 200 Ω 和 300 Ω 串联;

$R_4 = 9\ \text{k}\Omega$,可用 9.1 kΩ 代替。

(5) 校正与绘制校正曲线(略)。

将一只量程为 $200\ \mu A$，内阻为 $1.20\times 10^3\ \Omega$ 的微安表设计与装配成一只欧姆表

【实验器材】

钾电池一节(电动势标称值为 1.5 V)、电阻箱两只(电阻箱的总电阻为 99999.9 Ω)、接线柱两个和导线若干。

【实验要求】

(1) 欧姆表中值电阻为 $R_m = 600\ \Omega$。

(2) 电池电动势下降20%时，电阻测量无明显误差。

【参考答案】

(1) 设计要求的中值电阻 $R_m = 600\ \Omega$ 即为欧姆表中心点所标阻值，也是欧姆表电路的总电阻(也称欧姆表的内阻)。如果欧姆表电路的总电阻为 R，那么测量一个阻值为 R 的电阻时，显然表的指针一定指在表面的中心点，因为整个电路的阻值增加了一倍，电流就一定减少到原来的一半。可见，中值电阻就是欧姆表电路的总电阻。

(2) 设计要求欧姆表总电阻为 600 Ω，而微安表内阻为 1200 Ω，显然，欧姆表电路里的微安表头要并联一个分流电阻，否则达不到总电阻为 600 Ω 的要求。

(3) 设计要求电动势下降20%，即电动势为 1.2 V；电阻测量无太大的误差，即要求欧姆表电路的总电阻无太大变化。因为电动势下降，欧姆表测试笔短接时电路中的电流就会下降，表针不能指到满刻度，即零欧姆处。这就要求在电路中专门安排一个可调电阻，调整电路中的电流，使表针指到满刻度，即零欧姆处。这个电阻称调零电阻。显然，欧姆表电路里的总电阻变化产生了误差。要使这种误差很小，调零电阻只能与表头并联，不能与表头串联，串联误差大，如电动势下降20%，总电阻也变化20%，这误差当然大。

根据以上分析，设计的欧姆表线路如图 8 所示。

R_3 做调零电阻，把欧姆表笔 A、B 短接，则有

$$R_3 = \frac{I_g}{I_3}R_g = \frac{I_g}{I-I_g}R_g \qquad ①$$

$$R_m = R_d + \frac{R_g R_3}{R_3 + R_g} \qquad ②$$

式中 R_m 为中值电阻，即欧姆表电路的总电阻，R_d 为限流电阻，②式中忽略了电池的内阻。

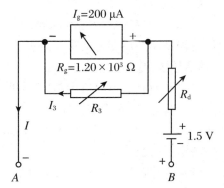

图 8

由①式和②式得

$$R_3 = \frac{I_g R_g}{I - I_g} \qquad ③$$

$$R_d = R_m - \frac{R_3 R_g}{R_3 + R_g} \qquad ④$$

$$I = \frac{E}{R_m}$$

按 $E = 1.5$ V 计算,得

$$R_3 = \frac{200 \times 10^{-6} \times 1.20 \times 10^3}{\frac{1.5}{600} - 200 \times 10^{-6}} \Omega = 104 \ \Omega$$

$$R_d = \left(600 - \frac{1.20 \times 10^3 \times 104}{104 + 1.20 \times 10^3}\right) \Omega = 504 \ \Omega$$

按 $E = 1.2$ V 计算,得

$$R_3 = 133 \ \Omega, \quad R_d = 480 \ \Omega$$

根据以上计算,图中的 R_3 可选用 $104 \sim 133 \ \Omega$ 之间,而

$$R_d = 504 \ \Omega$$

设计一个用热敏电阻测温的多量程温度表电路并标定表盘刻度

【实验器材】

(1) 微安表表头(量程 100 μA)一块。
(2) 直流稳压电源(输出电压已调整为 4 V)一台。
(3) 模拟热敏电阻(用 0.02 级直流电阻箱代替)一个。
(4) 任选电阻值标准电阻(用 0.1 级电阻箱代替)六个。
(5) 单刀双掷开关和双刀双掷开关各一个。
(6) 插塞式电源开关一个。
(7) 滑线变阻器(全电阻 650 Ω)一个。
(8) 导线若干。

【实验说明】

已知一个热敏电阻在不同温度下对应的电阻值如表 4。利用表中所列数据,即可用直流电阻箱模拟热敏电阻在不同温度下的电阻值。

【实验要求】

以不平衡惠斯登电桥为基础,利用所给器材,自行设计电路,使得用所给热敏电阻做测温元件时,微安表读数在 0~100 μA 内变化。对应的测温范围可分别选定为 0~50 ℃ 及 50~100 ℃ 两个量程,并以微安表读数为横坐标,对应温度值为纵坐标,作出 0~50 ℃ 范围的定标曲线。

(1) 画出你设计的电路图,并标明各标准电阻的阻值。
(2) 正确连接电路。
(3) 列出第一量程(测温范围 0~50 ℃)的定标数据表格,并作出其定标曲线。
(4) 说明使用你设计的多量程温度表测定温度时的具体操作步骤。

表4　不同温度下热敏电阻的阻值

温度(℃)	电阻值(Ω)
0	2368.79
10	1606.53
20	1118.82
30	798.00
40	581.60
50	432.27
60	327.06
70	251.51
80	196.31
90	155.34
100	124.46

【参考答案】

设计的多量程温度表是用热敏电阻作为温度敏感元件,利用温度和电阻的相关性来测量温度的,也称电阻温度计。其电路是以不平衡惠斯登电桥电路为基础的。我们知道平衡的惠斯登电桥必须达到平衡状态后方能测出未知电阻。如果只要求测出在某一电阻(如0 ℃、50 ℃、100 ℃等所对应的电阻)附近的电阻变化,我们可以先使电桥在某一电阻值处于平衡状态,当温度变化时,引起电阻变动,由此引起对角线的电流变化作为电阻变动的量度,即不平衡惠斯登电桥中电流 I_t 的变化对应电阻 R_t 的变化,而 R_t 的变化对应于温度 t 的变化。我们已知道 R_t 随 t 变化的对应关系,就可由 I_t 的变化来决定 t 的变化。

(1) 设计电路。

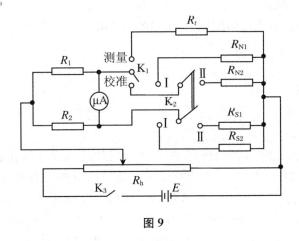

图9

(2) 参数选择。

① $R_1 = R_2$,其值可在 $R_t(t=0\ ℃)$ 和 $R_t(t=100\ ℃)$ 之间任选,例如,可选择为 500 Ω 和 1000 Ω。

② $R_{S1} = R_t(t=0\ ℃) = 2368.79$ Ω。

③ $R_{S2} = R_{N1} = R_t(t=50\ ℃) = 432.27$ Ω。

④ $R_{N2} = R_t(t=100\ ℃) = 124.46$ Ω。

(3) 定标方法。

按图 9 连接电路,调整好各标准电阻的取值,并将双刀双掷开关 K_2 置于"Ⅰ"端,单刀双掷开关 K_1 置于"校准"端。调节滑线变阻器 R_h 的滑动头,使微安表满偏,再将 K_1 置于"测量"端,调整模拟热敏电阻(精密电阻箱)R_t,分别取 $t=10\ ℃$、$20\ ℃$、$40\ ℃$ 对应的电阻值,测出相应的微安表读数,即可作出第一量程(测温范围 0~50 ℃)的定标曲线。

(4) 使用方法。

① 测量时应去掉定标用的模拟热敏电阻,换上真实热敏电阻。

② 若待测温度在 0~50 ℃,应将 K_2 置于"Ⅰ"端,先将 K_1 置于"校准"端,调节滑线变阻器 R_h 的滑动头,使微安表满偏,再将 K_1 置于"测量"端,读出微安表指示值,即可由定标曲线查出对应的温度值。

③ 若待测温度在 50~100 ℃,应将 K_2 置于"Ⅱ"端,按上述方法使用。

利用给定器材测量金属丝的电阻率

【实验器材】

(1) 电池组 E_1(不计内阻)、电池组 E_2,$E_1 > E_2$。

(2) 电阻箱。

(3) 检流计Ⅰ,用于电路的粗略调节;检流计Ⅱ,用于电路的精确调节。

(4) 开关一个,导线若干。

(5) 待测电阻率的金属,已知其长度为 1000.0 mm,直径为 1.040 mm,已将它绕成线绕电阻。

【实验要求】

(1) 设计出测量电路图。

(2) 推导测量公式。

【参考答案】

根据题设要求,虽是测金属的电阻率,但实际上是测电阻,然后通过计算得出电阻率。测电阻的方法有伏安法、电桥法及补偿法。从所给仪器来分析,前两种方法器材条件不具备,只有补偿法基本具备。由于缺标准电阻,标准电池还不能用电位差计电路来测,只能通过由电阻箱 R_0、金属丝的电阻 R_x 组合及 E_1 组成的主回路,以及由 E_2、G、R_0 和由 E_2、G、R_x 组成的补偿回路,进行两次补偿,可得出测量结果。

(1) 测量金属丝的电阻。

① 测量电路如图 10 所示。
② 测量方法和计算公式：
调节电阻箱 R_0，使检流计指零、电路达到补偿状态，则有

$$E_2 = \frac{E_1}{R_0 + R_x} R_0，\quad 即 \quad R_x = \frac{E_1 - E_2}{E_2} R_0 \quad ①$$

交换 R_0 与 R_x 的位置，重复上面的操作，得

$$E_2 = \frac{E_1}{R_0' + R_x} R_x，\quad 即 \quad R_x = \frac{E_2}{E_1 - E_2} R_0' \quad ②$$

由①②两式联立得

$$R_x = \sqrt{R_0 R_0'}$$

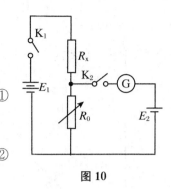

图 10

(2) 电阻率的计算：

$$\rho = \frac{\pi D^2}{4L} R$$

设 计 电 路

有一已知电阻 R_1，阻值为 100.00 Ω（误差 $\Delta R_1 = 1 \times 10^{-3}$ Ω）。现欲使流过该电阻的电流 I_1 达到 15.000 mA，最大允许误差为 0.008 mA。请利用下述仪器设计电路，并进行测量。

【实验器材】

(1) 电阻一只（模拟标准电阻）：阻值为 $R_1 = 100.00$ Ω（误差 $\Delta R_1 = 1 \times 10^{-3}$ Ω）。

(2) 检流计 G 一只：$-5\ \mu A \sim 0 \sim 5\ \mu A$，内阻 $R_g = 3$ kΩ，可指示 $0.1\ \mu A$ 的变化，相当于指针移动 $\frac{1}{10}$ 小格。

(3) 电池一节（模拟标准电池）：电动势 $E_1 = 1.5000$ V（误差 $\Delta E_1 = 1.5 \times 10^{-4}$ V），内阻 $r_1 = 1$ Ω。

(4) 电阻板一块：100 kΩ 电阻与 10 kΩ 电阻串联。

(5) 干电池：电动势为 $E \approx 1.5$ V。

(6) 电阻箱：阻值为 0～9999 Ω。

(7) 单刀开关及导线。

【实验要求】

(1) 设计所需的实验电路。

(2) 按所设计的电路进行实验，将流过 R_1 的电流 I_1 调节到 15.000 mA（最大允许误差为 0.008 mA）。

(3) 论证该电路能满足设计所提出的要求。

【参考答案】

(1) 选择实验方法。

若能将 $E_1 = 1.5000$ V 的电压全部加上电阻 $R_1 = 100.00$ Ω 的两端，即可得流过 R_1 的

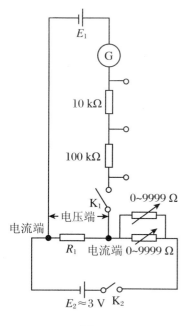

图 11

电流 $I_1 = 15.000$ mA。这就要求电源 E_1 的内压降为零，即为无内阻的电源，但与设计要求不合，因此可采用补偿法来实现。

设计补偿回路，为了保护检流计 G，串联一个大电阻（即电阻板 R_2）。这样，由 E_1、R_2、G 和 R_1 组成了补偿回路。

辅助回路的电源电动势 E_2 必须大于 E_1，故可用两节干电池串联而成，即 $E_2 = 3.0$ V。为使 R_1 两端获得 1.5 V 电压，要串联一个 $R_3 \approx 100$ Ω 的电阻作为限流电阻。由于调节 I_1 的最大允许误差 $\Delta I_1 = 0.08$ mA，R_3 的最小调节数值 ΔR_3 应为

$$\frac{\Delta I_1}{I_1} = \frac{\Delta R_3}{R_1 + R_3}$$

$$\Delta R_3 = \frac{0.008}{15} \times (100 + 100) \text{ Ω} \approx 0.1 \text{ Ω}$$

而电阻箱的最小调节数值为 1 Ω，故须用两个电阻箱并联的二级限流电路。

测试电路如图 11 所示。

(2) 实验步骤。

① 按图 11 连接好电路。

② 接通 K_2、K_1，调节 R_3，使检流计指零。将 R_2 中的 100 kΩ 电阻短路，再调节 R_3，使检流计指零。最后将 R_2（100 kΩ + 10 kΩ）全部短路，调节 R_3，使检流计指零。即可调到

$$I = \frac{V_R}{R_1} = \frac{1.5000}{100.00} \text{ A} = 15.000 \text{ mA}$$

(3) 论证。

① 当调节 R_3，使检流计 G 的指示为零时（即达到补偿），

$$V_R = E_1 = 1.5000 \text{ V}$$

其中 V_R 为 R_1 两端的电压，则

$$I_1 = \frac{V_R}{R_1} = \frac{1.5000}{100.00} \text{ A} = 15.000 \text{ mA}$$

② I_1 允许的相对误差约为 $0.05\% \left(\approx \frac{0.008}{15.000}\right)$，扣除由 ΔE_1 和 ΔR_1 导致的相对误差（各为 0.01%）后，尚余 0.03%；而如果 G 的指针有 $\frac{1}{10}$ 格的偏转，不易为人眼察觉，则流经 G 的电流为 1×10^{-7} A。因此，在检流计 G 的两端就有一个电位降，为 1×10^{-7} A × 3 kΩ = 3×10^{-4} V，由此引入的 I_1 相对误差为

$$\frac{3 \times 10^{-4}}{1.5} = 0.02\% < 0.03\%$$

故所选用的 G 的规格满足实验要求。于是

$$\frac{\Delta I_1}{I_1} = \frac{\Delta R_1}{R_1} + \frac{\Delta V_R}{V_{R_1}} = 0.04\% < 0.05\%$$

故满足设计要求。

(附:上等式右边第二项包括了 E_1 的误差和 G 的灵敏度这两个因素。)

③ 当 $E_2 = 3$ V 时,R_3 的值约为 100 Ω,R_3 的最小可调节数值 δR_3 应由下式决定:

$$\frac{\delta I_1}{I_1} = \frac{\delta R_3}{R_1 + R_3} = 0.02\%$$

由上述第②点证明,如要使 G 的指针偏转有 $\frac{1}{10}$ 格的变化,须令 I_1 的相对改变值为 0.02%,所以有

$$\delta R_3 = 0.04 \text{ Ω}$$

R_3 由两只 0~9999 Ω 电阻箱并联组成即可达到要求。

测量电池的电动势

【实验器材】

(1) 电动势已知的干电池一只,其电动势 E_a(约 1.5 V)已由实验室给出($\Delta E_a = 0.0001$ V)。

(2) 待测干电池(其电动势 E_x 约 1.5 V)一只。

(3) 作为工作电源用的干电池一只。

(4) 电阻箱(100 kΩ,最小调节量 0.1 Ω)一只(注意:电阻箱仅作一般可变电阻使用)。

(5) 阻值已知的电阻一只,其阻值 R_a(约 3 Ω)已由实验室给出($\Delta R_a = 0.001$ Ω)。

(6) 多量程电流表一只(0.5 级)。

(7) 单刀开关一只。

(8) 检流计一只。

(9) 变阻器一只(0~10 kΩ)。

(10) 导线若干。

【实验要求】

(1) 设计一种方法测出待测干电池的电动势 E_x,测量结果要有 5 位有效数字,而且所用的方法误差最小。

(2) 证明所测得的结果有 5 位有效数字。

说明:电流表的级别为 0.5 级,其含义为电流表任一挡的任何读数的误差 $\Delta I \leq$ 该挡量程×0.5%。

【参考答案】

测量未知电动势,从方法上来讲只能用补偿法,但是根据补偿原理设计的电位差计由于题设条件所限不可测量,因为"电位差计要求工作电源的电动势明显大于被测的电

动势"这一点本题不满足。同时由于作为标准电阻的 R_a 是固定电阻不可调,不满足操作上的要求。因此只能借助毫安表量出主回路的电流,而且可用标准电池与被测电池的电动势的差值对 R_a 上的电压作补偿,即可得出测量结果。这里用两电动势的差值去补偿的原因也与工作电源和测量精度要求有关。

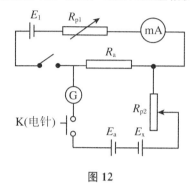

图 12

(1) 测量线路如图 12 所示。

R_{p1} 为电阻箱,R_{p2} 为变阻器,E_1 为工作电源,E_a 为已知电池,E_x 为待测电池,R_a 为已知电阻。调节 R_{p1},若 $E_a > E_x$,电位差计平衡后 $E_x = E_a - E' = E_a - IR_a$。若 $E_x > E_a$,则 E_a 与 E_x 应接成 ⊢⊢⊢⊢,即把 E_a 和 E_x 的位置交换,此时

$$E_x = R_a + IR_a$$

R_{p2} 在开始时要置于最大,最后要置于 0。

(2) 电流表用到 15 mA 挡,则可测 E_a 和 E_x 的最大差值 $E' = 15 \times 3$ mV = 45 mV,实验室给出的电池的电动势实际上满足 $E' \le 45$ mV 的条件,故下式可成立:

$$\Delta E' = I\Delta R_a + R_a \Delta I \le (15 \times 0.001 + 3 \times 15 \times 0.5\%) \text{ mV}$$
$$= (0.015 + 0.23) \text{ mV} \approx 0.3 \text{ mV}$$

实验室给出 E_a 的误差为 0.0001 V,故

$$\Delta E_x = \Delta E_a + \Delta E' \le 0.4 \text{ mV}$$

实验结果有 5 位有效数字。

设计一交流电路,用作图法处理数据,正确测出电容器的电容量

【实验器材】

低频信号源(限用 500 Hz(粗略值))、电子示波器、交流毫安表、滑线变阻器、标准电容箱(用 ×0.1 μF 挡)、单刀双掷开关、坐标纸、导线、待测电容。

【实验要求】

(1) 画出设计的电路图。

(2) 写出测量的理论公式。

(3) 写出测量步骤和方法。

【参考答案】

根据题设要求和提供的器材,没有直流电源,因此充电法和放电法测电容不必考虑。由于提供了交流信号源和标准电容箱,原则上可根据交流电路的欧姆定律测电容,但缺交流毫伏表。由于提供了示波器,虽不能作定量测量,但可起监控电压之用,这时可根据交流电路欧姆定律 $I = 2\pi fCV$,只要保持电压不变(用示波器监控),测出不同标准电容下的电流值 I,即可作出定标 I-$C_标$ 曲线。然后保持 V 不变,测出未知电容 C_x 的电流值,

在定标曲线上找出相应 I 所对应的电容值,即为所测。

(1) 测量电路图如图 13 所示。

(2) 测量理论公式:

$$V = \frac{I}{2\pi fC}, \quad I = 2\pi fV \cdot C = kC$$

若保持 V 一定,则 I 与 C 成正比关系。

(3) 测量步骤与方法。

① 将 K 拨向"1",在保持电容两端电压不变的条件下测量 4～5 组 (I, C) 数据。

② 在坐标纸上作出 I-C 曲线。

③ 将开关 K 拨向"2",仍在①的 V 值下测得 I' 值。

④ 用 I' 值在 I-C 图线上找得 C_x 值。

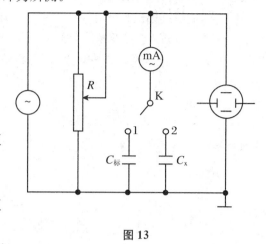

图 13

组装开普勒望远镜,并测其放大倍数

【实验器材】

光具座一套、凸透镜四个、凹透镜一个、光源一台、毛玻璃一块、玻璃米尺一把。

【实验要求】

所组装的望远镜的放大倍数尽可能大。

【参考答案】

(1) 组装开普勒望远镜。

① 选择凸透镜:根据要求应选出焦距最大和焦距最小的两个凸透镜。选择方法:透镜远离光源(物)放置,通过像距的大小来粗略判断,像距大则焦距大,像距小则焦距小,不成实像则为凹透镜。

② 实验装置如图 14 所示。在光具座上置点光源 P,凸透镜 L_1、L_2(焦距最小)和毛玻璃。调好这些器材,使其等高同轴。

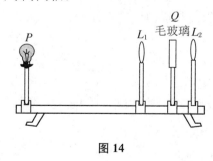

图 14

③ 使光源远离 L_1,移动物镜 L_1,使毛玻璃屏上得到清晰缩小的实像。

④ 移动目镜 L_2,通过 L_2 观察屏上的像,待看到清晰的放大虚像时,移去毛玻璃屏,

再通过 L_2 观察物体,稍微移动 L_2,直到观察到物体清晰而靠近的像。

(2) 测量望远镜的放大倍数。

① 在望远镜前方靠近光源处放一玻璃米尺,观察者在 L_2 的右方直接用眼睛能看清米尺上的刻度。在米尺上画相距为 L_0 的两条粗红线作为实物。

② 调节望远镜(移动目镜、改变目镜与物镜之间的距离),直到从望远镜中看清楚两条粗红线为止。

③ 用一只眼睛通过望远镜看两条粗红线。另一只眼睛从镜外直接注视米尺,此时将看到两条粗红线的像在米尺上,直接从米尺上读出像长 L。

④ 将 L_0 和 L 代入公式 $m_a = \dfrac{L}{L_0}$,算出放大倍数 m_a。

组装一台显微镜,并粗测其放大倍数

【实验器材】

作目镜用的凸透镜一块($f = 3$ cm)、规格不明的透镜四块、光具座一套、米尺一根、被观察的小物体及照明灯一套、坐标纸一张。

【实验要求】

(1) 自选一块物镜,与给定的目镜一起在光具座上组装一台放大倍数最大的显微镜。规定物镜到目镜的距离为 25 cm。

(2) 用装好的显微镜观察小物体。然后将米尺竖立于目镜前方约 25 cm 处,用一只眼睛通过显微镜观察小物体,另一只眼睛直接看米尺。根据观察结果,测出显微镜的放大倍数,并把实验数据记录下来。

(3) 在坐标纸上粗略画出所组装的显微镜成像的实际光路图。

【参考答案】

(1) 选元件:选出焦距最短的凸透镜做物镜。

① 利用远处物体经凸透镜成像,用米尺量出像距,作为粗测的焦距加以比较。

② 通过两块并排在一起的凸透镜观察等大的物体,放大倍数大的焦距短。

(2) 组装:将物镜、目镜、被观察物尽量靠拢,使三者大致共轴,然后将物镜和目镜的间距调成 25 cm 后固定。

(3) 调焦:改变物距进行调焦(不允许改变物镜和目镜的间距),调节到成像清晰。

(4) 测量:把米尺放在目镜前方约 25 cm 处,一只眼睛通过组装的显微镜看小物体,另一只眼睛直接看米尺,即可看到物体的放大像和米尺的刻度重叠在一起。用米尺测出像长 l 和物长 l_0,则放大倍数等于 $\dfrac{l}{l_0}$。

(5) 画光路图。略。

重视实验课中思维能力的培养

舒幼生

物理学是一门以实验为基础的自然学科,其中的重大发现多直接来源于实验或观察,提出的新理论也需经受实验或观察的检验。现代科研中的物理实验常包含着创新性的设计思想,思维在实验中占据着越来越重要的地位。与此相应,在物理实验课中虽然需要首先注重学生动手操作能力的培养,但也不可忽视学生思维能力的培养。对于物理素质好、知识水平高的学生,尤其要强调实验中思维的重要性。国内外竞赛中实验部分一律采用设计性考试的形式,其原因显然与此有关;在大学普通物理实验讲义中,教师常编制一些思考题留给学生在实验课上或课后进行分析,用意也在于此。

勤奋的学生对教师的这种用意有所理解,实验中手、眼、脑并重,精心练习操作,积极观察现象,主动捕捉和思考问题,使自己尽可能地多有所获。我曾间接地"遇到"过一名这样的学生,虽然并未见到过他(或她),也不知其姓名,但留下的印象却很深,至今犹未忘却。

在三十多年以前,或许更早一些时候,一位同事告诉我,上光学实验课时有一名学生在用自准法(平面镜法)测凸透镜的焦距时,发现透镜在两个不同的位置均使物平面上出现清晰的倒立实像,于是出现了一个透镜两个焦距的佯谬。如果这名学生不精心操作,或不积极观察,其中一个相对而言较暗一些的实像便不易被发现;如果这名学生不善于甚至不愿意主动捕捉和思考问题,也许会与个别爱凑合且精于应付的学生一样,干脆用平行光聚集的方法估计出焦距值,然后留下上述"两个焦距"中的相符值,舍弃掉另一不相符的值。那名学生并未这样做,而是用不同的凸透镜重复地进行实验,均观察到相应的两个实像后,又细心地测出对应的两个焦距并总结出其中的"短焦距"值都近似为"长焦距"值的二分之一(可以证明,这是所用凸透镜两个球面半径相同,且玻璃折射率接近1.5的缘故)。在思考之后仍分析不出其中原因,这才请教师帮助解决。最后他终于都明白了,原来这两个实像中有一个是凸透镜的反射像。为验证这一点,可在透镜与平面镜之间插入一块挡板,将通过透镜射向平面镜的光遮住,此像仍然存在。无疑,这名学生通过这一实验所得收获远多于其余学生。

事情已经过去多年,但至今我还常向学生谈及此事,希望他们能像那名学生一样重视实验,重视实验中思维能力的培养。

由于透镜反射成像的计算要用到球面折射成像公式,后者已超出中学物理教学范围和全国中学生物理竞赛考试大纲规定的内容,故不再叙述。有兴趣的读者可查阅《物理教学》1984 年第 8 期《透镜反射成像》一文。

实验的训练问题

国防科技大学 吴 智

学好物理,不但要获得比较深广的理论知识,而且要培养较强的做科学实验的能力。以中学生来说,从入学起就要为此打好扎实的实验基础,这才能适应科学技术不断进步的需要。但从历届竞赛的情况来看,实验成绩总不能令人满意,这其中的原因是很多的。现从实验训练方面的一些问题谈点看法,抛砖引玉,以补不足。

实验训练贵在思想重视。物理学是研究物质运动的一般规律和物质基本结构的科学。物理学本质上是一门实验科学。物理规律的发现和物理理论的建立都必须以严格的物理实验为基础,并受到实验的检验。如经典物理学中开普勒三定律是依据第谷·布拉赫对行星运动所积累的大量观测资料,采纳了哥白尼体系,把圆轨道改为椭圆轨道而得到的。牛顿是在伽利略、开普勒、胡克、惠更斯等人的实验基础上,总结归纳出三条运动定律和万有引力定律,奠定了古典力学的基础。电磁学中,诸如库仑定律、欧姆定律、安培定律、毕奥-萨伐尔定律、法拉第电磁感应定律等都是实验的总结。因此,只有实验事实才是物理学的最高权威;只有实验事实才是人们认识自然、掌握自然规律的途径;也只有实验事实才是形成、发展和检验自然科学理论的实践基础。对刚入门物理学的中学生来说,应该继承前人的丰富经验,从思想上来个大转变,对实验的重要意义的认识来个大飞跃,重视它,学好它,为将来从事科学实验打下良好的扎实基础。只有这样,行动上才会自觉性高,钻研性强,实验课上才会精益求精,孜孜不倦。那种重理论轻实验、重动口轻动手的现象才会得到彻底消除,实验成绩也将会迅速上升。在科技迅猛发展的今天,就能施展才华,大有作为。

实验训练贵在动手实践。实验要在实验室里,经过动手操作,取得数据,得到结果,才算完成。但是,多年来为了突击应付考试,加上实验条件不具备,实验训练在多数情况下只限于黑板上讲、黑板上画、黑板上连线路,一切问题在黑板上解决,不花应有的时间和精力去动手操作实验,以致缺乏应有的基础训练,缺乏系统的实验方法和实验技能的训练。因而在正确理解实验内容,正确运用熟悉的方法和技能解决实验中的问题,正确使用常用仪器,正确记录、分析和处理实验数据,绘制图线,写出合格的实验报告诸方面,都存在着不少问题,这一点应该引起足够的重视。如果长此这样下去,一接触竞赛,或将来接触科技工作,就显得无能为力,无所依从。这种浮光掠影的训练、死记硬背的方法、僵硬守旧的作风不得到彻底改变,要在实验中获得可喜的成绩,那是不可能的。

实验训练贵在基础。就像建房要打好地基一样,地基扎实了,房子建好后就能经得起风吹雨打。实验的基础训练也是这样,一定要苦练基本功。这是成功之道,也是一本万利的工作,这个环节抓好了,在今后学习的道路上,就会顺畅很多。什么是物理实验的基础呢?概括地说就是实验发展的根本或起点。既然是这样,那么当开始接触第一个实验的时候,就要认真地理解,掌握它。现以竞赛中用得最多的卡尺、千分尺、天平为例,谈谈应该掌握好哪些基础知识。

游标卡尺(卡尺)是常用的一种测长工具。它可以用来测量深度、内径和外径。其结构和实物一般都能见到,故不多说。游标卡尺的精度(最小分度值)分为 0.1 mm、0.05 mm、0.02 mm 三种(即 10 分游标、20 分游标、50 分游标)。其读数原理是:游标上 n 个分度的长度与主尺上 $n-1$ 个最小分度的长度相等。如果用 a 表示主尺上最小分度的长度,则游标上每个分度的长度 b 为

$$b = \frac{n-1}{n}a$$

故主尺与游标分度的长度差为

$$\Delta x = a - b = a - \frac{n-1}{n}a = \frac{a}{n}(\text{精度})$$

以 $n=10$ 的游标卡尺为例,主尺上一个分度值为 1 mm,那么游标上 10 个分度的总长等于 9 mm,这样,游标上一个分度是 $\frac{9}{10}$ mm = 0.9 mm,$\Delta x = a - b = 1 - 0.9 = 0.1$ mm。这是由主尺的分度值和游标的分度值之差给出的,因此 Δx 不是估读的,它是游标能读准的最小数值,即为游标的分度值。这种方法叫差示法(差读法)。这在物理实验方法中有普遍意义。当钳口合拢时,游标上的零线与主尺上的零线重合(注意:在使用各种测量仪器时,一般都要注意校准零点或作零点修正)。这时,游标上第一条刻线在主尺第一条刻线的左边 0.1 mm 处,游标上第二条刻线在主尺第二条刻线的左处 0.2 mm 处……依次类推,这就提供了利用游标进行测量的依据。同理,20 分度的游标卡尺的 20 分度的长度与主尺 39 mm 相等,这样它的分度值为

$$\Delta x = \left(2.0 - \frac{39}{20}\right) \text{mm} = 0.05 \text{ mm}$$

即主尺的两格(2 mm)与游标上的一分度相当,而测量方法完全相同。游标卡尺的读数规则为:先读出游标零线前主尺的毫米刻度数,再看游标上第 k 条刻线与主尺某线对齐(或接近对齐),然后用 $k \times \frac{a}{n}$ 数值加上主尺读数,即为所测量的长度。游标卡尺的读数误差产生在游标刻线与主尺刻线对不齐的情况下,即被测物体的长度不是游标卡尺精度 $\frac{a}{n}$ 的整数倍。在这种情况下,就按对得最准的那条刻线来读数。当然,这就存在误差。这个误差一般以游标卡尺精度 $\frac{a}{n}$ 的一半来表示。使用游标卡尺时应注意的是:① 以左手拿待测部件,右手握主尺,用拇指按游标上的凸起部位,或推或拉。② 测量时,待测物体要卡正,卡的松紧要适当。③ 卡尺在使用中要轻拿轻放,严禁磕碰,用完放回盒内,以保持其准确度。

螺旋测微器(千分尺)是比游标卡尺更精密的长度测量仪器,它是利用螺旋旋转推进的原理做成的。它的量程是 25 mm,分度值是 0.01 mm。其结构的主要部分是一个微动螺旋杆,长度是 0.5 mm,螺旋杆是和螺旋柄连着的,在柄上附有沿圆周的刻度(微分筒),共 50 个等分格,当螺旋杆沿轴线方向前进 $\frac{0.5}{50}$ mm(即 0.01 mm)时,螺旋柄上的刻度转过一分格,这就是所谓的机械放大原理。测量物体长度时,应轻轻转动螺旋柄后端的棘轮柄,推动螺旋杆,把待测物体刚好夹住,至听到声响为止。读数时,可以从固定标尺上读出整格数(每格 0.5 mm),0.5 mm 以下的读数则由螺旋柄圆周上的刻度读出,估读到 0.001 mm 这一位上。使用时应注意:① 记录零点读数,并对测量数据作零点修正。螺旋测微计的零点可以调整,方法随种类不同而不同,使用时应看仪器说明书。② 记录零点及测量时,只能旋转棘轮,不得转动微分套筒,以免挤压被测物,而使仪器受损。

物理天平是利用等臂杠杆的原理制成的。按其称衡的精确程度分等级,精确度低的是物理天平,精确度高的是分析天平。不同精度的天平配有不同等级的砝码。各种等级的天平和砝码的允许误差都有规定,可以查看产品说明书或检定证书。物理天平的规格参量有:① 感量:当天平平衡时,为使天平指针在标尺上偏转一个分度而在秤盘上所加的质量,称为天平的感量,感量越小,天平的灵敏度越高,所以天平的灵敏度是天平感量的倒数。② 最大称量:指天平允许称衡的最大质量。物理天平使用的规则是:① 称衡的质量不得超过该天平的最大称量,以免损坏刀口或使横梁变形。② 在取、放物体和砝码,移动游码、调平衡螺丝使天平平衡时,一律将天平止动,使中间刀口与刀承分离,以免刀口受损。③ 左手要始终把住制动旋钮,控制启动和止动,在此过程中,动作要轻缓。④ 不得用手去拿砝码,应用镊子去夹。砝码从秤盘取出后,应放回盒内,以免受损或丢失。⑤ 天平的各部分及砝码都要防锈、防腐蚀,因此,高温物体、液体及带腐蚀性的化学药品不得直接放在秤盘内称衡。物理天平的调整方法是:① 调节水平螺丝,使支柱铅直,也就是使铅垂尖端和底座上的准钉对准。有的天平是利用底座上的水准泡来检查平衡的。② 调整零点。首先把游码拨到刻度"0"处,将秤盘吊钩分别挂在横梁两端的刀口上,起动天平,观察指针是否做等幅摆动,否则,应调节平衡螺母,使天平达到平衡。③ 秤衡。将待测物体放在左盘内,砝码放在右盘内,进行秤衡。④ 每次秤衡完毕,立即止动天平,并将两边挂钩摘离刀口。

从以上所谈来看,如果都能这样打好基础,在竞赛中,该得的分就能得到,也就能达到"功在一旦,利在千秋"了。

实验训练贵在理论与实践结合。在竞赛中,学生要自行设计和选择恰当的实验方法,正确地选用和组装仪器进行实验,而后得出正确的结论。这些设计与选择都要有理论根据。要用理论指导实践,再用实验丰富理论。对于实验中观察到的比较复杂的物理现象,要善于用理论分析其产生原因,得出正确结论,再指导自己的实践。实验中,遇到的难点或产生的错误也要用理论知识去分析解决,不断修正方案而达到实验目的。实验中所取得的数据,是偏大或偏小,是正确或错误,都要用理论分析研究,不断改进设计并减小由于操作不慎而带来的偏差,以使自己的实验近似精确。实验的设计与操作应是细致的,实验的进程应是严谨的,通过训练,从开始就养成善于分析、勤于动脑、理论与实践密切结合的作风,在学习的征途上,就会无往而不胜。

实验的训练贵在实验方法的掌握。在光辉的物理学史中,人们不单看到物理学家的丰功伟绩,而且透过这些科学业绩,看到他们创造的科学研究方法,其中也包括内容丰富的实验方法。事业的成败,成果的取得,往往决定于方法。正如法国科学家贝尔纳所说:"良好的方法能使我们更好地发挥运用天赋的才能,而拙劣的方法则可能阻碍才能的发挥。"由此可见实验方法的重要性。

物理实验方法对科学研究的作用是巨大的。下面就竞赛中涉及的若干物理实验方法问题谈几点看法。

力学、热学实验按照实验内容可分为物理量测量和基本物理规律验证两大类。而长度、质量、时间、温度这四个基本物理量的测量是力学、热学实验的基础。一般来说,实验中需要测量的也就是这四个量。随着被测量的数量级和要求精度不同,测量的方法各异。以长度为例,可以用直尺、游标卡尺、螺旋测微器等进行接触式测量,也可以用测高仪、读数显微镜、光杠杆等进行非接触式测量。力学实验中的长度测量,除物体几何尺寸、某两点间距离外,还包括微小长度变化量(被测物被拉或压,受热或冷后的变化量)的测量。质量用物理天平或分析天平进行测量。时间可用秒表、光电门及毫秒计、火花放电法等仪器和方法来测量。温度可用各种温度计、热电偶等测量仪器来测定。

力学、热学实验对各种物理量的测量,有时是直接测量其数值,有时还要先直接测出某一物理量,而后通过公式间接求出待定量,这就是间接测量方法。常测的量有速度、加速度、重力加速度、金属的杨氏弹性模量、物质密度、黏滞系数、物质的比热容、冰的熔解热等。这部分实验的内容非常丰富,因此各物理量的测量可用若干种方法进行。如重力加速度可用自由落体、单摆、圆锥摆等多种方法测量。即使同为落体法,又因所用公式$\left(g=\dfrac{v-v_0}{t};g=\dfrac{2h}{t^2};g=\dfrac{v^2-v_0^2}{2h}\right)$的不同而会有不同。密度测量实验随被测物体为固体、液体、气体状态的不同而有不同的方法。同属固体物质而又因其形状是否规则、是否与液体(一般是水)浸润及密度数值大于或小于1有不同的测量方法。常用的密度测量方法有直接测体积及质量法、静力称衡法、密度秤法、比重瓶或比重计法等。对每种方法,学生必须自己动手去实践、摸索与总结,成为自己学习上的收获。这是成功之道,也是一本万利的工作,不可忽视。

电磁学实验的测量方法可分为两大类:直读测量法和比较测量法。直读测量法是根据一个或数个仪表的读数来判断被测量的大小。其最简单例子是用一个仪表来测量某一电学量,如电流强度、电压、电阻等。直读测量法还有间接决定被测量大小的形式。这些仪表所测的量与被测量的关系可以用物理定律来表示。例如,根据电流和电压的大小可以计算出直流电路的电功率或电阻的大小。直读测量法用得极其普遍,这种方法广泛应用于测量结果不要求十分准确的各种场合,也是竞赛中用得最多的方法。

比较测量法也有直接和间接两种。被测量直接与同类标准器相比较的方法就是直接比较测量法,如某一电阻与标准电阻相比较。间接比较测量法是利用某一定律的关系来进行测量的,如要测量电流强度的大小,可用比较法测出标准电阻上的电压,通过欧姆定律便可算出被测电流强度的大小。比较测量法由于使被测量与标准器直接或间接进行比较,其测量的准确度可以达到很高。比较测量法可分为三种:指零测量法、差值测量法、符合测量法。指零测量法要用校量仪器,被测量用这种仪器直接与标准器做比较,或者通过与标准器的已知电学量做比较来确定被测量的大小。测量准确度很高是指零测量方法的特点。这种方法中校量仪器用得最多的有平衡电桥和完全补偿的补偿器。电桥和补偿器既可用于直流电路,也可用于交流电路。差值测量法也要用校量仪器,被测量通过这种仪器直接或间接地与标准器或已知大小的量相比较,不过,被测量的大小是根据这些量同时产生的效应互相比较所得到的差值来判断的。因此,在差值测量法里被测量并未被完全平衡,这是与指零法不同之处。差值测量法实质上是直读测量法的部分特征和指零测量法的部分特征的结合。只要两个互相比较的量差不多,这种测量方法的结果是相当准确的。差值测量法所用的校量仪器有非平衡电桥、不完全补偿的补偿器以及某些用来校准的测量用的互感器等。符合测量法是根据被测量和已知量的标记或信号的互相符合来判断的。这种方法广泛用于非电量测量的实验中。游标就是符合测量法的例子。在电学实验中,符合法主要用于交流频率的测量等。

下面从直流电路中常用的测量方法伏安法起,谈谈掌握此类实验方法的重要性。

伏安法是用电表直接测量电压和电流的数值,然后根据欧姆定律计算电阻的方法,实验电路可采用两种不同的组成方式,如图1所示。

图1(a)为电流表内接法。当待测电阻 R_x 较大,且 $R_x \gg R_{gA}$(电流表内阻)时,采用此法进行测量。

图1(b)为电流表外接法。当待测电阻 R_x 较小,且 $R_x \ll R_{gV}$(电压表内阻)时,采用此法进行测量。

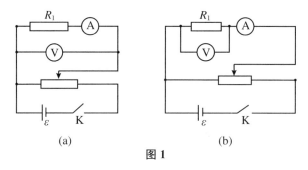

图1

伏安法主要用于测量电阻,尤其适用于测量非线性电阻(如二极管)的伏安特性。此法原理简单,操作方便,但误差较大,其主要来源于电表的内阻。

测电阻可分为测导体的电阻、电表的内阻以及电源的内阻。在具体测量时,伏安法又可分为以下几种测量方法。

(1) 半偏法。

主要用于测电表内阻。测量原理是利用电表的满偏电流与半偏电流之间的关系,求出电表内阻 R_g(伏特表也是如此)。其测量电路主要有两种形式。

① 第一种形式：电路如图 2(a)所示。

实验原理：在电阻箱上取一合适的阻值 R_1，恰使电流表 A 达到满刻度，记下电流 I_1。然后再增加电阻箱的电阻值达到 R_2 时，使 A 的示数达到满刻度的一半，即 $I_2 = \frac{1}{2} I_1$。

根据闭合电路欧姆定律，由两次的实验数据可得

$$\varepsilon = I_1 r + I_1(R_g + R_1)$$
$$\varepsilon = I_2 r + I_2(R_g + R_2)$$
$$I_2 = \frac{1}{2} I_1$$

解上述方程式可得

$$R_g = R_2 - 2R_1 - r$$

如果电源的内阻可以忽略，则

$$R_g = R_2 - 2R_1$$

② 第二种形式：电路如图 2(b)所示。

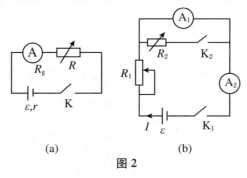

图 2

实验原理：采用恒流半偏法，即整个测量过程保持回路电流 I 不变，以消除 R_2 并联后对回路电流的影响。

实验步骤：闭合 K_1，断开 K_2，调节滑线变阻器 R_1 的阻值，使电流表 A_1 的指针在满刻度位置，并记下电流表 A_2 的读数 I；再闭合 K_2，调节电阻箱 R_2 的阻值，使 A_1 的指针在满刻度一半的位置，此时 A_2 的指针偏离原来示数；然后反复调节 R_1 和 R_2，使得 A_2 的示数仍为 I，同时又使 A_1 的指针在满刻度一半的位置，记下电阻箱 R_2 的阻值，即为电表 A_1 的内阻。

这种测量方法的误差比第一种小，主要是内阻的计算与电源的电动势、内阻以及滑线变阻器 R_1 的阻值无关。上述电路如果未接 A_2 表也可进行测量，此时仍为 $R_g = R_2$，这种方法只有在满足 $R_1 \geqslant 100 R_g$ 时才有较小的测量误差。

(2) 作图法。

此法通过实验所得数据，用作图方法得到被测的量。此方法可用于测量导体电阻、电表的内阻和电池的电动势及内阻。

① 测电表的内阻（包括电流表和电压表）。实验电路如图 3 所示。

实验原理：根据闭合电路欧姆定律，有

$$I = \frac{\varepsilon}{R + R_g + r}$$

式中 r 为电源的内阻，可以忽略，故

$$V = IR_g = \frac{\varepsilon}{R + R_g} \cdot R_g$$

$$\frac{1}{V} = \frac{1}{R_g \varepsilon} R + \frac{1}{\varepsilon}$$

根据上面的公式，以 $\frac{1}{V}$ 为纵坐标，R 为横坐标，可以作出 $\frac{1}{V}$-R 关系曲线，如图 4 所示，实验曲线与 R 轴的截距即为 R_g。

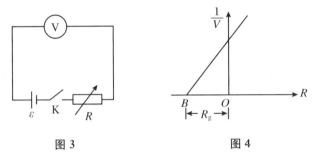

图 3　　　　　图 4

实验步骤：改变电阻箱的阻值 R，可测得一组 R 和 V 的数据，这样，共测得五组以上的 R 和 V 的实验数据。作 $\frac{1}{V}$-R 关系图线，与 R 轴的截距即为 R_g。

电流表内阻的测量方法也一样，作 $\frac{1}{I}$-R 关系图，与 R 轴的截距即为电流表的内阻。

② 测电池的电动势和内阻。实验电路如图 5 所示。

实验原理：根据闭合电路欧姆定律，有

$$\varepsilon = V + Ir$$

以 V 为纵坐标，I 为横坐标，作出 V-I 关系图，如图 6 所示，与 V 轴交点即为 ε，与 I 轴的交点即为 $\frac{\varepsilon}{r}$，则

$$\tan\alpha = \frac{\varepsilon}{\frac{\varepsilon}{r}} = r$$

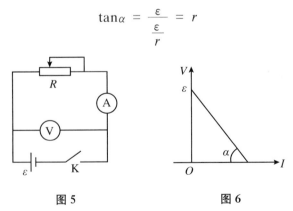

图 5　　　　　图 6

实验步骤：改变 R 的阻值，测得一组 (I, V)，共测五组以上的 I、V 实验数据，作出

V-I 关系图如图 6 所示。从图上即可求得 ε、r。

(3) 替代法。

此法主要用于测晶体二极管在给定电流条件下的正向电阻,也可测导体电阻和其他非线性电阻。其实验电路如图 7 所示,R 为标准电阻(也可用电阻箱)。测量时,开关 K 掷向 1,调节 R_0,使电流表的示数达到某一要求的电流值,然后开关 K 掷向 2,调标准电阻,使电流表的示数仍为原来的电流值。R 值就是二极管在某电流下的正向电阻。

(4) 比较法。

主要用于测电阻。实验电路如图 8 所示。

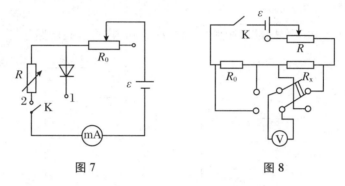

图 7　　　　　图 8

实验原理:用电压表 V 分别测出未知电阻 R_x 和标准电阻 R_0(也可用电阻箱代替)上的电压,利用串联电路电流强度相等,求出未知电阻,即

$$I = \frac{V_0}{R_0} = \frac{V_x}{R_x} \qquad R_x = \frac{V_x}{V_0}R_0$$

如果将电压表改为微安表,此实验也可做,即将微安表作电压表用,与被测电阻并联(相当于将微安表改装成电压表)。应该注意的是,电源 ε 一定不能超过微安表的量程,可调节 R 使回路电流最小,也可将 R 接成分压电路。此时测得电流 I_0、I_x,则为

$$V_0 = I_0 R_g, \quad V_x = I_x R_g$$

$$R_x = \frac{V_x}{V_0}R_0 = \frac{I_x R_g}{I_0 R_g} \cdot R_0 = \frac{I_x}{I_0}R_0$$

R_g 为微安表的内阻。

(5) 解析法。

此法多用于测电源的电动势和电源内阻。

实验原理:用电压表、电流表分别测出电流和电压,然后根据闭合电路欧姆定律算出电动势和内阻。

具体测量方法有三种形式:

① 利用伏特表、安培表测电源电动势 ε 和内阻 r,实验电路如图 9 所示。

测量时,两次改变滑线变阻器 R 的阻值,读出 I_1、V_1 和 I_2、V_2,根据闭合电路欧姆定律得

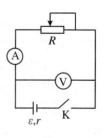

图 9

$$\varepsilon = V_1 + I_1 r$$
$$\varepsilon = V_2 + I_2 r$$

求解后即可得出 ε、r。

② 利用电流表和两个标准电阻测电源电动势 ε 和内阻 r，实验电路如图 10 所示。

测量时，令开关 K_1、开关 K_2 分别接通 1 和 2，电流表 A 的示数分别为 I_1、I_2，根据闭合电路欧姆定律有

$$\varepsilon = I_1 R_1 + I_1 r$$
$$\varepsilon = I_2 R_2 + I_2 r$$

方程求解后得出 ε、r。

③ 利用伏特表和两个标准电阻测电源电动势和内阻，实验电路如图 11 所示。

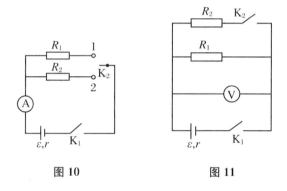

图 10　　　　　图 11

测量时，断开 K_2，合上 K_1，记下伏特表读数 V_1，再合 K_2，记下伏特表读数 V_2，根据闭合电路欧姆定律有

$$\varepsilon = V_1 + \left(\frac{V_1}{R_g} + \frac{V_1}{R_1}\right)r$$
$$\varepsilon = V_2 + \left(\frac{V_2}{R_g} + \frac{V_2}{R_2} + \frac{V_2}{R_1}\right)r$$

求解上述方程，即可求出 ε、r。

上述三种方法的误差来源于电表的内阻，适当选择电表内阻和标准电阻大小，可减小测量误差。

总之，物理实验方法是打开实验中各类问题的钥匙，也是提高能力的重要途径，更是学生的一种基本功。

实验训练贵在规范。实验要通过仪器的组合来完成，因此在实验中要取得较为理想的数据，就要求能正确选择、调试和使用仪器。仪器的操作一定要规范，也就是要严格按操作规程正确操作仪器。竞赛中，学生失分最多的地方就在于操作不规范，这一点值得注意。为使实验进行顺利，且能达到理想效果，实验的规范操作尤为重要。规范训练对学生的要求是：明确题意，注意条件，构思方案（或画出线路图），连接线路，操作仪器，记录数据，处理数据，误差分析。切忌在不明确题意的情况下，简单勾画一个方案就开始操作；或者是在题意明确，方案落实的情况下，操作马虎，随便凑几组数据，以敷衍塞责。这种过失，小则影响一个实验的成败，一分也得不到；大则影响一项成果的取得，功亏一篑。

训练中如不对操作规范进行严格要求,以致习惯养成,危害将会极大。实验中,仪器的布置同样要规范。仪器布置不当,不仅实验时不顺手,而且调试和读数时也带来很多不便,连接和检查线路也很困难,容易出现差错。因此,仪器的布置要便于读数、调试,易于检查。训练中,对操作规范化应提出严格的要求,促使学生养成良好的作风,将来他们无论在什么情况下都不会有"越轨"的操作。

数据处理贵在设计好表格。表格是学生数据处理的依据,列表是较快完成实验的最好方法,也是提高学生思维综合能力的途径。实验时,要按实验要求将所测的数据填在自己设计的表格内。一般来说,表格的设计单项测量如表1,然后根据要求再增减,也可把计算的某些中间项列在表内。

表1

已知量:1._____ 2._____ 3._____ 4._____
仪器:_____ 规格:_____ 编号:_____ 室温:_____ 压强:_____ 湿度:_____

被测量	次 数	测出的数据(单位)	平均值	结果
	1			
	2			
	3			
	4			
	5			
求解				

列表可简单而明确地表示各物理量间的对应关系,便于较快地检查实验结果,及时发现和分析问题,较快地修正错误。同时列表可以提高处理数据的效率,减少和避免错误,对有效数字可随时进行查对,避免重复。列表还有利于计算和分析误差,便于进行必要的查实处理。在训练时抓好这一环节,可使实验测量进行得有条不紊,井然有序。

实验训练的方法有多种多样,训练的途径也未必相同,但着眼于基础,狠抓训练中的基本功,并注重实验方法与实验技能的培养,严格要求,学生的实验水平肯定能上一个新台阶,成绩也必然会逐步提高。

测定性实验的设计

北京四中　刘彬生

中学生平时做的基础实验和竞赛中的实验题大体分为三种类型,即测定性实验、验证或探索性实验、制作性实验。测定性实验最多,在第1～9届全国中学生物理竞赛决赛的实验试题中约占十分之九。测定性实验的特点是以间接地得到某个物理量的值或检测出未知元件的属性为目的,需要通过综合性的测量操作和数据处理来达到。

基础实验大都对实验原理、方法、步骤等提供了详尽的指导,但竞赛题只提出课题,要求竞赛选手自行设计实验方案。这对于考查运用理论知识解决实际问题的能力和全面的物理素质是非常必要的,因此中学生在学习过程中要多做设计性实验。

设计的方案应包括实验原理、实验方法、测量方法、实验条件、实验步骤和处理数据等方法,这些是密切相关的,应当统筹规划。竞赛题常设置一些障碍或特殊情况,使得难以用常规的方法完成测定,需要竞赛选手思路开阔灵活,想出巧妙对策。本文将说明测定性实验的设计方法和要点,举的例子大部分可用中学配备的仪器完成,建议读者做一下以加深理解。

1. 确定实验原理

要求在给定的器材条件下,建立题目要求测的物理量与可测的若干个量的关系。要注意以下几方面:

(1) 同一个量可以依据不同的原理测量。这要求有丰富的理论知识,在不同的条件下灵活运用。

例1 测一根螺旋弹簧的劲度系数 k。

解 （ⅰ）使用的器材为铁架、米尺、砝码组,要依据胡克定律 $F=kx$,将弹簧竖直悬挂,用静力拉伸法测量。如果提供了朱利氏秤(见315、316页),就用它代替铁架和米尺,借助它的游标装置和镜尺,更准确地测量弹簧的伸长 x。

（ⅱ）使用的器材为铁架、秒表、砝码组,应组成竖直的弹簧振子系统,使它做简谐振动,依据周期公式 $T=2\pi\sqrt{\dfrac{m}{k}}$ 测量。

例2 测一个电容器的电容 C。

解 （ⅰ）被测的是 $10^2\sim10^3$ μF 的大容量电解电容器,使用的器材为电池组、秒表、微安表或伏特表、电阻箱。应组成 RC 回路,依据电容放电这个暂态过程的规律测量,即

利用电流 i 的衰减公式 $i = i_0 e^{-\frac{t}{RC}}$ 或电容器两极间电压 u 的衰减公式 $u = u_0 e^{-\frac{t}{RC}}$，式中 i_0、u_0 为初始值，i、u 为 t 时刻的值，R 为放电回路中的电阻。

（ii）被测的是 $10^{-1} \sim 1\ \mu\text{F}$ 的中等容量无极性电容器，使用的器材为正弦信号源、示波器、电阻箱。应依据交流电路中的容抗公式 $X_C = \dfrac{1}{2\pi fC}$ 测量，电路如图 1 所示。选择合适的频率 f，可将 C 视为纯电容。已知 R 值，用示波器作为电压表测出 U_C 和 U_R，可算出 X_C，再求出 C。

（iii）被测的是 $10^{-3} \sim 10^{-2}\ \mu\text{F}$ 的小容量无极性电容器，使用的器材为正弦信号源、合适的标准电感线圈 L、定值电阻 R、晶体管电压表。可以组成 LC 串联回路，如图 2 所示，依据串联谐振时回路阻抗最小、电流最大的特点和谐振频率的公式 $f = \dfrac{1}{2\pi\sqrt{LC}}$ 测量。改变信号频率 f 并使电压 U 恒定，当电压 U_R 最大时达到谐振。

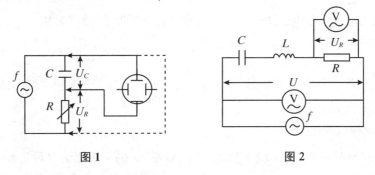

图 1　　　　　　　　　图 2

（2）物理规律有一定的适用条件，不可将实际装置随意理想化。

如例 1 的实验中常用的弹簧的质量比振子（砝码）小不了多少，不能忽略弹簧的质量，因此周期公式中应取振子的质量 m 与弹簧的等效质量 m_0 之和，详见 316 页。

（3）如果必须测量某个物理量但未提供测量它的成品仪器或系统，就需要用给定的器材自行组装。能看出这种隐藏的条件，方可确定实验原理。要组装的往往是巧妙变形的某种系统，但它的设计思想和基本工作原理是不变的。

例 3　测图 3(a) 所示的电路中未知电阻 R_x 的阻值，标准电阻 R_s 为已知。提供的其他器材为：干电池三节、电阻箱两个、检流计、电位器（4.7 kΩ）、单刀开关两个、双刀双掷开关、按键开关。

解　设想分别测 R_x 和 R_s 两端的电压 U_x 和 U_s，用比较法算出 R_x。要准确地测电压，需自组电势差计，用电压补偿法进行，设计的电路如图 3(b) 所示，虚线框内为电势差计，电源 E_2 与电阻箱 R_1、R_2 组成电势差计的工作回路，电位器 R_3 用来保护检流计 G，K_4 为按键。接通 K_1、K_2 后，先将双刀双掷开关 K_3 接 1、2 点测 U_s，调节 R_1 和 R_2，使 G 示零，记下 R_2 值为 R'；再将 K_3 改接 3、4 点测 U_x，仍调节 R_1 和 R_2，使 G 示零，但必须保持 R_1 与 R_2 阻值之和不变，使工作回路中的电流 I_2 恒定，记下此时 R_2 值为 R''。于是有 $\dfrac{R_x}{R_s} = \dfrac{R''}{R'}$，据此可算出 R_x。原理上的两个要点是：必须令 $E_2 > E_1$，否则可能无法通过调节使 G 示零,即达不到补偿的目的,因此电源 E_1 取一节电池,E_2 取两节电池;必须使 I_2 恒定,否则 $\dfrac{U_x}{U_s} \neq \dfrac{R''}{R'}$。

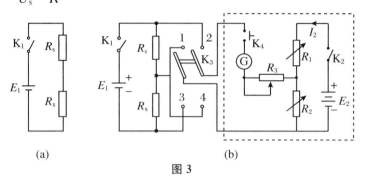

图 3

2. 确定实验方法

实验方法是依据实验原理确定的,它体现了许多重要的物理思想。下面介绍一些在各种实验中通用的方法。

（1）转换法。

这种方法是将不易测准的量转换为与它相关的可以用较精密的仪器或较好的方法测准的另一种物理量。

例4 测橡胶的密度 ρ。

解 如果样品体积较小、形状不规则,它的质量 m 仍不难用天平称得相当准确,但体积 V 就不易测量了。若将它浸没到量筒内的水中,观察水面的升高,变化量必很小,加之量筒刻度粗略,人观测水面位置误差大,得到的 V 值不佳,一般只得到两位有效数字。改用精密仪器天平去测样品在水中受的浮力,再由浮力算出体积值,肯定能增加一位有效数字。实验方法如图 4 所示。将测量体积转换为测量质量差 $m - m_1$,结果为 $\rho = \dfrac{m}{m - m_1}\rho_\text{水}$。如果样品较大,还可用图 5 所示的方法,将一支米尺悬挂成为杠杆,悬点 O 在其重心之上,保持样品的力臂 a 恒定,在样品浸入水中前后,用同一石子分别取力臂 b_1

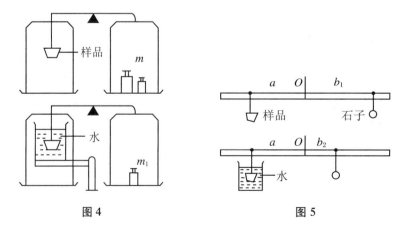

图 4   图 5

和 b_2 使米尺水平平衡，则 $\rho = \dfrac{b_1}{b_1 - b_2}\rho_{水}$。这样又转换为测量力臂 b_1、b_2 了。

(2) 推理法。

这种方法是指遇到从理论上讲或受条件所限不能直接测量的某个量，则去测一些相关的可测量，然后遵循它们之间的物理规律进行推理性的数学处理，从而得到前者。

例5 滑块 H 在气垫导轨上做匀加速运动，测量它的前端经过光电门 A 时的瞬时速度 v_A，如图6(a)所示。

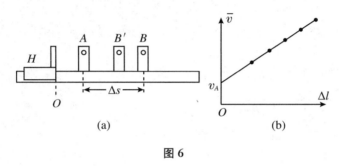

图6

解 设它在 A 点后的一段时间 Δt 内位移为 Δs，相应的平均速度 $\bar{v} = \dfrac{\Delta s}{\Delta t}$。依据瞬时速度的定义，当 Δt 趋近于零时，平均速度 $\bar{v}$ 的极限值就等于瞬时速度 v_A。实验中无法做到 Δt 趋近于零，而是固定光电门 A，将另一个光电门 B 逐次向 A 靠近，测出若干个越来越短的 Δt 内的 $\bar{v}$，依据实验数据画出 $\bar{v}$-Δt 图线，可以证明对于匀变速运动，此图线为一条直线，将图线向数据区外延伸到坐标上 $\Delta t = 0$ 处，对应的 $\bar{v}$ 值就等于 v_A，如图6(b)所示。这是用图线推理得到不能直接测量的结果。

(3) 模拟法。

这是用一种易于测量的物理过程或系统代替另一种难以测的量，条件是这两种过程或现象有相似的规律。

例6 定性测绘带电导体周围静电场中电势的分布状况。

解 从理论上讲可以用检验电荷放在电场中各点检测，但实际上检验电荷及与它连接的测量仪器会导致原电场改变，使测量结果失真。所以通常用均匀导电纸中的稳定电流场来模拟静电场中某一特定平面空间内的状况，如图7所示，在导电纸 Z 上放圆柱形铜电极 A、B，检流计 G 接两个探针 P_1、P_2，探测出纸上若干组等势点(以 G 示零判定)，据以绘制等势线。此结果与两根平行的带等量异号电荷的圆柱形导体周围与它们的轴线垂直的平面内的静电场形状十分相似(严格地说，两者有区别，因为电势按标量叠加，场强按矢量叠加)。

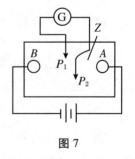

图7

（4）回避法。

有些量在理论上与待测量相关，不能忽略，但不好测量，就采用某种数学方法避开它。一种是列两个方程相减，将要回避的量消去；另一种是画一次函数图线，将待测量与要回避的量分别放在斜率和截距中。

例 7　用不规则重物做锤组成单摆测重力加速度。使用的测量工具为秒表和米尺。

解　重物的重心 C 的位置难以测定，使实验者无法得到摆长值。采用图 8 所示的方法，在线上分别取 A、B 点为悬点，测出各自的振动周期 T_1、T_2，不测摆长 l_1、l_2，而测两者之差 Δl。列出 $T_1^2 = \dfrac{4\pi^2 l_1}{g}$ 和 $T_2^2 = \dfrac{4\pi^2 l_2}{g}$，两式相减得到 $g = \dfrac{4\pi^2(l_1 - l_2)}{T_1^2 - T_2^2}$，即 $g = \dfrac{4\pi^2 \Delta l}{T_1^2 - T_2^2}$，因此 g 值可测得。

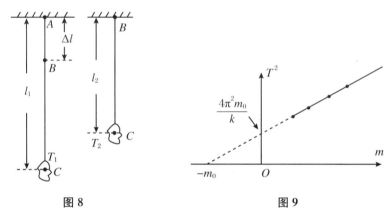

图 8　　　　　　　图 9

例 8　例 1 中的弹簧振子周期 $T = 2\pi\sqrt{\dfrac{m + m_0}{k}}$，但弹簧在振动中的等效质量不能直接测量。将上式改写为 $T^2 = \dfrac{4\pi^2}{k}m + \dfrac{4\pi^2}{k}m_0$，$k$ 与 m_0 为恒量，所以 $T^2\text{-}m$ 图线的斜率 $C = \dfrac{4\pi^2}{k}$，而 m_0 放在了截距中，如图 9 所示。实验时，改变弹簧下所挂砝码的质量 m 若干次，测对应的 T 值，画图线求斜率即可算出 k 值，回避了测量 m_0。

（5）补偿法。

这种方法是指当测量受到某种不可避免的有固定倾向的干扰时，有意识地施加相反且大小相等的影响去抵消它。此法在力学、热学和电学实验中都有应用。

例 9　用电热法测煤油的比热。

解　量热器内外的热交换不能绝对避免，所以让煤油的初温 T_0 比外界环境温度 Q 低 5～6 ℃，末温 T 比 Q 高 5～6 ℃，这样使被测量的系统在温度低于 Q 的前一段时间内从外界吸收一定的热量，就可以大致抵消它在温度高于 Q 的后一段时间内向外界放出的热量，从而可以较好地满足将系统看作孤立、绝热的条件。

设计实验方法时，还要使直接测量的量尽量少，这样有利于减少误差的合成。图 5

所示的实验方案中使样品的力臂 a 保持不变正是出于这种考虑,否则还需测出 a_1、a_2 两个值,则计算样品密度的公式变为 $\rho = \dfrac{a_2 b_1}{a_2 b_1 - a_1 b_2}\rho_{水}$,于是测量 a_1、a_2 的误差也对 ρ 值产生影响,使 ρ 的误差增大。

3. 选择测量方法

测量方法是指对某个物理量的具体测定方法,是实现实验方法的手段。选择实验方法的要求是:可行、简洁、准确度高。下面介绍一些常用的典型方法。

(1) 比较法。

就是将待测量与标准量进行比较,这体现了测量的基本思想。

① 直接比较法。

将待测物与标准器或量具进行比较,直接读出结果。比如将物体长度与尺上刻度比较,将物体的质量与砝码的质量比较(在天平上),将物体的电阻与标准电阻比较(在惠斯通电桥上)等。

例 10 用伏安法测电阻 R_x,要求避免伏特表分流造成的系统误差。

解 测量电路如图 10 所示。当毫安表取某一恒定示值时,调节变阻器 R_1、R_2,使当 K_3 接通时检流计 G 恰好示零,则此时电压 U_{cd} 与 U_{ab} 平衡,由伏特表读出 U_{cd} 即得到 R_x 两端电压 U_{ab}。伏特表工作所需的电流由辅助电源 E_2 供给,不从测 R_x 的电路中分流,则毫安表显示的仅是 R_x 中的电流 I。此法是将待测的 U_{ab} 与标准值 U_{cd} 比较,用检流计作平衡指示。如果从 aK_3cdba 回路看,平衡时 U_{cd} 与 U_{ab} 大小相等、方向相反,恰好"抵消"或"补偿",所以称为补偿法测电压。

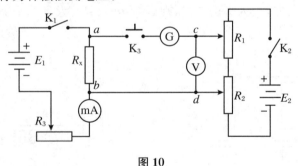

图 10

② 间接比较法。

这是利用函数关系,将待测量与标准量都转化为对应的两个相关量去比较的方法。此法在设计实验时用得很普遍,如图 2 所示的实验,依据 $U_C = IX_C$ 与 $U_R = IR$ 两个关系,在 I 相同的条件下将 X_C 与 R 之比转化为 U_C 与 U_R 之比,用示波器作电压比较。又如测某种液体的密度 ρ_x,可用图 4 所示的装置,再增加一步操作:将同一样品浸没到待测液体中并使天平平衡,此时所用砝码的质量为 m_2。以 $\rho_{水}$ 为标准,将 ρ_x 与 $\rho_{水}$ 之比转化为两次浮力之比,得到 $\rho_x = \dfrac{m - m_2}{m - m_1}\rho_{水}$。

例 11 用简易的滑线电势差计测电池的电动势 E_x。

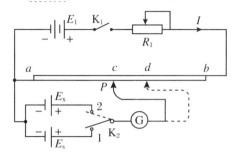

图 11

解 电路如图 11 所示,ab 为一根固定在刻度尺上的均匀电阻线,称为滑线,标准电池的电动势 $E_s = 1.018\,6\ \text{V}$。先接通开关 K_1,调节变阻器 R_1,使电源 E_1、R_1 和滑线组成的工作回路中有合适且恒定的工作电流 I。然后将单刀双掷开关 K_2 接通 1 点,沿滑线移动触头 P,到 c 点时检流计 G 恰好示零,读出 ac 的长度 l_1。改将 K_2 接通 2 点,再移触头到 d 点时检流计又恰好示零,读出 ad 的长度 l_2。则 $E_x = \dfrac{l_2}{l_1} E_s$。这种测量方法的原理是在 I 恒定的条件下,将电动势 E_x 与 E_s 之比转化为滑线上两段电阻 R_{ad} 与 R_{ac} 之比,再在滑线横截面积均匀的条件下,转化为长度 l_2 与 l_1 之比进行测量。

(2) 代替法。

这是指在同一个检测系统中用标准器代替被测物,使两者产生相等的效果,则待测量等于标准量。其实这也是一种比较法——等效比较,但代替法的优点是能避免因测量系统的构造不良或方法不善而造成的系统误差,且无须计算就能得到结果。

例 12 在天平上用代替法测物体的质量 M。

解 方法如图 12 所示,先用细砂 C 与物体平衡,再保持细砂质量不变,取下物体,以砝码(质量为 m)代替它,使天平仍平衡,则必有 $m = M$。天平的不等臂($l_1 \neq l_2$)并不影响上述等效关系。

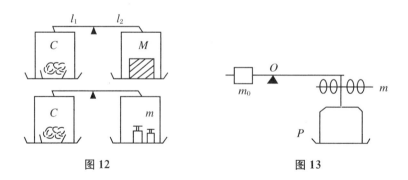

图 12　　　　　　　　图 13

有一种单盘减码式天平也是用代替法进行称量的。如图 13 所示,横梁右臂除悬挂吊盘 P 外还悬挂水平架,架上挂有制成圆环形的全部砝码 m,左臂安装平衡物 m_0 使它平衡。使用时将物体放入吊盘中,旋转天平罩外的旋钮,通过凸轮、杠杆装置(图中未画出)将某些砝码提起并脱离水平架,使天平恢复平衡,则所去掉的砝码总质量必等于被称物体的质量。这种使天平保持恒定载荷的代替法的优点是称量质量不同的物体时天平的灵敏度都相同。

例 13 测微安表的内阻 R_g。

解 电路如图 14 所示,μA_1 为待测微安表,用另一只微安表 μA_2 检测代替的等效性。先将开关 K_2 接 1 点,调节变阻器 R_1 和 R_2,使 μA_2 有一较大的示数 I_0,此时 μA_1 的示数应不超出其量程。保持 R_1 和 R_2 的状态不变,改将 K_2 接 2 点,调节电阻箱 R_0,使 μA_2 示数恢复为 I_0,则此时电阻箱的阻值 R_0 必等于 R_g。

(3) 交换法。

这是一种对称测量方法,目的是修正测量仪器结构不良造成的系统误差。如使用天平时,将被测物放在左盘和右盘中各称一次,与之平衡的砝码的质量分别为 m_1 和 m_2。不等臂误差将使 m_1、m_2 都不等于物体的质量 M,用公式 $M = \sqrt{m_1 m_2}$ 计算可修正上述误差而得到正确的 M 值。又如测薄凸透镜的焦距 f 的共轭法也是,两次成像的物距与像距互换,用公式 $f = \dfrac{L^2 - d^2}{4L}$ 计算 f,就修正了由于透镜光心与支持它的滑块侧面的标志线存在轴向偏移而造成的系统误差,如图 15 所示。

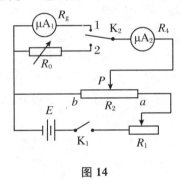

图 14

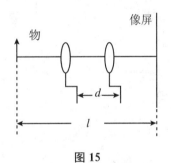

图 15

例 14 用自组的等臂惠斯通电桥测电阻 R_x。

解 电路如图 16 所示,R_1、R_2 为标称值相等的定值电阻,调节电阻箱 R_0,使检流计 G 示零。理论上此时应有 $R_x = R_0$,但实际上 R_1 和 R_2 不可能绝对相等,也就是电桥存在不等臂误差,必导致 $R_x \neq R_0$。修正这种误差也用交换法,将 R_1 与 R_2(或 R_x 与 R_0)在电桥中的位置交换,再使电桥平衡一次,取两次电阻箱示数的几何平均值作为 R_x。

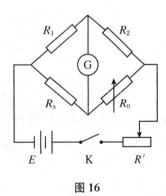

图 16

(4) 放大法。

在被测量很微小且测量仪器的精密度不够时采用此方法。

① 累积法。

将被测量累积若干倍,测其总值,不仅能使测量得以进行,而且可以减小误差。典型的例子是用秒表测单摆周期 T,累积 n 次全振动测出其时间 t,则 $T = \dfrac{t}{n}$。由于秒表指针是跳跃式运动的且受到人的反应能力影响,一般情况下测出的 t 值误差 $\Delta t \approx 0.1$ s。设

$T \approx 1.7$ s,若直接测单个周期,则相对误差 $e_T \approx 5.9\%$;若累积 $n=3$,则 T 值的绝对误差 $\Delta T = \frac{1}{3}\Delta t \approx 0.033$ s,$e_T \approx 1.9\%$;若取 $n=50$,则 $\Delta T = \frac{1}{50}\Delta t \approx 0.002$ s,$e_T \approx 0.12\%$。又如测光的干涉条纹间距也用累积法。

② 机械放大法。

通常用在长度测量仪器自身之中。一种是用螺旋机构将沿螺杆轴向的微小直线位移转化为角位移显示在半径较大的圆周上,如千分尺、球径计。读数显微镜是用非接触法测长度的一种仪器,也靠螺旋传动和测微,其构造和用法见 309 页。

③ 光学放大法。

在验证万有引力定律的卡文迪许实验中,在扭摆的悬丝上固定一个小平面镜,借助反射光斑在远处屏上的移动测算出悬丝扭转的微小角度。又如在万能工具显微镜上,用光学系统使手表中的小齿轮生成放大几十倍的像于屏上,才能测量它的尺寸。

例 15 测钢丝在拉力作用下的微小伸长。

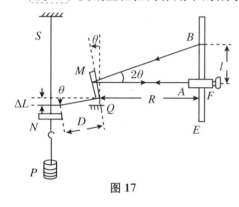

图 17

解 通常用图 17 所示的光杠杆装置,小平面镜 M 装在有前后脚的座上,前脚支在固定的平台 Q 上,后脚支在卡在钢丝 S 上的可动平台 N 上。钢丝下挂少量砝码 P 时将镜面调为竖直方向,则在水平望远镜 F 中可看到竖尺 E 上 A 点刻度在平面镜中成的像。再增加砝码,钢丝伸长 ΔL,镜座后脚下降,使镜面转动小角度 θ,望远镜中看到 B 点刻度的像。令 $l = |A-B|$,由于 θ 很小,有 $2\theta = \frac{l}{R}$,又有 $\theta = \frac{\Delta L}{D}$,则 $\Delta L = \frac{Dl}{2R}$。D、l、R 值都相当大,可测出较准确的结果,于是可算出 ΔL 值。

④ 电子学放大法。

此法多用于仪器内部。将微小的电压或电流接到电子管、晶体管或线性集成电路块的输入端,在输出端将得到放大几十到几百倍的数值,如用示波器测量几毫伏的电压就是在它内部进行放大后再加到示波管的偏转电极上。对放大电路的要求是:有良好的线性(即输出与输入严格成正比)和稳定性,放大交流信号时还要有足够的频率响应范围。

(5) 干涉法。

此法用于波长的测量。由于"运动"的行波难以实现,可用干涉方法使它形成"静止"的驻波,空间中呈现位置固定的波节和波腹,就易于观察和测量波长。例如,用闭管共鸣法测声波的波长和双缝干涉法测单色光的波长。

(6) 换测法。

由于电学量容易用仪表测量,并且可以通过适当的接口输入计算机进行快速及时的处理,所以常通过各种传感器将非电学量转换为电学量进行测量。

例16 装配热敏温度计。

解 电路如图18所示，R_T 为热敏电阻，这是一种温度传感器，可选用 20 ℃ 时阻值约 330 Ω 者，温度升高时，阻值将明显变小。将它与定值电阻 R_1、R_2（阻值各为 1.0 kΩ）和电阻箱 R_3 组成电桥，微安表量程 0～100 μA，变阻器 R_4 的阻值为 50 Ω。先将热敏电阻浸入 0 ℃ 的冰水混合物中，调节 R_3，使电桥平衡；再将它浸入 50 ℃ 的热水中，调节 R_4，使微安表满偏。这样就制成了一个量程 0～50 ℃ 的热敏温度计，将温度的变化转换为通过微安表中的电流 I 的变化，用不平衡电桥显示。依次使热敏电阻浸入 10 ℃、20 ℃、30 ℃、40 ℃ 的水中，测绘出 I-t 曲线，就完成了对微安表刻度的温度值标定。

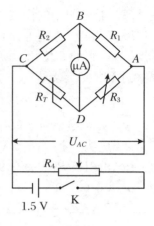

图 18

(7) 示波法。

研究两个量的函数关系，一般要测出多组相关的数据，在坐标纸上绘制图线，费时费力。设法使这两个量连续变化，并转化为相应的连续变化的电压，分别加到示波器的 X、Y 输入端，就可以在荧光屏上直接显示出函数图线。这是一种动态显示法。

例17 显示晶体二极管的正向伏安特性曲线。

解 按图 19(a) 连接电路。SB 为 J245g 型示波器，当它的 Y 输入端的电势高于"地"时，光点向上偏移，X 输入端的电势低于"地"时，光点向右偏移。定值电阻 $R_0 = 1.0$ kΩ。A、B 端输入低压 50 Hz 正弦交流电经过全波整流后，得到的脉动直流电极性必须如图所示。这时加在二极管 D 上的是正向电压 U_D，U_D 在零到峰值间反复连续变化并输入示波器 X 轴。通过 R_0 中的电流等于二极管中的电流 I_D，它在 R_0 上形成电压 U_0，U_0 与 I_D 成正比并输入示波器 Y 轴。I_D 是随 U_D 变化的，所以 U_0 也是反复连续变化的。调节分压器 R，使 U_D 的峰值稍大于二极管的门限电压，再将示波器的 X、Y 增益取合适的值，屏上的光点就快速反复地沿图 19(b) 中的曲线 OM 运动，从而呈现出稳定的图形，这就是二极管的正向特性曲线。电阻 R_0 在测量中的作用是将电流信号 I_D 转换为电压信号 U_0，习惯上将 R_0 称为电流取样电阻。

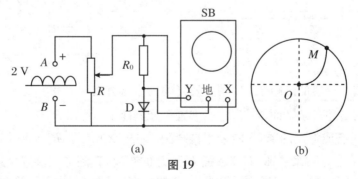

图 19

(8) 微差法。

这是一种特殊方法。当希望待测量 N_x 有很小的相对误差 e 且仪器的准确度等级不够，即它的最大可能相对误差大于 e 时，要利用一个与待测量所要求的准确程度相当，并

且与 N_x 相差很小的标准量 N_0,将待测物与标准器组成一个相比较的系统,将测量对象转换为两者微小的差值 δ,$\delta = |N_x - N_0|$。由于 δ 比 N_x 小得多,所以用准确度较低的仪器测 δ,得到的 δ 值相对误差虽然较大,但绝对误差却很小,这样就可以使 N_x 的相对误差减小到能满足要求了。

例 18 (第 8 届全国中学生物理竞赛决赛试题)测量一个干电池的电动势 E_x(约 1.5 V),要求结果为 5 位有效数字,且所用方法的误差最小。提供的器材为:已知电动势 E_a 的干电池一个(约 1.5 V,给出了精确值,误差为 $\Delta E_a = 0.0001$ V),作为工作电源的干电池一个,电阻箱 R_1(99999.9 Ω,不作为标准电阻),标准电阻 R_a(约 3 Ω,给出了精确值,误差为 $\Delta R_a = 0.001$ Ω),多量程毫安表(0.5 级),变阻器 R_2(0~10 kΩ),检流计,开关。

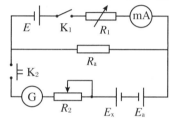

图 20

解 设计出如图 20 所示的测量电路,将 E_x 与 E_a 反向串联,图示为 $E_x < E_a$ 时的接法,当 $E_x > E_a$ 时,两者换位。用 R_1、R_a 和毫安表组成电势差计测量微差电动势 $|E_x - E_a|$,当电势差计平衡时,$|E_x - E_a| = IR_a$。得到的 E_x 值有效位数的论证本文从略,请参看 340 页。

(9) 自准法。

这是利用被测物体自身校正或判定系统的状态从而完成测量的一种方法。

例 19 测伏特表的内阻 R_V。提供的器材为:电池、电阻、变阻器和单刀开关(2 个)。

解 拟用电桥测量,但缺少检流计,只能以伏特表本身来判定平衡。电路如图 21 所示,当看到开关 K_2 断开和接通时伏特表的示数不发生变化时,就表示电桥平衡了。这是电学实验中的自准法。

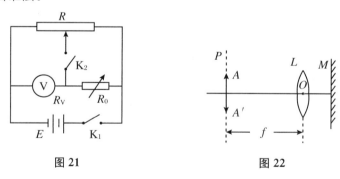

图 21   图 22

例 20 测凸透镜的焦距 f。使用的发光物为中心开有小三角孔的不透明屏 P,背后用光源照亮小孔,还有小平面镜 M,它们都置于光具座上。

解 由于没有成像用的屏,只能采用自准法,如图 22 所示。P 与 M 都垂直于透镜主轴,三角孔 A 从上方贴靠主轴,调节透镜 L 到 P 的距离,直到屏上恰好生成与 A 等大的倒立实像 A' 为止。测出此时屏到透镜光心 O 的距离,即为 f。为了排除此像是其他原因所成的可能性,应通过遮盖或移走平面镜来检验。

例 21 测凹透镜表面的曲率半径 R。

解 方法如图 23 所示。发光物 A 与上例相同,它置于透镜 L 的主轴上方,调节透镜与它的距离,直到倒立等大的实像 A' 成在与 A 同一平面上。测出物屏到球面顶点 O 的距离,即为 R。

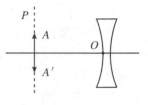

图 23

这两个例子是光学实验中典型的自准法。

4. 选择实验条件

实验条件包括仪器的规格和被测物的状态,应当满足实验原理和测量方法的要求,并能将误差尽量减小。

(1) 选择仪器时主要考虑它的准确度、分辨率(即最小分度值)、量程等和对被测系统的影响大小,还要注意同一实验中各个仪器精度相匹配。如用典型的伏安法测电阻 R_x,不修正仪表的接入误差,当选择安培表内接时,应选择安培表的内阻 R_A,使 $R_A \ll R_x$。可参看 318 页。又如前文例 13 中,分压器 R_2 的输出部分对于测量电路相当于电源,其等效内阻近似为 R_{Pb}。应选用全阻值足够小的变阻器作为 R_2,使 $R_{Pb} \ll R_g$;还要选择内阻 R_A 足够小的检测表 μA_2,使 R_A 也比 R_g 小得多。这样在用 R_0 代替 R_g 后,由 R_{Pb}、R_A、R_0 组成的回路中 R_0 占主要成分,那么 R_0 的微小变化就会引起微安表 μA_2 示数的明显变化,提高检测等效性的灵敏度,使得到的 R_0 值更准确地接近 R_g。又如前文例 9 中,有 $(c_{筒}m_{筒} + c_{油}m_{油})(T - T_0) = IUt$。受到中学所用电表准确度等级和温度计规格的限制,测出 I、U 和 $T - T_0$ 三个值的误差都可达到 2% 以上,通电时间 t 一般在 200 s 以上,选用有秒针的普通钟表测 t,绝对误差约 ± 1 s,相对误差小于 0.5%,完全可以满足精度要求了,可知用秒表(分度值 0.1 s)是不必要的。

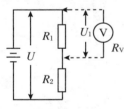

图 24

例 22 测图 24 所示电路中的电压 U_1。已知 U 恒定,约 6.0 V,$R_1 \approx 2.0$ kΩ,$R_2 \approx 4.0$ kΩ,有两个伏特表,甲的量程 0~3 V,分度值 0.1 V,内阻 3.0 kΩ,准确度 1.5 级;乙的量程 0~10 V,分度值 0.2 V,内阻 100 kΩ,准确度 2.5 级。用哪个测量能得到较好的结果?

解 从理论上可判断 $U_1 \approx 2.0$ V。初看似乎用甲测量为宜,因为它的仪器误差不大于 $\pm 1.5\% \times 3$ V $= \pm 0.045$ V,而乙的仪器误差可能达到的最大值是 $\pm 2.5\% \times 10$ V $= \pm 0.25$ V。进一步应考虑到仪表对被测电路的影响,伏特表接入时其内阻 R_V 与 R_1 并联,必导致测出的 U_1 小于原来未接入伏特表时的真值。估算一下:甲将使 U_1 变为约 1.4 V,比原来减小约 0.6 V,而乙的接入仅使 U_1 比原来减小约 0.03 V。综合看,用乙测出的 U_1 值虽然随机误差大些,但接入伏特表内阻造成的系统误差却很小,所以比甲的测量结果更接近真值,如果仅从电表的量程和准确度来选甲,将会得不偿失。

(2) 选择被测物的状态参数,主要是控制各个被测量的大小。如要绘制图线,应使测量点的多少和分布范围能准确全面地反映物理规律、提高作图精度。

如前文例 7 中的实验,两次摆长之差 Δl 应大些,这样周期平方之差 $T_1^2 - T_2^2$ 也大,则计算 g 的公式中分子、分母的相对误差都会小些,因为在测量的绝对误差一定时,被测量越大相对误差越小。但摆长 l_2 不可太短,否则该装置不能看作单摆。所以可取 l_2 约

0.7 m、l_1 约 1.3 m。

又如前文例 9 中 T_0 和 T 的选择还要考虑两方面，一是使温差值 $T-T_0$ 的相对误差小，则需 T 与 T_0 的差别大些；二是补偿不可能恰好，为了减少内外热交换，应使系统与环境温度接近些，这要求 T 与 T_0 的差别小些。为兼顾上述相矛盾的要求，考虑到普通温度计分度较粗糙(仅为 1 ℃)，取 $T-T_0$ 为 10～12 ℃为宜。

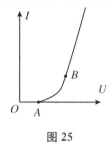

图 25

再如用电表测绘硅二极管的正向伏安曲线，由于二极管是非线性元件且有一定的门限电压，结果应如图 25 所示。要准确地绘出它，测量点就不应平均分布，要在弯曲程度大的 AB 段多取些。实测出 B 点对应的电流约 1～2 mA，所以适宜的办法是取 I 值为 0.05 mA、0.10 mA、0.20 mA、0.50 mA、1.0 mA、2.0 mA、5.0 mA、10.0 mA 等这样的系列。

5. 选择处理数据的方法

要和实验方法的设计协调，灵活运用各种数学方法。要注意以下几方面。

(1) 对于自变量 x 与其函数 y 的多组数据，一般用画图线处理。如果是一次函数 $y = a_0 + a_1 x$ 的形式，可由图线的斜率和截距求出相关的物理量。对于其他函数可采用转换变量法化为一次函数的形式来处理，称为"曲线改直"。

有时可用图形的面积求相关的物理量。如例 2 中用放电法测电容，测绘出由 $t=0$ 到 t_1 这段时间内电流 i 的衰减曲线，如图 26 中的 AB 段，则这段时间内电容器放出的电量 ΔQ 在数值上等于曲线 AB 下与两坐标轴所围成图形的面积，即阴影部分的面积。由公式 $\Delta U = (i_0 - i_1)R$ 求出这段时间内电容器两极间电压的变化量 ΔU，则电容 $C = \dfrac{\Delta Q}{\Delta U}$。这样就避免了使用放电公式处理数据，且无须很长的放电时间。

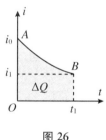

图 26

(2) 对于具备一次或二次函数性质的物理规律，如果能使自变量做等间隔变化，则可用逐差法处理数据求一次或二次项的系数所代表的物理量。这样既可起到减小随机误差的作用，又能避免作图的误差。典型的应用是静力拉伸法测弹簧的劲度系数和打点计时法测加速度。

(3) 标准器的量值都是步进的，不能连续取值，做比较测量时往往要用内插法处理。

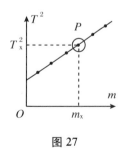

图 27

例 23 用砝码组和弹簧构成振动系统测一个重物的质量 m_x。

解 逐次挂不同质量 m 的砝码，测出振动周期 T，画 T^2-m 图线，如图 27 所示。再改挂重物测出周期 T_x，在图线上依 T_x^2 值取内插点 P，即得到对应的 m_x 值。

例 24 测电容 C_x。提供的器材为标准电容箱、电压恒定的正弦交流电源、交流毫安表。

解 利用电容箱测绘出 I-C 图线,其 C 值变化范围将 C_x 值包含。再测出通过待测电容的电流 I_x,用内插法求出 C_x 值。参看 341、342 页。

(4) 与实验方法中的回避法配合,可采用差值法处理数据。一般测 2 次就可算出结果,但误差大。改进的办法是测多次,分组用差值法求结果再取平均。此法不要求自变量做等间隔变化,如例 7 的实验就适用。

例 25 依据放电公式 $U = U_0 \mathrm{e}^{-\frac{t}{RC}}$ 测电容 C,提供的器材为:伏特表(其内阻 R_V 未知也不许测)、直流稳压电源、电阻箱、变阻器、秒表。

解 设计图 28 所示的电路。对放电公式取自然对数将它"化直",得 $t = C(R_0 + R_V)\ln\dfrac{U_0}{U}$,式中 $\dfrac{U_0}{U}$ 等于放电开始时刻和经过时间 t 后伏特表的两个示值之比。变阻器 R' 的作用是使伏特表的初始值尽量大以减小上述比值的误差。改变电阻箱 R_0 的阻值,进行若干次放电,但使各次的比值 $\dfrac{U_0}{U}$ 相同,测出相应的 t 值,画 t-R_0

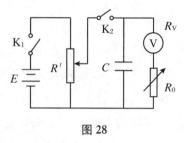

图 28

图线,应为一条直线,求出其斜率 k,因为 $k = C\ln\dfrac{U_0}{U}$,所以可算出 C 值。

也可用差值法处理。取上述数据中两组 R_0、t 值,记为 R_1、R_2 和 t_1、t_2,可写出 $t_1 = C(R_1 + R_V)\ln\dfrac{U_0}{U}$,$t_2 = C(R_2 + R_V)\ln\dfrac{U_0}{U}$,由此两式中消去 R_V,得 $C = \dfrac{t_1 - t_2}{(R_1 - R_2)\ln\dfrac{U_0}{U}}$。

6. 安排实验步骤

步骤要合理、突出重点,集中精力做好需要精细和时机性很强的观测。

如例 4 中图 4 所示的实验方法,若先测 m_1 后测 m_2 就不合理,因为样品沾水后很难在短时间内干燥。又如例 9 的实验中测温度 T_0 和 T 是关键,必须在测出 T_0 后立即通电加热煤油,并同时开始计时;必须在断电并停止计时后继续搅动煤油,待系统内达到热平衡的时刻测出 T。由于温度计分度值大而煤油的初末温差小,所以必须仔细观察,力求减小读数误差。天平的精度比温度计高得多,所以测煤油的质量值不必太细,当取约 120 g 煤油时,即使误差为 ±0.2 g 也无大妨碍,因此测质量宜在很短的时间内完成。

对于检测黑盒子中的电学元件的实验,安排步骤有很强的逻辑性,要依据几个引出端的组合关系,逐一检测两两间的电学性质,不可有遗漏。有时两种元件用某方法检测无法区分(如用欧姆表测电阻器和电感线圈),后续还要安排另一种手段来判别(如电感对正弦交流信号的阻抗受频率影响而电阻不受影响)。有时要判定某个元件的连接位置,则需要巧妙地再组织检测电路。

粗析中国队在国际物理奥赛实验考试中的弱点

舒幼生

我国自1986年首次组队参加在英国举行的第17届(中学生)国际物理奥林匹克竞赛,至今已历32届赛事。在国际奥赛中,我国代表队的实验考试成绩总的来说呈上升趋势,显然,这应首先归功于全国各地的中学物理教员,他们在本职工作中越来越重视物理实验教学,为大面积地提高中学生实验能力默默地奉献着。

在欣喜于成功之时,也应看到不足之处。与西方发达国家相比,我国学生在奥赛中表现出的实验能力明显有欠缺。基于物理学是一门以实验为基础的自然科学,愿借本书一角就中国队学生的下述主要弱点粗略地阐述个人的不成熟之见。

1. 实验与理论之间的关系不明确

物理学理论必须以实验(包括观察)为基础。在物理学形成和发展早期阶段,几乎都是先有实验事实,然后据此总结出规律,展开和提炼成理论性的内容。到了近代,由于研究的对象已深入到线度小到 10^{-10} m 以下的原子、基本粒子的微观世界和延展到线度超过数亿光年的天体星系的宇观世界,确有超越实验先行的理论被提出,但是任何一种这样的理论都只有在得到实验证实后方能为物理学界所确认。无论是发现性的还是验证性的实验,都要求具有可重复性。这是严格的,也是最公正的约定,因为凡是规律必具普适性,凡具普适性必可重复性。历史上,英国物理学家狄拉克曾提出磁单极子理论,尽管理论本身非常谐美,而且有些实验工作者已报告了磁单极子被观察到的事例,但终因绝大多数实验室未能重复此种观察事例而至今尚未成为定论。这是科学态度的严谨性,但它丝毫不影响物理学工作者对狄拉克本人的崇敬和对这一理论的赞赏。

许多中学生对物理学中实验与理论之间的严谨关系认识不足,认为所学的规律已用文字印在教材上便毋庸置疑,实验只是观察一些现象,测几个数据来深化对规律的了解而已。于是,自然地形成了不严谨的实验习惯,实验中用理论规律、借助计算器来方便地凑出实验曲线所"需要"的数据点的"聪明者"绝非"极少数"。尽管学生毕竟是孩子,但批评与指正仍是必须的。入选代表队的学生中虽然尚未发现有这种情况,但因不完全明确实验与理论的关系而形成的习惯性通病在奥赛场上仍然时有表现。最明显之处是在奥赛实验考试中,表现为将要绘制的实验曲线所测的实验点不够数,也就是将被呈报为规律性的曲线的实验证据不足。经国家队实验教员反复提醒和强调,情况有所好转,但仍不是很理想。有一次参赛中,一名学生确实测足了数据点,而且都记录在草稿上,可就是没有抄在实验报告上,也未在图纸上标够这些点再画曲线。考试后,草稿纸与正式报告一起交上,东道国评分教员看了后感到很不理解,最后根据评分标准还是扣掉了相应的分数点。事后,在按竞赛章程规定的与各国领队讨论各队队员所得分数时,他们主动拿出这名学生的草稿纸,善意地对他的这种"可爱的疏漏"表示惋惜。现在无论在国家教委试验班的实验教学中,还是在最后选拔出来的 5 人代表队在参赛前短时间集训课上,教员都十分重视学生对实验与理论之间的关系的正确理解,认为只有这样才能从根本上防止出现类似的"疏漏"现象。

2. 基本操作不规范

中国队的学生普遍地有重理论轻实验的倾向,其结果是基本实验不熟练,基本操作不规范。不规范操作的习惯一旦养成,不仅不易改正,而且使培训的教员防不胜防。教员根据经验从一历数到十,替学生都想到,并嘱咐好,可是临场时学生还会冒出教员意想不到的中式"一"来。例如,众所周知,卡尺读数是从小到大,即从左读到右。可是在一次国际竞赛中,有一名队员却从大读到小,即从右读到左,结果将 7.4 读成 8.4。这名学生的物理总体素质确属优秀,理论考试后自我感觉良好,实验中也感到时间很富裕,两次重复测试,可就是未能将 8.4 这一错误读数纠正过来。而后的数据处理又产生了连锁反应,最终丢失了获得金牌的机会。之后,教员常以此为鉴,告诫学生要有意识地自我检查和纠正不规范的基本操作。

3. 实验报告不规范

中学生实验报告的不规范性尤其值得教育界重视,因为这既表现出学生在数理逻辑方面的欠缺,又表现出在写作表述方面的不足,前者是进一步学好物理的障碍,后者甚至会影响将来正常的人与人之间的文字交往。近来,理科大学生的毕业论文乃至研究生的硕士论文的表述之差使得导师若不耐着性子便无法看下去的情况并非罕见。中国队学生经过短期的训练后,在这方面有所改进,但与一些发达国家的学生相比仍有明显的差距。国际上最令人欣赏的是德国队学生,他们的实验报告分段清楚,文字整齐,表格方正,图线光滑干净,由于平时教员从严要求,学生已经习惯成自然,参赛中这么规范的实验报告写起来并不花费更多时间。

4. 实验中思维的欠缺

中国队的学生一般来说不太怕做理论题,但稍有点怕做实验题,因为竞赛的实验题一律都是设计性的题,即首先是思维的,然后才是操作的。我们的学生长期习惯于按教员布置好的或者书本上安排好的内容去完成某一个具体实验,不知不觉便形成了似乎实验就是动手操作与测量、解理论题才是真正用脑思维的错误观念,因此不善于在实验中思考一些问题,很少主动去想有没有比现成的装置或器具更简单的方法去测量或定性确认某种性质的物理量。例如,在一次国际竞赛中,有的学生能很巧妙地想到用一张纸和一个计时表来确定铅垂下落的受阻尼物体是否已达到匀速状态,因为一旦达到匀速状态,物体在不同高度位置通过纸的某个线度(长度或宽度)所经时间相同,但有些队员却想不到这一点,这就是实验中思维性的差异。在设计性实验方面,中国队的学生的弱点还表现在若是为实验考题所提供的装置较简单,队员们的得分情况反而不够理想,因为装置越简单,设计中思维性因素越起作用。

我国代表队在国际奥赛的实验考试中表现出的上述不足之处可以说是我国中学生的普遍弱点。如果说通过参赛能更清楚地看到我国中学物理实验教学中有待改进之处,而且经广大教员的共同努力真正得到了改进,那么可以说奥赛确实起到了促进教学的作用,相信这也是从事奥赛工作的众多教员心中的良好愿望。

测定球面镜和透镜焦距的实验

刘彬生

人们使用球面镜和透镜主要是为了成像。使用时应当知道它们的焦距 f。球面镜的焦距取决于球面的曲率半径 r，即 $f=\dfrac{r}{2}$。薄透镜的焦距取决于它的两个球面的曲率半径 r_A、r_B 和所用玻璃的折射率 n，即 $\dfrac{1}{f}=(n-1)\left(\dfrac{1}{r_A}-\dfrac{1}{r_B}\right)$。由于 r 值的制造误差、玻璃 n 值的变化和安装时镜体的形变都会使实际得到的焦距与设计值有些不同，因而需要用实验方法去测定它。

测定焦距的主要方法是成像。大多数情况下，要用若干光具组成光学系统来生成所需的某种像。本文将介绍各种测定方法和设计思想。这不仅有实用价值，而且也是物理竞赛中光学实验的命题内容。

1. 一些基础知识

（1）发光物的设置。

通常用有小三角孔的金属屏做物屏，见图1。粘住两根头发在孔中成为叉丝，也可用刻有网格的玻璃板代替。用灯从背后照亮，屏的受光面挡一块毛玻璃，能使小孔的每一点向各方向漫射光线，则成像亮度较均匀。精确测量时用钠灯以获得单色光。物屏应垂直主光轴，小孔成为平面发光物，便于确定它的位置，并且使孔在主轴上，以获得近轴光束。

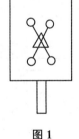

图1

在某些粗略的测量中使用点光源。手电筒用的灯泡的灯丝线度很小，当它与光具的距离远大于灯丝线度时，可近似看作点光源。

（2）像的接收和定位。

用毛玻璃屏接收实像。毛面朝向成像光束，眼从后面观察。当发光物的叉丝成像最清晰时，就得到实像的位置。接收虚像和空间中的实像的最简单办法是直接用眼观察，眼要在光具的主轴上，与像的距离要大于眼的近点。可借助一根探针用无视差法测定像的位置。以图2为例，发光物 A 和探针 B 都是竖立的细铁丝，眼先居中，将 B 与凹透镜后的虚像 A' 对正，再让眼偏左和偏右一些。若看到图3(a)所示的 B 与 A' 错开的状况，叫作两者有视差，这是由于 B 比 A' 离眼远，应将 B 移近些。若看到图3(b)所示的状况，则表明 B 比 A' 离眼近。经多次调节，直到出现图3(c)所示的无视差状况为止，此时 B 正对 A' 的位置。给虚像定位还有其他方法，将在后文中介绍。

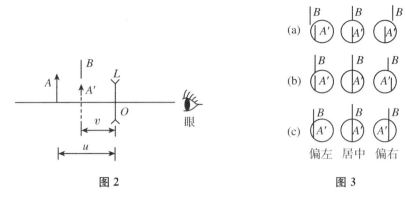

图 2　　　　　　　　　　　图 3

(3) 光具组的共轴调节。

先将几个光具靠在一起凭目测粗调,再借助成像细调。例如,固定物屏和像屏,在其间平移一个凸透镜,使屏上成放大和缩小像各一次,上下左右微调透镜或物屏,使两次像的中心重合。若再放入另一个透镜,就调节它,使像中心仍在原来的位置。

调好共轴,不仅能使光路畅通,生成预期的像,更可充分利用近轴光束提高成像质量。

(4) 定位误差。

受眼的分辨能力和成像质量的限制,会看到像屏或探针在相当大的范围内移动时,实像都是清晰的或虚像与探针都无视差。这种误差通常不小于 1 mm,像太大或太小时误差更大。对策是先由近向远、再由远向近移动,各找到一个最佳位置,取其中点作为结果。再者,透镜光心、物屏和像屏的平面、探针往往和安装它们的滑块侧面标志线对不正,因而依标志线在光具坐标尺上读数定位也就不准确。

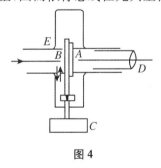

图 4

(5) 测微目镜。

测微目镜是精确测量实像长度的专用仪器。结构示意见图 4,外壳 E 中有两片玻璃贴在一起,固定的 A 上刻有毫米分度主尺,另一片 B 上刻有叉丝和双线读数标记。旋转鼓轮 C,螺旋机构就使 B 缓慢平移,依据鼓轮上的刻度可读出叉丝的微小位移,分度值为 0.01 mm。眼通过目镜 D 看到主尺和叉丝的虚像,被测的像也应成在这个刻度平面上,使它与叉丝无视差。旋转鼓轮,让叉丝先后对准所测像的两端,则两次读数之差就等于像长。

(6) 测量用望远镜。

它是一种小口径短筒低倍率开普勒望远镜,筒内目镜前装有叉丝供瞄准用。

在使用它和测微目镜前,都要依据个人眼睛状况调节目镜到叉丝板的距离,使能通过目镜看清叉丝的像。

2. 测定球面镜的焦距

在不同的条件和要求下,测定球面镜的焦距有不同的方法,有些是实用的,有些只是作为竞赛题。现归纳如下并举例说明。

(1) 平行光束法。

例1 使用圆孔光栏和尺,借助日光粗测凸面镜的焦距。

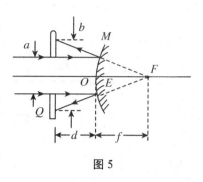

图 5

这是用平行光束照射球面镜的方法。见图 5,将日光作为近似的平行光,通过小圆孔光栏 Q 射到凸面镜 M 上,反射后在光栏板后表面上形成较大的圆形光斑。测出圆孔直径 a、光斑直径 b 和镜面顶点 O 到光栏的距离 d。在 a 比焦距的绝对值 f 小得多时,参考图 5,可取 $f \approx EF$,由相似三角形的关系可得到 $\dfrac{b}{a} = \dfrac{f+d}{f}$,所以有

$$f = \frac{ad}{b-a} \qquad ①$$

这个实验可看成无穷远的发光物——太阳在凸面镜的焦平面上成虚像,依靠光斑给虚像定位。除上述取近似值的方法误差,还有 M 的定位误差和 a、b、d 值的测量误差。因①式的分母为 $b-a$,所以实验中应调节 Q 与 M 的距离,使 b 与 a 有较大差值。这能减小分母的相对误差,从而使 f 值准确些。

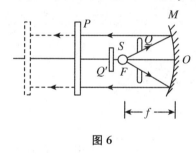

图 6

例2 使用小灯泡、小圆孔光栏、白屏和尺,粗测凹面镜的焦距。

这是用点光源照射凹面镜而获得平行光束。见图 6,灯 S 射出的光通过光栏 Q 到达凹面镜 M,反射后在白屏 P 上形成光斑,光栏的作用仍是挡住远轴光线。调节 M 与 S 的距离,直到沿主轴平移屏的过程中光斑直径近似不变为止。测出此时灯丝到凹面镜顶点 O 的距离,就是焦距 f。可再加小挡板 Q',避免 S 向屏上直射光的干扰。

例3 使用测量用望远镜、尖头细杆和光具座,测定凹面镜的焦距。

这是用望远镜接收平行光束。先将望远镜对无穷远"调焦",就是调节目镜到物镜的距离,使能够看清很远(如 20 m 以外)景物的像。这时可认为景物上每个点射向望远镜的光都是平行光束,在物镜的像方焦平面上成实像,并被眼恰好通过目镜看清楚。

实验方法见图 7,望远镜 T 的光轴与凹面镜 M 的主轴重合,细杆 A 竖立在主轴下,调节 A 到 M 的距离,直到从 T 看清 A 上部尖端的像为止。此时尖端必在凹面镜的焦平面上,测出它到镜面顶点 O 的距离,就是焦距 f。

为了减小定位误差,可使用图 8 所示的定位杆 G。它装在另一滑块上,先后让它的尖端 P 与细杆尖端 A 和镜顶点 O 接触,分别读出刻度 x_1、x_2,则 $AO = x_2 - x_1$。望远镜只接收近轴光束,并能精确判定像的清晰度,再使用定位杆,则测出的 f 值较准确。

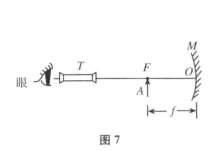

图7

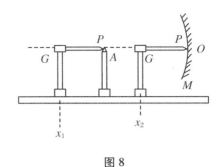

图8

（2）成像公式法。

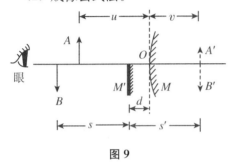

图9

例4 使用两根细铁丝和小平面镜，在光具座上测定凸面镜的焦距。

见图9，在凸面镜 M 的前主轴下设置平面镜 M'，立铁丝 A 于主轴之上，眼沿主轴可看到 A 经过 M 成的缩小虚像 A'。再于平面镜的前主轴下立铁丝 B，又可看到 B 经过 M' 成的对称虚像 B'。调节 B 和 M' 的位置，使 B' 与 A' 无视差。测出此时平面镜的反射面分别与 B 和镜 M 顶点 O 的距离 s 和 d，因 $s' = s$，故凸面镜中的像距绝对值 $v = s - d$。再测出物距 u，将 u、v 分别用正、负值代入成像公式 $\frac{1}{u} + \frac{1}{v} = \frac{1}{f}$，即可求出 f。

本实验采取了用探针的虚像 B' 给待测的虚像 A' 定位的方法。想一想：A、B 可否用同一根铁丝？

（3）自准直法。

例5 使用一根铁丝和尺，测定凹面镜的焦距。

见图10，铁丝 A 竖立在凹面镜 M 的前主轴下，眼从远处观察，调节 A 到 M 的距离，直到 A 经 M 反射在空间中生成的实像 A' 与 A 无视差为止。测出此时 A 到 M 的顶点 O 的距离，即为曲率半径 r，而 $f = \frac{r}{2}$。为避免其他光线干扰观察，宜在暗室中做实验，用小灯从侧面照亮铁丝。

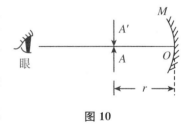

图10

（4）综合性方法。

例6 （1992年陕西省竞赛题）使用物屏、钠灯和凸透镜，在光具座上测定凸面镜的焦距。

见图11，设主轴上 S 点发出的光束经过焦距为 f_0 的凸透镜成实像于 B 点，若在图示位置放入凸面镜 M 且其球心 C 恰与 B 点重合，则光线将被 M 反射而沿原路返回，再经

过 L 而成实像 S_1 与 S 重合。实验时,用钠灯照亮三角孔物屏作发光物 S,固定 L 和 M 的位置,移动物屏,直到屏上生成与孔等大的实像 S_1 为止。

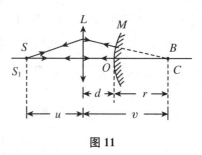

图 11

对于凸透镜成像,物距 u 可测,像距 $v = d + r$, r 为 M 的曲率半径。改变 d 值,测出满足上述成像状况的两组数据 d_1、u_1 和 d_2、u_2,可列出方程组

$$\begin{cases} \dfrac{1}{u_1} + \dfrac{1}{d_1 + r} = \dfrac{1}{f_0} & \text{②} \\ \dfrac{1}{u_2} + \dfrac{1}{d_2 + r} = \dfrac{1}{f_0} & \text{③} \end{cases}$$

解方程组,不仅可求出 r 而得到凸面镜的焦距 f,而且顺便也求出了凸透镜的焦距 f_0。

为了减小误差,d 与 r 的差别不要太大,但 d_1 与 d_2 的差别要大些。

3. 测定薄透镜的焦距

相关方法更多,现归纳如下,并举例说明。

(1) 实物成实像的成像公式法。

此法适于测凸透镜,简单、实用。粗测时,可让远方景物在屏上成像,以像距 v 作为焦距 f。在 $u \approx 100f$ 的条件下(不难做到),方法误差约 1%。

例 7 粗测长焦距凸透镜的焦距。使用小灯泡、画有方格的白屏和光具座,光具座的长度 l 与透镜焦距 f 有下述关系:

$$\frac{l}{4} < f < l$$

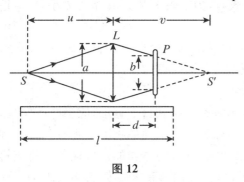

图 12

见图 12,小灯泡 S 作为点光源,它的实像 S' 将成在光具座外,只能借助光斑推算像距 v。用屏上方格测出透镜的口径 a 和与透镜的距离为 d 时屏上光斑的直径 b 的比值,由相似三角形关系有 $\dfrac{a}{b} = \dfrac{v}{v - d}$,则

$$v = \frac{a}{a - b} d \qquad \text{④}$$

将 u、v 值代入成像公式求出 f。想一想:从④式看,怎样选择实验条件才能减小 v 值的误差?

(2) 位移法(共轭法、两次成像法)。

此法是实物成实像法的改进。典型方法见图 13,将物屏 W 和像屏 P 固定,测出其距离 L,将凸透镜 L_0 在其间平移,得到使屏上分别成放大和缩小像时的位置,测出这两个位置的距离 d。由公式 $f = \dfrac{L^2 - d^2}{4L}$ 计算 f。此法在光具座长度大于 $4f$ 时才能用。优点是避免了透镜的定位误差,由图可看出透镜下滑块平移的距离 d' 必等于透镜光心平移的距离 d。由图可看出,测 L 时仍存在 W 和 P 的定位误差。为减小判定像的清晰度造成的误差,像不可太大或太小,即 d 值不宜太大。

例8 (1991年陕西省竞赛题)将图13所示的方法做些改变:物屏 W 改为透明刻度尺,在光具座上只测量透镜的位移 d,用另一直尺或卡尺测算两次像的放大率 m_1、m_2。

见图14,C 为透明尺,两次成像的物距分别为 u_1、u_2,$d = u_2 - u_1$。依据成像公式有

$$\frac{1}{u_1} + \frac{1}{m_1 u_1} = \frac{1}{f}, \quad \frac{1}{u_2} + \frac{1}{m_2 u_2} = \frac{1}{f}$$

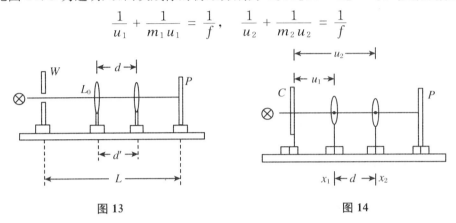

图13   图14

联立以上三式得到

$$f = \frac{d}{\dfrac{1}{m_2} - \dfrac{1}{m_1}} \qquad ⑤$$

d 由光具座上的标尺得出。取尺 C 某一长度为物长,在屏上测出两次像长,可算出 m_1、m_2。将 d、m_1、m_2 代入⑤式就得到 f 值。从⑤式看,为了减小误差,d 不可太小,相应地 m_2 与 m_1 的差别也就大些,对减小误差也有利。

与图13相比,此法不测 L 值,又避免了物屏和像屏的定位误差。想一想:还存在哪些因素引起的误差?两次成像时,物到像屏的距离可以不同吗?

(3)自准直法。

除了测焦距,在调节一些光学仪器的工作状态时都要用到自准直法,应当熟练掌握。测凸透镜的焦距是大家熟知的,借助平面镜使位于凸透镜焦平面的物屏上生成三角孔的等大倒立实像。此法的优点是无须复杂的计算,但仍存在屏与透镜的定位误差。将透镜柄旋转180°再测一次,取两次的平均值作为结果,可消除因透镜光心偏离柄的纵轴线而造成的误差。下面重点介绍用自准直法测定凹透镜的焦距。

例9 用自准直法测定凹透镜的焦距,用平面镜及有合适焦距的凸透镜辅助。

见图15,先只放凸透镜 L',使发光物 S 生成实像 S_1,记下 S_1 的位置。保持 S 和 L' 的位置不变,撤去像屏,放入待测的凹透镜 L 和平面镜 M。同时平移 L 和 M,直到物屏上生成倒立等大的自准直实像 S_2 为止。记下此时 L 的位置,则凹透镜焦距的绝对值 f 就等于 L 与 S_1 的距离。必须仔细调共轴,并使 S_1 为 S 的缩小像,这样易于调出 S_2 并且其形状不易缺损,还要细调平面镜,使它和主轴垂直,否则也会找不到 S_2。本实验形成自准直光路的必要条件是 $v > f$,因此要选择焦距合适的凸透镜并使像 S_1 成在足够远处。

例 10 用自准直法测凹透镜的焦距，但不提供像屏，其余器材和例 9 相同。

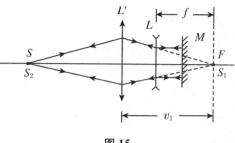

图 15

先按图 16(a)安装仪器。辅助透镜 L' 靠近待测透镜 L，测出两者的距离 d。保持 L'、L 和 M 的位置不变，只移动物屏，使其上生成发光物 S 的自准直实像 S_1。然后保持物屏和 L、M 的位置不变，平移 L' 到离 L 较远的某位置，恰好又在物屏上生成 S 的自准直实像 S_2，如图 16(b)。测出 L' 到物屏的距离 b。设不放入 L 和 M，S 将成像于 A 点，由自准直光路可知 A 点又应是 L 的虚焦点。移动凸透镜 L' 两次成像是利用它的物像共轭关系测出图中距离 a，即 $a = b$。所以凹透镜的焦距的绝对值 $f = b - d$。

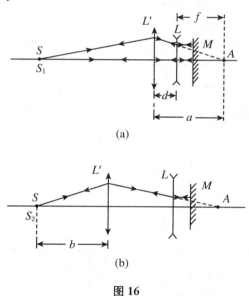

图 16

此实验涉及的光学规律较多，技巧性强，只宜作为竞赛题。

(4) 密合透镜法。

测量长焦距的凸透镜或凹透镜是个较困难的问题。解决的办法之一是密合透镜法，它的理论依据如下。

将焦距分别为 f_1 和 f_2 的两个薄透镜共轴组合，两者距离为 d，则这个透镜组可等效为一个透镜。可以证明这个透镜组的焦距为

$$f_合 = \frac{f_1 f_2}{(f_1 + f_2) - d} \qquad ⑥$$

设第一个为短焦距凸透镜，第二个为长焦距凸透镜或凹透镜，且 $f_1 \ll |f_2|$，再让两者密合（即接触），虽然 d 不能为零，但有 $d \ll |f_2|$。在上述条件下，可将⑥式中的 d 略去，而得到

$$f_{合} = \frac{f_1 f_2}{f_1 + f_2} \qquad ⑦$$

并且这个透镜组必定等效为一个凸透镜,它的 $f_{合}$ 也不会太长。

实验时,按上述条件将待测的透镜与一个焦距已知的短焦凸透镜密合,用任何一种常用的方法测出 $f_{合}$,则由⑦式即可算出待测透镜的焦距。

密合透镜法不是测量方法而只是一种转换措施,它在实际工作和竞赛题中经常会用到。

(5) 焦距仪法。

焦距仪由装在光具座上的平行光管和测微目镜组成。用它测量透镜的焦距时,将测量物距、像距转化为精确测量像的放大率,不在光具座上读任何数,彻底避免了定位误差,是实用中最准确的方法。

测量凸透镜 L_x 的焦距 f_x 的光路见图 17。平行光管是一个长圆筒,后部装有被照亮的玻璃分划板 G_1,板上有几对平行线,每对平行线的距离 y 为已知的高精度值,例如 2.000 mm。前端为凸透镜 L,G_1 恰好在 L 的焦平面上,其焦距 f 也是已知的高精度值,例如 549.2 mm。分划线上每个点射出的光经过 L 成为平行光束,再经过 L_x 成实像于 L_x 的焦平面上。移动测微目镜 L_e,使上述实像成在它的分划板 G_2 上。以 y 为物长,用测微目镜测出像长 y_x 的精确值,当 y_x 大于 1 mm 时可得到四位有效数字。由图中相似三角形关系,可得

$$f_x = \frac{y_x}{y} f \qquad ⑧$$

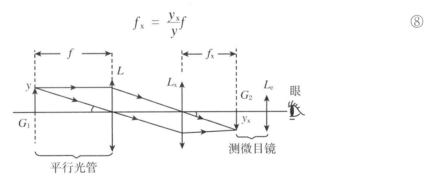

图 17

将 f、y、y_x 代入⑧式,就得到 f_x。

测凹透镜的焦距,可采用密合透镜法。

(6) 实物成虚像的成像公式法。

① 用点光源所成光斑推算虚像位置。

例 11 使用小灯泡、白屏和尺,粗测凹透镜焦距。

光路见图 18,原理同例 7。求 v 用④式,请自行推导并考虑怎样选择实验条件以减小误差。

② 用探针测定虚像的位置。

典型的例子见前文图 2 及有关说明。为了减小误差,应使 $|v|$ 和 u 有较大差别,因此

u 值不可取得太小。

例12 用两根铁丝和平面镜,在光具座上测定凹透镜的焦距。

见图19,铁丝 A 先经过透镜 L 成虚像 A_1, A_1 作为物体再于平面镜 M 后成二次虚像 A_2。眼从图示方位观察,使探针 B(另一根铁丝)与 A_2 无视差。测出距离 s、d,则凹透镜成像的像距绝对值 $v = s - d$。再测出物距 u,由成像公式求焦距 f。

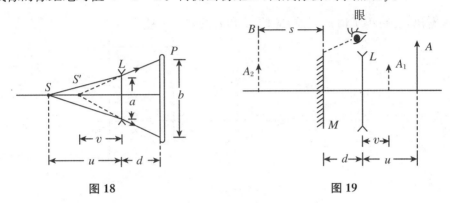

图18　　　　　图19

③ 用探针的虚像给欲测的虚像定位。

例13 测定凹透镜的焦距,器材同例12。

见图20,凹透镜 L 成铁丝 A 的虚像 A',平面镜 M 只挡住 L 下半部,铁丝 B 为探针,使它在 M 后的虚像 B' 与 A' 无视差。测出 s、d,从而求出 v。

④ 用球面镜辅助给虚像定位。

例14 (1994年陕西省竞赛题)使用物屏、光源和凹面镜,在光具座上测定凹透镜焦距。

见图21,先只用凹面镜 M 在物屏上生成自准直实像 S_1,记下此时物屏的位置,它到凹面镜顶点 O 的距离等于球面的曲率半径。再靠近 M 放入凹透镜 L,保持 M、L 位置不动,将物屏远移,使其上再次生成发光物 S 的自准直实像 S_2。那么对于凹透镜,S_1 的位置就是后来 S 的虚像位置。由 L、S、S_1 的位置可求 u、v 值。

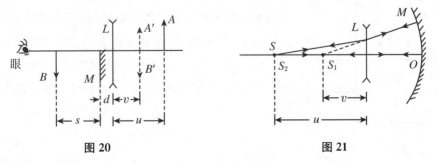

图20　　　　　图21

(7) 虚物成实像的成像公式法。

例15 使用物屏、像屏、光源和一个凸透镜,在光具座上测定凹透镜的焦距。

这是测凹透镜焦距的常用方法,可以得到较准确的结果。见图22,先用凸透镜 L' 生成发光物 AB 的缩小实像 A_1B_1 于像屏上,记下 A_1B_1 的位置。保持 AB 和 L' 位置不动,将像屏远移到某处,在它和 L' 间放入凹透镜 L,平移 L 直到像屏上生成比 A_1B_1 大的实像 A_2B_2,记下此时 L 和 A_2B_2 的位置。对于凹透镜,A_1B_1 是虚物,它成实像 A_2B_2,由上述三个位置求出 u、v 值。用 u、f 分别表示物距和焦距的绝对值,则有

$$\frac{1}{f} = \frac{1}{v} - \frac{1}{u}$$ ⑨

由⑨式可看出,要减小 f 值的误差,应使 u 和 v 的差别大些。

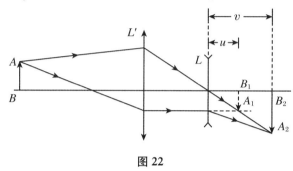

图 22

生成实像 A_2B_2 的必要条件是 L 到 A_1B_1 的距离小于 L 的焦距绝对值,因此这种方法可用来测量长焦距凹透镜。再者,实验中不可将 L 放在随意的位置而移动像屏去找像 A_2B_2。

想一想:本例中若让 AB 发的光先通过被测的凹透镜后再通过凸透镜,应该怎样操作来完成测量?(提示:逆着图 22 的光路去想,并将物屏与像屏位置互换,这将成为实物成虚像法的一种。)

虚物成实像法适于测量长焦距凸透镜。请画出光路,说明操作方法。

(8) 平行光束法。

① 用平行光束照射透镜。

大家熟知的方法是让日光通过直径为 a 的圆孔光栏射入凹透镜,在镜后白屏上得到直径为 b 的圆形大光斑。测出 a、b 和屏到透镜的距离 d,就可求出 f 值。

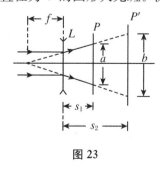

图 23

例16 (1994年甘肃省竞赛题)用平行激光束(宽度未知也不许测)、尺和像屏,在光具座上测定凹透镜的焦距。

见图 23,让屏 P 取远近不同的位置,测出两次它到透镜 L 的距离 s_1、s_2 和屏上光斑的直径 a、b。则透镜焦距的绝对值为

$$f = \frac{as_2 - bs_1}{b - a}$$

② 用望远镜接收平行光束。

例17 利用物屏、光源和辅助凸透镜 L_1、L_2,在光具座上测定凸透镜 L 的焦距。

当发光物位于待测凸透镜的焦平面上时,它每一点发的光通过透镜后都成为平行光

束,能用望远镜接收到。实验时,用 L_1、L_2 自组望远镜 T,焦距较小的做目镜,将它对无穷远"调焦"。再按图 24 放入待测透镜 L、物屏 A 和光源 D,调节 L 到 A 的距离,直到从望远镜中看到物屏上叉丝的清晰的像。测出此时 L 到 A 的距离,就是 L 的焦距 f。

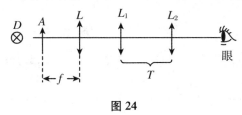

图 24

例 18 中学配备的 J2057 型光具座附有三个不同的凸透镜 L_1、L_2、L_3,焦距的标称值分别为 $f_1 = 5$ cm,$f_2 = 10$ cm,$f_3 = 30$ cm,还附有一个凹透镜 L。利用这些凸透镜和物屏、像屏、光源,测定凹透镜 L 的焦距。

将发光物放在凹透镜的物方焦平面上并不能获得平行光,要借助凸透镜将虚物设置在凹透镜的像方焦面上才行。

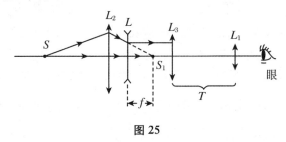

图 25

参考图 25,选用 L_1 为目镜、L_3 为物镜,在光具座一端组成望远镜 T,对无穷远"调焦"。再按图 25 于光具座另一端固定物屏 S,放入透镜 L_2,使放于望远镜前的像屏上生成发光物 S 的实像 S_1,细心测准 S_1 的位置。最后撤去像屏,放入凹透镜 L,调节 L 的位置而保持其他光具不动,直到从望远镜中看到物屏上叉丝的清晰的像为止。测出此时 L 到原来 S_1 位置的距离,就等于 L 的焦距的绝对值。

(9) 综合方法。

例 19 使用已知焦距为 f' 的凸透镜 L'、光源、物屏和像屏,在光具座上测定凹透镜 L 的焦距 f。

见图 26,凹透镜 L 先生成物 A 的虚像 A_1,再以 A_1 为物体,通过凸透镜 L' 生成实像 A_2 于像屏上。测出 A_2 到 L' 的距离为 v',由公式 $\dfrac{1}{u'} + \dfrac{1}{v'} = \dfrac{1}{f'}$ 求出 u'。测出 L 到 L' 的距离 d,则虚像 A_1 到 L 的距离 $v = u' - d$。再测出 A 到 L 的距离为 u,将 v 取负

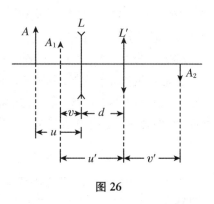

图 26

值后和 u 一起代入公式 $\dfrac{1}{u}+\dfrac{1}{v}=\dfrac{1}{f}$，即可求出 f。

在这个实验中，虚像的位置是采用了以它为物通过凸透镜再次成实像的方法推算出来的。

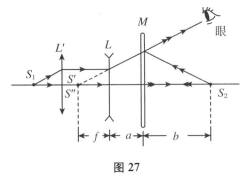

图 27

例 20 使用两个发光物、凸透镜和平板玻璃，在光具座上测定凹透镜的焦距。

在这个实验中，平板玻璃既要起反射作用又要起透射作用，最好镀有半反半透膜。先用自准法将发光物 S_1 调到凸透镜 L' 的焦平面上，它经过 L' 和凹透镜 L 成虚像 S' 于 L 的物方焦平面上，见图 27。眼在图示位置能透过平板玻璃 M 看到虚像 S'，另一发光物 S_2 被 M 反射生成的对称虚像 S'' 也同时被看到，调节 M，使虚像 S' 和 S'' 重合而无视差。测出此时图中距离 a、b，则凹透镜的焦距绝对值 $|f|=b-a$。

例 21 一个白屏上画有等分度的直角坐标，利用它和尺粗测凹透镜的焦距。

这个实验使用了一种特殊的方法——眼接收平行光束测像的放大率。先让屏紧贴透镜，记下透镜孔径中能看到的坐标格数 n_1，如图 28(a)所示。再将屏立在与透镜有适当距离处，眼从足够远(如几米以外)处看透镜后坐标格的缩小虚像，记下透镜孔径中能看到的格数 n_2，如图 28(b)所示。由图 28(c)可知，虚像的放大率 $m=\dfrac{n_1}{n_2}$。用尺测出物距 u，则像距 $v=-mu$，再由成像公式算出焦距 f。

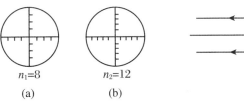

(a)　　(b)　　(c)

图 28

例 22 （1991 年吉林省竞赛题）在光具座上用已知焦距为 f_0 的凸透镜 L_0 组成平行光管，去测凹透镜 L 的焦距 f。器材还有：物屏（镶有玻璃分划板，刻有距离 $y=10.00$ mm 的一对平行线）、光源、平面镜、测微目镜、焦距未知的短焦距凸透镜。

这是自组焦距仪的实验题。先借助平面镜用自准法将位于光具座一端的物屏调到透镜 L_0 的焦平面上而成为平行光管。再放入凹透镜 L，它接收平行光后生成分划线的虚像（大小为 y_x）于物方焦平面上，见图 29(a)。此时有

$$\dfrac{f}{f_0}=\dfrac{y_x}{y} \qquad ⑩$$

为了测量像长 y_x，在凹透镜后再放入短焦距凸透镜 L' 和测微目镜 L_e，并使 L_e 与 L 有足够大的距离。移动 L'，使虚像 y_x 作为物体能在测微目镜的分划板 G 上生成两次共

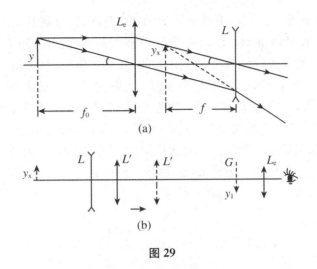

图 29

轭的实像，见图29(b)。用测微目镜测出上述两个实像的长度 y_1 和 y_2，则

$$y_x = \sqrt{y_1 y_2} \qquad ⑪$$

联立⑩⑪两式，即得到凹透镜的焦距的绝对值为

$$f = \frac{\sqrt{y_1 y_2}}{y} f_0 \qquad ⑫$$

例 23 （1995年北京市竞赛题）图30表示一个显微镜的目镜，由 L_1、L_2 两个平凸透镜组成。测定这个透镜组两个焦点的位置，以图中 P、Q 为参考点。限定测量时光线只准从 P 方射入。使用的器材有：光具座、光源、物屏、毛玻璃屏、平面镜、辅助用的两个凸透镜、卡尺。

显微镜的目镜属于惠更斯型，接物镜 L_1 的焦距 f_1 较长，接目镜 L_2 的焦距 f_2 较短，两者距离为 d，并非密合，d 与 f_1、f_2 的关系为 $f_1 > d > f_2$。这个透镜组的作用相当于一个凸透镜，当光从 L_1 入射时，透镜组的像方焦点 F' 在透镜组外，物方焦点 F 在透镜组内部，见图31。若要求焦距，还须测两个主点的位置，这就超出了竞赛内容的要求。但本题只要求测定焦点位置，则完全可以将它当作一个凸透镜，利用焦点的光学特性进行测量：平行光束入射必聚于像方焦点；若入射光是来自物方焦点的同心光束，则通过透镜后必成为平行光束。

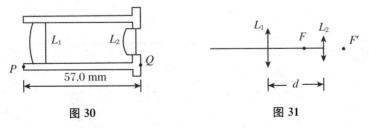

图 30　　　　图 31

测像方焦点 F' 的方法见图32(a)。先用自准法将物屏调到辅助透镜 L_a 的焦平面上，再放入待测透镜组 E。发光物 S 射出的光通过 L_a 成为平行光束进入透镜组，射出后

将会聚在它的像方焦平面上。用毛玻璃屏 B 在 L_2 后移动,直到其上生成发光物 S 清晰的像 S_1。用卡尺测出此时屏到目镜筒后端面 Q 点的距离,就可得到 F' 的位置。

测物方焦点 F 的方法较复杂。先按图 32(b)在光具座一端放物屏和辅助透镜 L_b,让发光物 S 通过 L_b 成缩小实像 S_2,测出 S_2 到 L_b 的距离 d_1。在光具座另一端放置辅助透镜 L_a 和毛玻璃屏 B,并使 B 恰好在 L_a 的焦平面上。然后保持以上光具不动,按图 32(c)在 L_b、L_a 间放入待测透镜组 E,让从 L_b 射出的会聚成像光束射入 L_1,移动 E,直到屏 B 上生成发光物 S 清晰的像 S_3。此时从透镜组 E 射出的是平行光束,则 E 的物方焦点 F 必恰好在原来 S_2 的位置。测出 L_b 到目镜筒前端面 P 点的距离,与 d_1 求差,就得到焦点 F 相对于 P 点的位置。

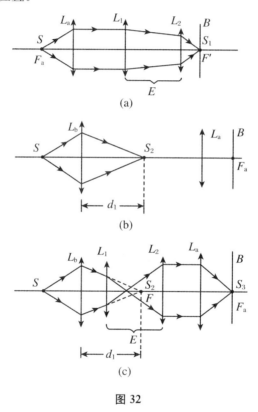

图 32

国际竞赛

空气电击穿的研究

舒幼生　朱世嘉

1992年7月5日至12日在芬兰首都赫尔辛基举行的第23届国际物理奥林匹克竞赛中,东道国为参赛者设置了一道相当好的名为"空气电击穿的研究"的实验赛题。这一实验题研究的是实际问题,即具有一定程度的仿科研性。该题一方面要求参赛队员事先掌握的都是非常基础的物理理论和实验知识,按照我国的物理教育标准来衡量,可以说是纯中学性质的;另一方面又为参赛学生介绍了实验中使用的压电晶体的基本性能,以此作为赛题的背景知识,考查学生的自学能力和对新知识点掌握与运用的能力。总之,这是一道具有典型欧美风格的物理赛题,值得向本书读者介绍,以资借鉴。原题文中欠严谨之处,翻译时已作相应修改。原题无解答,为方便读者,此处编写了题解,以供参考。

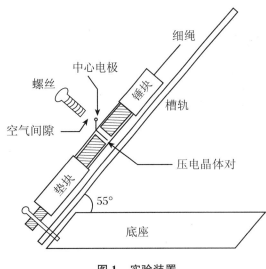

图1　实验装置

例　本实验利用压电晶体产生的高电压来研究室内空气的电击穿问题,实验装置如图1所示。让一个金属锤块沿金属槽轨下滑,然后与两个圆柱形的压电晶体组合件相碰并随之压缩这两个压电晶体,从而在它们的端面上积聚起电荷。设整个过程可以处理为完全非弹性碰撞。产生的电压加在宽度可调的空气间隙两端,当间隙足够小时,就会看到间隙中产生的电火花。对于一个给定的间隙宽度,能产生电火花的最小电压称为该空气间隙的击穿电压。

本实验欲测定击穿电压与间隙宽度间的函数关系。

实验还要求估计结果的误差,讨论各种误差的来源及影响,并说明本实验结果是否适用于其他环境中的空气。

实验报告还应包括以下几点:

实验方法与步骤;

简述如何解决实验测量中的某些困难问题；

记下压电晶体的编号。

压电晶体简介

圆柱形压电晶体可视为弹性体，它的两个端面间又构成一个平行板电容器。晶体受压时，一部分电荷将从一个端面迁移到另一端面，这两个端面之间便形成了一定的电压。迁移电荷量正比于压缩量，且过程是可逆的。压缩力消失时，电荷会反向迁移。对此，用下面按顺序发生的三个事件作一简单说明。

① 对晶体施加压力。

② 将该晶体两端面短路。

③ 取消压力。

在①中，电荷迁移量为 Q，若设该块晶体的电容量为 C_p，则端面间的电压为 $U = \dfrac{Q}{C_p}$。在②中，电压降为零。在③中，又会产生一个反向电压，即 $-U$。

本实验开始时，晶体既不带电也无形变。在它被压缩过程中外力做功，记为 E，然后其中 kE 部分转化为电能并贮存于电容器（C_p）中。此处 k 是一个由晶体材料确定的常数，对本实验所用晶体，厂商提供的量为 $k = 0.5$，误差约为 5%。

实验

已经组装好的实验装置使两块晶体受压时，在其相邻的两个端面上均带正电荷。两个正极端彼此连接，又与中心电极相连，中心电极作为火花间隙的一个电极。两块晶体的另一对端面在实验中分别通过锤块、金属垫块与金属槽轨连通，槽轨又通过一根铜线与一个可调螺丝连接，后者此时作为火花间隙的另一个电极。图1中较大的金属垫块的作用是与锤块一起对晶体施加压力。垫块下方有一块塑性橡胶，可使实验装置的底座不会受到垫块的冲击力。槽轨上方设有一限位装置，它使锤块运动的范围不超过 13 cm，实验时请勿超越这一限值。

有两种检测电火花的方法：

① 肉眼观察。为此，必须将可调螺丝与槽轨短接（简称"接地"）。

② 用一只手的两个手指来"感觉"电火花。此时必须拆去"接地"导线，并同时用一手指接触螺丝，另一手指接触槽轨，于是电火花电流会在实验者的手中通过。用这一方法，实验者可通过感觉来检测是否产生了电火花。

实验者可以随意选取一种自己认为较合适的方法，也可以同时使用这两种方法。如果确实检测不出电火花，请与监考教师联系。

本实验还提供一把三角尺、一个小木夹、一把小螺丝刀和若干坐标纸。

实验用数据：

芬兰的重力加速度 $g = 9.82 \text{ m/s}^2$；

一块压电晶体的电容量 $C_p = 20 \text{ pF} \pm 2 \text{ pF}$；

锤块（刚性物体）质量 $m = 34.6 \text{ g}$；

垫块与两块晶体组成的联合体（处理为刚性物体）质量 $M = 87.5 \text{ g} \pm 0.5 \text{ g}$；

螺丝螺距 $h = 0.80$ mm；

槽轨与水平底座间的夹角 $\alpha = 55° \pm 1°$。

注意

① 晶体电容器的漏电电阻非常高，可使电荷较长时间保持在两个端面上，构思实验方案时可利用这一特点。

② 晶体端面的电荷非常少，对人体无伤害，实验时可用手来"感觉"到电火花的存在。

③ 实验中锤块要多次与晶体相撞，务须防止碰碎晶体。万一碰碎，请报告监考教师，以便置换备用晶体。为防止晶体被碰碎，要确保晶体组合件紧靠在槽轨上，每次碰撞前应先将组合件朝槽轨紧压一下。锤块释放前，可用提供的细绳和木夹吊住，然后让它平稳地下滑，以防跳动。

④ 火花间隙的电容量是很小的，可以忽略。

解 （1）实验原理。

质量为 m 的锤块自静止沿倾角为 α，摩擦系数为 μ 的槽面下滑 l 距离，所得动能为

$$E_k = mgl(\sin\alpha - \mu\cos\alpha)$$

随即与质量为 M 的晶体-垫块联合体做完全非弹性碰撞，碰撞后速度为

$$V = \frac{m}{M+m}v$$

碰撞中的动能损失量为

$$\Delta E_k = \frac{1}{2}mv^2 - \frac{1}{2}(M+m)V^2$$
$$= \frac{Mm}{M+m}gl(\sin\alpha - \mu\cos\alpha)$$

因锤块与联合体均为刚性物体，故 ΔE_k 即为碰撞时压缩晶体的做功量 E，其中转化为电能的 kE 部分为

$$kE = k\Delta E_k = k\frac{Mm}{M+m}gl(\sin\alpha - \mu\cos\alpha)$$

每块晶体的电容量为 C_p，实验中两电容成并联关系，等效电容为 $2C_p$。设并联电容端压为 U，则有

$$kE = \frac{1}{2}(2C_p)U^2$$

联合以上两式，可解得

$$U = \sqrt{\frac{kMmgl(\sin\alpha - \mu\cos\alpha)}{C_p(M+m)}}$$

式中 k、M、m、g、α 和 C_p 均已给出，在实验中测出常量 μ 后，U 便可由锤块的下滑距离 l 来确定。

实验最终目的是要获得击穿电压与空气间隙宽度 d 之间的函数关系曲线，为此可用实验装置中作为空气间隙（击穿时即为火花间隙）负电极的螺丝来调节 d 值。对于每个 d 值，通过实验找出能使空气间隙电击穿的最小 l 值，再算出相应的 U 值。测出适量的

U、d 数据对,便可绘制 U-d 关系曲线。

(2) 实验数据处理。

所用晶体的序号为 87。

① 摩擦系数 μ 的测定。

通过实验装置底座倾斜程度的调节,可使锤块下滑的槽面与水平面之间的真实夹角 α' 变化。当 α' 调节到能使锤块匀速下滑时,便有

$$\mu = \tan\alpha'$$

此 α' 称为临界角。

测试数据见表 1,可得处理结果如下:

$$\bar{\mu} \pm \Delta\mu = 0.224 \pm 0.004$$

表 1

实验次序号	1	2	3	4
临界角 α' (°)	13.0	12.5	13.0	12.0
μ	0.231	0.222	0.231	0.213

测出 μ 后,实验装置底座放在平面上,槽面与水平面间的夹角又恢复为恒定量 $\alpha = 55° \pm 1°$。

② 不同间隙宽度 d 对应的击穿电压 U 值的测定。

空气间隙宽度 d 可借助螺丝的螺距来测定。开始时两电极接触($d = 0$),然后用旋转机构提升螺丝,每转一周得一个 d 值,测量一次对应击穿电压 U 值的锤块下滑距离 l。

实验时应使锤块下滑量从小增大,记下刚好能产生电火花的 l 值。数据处理时,还须对锤块在槽轨标尺上的零点误差(1.0 mm)进行修正。为保证锤块下滑的初速度为零,先用夹子夹住连在锤块上的细绳,然后再松开夹子,使锤块自由下滑。

由于压电晶体的内阻很高,每次碰撞后均需短路放电。

实验数据及处理结果见表 2。

表 2

d (mm)	1.60	2.40	3.20	4.00	4.80	5.60
l_1 (cm)	3.6	4.3	4.8	5.2	5.8	6.3
l_2 (cm)	3.6	4.3	4.9	5.3	5.6	6.2
l_3 (cm)	3.6	4.3	4.8	5.2	5.9	6.3
$\bar{l}$ (cm)	3.6	4.3	4.8	5.2	5.8	6.3
U (10^4 V)	1.23	1.34	1.42	1.48	1.56	1.63

③ 作 U-d 关系曲线。

曲线见图 2,可以看出 U、d 间为线性关系。

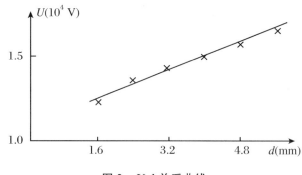

图 2 U-d 关系曲线

(3) 讨论。

① 空气的电击穿是在强电场下空气雪崩式电离而造成的,火花在间隙中何处产生以及火花的路径都是不确定的,具有随机性。

② 对于一定的空气间隙宽度 d,击穿电压 U 值与空气成分、压强、湿度及电极的材料、大小、形状等因素密切相关,所以本实验的测量结果不具有普遍的适用性。

③ 测量误差的分析和估计。

火花间隙 d 的测量误差估计:

初始零点位置估计误差平均约为 3%;螺丝旋转一周的误差约有 5°,或者说误差为 1%;螺距误差约为 1%。据此,d 的测量误差约为 5%。

击穿电压 U 的测量误差估计:

下滑距离 l 的误差约 1%;M 与 m 的误差估计为 0.5%;μ 的误差估计为 0.5%;倾角 α 的误差约为 1%;电容引起的误差约 5%;k 的误差约为 5%。据此,U 的测量误差估计为 13%。

此外,中心电极的形状、螺丝作为一个电极其端面的形状及平整度都会影响击穿电压和间隙宽度的测量。

虽然与 U 有关的直接测量值 l 的重复性很好,但与 U 有关的各种计算参量的误差之和较大,所以测量的准确度不高。

第 14 届国际物理奥林匹克竞赛的一道近代物理赛题

舒幼生

随着现代物理科学的发展,国际物理奥林匹克竞赛中近代物理内容的比重明显增加,但是其中能供我国中学生参考的赛题仍不多见,这里要介绍给读者的正是属于这少数题中的一道佳题。为方便中学生读者审题并突出本题内涵的两次碰撞对称性关联,对原题题文和题解均作了少许的改动。

例 波长为 λ_i 的光子与一个运动的自由电子相碰,碰撞后电子静止,原光子消失,并产生一个波长为 λ_0 的光子,后者运动方向与原光子运动方向成 $\theta = 60°$ 角。接着新光子又与一个静止的自由电子相碰,碰撞后此光子消失,同时产生一个波长为 $\lambda_f = 1.25 \times 10^{-10}$ m 的光子,后者运动方向又与碰撞前光子运动方向成 $\theta = 60°$ 角。试求第一个电子在碰撞前的德布罗意波长 λ_e。

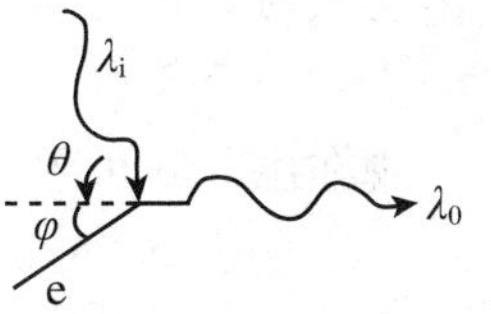

图 1

解 参照图 1,第一次碰撞的能量与动量守恒式为

$$h\nu_i + E_e = h\nu_0 + m_e c^2 \qquad ①$$

$$\frac{h}{\lambda_i}\cos\theta + p_e\cos\varphi = \frac{h}{\lambda_0} \Rightarrow h\nu_i\cos\theta + (p_e c)\cos\varphi = h\nu_0 \qquad ②$$

$$\frac{h}{\lambda_i}\sin\theta - p_e\sin\varphi = 0 \Rightarrow h\nu_i\sin\theta - (p_e c)\sin\varphi = 0 \qquad ③$$

式中 E_e 为碰撞前电子的总能量,m_e 为电子的静质量,p_e 为碰撞前电子的动量,其关系为

$$p_e^2 c^2 = E_e^2 - m_e^2 c^4 \qquad ④$$

上述四个方程中含有五个未知量:ν_i、ν_0、E_e、p_e 和 φ。因此可以解得 ν_i 与 ν_0 之间的关系式。具体过程如下:

由②③两式消去 φ,可得

$$(p_e c)^2 = (h\nu_0)^2 - 2(h\nu_0)(h\nu_i)\cos\theta + (h\nu_i)^2 \qquad ⑤$$

将④式代入,再与①式联立消去 E_e,得

$$[(h\nu_0)^2 + (h\nu_i)^2 + (m_e c^2)^2 - 2h^2\nu_0\nu_i + 2hm_e c^2(\nu_0 - \nu_i)] - m_e^2 c^4$$
$$= h^2\nu_0^2 - 2h^2\nu_0\nu_i\cos\theta + h^2\nu_i^2$$

即有

$$m_e c^2 (\nu_0 - \nu_i) = h\nu_0 \nu_i (1 - \cos\theta)$$

或

$$\frac{1}{\nu_i} - \frac{1}{\nu_0} = \frac{h(1-\cos\theta)}{m_e c^2} \qquad ⑥$$

这就是 ν_i 与 ν_0 之间的关系式。结合 $\lambda = \dfrac{c}{\nu}$，可将⑥式改述成

$$\lambda_i - \lambda_0 = \frac{h(1-\cos\theta)}{m_e c} \qquad ⑦$$

第二次碰撞的过程图相当于图1的逆过程图，即使不讨论碰撞后的 E_e、p_e、φ、λ_f 与第一次碰撞前的 E_e、p_e、φ、λ_i 是否对应相同，但 ν_f、ν_0、E_e、p_e 和 φ 满足的关系式仍与①～④式完全相同，因此解得的 ν_f 与 ν_0 的关系式以及 λ_f 与 λ_0 的关系式也必定与⑥⑦两式相同，故有

$$\lambda_f - \lambda_0 = \frac{h(1-\cos\theta)}{m_e c} \qquad ⑧$$

既然⑦⑧两式中 λ_0、θ 相同，便得

$$\lambda_i = \lambda_f = 1.25 \times 10^{-10} \text{ m} \qquad ⑨$$

代入⑦式可算得

$$\lambda_0 = 1.238 \times 10^{-10} \text{ m} \qquad ⑩$$

现在由⑤式可得

$$p_e^2 = h^2 \left(\frac{1}{\lambda_0^2} - \frac{2}{\lambda_0 \lambda_i} \cos\theta + \frac{1}{\lambda_i^2} \right)$$

再将 $p_e = \dfrac{h}{\lambda_e}$ 代入，便得

$$\frac{1}{\lambda_e^2} = \frac{1}{\lambda_0^2} - \frac{2\cos\theta}{\lambda_0 \lambda_i} + \frac{1}{\lambda_i^2}$$

将⑨⑩两式代入后，可算得

$$\lambda_e = 1.24 \times 10^{-10} \text{ m}$$

第 20 届国际物理奥林匹克竞赛的一道热学赛题

舒幼生

本题是国际物理奥林匹克竞赛委员会常设秘书长高日柯夫斯基（W. Gorzkowski）在第 20 届赛事中，为其做东的祖国波兰组委会编制的三道理论赛题中的一道热学题。此题具有明显的学院风格，与我国传统的教学模式最为相近。高氏所编赛题结构严谨，几乎无可挑剔，这在国际竞赛中可谓罕见。本题的设计思想新颖，原意决非考查学生的知识面，而是考查学生在摆脱"想当然"思维习惯方面的能力。两种不相溶液体 A、B 注入一个容器内，缓慢加热，如果 A 的沸点 t_A 低于 B 的沸点 t_B，那么加热到多高的温度 t_1 时容器内的液体即开始沸腾呢？善于计谋的高氏并没有直接提出此问，但又故意让学生非常容易猜出这一提问，于是大多数参赛选手都非常干脆（也一定非常痛快）地回答：$t_1 = t_A$，这便中了高氏的"计"。事实上，由于 A、B 交界面处形成的气泡的内压强等于 A、B 各自饱和蒸气压之和，因而将于 $t_1 < t_A$ 时便开始沸腾。幸好我们有一名队员悟到了这一关键点，显然他并没有"想当然"地去处理这道赛题。本题在对学生计算能力方面的要求具有欧美特色，学生须会灵活地用计算器逼近超越方程的数值解，这值得我们借鉴。为方便读者，本书对原题行文作了简化处理。

例 液体 A、B 互不相溶，它们的饱和蒸气压 p 与温度 T（绝对温标）的关系为

$$\ln \frac{p_i}{p_0} = \frac{a_i}{T} + b_i \quad (i = A \text{ 或 } B)$$

其中 p_0 为标准大气压，a、b 为液体本身性质所确定的常量。已测得两个温度点的 $\frac{p_i}{p_0}$ 值如下：

40 ℃　$\frac{p_A}{p_0} = 0.284$　$\frac{p_B}{p_0} = 0.07278$

90 ℃　$\frac{p_A}{p_0} = 1.476$　$\frac{p_B}{p_0} = 0.6918$

（1）在外部压强为 p_0 时，确定 A、B 的沸点。

（2）现将 100 g 液体 A 和 100 g 液体 B 注入一个容器内，并在 A 的表面上覆盖一薄层非挥发性液体 C，C 与 A、B 互不相溶，C 的作用是防止 A 的自由蒸发。如图 1 所示，

各液层高度不大,液体内因重力而形成的附加压强均可忽略。A、B 的摩尔质量比为 $\gamma = \dfrac{\mu_A}{\mu_B} = 8$。

今对容器缓慢、持续地加热,液体温度 $t(\text{℃})$ 随时间 τ 的变化关系如图 2 所示。请确定图中的温度 t_1 和 t_2(精确到 1 ℃),以及在 τ_1 时刻液体 A 和液体 B 的质量(精确到 0.1 g)。

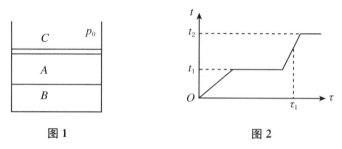

图 1   图 2

假设:A、B 的蒸气均能处理为理想气体,因此也服从道尔顿分压定律。

解 (1) 沸点即为 $\dfrac{p_i}{p_0} = 1$ 时的温度,记为 T_b(或 t_b)。由 $\ln \dfrac{p_i}{p_0} = 0$,可得

$$T_{b,i} = -\dfrac{a_i}{b_i} \qquad ①$$

系数 a_i、b_i 可由题文所给数据算出。例如对 A 有

$$\ln 0.284 = \dfrac{a_A}{273.15 + 40} + b_A$$

$$\ln 1.476 = \dfrac{a_A}{273.15 + 90} + b_A$$

由此可算得

$$a_A = -3748.49 \text{ K}, \quad b_A = 10.711 \qquad ②$$

同样方法可算得

$$a_B = -5121.64 \text{ K}, \quad b_B = 13.735 \qquad ③$$

根据①式便有

$$T_{b,A} = 349.97 \text{ K}, \quad t_{b,A} = 77 \text{ ℃}$$
$$T_{b,B} = 372.89 \text{ K}, \quad t_{b,B} = 99.74 \text{ ℃} \approx 100 \text{ ℃}$$

(2) 所求 t_1、t_2 显然为两个相变温度,即两个沸点。先考虑第一次开始沸腾的温度 t_1。液体 A、B 内部形成的气泡的内压强分别等于 A、B 的饱和蒸气压,A、B 交界面上形成的气泡的内压强则等于 A、B 饱和蒸气压之和(道尔顿分压定律)。因此在系统被缓慢而均匀地加热时,A、B 交界面上形成的气泡的内压强首先达到 p_0,温度 t_1 正对应这两种液体在相互接触区域发生的共同沸腾,它显然低于 A、B 各自的沸点。

由题文所给条件可写出

$$\dfrac{p_i}{p_0} = e^{a_i/T + b_i} \qquad ④$$

t_1 须满足

$$\frac{p_A + p_B}{p_0} = 1$$

即

$$y(t_1) = e^{a_A/(t_0+t_1)+b_A} + e^{a_B/(t_0+t_1)+b_B} = 1$$

为从这个超越方程在数值上确定 t_1,可对 t_1 近似地采用二分逼近方法取值,每次检查等式左边 $y(t_1)$ 是大于还是小于 1,计算结果如下:

$t_1 = 40\ ℃$　　　$y(t_1) < 1$（参考已知条件）
　　$77\ ℃$　　　　> 1（$77\ ℃$ 为 A 的沸点）
　　$59\ ℃$　　　　$= 0.749 < 1$
　　$70\ ℃$　　　　$= 1.113 > 1$
　　$66\ ℃$　　　　$= 0.966 < 1$
　　$67\ ℃$　　　　$= 1.001 > 1$
　　$66.5\ ℃$　　　$= 0.983 < 1$

因此,在所要求精度范围内

$$t_1 = 67\ ℃$$

在沸点 t_1 下加热一段时间后,A、B 中必有其一全部沸腾掉,只剩下另外一种液体时便停止沸腾。而后加热时温度又线性上升,当温度达到该液体的自身沸点时又开始沸腾,因此 t_2 必为 $t_{b,A}$ 或 $t_{b,B}$。

在温度 t_1 下沸腾过程中,A、B 在每个升离的气泡中饱和蒸气质量比 $\dfrac{m_A}{m_B}$ 等于这两种蒸气的密度比 $\dfrac{\rho_A}{\rho_B}$,从而有

$$\frac{m_A}{m_B} = \frac{\rho_A}{\rho_B} = \frac{\mu_A p_A}{\mu_B p_B} = \frac{\gamma p_A}{p_B}$$

由②~④式可算得 t_1 时有

$$p_A = 0.734 p_0, \quad p_B = 0.267 p_0$$

因此

$$\frac{m_A}{m_B} = 22.0$$

这表明 A 的蒸发质量是 B 的 22 倍,液体 A 全蒸发掉时,液体 B 仅蒸发掉

$$\frac{100\ \text{g}}{22} = 4.5\ \text{g}$$

可见在 τ_1 时刻,容器中液体 A 的质量为零;液体 B 的质量为 $(100 - 4.5)\ \text{g} = 95.5\ \text{g}$,而

$$t_2 = t_{b,B} = 100\ ℃$$

第24届IPhO的一道理论赛题和一道实验赛题

舒幼生

第24届国际物理奥林匹克(即IPhO)竞赛的三道理论赛题和两道实验赛题中,有两道理论题和一道实验题的主要内容未超出我国中学生物理竞赛大纲,其中原理论题2已在前面的"命题研究"部分中作了介绍,在此再将原理论题3和实验题1作适当修改后介绍给本书读者。

例1 (原理论题3)电子束。

通过加速电压 $U = 2.0 \times 10^4$ V 产生一平行均匀的高能电子束,电子在加速前的速度均可近似处理为零。这些电子射向一条半径 $r_0 = 1.0 \times 10^{-6}$ m、电荷线密度 $\lambda = 4.4 \times 10^{-11}$ C/m 的长直均匀带正电铜线,铜线的长度方向与电子束初始的入射方向垂直,如图1所示,图中 b 表示某个电子入射方向的延长线与铜线轴线之间的距离。入射电子束经铜线射向前方荧光屏的表面,屏与铜线间的距离为 $L = 0.3$ m ($L \gg b$)。设电子束初始宽度为 $2b_{max}$,其中 $b_{max} = 1.0 \times 10^{-4}$ m,电子束相对铜线轴线上、下对称分布。在垂直于图1平面方向,电子束的线度和铜线的长度皆可视为无穷大。

带电铜线所产生的为径向朝外的电场,场强大小的分布为

$$E = \begin{cases} 0, & 0 \leqslant r < r_0 \\ \dfrac{2k\lambda}{r}, & r > r_0 \end{cases}$$

其中 k 为真空静电常量,r 为空间点到铜线轴线的距离。

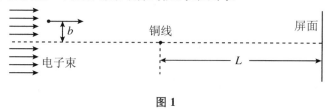

图1

请用合理的近似方法对下述各小题进行分析,并得出相应的数值解答。

(1) 从经典物理出发,在入射的电子中对于其 b 值不至于使它碰撞铜线的电子,用 θ_e 表示它们的偏转角,即电子入射时的初速度与到达屏面时的末速度之间的小夹角,试计算 θ_e 的值。

(2) 用经典物理方法,粗略确定电子束越过铜线到达屏上时在屏上形成的图样(即强度分布图样),并画出图样。

(3) 近代物理认为电子束具有波动性,与光波一样也会发生干涉现象,因此屏上形成的图样应是波的干涉图样。试根据波的相干叠加性采用(近似的)定量方法分析屏上干涉图样中大约有多少个干涉极大位置,并据此定性地画出屏上的干涉图样。

补充有用的物理常数如下：

真空静电常量 $k = 9.00 \times 10^9$ N·m²/C²；

电子电量绝对值 $e = 1.60 \times 10^{-19}$ C；

电子质量 $m = 9.11 \times 10^{-31}$ kg；

普朗克常量 $h = 6.63 \times 10^{-34}$ J·s。

解 (1) 根据题文所述,偏转角很小,如图 2 所示。可将偏转角 θ_e 估算为在垂直于初速度方向(即横向)上动量变化量的大小 $\Delta p_\perp$ 与初始动量大小 mv_0 的比值,即

$$\theta_e \approx \frac{\Delta p_\perp}{mv_0}$$

其中 m 为电子的质量,v_0 为电子经电压 U 加速后的初速度。

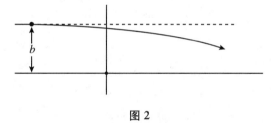

图 2

横向动量变化量大小的一种估算方法如下：

电子所受横向力的数量级显然为

$$F_\perp \approx e \frac{2k\lambda}{b}$$

其中 e 为电子电量的绝对值。此力的作用时间可估算为电子通过 $2b$ 距离的时间,即

$$t \approx \frac{2b}{v_0}$$

力与作用时间的乘积给出横向动量变化量的大小,即有

$$\Delta p_\perp = F_\perp t = \frac{2ke\lambda}{b} \frac{2b}{v_0} = \frac{4ke\lambda}{v_0}$$

由此可得

$$\theta_e = \frac{4ke\lambda}{v_0 mv_0} = \frac{2k\lambda}{U}$$

中间过程利用了能量转换关系：

$$\frac{1}{2}mv_0^2 = eU$$

数值计算可得

$$\theta_e = 3.96 \times 10^{-5} \text{ rad}$$

应当注意到偏转角非常小,而且偏转角与 b 值无关。由于带正电荷的导线与电子之间的作用力是吸引性的,电子束将稍稍朝着铜线方向偏转,如图2所示。

一种较精确的估算是按下述方式进行累加以确定 $\Delta p_\perp$。

将电子的真实轨道近似为一条与铜线相距 b 的直线,如图3所示。轨道中电子所受电场力的横向分量为

$$F_\perp = \frac{2ke\lambda}{r}\cos\varphi$$

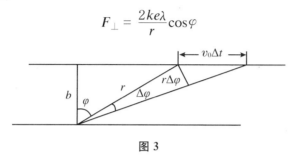

图3

参考图3,有

$$v_0 \Delta t \cos\varphi = r\Delta\varphi$$

可得

$$\Delta t = \frac{r\Delta\varphi}{v_0 \cos\varphi}$$

于是

$$F_\perp \Delta t = \frac{2ke\lambda}{v_0}\Delta\varphi$$

对全轨道进行累加,可得

$$\Delta p_\perp = \sum_{\text{全轨道}} F_\perp \Delta t = \sum_{\text{全轨道}}\left(\frac{2ke\lambda}{v_0}\Delta\varphi\right) = \frac{2ke\lambda}{v_0}\sum_{\varphi=-\frac{\pi}{2}}^{\frac{\pi}{2}}\Delta\varphi$$

$$= \frac{2ke\lambda}{v_0}\pi = \frac{2k\pi e\lambda}{v_0}$$

这一较精确的估算与第一种方法的估算结果差一个 $\frac{\pi}{2}$ 因子,结果为

$$\theta_e = \frac{2k\pi e\lambda}{v_0 m v_0} = \frac{k\pi\lambda}{U}$$

数值计算可得

$$\theta_e = 6.21 \times 10^{-5} \text{ rad}$$

(2)轨道弯曲程度最显著之处约在距铜线 b 处,与 L 相比,b 是非常小的,故可将轨道近似表述成两条直线段,它们在靠近铜线处偏转地交接,如图4所示。在屏面上,每一轨道的横向位移量为

$$d_t = \theta_e L = 1.86 \times 10^{-5} \text{ m} \approx 19 r_0 \gg r_0$$

电子束在屏面上相对铜线的两侧有互相交叠的区域,这已在图4中示出。交叠区域的全

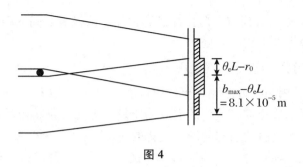

图 4

宽度为
$$d_f = 2(\theta_e L - r_0) \approx 36 r_0 = 3.6 \times 10^{-5} \text{ m}$$
非交叠区中的强度为常量,交叠区中的强度加倍。

(3) 电子束对应一束物质波,它的德布罗意波长为
$$\lambda_e = \frac{h}{mv_0} = \frac{h}{\sqrt{2meU}} = 8.68 \times 10^{-12} \text{ m}$$

其中 h 为普朗克常量。德布罗意波长远小于原始波束的全宽度 $2b_{\max}$,完全可以忽略原始波束的"单缝衍射"效应。在铜线右侧,原始波束分为彼此交角为 $2\theta_e$ 的两束平面波,它们的波阵面如图 5 所示。这两列平面波将产生交叠和干涉,在屏面上的经典交叠区域内,便会出现干涉的极大和极小。

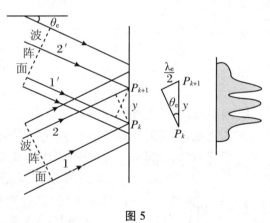

图 5

参考图 5,设下侧波线 1 与上侧波线 $1'$ 在 P_k 处相遇时相干叠加成 k 级极大,下侧波线 2 与上侧波线 $2'$ 在 P_{k+1} 处相遇时相干叠加成 $k+1$ 级极大。由于对称性,必定是 $1'$ 比 1 多走(或少走) $\frac{\lambda_e}{2}$ 路程,$2'$ 比 2 少走(或多走) $\frac{\lambda_e}{2}$ 路程。由图 5 中小三角形所示的几何关系,可知相邻两个干涉极大之间的距离为
$$y = \frac{\lambda_e/2}{\sin\theta_e} \approx \frac{\lambda_e}{2\theta_e} = 7.0 \times 10^{-8} \text{ m}$$

因交叠区的全宽度 $d_f = 3.6 \times 10^{-5}$ m,故此区域内约有 500 个干涉极大位置,图 5 中则象

征性地只画出3个干涉极大位置。应该注意到相邻干涉极大之间的距离与 b 或 b_{max} 都没有关系,这是与双缝干涉不相同之处。

例2 (原实验题1)液氮的汽化热。

本实验的目的是用两种方法测定单位质量液氮的汽化热(L)。方法1是把铝块放入液氮试杯,并测量因铝块冷却而汽化的液氮的质量。方法2是将电功率确定的焦耳热释放到待测的液氮中,测量由此引起的液氮汽化的速率。

给你一个贮存液氮的容器,实验时将其中的一部分液氮倒进试杯中,试杯可放在天平上称量。液氮汽化时,天平读数将减小。其原因为:(1)试杯并非理想的绝热器,周围空气会传热给试杯及杯内的液氮;(2)铝块冷却时会传热给液氮(方法1);电流通过放在液氮中的电阻器时,会有焦耳热传给液氮(方法2)。实验室提供一个可测电压、电流以及电阻的万用表和一块停表,两者的使用说明见图6和图7。

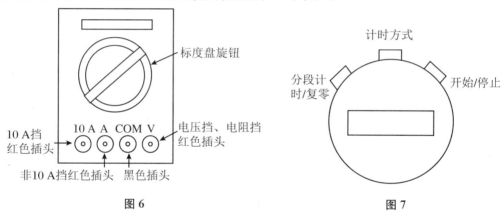

注意:
(1) 液氮温度极低,不要让它以及被它冷却了的物品与你的身体或衣服接触。
(2) 不能将任何物品掉入液氮,实验时应始终戴上实验室提供的防护眼镜。
(3) 应手提铝块上的一根线,将它慢慢放入液氮中,否则液氮会过分快地沸腾。

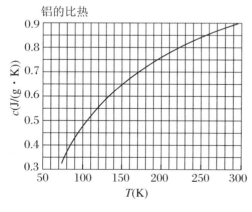

图8

(4) 在电阻器完全放入试杯并被液氮浸没前切勿通电,否则电阻器会变得非常热,放入试杯后会引起液氮剧烈沸腾。

方法1:

从室温(约为21 ℃)到液氮在1个大气压下迅速汽化的温度(77 K),铝的比热(c)有显著的变化,c 随温度(T)的变化曲线见图8。试测定由于铝块冷却而被汽化掉的液氮的质量,然后用此数据及铝块的比热曲线求出液氮的汽化热,且对所求得的汽化热数值的精度作出定量估算。

方法 2：

将电阻器放入待测液氮中，测定由于电流通过电阻器而引起的液氮汽化速率。实验室提供的直流电源只用其 8 V 挡，不要拆下跨接在输出端的电容器上。由所测得的结果求出液氮的汽化热，且应对汽化热数值的精度作出定量估算。

注意：

（1）实验报告一定要包括实验示意图、标明物理量名称及单位的数据表、求得的物理量的数值与单位等，以便阅卷人能确切知道你做了什么。

（2）如果某一装置工作不正常，可请求帮助。

停表的使用方法如下：

进行时间测定：

按"Mode"（计时方式）键，直到停表显示 00000。

记录单次时间间隔的操作：

① 按"Start/Stop"（开始/停止）键，使停表开始计时；

② 按"Start/Stop"键，使停表停止计时；

③ 按"Split/Reset"（分段计时/复零）键，使停表复零。

记录多次事件时间而不关掉停表的操作：

① 按"Start/Stop"键，开始计时；

② 按"Split/Reset"键，显示不变，但停表继续计时；

③ 按"Split/Reset"键，再次显示实际计时；

④ 当完成最后事件的计时时，按"Start/Stop"键，停止计时；

⑤ 按"Split/Reset"键，使停表复零。

解 方法 1：

铝块的质量可测出为

$$m = (19.4 \pm 0.1)\,\text{g}$$

实验装置如图 9 所示。

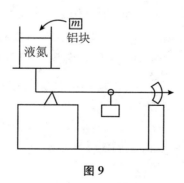

图 9

表1 方法1实验测量数据

	总质量 M(g)	停表读数(min:s)	累积时间 t(s)
未加铝块	153	0:00.0	0
	152	0:36.8	36.8
	151	1:19.1	79.1
	150	2:00.7	120.7
	149	2:40.5	160.5
	148	3:23.1	203.1
铝块加入且已降至液氮温度	150(130.6)	5:31.8	331.8
	149(129.6)	6:21.6	381.6
	148(128.6)	7:17.3	437.3
	147(127.6)	8:08.6	488.6
	146(126.6)	9:00.9	540.9
	145(125.6)	9:54.6	594.6

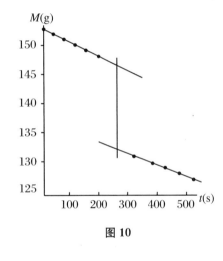

图10

当液氮与试杯质量之和 M 为 148 g 时加入铝块,经一小段时间(3:23.1~5:31.8)后总质量 M 降为 150 g(扣掉铝块质量 19.4 g,则液氮与试杯质量之和为 130.6 g),这一小段时间中铝块放热,但当其温度与液氮温度相同时便不再放热。在时刻 5:31.8 之后,表1中所显示的总质量减少是由于试杯从环境中吸热使液氮继续汽化造成的,表中圆括号内的数值为液氮与试杯质量之和。

表1对应的 M-t 曲线如图10所示。

两条图线(实为直线)之间的质量差便为仅由铝块放热造成的液氮汽化的质量 ΔM,由图可得
$$\Delta M = (146.5 - 132.0) \text{ g} = (14.5 \pm 0.3) \text{ g}$$

由图8可通过数格估算出每克铝从室温 294 K 降温到 77 K 所放出的热量约为
$$\sum_{T=77\text{ K}}^{294\text{ K}} c\Delta T \approx (151 \pm 2) \text{ J/g}$$

铝块总的放热量便为
$$Q = \sum_{T=77\text{ K}}^{294\text{ K}} mc\Delta T \approx (19.4 \pm 0.1) \times (151 \pm 2) \text{ J} = (2930 \pm 42) \text{ J}$$

最后可算得液氮汽化热为
$$L = \frac{Q}{\Delta M} = \frac{2930 \pm 42}{14.5 \pm 0.3} \text{ J/g} = (202 \pm 5) \text{ J/g}$$

方法2:

实验装置如图11所示,电路数据为

$$R = 23.0\ \Omega,\quad U = 12.7\ \text{V},\quad I = 0.56\ \text{A}$$

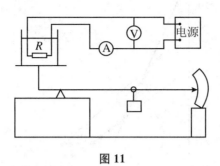

图 11

测量结果见表 2。

表 2　方法 2 实验测量数据

	总质量 M(g)	停表读数(min:s)	累积时间 t(s)
数组Ⅰ （未通电流）	156	0:00.0	0
	155	0:45.2	45.2
	154	1:31.4	91.4
	153	2:16.2	136.2
	152	2:60.0	180.0
	151	3:47.2	227.2
数组Ⅱ （通电流时）	150	4:13.6	253.6
	149	4:32.1	272.1
	148	4:50.1	290.1
	147	5:08.9	308.9
	146	5:27.2	327.2
	145	5:45.7	345.7
	144	6:04.1	364.1
	143	6:21.9	381.9
数组Ⅲ （未通电流）	142	7:02.3	422.3
	141	7:58.4	478.4
	140	8:51.2	531.2
	139	9:43.7	583.7
	138	10:34.6	634.6
	137	11:30.7	690.7

表 2 对应的 M-t 曲线如图 12 所示。

电流未接通时，液氮因从周围空气中吸热而汽化的速率可从图线Ⅰ和Ⅲ分别求得为

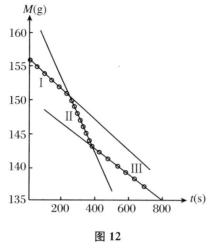

图 12

$$\left(\frac{\Delta M}{\Delta t}\right)_\text{I} = \frac{156-140}{720-0} \text{ g/s} = 0.0222 \text{ g/s}$$

$$\left(\frac{\Delta M}{\Delta t}\right)_\text{III} = \frac{147-135}{800-180} \text{ g/s} = 0.0194 \text{ g/s}$$

因此平均值为

$$\left(\frac{\Delta M}{\Delta t}\right)_{P=0} = \frac{1}{2}\left[\left(\frac{\Delta M}{\Delta t}\right)_\text{I} + \left(\frac{\Delta M}{\Delta t}\right)_\text{III}\right]$$

$$= (0.020 \pm 0.001) \text{ g/s}$$

电流接通时,液氮因从周围空气和电阻器中吸热而汽化的速率为

$$\left(\frac{\Delta M}{\Delta t}\right)_\text{II} = \frac{153-140}{440-200} \text{ g/s} = 0.0542 \text{ g/s}$$

液氮从电阻器中吸热而汽化的速率便为

$$\frac{\Delta M}{\Delta t} = \left(\frac{\Delta M}{\Delta t}\right)_\text{II} - \left(\frac{\Delta M}{\Delta t}\right)_{P=0} = (0.034 \pm 0.0014) \text{ g/s}$$

电阻器的电热功率为

算式 1:$P = IU = 7.11$ W
算式 2:$P = I^2 R = 7.21$ W
算式 3:$P = \dfrac{U^2}{R} = 7.01$ W
$\bigg\}$ 取 $P = (7.1 \pm 0.1)$ W

由热传导平衡关系

$$P = L \frac{\Delta M}{\Delta t}$$

得液氮汽化热为

$$L = \frac{P}{\dfrac{\Delta M}{\Delta t}} = \frac{7.1 \pm 0.1}{0.034 \pm 0.0014} \text{ J/g} = (209 \pm 9) \text{ J/g}$$

IPhO 中的杨氏双缝干涉和平行波束干涉的赛题

舒幼生

干涉是波的重要特征,光的干涉实验证明了光的波动性。杨氏双缝干涉由于其物理图像简明、计算方便,因此成为波动光学教学中的重点讲授内容。在我国,中学生物理竞赛中也曾有过涉及这方面内容的试题。在其他国家的国内物理奥林匹克竞赛以及国际物理奥林匹克(下称 IPhO)竞赛中,不仅有光波的杨氏双缝干涉题,而且还有其他类型波的杨氏双缝干涉题;不仅有真实双缝装置的原始双缝干涉题,而且还有并不存在真实双缝装置的所谓类双缝干涉题,这种干涉常可通过几何成像在理论上归结为原始的双缝干涉。在国际上,奥林匹克物理赛题中还有一部分涉及平行波束的干涉,这种干涉很容易在双缝干涉的基础上稍作引申后被理解。下面将有关的国外、国际赛题分为三种类型介绍给读者,其中部分内容和文字已作修改。

1. 杨氏双缝干涉

例 1 (芬兰物理奥林匹克竞赛试题)在杨氏双缝干涉实验中,波长为 $\lambda = 6000$ Å(1 Å $= 10^{-10}$ m)的单色光垂直照射到两个非常靠近的狭缝。设屏幕与双缝所确定的平面互相平行,两者间距为 $l = 1.00$ m,幕上中央最亮位置与其一侧的第 10 条亮线的间距为 $a = 30$ mm,试求两缝间距 d。

解 $d = \dfrac{k\lambda l}{a} = 0.20$ mm($k = 10$)。

这是一道最原始的、套用公式即可算出答案的杨氏双缝干涉题。

例 2 (1985 年英国物理奥林匹克竞赛试题)杨氏双缝(A 缝与 B 缝)干涉装置如图 1 所示,有关参量已在图中给出。当波长为 λ 的单色平行光束按图示方向射来时,试确定屏幕上中央极大的位置以及其附近相邻亮线之间的距离。

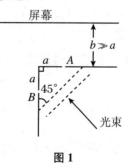

图 1

解 图 2 中屏幕上与 A、B 两缝等间距的位置 O 即为中央极大位置。

仍如图 2 所示,在屏幕上建立以 O 为坐标原点的 x

轴。连接 AB，将连线中点记为 P，再连接 OP。今作垂直于连线 OP 的一系列平行平面，这些平面可视为如例 1 所述的原始杨氏双缝干涉装置中的平行屏幕，此类屏幕上的单色光双缝干涉图样是已经清楚的。从 O 点开始，如果某一平面上的 $k = \pm 1$ 级亮线位置恰好在 x 轴上，那么 x 轴上的这一点即为本题所给屏幕上的 $k = \pm 1$ 级亮线位置。按这种方式，可依次得到 x 轴上 $k = \pm 2, \pm 3, \cdots$ 各级亮线位置。

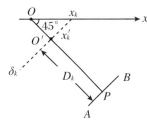

图 2

设图 2 中用虚线表示的 δ_k 平面与 x 轴的交点 x_k 为 k 级亮线位置，则图中 x'_k 量为

$$x'_k = k\frac{D_k}{d}\lambda$$

其中

$$d = \sqrt{2}a$$

为 A、B 缝的间距。由此可得

$$x_k = \sqrt{2} x'_k = k\frac{D_k}{a}\lambda$$

因 x'_k 为小量，且 $b \gg a$，很易算得

$$D_k \approx \sqrt{2}b$$

于是有

$$x_k = k\frac{\sqrt{2}b}{a}\lambda$$

相邻亮线的间距便为

$$\Delta x = \frac{\sqrt{2}b}{a}\lambda$$

在原始杨氏双缝干涉装置中，屏幕与双缝平面互相平行。本题的特点是屏幕与双缝平面斜交，为便于计算起见，又将交角取为 45°。

例 3（挪威物理奥林匹克竞赛试题）如图 3 所示，从远处声源上发出的声波，波长为 λ，垂直射到墙上。墙上有两个小孔 A 和 B，彼此相距 $a = 3\lambda$。将一个探测器沿 AP 移动，遇到两次极大，试求用 λ 表示的两次极大值位置 Q_1、Q_2 分别与 A 孔的距离 d_1、d_2。

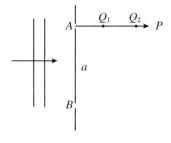

图 3

解 AP 方向线上任意 Q 点与 A 孔的距离记为 d，则 A、B 孔发出的两列波到 Q 点相遇时的波程差为

$$\Delta L = \sqrt{a^2 + d^2} - d$$

当 ΔL 为 λ 的整数倍时，Q 点便为干涉极大。当 $d = 0$ 时，$\Delta L = 3\lambda$，为干涉极大，但因该 Q 点与 A 孔重合，故非本题所求。d 从零增大时，ΔL 将随之减小，故 Q_1 和 Q_2 两点对应的 ΔL 应分别为 2λ 和 λ，即有

$$\sqrt{a^2 + d_1^2} - d_1 = 2\lambda, \quad \sqrt{a^2 + d_2^2} - d_2 = \lambda$$

将 $a = 3\lambda$ 代入后，便可算得

$$d_1 = \frac{5}{4}\lambda, \quad d_2 = 4\lambda$$

本题为声波的杨氏双孔干涉,在本题中不必深究双孔干涉与双缝干涉的区别。本题中"屏幕"实为一直线,且与双孔连线垂直,即交角为 90°。对这种特殊情况,采用直接计算波程差的方法来确定干涉极大位置更为方便。

2. 类杨氏双缝干涉

例 4 (苏联国内试题)两块相同的平面镜之间的夹角为 $\pi - 2\alpha$,其中 α 为每一块平面镜与空间 σ 平面的夹角,如图 4 所示。在两平面镜夹角的角平分面上放置线光源 S,它与两平面镜交线的距离为 $d = 20$ cm。图中屏幕 M 与平面 σ 平行且被放置在足够远处,设 $\alpha = 0.05$ rad,光源 S 发出的光线不能直射到 M 上,试问平面镜宽度 a 最小为多少时,在 M 上必能有干涉图样?

解 S 发出的光经两块平面镜反射后形成两支相干光束,这两支光束可等效为由 S 的两个虚像 S_1、S_2 发出的。将 S_1、S_2 视为两个线光源,则问题转化为杨氏双缝干涉。考虑到反射机制,S_1 发出的光束由图 5 中的射线 S_1P_1 和射线 S_1Q_1 界定,S_2 发出的光束由射线 S_2P_2 和射线 S_2Q_2 界定。由于屏幕 M 足够远,为使这两支光束在 M 上能相遇形成相干叠加,便要求 S_1P_1、S_2P_2 不能与两平面镜夹角的角平分线 OO' 相交成锐角。S_1P_1、S_2P_2 各自与 OO' 的夹角越小,对应的平面镜宽度 a 值自然也越小。夹角最小为 $\frac{\pi}{2}$,对应的最小 a 值便为

$$a = 2\left[d\cos\frac{1}{2}(\pi - 2\alpha)\right] = 2d\sin\alpha$$

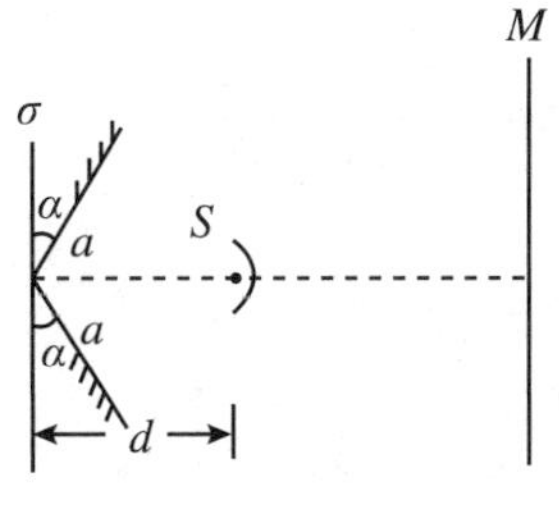

图 4

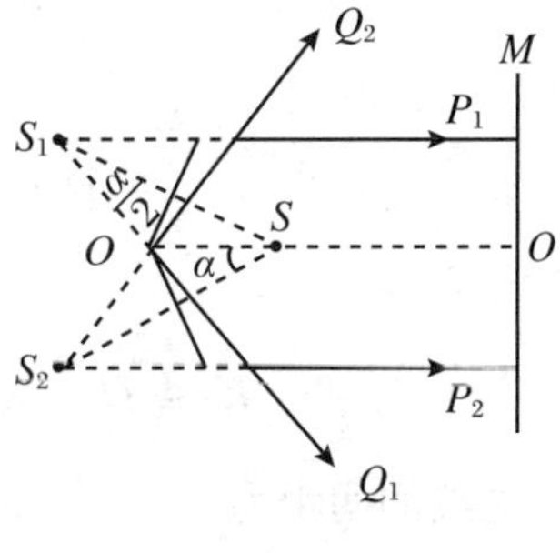

图 5

因 α 为小角度,故

$$a \approx 2d\alpha = 2 \text{ cm}$$

本题中线光源 S 发出的光束通过两块平面镜反射形成的干涉可等效为两个相干的(虚像)线光源 S_1、S_2 发出光束的干涉,从而在理论上归结为杨氏双缝干涉,不妨称这种干涉为类杨氏双缝干涉。

例 5 (第 6 届 IPhO 竞赛试题)将焦距为 $f = 10$ cm 的薄透镜沿垂直于其表面的方向切割为对称的两部分,再把这两部分沿着垂直于原主光轴的方向平移开小段距离 $\delta = 0.1$ cm。今在它们的左侧距离 $t = 20$ cm 的对称位置上放一个波长为 $\lambda = 5000$ Å 的单色

点光源,问在右侧距离为 $H = 50\text{ cm}$ 的屏幕上将出现多少条干涉亮纹?

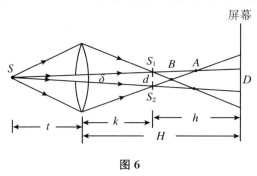

图 6

解 由两部分透镜所形成的两个实像是两个相干点光源,可以产生类杨氏双孔(或者说类杨氏双缝)干涉。设这两个点光源之间的距离为 d,单色光波长已知为 λ,则在 h 远处平行屏幕上出现的干涉亮纹的相邻间距为

$$\Delta s = \frac{h}{d}\lambda$$

参考图 6,点光源 S 位于透镜左侧距离为 t 处,它产生的两个实像 S_1、S_2 位于透镜右侧

$$k = \frac{tf}{t - f}$$

处。透镜两部分间切口的宽度为已给的 δ,S_1、S_2 之间的距离 d 可从下面比例式中得到:

$$\frac{d}{\delta} = \frac{t + k}{t}$$

即有

$$d = \delta \frac{t + k}{t} = \frac{\delta t}{t - f}$$

屏幕到 S_1、S_2 的距离为

$$h = H - k = \frac{H(t - f) - tf}{t - f}$$

于是屏幕上相邻亮纹的间距为

$$\Delta s = \frac{h}{d}\lambda = \frac{H(t - f) - tf}{\delta t}\lambda$$

干涉条纹出现在 S_1、S_2 发出的两光束交叠之处,由相似三角形关系可求得两光束交叠部分的直径为

$$D = \delta \frac{H + t}{t}$$

D 除以 Δs 便为条纹间距数:

$$N' = \frac{D}{\Delta s} = \frac{\delta^2(H + t)}{[H(t - f) - tf]\lambda}$$

将已给数据代入,可算得

$$N' = 46.6$$

由于亮纹分布的对称性,很易确定亮纹数为

$$N = 47$$

讨论 上述计算适合于图6所示情况,即图中 A 点位于屏幕左侧。如果 A 点位于屏幕右侧,则上述关于 D 值的算式失效,需重新计算(此处从略);如果 B 点也位于屏幕右侧,则 $D=0$,屏幕上无干涉条纹。

在中学教学范围内,双孔干涉与双缝干涉的区别不予讨论,故两者相似。本题虽然实为类杨氏双孔干涉,但也可当作类杨氏双缝干涉来处理。此外顺便一提,由于透镜两部分之间的切口平直,故本题屏幕上的交叠区域并非圆形,解答中称 D 为"直径"其实不妥,应改称为"宽度"。

例6 (英美大学物理试题)一艘船在其离海平面高度 $h=25$ m 的桅杆上装有一天线,向位于海平面上方 $H=150$ m 高处的山顶接收站发射波长 λ 在 2~4 m 范围内的无线电波。当船驶至与接收站的水平距离 $L=2000$ m 时,失去无线电联系。假定海平面能将无线电波全反射,而且反射波与入射波之间有因反射造成的 π 相位突变,试确定所用无线电的实际波长。

解 船上天线 S 发出的无线电波中有一部分直接传播到接收站,另有一部分经海平面反射后传播到接收站,形成相干叠加。反射波可等效为 S 相对于海平面的虚像 S' 发出的波列,问题便相当于讨论两个点波源 S、S' 形成的干涉。由图7可见,两列波的几何程差为

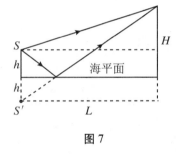

图7

$$\Delta' = \sqrt{L^2 + (H+h)^2} - \sqrt{L^2 + (H-h)^2} = 3.74 \text{ m}$$

反射形成的 π 相位突变可折算成半个波长的波程差,故总的等效波程差为

$$\Delta = \Delta' + \frac{\lambda}{2}$$

当 $\Delta = \left(n+\frac{1}{2}\right)\lambda$ 时,相干叠加后接收到的信号最弱,失去联系。故有

$$\Delta' = n\lambda$$

n 只可取整数,因 λ 在 2~4 m 范围内,故只可取 $n=1$,得真实波长为

$$\lambda = \Delta' = 3.74 \text{ m}$$

本题仍属类杨氏双缝(双孔)干涉,只是所取为无线电波。本题取于大学物理试题,内中涉及我国中学教材中未包括的半波损失知识,考虑到解题时学生只需知道这一事实而不必追究其原因,故在此作为背景知识于题文中提供给学生。在IPhO赛题中常有这样或那样的背景知识,其目的之一是考查学生在对新知识的快速掌握和运用方面的能力。前面例4中两块平面镜的反射也均有半波损失,两列反射波之间便无附加的波程差。

3. 平行波束的干涉

例7 （第12届IPhO竞赛试题）某射电天文台的接收机位于海平面上方高度为 $h = 2$ m 处，当一颗能发射波长为 $\lambda = 21$ cm 的电磁波的射电星从地平线升起后，接收机可相继地记录到极大值与极小值。

(1) 确定观察到极大值和极小值时电磁波的方向，方向应以相对于水平线的角度 θ 表示。

(2) 射电星在地平线上刚出现时，接收机记录的信号将会减弱还是增强？

已知电磁波在海平面上反射时有半波损失。

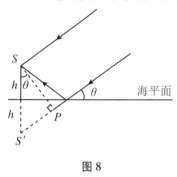

图8

解 (1) 射电星可认为在无穷远，由它射来的电磁波可视为平行波束。波束中有一部分直接被接收机 S 接收，另一部分通过海平面反射后被 S 接收。后一种接收也可等效为被 S 相对海平面的虚像 S' 直接接收，如图8所示。图中虚线 SP 代表平面波的波阵面，它与传播方向垂直。由图很易算得这两种接收信号之间的路程差为

$$S'P = 2h\sin\theta$$

考虑到半波损失，等效波程差为

$$\Delta = S'P + \frac{\lambda}{2} = 2h\sin\theta + \frac{\lambda}{2}$$

相干极大条件为

$$\Delta = k\lambda \quad (k = 1, 2, \cdots)$$

故接收机记录到极大值对应的方位角为

$$\theta = \arcsin\frac{\left(k - \frac{1}{2}\right)\lambda}{2h} = \arcsin\left[5.25 \times 10^{-2}\left(k - \frac{1}{2}\right)\right] \quad (k = 1, 2, \cdots)$$

相干极小条件为

$$\Delta = \left(k + \frac{1}{2}\right)\lambda \quad (k = 0, 1, 2, \cdots)$$

接收机记录到极小值对应的方位角为

$$\theta = \arcsin\frac{k\lambda}{2h} = \arcsin(5.25 \times 10^{-2} k) \quad (k = 0, 1, 2\cdots)$$

(2) 射电星刚从海平面升起时，对应的方位角 $\theta = 0$，显然接收机记录的相干信号为极小。升起时，方位角 θ 值将增大，故记录的相干信号将增强。

将例6中的山顶接收站移动至无穷远处，且改为由接收站向船上天线发射无线电信号，即构成本题内容。

例8 （第3届IPhO竞赛试题的改造题）一块玻璃平板放置在一个玻璃立方体上，两者之间有一层平行的空气隙，如图9所示。波长在 $0.4 \sim 1.15\ \mu m$ 之间的电磁波垂直入射平板玻璃上，经空气隙上下两界面反射而发生干涉，在反射区域中共有三种波长获得极大增强，其中之一为 $0.4\ \mu m$。设空气隙上界面反射无半波损失，下界面反射有半波损失，试求空气隙的厚度 d。

解 电磁波在厚度为 d 的空气隙中往返一次,经过的路程为 $2d$。电磁波在空气隙上界面反射时无半波损失,在下界面反射时有半波损失,因此图 9 中两个反射的波束间的等效波程差为

$$\Delta = 2d + \frac{\lambda}{2}$$

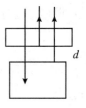

图 9

相干叠加获得极大增强的条件为

$$\Delta = k\lambda \quad (k = 1, 2, \cdots)$$

即得

$$\lambda = \frac{2d}{k - \frac{1}{2}} \quad (k = 1, 2, \cdots)$$

由于 d 是相同的,因此 λ 越小,k 越大;λ 越大,k 越小。设有 n 个 λ 满足极大增强,它们依次为

$$\lambda_{\min} = \lambda_1 < \lambda_2 < \cdots < \lambda_n = \lambda_{\max}$$

它们对应的 k 应排列为

$$k_{\max} = k_1 > k_2 > \cdots > k_n = k_{\min}$$

任意一对 $\lambda_i < \lambda_j$ 的比值满足

$$1 < \frac{\lambda_j}{\lambda_i} < \frac{1.15\ \mu\text{m}}{0.4\ \mu\text{m}} = 2.875$$

又因为

$$\frac{\lambda_j}{\lambda_i} = \frac{2k_i - 1}{2k_j - 1}$$

所以

$$1 < \frac{2k_i - 1}{2k_j - 1} < 2.875 \quad (k_i > k_j) \qquad ①$$

将 $\dfrac{2k_i - 1}{2k_j - 1}(k_i > k_j)$ 列表,见表 1。表中凡满足①式的均用灰色突出显示。

表 1

k_j \ $\dfrac{2k_i-1}{2k_j-1}$ \ k_i	2	3	4	5	6	7	8	9
1	3	5	7	9	11	13	15	17
2		1.67	2.33	3	3.67	4.33	5	5.67
3			1.4	1.8	2.2	2.6	3	3.4
4				1.29	1.57	1.86	2.14	2.43
5					1.22	1.44	1.67	1.89
6						1.18	1.36	1.55
7							1.15	1.31
8								1.13

根据题意应取 $n=3$，从表中可以查出，只有两组 k 解，即
$$k_1 = 4, \quad k_2 = 3, \quad k_3 = 2 \qquad ②$$
或
$$k_1 = 5, \quad k_2 = 4, \quad k_3 = 3 \qquad ③$$
因有
$$\lambda_1 = \lambda_{\min} = 0.4\ \mu\text{m}$$
$$\lambda_1 = \frac{2d}{k_1 - \frac{1}{2}}$$
所以
$$d = \frac{1}{2}\left(k_1 - \frac{1}{2}\right)\lambda_1 = \frac{1}{2}\left(k_1 - \frac{1}{2}\right) \times 0.4\ \mu\text{m}$$
取②式时有
$$d_1 = \frac{1}{2}\left(4 - \frac{1}{2}\right) \times 0.4\ \mu\text{m} = 0.7\ \mu\text{m}$$
取③式时有
$$d_2 = \frac{1}{2}\left(5 - \frac{1}{2}\right) \times 0.4\ \mu\text{m} = 0.9\ \mu\text{m}$$
即空气隙厚度或为 $0.7\ \mu\text{m}$，或为 $0.9\ \mu\text{m}$。

平行波束的这种干涉属于薄膜干涉，此处波束垂直入射，波程差的计算极为方便，学过杨氏双缝干涉的中学生读者在对本题的理解方面一定不会存在困难。

国际物理奥林匹克与中国代表队①

谭清莲

国际物理奥林匹克竞赛已成功举办 27 届,参赛国也由首届的 5 个发展到 55 个。实践证明,国际物理奥赛在促进物理教学进步和推动国际交流方面取得了成功。

每年 7 月,世界各参赛国选拔出来的有天赋的中学生汇集在一起,在同样的条件下比较自己的知识和能力,这对青年人具有很强的吸引力。中国的青少年聪明、努力,无论何时何地也不怯场,无论参加什么国际比赛都能捧回大奖。当然,除了他们自身的因素,很重要的一方面应归于中国的教师会训练。中国自 1986 年组队参赛,迄今已历 11 届,其中,从 1990 年至 1996 年,由北京大学舒幼生教授连续 7 年担任中国队的领队兼主教练,曾率 35 名学生参赛,全部获得奖牌,其中获金牌 28 枚,占参赛选手的 80%;银牌 4 枚,占 11%;铜牌 3 枚,占 9%。特别值得一提的是,1994~1996 年,中国队连续三年夺得团体总分第一;1991、1992、1995、1996 这四年,中国参赛选手全部获得金牌,中国队也随之成长为一支令世人瞩目的强队。他们以聪明和智慧为国家和民族争了光,功不可没。

为使广大读者了解国际物理奥赛的概况、模式、宗旨和中国队的情况,笔者专门访谈了中国队主教练、北京大学舒幼生教授和国际物理奥赛委员会秘书长、波兰科学院瓦·高日柯夫斯基博士,他们都是笔者熟识的朋友和作者,谈吐自然是详尽而准确,在此整理出来,一并介绍给读者。

1. 国际物理奥林匹克概况

国际物理奥林匹克的英文全名是 International Physics Olympiad,缩写为 IPhO。

IPhO 的宗旨是通过组织国际性中学生物理竞赛来"促进学校物理教育方面国际交流的发展",以强调"物理学在一切科学技术和青年的普通教学中日益增长的重要性"。IPhO 经过 30 年的成功举办,其国际声望越来越高,它的作用已被联合国教科文组织和欧洲物理学会所肯定。鉴于 IPhO 在促进物理教育进步和推动国际交流方面所取得的成绩,国际物理教育委员会于 1991 年 10 月向 IPhO 颁发了永久性的铜质奖章,并轮流由举办国保存。

以下分别介绍 IPhO 的历史、机构、章程、考纲和赛事活动。

(1) 历史。

为组织国际性物理学科竞赛,波兰、捷克斯洛伐克和匈牙利的三名教授做了艰苦的

---

① 本文写作于 1996 年,收入本书后未作改动。

准备工作,使得首届 IPhO 于 1967 年在波兰首都华沙举行。第 1 届赛事仅有波兰、捷克斯洛伐克、匈牙利、保加利亚和罗马尼亚参加。第 2 届 IPhO 于 1968 年在匈牙利的布达佩斯举行,苏联、东德和南斯拉夫等国也组队参加,参赛国增为 8 个。第 3 届 IPhO 于 1969 年在捷克斯洛伐克的布尔诺举行,参赛国不变。而后,第 4、5 届相继在苏联的莫斯科和保加利亚的索菲亚举行。1972 年在罗马尼亚的布加勒斯特举办第 6 届赛事时,法国与古巴组队参加。这是第一次有西方国家和非欧洲国家加盟 IPhO。以后,参赛国逐渐增多。1981 年越南作为第一个亚洲国家参赛,1985 年加拿大作为第一个北美国家参赛。特别值得一提的是,1986 年中国与美国正式参加竞赛,这是 IPhO 历史上的一件大事,因为中国的理论教育高水平和美国的高科技水平是举世公认的。1987 年澳大利亚第一次组队参赛,这意味着 IPhO 活动已扩展到除非洲以外的四大洲。1996 年在挪威举行的第 27 届 IPhO,参赛国已多达 55 个,代表队多达 56 个,其中一个代表队来自我国台湾地区(第 1~27 届 IPhO 的举办时间、地点及东道国参见表 2)。

(2) 机构。

IPhO 的组织机构是赛期中由各国领队和教学领队(在我国也常译为副领队)组成的国际委员会,该委员会由主办国的一名代表任主席。在每届赛事开幕式后的第一次领队会议上,主办国的这位代表(通常是该届组织委员会的执行主席)在其座位上对着话筒发言的时刻,便是本届国际委员会的诞生时刻,讲台上的那个席位也就自然地成为主席专座。

国际委员会有权对竞赛章程和考纲提出修改意见;有权对东道国准备的理论考题进行有限制的选择和对理论、实验考题及评分标准提出修改意见;有权确定竞赛结果的个人名次;有权选定以后各届竞赛的主办国。委员会的决议按 2/3 多数举手通过,各代表队领队和教学领队票权均等,不过至今尚未发现有哪一个代表队的这两票分别投在不同的"阵营"中。

通常情况下,闭幕式之前的最后一次领队会议结束时,在掌声中本届国际委员会自动解散。

随着参赛国的增多,两届赛事之间需要协调和处理的事务越来越多。为了适应这种情况,1983 年在罗马尼亚举行的第 14 届竞赛期间,西德提议建立常设性的"国际物理奥林匹克秘书处"。此提议即被采纳,旋即推选波兰科学院的高日科夫斯基博士为秘书,任期 5 年。高氏当选后,为 IPhO 做出了很大的贡献。由于高氏在秘书一职上工作出色,故连任至今。后来为了分担高氏的部分工作,另增设秘书一人,升任其为秘书长。值得一提的是,无论带"长"的职位,还是不带"长"的职位,IPhO 的秘书处"干部"均无俸禄,而且,在每届国际委员会中,除非他们兼任本国领队或教学领队,否则甚至都不能成为一名普通的委员。高氏为人谦逊,从不以国际竞赛的权威自居,他赢得的是人生最平凡而又最珍贵的"受人尊敬",也许这正是学科竞赛不具有商业性价值的可贵之处。

(3) 章程与考纲。

在第 2 届 IPhO 竞赛前,波兰等三国共同拟定了竞赛章程和考试大纲,赛后在布尔诺举行的一次国际委员会特别会议上获得通过。在以后的赛事中,国际委员会对章程和考纲作过相应的修改和补充。例如,前几年的一次重要修改规定,东道国应为理论考试准备4道题,先选定3道题供国际委员会讨论,若有1道题被2/3多数委员否决,则以备用题代替,此时国际委员会只可修改、不可否决这一替代题。实践发现东道国"背心口袋"里藏着的往往是2道备用题,这与其说是出于热情,还不如说是基于稳妥的考虑。

IPhO章程第2条规定:

"各参赛国必须在参赛5年内声明其主办未来竞赛的意愿,并提出愿主办的时间,以便能编排出愿主办国顺序名单。

拒绝主办竞赛的国家,即使该国曾派队参加过竞赛,仍可被禁止参赛"。

不难看出,在"声明其主办未来竞赛的意愿"与"拒绝主办竞赛"之间留有足够的空隙,因此这一条款中的"禁止参赛"手段从未被实施过。考虑到某些国家的实际困难,行文中这种外交模式的"疏漏"似乎隐含着人间的谅解之情。

IPhO章程第13条规定:

"……国际委员会会议参加者有义务对题目保密,并不给任何参赛者以帮助。"

由于各国领队即为国际委员会委员,他们应在竞赛的前一天讨论和翻译赛题,因此章程中这一条保密规定是必要的。条文中"有义务"这一提法很有礼貌,确实至今尚未发生过泄密事件,无疑国家与民族的尊严高于奖牌的荣誉感。

IPhO考纲内容是按国际上较高水平的中学物理教学内容制定的,考纲的总纲b条款还规定:

"题目中可以有大纲中没有的概念和现象,但题文中必须给出足够的信息,以使对这些问题缺乏知识的参赛者不会处于不利地位。"

考纲内容远远超出我国中学物理教学范围,其中相当部分属于我国大学一二年级的教学内容,因此我国队员参赛前必须进行一些补充性的学习。

(4) 赛事。

每国代表队包括5名年龄在20岁以下的中学生、1名领队和1名教学领队,国际间旅费自负,迄今为止由东道国负责竞赛期间各队的食宿和旅游费用。各国可自派观察员参加,费用由派出国自筹。费用是个既实际又敏感的问题,近两年每届国际委员会均要讨论这一经济问题,旨在帮助解决某些国家做东的困难,可惜至今尚无一个交费方案获2/3多数票通过。1996年挪威采用了各参赛代表队赞助的新"举措",颇见成效。

竞赛于暑期举行,赛期通常为9天。

第一天报到后,队员和领队分开居住,住地一般相距几公里以上。东道国为每一参赛队学生配备1名翻译兼导游,这对东道国来说是一项很大的负担,有些国家难以承办IPhO活动的部分原因也在于此。因华裔子弟遍布世界各地,东道国为代表队配备的翻译几乎都是在该国读研究生的华人学子。

第二天上午是开幕式,常在大学礼堂举行,气氛淡雅肃穆,颇具学术气息。开幕式后,领队与队员暂不往来,且自觉地互不通电话联系,有事均通过翻译转达。第二天下午,学生由主办者组织旅游或参观,领队们则参加国际委员会正式会议,并集体讨论、修改和通过理论赛题,再由领队将题文翻译成本国文字,交由组委会复印。会议开始时,各国领队与观察员分别就座,组委会执行主席及其助手们的座位安排在正前方。东道国将3道理论题的题文和题解以及评分标准的4种文本(英、俄、德、法)之一发给各国领队。大约1小时后,命题者代表用英语向大家介绍该题的命题思想及解题思路等,然后大会讨论,提出修改意见,最后通过。3道题逐题进行,若其中某道题被否决,组委会便公开备用题进行讨论。3道题通过一般要到深夜,然后,各国领队分别将试题翻译成本国文字。这期间除有晚餐外,还供应饮料和点心。中国两位领队进行的翻译工作一般都会持续到次日清晨五六点钟,真可谓"通宵达旦"。

第三天上午8点或8点半,学生们开始5小时的理论考试,其间有饮料和点心供应,学生们用本国文字答卷。组委会为领队们安排的是旅游或参观活动,尽管大多数人已经非常疲乏,也许因为身临异国他乡,仍是游兴十足。第三天下午,东道国安排的休息性活动常能使领队与学生有机会见面,然而师生间很少谈及上午的考试,为的是不在情绪上影响后面的实验考试。

第四天讨论、修改、通过及翻译实验赛题。实验赛题为1或2道,2道居多。

第五天学生分为两组,上午、下午各进行5小时的实验考试,若有2道题,则每题2.5小时。实验考试后,学生们的紧张情绪骤然间消失得一干二净,队与队之间频繁交往,学生们"挨门串户"地互赠小礼品,最受欢迎的当数各国硬币。此时,领队们开始悉心研究由组委会送来的本队队员的试卷复印件,上面有评分结果。分数由东道国专设的阅卷小组评定,在评定中国学生试卷时,常请另一位懂中文的研究生协助阅读试卷上的中文内容。

东道国通常在第六、七天安排各国领队与阅卷小组成员面谈,商讨和解决评分中可能出现的差错和意见分歧。

第七天的下午或晚上举行最后一次国际委员会会议,直至1994年在北京举办的第25届IPhO,大多数领队还借此机会互赠小礼品。由于大家都在赠送,赠送现场不能成秩序,便干脆按桌穿梭分发,场面十分热闹。然而携带众多物件往返出境、入境毕竟相当麻烦。在北京的国际委员会会议上大家一致约定,此后省去这一礼仪行为,算是一种自我解脱。最后一次国际委员会会议的最重要议程是通过学生的获奖名单。理论题每题10分,满分30分;实验题若有2道,则每题10分,满分20分。按现在的章程规定,前3名选手的平均积分计为100%。积分达90%者,授予一等奖(金牌);积分低于90%而达78%者,授予二等奖(银牌);积分低于78%而达65%者,授予三等奖(铜牌);积分低于65%而达50%者,授予表扬奖;积分低于50%者,仅发给参赛证书。上述评奖积分界限均舍尾取整。例如,本届(1996年)IPhO前3名平均积分为47分,其90%为42.3分,取整为42分,即成金牌分数线。通常得金、银、铜、表扬等各级奖项人数可占参赛人数的一半。金牌第一名被授予特别奖。此外,还可由东道国自设各种特别奖,例如女生最佳奖、各道试题的解答最佳奖等。按章程第1条所述,"此竞赛为个人之间的竞赛",所以不设团体奖,但大家对每个代表队的总成绩还是比较重视的,所谓团体总分第一或第二,即基于这一重视而自行统计所排名次。

第八天上午或下午举行隆重的颁奖和闭幕式,常有东道国学生的鼓乐队演奏助兴。

当向金牌第一名颁发特别奖时,全体起立鼓掌祝贺,形成颁奖活动的高潮。闭幕式的最后一项内容是由本届东道国代表将国际物理教育委员会授予IPhO的铜质奖章和证书移交给下一届东道国组委会代表,后者随即讲话欢迎各国组队参加下一届IPhO活动。闭幕式后的中午或晚上举行正式宴会,宴会中东道国常邀请各队学生表演节目,在欢笑声中互相告别。

第九天由东道国派车送各队赴机场回国,为这友谊的IPhO活动画上圆满的句号。

2. 中国代表队参赛11届的情况介绍

1984、1985年,中国两次派观察员相继出席了第15、16届IPhO活动。1986年,中国物理学会在中国科学技术协会和国家教育委员会的赞同和支持下,在全国中学生物理竞赛的基础上,最后选出了3名学生组成不足员的代表队,由北京大学物理系赵凯华教授和陈熙谋教授带队首次参加IPhO。此后中国每年派出足员(5名队员)代表队参赛,至今共历11届赛事,取得了较好的成绩,受到各国物理教育界的重视和赞扬,为中国赢得了荣誉。

至今,每届中国参赛IPhO的集训工作和最后选拔的工作均由中国物理学会委托北京大学物理系部分教师负责。下一届(1997年)开始,此项工作奖由中国科学技术大学、复旦大学、南京大学和北京大学物理教师轮流承担,每所学校教师连续独立负责三届,12年轮回一次。

(1) 参赛成绩。

表1 中国队在历届IPhO竞赛中的成绩

届次	队员	获奖等级	个人名次	团体排名	领队、观察员
第17届 1986 英国 伦敦	林 晨(北京) 卫 星(四川) 张 明(安徽)	Ⅱ银牌 Ⅲ铜牌 表扬	9 2 33		领队 赵凯华 教学领队 陈熙谋
第18届 1987 东德 耶拿	陈 恂(湖北) 黎锦辉(山东) 唐鹏飞(四川) 吴爱华(湖北) 张燕平(北京)	Ⅱ银牌 Ⅱ银牌 Ⅲ铜牌 Ⅲ铜牌 Ⅲ铜牌	4 并11 并29 并37 并37	3	领队 赵凯华 教学领队 陈秉乾 观察员 严隽珏
第19届 1988 奥地利 巴德伊舍	陈岩松(福建) 徐剑波(浙江) 陈 丰(江苏) 丁爱东(北京) 陈 建(北京)	Ⅰ金牌 Ⅱ银牌 Ⅱ银牌 Ⅲ铜牌 表扬	4 15 23 54 67	5	领队 赵凯华 教学领队 朱世嘉 观察员 励子伟

续表

届　次	队　员	获奖等级	个人名次	团体排名	领队、观察员
第20届 1989 波　兰 华　沙	燕　京(北京) 毛　甬(浙江) 邱东昱(湖南) 葛　宁(陕西) 林晓帆(陕西)	Ⅱ银牌 Ⅱ银牌 Ⅱ银牌 Ⅱ银牌 Ⅲ铜牌	13 16 22 23 56	2	领队 　朱世嘉 教学领队 　舒幼生 观察员 　祁有龙
第21届 1990 荷　兰 格罗宁根	吴明扬(陕西) 周　纲(浙江) 杨　巍(甘肃) 陈伯友(湖南) 段志勇(湖北)	Ⅰ金牌 Ⅰ金牌 Ⅱ银牌 Ⅲ铜牌 Ⅲ铜牌	并4 6 9 22 并33	2	领队 　舒幼生 教学领队 　朱世嘉 观察员 　祁有龙
第22届 1991 古　巴 哈瓦那	王泰然(上海) 任宇翔(上海) 宣佩琦(浙江) 夏　磊(北京) 吕　强(天津)	Ⅰ金牌 Ⅰ金牌 Ⅰ金牌 Ⅰ金牌 Ⅰ金牌	4 5 9 11 12	1	领队 　舒幼生 教学领队 　龚镇雄 观察员 　丛树桐
第23届 1992 芬　兰 赫尔辛基	陈　涵(广东) 李　翌(湖南) 石长春(河南) 张霖涛(湖北) 罗卫东(湖南)	Ⅰ金牌 Ⅰ金牌 Ⅰ金牌 Ⅰ金牌 Ⅰ金牌	1 3 4 7 并11	1	领队 　舒幼生 教学领队 　朱世嘉 观察员 　王安华
第24届 1993 美　国 威廉斯堡	张俊安(湖北) 李林波(河南) 贾占峰(北京) 韦　韬(江苏) 黄稚宁(湖南)	Ⅰ金牌 Ⅰ金牌 Ⅱ银牌 Ⅱ银牌 Ⅲ铜牌	并1 3 19 30 49	2	领队 　舒幼生 教学领队 　丛树侗 观察员 　沈克琦等

续表

届次	队员	获奖等级	个人名次	团体排名	领队、观察员
第25届 1994 中国 北京	杨 亮（上海） 韩 岩（河南） 田 涛（四川） 饶京翔（北京） 黄 英（湖南）	Ⅰ金牌 Ⅰ金牌 Ⅰ金牌 Ⅰ金牌 Ⅱ银牌	1 2 4 6 7	1	领队 　舒幼生 教学领队 　朱世嘉 观察员 　胡望雨
第26届 1995 澳大利亚 堪培拉	於海涛（陕西） 毛 蔚（江苏） 谢小林（上海） 倪 彬（湖南） 蒋 志（四川）	Ⅰ金牌 Ⅰ金牌 Ⅰ金牌 Ⅰ金牌 Ⅰ金牌	1 并2 并5 并5 并12	1	领队 　舒幼生 教学领队 　朱世嘉 观察员 　赵升元
第27届 1996 挪威 奥斯陆	刘雨润（北京） 张 蕊（吉林） 徐开闻（江苏） 陈汇钢（上海） 倪 征（湖南）	Ⅰ金牌 Ⅰ金牌 Ⅰ金牌 Ⅰ金牌 Ⅰ金牌	1 2 4 并7 9	1	领队 　舒幼生 教学领队 　朱世嘉 观察员 　赵生元 　金嗣炤

　　1986年中国队第一次参赛，队员林晨即获个人第九名的好成绩，只是由于当时是以个人第一名的积分计为100%的，获得一等奖的人数很少，林晨未能摘取金牌。在那一届竞赛中，我队人数不足，故未计算团体总分。第二次参赛时，队员陈恂获得个人第四名的更好成绩（由于同样的原因，也未获金牌），而且团体总分名列第三，在整体实力上中国队明显地表现为国际物理奥林匹克的一支强队。第三次在奥地利参赛时，福建师大附中学生陈岩松为中国队夺得了第一枚金牌，为祖国和民族赢得了更高的荣誉。在第四次参赛中，中国队首次赢得团体理论总分第一，团体总分也进而上升为第二位。从第五次参赛起，中国队获得的金牌数开始增多。第六、七次的参赛成绩更为突出，10名队员全获金牌，团体总分也自然为第一。第八次的参赛成绩稍有下降，团体总分退居第二，但最后三次参赛成绩又跃居第一。

　　统计中国参赛11届的得奖情况，参赛队员共53人，获表扬奖2名，获铜牌奖9名，获银牌奖13名，获金牌奖29名。尤其令人高兴的是，从第23届开始直到第27届IPhO的赛事中，中国队连续五届赢得个人第一金牌奖，得主分别为广东江门一中学生陈涵、湖北沙市三中学生张俊安、上海华东师大二附中学生杨亮、陕西西安市西北工大附中学生於海涛、北京师范大学附属实验中学学生刘雨润。在他们领奖时，所有国家领队、学生起立为他们热烈鼓掌祝贺,在这一激动人心和庄严的时刻,中国队全体师生的心中涌起了难以抑制的民族尊严感和荣誉感。

中国队取得的好成绩引人瞩目。确实,由于中国在发展经济方面起步较晚,给普及性教育水平的提高带来了相当的困难。然而,参赛的成功显示出了中华子弟的聪明才智,也证明了中国完全有能力自己培养出物理水平优秀的一流人才。中国队的成绩尤其使亚洲人感到振奋,韩国、新加坡、泰国领队每次赛后都一次又一次地向中国队表示祝贺。西方国家看重个人成绩,中国队连续五届摘取个人第一桂冠,在这些国家的物理学界产生了较大的反响。他们的物理学家在国际学术交流会议上为此向中国物理学会表示祝贺,称赞中国队了不起。

通过连续 11 届参赛 IPhO,可以说中国代表队为提高我国在国际物理教育界的声誉和地位做出了自己的贡献。

中国代表队取得的好成绩源于全国各地中学的物理教师在课堂内外的辛勤耕耘,这一成绩的得来与国家队全体教练的努力工作也是分不开的。在我国由于经济条件的制约,中学物理实验教学更有不尽如人意之处,这为参加 IPhO 造成很大的困难。为提高队员们的实验素质,使他们在面对实验能力普遍很强的西方发达国家学生时有上乘的竞争能力,北京大学集训队的全体实验教师在特殊的强化训练中做出了巨大的努力,使中国队终于在第 22 届赛事中首次获得团体实验总分第一。在理论教学方面,尽管我国有着良好的教学传统,但在培养学生理解物理思想,引导学生解决实际的乃至带有科研性的物理问题方面仍有不足之处。当前国际物理教育界非常重视培养学生这两方面的能力,这在 IPhO 赛题的编制中明显地表现出来。北京大学集训队全体理论教师在这方面所作的努力无疑是成功的,这不仅为中国队在 IPhO 中取得好成绩奠定了基础,也为在我国物理教学中介绍和引入西方发达国家重近代物理思想和重科学研究的教学观念做出了一份贡献。

(2) 集训与选拔。

中国物理学会每年通过国内高中学生物理竞赛挑选出一部分物理成绩优秀的中学生,集中到北京大学(或今后的中国科学技术大学、复旦大学、南京大学)进行强化训练。我国中学生物理教学大纲与 IPhO 考纲有很大差别,考纲中许多内容,例如刚体、热力学第二定律、费马原理、狭义相对论等,均属中国大学物理教学范畴,若不作这方面的知识补充,便不可能参赛 IPhO。集训包括理论与实验两部分,前 11 届均由北京大学物理系普通物理教研室和普通物理实验室的部分教师承担。由于集训时间很短,教师们更注重于采用启发和引导的教学方式,尽可能使学生们的智力和物理才能得到比较充分的发挥。实践证明,这种教学方式不仅在参加 IPhO 方面是成功的,而且对学生以后进入大学学习也是有益处的。集训期间学生还需接受英语口语训练,以适应参加 IPhO 期间与各国学生友好交往的需要。

集训期间将进行若干考试,考试分为理论与实验两部分。理论考试共进行 8 次,其中包括力学 2 次、热学 1 次、电学 1 次、电路 1 次、光学 1 次、近代物理 1 次和综合 1 次,每次考试时间 3~5 小时,满分为 100 分,总计 800 分,统计时将折合为 300 分。实验考试共进行 4 次,其中包括力学/热学 1 次、电学 1 次、电路 1 次、光学 1 次,每次考试时间 3 小时,满分为 100 分,总计 400 分,统计时将折合为 200 分。每份试题由任课老师独立编制和复印,其他教师(包括领队)均不过问试题内容。任课教师将考试结果报给领队,后者负责编制全体学生考试成绩的统计表。统计表中首先列出每次考试的原始分数和理论、实验各自的原始总分,而后是理论总分与实验总分各自的折合分,再后是全体学生理论总分的排队名次和实验总分的排队名次,最后是全体学生理论、实验成绩之和的排队名次。在有中国物理学会负责人参加的全体教练会议上,领队将上述统计表的完整复印件分发给每一位参加会议者,核实无误后,即取理论、实验成绩和的前 5 名学生组成参加本届国际物理奥赛的中国代表队。

在历届 IPhO 赛事中各国参赛的女选手甚少,原因是多方面的,也许其中之一是女学生更喜欢文学和医学。中国参加国际数学、化学、信息学(计算机)和生物学奥林匹克的代表队都早于物理代表队有过女学生入选。参加 IPhO 的前 9 届中国代表队是清一色的男学生队,直到 1995 年,江苏省启东中学物理学女学生毛蔚入选。毛蔚在澳大利亚堪培拉举行的第 26 届 IPhO 赛事中,以个人第二名的优异成绩为中国女学生、也为世界女学生赢得第一枚金牌。有趣的是,本届(1996 年)又有一名吉林省吉林一中的女学生张蕊入选中国代表队,她在挪威奥斯陆举行的第 27 届 IPhO 赛事中,又以个人第二名的优异成绩为中国女学生和世界女学生赢得第二枚金牌。她们的获奖博得了 IPhO 全体参与者的一致喝彩。她们的成功表明物理学并非是男学生垄断的学科,相信会有更多的中国女学生和其他国家女学生在未来的 IPhO 中继续取得好成绩。

表 2　第 1～27 届 IPhO 的举办时间、地点及东道国

届别	举办时间	地点	东道国
Ⅰ	1967	华沙	波兰
Ⅱ	1968	布达佩斯	匈牙利
Ⅲ	1969	布尔诺	捷克斯洛伐克
Ⅳ	1970	莫斯科	苏联
Ⅴ	1971	索菲亚	保加利亚
Ⅵ	1972	布加勒斯特	罗马尼亚
Ⅶ	1974	华沙	波兰
Ⅷ	1975	居斯特罗	德意志民主共和国
Ⅸ	1976	布达佩斯	匈牙利
Ⅹ	1977	赫拉德坎-克拉洛韦	捷克斯洛伐克
Ⅺ	1979	莫斯科	苏联
Ⅻ	1981	瓦尔纳	保加利亚
ⅩⅢ	1982	马兰特	德意志联邦共和国
ⅩⅣ	1983	布加勒斯特	罗马尼亚
ⅩⅤ	1984	锡格蒂纳	瑞典

续表

届别	举办时间	地点	东道国
XVI	1985	波尔托罗	南斯拉夫
XVII	1986	伦敦-哈罗	英国
XVIII	1987	耶拿	德意志民主共和国
XIX	1988	巴德伊舍	奥地利
XX	1989	华沙	波兰
XXI	1990	格罗宁根	荷兰
XXII	1991	哈瓦那	古巴
XXIII	1992	赫尔辛基	芬兰
XXIV	1993	威廉斯堡	美国
XXV	1994	北京	中国
XXVI	1995	堪培拉	澳大利亚
XXVII	1996	奥斯陆	挪威

表3 第28～32届IPhO的举办时间和承办国

届别	举办时间	承办国
XXVIII	1997	加拿大
XXIX	1998	冰岛
XXX	1999	意大利
XXXI	2000	英国
XXXII	2001	土耳其

学生题屋 1

例 1（长沙市一中 1991 级 7 班雷鸣）一个空心的环形圆管沿一条直径截成两部分,一半竖立在铅垂平面内,如图 1 所示,管口连线在一水平线上,向管内装入与管壁相切的小滚珠,左、右侧第一个滚珠都与圆管截面相切。已知单个滚珠重 G,共 $2n$ 个,求从左边起第 k 个和第 $k+1$ 个滚珠之间的相互压力 N_k。假设系统中处处无摩擦。

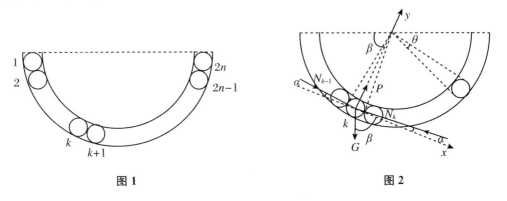

图 1　　　　　　　　　　图 2

解　对第 $k \geq 2$ 个滚珠进行受力分析。此滚珠受到其两侧滚珠的压力分别记为 N_{k-1} 和 N_k,它还受到管壁的径向压力 P 和重力 G。如图 2 所示,建立直角坐标系,只讨论在 x 方向上合力为零的条件,这样就不必去考虑 P 的量值。x 方向上应有

$$N_{k-1}\cos\alpha + G\cos\beta - N_k\cos\alpha = 0$$

因 $\alpha = \dfrac{\theta}{2}, \theta = \dfrac{\pi}{2n}$,有

$$\alpha = \frac{\pi}{4n}, \quad \beta = \frac{(k-1)\pi}{2n} + \frac{\pi}{4n} = \frac{(2k-1)\pi}{4n}$$

代入上式后可得

$$N_k - N_{k-1} = \frac{\cos\dfrac{(2k-1)\pi}{4n}}{\cos\dfrac{\pi}{4n}} G$$

即有

$$N_2 - N_1 = \frac{\cos\dfrac{3\pi}{4n}}{\cos\dfrac{\pi}{4n}} G$$

$$N_3 - N_2 = \frac{\cos\frac{5\pi}{4n}}{\cos\frac{\pi}{4n}}G$$

……

$$N_k - N_{k-1} = \frac{\cos\frac{(2k-1)\pi}{4n}}{\cos\frac{\pi}{4n}}G$$

两边相加后可得

$$N_k - N_1 = \frac{\cos\frac{3}{4n}\pi + \cos\frac{5}{4n}\pi + \cdots + \cos\frac{(2k-1)\pi}{4n}}{\cos\frac{\pi}{4n}}G$$

对第 1 个滚珠进行受力分析(略),不难得到

$$N_1 = \frac{\cos\frac{\pi}{4n}}{\cos\frac{\pi}{4n}}G$$

因此

$$N_k = \left[\sum_{i=1}^{k}\cos\frac{(2i-1)\pi}{4n}\right]\frac{G}{\cos\frac{\pi}{4n}}$$

而

$$\sum_{i=1}^{k}\cos\frac{(2i-1)\pi}{4n} = \frac{1}{2\sin\frac{\pi}{4n}}\sum_{i=1}^{k}2\cos\left(\frac{i\pi}{2n}-\frac{\pi}{4n}\right)\sin\frac{\pi}{4n}$$

$$= \frac{1}{2\sin\frac{\pi}{4n}}\sum_{i=1}^{k}\left[\sin\frac{i\pi}{2n} - \sin\frac{(i-1)\pi}{2n}\right]$$

$$= \frac{\sin\frac{k\pi}{2n}}{2\sin\frac{\pi}{4n}}$$

最后得

$$N_k = \frac{\sin\frac{k\pi}{2n}}{\sin\frac{\pi}{2n}}G$$

例 2 (长沙市一中 1991 级 7 班龙飞)如图 3 所示,一小物体放在小车上,它们一起在水平放置的箱子里运动。箱长为 s,车长为 L,小车的质量为 M,小物体的质量为 m,车与物之间的摩擦系数为 μ,车与箱底之间无摩擦。箱固定于地面,车与箱壁碰撞后,速度反向,大小不变。开始时车靠在箱的左壁上,物体位于车的最左端,车与物以共同的速

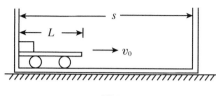

图 3

度 v_0 向右运动。设 s 足够长,那么:

(1) 试求物体不从车上落下的条件;

(2) 若上述条件满足,且 $M = 2$ kg, $m = 1$ kg, $v_0 = 10$ m/s,请计算整个系统在第五次碰撞前损失的所有机械能。

解 (1) 小车和物与壁的碰撞可认为先是小车与箱壁的碰撞,然后小车和物之间产生相对滑动。由于摩擦力的作用,小车和物最终以新的共同速度一起运动,在此过程中,一部分机械能转化为内能。

小车第一次与壁相碰后,它的速度成为

$$v_1' = -v_0$$

若小车与物一起可达到共同速度,记为 v_1,则根据动量守恒定律应有

$$v_1 = \frac{Mv_1' + mv_0}{M+m} = -\frac{(M-m)v_0}{M+m}$$

车、物在第一次碰撞后到速度相同时的位移分别记为 s_1、s_2,它们均以向右为正方向,再将车、物间的摩擦力记为 f,便可列方程组

$$\begin{cases} f = \mu mg & ① \\ -f = ma_1 & ② \\ f = Ma_2 & ③ \\ v_1^2 - v_0^2 = 2a_1 s_2 & ④ \\ v_1^2 - v_1'^2 = 2a_2 s_1 & ⑤ \end{cases}$$

由①~③式可得

$$a_1 = -\mu g, \quad a_2 = \frac{m}{M}\mu g$$

代入④⑤两式可得

$$s_1 = -\frac{2M^2}{(M+m)^2 \mu g}v_0^2, \quad s_2 = \frac{2Mm}{(M+m)^2 \mu g}v_0^2$$

物相对于车的位移便为

$$\Delta x_1 = s_2 - s_1 = \frac{2M}{(M+m)\mu g}v_0^2 \quad (\text{向右为正})$$

当车和物与箱壁第二次碰撞时,类似地可以得到

$$\Delta x_2 = -\frac{2M}{(M+m)\mu g}v_1^2 \quad (\text{向右为正})$$

因为 $|v_1| < |v_0|$,所以

$$|\Delta x_2| < |\Delta x_1|$$

由此不难看出,物体在每次碰撞后相对于小车的位移必反向,且越来越小。只要在第一次碰撞后物体不从小车上落下来,也就是满足

$$\Delta x_1 \leq L$$

时,物体就不会从车上落下来。故所求条件为

$$\frac{2M}{(M+m)\mu g}v_0^2 \leqslant L$$

(2) 因每次碰撞的情况完全类似，由 v_1-v_0 关系式可类推出

$$v_4 = \left(\frac{M-m}{M+m}\right)^4 v_0$$

故损失的机械能为

$$E_{损} = \frac{1}{2}(M+m)(v_0^2 - v_4^2)$$

$$= \frac{1}{2} \times (2+1) \times \left[10^2 - \left(\frac{2-1}{2+1}\right)^4 \times 10^2\right] \text{J} = 148 \text{ J}$$

例 3 （长沙市一中1991级7班郭靖）如图4所示，质量为 M，宽度为 d 的木块置于光滑水平面上，与一端固定在墙上的轻弹簧相连，该弹簧的劲度系数为 k，处于原长。一质量为 m 的子弹以速度 v_0 水平射向木块，在穿透木块的过程中，受到木块的摩擦阻力恒为常量 F。木块第一次朝右运动过程中其速度会有一个极大值，不同的初速度 v_0 对应的此极大值不尽相同，试找出这些极大值中的最大者 $v_{\max}$ 及其对应的 v_0 取值范围。

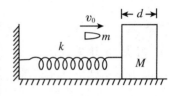

图 4

已知在子弹穿透木块过程中，木块的质量不因子弹的打击而变化，且有 $kd \geqslant 2F$，$\frac{m}{M} \geqslant \frac{5}{4}$。

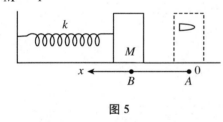

图 5

解 木块第一次向右运动过程中受到弹簧的向左拉力和子弹提供的向右摩擦力，设弹簧为原长时木块处于图 5 中的 B 位置，弹簧力等于摩擦力时木块处于 A 位置。若以 A 为原点，沿 A 到 B 的方向建立 x 坐标，则有

$$x_B = \frac{F}{k}$$

木块的坐标为 x 时所受的合力为

$$F_x = k(x_B - x) - F = -kx$$

即只要木块与子弹间的摩擦力存在，木块从 B 到 A 的运动就是一个以 A 为原点、$|x_B|$ 为振幅的简谐振动的一部分。

由此可见，在 A 处时木块的速度最大，记为 $v_{\max}$。

根据功能关系可得

$$Fx_B = \frac{1}{2}Mv_{\max}^2 + \frac{1}{2}kx_B^2$$

将 $F = kx_B$ 代入后可得

$$v_{\max} = \frac{F}{\sqrt{kM}}$$

B 到 A 所需的时间 t 等于四分之一振动周期 T，即有

$$t = \frac{T}{4} = \frac{\pi}{2}\sqrt{\frac{M}{k}}$$

为达到上述最大速度 $v_{\max}$，要求在 B 到 A 的运动过程中子弹对木块始终有力的作用。若 v_0 过小，木块还未到达 A 处，子弹的速度已减小到与木块的速度相同，两者间的摩擦力 F 不再存在，木块的速度不能加大到上述 $v_{\max}$ 值。所以要求

$$v_0 - a_m t \geqslant v_{\max}$$

式中 $a_m = \dfrac{F}{m}$ 为子弹因受阻力 F 而产生的向左加速度。由上式很易求得关于 v_0 值的一个条件：

$$v_0 \geqslant \frac{F}{\sqrt{kM}} + \frac{\pi F}{2}\sqrt{\frac{M}{m^2 k}}$$

若 v_0 过大，木块未到达 A 处，子弹便已穿透木块而去，两者之间也不再有力的作用，木块速度也不能达到上述 $v_{\max}$ 值。所以又要求

$$v_0 t - \frac{1}{2} a_m t^2 \leqslant x_B + d$$

整理后可得关于 v_0 值的另一个条件：

$$v_0 \leqslant \frac{8mF + 8mkd + MF\pi^2}{4m\pi \sqrt{kM}}$$

因此仅在

$$\frac{F}{\sqrt{kM}} + \frac{\pi F}{2}\sqrt{\frac{M}{m^2 k}} \leqslant \frac{8mF + 8mkd + MF\pi^2}{4m\pi \sqrt{kM}}$$

时，v_0 才有解。上述不等式可形变为

$$(8mF - MF\pi^2) + (8mkd - 4m\pi F) \geqslant 0 \qquad \text{①}$$

因 $\dfrac{m}{M} \geqslant \dfrac{5}{4}$，所以有

$$8mF \geqslant 10MF > \pi^2 MF$$

即

$$8mF - \pi^2 MF > 0 \qquad \text{②}$$

又因为 $kd \geqslant 2F$，所以

$$8mkd \geqslant 4 \times 4mF > 4\pi mF$$

即

$$8mkd - 4m\pi F > 0 \qquad \text{③}$$

由②③两式，可知①式必可满足。因此在子弹入射速度 v_0 取值于

$$\frac{F}{\sqrt{kM}} + \frac{\pi F}{2}\sqrt{\frac{M}{m^2 k}} \leqslant v_0 \leqslant \frac{8mF + 8mkd + MF\pi^2}{4m\pi \sqrt{kM}}$$

范围时，木块可于 A 处达到最大可能的速度为

$$v_{\max} = \frac{F}{\sqrt{kM}}$$

例 4 （长沙市一中 1991 级 7 班吴欣恺）在图 6 所示的长方体容器中盛水（$\rho_水 = 1.0 \times 10^3 \text{ kg/m}^3$），水深 $h = 1$ m，长 $l = 2$ m。今往水中放入一个小水银珠（$\rho_{水银} = 13.6 \times 10^3 \text{ kg/m}^3$），它沉到容器底后与左壁相距 $l' = 1$ m。让此容器按图示方向朝右以 $a_0 = 2 \text{ m/s}^2$ 做匀加速运动。如果容器内壁光滑，忽略水的黏滞阻力，且取 $g = 10 \text{ m/s}^2$，大气压为 $p_0 = 1.0 \times 10^5$ Pa，试问：

(1) 水银珠何时与容器左壁相碰？
(2) 水银珠刚与容器左壁相碰时器壁受碰处所受压强为多大？

解 (1) 可以近似认为此时水面在很短的时间内呈倾斜状态，以适应加速运动的需要。如图 7 所示，设倾斜角为 α。

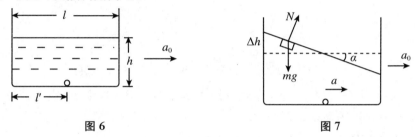

图 6   图 7

在液面近处取一个质量为 m 的长方形小液块，如图 7 所示，其余液体给它的法向压力记为 N，则有

$$N\cos\alpha = mg, \quad N\sin\alpha = ma_0$$

即得

$$\tan\alpha = \frac{a_0}{g} = 0.2$$

左端水面比原来高出

$$\Delta h = \frac{l}{2}\tan\alpha = 0.2 \text{ m}$$

如果水银珠为一个同样大小的水珠，此小水珠也将做加速度为 a_0 的匀加速运动。现在此水银珠很小，不足以影响整体水的运动状态，故可认为此水银珠受力与假想的小水珠在水平方向上受力相同，记为 F。再设水银珠体积为 V，它的向右加速度为 a，则有

$$\rho_{水银} V a = F = \rho_水 V a_0$$

即得

$$a = \frac{\rho_水}{\rho_{水银}} a_0 = \frac{1}{6.8} \text{ m/s}^2$$

若设 t_0 时间后水银珠与容器壁相碰，便有

$$\frac{1}{2}a t_0^2 + l' = \frac{1}{2}a_0 t_0^2$$

解得

$$t_0 = \sqrt{\frac{2l'}{a_0 - a}} = 1.04 \text{ s}$$

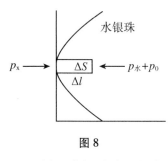

图8

(2) 在水银珠与器壁碰撞时,因为水银仍为液体,故可认为水银珠由一个个小液元组成,顺次与器壁做完全非弹性碰撞。如图 8 所示,取水银珠中最先在 Δt 时间内与器壁相碰的小液元,液元为圆柱形,端面积为 ΔS,长为 Δl。t_0 时刻容器与水银珠的右行速度分别为

$$v_{容器} = a_0 t_0 = 2.08 \text{ m/s}$$
$$v_{水银} = a t_0 = 0.15 \text{ m/s}$$

经 Δt 时间,水银珠液元的右端面的运动速度从 $v_{水银}$ 升为 $v_{容器}$,它相对器壁的平均速度便为

$$\bar{v} = \frac{1}{2}[(v_{容器} - v_{水银}) + 0]$$

故相对位移 Δl 为

$$\Delta l = \bar{v} \Delta t = \frac{1}{2}(v_{容器} - v_{水银})\Delta t$$

按图 8 所示,小液元左、右端面所受压强分别为 p_x、$p_水 + p_0$,其中 p_x 也为器壁受碰点所受压强。对小液元运用动量定理,可得

$$p_x \Delta S \Delta t - (p_水 + p_0)\Delta S \Delta t = \rho_{水银} \Delta l \cdot \Delta S (v_{容器} - v_{水银})$$

此式相对地面参照系写出。将 Δl-Δt 关系式代入,并考虑到

$$p_水 = \rho_水 g(h + \Delta h)$$

即得

$$p_x = \frac{1}{2}(v_{容器} - v_{水银})^2 \rho_{水银} + \rho_水 g(h + \Delta h) + p_0$$

计算可得

$$p_x = 1.37 \times 10^5 \text{ Pa}$$

例5 (长沙市一中1991级7班李巍)
直流电路如图 9 所示,a、b 间接稳压电源(图中未画出)。电键 K 断开时安培表 A_1 有一读数,K 接通后 A_1 读数有一增量 $\Delta I_1 = 20 \text{ mA}$,而 A_2 的读数为 $I_2 = 100 \text{ mA}$,试求 R_x 值。

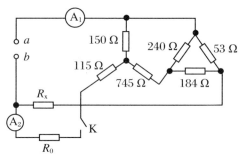

图9

解 可设图中三角形和星形的网络总电阻为 R_1,再对 R_1、R_0、R_x 利用欧姆定律列方程组,求出 R_1 和 R_x 的关系,但较繁,改用下述方法找 R_1 与 R_x 间的关系。

分析电流可知,K 闭合后流过 R_x 的电流必减少,减少量为

$$\Delta I_x = I_2 - \Delta I_1 = 80 \text{ mA}$$

这便使 R_x 两端间的电压减少

$$\Delta U_x = R_x \Delta I_x = (80 \text{ mA})R_x$$

同样可知，R_1 对应网络的两端间电压增量为
$$\Delta U_1 = R_1 \Delta I_1 = (20 \text{ mA}) R_1$$
考虑到总电压稳定，因此
$$\Delta U_x = \Delta U_1$$
即得
$$R_x = \frac{R_1}{4}$$

对 R_1，可用三角形、星形变换求解，但计算较繁。可以把该网络画成图 10 所示，因
$$\frac{150}{115} = \frac{240}{184}$$
故电桥平衡，其中 745 Ω 的电阻不起作用，可拆去。这样便很容易算得

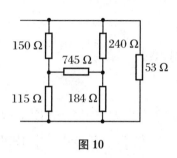

图 10

$$R_1 = \left(\frac{1}{115+150} + \frac{1}{184+240} + \frac{1}{53}\right)^{-1} \Omega = 40 \text{ Ω}$$
即有
$$R_x = 10 \text{ Ω}$$

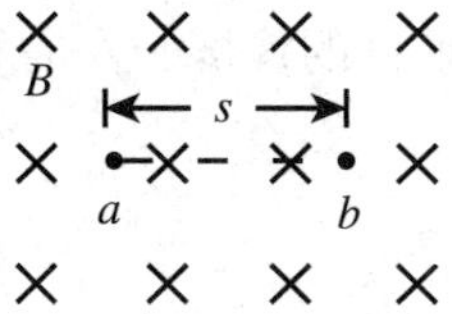

例 6 （长沙市一中 1991 级 7 班郭靖）空间有一足够大的水平匀强磁场区域，磁感应强度 **B** 的方向如图 11 所示。场区中 a、b 两点相距 s，a、b 连线水平且与 **B** 垂直。带电量为 q（$q>0$）、质量为 m 的粒子以初速 v_0 从 a 点对着 b 点射出，为使粒子能击中 b 点，试问 v_0 可取什么值？

图 11

解 粒子在运动中受到垂直向下的重力和垂直于其运动方向的洛伦兹力，如果这两个力可互相抵消，即
$$mg = Bqv_0$$
那么粒子将做匀速直线运动，它必能击中 b 点。这一可取的初速度记为
$$v_{01} = \frac{mg}{Bq}$$
若 $v_0 \neq v_{01}$，可引入另一分速度量 v_{02}，使得
$$\boldsymbol{v}_0 = \boldsymbol{v}_{01} + \boldsymbol{v}_{02}$$
式中矢量方向均取 a 到 b 的方向为其正方向。于是粒子的运动可看成速度为 v_{01} 的匀速直线运动和以 v_{02} 为初速度的匀速圆周运动的叠加，v_{02} 取正时对应逆时针方向圆周运动，v_{02} 取负时对应顺时针方向圆周运动。圆周运动周期为
$$T = \frac{2\pi m}{Bq}$$
为使粒子能击中 b 点，要求经过整数个周期 T 时，v_{01} 对应的匀速直线运动位移量恰为 a、b 间距 s，即有
$$s = v_{01}(nT) \quad (n = 1, 2, \cdots)$$

将 v_{01}、T 的表述式代入后,即得

$$s = \frac{2n\pi m^2 g}{B^2 q^2} \quad (n = 1, 2, \cdots)$$

综上所述,为使粒子击中 b 点,若

$$s \neq \frac{2n\pi m^2 g}{B^2 q^2} \quad (n = 1, 2, \cdots)$$

则粒子须以速度

$$v_0 = v_{01} = \frac{mg}{qB}$$

射出;若

$$s = \frac{2n\pi m^2 g}{B^2 q^2} \quad (n = 1, 2, \cdots)$$

则粒子可以以任何初速度 v_0 射出。

例7 (长沙市一中1991级7班黄英)如图12所示,在一个顶角为 $30°$ 的棱镜前放置一块有一个小孔的挡板,使它与棱镜的 MN 侧面平行,这样,太阳光只有一束可穿过小孔垂直射在棱镜的 MN 侧面上,并在棱镜的另一侧面 MP 上发生折射。折射后的光线射向一块与 MP 侧面平行放置的矩形玻璃砖,玻璃砖的材料与棱镜的材料完全相同。在玻璃砖后又平行地放着一个焦距为 f 的凸透镜,其后有一块与主光轴垂直的像屏。左右移动像屏,求当屏上出现白点时,屏与透镜的距离及白点的位置。

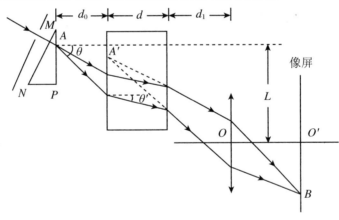

图 12

有关参数已在图中标出,可不考虑光程的影响,且认为光心 O 在图中的纸平面之内。

解 白光垂直照射到棱镜后,在 MN 面不发生偏转性折射,在 MP 面发生偏转性折射。由于玻璃对不同色光的折射率不同,白光折射时将发生色散。

设玻璃对某一色光折射率为 n,有

$$\sin\theta = n\sin 30° = \frac{n}{2}$$

其中 θ 为折射角。这束色光射到矩形玻璃砖后,将再次折射,并从另一侧面平行地射出。

这一色光侧向移动量记为 d_2,应有
$$d_2 = d\tan\theta'$$
其中 θ' 为色光在玻璃砖第一侧面折射时的折射角。因棱镜、玻璃砖材料相同, n 值一致, 故得
$$n\sin\theta' = \sin\theta = \frac{n}{2}$$
即有
$$\theta' = 30°, \quad d_2 = \frac{\sqrt{3}}{3}d$$
可见, θ'、d_2 均与各色光的波长无关, 因此不同的两色光在矩形玻璃砖两侧面上及内部的间距不变, 玻璃砖内部的光线都是平行的, 且在平行于两侧面的方向上移动 $\frac{\sqrt{3}}{3}d$ 距离。

因为光束经透镜会聚成的像为白点, 所以穿过玻璃砖后的光线的反向延长线有公共的交点 A', A' 即为物点, 它到透镜的物距记为 u。考虑到棱镜与玻璃砖之间的光线同时向右移动 d, 向下移动 $\frac{\sqrt{3}d}{3}$ 后, 即可与经过玻璃砖后的光束对接, 因此
$$u = d + d_1$$
由成像公式
$$\frac{1}{u} + \frac{1}{v} = \frac{1}{f}$$
可得像屏与透镜的距离为
$$v = \frac{fu}{u-f} = \frac{f(d+d_1)}{d+d_1-f}$$
设透镜主光轴与像屏交点为 O', 因 A' 到主光轴的距离为
$$h_u = L - \frac{\sqrt{3}}{3}d$$
所以像屏上的白点 B 到 O' 点的距离为
$$BO' = h_v = h_u \frac{v}{u} = \frac{L - \frac{\sqrt{3}}{3}d}{d+d_1-f}f$$
由此可定出白点在像屏上的位置。

机舱随想录

第 23 届国际物理奥赛中国代表队队员、金牌得主　李翌

还有两个小时就要到北京了。望着延绵千里的云海那边浮动的一轮红日，心中万分感慨。短短十天，代表队匆匆地在亚欧大陆上跑了趟来回。几个小时前，在赛场上结识的众多外国友人提着我们的行李热情地把我们送上去机场的专车，彼此挥手喊着"Bye bye"，互相告别的情景，给这短暂而令人激动的芬兰之行画上了一个完美的句号。世界人民的国际友谊，大概就是如此吧！

晨曦透过窗口驱散了四周的黑暗，舱内很静，身边的石大侠①正在做他那重返童年的好梦，可我却怎么也睡不着。我想的很多，却又时断时续。芬兰？金牌？同学？亲人？早餐？……或许都有！

十天前，我们中国代表队西征第 23 届国际物理奥林匹克竞赛时，队员们的心情既高兴又不免稍稍有些紧张。而今我们回来了，个人的多年愿望实现了，心中却有了一种复杂的情感。满足？没有。兴奋？也未必见得。几年来，我从没有像现在这样感到无所事事。一旦迈过了苦苦追求的目标后，心里反而有些茫然。也许又到再订一个目标的时候了，我反复告诫自己要从零开始。

身边的石大侠梦中调整了一下睡姿，打断了我的思绪。他那胖胖的脸映着红红的阳光，像个大苹果。我心念一动，眼前又浮现出了在北京那难忘的一年。每到夜深人静的时候，物理试验班宿舍那纸糊的窗口透出朦胧的亮光。一盏盏台灯在案上、在床头发出柔和的光线，正像现在的朝阳一样，把一张张脸照得红红的。窸窸窣窣的翻书声、轻轻的叹嘘声，伴着时间的流淌静静地交织成一首夜光曲。偶尔，一支钢笔落地，打断了它的乐章。石大侠是我们中间耗用电能最多的一个，甚至月亮西沉，各个床头的亮光相继熄灭后，他仍在自己的灯下啃着钢笔，永不知足地求知着。

虽然竞争激烈，但人情味在这你追我赶的群体里却常常"一枝红杏出墙来"。同学们经常互相讨论热学、相对论中的诸多问题。大家各抒己见，彼此纠正错误，交流学习方法。我们互相借阅参考书，互相商讨难题……正是这许许多多的"互相"孕育了我们的进步，也增进了我们的友谊。有一次我对一个同学说，我从他那里得到了许多，他笑着对我

---

① 这里的石大侠和后文的陈老英雄、罗老英雄、张老侠分别指队友石长春（河南）和陈涵（广东）、罗卫东（湖南）、张霖涛（湖北），均为金牌得主。——编者注

说,我给他的也不少,我也笑了。在笑声中,我突然意识到事业和个人感情作为人生的两大组成部分,是应并重的,同时拥有这两部分的人才是一个真正富有的人。记得我们的舒老师曾对我们说:"愿你们长大后能成为事业上成功、品质上优秀、感情上真诚的人,这是我们民族对你们的真正期望。"现在回想起来,确实很有道理。有些人不顾一切爬到山顶,环顾四周,发现自己原来是孤家寡人一个,这才后悔途中抛弃了太多的旅伴。值得庆幸的是,我有这么多的旅伴、这么多的朋友,而且我想我还将会有更多的旅伴和朋友。望着还在做着梦的石大侠、陈老英雄、罗老英雄和正眨巴着蒙眬睡眼的张老侠,心里欣然升起一股暖意。

太阳升起来了,云海逐渐消散,地上的山脉、湖泊、农田透过云层空隙清晰可见。机翼下棉球似的云团轻盈地流过。我的父母和老师大概都在等着我回去,家中的小弟弟已有一年没跟他的老兄玩"超级魂斗罗"了。我的一个同学也许正盼我去赏评他的《西江月》新作,我也早暗自打定主意要轻松一下。然而能轻松得了吗?我作类似的决定已有数不清的次数了,可每次都像我父亲戒烟那样不了了之。反之,实际情况是一次比一次更忙。都忙了些什么呢?我也说不太清,也许无非是些 $x+y$,$F=ma$ 吧,等等。这次回去,大概需要开始忙 ABCD 了。不过话又说回来,生命在于运动。况且,"逆水行舟,不进则退"。如果生命总是松懈怠懒的,那又有什么意思呢?每当我对前程感到迷惑或怠懒之时,我总是回过头来看看自己走过的路,看看在自己的路上留下的脚印,然后再走到书柜前看看那么多还不曾读过但曾发誓要读的书,心里便会陡然升起一股豪气。几分钟后,我又会规规矩矩坐在书桌前,重新构建我的"阿波罗"计划。

……

也许我真该睡下了,还有半个多小时的航行时间。我闭上了眼睛,就在此时周围的乘客开始苏醒了,舱内响起了各种各样的声音。陈老英雄找到了一个广东老乡,与之攀谈起来。我的天,广东话比英语还难懂!石大侠伸懒腰时还把他那胖手伸到了我的脸上。没办法,还是继续想一些什么吧。想想芬兰,那风光绮丽的波罗的海沿岸,绿树鲜花簇拥着的高速公路,金发碧眼的东道主人,糟糕的西餐。哦,对了,还有那有趣的参赛队员之间的礼品交换。高鼻梁、卷发的欧美学生用钢笔和T恤衫交换我们的筷子和包装精美的清凉油。令人生气的是我那糟糕的英语,我跟外国学生们的交谈热情还是很高的,不过不是我听不懂他们说的就是他们不理解我说的,委实可恼。算了,不提了,想些别的吧。记得出国前,我们一起去舒老师家看录像;我们五个学生一起骑车去西单买出国穿的皮鞋和领带;每次做完实验食堂已关门,我们凑钱去买烤鸡;还有我的中学陈老师同夫人一起坐镇北京做红烧肉给我解馋……一丝睡意袭来,脑中一片混乱。

猛然机身一颤,睁眼一看,飞机着陆——北京到了。

学好物理,准备参赛

第 22 届国际物理奥赛中国代表队队员、金牌得主　吕强

我在中学期间,自从理解了物理学后,便对这门学科产生了浓厚的兴趣,因而在完成课内正常学习的同时,又较多地参加了这方面的课外小组和各级物理竞赛活动,取得了一些成绩。参赛成功的原因是多方面的,但最主要的无疑是真正学好了物理。这里就如何学好物理,为参赛做好准备,根据自身体会,提出几点看法。

1. 浓厚的兴趣是学好物理的持久动力

无论学习哪一门学科,要真正学得深一些、透一些,就必须下功夫钻进去,付出长期的劳动。其间往往会遇到很多困难,这时,浓厚的兴趣会成为克服困难的最有效的动力。我在学习物理的过程中,深切地体会到了这一点。记得初中刚上物理课时对这门学科很不感兴趣,觉得它的内容无非是用尺子量量长度,用天平称称质量,或者至多用电表测测电流、电压而已,远不如解一道几何难题能激动人心。后来物理老师在课上告诉我们,世上的一切事物归根结底都是物理性质的,对此我感到很奇怪。有一次从一份杂志上得知,物质的存在会使其周围空间发生弯曲、时钟变慢,这实在使我大惑不解。正是这种大惑不解,使我对物理学产生了浓厚的兴趣。我开始认真学物理,并找到一本大致相当于高中水平的物理课本进行自学。自学是很困难的,但是物理学的那种从纷繁杂乱的现象背后寻找出本质规律的洞察力和明晰的逻辑体系强烈地吸引着我,促使我付出很多时间和精力,并逐渐取得了进步。到了高中后,课外的物理内容都是靠自学掌握的,中间遇到过很多令人苦恼的困难,比如一道习题无论如何做不出书中提供的参考答案(可气的是最终发现参考答案"印"错了),一个参考的推导过程怎么也弄不懂其依据,等等。我想如果不是有强烈的兴趣在支持着我,或许我早就在困难面前放弃努力,更谈不上在物理竞赛中取得什么成绩了。

2. 切实掌握基本概念和规律是提高参赛能力的前提

物理学知识体系是由一系列基本概念和规律构成的,如果对最根本的内容都似懂非懂,那么在处理赛场中的物理问题时往往会不知从何下手。

例如,我参加的第 7 届全国中学生物理竞赛决赛的口试中有一道热学题,涉及的是理想气体在 pV 坐标面上某一直线过程中吸、放热的转换问题。个别口试选手的此题得分不高,事后交谈起来才知道,其中一个主要的原因就是他们对热学准静态过程这一概念掌握得不完整。在中学课堂教学与一般课外竞赛辅导中接触到的过程基本上都是等值过程和绝热过程,无形之中就会使学生误认为这些等值过程就是所有过程了。口试中遇到了非等值过程和绝热过程,一下子发懵了,久久不知从何下手才好,损失了许多宝贵的时间。

又如,我们参加第 22 届国际物理奥林匹克竞赛时,东道国古巴为理论竞赛准备的一道力学题要选手讨论的是一个转动着的刚性球自高处落下,与地碰撞后反弹的抛射角与初始转动角速度之间的关系等问题。这道题涉及的基本规律是滑动摩擦力与正碰力成正比关系及物体间无相对滑动趋势时摩擦力便消失,正比关系表明碰撞过程中摩擦力不可忽略,可消失性表明碰撞过程中摩擦力作用时间有可能短于正碰力作用时间。这道题我们 5 名中国队员几乎都得满分,明显居于其他队之上。究其原因,就在于我们对这基本规律掌握得较好。

3. 处理好做题中精与泛的关系

学习知识的过程中,做习题是一个重要的方面。通过做题能够发现我们在对概念和规律理解方面的偏差,增强思考问题的灵活性。参赛前须做适量的习题,但做题并不要求每一道题都要完整地写出解答。我的体会是:选一些题精做,即从最初的分析到最终写出解答和计算结果,都要按照很正规的格式去做,这样做的好处是能够训练规范的书写和表述,有利于参赛时每一道题的解答能尽量少被扣分。在我的周围曾有这样的同学,他们的思维敏捷,善于巧解难题,但就是不善于在考场或赛场上多得分,这确实是很可惜的,望后来的参赛者引以为戒。在国家队集训期间,教师尤其强调对我们精做题的训练,反复告诫我们:"在考场或赛场上一定要牢记,题是做给别人看的而不是做给你自己看的。"精做对于一些比较复杂的物理题尤其显得重要,因为某些细节若不认真地写出来就可能发现不了其中的问题。

除了精做之外,需要泛做适量的物理题。泛做不必按上面的方式去做,而是像浏览杂志一样,看懂题后把主要的步骤在脑子里过一下,觉得没有问题就可以了。如果题目有答案的话,可以估计一下答案在一些极限情况下或特例下的形式,如果有明显错误,再认真地动笔算一遍。这种做题方式也许会漏过一些有价值的东西,但如果精做方面做得比较充分,漏掉的就会越少。泛做有利于提高反应速度、开拓思路和累积知识,这对参赛者来说格外重要。

学习方法具有明显的个人特点,以上所谈只是个人的体会。

习题札记

国家教育委员会物理试验班 范立众

1. 第4届全国中学生物理竞赛决赛一道口试题

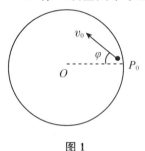

图1

例1 图1中半径为 R、质量为 M 的均匀刚性圆环置于光滑水平面上,环上有一大小可忽略的小孔 P_0,质量为 m 的质点从 P_0 出发,以速度 v_0 于环内无摩擦地在水平面上运动。假设 v_0 不许对准圆心 O,而且质点与圆环碰撞时无摩擦及其他损耗,若质点在环内经过不超过一周的碰撞,恰好能从 P_0 穿出圆环。

(1) 求出 v_0 与 P_0O 之间的夹角 φ 所需满足的条件。

(2) 略。

解 原题解中第(1)问的解答相当繁琐,它通过复杂的计算来求得 φ 角所应满足的关系式,其实可以只通过定性分析求得 φ 角所需满足的条件。

假设圆环固定在光滑水平面上,质点自 P_0 孔出发后每碰撞一次,沿碰撞点切向速度不变,径向速度大小不变、方向相反,这如同光的镜面反射一样。只要质点在圆环内的运动构成一个正 N 边形,它便能回到 P_0 孔穿出圆环,由此很易算得 φ 所需满足的条件为

$$\varphi = \frac{\pi}{2} - \frac{\pi}{N} \quad (N = 3,4,5,\cdots)$$

如果圆环可以自由滑动,质点自 P_0 孔出发后每碰撞一次,沿碰撞点切向速度仍不变,而根据牛顿碰撞定律(或由动量守恒和能量守恒)可知,在径向质点和环的分离速度与接近速度大小相等、方向相反。如果在圆环参照系中观察,其现象与圆环固定在水平面上的情况相同,因此质点回到 P_0 孔穿出圆环的条件也是

$$\varphi = \frac{\pi}{2} - \frac{\pi}{N} \quad (N = 3,4,5,\cdots)$$

2. 英国物理奥林匹克竞赛1986/87年度试题A卷第3题(《英国物理奥林匹克竞赛题》,教育科学出版社,1992年)

例2 有一条摩擦可忽略的滑雪道,它从 100 m 高的小山峰开始,经一条直的斜坡到达地面,然后又如图2所示进入半径和高度均为 R 的圆弧形小丘。若滑雪者在小山峰上从静止开始下滑,到达小丘顶部时不会飞离滑雪道,那么 R 至少应为多大?

解 原解答如下:

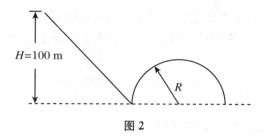

图 2

滑雪者从高为 H 的小山峰顶无摩擦地滑到高为 R 的小山丘顶部时,速度为
$$v = \sqrt{2g(H-R)}$$
在小丘顶部不会飞离滑雪道的条件为重力不小于圆周运动的向心力,即
$$mg \geqslant \frac{mv^2}{R}$$
将 v 的表达式代入后,可解得
$$R \geqslant \frac{2}{3}H = 66.7 \text{ m}$$
即 R 至少应为 66.7 m。

此题编制得不妥当,因为滑雪者在半圆形小丘底部所受重力和小丘可能给予的法向朝外支持力(实际上不会给予)均不能为滑雪者提供圆周运动所需向心力,所以滑雪者在小丘底部就已不可能做圆周运动而会跳离滑雪道。

基于上述考虑,此题宜将条件改为:圆弧形小丘的高度为 $h = 50$ m,半径为 R,且 $h < R$。这样,这道题就可以求解了。

改正后的解答如下:

滑雪者从高为 H 的小山峰顶无摩擦地滑到高为 h,半径为 R 的圆弧形小丘底部(如图 3 所示),其速度为
$$v = \sqrt{2gH}$$

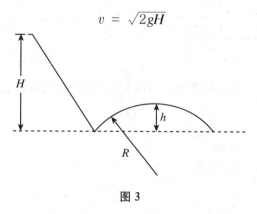

图 3

在小丘底部不飞离滑雪道的条件为
$$mg\frac{R-h}{R} \geqslant m\frac{v^2}{R}$$

在滑雪者冲上小丘的过程中滑雪者的速度越来越小,所需向心力也越来越小,但重力的径向分量却越来越大,所以在以后的过程中直到到达小丘顶部,滑雪者均不会飞离轨道。

由上述两式可解得
$$R \geqslant 2H + h = 250 \text{ m}$$
即 R 至少应为 250 m。

3. 一道有关绝热过程方程的热学题

中学物理教学中唯一涉及的理想气体非等值准静态过程是绝热过程,但受到数学知识的限制,无法介绍绝热过程的过程方程,这对求知欲望强烈的同学来说确是一件很遗憾的事。在试验班学习期间做了一道质点力学题(《英美大学物理典型题选》,题 1-1-23,南京大学出版社,1986 年),该题用往返于两壁间的质点与可动壁的弹性碰撞来说明当气体被压缩时其温度升高的机理,做后深受启发。现将其改编成一道用力学方法(不太严谨地)推导出单原子分子理想气体一维方向热运动对应的绝热过程方程的题,供中学生读者参考。

例 3 在一个带有活塞的柱形气缸内有一单原子分子沿着气缸的长度方向往返运动,它与气缸底面及活塞均做弹性正碰撞。

(1) 如图 4 所示,设气缸初始长度为 l_0,活塞推进速度为常量 u,分子从活塞近旁以 $v_0 \gg u$ 的初始速率朝气缸底面运动。忽略重力影响,试确定分子与活塞多次碰撞后,其速率 v 与气缸长度 l 之间的关系。

(2) 设气缸截面积为 S,则气缸初始体积为 $V_0 = Sl_0$,气缸长度为 l 时,它的体积为 $V = Sl$,再为该分子引入"温度"量 T,使其正比于分子动能,试求 T 与 V 之间的关系。

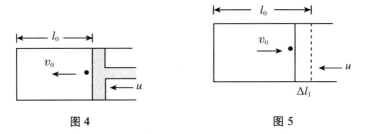

图 4　　　　　图 5

解 (1) 分子经 Δt_1 时间与活塞第一次相碰,此时活塞推进 Δl_1,参考图 5 应有
$$l_0 + (l_0 - \Delta l_1) = v_0 \Delta t_1$$
$$\Delta l_1 = u \Delta t_1$$
解得
$$\Delta t_1 = \frac{2l_0}{v_0 + u}, \quad \Delta l_1 = \frac{2l_0 u}{v_0 + u}$$

以活塞为惯性参照系,分子与活塞相碰前的接近速度大小为 $v_0 + u$,碰后分离速度大小也为 $v_0 + u$,故碰后分子相对固定的气缸的速率为
$$v_1 = v_0 + 2u$$
第一次相碰后瞬间气缸长度为

$$l_1 = l_0 - \Delta l_1 = \frac{l_0(v_0 - u)}{v_0 + u}$$

分子又经 Δt_2 时间与活塞第二次相碰。此时活塞又推进 Δl_2 间距，类似地可得

$$\Delta t_2 = \frac{2l_1}{v_1 + u}, \quad \Delta l_2 = \frac{2l_1 u}{v_1 + u} = \frac{2l_0(v_0 - u)u}{(v_0 + u)(v_0 + 3u)}$$

由同样的分析可知，第二次碰撞后分子运动速率为

$$v_2 = v_1 + 2u = v_0 + 4u$$

第二次相碰后瞬间，气缸长度为

$$l_2 = l_1 - \Delta l_2 = \frac{l_0(v_0 - u)}{v_0 + 3u}$$

运用数学归纳法可证（略），第 $k-1(k \geqslant 2)$ 次与第 k 次相碰之间所经时间 Δt_k、活塞在 Δt_k 时间内推进的间距量 Δl_k 及第 k 次相碰后瞬间分子的运动速度 v_k 和气缸长度 l_k 分别为

$$\Delta t_k = \frac{2l_{k-1}}{v_{k-1} + u}, \quad \Delta l_k = \frac{2l_{k-1} u}{v_{k-1} + u} = \frac{2l_0(v_0 - u)u}{[v_0 + (2k - 3)u][v_0 + (2k - 1)u]}$$

$$v_k = v_0 + 2ku, \quad l_k = \frac{l_0(v_0 - u)}{v_0 + (2k - 1)u}$$

即得

$$l_k = \frac{l_0(v_0 - u)}{v_k - u}$$

因 $v_0 \gg u, v_k \gg u$，故有

$$l_k = \frac{l_0 v_0}{v_k}$$

由于 $v_0 \gg u, v_k \gg u$，故 v_k 可近似视为连续变化，l_k 也可因此近似处理为连续变化，于是 v_k、l_k 即为题文所述 v、l，可得它们之间的关系为

$$v = \frac{l_0}{l} v_0$$

（2）由上式可得

$$\frac{1}{2} m v^2 = \left(\frac{l_0}{l}\right)^2 \frac{1}{2} m v_0^2$$

其中 m 为分子的质量。因 $V_0 = S l_0$，$V = S l$，所以

$$\frac{\frac{1}{2} m v^2}{\frac{1}{2} m v_0^2} = \frac{V_0^2}{V^2}$$

又因

$$T \propto \frac{1}{2} m v^2$$

故

$$\frac{\frac{1}{2}mv^2}{\frac{1}{2}mv_0^2} = \frac{T}{T_0}$$

其中 T 和 T_0 分别是对应动能 $\frac{1}{2}mv^2$ 和 $\frac{1}{2}mv_0^2$ 的两个"温度"。于是有

$$T = \frac{T_0 V_0^2}{V^2}$$

或写为

$$TV^2 = T_0 V_0^2 (常量)$$

这就是求得的 T 与 V 之间的关系式。

  需要指出的是,温度是描述大量分子不规则热运动剧烈程度的量,热运动分子因频繁地碰撞而使其速率快速地变化着,温度 T 用于描述分子运动的平均动能。一个分子无所谓平均动能,温度也就失去了原意。本题设计的单分子模型严格来说不可代替理想气体的众多分子,但它确实能定性地说明理想气体受压缩的过程中分子的热运动动能以及其温度何以增加。此模型中分子只接受外界通过活塞做功方式传输的能量,故即为理想气体绝热过程中的功能转换关系。在本题模型基础上再设气缸内有大量单原子分子,各分子的一维运动速度、动能并不一致,采用求平均的方法可以严格地导出单原子分子理想气体一维方向热运动对应的绝热过程方程,其结果与本题结果完全一致。因涉及的数学知识已超出中学范围,故不再介绍。

  顺便一提,实际的单原子分子理想气体因分子有三个运动方向,可以证明它的绝热过程方程为

$$TV^{2/3} = T_0 V_0^{2/3} (常量)$$

学生题屋 2

在全国理科物理试验班的教学中,要求学生结合所学知识自己尝试着改编某些现成的物理题,甚至独立地编制物理新题目,其近期效果是淡化学生面对考试(包括竞赛)普遍存在的被动心理状态。本文收录的各题由 1991、1992 级物理试验班的四名学生提供,这四名学生分别是:

李翌、石长春、张霖涛:1991 级学生,第 22 届国际物理奥林匹克中国代表队队员、金牌得主;韦韬:1992 级学生,第 23 届国际物理奥林匹克中国代表队队员、银牌得主。

例 1 (张霖涛)平面正方形电阻丝无穷网络如图 1 所示,除 A、B 间的电阻丝电阻为 R' 外,其他各小段电阻丝的电阻均为 R,试求 A、B 间的等效电阻 R_{AB}。

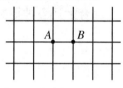

图 1

解 分三种情况讨论。

(1) $R' = R$。

答案为众所周知的
$$R_{AB} = \frac{R}{2}$$

(2) $R' < R$。

将 A、B 间电阻为 R' 的电阻丝剖分为电阻为 R 的电阻丝和电阻为 R_x 的电阻丝,则 R' 由 R 与 R_x 并联而成,即
$$R' = (R^{-1} + R_x^{-1})^{-1}$$

由此可得
$$R_x = \frac{R'R}{R - R'}$$

现在可将原网络处理为每段电阻均为 R 的正方形电阻丝无穷网络与电阻为 R_x 的电阻丝之并联,前者在 A、B 间的等效电阻为上面(1)中的 $\frac{R}{2}$。于是原网络中 A、B 间的等效电阻为
$$R_{AB} = \left[\left(\frac{R}{2}\right)^{-1} + R_x^{-1}\right]^{-1}$$

计算可得
$$R_{AB} = \frac{R'R}{R' + R}$$

(3) $R' > R$。

在 A、B 间并联一根电阻为 R_x 的电阻丝,使原有的 R' 与并入的 R_x 之并联电阻为 R,即

$$R = (R'^{-1} + R_x^{-1})^{-1}$$

由此可得

$$R_x = \frac{R'R}{R' - R}$$

现在的网络为每小段电阻均为 R 的正方形电阻丝无穷网络,其中 A、B 两点间的等效电阻为(1)中的 $\frac{R}{2}$。现在的网络又可视为原网络与 R_x 并联而成,因此有

$$\frac{R}{2} = (R_{AB}^{-1} + R_x^{-1})^{-1}$$

可算得

$$R_{AB} = \frac{R'R}{R' + R}$$

综合上述三种情况,无论 R' 与 R 间有怎样的大小关系,均有

$$R_{AB} = \frac{R'R}{R' + R}$$

特例:

若原网络中 A、B 断开,即 $R' \to \infty$,则有

$$R_{AB} = R$$

例2 (张霖涛)有一个正方形台球桌,桌的四角有四个球洞,桌上摆有两个质量相等的小球 A 和 B。设桌面无摩擦,且所有碰撞均为无切向摩擦的完全弹性碰撞。A、B 静置于桌上后,用杆打击 A,使其与 B 碰撞,由于 A、B 球都很小,可略去球的转动,但球终究不是几何点,A 球可以朝着 B 球球心,也可朝着 B 球其他边缘部位撞去。

(1)若要求两球碰后不与桌壁相碰,分别直接落入球洞,问 A、B 在球桌的表面应怎样摆?

(2)若要求两球碰后各与桌壁相碰一次再落入球洞,问 A、B 在球桌的表面应怎样摆?

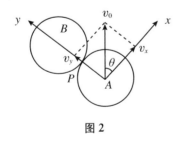

图 2

解 (1)设 A 以速度 v_0 朝 B 运动,且与 B 的边缘 P 处相碰。建立如图 2 所示的坐标系,将 v_0 分解为

$$v_x = v_0 \cos\theta, \quad v_y = v_0 \sin\theta$$

碰撞中因 A、B 间无切向摩擦,故碰后 A 的 x 方向分速度 v_x 不变,法向碰撞力的作用结果使得等质量的 A、B 交换法向速度,即 A 失去 y 方向分速度 v_y,B 获得该分速度 v_y,因此碰撞后 A、B 的速度分别为

$$\boldsymbol{v}_A: v_{Ax} = v_0\cos\theta, \quad v_{Ay} = 0$$

$$\boldsymbol{v}_B: v_{Bx} = 0, \quad v_{By} = v_0\sin\theta$$

即有

$$v_A \perp v_B$$

如果 v_A 前方为球洞 1，v_B 前方为球洞 2，则 A、B 会分别直接落入球洞 1、2。由于 1、2 两洞位置是固定的，B 球开始时所处的位置必须满足到 1 洞和到 2 洞的两条连线互相垂直的条件，满足此条件的所有位置显然构成以 1、2 两洞连线为直径的半圆周，如图 3 所示。A 球开始时必须摆在该半圆之外，例如，B 球若摆在图 3 中的 B 处，则 A 球应摆在图 3 中的阴影区域内。球杆击 A 球时须对着 1、2 两球洞连线上某处，且使 A 球能与 B 球发生类似图 2 所示的碰撞。因为题文并未要求作出这方面的详细回答，故此处从略。

根据上面的分析，对于正方形球桌，B 球必须摆在图 4 所示的四个半圆周上，对 B 球摆好的每一个位置，再按上面所述确定 A 球可摆放位置的区域。

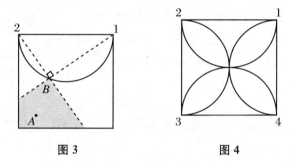

图 3   图 4

需要指出的是，由于 A、B 球均有一定大小，图 4 中各个半圆周靠近球洞的位置实际上不可取。

(2) 若 A、B 碰撞后各与桌壁相碰一次，再分别进入球洞 1、2，则可等效为 A、B 分别直接进入图 5 中虚设的球洞 $1'$、$2'$，而 $1'$、$2'$ 各为 1、2 的镜面像。这样，问题又转化为上述 (1) 问，故 B 球须摆在图 5 所示两个半圆周中的实线部位，A 球可摆在每一实线凸出的一侧之外，即图 5 中的阴影区域内。

B 球全部可摆的位置在图 6 所示的八条曲线上，对每一条曲线，A 球可摆在该曲线凸出的一侧之外。

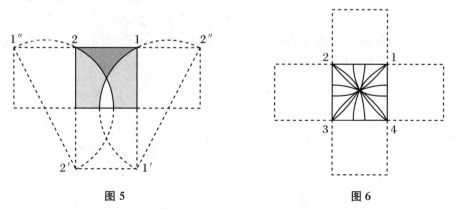

图 5   图 6

例 3 （李翌）如图 7 所示，地面上有一固定的球面，球面的斜上方 P 处有一质点。现要确定一条从 P 到球面的光滑斜直轨道，使质点从静止开始沿轨道滑行到球面上所经时间最短。

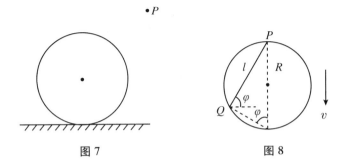

图 7　　　　　图 8

解　为解答本题,先讨论这样一个问题:设地面附近有一空心球,顶点 P 上有众多的光滑斜直轨道与球面上其他点相连,试证质点从 P 点自静止出发经任一轨道到达球面所需时间相同。证明这一点并不难,如图 8 所示,取任一与水平线夹角为 φ 的轨道 PQ,其长为

$$l = 2R\sin\varphi$$

此处 R 为球的半径。质点沿 PQ 轨道下滑的加速度为 $g\sin\varphi$,因此从 P 到 Q 所需时间为

$$t = \sqrt{\frac{2l}{g\sin\varphi}} = 2\sqrt{\frac{R}{g}}$$

该 t 与轨道参量 φ 无关,故任一轨道对应时间相同。

借助于上面的结论来求解本题,其答案为:以 P 为顶点作一球面,使其与题中所给球面相切,从 P 点到切点 Q 的光滑斜直轨道即为所求。

如图 9 所示,原球面的球心记为 O,半径记为 R。设 O、P 所在竖直平面即为图示的纸平面,在该竖直面上过 P 点作一铅垂线 AB,且使 PA 长等于 R。连接 OA,作直线段 OA 的中垂线,此中垂线与 AB 的交点 O' 即为待作新球面的球心,O' 到 P 的距离取为新球面的半径 R',这样作出的新球面 O' 与原球面 O 相切于 Q 点,P 到 Q 的光滑斜直轨道即为所求。

为证明 P 到 Q 所经时间最短,可如图 10 所示取另一光滑斜直轨道 PQ',它与球面 O' 交于 Q'' 点。根据前面所述,P 到 Q'' 所经时间同于 P 到 Q 所经时间,所以 P 到 Q' 所经时间必长于 P 到 Q 所经时间。

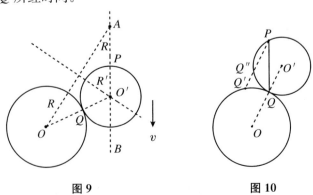

图 9　　　　　图 10

例 4 (李翌)用质量线密度为常量 λ 的细丝构成图 11 所示的无限内接等边三角形框架,最外层的等边三角形 ABC 的边长为 a,而后在其三边中点内接各边长为 $\dfrac{a}{2}$ 的等边三角形,再在上方边长为 $\dfrac{a}{2}$ 的等边三角形三边中点内接一个边长为 $\dfrac{a}{4}$ 的等边三角形……

(1) 试求框架的总质量 m；

(2) 确定框架重心 G 与顶点 A 之间的距离 h。

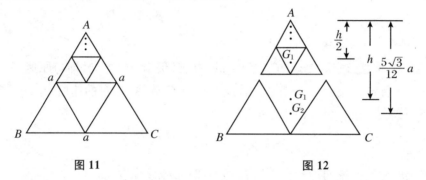

图 11　　　　　　图 12

解　(1) 第一个大三角形的质量为 $3a\lambda$,而后内接的三角形边长迭次减半,质量也迭次减半,故框架总质量为

$$m = 3a\lambda\left(1 + \dfrac{1}{2} + \cdots + \dfrac{1}{2^k} + \cdots\right) = 6a\lambda$$

(2) 将原框架分解为图 12 所示的两部分,上方是一个与原框架相似的框架,只是外三角形边长由原来的 a 减为 $\dfrac{a}{2}$,其质量也减为

$$m_1 = 6 \times \dfrac{a}{2}\lambda = 3a\lambda$$

其重心 G_1 与顶点 A 的距离也必减为 $\dfrac{h}{2}$。下方两个小三角形的合质量为

$$m_2 = m - m_1 = 3a\lambda = m_1$$

其重心 G_2 与原顶点 A 的距离不难算得(计算从略)为 $\dfrac{5\sqrt{3}a}{12}$。以 G 为中心可列出平衡方程式：

$$m_1\left(h - \dfrac{h}{2}\right) = m_2\left(\dfrac{5\sqrt{3}}{12}a - h\right)$$

即可算得

$$h = \dfrac{5\sqrt{3}}{18}a$$

例 5 (李翌)四个质量相同的小球 A、B、C、D 用相同长度的轻质刚性细杆光滑地绞连成一个菱形,开始时菱形取成正方形的形状,在光滑的水平面上沿着对角线 AC 方

向以速度 v 做匀速运动。如图 13 所示,在 AC 的前方有一与 v 方向垂直的黏性固定直壁,C 球与其相碰后即停止运动,试求碰后瞬间 A 球的速度 v_A。

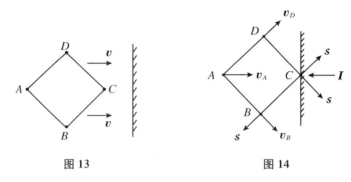

图 13　　　　　　　图 14

解 由于对称性,碰后 A 球的速度 v_A 的方向必仍沿 AC 方向,即与原速度 v 的方向一致,大小 v_A 待定。碰后 C 球静止,B、D 只能绕 C 旋转,各自的速度 v_B、v_D 方向如图 14 所示,速度大小相同,与 v_A 的关系为

$$v_B = v_D = v_A \cos 45° = \frac{\sqrt{2}}{2} v_A$$

设 C 与壁相碰期间受壁的冲量大小为 I,对四球-四杆系统有

$$4mv - I = mv_A + mv_B \cos 45° + mv_D \cos 45° \Rightarrow 2mv_A = 4mv - I \quad ①$$

其中 m 为各球的质量。碰撞期间 C 球还受 DC 杆、BC 杆沿杆方向的冲量,这两个冲量对称,大小可同记为 s。参照图 14,对 C 球有

$$mv - I + 2s\cos 45° = 0 \Rightarrow I = mv + \sqrt{2} s \quad ②$$

CB 杆对 B 球的冲量大小也为 s,此冲量使 B 球失去原有的沿 BC 方向的分运动,即有

$$mv\cos 45° - s = 0 \Rightarrow s = \frac{\sqrt{2}}{2} mv \quad ③$$

将③式代入②式,可得

$$I = 2mv$$

将此结果代入①式,便得

$$v_A = v$$

即碰后瞬间 A 球的速度 v_A 与碰前速度 v 相同。

例 6 (李翌)补充知识:行星绕太阳的运动遵循开普勒第二定律(即面积定律),该定律的基础是行星所受太阳的万有引力为一有心的径向力。换句话说,如果行星运动轨道并不是椭圆(例如抛物线或双曲线),那么面积定律仍然成立,甚至可以更普遍地说,只要质点仅受到指向或背离某一固定点(力心)的径向力作用,那么它在运动过程中相对于此力心的面积定律一定成立。

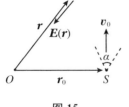

图 15

图 15 所在的纸平面代表某惯性系的一个平面,此平面上有以 O 点为力心的径向向心电场,其场强分布为

$$E(r) = -kr^{-\beta}\frac{r}{r}$$

式中 r 是平面中所要考察的点相对 O 点的位矢，k 为正的常量，β 为常数。

场中 S 点是一个带电粒子发射源，每个粒子的电量同为 $q > 0$，质量同为 m，粒子间的相互作用可忽略。理想情况下，发射出的粒子具有切向（即与图中 r_0 方向垂直的方向）速度 v_0，而后粒子恰好能绕力心 O 点做匀速圆周运动。

(1) 确定 S 点与 O 点的距离 r_0；

(2) 假设发射出来的粒子束在切向邻域有一个非常小的发散角 α，如图 15 中的虚线所示，但每个粒子的速率仍为 v_0，试问 β 取哪些值方可使这些粒子重新会聚，且会聚点与 O 点的距离仍为 r_0？再求第一次重新会聚前，粒子束绕 O 点转过的角度（称为聚焦角）φ。

解 (1) 径向电场可改写为

$$E(r) = -kr^{-\beta}$$

式中负号表示场强指向 O 点。

匀速圆周运动向心力由带电粒子所受电场力提供，故有

$$\begin{cases} q[-E(r)] = \dfrac{mv_0^2}{r} \\ r = r_0 \end{cases}$$

即可解得

$$r_0 = \left(\frac{kq}{mv_0^2}\right)^{\frac{1}{\beta-1}}$$

(2) 由于粒子束从 S 点出射时的偏向角很小，粒子的运动将只是稍稍偏离原圆周运动。将粒子在任意时刻与 O 点的距离记为 r，绕 O 点旋转的角速度记为 ω，那么粒子的运动可分解为以 ω 为角速度的圆周运动和以 r 为变量的径向运动。圆周运动的向心加速度大小为 $\omega^2 r$，径向运动向外为正的加速度记为 a_r，它们与指向 O 点的电场力的关系为

$$ma_r - m\omega^2 r = qE(r)$$

(注意 $E(r)$ 朝外为正) 另一方面由面积定律可得

$$\omega_0 r_0^2 = \omega r^2$$

其中

$$\omega_0 = \frac{v_{0切}}{r_0}$$

这里的 $v_{0切}$ 是出射速度 v_0 的切向分量，因 v_0 与切向的偏离角非常小，故近似有

$$v_{0切} \approx v_0, \quad \omega_0 = \frac{v_0}{r_0}$$

r 对 r_0 的偏离很小，可记为

$$r = r_0 + x$$

其中 x 为径向小变化量，可正可负，于是有

$$\omega = \frac{r_0^2 \omega_0}{(r_0 + x)^2} = \left(1 + \frac{x}{r_0}\right)^{-2} \omega_0$$

利用近似公式(参阅 51 页)

$$(1 + z)^\alpha \approx 1 + \alpha z \quad (|z| \ll 1, \alpha \text{ 为任意实数})$$

可得

$$\omega = \left(1 - 2\frac{x}{r_0}\right)\omega_0$$

代入前面的径向方程,得

$$\begin{aligned} ma_r &= m\omega^2 r - qkr^{-\beta} \\ &= m\left(1 - 2\frac{x}{r_0}\right)^2 \omega_0^2 (r_0 + x) - qk(r_0 + x)^{-\beta} \\ &= m\left(1 - 4\frac{x}{r_0}\right)\omega_0^2 r_0 \left(1 + \frac{x}{r_0}\right) - qkr_0^{-\beta}\left(1 + \frac{x}{r_0}\right)^{-\beta} \end{aligned}$$

再作小量近似,有

$$ma_r = m\left(1 - 3\frac{x}{r_0}\right)\omega_0^2 r_0 - qkr_0^{-\beta}\left(1 - \beta\frac{x}{r_0}\right)$$

因为

$$qkr_0^{-\beta} = \frac{mv_0^2}{r_0} = m\omega_0^2 r_0$$

所以

$$ma_r = -(3 - \beta)m\omega_0^2 x$$

其中 r 方向变化的加速度 a_r 其实也就是 x 变化的加速度,于是等式右边便对应为产生这一加速度的力。为使粒子重新会聚,且会聚点 $r = r_0$,便要求 x 必须做周期性振动。从上式可以看出在 $3 - \beta \leq 0$ 时,右边对应的力都不可能使 x 做周期性振动。仅当 $3 - \beta > 0$ 时,右边对应的力为线性回复力,此力能使 x 做简谐振动,且振动角频率、周期对各粒子都相同,便保证了粒子束重新会聚在某一个 $r = r_0$ 的位置。因此,当 β 的取值范围为

$$\beta < 3$$

时,粒子束才能符合题目要求重新会聚。

x 的谐振动角频率为

$$\Omega = \sqrt{3 - \beta}\,\omega_0$$

Ω、ω_0 各自对应的周期 T、T_0 间的关系为

$$T = \frac{T_0}{\sqrt{3 - \beta}}$$

粒子束经半周期 $\frac{T}{2}$ 重新会聚。因粒子经 T_0 时间绕 O 点转过 2π 角,经 $\frac{T}{2}$ 时间绕 O 点转过的角度便为

$$\varphi = \frac{\frac{T}{2}}{T_0} 2\pi = \frac{\pi}{\sqrt{3 - \beta}}$$

此即为粒子束的聚焦角。

例7 （李翌）一艘长为 L、高度可忽略的长方体形宇航飞船在距地心为 R 处的圆轨道上运动,运动方向如图 16 所示。设 $L \ll R$,且飞船每绕地心运行一周恰好自转一周,使船身下侧表面始终对着地心。

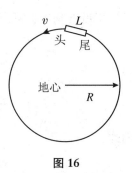

图 16

(1) 宇航飞船从其头部以速率 $u = kv$ 垂直向上抛出一个质量远小于飞船质量的小球,其中 $k \ll 1$,v 为飞船航行速率。假设而后每当小球回到抛离点(对地心参照系而言)时,如果又与飞船相遇发生做弹性碰撞,在此不考虑小球在其他位置与飞船相碰的可能性。若如此连续发生 N 次碰撞,在小球第 $N+1$ 次回到抛离点时不再与飞船相碰,试确定 k 的取值范围。

(2) 若小球抛出的方向是沿 v 方向向前,试问 k 在什么范围时小球能在绕地球近一周时与飞船相碰?

解 宇航飞船的质量远大于小球,抛出小球及而后与小球碰撞后,它仍在原轨道上航行。小球在(1)、(2)两问的情况中均将做椭圆轨道运动,若椭圆半长轴为 A,则由能量守恒及开普勒第二定律(即面积定律)可导得(过程从略)小球的机械能为

$$E = -\frac{GMm}{2A}$$

其中 M 为地球的质量,m 为小球的质量。此式对圆轨道也适用,此时 A 即为圆半径 R。

(1) 小球随飞船一起做圆周运动时,它的机械能为

$$E_0 = -\frac{GMm}{2R}$$

被抛出后,机械能增加小量为

$$\Delta E = \frac{1}{2}mu^2 = \frac{1}{2}k^2mv^2$$

能量的增加导致半长轴从开始的 R 增为 $R + \Delta A$,即有

$$\frac{1}{2}k^2mv^2 = \Delta E = -\frac{GMm}{2(R+\Delta A)} - \left(-\frac{GMm}{2R}\right)$$

$$= \frac{GMm}{2R}\left[1 - \left(1 - \frac{\Delta A}{R}\right)\right]$$

$$= \frac{GMm}{2R}\frac{\Delta A}{R} \qquad ①$$

原来做圆周运动时有

$$\frac{mv^2}{R} = \frac{GMm}{R^2}$$

代入①式,得

$$\frac{1}{2}k^2\frac{GMm}{R} = \frac{GMm}{2R}\frac{\Delta A}{R}$$

解得

$$\Delta A = k^2 R$$

再设做圆周运动时周期为 T,做椭圆运动时周期为 $T+\Delta T$,则由开普勒第三定律得

$$\frac{(R+\Delta A)^3}{(T+\Delta T)^2} = \frac{R^3}{T^2}$$

即

$$\left(1+\frac{\Delta A}{R}\right)^3 = \left(1+\frac{\Delta T}{T}\right)^2 \Rightarrow 1+3\frac{\Delta A}{R} = 1+2\frac{\Delta T}{T}$$

因此

$$\Delta T = \frac{3}{2}\frac{\Delta A}{R}T = \frac{3}{2}k^2 T$$

小球经历了一个周期 $(T+\Delta T)$ 回到抛离点,则飞船经历了自己的一个周期还多 ΔT 时间,飞船相对原抛离点前进的距离为

$$\Delta l = v\Delta T = \frac{3}{2}k^2 vT$$

将 $vT = 2\pi R$ 代入,便有

$$\Delta l = 3k^2\pi R$$

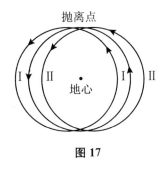

图 17

此时小球经图 17 所示的轨道 I,从飞船下表面碰撞飞船。碰撞时小球相对飞船只有向上的速度 $u = kv$,弹性碰撞的结果等效为飞船以速率 $u = kv$ 垂直向下抛出小球,于是小球将沿图 17 中的轨道 II 运动。轨道 II 与轨道 I 对称,前面为轨道 I 算得的 ΔA、ΔT、Δl 完全适用于轨道 II,其中 Δl 为第一次碰撞到第二次碰撞间飞船又多前进的距离。第二次碰撞发生在飞船上表面,碰后小球又沿轨道 I 运行。

按题目要求,只发生 N 次碰撞,故必有

$$N\Delta l < L < (N+1)\Delta l$$

即

$$3Nk^2\pi R < L < 3(N+1)k^2\pi R$$

所以 k 的取值范围为

$$\sqrt{\frac{L}{3(N+1)\pi R}} < k < \sqrt{\frac{L}{3N\pi R}}$$

(2) 此时小球机械能增量为

$$\Delta E = \frac{1}{2}m(v+kv)^2 - \frac{1}{2}mv^2 = kmv^2$$

仿照(1)可算得

$$\Delta A = 2kR, \quad \Delta T = \frac{3}{2}\frac{\Delta A}{R}T = 3kT$$

$$\Delta l = v\Delta T = 3kvT = 6k\pi R$$

为使小球运行一周后能与飞船相碰,要求

$$L \geqslant \Delta l$$

即要求

$$k \leq \frac{L}{6\pi R}$$

例8 (韦韬)图18所示的无限旋转内接正方形金属丝网络是由一种粗细一致、材料相同的金属丝构成的,其中每一个内接正方形的顶点都在外侧正方形四边的中点上。已知与最外侧正方形边长相同的同种金属丝 $A'B'$ 的电阻为 R_0,求网络中:

(1) A、C 两端间的等效电阻 R_{AC};

(2) E、G 两端间的等效电阻 R_{EG};

(3) A、B 两端间和 E、F 两端间的等效电阻 R_{AB} 和 R_{EF}。

解 (1) 先考察 B、D 连线上的结点。由于这些结点都处于从 A 到 C 的途径的中点上,在 A、C 两端接上电源时,这些结点必然处在一等势线上。因此可将这些结点"拆开",将原网络等效成图19所示的网络。

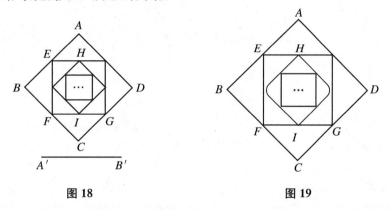

图 18   图 19

接着可将网络沿 A、C 连线对折叠合,使原来左、右对称的金属丝、结点相互重合,从而又等效成图20所示的网络。

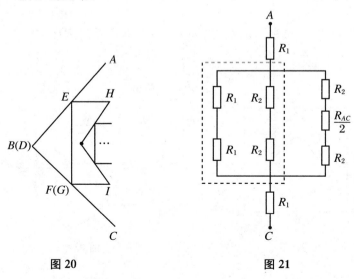

图 20   图 21

注意到图 20 中 A、C 间的网络与 H、I 间的网络在形式上的相似性,而且后者恰好是前者在线度上缩小一半的结构,因此有

$$R_{HI} = \frac{1}{2} R_{AC}$$

将与 AE 同长的双金属丝电阻记为 R_1,对应地与 EH 同长的双金属丝电阻记为 R_2,不难算得

$$R_1 = \frac{1}{4} R_0 (= \sqrt{2} R_2), \quad R_2 = \frac{\sqrt{2}}{8} R_0$$

再将图 20 所示的网络"量化"成图 21 所示的网络,其中虚线框内上、下两端间的电阻为

$$R' = 2 \frac{R_1 R_2}{R_1 + R_2} = 2(2 - \sqrt{2}) R_2$$

于是有

$$R_{AC} = 2 R_1 + \frac{R'\left(2 R_2 + \frac{R_{AC}}{2}\right)}{R' + 2 R_2 + \frac{R_{AC}}{2}}$$

解得

$$R_{AC} = 2(\sqrt{6} + \sqrt{2} - 2) R_2 = \frac{1}{2}(\sqrt{3} + 1 - \sqrt{2}) R_0 = 0.659 R_0$$

(2) 能否采用(1)中所取的递归方法来求解 R_{EG} 呢? 由于此时不存在结构相似的内层网络,故不好采用这一方法。解决的方法当然还是有的,这就是利用(1)的结果进行简化。

根据对称性,将原网络中 AD 边的中点、BC 边的中点处结点"拆开",等效成图 22 所示网络。此网络中通过 E、G 两端与外正方形连接的内无限小网络与原网络结构相同,只是线度缩短为原线度的 $\frac{1}{\sqrt{2}}$,小网络 E、G 之间的等效电阻便为原网络 A、C 间等效电阻 R_{AC} 的 $\frac{1}{\sqrt{2}}$。据此,可将图 22 所示的网络"量化"成图 23 所示的网络,有

$$R_{EG} = \left(\frac{1}{R_0} + \frac{\sqrt{2}}{R_{AC}}\right)^{-1}$$

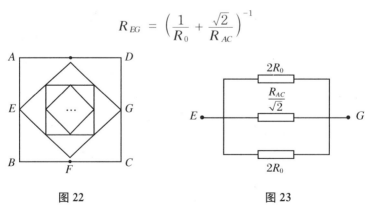

图 22　　　　　图 23

将(1)中算得的 R_{AC} 代入后,可得

$$R_{EG} = \frac{\sqrt{3} - \sqrt{2} + 1}{\sqrt{3} + \sqrt{2} + 1} R_0 = 0.318 R_0$$

(3) 采用与(2)中所述的类似方法，可求出 R_{AB} 和 R_{EF}，过程从略，答案如下：

$$R_{AB} = \frac{2(\sqrt{3} - \sqrt{2} + 1)}{\sqrt{3} + 3\sqrt{2} + 1} R_0 = 0.378 R_0$$

$$R_{EF} = \frac{4\sqrt{2} + 9\sqrt{3} - 6\sqrt{6} - 5}{4(5 + \sqrt{6} - 3\sqrt{2} - \sqrt{3})} R_0 = 0.262 R_0$$

例 9 （石长春）正截面为正方形的长方体匀质木料放在水中，若其长边始终平行于水面，试讨论：

(1) 木料浮在水上（即部分在水面下方，部分在水面上方）平衡的条件；

(2) 木料对称地浮在水上且只有一条长边没于水中的平衡状态的稳定性。

讨论中所需参量自行设定。

解 (1) 设木料和水的密度分别为 ρ 和 ρ_0，木料能浮于水上处于平衡状态的第一个条件显然是

$$\rho < \rho_0$$

由于长边始终平行于水面，木料匀质，故只需在图 24 所示的平面上讨论平衡问题。图中正方形为长方体的中央正截面，正方形中心 O 点即为木料重心。设正方形的边长为 $2a$，木料中浸入水下的部分用图 24 中的面积 S 来代表，则由浮力等于木料所受重力的力平衡性很易导出木料处于平衡状态的第二个条件为

$$S = \frac{4a^2 \rho}{\rho_0}$$

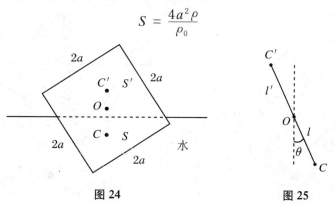

图 24　　　　　　图 25

浸在液体中物体所受竖直向上的浮力可等效为物体中各部分所受竖直向上的浮力之和，因此浮力类似于竖直向上的"假想重力"，浮力的力心必与重力的力心（即重心）重合。现设图 24 中木料的 S 部分重心为 C，木料浮在水面上方的 S'（$S' = 4a^2 - S$ 为面积）部分重心为 C'，则 C、O、C' 三点共线，且浮力的力心也在 C 点。如图 25 所示，若 O、C 不在一竖直线上，设它们的连线与竖直线成图示的 θ 夹角，S' 部分对应的木料质量为 m'，S 部分对应的木料质量为 m，则 C' 处向下的重力为 $m'g$，C 处向下的重力为 mg，C 处向上的浮力为 $(m + m')g$，这些力相对 O 点的逆时针旋转方向合力矩为

$$m'gl'\sin\theta - mgl\sin\theta + (m + m')gl\sin\theta = m'g(l' + l)\sin\theta \neq 0$$

式中 l'、l 分别为 C'、C 到 O 点的距离。既然平衡时要求合力矩为零,因此木料处于平衡状态的第三个条件是

$$O、C 在一条竖直线上$$

满足上面所述的三个条件,木料方能浮在水上平衡。

(2) 木料对称地浮在水上且只有一条长边没于水中的平衡状态如图 26 所示,此时必有

$$S < 2a^2, \quad \rho < \frac{\rho_0}{2}$$

将木料绕其质心 O 顺时针偏转一下,新的没于水中部分的重心 C 如果朝右偏转,参照图 25 可知会产生相对 O 的逆时针偏转力矩,使得木料有恢复到原平衡态的趋势,这就是稳定平衡。如果 C 朝左偏转,则会产生相对 O 的顺时针偏转力矩,使得木料有继续做顺时针转动的趋势,这就是不稳定平衡。如果 C 不偏转,木料仍可平衡,便对应随遇平衡。

为讨论上述偏转性,较普遍地考虑木料不对称地浮在水上但仅有一条长边没于水中的情形,如图 27 所示。新引入的参量 p、q、φ、φ' 已在图中示出,C 点应位于没于水中的三角形三边中线交点上,不难求得

$$\tan\varphi = \frac{p}{q}, \quad \tan\varphi' = \frac{a - \frac{q}{3}}{a - \frac{p}{3}}$$

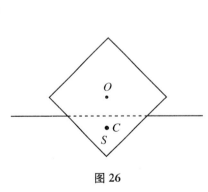

图 26

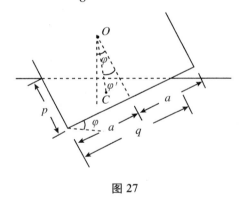

图 27

对于原平衡位置

$$p_0 = q_0$$

应有

$$\tan\varphi' = \tan\varphi, \quad \varphi' = \varphi$$

即 C、O 在一条竖直线上。现在从原 $p_0 = q_0$ 位置稍微偏转一下,由于对称性,取 $p < q$ 的偏转和 $p > q$ 的偏转是一样的,所以可只讨论朝着 $p < q$ 方向的偏转。作此偏转后,如果新的 C 朝着右侧偏移,即 $\varphi' < \varphi$,则原平衡位置为稳定平衡;若 C 朝着左侧偏移,即 $\varphi' > \varphi$,则原平衡位置为不稳定平衡;若 C 不偏移,即仍有 $\varphi' = \varphi$,则原平衡位置为随遇平衡。对于新的 p、q,有

$$\varphi' > \varphi \quad \Rightarrow \quad \frac{a-\frac{q}{3}}{a-\frac{p}{3}} > \frac{p}{q} \quad \Rightarrow \quad \left(a-\frac{p}{3}\right)p < \left(a-\frac{q}{3}\right)q$$

$$\varphi' < \varphi \quad \Rightarrow \quad \frac{a-\frac{q}{3}}{a-\frac{p}{3}} < \frac{p}{q} \quad \Rightarrow \quad \left(a-\frac{p}{3}\right)p > \left(a-\frac{q}{3}\right)q$$

$$\varphi' = \varphi \quad \Rightarrow \quad \frac{a-\frac{q}{3}}{a-\frac{p}{3}} = \frac{p}{q} \quad \Rightarrow \quad \left(a-\frac{p}{3}\right)p = \left(a-\frac{q}{3}\right)q$$

根据右侧三式引入函数

$$y = \left(a - \frac{x}{3}\right)x \quad (x < 2a)$$

y-x 曲线为以 $x = \frac{3}{2}a$ 为对称轴的抛物线,如图 28 所示。

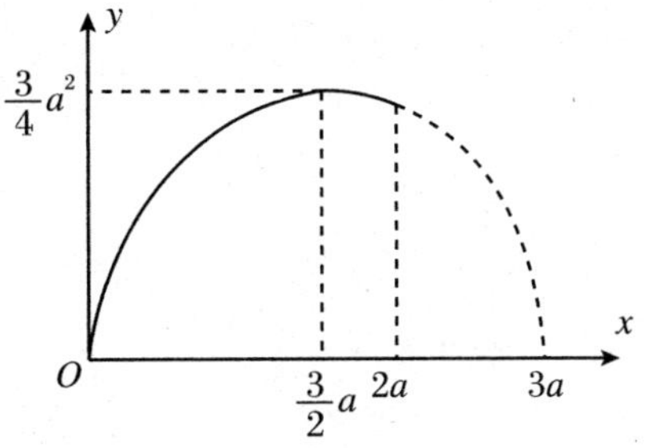

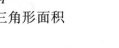

图 28

下面分三种情况讨论。

① $p_0 = q_0 = \frac{3}{2}a$。

偏转后有

$$p = p_0 - \Delta p, \quad q = q_0 + \Delta q$$

偏转后为保证力平衡,要求没于水中的三角形面积 S 保持不变,即仍有

$$pq = 2S = p_0 q_0$$

由此可得

$$\Delta q = \frac{q_0}{p_0 - \Delta p}\Delta p > \Delta p$$

根据 y-x 曲线的对称性,从 $x = \frac{3}{2}a$ 朝两侧偏移量大者 y 值小,故有

$$\left(a - \frac{p}{3}\right)p > \left(a - \frac{q}{3}\right)q$$

于是,对应有

$$\varphi' < \varphi$$

故原平衡位置为稳定平衡。

② $p_0 = q_0 > \frac{3}{2}a$。

偏转后仍有 $p = p_0 - \Delta p, q = q_0 + \Delta q$,根据 y-x 曲线特性,$\left(a - \frac{p}{3}\right)p$ 值将增大,$\left(a - \frac{q}{3}\right)q$ 值将减小,即有

$$\left(a-\frac{p}{3}\right)p > \left(a-\frac{q}{3}\right)q, \quad \varphi' < \varphi$$

故原平衡位置为稳定平衡。

③ $p_0 = q_0 < \frac{3}{2}a$。

根据 y-x 曲线特性，$\left(a-\frac{p}{3}\right)p$ 值将减小，$\left(a-\frac{q}{3}\right)q$ 值将增大，即有

$$\left(a-\frac{p}{3}\right)p < \left(a-\frac{q}{3}\right)q, \quad \varphi' > \varphi$$

故原平衡位置为不稳定平衡。

伽利略快速圆弧问题

李翌　石长春　韦韬

设想一根直的光滑金属线把图1中 A 点与较低处 B 点连接起来,并有一个小串珠可以不受阻力地从静止出发沿线从 A 滑到 B;我们也可设想从 A 到 B 的线是弯成图中圆弧状的情形,这时串珠下落的运动就跟摆球运动一样。问:串珠是沿直线下落快,还是沿圆弧下落快?

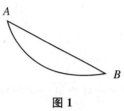

图1

这是一个古老的问题,早在伽利略时代就被提出了,伽利略本人认为沿圆弧下降得快(《古今数学思想》,M.克莱因著)。不仅如此,伽利略还认为 A、B 间的最速降线就是圆弧。虽然后面的结论早已被证明是错误的,但伽利略曾经考虑过的这个圆弧与直线降速关系的问题还是很有趣味的,下面我们来具体讨论这一问题。

【模型1】设 A 与 B 恰好分别位于某四分之一圆周的最高点与最低点,如图2所示。

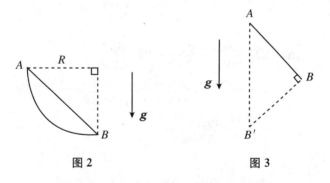

图2　　　　图3

首先,考虑沿 AB 直线段自由降落的时间。如图3所示,过 A 点引一条铅垂线,过 B 点作一条与直线段 AB 垂直的直线,此直线与铅垂线交于 B' 点。不难证明,串珠从静止出发由 A 到 B 的直线降落时间等于从 A 到 B' 的自由落体时间,这可记为

$$t_{AB} = t_{AB'}$$

(这方面的证明可参阅学生题屋2例3。)

现在在图3的基础上绘制出图4,图中以 C 点为参照点作张角为小角 $\Delta\theta$ 的两条射线,在 $\overset{\frown}{AB}$ 上截得一小段圆弧,其长为 $2R\Delta\theta$,在直线 AB' 上截得一小段直线段,其长记为 Δh。

串珠在圆弧段处的速度大小为

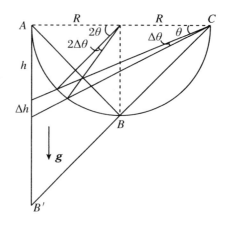

图 4

$$v_{弧} = \sqrt{2Rg\sin 2\theta}$$

此式可从机械能守恒导得,经 $2R\Delta\theta$ 圆弧段所需时间为

$$\Delta t_{\widehat{AB}} = \frac{2R\Delta\theta}{v_{弧}} = \sqrt{\frac{2R}{g\sin 2\theta}}\Delta\theta$$

串珠在 Δh 段处的速度大小为

$$v_h = \sqrt{4Rg\tan\theta}$$

又由

$$h = 2R\tan\theta = \frac{2R\sin\theta}{\cos\theta}$$

可得

$$\Delta h = 2R\frac{\sin(\theta+\Delta\theta)}{\cos(\theta+\Delta\theta)} - 2R\frac{\sin\theta}{\cos\theta}$$
$$= 2R\frac{\sin(\theta+\Delta\theta)\cos\theta - \cos(\theta+\Delta\theta)\sin\theta}{\cos(\theta+\Delta\theta)\cos\theta}$$
$$= \frac{2R\sin\Delta\theta}{\cos(\theta+\Delta\theta)\cos\theta}$$

因 $\Delta\theta$ 很小,有

$$\sin\Delta\theta \approx \Delta\theta, \quad \cos(\theta+\Delta\theta) \approx \cos\theta$$

即得

$$\Delta h = \frac{2R\Delta\theta}{\cos^2\theta}$$

经 Δh 段所需时间便为

$$\Delta t_{AB'} = \frac{\Delta h}{v_h} = \sqrt{\frac{2R}{g\sin 2\theta}} \cdot \frac{\Delta\theta}{\cos\theta}$$

将这一对时间 $\Delta t_{\widehat{AB}}$、$\Delta t_{AB'}$ 作比较,得

$$\frac{\Delta t_{\widehat{AB}}}{\Delta t_{AB'}} = \cos\theta < 1 \quad (\theta > 0)$$

即恒有
$$\Delta t_{\widehat{AB}} < \Delta t_{AB'} \quad (\theta > 0)$$

各自累加得 $t_{\widehat{AB}}$、$t_{AB'}$，则必有
$$t_{\widehat{AB}} < t_{AB'} = t_{AB}$$

这样，就模型1的情况用我们的方法证明了伽利略"沿圆弧下降得快"的观点。

不难发现，上面的推导过程中并未利用 B 在四分之一圆周最低点的特性，换言之，B 在四分之一圆周的其他部位时，仍有
$$t_{\widehat{AB}} < t_{AB}$$

【模型2】B 点位于 A 点的下方，且 A 点不位于圆水平直径的上方。

这显然是更具普遍性的模型。

仿照图4作出图5，图中 B 点画在圆竖直直径的左侧，但下面的讨论与 B 究竟是在左侧还是在右侧无关。参照图5的标志并结合模型1中的讨论内容，仍有
$$t_{AB} = t_{AB'}$$

$\theta \to \theta + \Delta\theta$ 圆弧段长度为 $R(2\Delta\theta) = 2R\Delta\theta$，其中 R 为圆的半径。圆弧段的速度参量可求得为
$$v_{\text{弧}} = \sqrt{2Rg[\sin(2\theta + \varphi_0) - \sin\varphi_0]}$$

经此圆弧段所需时间为
$$\Delta t_{\widehat{AB}} = \frac{2R\Delta\theta}{v_{\text{弧}}} = \sqrt{\frac{R}{g\sin\theta\cos(\theta + \varphi_0)}}\Delta\theta$$

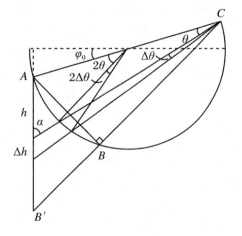

图 5

图5中有如下角关系：
$$\alpha + \theta + \varphi_0 = \frac{\pi}{2}$$

由三角形正弦定理得
$$\frac{h}{\sin\theta} = \frac{2R}{\sin\alpha} = \frac{2R}{\sin\left[\frac{\pi}{2} - (\theta + \varphi_0)\right]} = \frac{2R}{\cos(\theta + \varphi_0)}$$

因此
$$h = \frac{2R\sin\theta}{\cos(\theta + \varphi_0)}$$

$\theta \to \theta + \Delta\theta$ 圆弧段对应的直线段 Δh 便为
$$\Delta h = 2R\frac{\sin(\theta + \Delta\theta)}{\cos(\theta + \Delta\theta + \varphi_0)} - 2R\frac{\sin\theta}{\cos(\theta + \varphi_0)}$$
$$= 2R\frac{\sin(\theta + \Delta\theta)\cos(\theta + \varphi_0) - \sin\theta\cos(\theta + \Delta\theta + \varphi_0)}{\cos(\theta + \Delta\theta + \varphi_0)\cos(\theta + \varphi_0)}$$

式中
$$\text{分子} = \sin\theta\cos\Delta\theta\cos(\theta + \varphi_0) + \cos\theta\sin\Delta\theta\cos(\theta + \varphi_0)$$

$$-\sin\theta\cos(\theta+\varphi_0)\cos\Delta\theta+\sin\theta\sin(\theta+\varphi_0)\sin\Delta\theta$$
$$=[\cos\theta\cos(\theta+\varphi_0)+\sin\theta\sin(\theta+\varphi_0)]\sin\Delta\theta$$
$$=\cos\varphi_0\sin\Delta\theta\approx(\cos\varphi_0)\Delta\theta$$

分母 $\approx\cos^2(\theta+\varphi_0)$

便得

$$\Delta h=\frac{2R\cos\varphi_0}{\cos^2(\theta+\varphi_0)}\Delta\theta$$

Δh 段的速度参量为

$$v_h=\sqrt{2gh}=2\sqrt{\frac{Rg\sin\theta}{\cos(\theta+\varphi_0)}}$$

经 Δh 段所需时间为

$$\Delta t_{AB'}=\frac{\Delta h}{v_h}=\sqrt{\frac{R}{g\sin\theta\cos(\theta+\varphi_0)}}\frac{\cos\varphi_0}{\cos(\theta+\varphi_0)}\Delta\theta$$

将 $\Delta t_{\widehat{AB}}$ 与 $\Delta t_{AB'}$ 作比较,得

$$\frac{\Delta t_{\widehat{AB}}}{\Delta t_{AB'}}=\frac{\cos(\theta+\varphi_0)}{\cos\varphi_0}$$

因为

$$0\leqslant\varphi_0<\frac{\pi}{2},\quad\theta<\frac{\pi}{2}-\varphi_0(B\text{ 在 }A\text{ 的下方})$$

所以

$$0\leqslant\varphi_0<\theta+\varphi_0<\frac{\pi}{2}$$
$$\cos\varphi_0>\cos(\theta+\varphi_0)\quad(\theta>0)$$
$$\Delta t_{\widehat{AB}}<\Delta t_{AB'}\quad(\theta>0)$$

各自累加得 $t_{\widehat{AB}}$、$t_{AB'}$,则必有

$$t_{\widehat{AB}}<t_{AB'}=t_{AB}$$

至此,就模型 2 的普遍情况也证明了伽利略第一个观点的正确性。

最后顺便一提,伽利略的第二个观点,即认为 A、B 间的最速降线是某条圆弧虽然是不正确的,但值得讨论的是沿连接 A、B 的所有可能圆弧中究竟哪一条下降得最快。这一问题的解决不可避免地涉及高等数学中的积分内容,尽管我们已算出了这一条最速圆弧线,但不宜在此处给出。

纠正一道力学题的错误

1993级全国理科物理试验班 詹勇

该题题文和部分解答内容如下。

例 在静止的车厢内有一幅角为 $\theta(0°<\theta<90°)$ 的圆锥摆,当摆球处于图1中的最左位置时车厢开始以常量 a 向右做水平匀加速运动,试问摆球相对车厢是否有可能恰好从此时开始以某 $\theta'(0°<\theta'<90°)$ 为幅角做圆锥摆运动?(《中学奥林匹克物理》,教育科学出版社,1993,题19)

解 设摆线长为 l,很易求得(过程从略)车厢加速前摆球相对车厢运动的速度大小为

$$v = \sqrt{\frac{gl}{\cos\theta}}\sin\theta \qquad ①$$

车厢加速运动后,仿照原解答所述,在车厢参照系中有一等效重力加速度 g'。参照图2,可得 g' 的大小为

$$g' = \sqrt{g^2 + a^2}$$

g' 与 g 的夹角满足下述关系:

$$\begin{cases} \cos\varphi = \dfrac{g}{\sqrt{g^2+a^2}} \\ \sin\varphi = \dfrac{a}{\sqrt{g^2+a^2}} \end{cases} \qquad ②$$

若摆球恰好从车厢开始加速时相对车厢继续做圆锥摆运动,则幅角必定为

$$\theta' = \begin{cases} \theta - \varphi & (当\theta>\varphi时) \\ \varphi - \theta & (当\theta<\varphi时) \end{cases} \qquad ③$$

图 2 只画出了 $\theta > \varphi$ 的情况。同样要求

$$v = \sqrt{\frac{gl}{\cos\theta'}}\sin\theta' \qquad ④$$

这里的④式显然由于作者的疏漏将 g' 误写为 g，以致解答的后面部分（此处从略）皆错。

④式的正确表述应为

$$v = \sqrt{\frac{g'l}{\cos\theta'}}\sin\theta' \qquad ⑤$$

联立①⑤两式即得

$$\frac{g'}{\cos\theta'}\sin^2\theta' = \frac{g}{\cos\theta}\sin^2\theta \qquad ⑥$$

利用③式与②式，可得

$$\cos\theta' = \cos(\theta - \varphi) = \cos(\varphi - \theta) = \cos\theta\cos\varphi + \sin\theta\sin\varphi$$

$$= \frac{g}{\sqrt{a^2+g^2}}\cos\theta + \frac{a}{\sqrt{a^2+g^2}}\sin\theta$$

$$\sin^2\theta' = [\sin(\theta-\varphi)]^2 = [\sin(\varphi-\theta)]^2 = (\sin\theta\cos\varphi - \cos\theta\sin\varphi)^2$$

$$= \frac{1}{a^2+g^2}(g\sin\theta - a\cos\theta)^2$$

代入⑥式，便有

$$\frac{g}{\cos\theta}\sin^2\theta = \frac{g'}{\cos\theta'}\sin^2\theta' = \frac{\sqrt{a^2+g^2}\sin^2\theta'}{\frac{g}{\sqrt{a^2+g^2}}\cos\theta + \frac{a}{\sqrt{a^2+g^2}}\sin\theta}$$

$$= \frac{a^2+g^2}{g\cos\theta + a\sin\theta}\frac{1}{a^2+g^2}(g\sin\theta - a\cos\theta)^2$$

$$= \frac{(g\sin\theta - a\cos\theta)^2}{g\cos\theta + a\sin\theta}$$

或展开为

$$g^2\cos\theta\sin^2\theta + ag\sin^3\theta = g^2\sin^2\theta\cos\theta - 2ag\sin\theta\cos^2\theta + a^2\cos^3\theta$$

即可解得

$$a = g\tan\theta(2 + \tan^2\theta) \qquad ⑦$$

此时

$$\tan\varphi = \frac{\sin\varphi}{\cos\varphi} = \frac{a}{g} = \tan\theta(2 + \tan^2\theta) > \tan\theta$$

必有

$$\varphi > \theta$$

从上面讨论可得如下结论：

仅当 a 满足⑦式时，摆球可做幅角为

$$\theta' = \varphi - \theta = \arctan[\tan\theta(2 + \tan^2\theta)] - \theta$$

的圆锥摆运动，摆球的转动方式如图3所示。

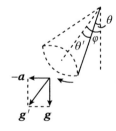

图3

成 功 之 道

南京师范大学附属中学　卜美平

【按语】 第 24 届国际物理奥林匹克中国代表队选手韦韬是位难得的德智体全面发展的优秀学生,本书特约请他的物理教员兼班主任卜美平老师撰文向中学生读者介绍韦韬在十余年学习生涯中是如何努力进取获得成功的。

在 1992 年 10 月举行的第 9 届全国中学生物理竞赛决赛中,南京师范大学附属中学的韦韬同学以 188 分的优异成绩遥遥领先,荣获全国第一,同时获笔试成绩最佳奖。这是自第 1 届至第 24 届全国中学生物理竞赛江苏省参加全国决赛的同学获得的最好成绩。此后,韦韬赴北京进入国家教委组办的全国理科试验班物理班学习。1993 年 5 月初入选国家奥林匹克物理代表队,1993 年 7 月在美国威廉斯堡举行的第 24 届中学生国际物理奥林匹克竞赛中获得银牌。欣喜之余,让我们来看看韦韬同学在十多年的学习生涯中是如何不懈努力,奋力进取的,这或许会对同学们有些启示和激励。

兴趣是他最好的老师。从小学起,韦韬对电脑就有着浓厚的兴趣。在父亲的指导下,他坚持自学,并下决心一定要学好。为了能掌握计算机程序设计,他进初中之前就自学初中数学,培养了自学能力,也体会到了学习的乐趣。此后,他更是埋头于书本。作为小男孩,他也好玩,但能做到玩而不贪。小学期间,他两次在市以上竞赛中获奖。进入初中以后,他对数学特别感兴趣,在初一到初三期间,他参加区、省和全国数学竞赛时都取得了好成绩。此时他的兴趣广泛,在其他的竞赛(如物理、生物、计算机等)中也多次获奖。高中阶段,韦韬尤其注意全面发展,包括体育课在内的各门功课成绩都名列前茅,而对数学、计算机和物理学尤其感兴趣。他除了必修课外,还选修了物理、无线电技术等课程,不断扩大自己的知识面。这期间,他曾两次获得数学竞赛省一等奖,省金龙杯青少年计算机程序设计一等奖、全国青少年信息学竞赛优良奖、省物理竞赛一等奖。迄今为止,他在市以上竞赛中获奖达 17 次之多,实属不易。

认真是他行动的准则。韦韬同学的最大特点就是无论做什么事情都很认真,这与家长从小对他的教育和严格要求是分不开的。他认真学习,认真完成老师交给的任务,认真劳动,就连现在很多中学生不能认真对待的早操,韦韬也是十分认真的。1992 年暑假,他同时参加南京师范大学举办的数学夏令营和物理夏令营。有时两边在时间上有冲突,他也不放弃一门。他父亲为他听一门,记笔记,回去后再让韦韬补学。他就是这样认认真真,一丝不苟地求学。

探索是他进取的阶梯。韦韬在学习上善于独立思考,勇于探索,有时面对名师的著作,他也敢于提出质疑。初一时,他在学习一位教授编著的数学书时,发现一个错误,他用 BASIC 语言编写程序,在计算机上运算,得到了这位教授的肯定和鼓励。他对教科书上的问题也能够提出自己的看法,这里就不一一举例了。他在学习上的这种钻研的精神得到了他父亲的鼓励和老师们的肯定。

勤奋是他成才的秘诀。跟韦韬接触过的老师均反映韦韬既聪明又勤奋。从小学开始,他便逐渐自学苦读,近几年来,他每天坚持 10 小时以上高强度、高效率的学习。特别是 1992 年暑假期间,他不顾酷暑炎热,每天看书,演算习题,为了迎接全国物理、数学竞赛,他把整个暑假都用上了。开学后,他也处于高度紧张状态之中。9 月 6 日,全国物理竞赛预赛笔试;9 月 20 日,实验考试;9 月 21 日,省物理竞赛口试;接着是省集训。10 月 11 日,在南京参加全国数学竞赛,当天下午赶往合肥;10 月 12 日,参加全国物理决赛笔试,13 日,参加物理实验考试。成绩揭晓后,韦韬物理获全国第一名,数学获省一等奖第三名。没有平时的勤奋努力,没有坚实的基础,要取得这样的成绩是不可能的。

当然,韦韬的成长除了他个人的努力之外,与良好的外部条件也是分不开的。他的父亲在培养他的兴趣和良好的自学习惯等方面倾注了大量的心血。当学校对他父亲表示感谢时,他却说:"主要是学校好,老师好,同学好。"

1993 年 9 月,韦韬到北京大学物理系继续深造,我们期望着他在物理学领域努力钻研,奋力拼搏,早日出成绩,为祖国争光,为科学做贡献。

学生题屋 3

例 1（浙江省诸暨中学 1993 级 4 班张伟信）如图 1 所示，质量为 m 的小球从 A 点以水平速度 v_0 射出，在重力和空气阻力作用下，经一段时间后到达 B 点，速度变为 v_0'，其方向与水平成 θ 角。设小球在空气中运动时，所受空气阻力为 $f = -kv$，其中 k 为常量，v 为小球的运动速度。试求：

(1) v_0'；

(2) A、B 间的水平距离 s。

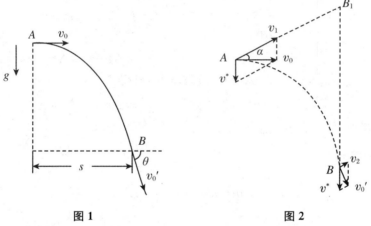

图 1　　　　图 2

解　(1) 把 v_0 分解成 v^* 和 v_1，如图 2 所示，使满足

$$kv^* = mg$$

图中 α 角便为

$$\alpha = \arctan\frac{mg}{kv_0}$$

由此算得

$$v_1 = \frac{v_0}{\cos\alpha}, \quad v^* = v_0\tan\alpha$$

根据运动的独立性，竖直方向的 v^* 产生的阻力 f^* 恰与重力 mg 相消，所以小球在竖直方向上做匀速直线运动。另一分量 v_1 由于只受到与其相反方向的 f_1 的作用，故做变减速直线运动。考虑到竖直方向速度恒为 v^*，水平斜向上成 α 角方向的运动速度大小要发生变化，因此可将末速度 v_0' 也分解成 v^* 和与水平成 α 角的 v_2，如图 3 所

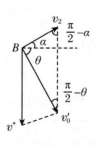

图 3

示。利用三角形边、角间的正弦定理,可得

$$\frac{v_0'}{\sin\left(\frac{\pi}{2} - \alpha\right)} = \frac{v_2}{\sin\left(\frac{\pi}{2} - \theta\right)} = \frac{v^*}{\sin(\alpha + \theta)}$$

由此可解得

$$\begin{cases} v_0' = \dfrac{v_0 \cos\alpha}{\sin(\alpha + \theta)} \\ \alpha = \arctan\dfrac{mg}{kv_0} \end{cases}$$

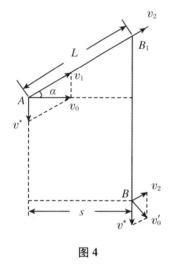

图 4

(2) 将小球从 $A \to B$ 的运动过程看作 $A \to B_1 \to B$ 的运动过程,如图 4 所示。则在 $A \to B_1$ 方向上速度大小由 v_1 减至 v_2,且通过图 4 所示的路程 L。过程中任一小段时间 Δt_i 内,设速度大小为 v_i,受空气阻力大小为 f_i,则有

$$f_i \Delta t_i = k v_i \Delta t_i = k \Delta L_i$$

由牛顿第二定律又可得

$$(-f_i) \Delta t_i = m \Delta v_i$$

因此有

$$-m \Delta v_i = k \Delta L_i$$

对 $A \to B_1$ 过程求和,可得

$$-\sum m \Delta v_i = \sum k \Delta L_i$$

即

$$-m \Delta v = kL$$

或

$$m(v_1 - v_2) = kL$$

因此

$$L = \frac{m(v_1 - v_2)}{k}$$

由第(1)问解答中给出的速度关系式,可算得

$$\begin{cases} v_1 = \dfrac{v_0}{\cos\alpha} \\ v_2 = \dfrac{v_0 \cos\theta \tan\alpha}{\sin(\alpha + \theta)} \end{cases}$$

因此

$$L = \frac{mv_0}{k\cos\alpha}\left[1 - \frac{\cos\theta\sin\alpha}{\sin(\alpha + \theta)}\right]$$

结合图 4,最后可求得

$$\begin{cases} s = L\cos\alpha = \dfrac{mv_0 \cos\alpha \sin\theta}{k\sin(\alpha + \theta)} \\ \alpha = \arctan\dfrac{mg}{kv_0} \end{cases}$$

例 2 （北京大学附属中学1994级6班肖笛）在一根劲度系数为 k，自由长度足够长的竖直轻弹簧下端系着一个质量为 m 的小球，开始时系统处于静止状态。设 $t=0$ 时刻开始，弹簧上端以匀速 u 上升，到 $t=t_0$ 时刻突然停止。建立附着于弹簧上端且竖直向下的 x 坐标轴，其原点选在 $t=0$ 时刻小球所处位置，试在 $t\geqslant 0$ 的范围确定小球位置 x 随时间 t 变化的函数关系 x-t。

解 本题重在分析小球振动的振幅与相位变化问题，可分两个阶段讨论。

(1) $0\leqslant t\leqslant t_0$ 阶段。

因弹簧上端以匀速 u 上升，x 轴所在参照系为惯性系，小球在竖直弹力和重力作用下相对于力平衡位置 $x=0$ 点做简谐振动，即有

$$\begin{cases} x = A_1\cos(\omega t + \varphi_1) \\ \omega = \sqrt{\dfrac{k}{m}} \end{cases}$$

x 方向的振动速度为

$$v = -\omega A_1\sin(\omega t + \varphi_1)$$

设 $t=0$ 时，$x=x_0$，$v=v_0$，则有

$$x_0 = A_1\cos\varphi_1, \quad v_0 = -\omega A_1\sin\varphi_1$$

由此可解得振幅 A_1 和初相位 φ_1，即为

$$\begin{cases} A_1 = \sqrt{x_0^2 + \dfrac{v_0^2}{\omega^2}} \\ \tan\varphi_1 = -\dfrac{v_0}{\omega x_0} \end{cases}$$

将小球振动的初条件

$$x_0 = 0, \quad v_0 = u$$

代入后，可得

$$A_1 = \sqrt{\dfrac{m}{k}}u, \quad \varphi_1 = -\dfrac{\pi}{2}$$

因此，小球在这一阶段中的位置 x 随时间 t 变化的函数关系为

$$x = \sqrt{\dfrac{m}{k}}u\cos\left(\sqrt{\dfrac{k}{m}}t - \dfrac{\pi}{2}\right)$$

振动速度为

$$v = -\sqrt{\dfrac{k}{m}}\sqrt{\dfrac{m}{k}}u\sin\left(\sqrt{\dfrac{k}{m}}t - \dfrac{\pi}{2}\right) = u\cos\left(\sqrt{\dfrac{k}{m}}t\right)$$

此阶段终止时刻 $t=t_0$ 时，小球位置和速度分别为

$$\begin{cases} x(t_0) = \sqrt{\dfrac{m}{k}}u\cos\left(\sqrt{\dfrac{k}{m}}t_0 - \dfrac{\pi}{2}\right) = \sqrt{\dfrac{m}{k}}u\sin\left(\sqrt{\dfrac{k}{m}}t_0\right) \\ v(t_0) = u\cos\left(\sqrt{\dfrac{k}{m}}t_0\right) \end{cases}$$

(2) $t_0 \leqslant t$ 阶段。

弹簧上端停止运动，x 所在参照系即为地面系，小球仍在 $x=0$ 点上下做简谐振动，x-t 的函数关系可表述为

$$\begin{cases} x = A_2 \cos\left(\sqrt{\dfrac{k}{m}} t' + \varphi_2\right) \\ t' = t - t_0 \end{cases}$$

$t = t_0$ 为 $t' = 0$ 对应的初始时刻。由前一阶段 x-t 关系，可得 $t' = 0$ 时，有

$$\begin{cases} x_0 = \sqrt{\dfrac{m}{k}} u \sin\left(\sqrt{\dfrac{k}{m}} t_0\right) \\ v_0 = u \cos\left(\sqrt{\dfrac{k}{m}} t_0\right) - u \end{cases}$$

v_0 表述式中的 $-u$ 项是由于弹簧上端停止运动产生的。由上述初条件可计算得 A_2 与 φ_2 如下：

$$\begin{cases} A_2 = \sqrt{x_0^2 + \dfrac{v_0^2}{\omega^2}} = 2\sqrt{\dfrac{m}{k}} u \sin\left(\dfrac{1}{2}\sqrt{\dfrac{k}{m}} t_0\right) \\ \tan\varphi_2 = -\dfrac{v_0}{\omega x_0} = \tan\left(\dfrac{1}{2}\sqrt{\dfrac{k}{m}} t_0\right) \quad \Rightarrow \quad \varphi_2 = \dfrac{1}{2}\sqrt{\dfrac{k}{m}} t_0 \end{cases}$$

因此，小球在这一阶段中的位置 x 随时间 t 变化的函数关系为

$$\begin{cases} x = 2\sqrt{\dfrac{m}{k}} u \sin\left(\dfrac{1}{2}\sqrt{\dfrac{k}{m}} t_0\right) \cdot \cos\left(\sqrt{\dfrac{k}{m}} t' + \dfrac{1}{2}\sqrt{\dfrac{k}{m}} t_0\right) \\ t' = t - t_0 \end{cases}$$

例 3 （沈阳市东北育才学校 1994 级 1 班学生）如图 5 所示为液压机的内部结构，两管均与大气相通，平衡时两液面处于同一水平面。细管截面积为 S，水平管截面积为 $n_1 S$，粗管截面积为 $n_2 S$，液柱长度如图所示。设液体密度为 ρ，忽略液体黏滞力，求液面有微小扰动时液体的振动周期。

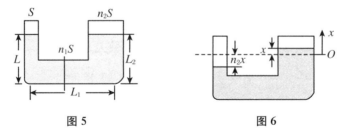

图 5　　　　　图 6

解 如图 6 所示，设右边液柱因扰动而使液面上升 x，由液压机原理可知左端液面下降 $n_2 x$。取平衡位置为势能零点，则此时系统势能为

$$E_p = \Delta m g \cdot h_C$$

其中 Δm 为移动的液体的质量，其值为 $\rho \cdot n_2 S x$，h_C 为该段液柱重心位移量，故应有

$$h_C = \dfrac{(n_2 + 1)x}{2}$$

于是有
$$E_p = \frac{n_2(n_2+1)}{2}\rho g S x^2$$

设右液面此时速度为 v_2，并设左管、水平管内液体速度分别为 v、v_1，因相同时间 ΔT 内有相同体积的液体渡过各截面，则有
$$\Delta V = v \cdot \Delta T \cdot S = v_1 \Delta T(n_1 S) = v_2 \Delta T(n_2 S)$$

于是可得
$$v_1 = \frac{n_2 v_2}{n_1}, \quad v = n_2 v_2$$

整个系统具有动能 $E_{k0} = E_k + E_{k1} + E_{k2}$（下标与 v 的下标相同），则
$$E_k = \frac{1}{2}\rho(L - n_2 x)S(n_2 v_2)^2$$

$$E_{k1} = \frac{1}{2}\rho(n_1 S) \cdot L_1 \cdot \left(\frac{n_2}{n_1}v_2\right)^2$$

$$E_{k2} = \frac{1}{2}\rho(n_2 S) \cdot (L_2 + x) v_2^2$$

代入 E_{k0} 表达式得
$$E_{k0} = \frac{1}{2}\rho S v_2^2 \left[n_2^2 L + \frac{n_2^2}{n_1}L_1 + n_2 L_2 + (n_2 - n_2^3)x\right]$$

考虑到微小振动 $x \ll L$，略去括号中的 x 项，则有
$$E_{k0} = \frac{1}{2}\rho S v_2^2 L_0$$

$$L_0 = n_2^2 L + \frac{n_2^2}{n_1}L_1 + n_2 L_2$$

总机械能为
$$E = E_{k0} + E_p = \frac{1}{2}\rho S L_0 v_2^2 + \frac{n_2(n_2+1)}{2}\rho g S x^2$$

E 为守恒常量，对时间变化率 $\frac{\Delta E}{\Delta t}$ 为零，即有
$$0 = \frac{\Delta E}{\Delta t} = \frac{1}{2}\rho S L_0 \frac{\Delta(v_2^2)}{\Delta t} + \frac{n_2(n_2+1)}{2}\rho g S \frac{\Delta(x^2)}{\Delta t}$$

其中
$$\Delta(v_2^2) = (v_2 + \Delta v_2)^2 - v_2^2 = 2v_2 \Delta v_2 + (\Delta v_2)^2 \approx 2v_2 \Delta v_2$$

于是
$$0 = \frac{1}{2}\rho S L_0 2v_2 \left(\frac{\Delta v_2}{\Delta t}\right) + \frac{n_2(n_2+1)}{2}\rho g S 2x \left(\frac{\Delta x}{\Delta t}\right)$$

又因为
$$\frac{\Delta x}{\Delta t} = v_2, \quad \frac{\Delta v_2}{\Delta t} = a_2$$

上式变成

$$a_2 = -\frac{n_2(n_2+1)g}{L_0}x$$

符合简谐振动条件

$$a = -\omega^2 x$$

其中

$$\omega = \sqrt{\frac{n_2(n_2+1)g}{L_0}}$$

周期为

$$T = \frac{2\pi}{\omega} = 2\pi\sqrt{\frac{L_0}{n_2(n_2+1)g}}$$

其中

$$L_0 = n_2^2 L + \frac{n_2^2}{n_1}L_1 + n_2 L_2$$

例4 (沈阳市东北育才学校1994级1班学生)真空中有一固定的点电荷 $Q(Q>0)$,另有一粒子加速枪,可用同一加速电压加速各静止粒子。现有两种带负电粒子 p_1、p_2,经该枪加速后进入 Q 场区域,枪口发射方向垂直于 Q 到枪口连线。

(1) 若粒子 p_1、p_2 进入 Q 场区域后能做匀速圆周运动,已知加速电压为 U,求圆的半径 r_0;

(2) 现用两支相同的枪,枪口与点电荷 Q 相距 r_0 且在同一位置,调整发射角,使两枪发射方向都偏离 r_0 处切向一个小角度。两枪分别同时发射 p_1、p_2,当 p_1、p_2 进入 Q 场区域后,分别绕 Q 做某种运动,某时刻 p_1、p_2 同时回到原出发点,p_1 绕 Q 转3圈,p_2 绕 Q 转2圈,求两者荷质比之比 $\nu_1:\nu_2$(提示:库仑力为径向力,可用开普勒面积定律,忽略粒子之间的相互作用及相互碰撞的可能性)。

解 (1) 设加速电压为 U,发射后粒子速度为 v,则

$$Uq = \frac{1}{2}mv^2$$

其中 q、m 分别为粒子的电荷量和质量。匀速圆周运动要求

$$\frac{mv^2}{r_0} = \frac{kQq}{r_0^2}$$

则

$$r_0 = \frac{kQq}{mv^2} = \frac{kQ}{2U}$$

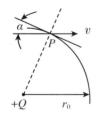

图 7

(2) 讨论一般情况,略去下标,当发射方向偏离切向一个小角度 α(如图7)时,粒子轨道将偏离圆轨道。初时粒子绕 Q 的面积速度为

$$v_S = \frac{r_0 v\cos\alpha}{2}$$

设粒子某时刻偏离圆轨道 x,此时粒子切向速度分量记为 $v_\parallel$,则

$$v_S = \frac{(r_0+x)v_\parallel}{2}$$

由 v_s 守恒可知

$$v_{/\!/} = \frac{v\cos\alpha\, r_0}{r_0 + x}$$

在旋转非惯性系中,略去径向小运动的科里奥利力,可对粒子作如图 8 所示的受力分析,其中惯性离心力

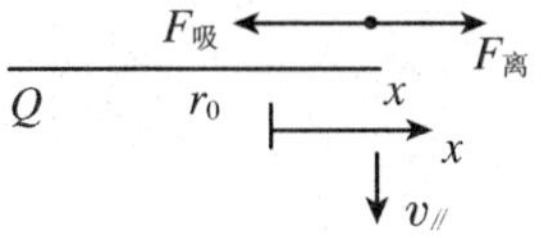

$$F_{离} = \frac{mv_{/\!/}^2}{(r_0+x)^2} = \frac{mv^2\cos^2\alpha\, r_0^2}{(r_0+x)^3} \approx \frac{mv^2 r_0^2}{(r_0+x)^3}$$

$$F_{吸} = \frac{kQq}{(r_0+x)^2}$$

图 8

在径向(x 方向)上受力为

$$F_x = \frac{mv^2\left(1 - \dfrac{3x}{r_0}\right)}{r_0} - \frac{kQq\left(1 - \dfrac{2x}{r_0}\right)}{r_0^2}$$

粒子做匀速圆周运动时有

$$\frac{mv^2}{r_0} = \frac{kQq}{r_0^2}$$

故

$$F_x = \frac{-mv^2 x}{r_0^2}$$

是线性回复力,在旋转系中粒子会以 r_0 为平衡位置做简谐振动,角频率

$$\omega = \sqrt{\frac{mv^2}{r_0^2 m}} = \left|\frac{v}{r_0}\right| = \frac{v}{r_0}$$

$$T = \frac{2\pi}{\omega} = \frac{2\pi r_0}{v}$$

变换到原参照系中,粒子一方面做近似的圆周运动,另一方面在 r_0 附近振动。而每做一个完整的圆周运动所需时间为

$$T' = \frac{2\pi r_0}{v_{/\!/}} \approx \frac{2\pi r}{v}$$

即

$$T = T'$$

在 p_1、p_2 同时回到原出发点时,依题意有

$$3T_1 = 2T_2$$

$$\frac{T_1}{T_2} = \frac{2}{3}$$

又因为

$$\frac{T_1}{T_2} = \frac{2\pi r_0}{v_1} : \frac{2\pi r_0}{v_2}$$

所以

$$\frac{v_1}{v_2} = \frac{3}{2}$$

又

$$\frac{1}{2}mv^2 = Uq$$

$$v^2 = \frac{2qU}{m} = 2U\nu$$

故

$$\nu_1 : \nu_2 = v_1^2 : v_2^2 = 9 : 4$$

即为所求。

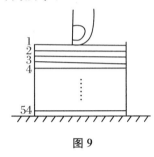

图9

例5 （第26届IPhO金牌得主於海涛）如图9所示，在水平桌面上放置一叠纸牌共54张，每张牌的质量均为 m，用手指以竖直向下的压力 N 压住第1张牌，并以一定速度向右移动手指，确保手指与第1张纸牌之间有相对滑动。设手指与第1张纸牌之间的摩擦系数为 μ_1，牌与牌之间的摩擦系数均为 μ_2，第54张牌与桌面之间的摩擦系数为 μ_3，并且有 $\mu_1 > \mu_2 > \mu_3$。问开始时各张牌的加速度分别是多少？请考虑 μ_2 与 N 取不同值时的情况。为了表述方便，解答中可引入 $\beta = \frac{N}{mg}$，以表述 N 的大小。

解 为叙述方便，对各个交界面从上到下进行编号，手指与第1张牌的交界面记为0号交界面，第1、2张牌的交界面记为1号交界面……第54张牌和桌面的接触面记为第54号交界面。各个交界面之间可能出现的滑动摩擦力等于最大静摩擦力，它们分别为

$$F_0 = \mu_1 N$$
$$F_i = \mu_2(N + img) \quad (i = 1, 2, \cdots, 53)$$
$$F_{54} = \mu_3(N + 54mg)$$

而真实摩擦力 f_i 必须小于等于 $F_i (i = 1, 2, \cdots, 54)$。

若第2至第53号交界面中某一个（设为第 k 个）面发生了相对滑动，则我们必可得到

$$f_{k-1} > f_k, \quad f_k = F_k, \quad f_{k-1} \leqslant F_{k-1}$$

这样有

$$F_{k-1} < F_k$$

但这是不可能的。所以第2至第53号交界面上不可能发生相对滑动，第2至第54张牌将作为一个整体一起运动。

现在从 $\beta = 0$ 的情况开始考虑。当 β 很小时，$F_0 < F_1$，$F_0 < F_{54}$，故任何一张牌都不滑动。

逐渐增大 β，则 F_0 与 F_1、F_0 与 F_{54} 的相对大小将可能改变。当任意一对的大小关系逆转时，就会有牌发生运动。故当

$$F_0 \leqslant F_1 \quad \text{且} \quad F_0 \leqslant F_{54}$$

即
$$\beta \leq \frac{\mu_2}{\mu_1 - \mu_2} \quad \text{及} \quad \beta \leq \frac{54\mu_3}{\mu_1 - \mu_3}$$

时,有
$$a_1 = a_2 = \cdots = a_{54} = 0$$

此时
$$f_1 = f_2 = \cdots = f_{54} = F_0$$

当 β 大到破坏了
$$\beta \leq \frac{\mu_2}{\mu_1 - \mu_2} \quad \text{或} \quad \beta \leq \frac{54\mu_3}{\mu_1 - \mu_3}$$

时,就会有牌发生滑动,怎样开始滑动取决于先破坏哪一个式子。让我们先考虑首先破坏 $\beta \leq \frac{\mu_2}{\mu_1 - \mu_2}$ 的情况。由

$$\frac{\mu_2}{\mu_1 - \mu_2} < \frac{54\mu_3}{\mu_1 - \mu_3}$$

可得到
$$\mu_2 < \frac{54\mu_1\mu_3}{\mu_1 + 53\mu_3}$$

这是这种情况发生的条件。这时,在

$$\beta > \frac{\mu_2}{\mu_1 - \mu_2}$$

时,1 号界面将出现相对滑动,但 β 还不至于使得 54 号界面出现相对滑动。于是有

$$\begin{cases} a_1 = \dfrac{F_0 - F_1}{m} \\ a_2 = \cdots = a_{54} = 0 \\ f_1 = F_1 = f_2 = f_3 = \cdots = f_{54} \leq F_{54} \\ \beta > \dfrac{\mu_2}{\mu_1 - \mu_2} \end{cases}$$

化简可得到

$$\begin{cases} a_1 = [(\mu_1 - \mu_2)\beta - \mu_2]g \\ a_2 = a_3 = \cdots = a_{54} = 0 \\ \beta \leq \dfrac{54\mu_3 - \mu_2}{\mu_2 - \mu_3} \\ \beta > \dfrac{\mu_2}{\mu_1 - \mu_2} \end{cases}$$

在
$$\mu_2 < \frac{54\mu_1\mu_3}{\mu_1 + 53\mu_3}$$

且
$$\beta > \frac{54\mu_3 - \mu_2}{\mu_2 - \mu_3}$$

时,第 2~54 张牌亦开始运动。于是,我们有

$$\begin{cases} a_1 = [(\mu_2 - \mu_1)\beta + \mu_2]g \\ a_2 = a_3 = \cdots = a_{54} = \dfrac{F_1 - F_{54}}{53m} = \left(\dfrac{\mu_2 - \mu_3}{53}\beta - \dfrac{54\mu_3 - \mu_2}{53}\right)g \end{cases}$$

可以证明,在这样的条件下,无论 β 取多大,恒有 $a_1 > a_2$。所以这是

$$\mu_2 < \frac{54\mu_1\mu_3}{\mu_1 + 53\mu_3}$$

时的最后一种可能的运动模式。

当 $\mu_2 \geq \dfrac{54\mu_1\mu_3}{\mu_1 + 53\mu_3}$ 时,相对滑动将首先出现在 54 号界面上。此时有

$$\begin{cases} a_1 = a_2 = \cdots = a_{54} = \dfrac{F_0 - F_{54}}{54m} = \left(\dfrac{\mu_1 - \mu_3}{54}\beta - \mu_3\right)g \\ f_0 = F_0, f_{54} = F_{54} \\ f_1 = \dfrac{F_0 + 53F_{54}}{54} \end{cases}$$

这里,我们尚要求 $f_1 < F_1$。

当 $\mu_2 \geq \dfrac{53\mu_1 + \mu_3}{54}$ 时,此条件自然满足。

当 $\mu_2 < \dfrac{53\mu_1 + \mu_3}{54}$ 时,则还要求

$$\beta < \frac{54(\mu_2 - \mu_3)}{53\mu_1 - 54\mu_2 + \mu_3}$$

当

$$\frac{54\mu_1\mu_3}{\mu_1 + 53\mu_3} < \mu_2 < \frac{53\mu_1 + \mu_3}{54}$$

且

$$\beta > \frac{54(\mu_2 - \mu_3)}{53\mu_1 - 54\mu_2 + \mu_3}$$

时,第 1 号界面亦将开始发生相对滑动,我们再次得到

$$\begin{cases} a_1 = [(\mu_1 - \mu_2)\beta - \mu_2]g \\ a_2 = a_3 = \cdots = a_{54} = \dfrac{1}{53}[(\mu_2 - \mu_3)\beta - (54\mu_3 - \mu_2)]g \end{cases}$$

将上述讨论结果综合起来,可以作出 μ_2-β 图线,如图 10 所示。图中 A 点为

$$\beta = \frac{54\mu_3}{\mu_1 - \mu_2}, \quad \mu_2 = \frac{54\mu_1\mu_3}{\mu_1 + 53\mu_3}$$

边界线分别为

$$AB: \beta = \frac{54\mu_3}{\mu_1 - \mu_3}$$

$$AC: \beta = \frac{54(\mu_2 - \mu_3)}{53\mu_1 - 54\mu_2 + \mu_3}$$

$$AD: \beta = \frac{54\mu_3 - \mu_2}{\mu_2 - \mu_3}$$

$$AE: \beta = \frac{\mu_2}{\mu_1 - \mu_2}$$

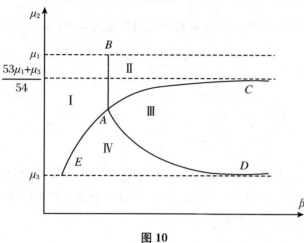

图 10

当 β、μ_2 值落在 I 区时，
$$a_1 = a_2 = \cdots = a_{54} = 0$$

当 β、μ_2 值落在 II 区时，
$$a_1 = a_2 = \cdots = a_{54} = \left(\frac{\mu_1 - \mu_3}{54}\beta - \mu_3\right)g$$

当 β、μ_3 值落在 III 区时，
$$a_1 = [(\mu_1 - \mu_2)\beta - \mu_2]g$$
$$a_2 = a_3 = \cdots = a_{54} = \frac{1}{53}[(\mu_2 - \mu_3)\beta - (54\mu_3 - \mu_2)]g$$

当 β、μ_2 值落在 IV 区时，
$$a_1 = [(\mu_1 - \mu_2)\beta - \mu_2]g$$
$$a_2 = a_3 = \cdots = a_{54} = 0$$

以上就是全部解答。

例6 （第26届IPhO金牌得主倪彬）(1) $k+1$ 个未知量 $x_i (i = 0, 1, \cdots, k)$ 满足的线性方程若为
$$\alpha_{j-1} x_{j-1} + \alpha_j x_j + \alpha_{j+1} x_{j+1} = 0 \quad (j = 1, 2, \cdots, k-1)$$
且其两个特解为 $x_j(1)$ 与 $x_j(2)$，则其通解必为
$$x_j = c_1 x_j(1) + c_2 x_j(2)$$
其中 c_1、c_2 为待定常量。

试证
$$x_{j-1}\cos\varphi - 2x_j + x_{j+1}\cos\varphi = 0 \quad (j = 1, 2, \cdots, k-1)$$

的两个特解为
$$x_j(1) = \left(\frac{1+\sin\varphi}{\cos\varphi}\right)^j, \quad x_j(2) = \left(\frac{1-\sin\varphi}{\cos\varphi}\right)^j \quad (j=0,1,2,\cdots,k)$$

(2) N 个质量同为 m 的小球（可视为质点）静止在光滑的水平面上，相邻两个小球之间用不可伸长的绷紧的轻细线相连，相邻两线间的夹角为 $\varphi\left(\varphi<\dfrac{\pi}{2}\right)$，如图 11 所示。

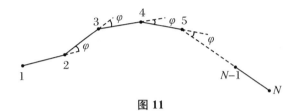

图 11

(ⅰ) 对第 1 个小球施以沿线伸直方向的冲量 I^*，求第 N 个球的初速度大小；

(ⅱ) 设上问中冲量 I^* 的大小未知，但已知第 1 个球的初速度为 v_1，求第 N 个球的初速度大小；且取 $N=4,\varphi=\dfrac{\pi}{3}$ 作计算。

解 (1) 将 $x_j(1)$ 或 $x_j(2)$ 代入原线性方程，可得
$$\left(\frac{1\pm\sin\varphi}{\cos\varphi}\right)^{j-1}\cos\varphi - 2\left(\frac{1\pm\sin\varphi}{\cos\varphi}\right)^j + \left(\frac{1\pm\sin\varphi}{\cos\varphi}\right)^{j+1}\cos\varphi$$
$$= \frac{(1\pm\sin\varphi)^{j-1}}{(\cos\varphi)^j}[\cos^2\varphi - 2(1\pm\sin\varphi) + (1\pm\sin\varphi)^2]$$
$$= 0$$

即获证。

(2) 由于第 1 个球受外加冲量，使得各线中产生冲力，对应的冲量依线的排列次序记为 I_n。由于第 n 个球与第 $n+1$ 个球受冲量后其速度沿第 n 根线长度方向的投影相同，故可得
$$I_{n-1}\cos\varphi - I_n = I_n - I_{n+1}\cos\varphi$$
$$\Rightarrow I_{n-1}\cos\varphi - 2I_n + I_{n+1}\cos\varphi = 0 \quad (n=2,3,\cdots,N-1) \qquad ①$$

和
$$I^* - I_1 = I_1 - I_2\cos\varphi \Rightarrow I^* - 2I_1 + I_2\cos\varphi = 0 \qquad ②$$

及
$$I_{N-2}\cos\varphi - I_{N-1} = I_{N-1} \Rightarrow I_{N-2}\cos\varphi - 2I_{N-1} = 0 \qquad ③$$

引入
$$I_0 = \frac{I^*}{\cos\varphi}, \quad I_N = 0 \qquad ④$$

则可将①～③式统一为
$$I_{n-1}\cos\varphi - 2I_n + I_{n+1}\cos\varphi = 0 \quad (n=1,2,\cdots,N-1) \qquad ⑤$$

由第(1)问可知⑤式通解为
$$I_n = C_1\left(\frac{1+\sin\varphi}{\cos\varphi}\right)^n + C_2\left(\frac{1-\sin\varphi}{\cos\varphi}\right)^n \quad (n=0,1,\cdots,N) \qquad ⑥$$

④式可视为⑤式的两个"边"值,代入到⑥式可求出 C_1、C_2(略),最后可得

$$I_n = \frac{\cos^{n-1}\varphi[(1+\sin\varphi)^{N-n} - (1-\sin\varphi)^{N-n}]}{(1+\sin\varphi)^N - (1-\sin\varphi)^N} I^*$$

(ⅰ) 将 $n = N-1$ 代入得

$$I_{N-1} = \frac{2\sin\varphi\cos^{N-2}\varphi}{(1+\sin\varphi)^N - (1-\sin\varphi)^N} I^*$$

即得第 N 个小球的速度大小为

$$v_N = \frac{I_{N-1}}{m} = \frac{2I^*\sin\varphi\cos^{N-2}\varphi}{m[(1+\sin\varphi)^N - (1-\sin\varphi)^N]}$$

(ⅱ) 第 1 个球的初速度为

$$v_1 = \frac{I^* - I_1}{m} = \frac{I^*\sin\varphi[(1+\sin\varphi)^{N-1} + (1-\sin\varphi)^{N-1}]}{m[(1+\sin\varphi)^N - (1-\sin\varphi)^N]}$$

与 v_N 算式比较,即得

$$v_N = \frac{2\cos^{N-2}\varphi}{(1+\sin\varphi)^{N-1} + (1-\sin\varphi)^{N-1}} v_1$$

将 $N = 4$,$\varphi = \dfrac{\pi}{3}$ 代入,即得

$$v_4 = \frac{v_1}{13}$$

例7 (第 26 届 IPhO 金牌得主倪彬)北京大学浴室水龙头的水量是由脚下的踏板控制的,假设水龙头流量(单位时间内流出的水的质量)Q 与踏板下压量 X 有如下关系:

$$Q = C_1 X^n$$

其中 C_1、n 均为常量,且踏板下压量 X 正比于所加压力 P。考虑踏板仅受水的下冲压力时的平衡位置,假设水的下冲压力 P 正比于 Q,那么便有

$$X = C_2 Q$$

其中 C_2 也为一常量。试确定踏板平衡位置的稳定性。

解 分情况进行讨论。

(1) 设 $n > 1$。

$Q = C_1 X^n$ 曲线与 $X = C_2 Q$ 曲线如图 12 所示,其交点 (X_0, Q_0) 为平衡位置。设 Q_0 所对应的 P 为 P_0,若 X 由 X_0 减小到 X',Q 就从 Q_0 降到 Q'。由于 P 正比于 Q,故 P 由 P_0 减小到 P',又因 X 正比于 P,故 X 进而由 X' 减小到 X''……如此继续下去,最后 X 将减小到零。相反,若 X 从 X_0 增加,则由类似的分析可知 X 将一直增加上去。

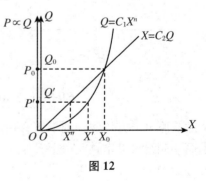

图 12

综上所述,可知平衡位置 (X_0, Q_0) 为非稳定平衡位置。

(2) 设 $n < 1$。

$Q = C_1 X^n$ 曲线与 $X = C_2 Q$ 曲线如图 13 所示,其交点 (X_0, Q_0) 为平衡位置。

由类似(1)的分析可知,此时的平衡点为稳定平衡位置。

(3) 设 $n=1$。

$Q=C_1X^n$ 曲线与 $X=C_2Q$ 曲线如图 14 所示,两者没有原点以外的交点。但当 $C_1C_2=1$ 时两者重叠,这时 X 在任何位置都能平衡,对应随遇平衡。

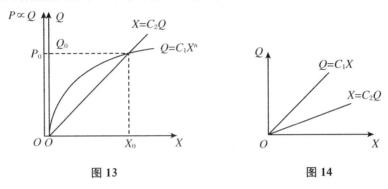

图 13　　　　　　　图 14

例 8（第 26 届 IPhO 金牌得主倪彬）一个长为 l、宽为 b 且足够深的矩形盛水金鱼缸放在火车车厢里,缸的长边方向与火车车厢的长边方向一致。当火车匀速运动时,水面与缸口的距离为 h。某时刻开始火车做加速度为 a 的匀加速运动,为使水不溢出,求 a 的最大值。设缸中水的表面始终保持平面形状。

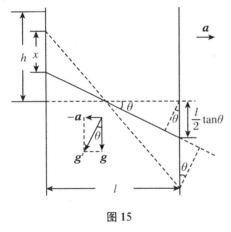

图 15

解 加速时,缸中水面的平衡位置已不再水平,而是如图 15 中实线所示与水平方位有一夹角 θ,不难算得

$$\tan\theta = \frac{a}{g}$$

在火车车厢参照系中,物质所受重力与平动惯性力的合力对应的加速度为图中的 g',它可处理为一种假想的"等效重力加速度",于是引入相应的"等效重力势能"。设平衡位置时全部水的等效重力势能为零,那么开始时水面处于水平方位时全部水的等效重力势能为

$$E_p(1) = \rho\left[\frac{1}{2}b\left(\frac{l}{2}\right)\left(\frac{l}{2}\tan\theta\right)\right]g'\left[\frac{2}{3}\left(\frac{l}{2}\tan\theta\right)\cos\theta\right] = \frac{1}{24}\rho g'bl^3\frac{\sin^2\theta}{\cos\theta}$$

水面从原水平方位演变到平衡方位时,因水有动能而使水面继续朝图中左侧爬高,直到水面左侧线再沿水缸左壁上升某 x 量为止。此时全部水在火车车厢参照系中的等效重力势能为

$$E_p(2) = \rho\left(\frac{1}{2}bx\frac{l}{2}\right)g'\left(\frac{2}{3}x\cos\theta\right) = \frac{1}{6}\rho g'blx^2\cos\theta$$

在车厢参照系中仍有"机械能"守恒定律,即要求

$$E_p(1) = E_p(2)$$

便解得

$$x = \frac{l\tan\theta}{2} = \frac{al}{2g}$$

为水不溢出,要求

$$x \leqslant h - \frac{1}{2}l\tan\theta = h - \frac{al}{2g}$$

故

$$a \leqslant \frac{gh}{l}$$

即 a 最大为 $\frac{gh}{l}$。

例 9 (第 26 届 IPhO 金牌得主倪彬)已知某平面曲线的切线在 x 轴与 y 轴之间的线段长为定值 a,试用物理方法确定其方程。

解 考虑一个两端点 A、B 分别被限制在 x 轴和 y 轴上运动,长为 a 的刚性细杆,在它运动的每一瞬间,杆上(或其延线上)总可找到一点 P,其速度方向与杆平行。容易看出 P 点就是这一瞬间杆与曲线的切点,把所有的 P 点连起来就是所求曲线。

在任一时刻,设杆与 x 轴负方向夹角为 θ,A 端沿 x 轴的瞬时速度为 v_A,杆中其他各点的运动可视为随 A 点的运动与绕 A 点的转动的合运动。设瞬时转动角速度为 ω,P 点到 A 点的瞬时距离为 l,B 点的合成速度须沿 y 轴,P 点的合成速度须沿杆的方向,如图 16 所示,对 B 点不难看出,应有

$$v_A = \omega a \sin\theta$$

对 P 点则有

$$v_A \sin\theta = \omega l$$

由此两式可得

$$l = a\sin^2\theta$$

P 点的 x、y 坐标分别为

$$x_P = a\cos\theta - l\cos\theta = a\cos^3\theta$$
$$y_P = l\sin\theta = a\sin^3\theta$$

从中消去 θ,便得动点 P 的轨道方程为

$$x_P^{\frac{2}{3}} + y_P^{\frac{2}{3}} = a^{\frac{2}{3}}$$

这就是所求平面曲线的方程。曲线形状如图 17 所示。

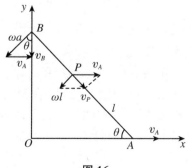

图 16

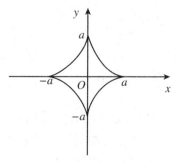

图 17

例 10 （第 26 届 IPhO 金牌得主於海涛）假定各国在发射卫星时都遵从以下规定：卫星进入轨道后不可离开本国领土和领海对应的领空，即卫星与地心连线和地球表面的交点必须落在自己的领土和领海上。

(1) 一个领空范围占据北纬 $20°\sim 50°$ 的国家是否可能发射一颗不用动力飞行的卫星？一个领空范围占据北纬 $15°$ 至南纬 $10°$ 的国家呢？

(2) 现在讨论一个具体问题。某国发射一颗周期 $T_0=1\text{ d}$ 的不用动力飞行的卫星，卫星轨道平面即为赤道平面。容易理解，如果卫星取一椭圆轨道，那么它相对地心的角速度就不是定值，与地面上的参考点之间会发生相对运动。假设这个国家仅拥有 $\theta=2°$ 经度范围的赤道领空，则发射者就必须将卫星轨道的偏心率 e 限制在一个很小的范围内，以保证卫星不离开本国领空。设椭圆的半长轴为 A，半短轴为 B，则椭圆的焦点与椭圆的中心距离为

$$C=\sqrt{A^2-B^2}$$

椭圆的偏心率便定义为

$$e=\frac{C}{A}$$

试确定偏心率 e 的最大可取值。

附注：半长轴为 A、半短轴为 B 的椭圆的面积为 πAB。

解 (1) 领空范围占据北纬 $20°\sim 50°$ 的国家不可能发射不用动力飞行的卫星，因为这种卫星的轨道平面必须与赤道平面重合或相交，这就会离开本国领空。

领空占据北纬 $15°$ 至南纬 $10°$ 的国家至少可以发射同步卫星，定点在该国领空的赤道区域上。

(2) 地球自转的角速度 ω_0 与周期 T_0 的关系为

$$\frac{2\pi}{\omega_0}=T_0=1\text{ d}$$

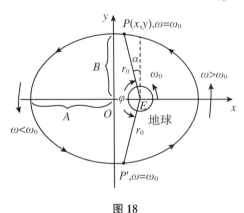

图 18

卫星的椭圆轨道如图 18 所示，图中 E 为地心，地球自转方向和卫星运转方向在图 18 中设为逆时针方向。卫星与 E 相距 r 时相对 E 的角速度记为 ω，根据开普勒第二定律可知，单位时间矢径 r 扫过的面积为恒量，记为

$$k=\frac{1}{2}r^2\omega$$

称 k 为面积速度。卫星运转一周，其 r 在 $r_{\max}=A+C$ 与 $r_{\min}=A-C$ 之间往返变化一周，ω 也将在其最小值和最大值之间往返变化一周。既然轨道周期与地球自转周期相同，卫星在一个周期中必有一段时间 $\omega>\omega_0$（图 18 中 P、P' 两点的右侧），另有一段时间 $\omega<\omega_0$（图 18 中 P、P' 两点的左侧），其间必有两个转折点 P、P'，均对应 $\omega=\omega_0$，这两处卫星与

E 的距离记为 r_0，则有

$$k = \frac{1}{2}r_0^2\omega_0$$

因卫星轨道周期也为 T_0，故有

$$\frac{\pi AB}{k} = T_0 = \frac{2\pi}{\omega_0}$$

可得

$$r_0 = \sqrt{AB}$$

图 18 中 P、P' 右侧 $\omega > \omega_0$，卫星相对地球表面朝东飞行，设累积的偏转角度为 $\theta_东$；P、P' 左侧 $\omega < \omega_0$，卫星相对地球表面朝西飞行，设累积的偏转角为 $\theta_西$；因轨道周期为 1 d，运动一周后卫星相对地球表面又回到原位置，必有 $\theta_东 = \theta_西$。这意味着卫星因椭圆轨道运动，在经度上有 $\theta_东 = \theta_西$ 范围的往返。对于题文所述的国家，自然要求 $\theta_东 = \theta_西 \leqslant \theta_0$，考虑到 $\theta_东$、$\theta_西$ 因偏心率 $e > 0$ 造成，最大的

$$\theta_东 = \theta_西 = \theta_0$$

便对应最大可取的 e 值。

$\theta_西$ 可用图 18 中卫星从 P 点逆时针飞行到 P' 点相对地球表面朝西偏转的范围来求出。取 $\theta_西 = \theta_0$，意味着卫星在 P 点时恰好处在该国领空赤道区域的东侧边界，卫星转到 P' 点时恰好处在该国赤道领空区域的西侧边界，而后卫星又将相对地球表面移动到赤道领空东侧边界，如此往返偏移。

卫星从 P 点逆时针运动到 P' 点转过的角度为

$$\varphi = \pi - 2\alpha$$

其中 α 角已在图 18 中示出。从 P 到 P'，卫星相对 E 的矢径扫过的面积记为 S，则所经时间为

$$t = \frac{S}{k} = \frac{S}{\frac{1}{2}r_0^2\omega_0} = \frac{2S}{AB\omega_0}$$

设 $\omega < \omega_0$，可得

$$\theta_西 = 2\pi\frac{t}{T_0} - \varphi$$

可见 $\theta_西$ 的计算归结为 α 与 S 的计算，而这两项计算都涉及 P 点的 x 坐标。

P 点坐标 (x, y) 满足的几何关系为

$$(C - x)^2 + y^2 = r_0^2 = AB$$

其中 $C = eA$，而

$$B = \sqrt{A^2 - C^2} = (1 - e^2)^{\frac{1}{2}}A$$

因 $C \ll A$，故

$$e = \frac{C}{A} \ll 1$$

近似有

$$B = \left(1 - \frac{e^2}{2}\right)A$$

于是有

$$(eA - x)^2 + y^2 = \left(1 - \frac{e^2}{2}\right)A^2$$

P 点在椭圆上,有

$$\frac{x^2}{A^2} + \frac{y^2}{B^2} = 1 \quad \Rightarrow \quad (1 - e^2)x^2 + y^2 = (1 - e^2)A^2$$

两式联立,消去 y^2,再考虑到 x 也为小量,可解得

$$x = \frac{1}{4}eA$$

图 18 中 α 近似为

$$\alpha = \frac{C - x}{B} = \frac{\frac{3}{4}eA}{B} \approx \frac{3}{4}e$$

有

$$\varphi = \pi - 2\alpha = \pi - \frac{3}{2}e$$

S 为半个椭圆面积与两个可近似处理为梯形的面积之和,即有

$$S = \frac{1}{2}\pi AB + 2 \times \left[\frac{1}{2}B(x + C)\right] = \left(\frac{1}{2}\pi + \frac{5}{4}e\right)AB$$

这样便有

$$t = \frac{2S}{AB\omega_0} = \frac{\pi + \frac{5}{2}e}{\omega_0}$$

将 $\omega_0 = \frac{2\pi}{T_0}$ 代入,便得

$$t = \left(\frac{1}{2} + \frac{5e}{4\pi}\right)T_0$$

将上述算得的 φ、t 代入 $\theta_{西}$ 表达式,得

$$\theta_{西} = \frac{2\pi t}{T_0} - \varphi = 4e$$

据前所述,最大的 e 对应 $\theta_{西} = \theta_0 = 2° = 0.349 \text{ rad}$,即得 e 的最大可取值为

$$e = \frac{\theta_{西}}{4} = 8.7 \times 10^{-3}$$

例 11 (第 26 届 IPhO 金牌得主倪彬,94 级物理实验班学生罗迟雁)平面上有一段长为 l 的均匀带电直线段 AB,沿 A 到 B 的方向建立 x 轴,且原点置于 AB 的中点,再相应建立 y 轴。

(1) 试证平面上任一点 P 的场强方向沿 $\angle APB$ 的角平分线方向;
(2) 求平面上电场线方程;
(3) 求平面上等势线方程。

解 (1) 参考图19,用小量分析法可以证明,AB 上的电荷在 P 点的场强与一段半径等于 P 到 AB 的距离、以 P 为圆心、张角与 AB 对 P 的张角相同、电荷线密度与 AB 中电荷线密度相同的带电圆弧在 P 点的场强相同。由对称性可知,后者的场强方向必沿角平分线方向,故本小题获证。

(2) 由中学数学知识(双曲线的光学性质)可知:

对以 A、B 为两焦点的双曲线,取其上任一点 P,过 P 点作双曲线的法线 MPN,则由 A 点到 P 点的入射光线经 MPN 镜面反射后的反射光线必经过 B 点。作过 P 点的切线 SPT,则 $\angle APS$ 即为入射角,$\angle BPS$ 即为反射角,这两个角必相等,SPT 即为 $\angle APB$ 的角平分线,如图 20 所示。

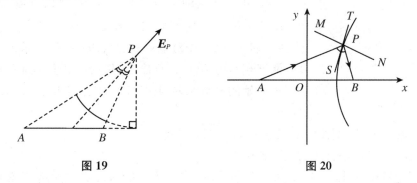

图 19　　　　　　　　图 20

若 AB 均匀带电,则 P 点的场强方向必沿 SPT 方向,即为该双曲线在 P 点的切线方向,因此这一曲线即为电场线。

根据上述讨论可知,平面上的电场线即为以 A、B 为两焦点的双曲线(簇),其方程为

$$\frac{x^2}{a^2} - \frac{y^2}{\frac{l^2}{4} - a^2} = 1$$

其中可调参量 a(即为双曲线顶点与坐标原点 O 的距离)取值范围为

$$\frac{l}{2} > a > 0$$

(3) 由椭圆的光学性质可知:对以 A、B 为两焦点的椭圆,由 A 点射向椭圆上任一点 P 的光线经椭圆上反射后的反射光线必经过 B 点。过 P 点作椭圆法线 SPT,则意味着 $\angle APS = \angle BPS$,如图 21 所示。

若 AB 均匀带电,则 P 点的场强方向必沿 SPT 方向,过 P 点的等势线方向必为过 P 点的椭圆切线方向,故椭圆即为等势线。

根据上述讨论可知,平面上的等势线即为以 A、B 两焦点的椭圆(簇),其方程为

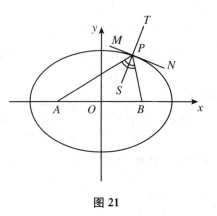

图 21

$$\frac{x^2}{a^2} + \frac{y^2}{a^2 - \frac{l^2}{4}} = 1$$

其中可调参量 a（即为椭圆半长轴）的取值范围为

$$a > \frac{l}{2}$$

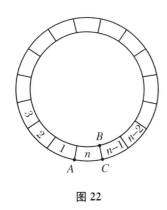

图 22

例 12 （第 26 届 IPhO 金牌得主谢小林）如图 22 所示，将圆环分成 n 格（$n \geq 2$），图中每段实线对应的电阻同为 r，求 R_{AB}。

解 本题所给网络虽然并不复杂，但相对输入、输出端 A、B 缺乏明显的对称性，故给解题造成了困难。图中 C 点给我们启示：网络相对电流从 A 点输入、C 点输出具有对称性；网络相对电流从 C 点输入、B 点输出也具有对称性。据此，将原始的电流 I 从 A 点流入、B 点流出分解为以下两者的叠加：

(1) 电流 I 从 A 点流入、C 点流出；
(2) 电流 I 从 C 点流入、B 点流出。

对两组电流分别求出 A、B 间的电压 $U_{AB}(1)$ 和 $U_{AB}(2)$，那么原始电流流动方式对应的 A、B 间电压便为

$$U_{AB} = U_{AB}(1) + U_{AB}(2)$$

所求等效电阻便为

$$R_{AB} = \frac{U_{AB}}{I} = \frac{U_{AB}(1) + U_{AB}(2)}{I}$$

为下面讨论方便，作如下定义和说明。

从 A 点开始沿顺时针方向设定外圈电流依次为 $i_1, i_2, \cdots, i_n$，内圈电流依次为 $i'_1, i'_2, \cdots, i'_n$。不难用节点电流分配关系得

$$i_k + i'_k = i_{k+1} + i'_{k+1} \quad (k \neq n, n-1)$$

(1) $U_{AB}(1)$ 的计算。

参照图 23，引入电流

$$I_1 = -i_n, \quad I_2 = -i'_n$$

取 A—C—B 路径，有

$$U_{AB}(1) = [I_1 + (I_1 + i_{n-1} - I)]r$$
$$= (2I_1 + i_{n-1} - I)r$$

由对称性分析，不难得到

$$i_1 = i_{n-1}$$

故

$$U_{AB}(1) = (2I_1 + i_1 - I)r$$

又

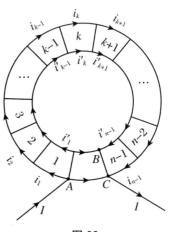

图 23

$$U_{AC}(1) = I_1 r \qquad ①$$

$$U_{AC}(1) = [(I - i_1 - I_1) + I_2 + (I - I_1 - i_1)]r$$
$$= [2(I - I_1 - i_1) + I_2]r \qquad ②$$

$$U_{AC}(1) = (i_1 + i_2 + \cdots + i_{n-1})r \qquad ③$$

$$U_{AC}(1) = [(I - i_1 - I_1) + i'_1 + i'_2 + \cdots + i'_{n-1} + (I - I_1 - i_1)]r$$
$$= [i'_1 + i'_2 + \cdots + i'_{n-1} + 2(I - I_1 - i_1)]r \qquad ④$$

由①②两式得

$$I_1 = 2I - 2I_1 - 2i_1 + I_2 \qquad ⑤$$

由①③④三式得

$$2I_1 = (i_1 + i'_1) + (i_2 + i'_2) + \cdots + (i_{n-1} + i'_{n-1}) + 2(I - I_1 - i_1)$$

又因

$$i_1 + i'_1 = i_2 + i'_2 = \cdots = i_{n-1} + i'_{n-1} = I - (I_1 + I_2)$$

故

$$2I_1 = (n-1)(I - I_1 - I_2) + 2(I - I_1 - i_1) \qquad ⑥$$

引入

$$I_0 = I - I_1 - I_2 \quad \Rightarrow \quad I_2 = I - I_1 - I_0$$

则⑤⑥两式改写为

$$4I_1 = 3I - I_0 - 2i_1$$
$$4I_1 = (n-1)I_0 + 2I - 2i_1$$

由此解得

$$I_0 = \frac{I}{n}, \quad 2I_1 + i_1 = \frac{1}{2}(3I - I_0) = \frac{3n-1}{2n}I$$

将上述结果代入

$$U_{AB}(1) = (2I_1 + i_1 - I)r$$

得

$$U_{AB}(1) = \frac{n-1}{2n}Ir$$

(2) $U_{AB}(2)$ 的计算。

参考图 24，引入电流

$$i_0 = i_n, \quad i'_0 = i'_n$$

对于图 24 所示的流入、流出的电流方式，由对称性分析，可知必有

$$i'_k = -i_k \quad (k = 0, 1, 2, \cdots, n-1)$$

利用 P、Q 两点间取两条路径的等压关系，可得

$$i_k + (i_k - i_{k+1}) = (i_{k-1} - i_k) + i'_k$$

（$k = n-1$ 时，$k+1 = 0$；$k = 0$ 时，$k-1 = n-1$）

即得

$$4i_k = i_{k-1} + i_{k+1}$$

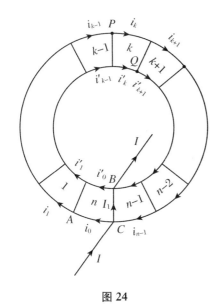

图 24

为求解递推式，需要改写成

$$(i_{k+1} - \alpha i_k) = \beta(i_k - \alpha i_{k-1})$$

$$\begin{cases} \alpha + \beta = 4 \\ \alpha\beta = 1 \end{cases} \Rightarrow \begin{cases} \alpha = 2 + \sqrt{3} \\ \beta = 2 - \sqrt{3} \end{cases}$$

于是有

$$i_{k+1} - \alpha i_k = \beta^k (i_1 - \alpha i_0) \qquad ⑦$$

又有

$$(i_{k+1} - \beta i_k) = \alpha(i_k - \beta i_{k-1})$$

故相应地有

$$i_{k+1} - \beta i_k = \alpha^k (i_1 - \beta i_0) \qquad ⑧$$

由⑦⑧两式解得

$$i_k = \frac{(\alpha^k - \beta^k) i_1 - (\alpha^{k-1} - \beta^{k-1}) i_0}{\alpha - \beta} \qquad ⑨$$

再由对称性可知

$$i_{n-1} = -i_0$$

结合⑨式可得

$$i_1 = \frac{\alpha^{n-2} - \beta^{n-2} - \alpha + \beta}{\alpha^{n-1} - \beta^{n-1}} i_0 \xrightarrow{\text{令}} a i_0$$

引入图 24 中的电流 I_1，则有

$$U_{AB}(2) = (-i_0 + I_1) r$$

C 点的电流关系为

$$I = i_0 + I_1 - i_{n-1} = i_0 + I_1 + i_0 = 2i_0 + I_1$$

利用 C、B 两点间取两条路径等压关系，可得

$$I_1 r = i_0 r + (i_0 - i_1) r + (-i_0' r) = (3i_0 - i_1) r \quad (i_0' = -i_0)$$

便有

$$I_1 = 3i_0 - i_1$$

结合

$$i_1 = a i_0, \quad 2i_0 + I_1 = I$$

可解得

$$i_0 = \frac{1}{5 - a} I, \quad I_1 = \frac{3 - a}{5 - a} I$$

代入 $U_{AB}(2) = (-i_0 + I_1) r$，便得

$$U_{AB}(2) = \frac{2 - a}{5 - a} I r$$

$$a = \frac{(\alpha^{n-2} - \beta^{n-2}) - (\alpha - \beta)}{\alpha^{n-1} - \beta^{n-1}}$$

$$\alpha = 2 + \sqrt{3}, \quad \beta = 2 - \sqrt{3}$$

最后由

$$R_{AB} = \frac{U_{AB}(1) + U_{AB}(2)}{I}$$

算得

$$R_{AB} = \left(\frac{n-1}{2n} + \frac{2-a}{5-a}\right)r$$

例 13 （第 26 届 IPhO 金牌得主毛蔚）正四面体框架形电阻网络如图 25 所示，其中每一小段电阻均为 R，试求 R_{AB} 和 R_{CD}。

解 （1）R_{AB} 的计算。

设电流 i 从 A 点流入、B 点流出，因对称性，对于图 26 中的六条支路电流必有

$$i_1 = i_2, \quad i_3 = i_4, \quad i_5 = i_6$$

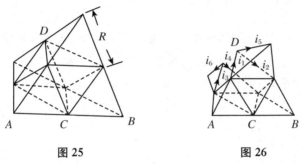

图 25　　　　　　　图 26

因此可如图 26 那样，将 D 点断开（事实上 $i_5 = i_6 = 0$）。断开后的两个小四面体框架等效电阻同为 $\frac{R}{2}$，故可将网络简化为图 27 所示的网络，其中除 $R_{FH} = R_{EG} = \frac{R}{2}$ 外，其余各小段电阻仍为 R。由对称性可知，E、F 等势，G、H 等势，于是网络又可进而简化为图 28 所示的网络。再由对称性，可在 C 点将电阻断开，简化成图 29 所示的串并联网络，便很易算得

$$R_{AB} = \frac{3}{4}R$$

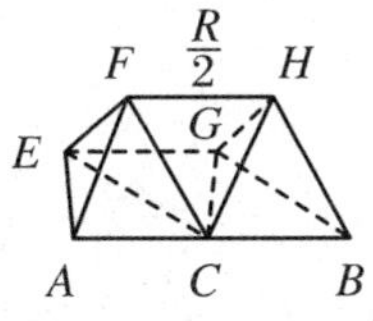

图 27 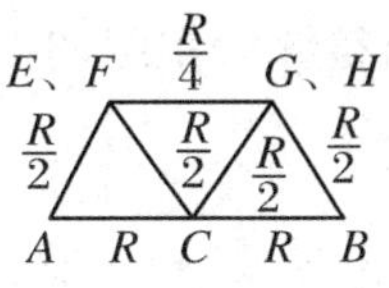　　　　　　图 28 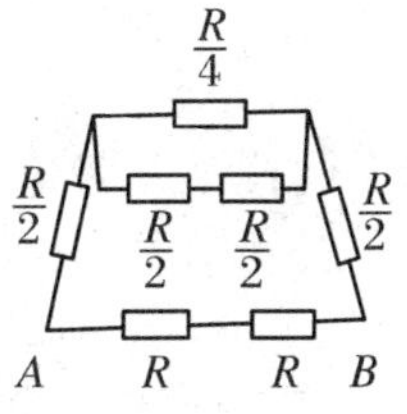　　　　　　图 29

（2）R_{CD} 的计算。

设电流从 C 点流入、D 点流出，则网络相对 ABD 平面具有对称性，与 AB 棱平行的中间小正方形四个顶点等势，故这正方形的四条边（每边电阻 R）可拆去。余下部分相对 ABD 平面上下对称，可上、下合并成图 30 所示的网络，其中除 $R_{AC} = R_{CB} = R$ 外，其余每一段电阻均为 $\frac{R}{2}$。

图 30 所示的网络相对 $C \to D$ 左、右对称,故可合并成图 31 所示的网络。很易算得

$$R_{CD} = \frac{3}{8}R$$

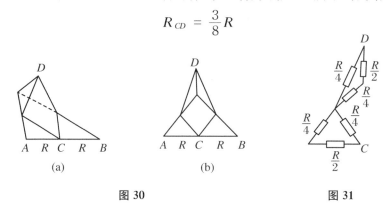

图 30   图 31

例 14 (第 26 届 IPhO 金牌得主於海涛) 如图 32 所示,在光具座上放着发光的物屏 A 和不透光的屏 L_1、L_2 以及像屏 B,相邻间距分别为 a、b、c。设 L_1、L_2 上各有一条狭缝,其一竖直,其二水平,宽度均约 0.1 mm。若物屏 A 上有发光的字母 P,如图所示,试确定像屏 B 上的像。

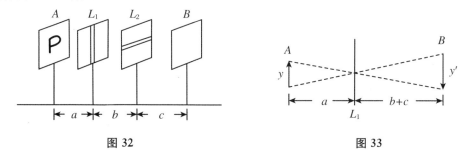

图 32   图 33

解 因缝宽仅为 0.1 mm,故可应用小孔成像关系来确定像。

首先考虑水平方向狭缝的作用,参考图 33,有横向放大率(左右置换)

$$\beta_{横} = \frac{y'}{y} = \frac{b+c}{a}$$

同样地又考虑竖直方向狭缝的作用,有纵向放大率

$$\beta_{纵} = \frac{c}{a+b} < \beta_{横}$$

图 34

综上所述,像屏 B 上所得像是图 34 所示的字符,其横向放大率略大于纵向放大率,略显"胖"。

例 15 (北京大学附属中学 1994 级 6 班王鹏)(1) 有三个花样滑冰演员表演一种节目,表演的动作规定为:开始时,三人分别从边长为 a 的正三角形 ABC 三顶点出发,以相同速率 u 运动,运动中 A(指开始时占据 A 位置的演员,以下类推)始终朝着 B,B 始终朝着 C,C 始终朝着 A。问经过多长时间三人相聚?

(2) 现在更改节目内容,由五人表演,开始时各人分别从边长为 a 的正五边形 $A_1A_2A_3A_4A_5$ 的五个顶点出发,以相同速率 u 运动,运动中 A_1 始终朝着 A_3,A_3 始终朝

着 A_5，A_5 始终朝着 A_2，A_2 始终朝着 A_4，A_4 始终朝着 A_1。问经过多长时间五人相聚？

解 (1) 这是一道陈题，常用相对速度方法来解。在此拟用另一种方法解这一小题，并将沿用此方法求解下一小题。

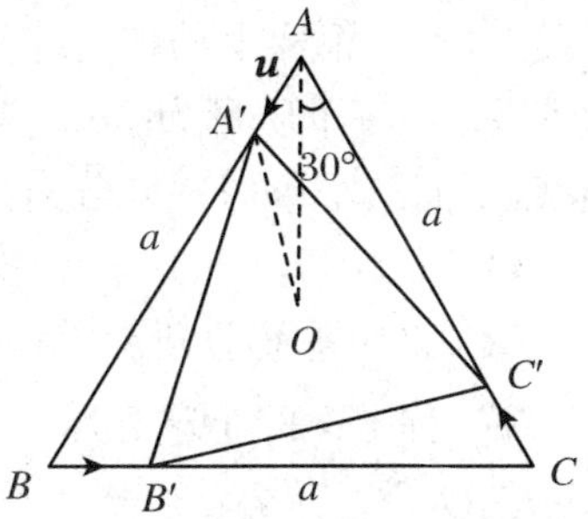

首先，可以证明三人始终成正三角形。刚开始在很小一段时间 Δt 内每人移动 $u\Delta t$，由于 Δt 很小，可以认为在此时间内运动方向不变。如图 35 所示，三人在 Δt 后分别运动到了 A'、B'、C'，则因

$$AA' = BB' = CC' = u\Delta t$$

易知△$A'B'C'$仍为正三角形，而且原△ABC 的中心 O 仍为新△$A'B'C'$的中心。任意时刻 t，演员 A 朝着 O 点的速度分量恒为

$$u_{/\!/} = u\cos 30° = \frac{\sqrt{3}}{2}u$$

由对称性可知，演员 B、C 朝着 O 点的速度分量也为上述 $u_{/\!/}$。这样，经过

$$t = \frac{AO}{u_{/\!/}} = \frac{\frac{a}{\sqrt{3}}}{\frac{\sqrt{3}}{2}u} = \frac{2a}{3u}$$

时间，三人相聚。

图 35

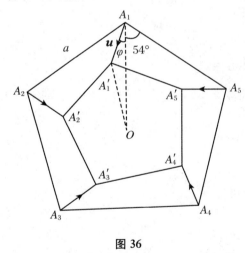

图 36

(2) 本小题看起来有些复杂，但用上面给出的方法来解答，却并不困难。首先，在很短时间 Δt 内，五人各移动 $u\Delta t$ 量，并且各人运动方向可视为不变，如图 36 所示，很易证明五人的新位置相邻连线仍构成正五边形，且正五边形的中心位置 O 始终不变。

取 A_1 沿着 A_1O 方向的分速度

$$u_{/\!/} = u\cos\varphi$$

由正五边形的几何关系很易算得图 36 中的 φ 角为

$$\varphi = 18°$$

再由正五边形边长 a，可算得

$$A_1O = \frac{\frac{a}{2}}{\cos 54°}$$

因此，经过

$$t = \frac{A_1O}{u_{/\!/}} = \frac{a}{2u\cos 54°\cos 18°} = \frac{0.894a}{u}$$

时间，五人相聚。

例 16 (北京大学附属中学 1994 级 6 班王鹏) 三个相同的匀质小球放在光滑水平桌面上,用一根橡皮筋把三球约束起来。三个小球的质量均为 m,半径同为 R。再如图 37 所示,将一个质量为 $3m$,半径也为 R 的匀质小球放在原三球中间正上方,因受橡皮筋约束,下面三个小球并未分离。设系统处处无摩擦,试求:

(1) 放置第四个小球后,橡皮筋张力的增量 ΔT;

(2) 将橡皮筋剪断后,第四个小球碰到桌面时的速度 u。

解 称上面的小球为球 1,球心为 O_1,下面三个小球分别为球 2、球 3、球 4,球心分别为 O_2、O_3、O_4。

(1) 连接 O_1、O_2、O_3、O_4,如图 38 所示,则有

$$O_1O_2 = O_2O_3 = O_3O_4 = O_4O_1 = 2R$$

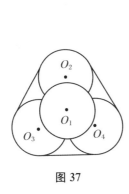

图 37

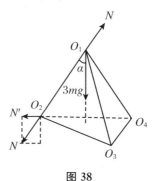

图 38

对图中的 α 角,易知有

$$\cos\alpha = \frac{\sqrt{6}}{3}, \quad \sin\alpha = \frac{\sqrt{3}}{3}$$

设球 1 对下面每个小球的压力均为 N,则球 2、3、4 对球 1 的反作用力的合力为 $3mg$,即有

$$3N\cos\alpha = 3mg$$

因此可得

$$N = \frac{\sqrt{6}}{2}mg$$

球 2、3、4 各自所受力 N 的水平分力为

$$N' = N\sin\alpha = \frac{\sqrt{2}}{2}mg$$

如图 39 所示,橡皮筋张力 T 的增量 ΔT 应正好用来平衡 N'。很易导得

$$2\Delta T\cos 30° = N'$$

即得

$$\Delta T = \frac{N'}{2\cos 30°} = \frac{\sqrt{6}}{6}mg$$

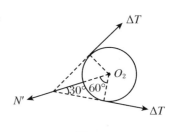

图 39

(2) 橡皮筋剪断后,球 1 开始向下运动,球 2、3、4 在球 1 的压力下做水平运动。球 1 运动一段时间后,可能与球 2、3、4 分离,分离的条件是相互间作用力 $N = 0$。球 1 与三个小球分离后,将在重力作用下做匀加速运动。

根据系统水平方向动量守恒和对称性,可知球 2、3、4 的运动速率相同,速度方向沿 $\triangle O_2O_3O_4$ 的中心 O 到各顶点 $O_i(i = 2,3,4)$ 连线的延长方向。

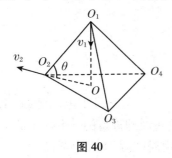

图 40

如图 40 所示,设 O_1 向下的速度为 v_1,O_2 沿 OO_2 方向的速度为 v_2,直角三角形 O_1O_2O 中的 $\angle O_1O_2O$ 用 θ 代表,θ 角的初始值 θ_0 应满足

$$\sin\theta_0 = \frac{\sqrt{6}}{3}$$

而后 θ 角减小。假设 θ 角小到某值时,球 1 与其余三个小球间的正压力 N 为零,则彼此将分离。此时随 O_2 一起运动的参照系为惯性系,O_1 相对 O_2 的速度为

$$\boldsymbol{v} = \boldsymbol{v}_1 - \boldsymbol{v}_2$$
$$v = v_1\cos\theta + v_2\sin\theta$$

因球 1 与球 2 尚未分离,故仍有

$$v_1\sin\theta = v_2\cos\theta$$

$N = 0$ 的条件为球 1 相对球 2 运动的向心力恰好为球 1 所受重力的分力,即有

$$3m\frac{(v_1\cos\theta + v_2\sin\theta)^2}{2R} = 3mg\sin\theta$$

与上式联立,可解得

$$v_1^2 = 2Rg\sin\theta\cos^2\theta, \quad v_2^2 = 2Rg\sin^3\theta$$

此时球 1 下降高度为 $2R(\sin\theta_0 - \sin\theta)$,根据机械能守恒,有

$$\frac{1}{2}(3m)v_1^2 + 3\left(\frac{1}{2}mv_2^2\right) = (3m)g2R(\sin\theta_0 - \sin\theta)$$

将 v_1^2、v_2^2 的表述式代入,可解得

$$\sin\theta = \frac{2\sqrt{6}}{9}$$

代入 v_1^2 的表述式后,可得

$$v_1^2 = \frac{76\sqrt{6}}{243}Rg$$

球 1 与下面三个小球分离后,即做自由落体运动,球 1 与桌面相遇时的速度 u 与初速度 v_1 间的关系为

$$u^2 - v_1^2 = 2gh$$

其中 h 为下落高度,应有

$$h = 2R\sin\theta$$

最后,可算得球 1 碰到桌面时的速度为

$$u = \frac{\sqrt{876\sqrt{6}}}{27}\sqrt{Rg}$$

"能量最低原理"在电路计算中的应用

长沙市一中 K939 班　彭达

自然界中广泛存在一条能量最低原理,即系统总能量最低时,系统最稳定。例如,化学中的电子排布以及力学中对系统稳定平衡的判断都是按这条原理进行的。电学中的电路也有相似的性质,那就是电路中的电流或电量分布达到稳定时,电路上贮存或消耗的能量最低。虽然在这里无法给出其详尽的证明,但我们可以用以下几个例子来验证一下。

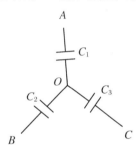

图 1

例 1　电容器 C_1、C_2、C_3 的连接如图 1 所示。A、B、C 三点的电势分别为 U_1、U_2、U_3,求三个电容器公共端 O 处的电势 U_0。

解　由电容器贮能与两端电压及电容的关系式

$$E = \frac{1}{2}CU^2$$

得到 C_1、C_2、C_3 三个电容器中的电能 E_1、E_2、E_3 分别是

$$E_1 = \frac{1}{2}C_1(U_1 - U_0)^2$$

$$E_2 = \frac{1}{2}C_2(U_2 - U_0)^2$$

$$E_3 = \frac{1}{2}C_3(U_3 - U_0)^2$$

系统总能量为

$$\begin{aligned} E &= E_1 + E_2 + E_3 \\ &= \frac{1}{2}(C_1 + C_2 + C_3)U_0^2 - (C_1U_1 + C_2U_2 + C_3U_3)U_0 \\ &\quad + \frac{1}{2}(C_1U_1^2 + C_2U_2^2 + C_3U_3^2) \\ &= \frac{1}{2}(C_1 + C_2 + C_3)\left(U_0 - \frac{C_1U_1 + C_2U_2 + C_3U_3}{C_1 + C_2 + C_3}\right)^2 \\ &\quad + \frac{1}{2}\left[C_1U_1^2 + C_2U_2^2 + C_3U_3^2 - \frac{(C_1U_1 + C_2U_2 + C_3U_3)^2}{C_1 + C_2 + C_3}\right] \end{aligned}$$

由总能量最小的要求,便得

$$U_0 = \frac{C_1U_1 + C_2U_2 + C_3U_3}{C_1 + C_2 + C_3}$$

熟悉电容电路的同学都知道，电容电路中对电容的处理只需做 $C^* = \dfrac{1}{C}$ 的变换，便可使电容电路中的 C^* 类比为电阻电路中的 R。这自然使我们联想到，在电阻电路的分析中一定也可以运用能量最低原理。为此，我们进一步来看以下两个例子。

例2 最简单的一个并联电路如图2所示，设总电流为 I，流过 R_1、R_2 的分电流分别为 I_1、I_2，电路中消耗的电功率便为
$$P = I_1^2 R_1 + I_2^2 R_2$$
流入节点的电流与流出节点的电流相等，得
$$I = I_1 + I_2$$
两式联立，可得 P 与 I_1 的如下关系式：
$$P = (R_1 + R_2)\left(I_1 - \dfrac{R_2}{R_1 + R_2}I\right)^2 + \dfrac{R_1 R_2}{R_1 + R_2}I^2$$
容易看出，当且仅当 $I_1 = \dfrac{R_2 I}{R_1 + R_2}$ 时，电路上消耗的功率最小，相当于大小为 $\dfrac{R_1 R_2}{R_1 + R_2}$ 的电阻所消耗的电功率。显然，此时 I_1 是满足并联分流的关系的，并且电路消耗的最小功率恰恰相当于一个大小为 $\dfrac{R_1 R_2}{R_1 + R_2}$ 的电阻消耗的功率，$\dfrac{R_1 R_2}{R_1 + R_2}$ 即为电路的等效电阻。

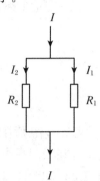

图 2

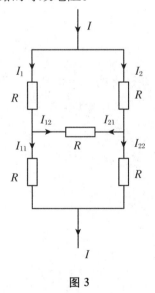

图 3

例3 如图3所示为一电桥电路，设五个电阻都为 R，流过电路的总电流为 I，左边支路的电流记为 I_1，右边支路的电流记为 I_2。I_1 分向右边支路的电流记为 I_{12}，其大小应等于 I_1 单独存在时按并联关系得出来的电流，即有 $I_{12} = \dfrac{I_1}{3}$，因此有 $I_{11} = \dfrac{2I_1}{3}$。同理，对图中所示的电流 I_{22}、I_{21} 分别有 $I_{22} = \dfrac{2I_2}{3}$，$I_{21} = \dfrac{I_2}{3}$。于是电路上消耗的电功率应为
$$P = [I_1^2 + I_2^2 + (I_{11} + I_{21})^2 + (I_{12} + I_{22})^2 + (I_{12} - I_{21})^2]R$$
再由节点电流关系可得
$$I = I_1 + I_2$$
两式联立便得
$$P = \dfrac{8}{3}\left(I_1 - \dfrac{1}{2}I\right)^2 R + I^2 R$$
显然，当且仅当 $I_1 = \dfrac{I}{2}$ 时，电路上消耗的电功率最小，相当于一个电阻 R 消耗的功率。

在上面的计算中应注意到，流过图3左下侧电阻 R 的电流为 $I_{11} + I_{21}$，流过右下侧电阻 R 的电流为 $I_{12} + I_{22}$。

天体运动轨道的能量以及有关问题

长沙市雅礼中学 1993 级 234 班　辜懋

舒幼生老师在《中学奥林匹克物理》(教育科学出版社,1993年)一书 235 页题 10 中讨论了在太阳系中设太阳固定、略去星体间作用的情况下,星体在椭圆、抛物线、双曲线轨道上运动的能量的正负问题。该文判断出:

① $E<0$ 为椭圆轨道;
② $E=0$ 为抛物线轨道;
③ $E>0$ 为双曲线轨道。

本文将定量计算出椭圆、抛物线、双曲线轨道上运动星体的能量表达式。

设太阳的质量为 M,小星体的质量为 m,取无限远为万有引力零势能面。

1. 椭圆

设椭圆轨道方程为

$$\frac{x^2}{a^2}+\frac{y^2}{b^2}=1 \quad (a>b)$$

则椭圆半长轴、半短轴分别为 a、b,焦距为 $c=\sqrt{a^2-b^2}$,太阳在椭圆的一个焦点上。设星体近日点速度为 v_1,远日点速度为 v_2,由能量守恒及开普勒第二定律可得

$$E=\frac{1}{2}mv_1^2-G\frac{Mm}{a-c}=\frac{1}{2}mv_2^2-G\frac{Mm}{a+c}$$

$$\frac{1}{2}v_1(a-c)=\frac{1}{2}v_2(a+c)$$

可解得

$$\begin{cases} v_1=\sqrt{\dfrac{(a+c)GM}{(a-c)a}} \\ v_2=\sqrt{\dfrac{(a-c)GM}{(a+c)a}} \end{cases}$$

椭圆轨道的能量为

$$E=-\frac{GMm}{2a}<0$$

2. 抛物线

设抛物线方程为

$$y=Ax^2$$

太阳在其焦点 $\left(0, \dfrac{1}{4A}\right)$ 上。星体在抛物线顶点处的能量应为

$$E = \dfrac{1}{2}mv_0^2 - \dfrac{GMm}{\dfrac{1}{4A}} = \dfrac{1}{2}mv_0^2 - 4AGMm$$

顶点处的向心力关系为

$$\dfrac{mv_0^2}{\rho} = \dfrac{GMm}{\left(\dfrac{1}{4A}\right)^2}$$

其中 ρ 是抛物线在顶点处的曲率半径。由上式可知,算出 ρ 后即可求出 E。

经计算,$\rho = \dfrac{1}{2A}$(具体求法见附注),代入上式可得

$$v_0 = \sqrt{8AGM}$$

抛物线轨道的能量为

$$E = \left(\dfrac{1}{2}m\right) \cdot 8AGM - 4AGMm = 0$$

3. 双曲线

设双曲线方程为

$$\dfrac{x^2}{a^2} - \dfrac{y^2}{b^2} = 1$$

焦距 $c = \sqrt{a^2 + b^2}$,太阳位于焦点 $(c, 0)$,星体在双曲线正半支上运动。双曲线轨道如图 1 所示,其中渐近线 OE 的方程为 $y = \dfrac{bx}{a}$。考虑星体在 D 处与无穷远处的能量关系,应有

$$E = \dfrac{1}{2}mv_D^2 - G\dfrac{Mm}{c-a} = \dfrac{1}{2}mv_\infty^2$$

当行星运动趋向无穷远处时,运动方向逼近渐近线的方向。焦点 F 到渐近线的距离为 FG,由几何关系可得

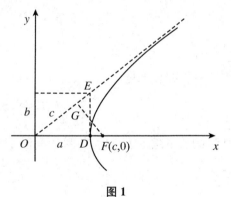

图 1

$$FG = \dfrac{cb}{\sqrt{a^2 + b^2}} = b$$

根据开普勒第二定律又有

$$\dfrac{1}{2}v_D(c-a) = \dfrac{1}{2}v_\infty b$$

与能量关系式联立可解得

$$\begin{cases} v_\infty = \sqrt{\dfrac{GM}{a}} \\ v_D = \dfrac{b}{c-a}\sqrt{\dfrac{GM}{a}} \end{cases}$$

双曲线轨道的能量为
$$E = \frac{GMm}{2a} > 0$$

4．小结

(1) $E = -\dfrac{GMm}{2a} < 0$，椭圆轨道；

(2) $E = 0$，抛物线轨道；

(3) $E = \dfrac{GMm}{2a} > 0$，双曲线轨道。

掌握以上结论，对求解与天体运动能量有关的问题大有益处，试举一例说明之。

例 有一颗恒星，质量为 M，现有一质量为 m 的行星绕它做半径为 r_0 的匀速圆周运动。假设恒星的质量突然减少 $\dfrac{1}{n}$，试描述此后行星的运动情况，并给出各种运动轨道的参数。

解 在恒星的质量减少之前，设行星的速度为 v_0，很易算得
$$v_0 = \sqrt{\frac{GM}{r_0}}$$

行星的动能、势能分别为
$$E_k = \frac{1}{2}mv_0^2 = \frac{GMm}{2r_0}$$

$$E_p = -\frac{GMm}{r_0}$$

因此行星的总能量为
$$E = E_k + E_p = -\frac{GMm}{2r_0}$$

恒星的质量减少了 $\dfrac{1}{n}$ 后，行星的动能不变，为
$$E_k' = E_k = \frac{GMm}{2r_0}$$

行星的势能变为
$$E_p' = -G\frac{M'm}{r_0} = -G\frac{Mm}{r_0}\left(1 - \frac{1}{n}\right)$$

故行星的总能量变为
$$E' = E_k' + E_p' = \frac{(2-n)GMm}{2nr_0}$$

根据前面所得的结果，有如下结论：

① 当 $E' < 0$，即 $n > 2$ 时，行星的新轨道为椭圆。在此椭圆轨道上，运动的行星的能量为
$$E' = -G\frac{Mm}{2a}\left(\frac{n-1}{n}\right)$$

则可得椭圆的半长轴为

$$a = \frac{n-1}{n-2}r_0$$

为求椭圆的焦距 c,设恒星的质量减小的瞬间行星位于 A 点,与恒星相距 $r_A = r_0$,A 必为行星的近日点或远日点。设行星与长轴另一交点为 B,B 与恒星相距 r_B,行星在 B 点的速度为 v_B。根据开普勒第二定律,有

$$\frac{1}{2}v_0 r_0 = \frac{1}{2}v_B r_B$$

由能量关系得

$$\frac{1}{2}mv_B^2 - G\frac{Mm}{r_B}\left(\frac{n-1}{n}\right) = E' = \left(\frac{2-n}{2n}\right)\frac{GMm}{r_0}$$

由以上两式可得

$$r_B = \frac{n}{n-2}r_0$$

则椭圆轨道参数分别为

$$a = \frac{n-1}{n-2}r_0$$

$$c = \frac{r_B - r_0}{2} = \frac{1}{n-2}r_0$$

$$b = \sqrt{a^2 - c^2} = \sqrt{\frac{n}{n-2}}r_0$$

② 当 $E' = 0$,即 $n = 2$ 时,行星的新轨道为抛物线。易知恒星的质量减小的瞬间,行星位于抛物线的顶点,故抛物线焦点到准线的距离为

$$p = 2r_0$$

③ 当 $E' > 0$,即 $n < 2$ 时,行星的新轨道为双曲线。双曲线轨道上运动的行星的能量为

$$E = G\frac{M'm}{2a} = G\frac{Mm}{2a}\left(\frac{n-1}{n}\right)$$

由上式可得

$$a = \frac{n-1}{2-n}r_0$$

易知恒星的质量减小的瞬间,行星位于双曲线顶点,即有

$$c - a = r_0$$

因此可得

$$c = \frac{1}{2-n}r_0$$

$$b = \sqrt{c^2 - a^2} = \sqrt{\frac{n}{2-n}}r_0$$

5. 附注

为求抛物线 $y = Ax^2$ 在顶点的曲率半径 ρ_0,考虑一初速度为 v_0 的物体在重力场中

做平抛运动。以初速度方向为 x 轴正方向，重力方向为 y 轴正方向，则有

$$x = v_0 t, \quad y = \frac{1}{2}gt^2$$

即得

$$y = Ax^2, \quad A = \frac{g}{2v_0^2}$$

在平抛运动的初始位置，有

$$\frac{mv_0^2}{\rho_0} = mg$$

即得

$$\rho_0 = \frac{v_0^2}{g}$$

把 $A = \dfrac{g}{2v_0^2}$ 代入，得

$$\rho_0 = \frac{1}{2A}$$

一般地，按此方法可求得抛物线上任一点的曲率半径，此处从略。

推广的电流叠加法及其应用

第 26 届 IPhO 金牌得主　於海涛

在电磁学中,电流场是可以叠加的,由此我们就有了电流叠加法。在处理多电源的问题时,我们可以分别讨论每一个电源在系统中造成的电流分布,再将其叠加得到实际的电流分布。

我们还可以进一步推广电流叠加法。在新的方法中,我们每次讨论的不是一个电源,而是"半个",即一支流入(或流出)系统的电流。把它看成是在为系统充电(或放电),再进一步求出它在导体中形成的电荷分布及电流场,最后将所有电流造成的电流场叠加得到结果。它的使用请看下面几个例子。

例 1　一维问题。

一段均匀导线弯成一个圆环,在 $\theta = 0$ 处及 $\theta = \theta_0$ 处用导线连到电源上,流过电源的电流为 I_0,如图 1 所示。试求环中电流分布 I_1、I_2。

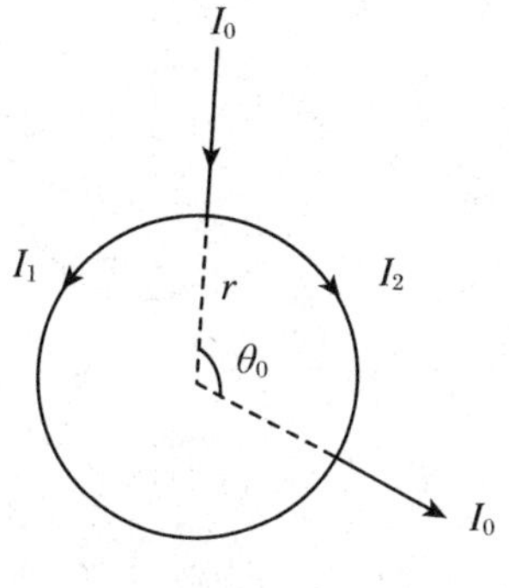

解　解法 1(普通方法)　这是一个并联电路的分流问题。我们不难得到

$$I_1 : I_2 = R_2 : R_1 = \theta_0 r : (2\pi - \theta_0) r$$
$$= \theta_0 : (2\pi - \theta_0)$$

故

$$I_1 = \frac{\theta_0 I_0}{2\pi}, \quad I_2 = \frac{(2\pi - \theta_0) I_0}{2\pi}$$

图 1

解法 2(电流叠加法)　首先,考虑由 $\theta = 0$ 处输入的电流 I_0。在 Δt 时间内,输入的电荷量 $I_0 \Delta t$ 将在圆环上均匀分布。因此,离输入点越近,电流量越大;离输入点越远,电流量越小,其间必成线性关系。总之,电流 I 于 $\theta = 0$ 处向左右分流后,对称地逐渐减小,至 $\theta = \pi$ 处减至零。由线性关系可得

$$I_入(\theta) = \frac{(\pi - \theta) I_0}{2\pi} \quad (0 < \theta < 2\pi)$$

同样可求得放电电流造成的电流分布为

$$I_放(\theta) = \frac{(\theta - \theta_0 - \pi) I_0}{2\pi} \quad (\theta_0 < \theta < \theta_0 + 2\pi)$$

$I_入$、$I_放$ 均按顺时针方向为电流正方向。于是总电流分布为

$$I = I_{入} + I_{放} = \begin{cases} -\dfrac{\theta_0 I_0}{2\pi} = I_1 & (\theta_0 < \theta < 2\pi) \\ \dfrac{(2\pi - \theta_0) I_0}{2\pi} = I_2 & (0 < \theta < \theta_0) \end{cases}$$

两种解法得到的答案是一致的,但解法2显然较繁。再请看下面的例子,检查在二维问题中新方法是否仍能得到验证。

例2 二维问题①。

半径为 R 的薄壁球形导体,在其球面上的 A、B 两点连有细导线,并由它们将导体球接到电源上,如图2所示。已知 $OA \perp OB$,通过电源的电流等于 I_0,求 C 点($OC \perp OA$,$OC \perp OB$)处的线电流密度(即垂直于电流方向上单位长度线段上流过的电流,其方向与电流方向一致)。

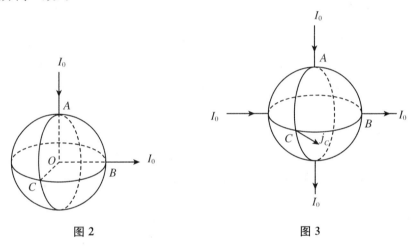

图2　　　　　　　图3

解 解法1(原解答)　在此先讨论简单连接的情况,即将球体的两极接到一个电源上。显然,在大圆(赤道)上,电流线密度 $j = \dfrac{I_0}{2\pi R}$,方向向下。现在将两个电源接到球体上,如图3所示,即一个电源仍接在两极之间,另一个则接在赤道上两个相对位置的点上。这样 C 点的电流线密度是两个彼此垂直的电流线密度的矢量和。但这一线密度为所求的两倍。最终可得通过球上 C 点的电流线密度为 $\dfrac{I_0}{2\sqrt{2}\pi R}$,方向与赤道成45°(从图3中为向右下方)。

解法2(电流叠加法)　首先考虑 A 点注入的电流在 C 点产生的电流线密度。

A 点的电流在 Δt 时刻内向球壳注入的电量为 $I_0 \Delta t$,这些电荷应在球壳上平均分布。于是流过赤道的电荷将是 $\dfrac{I_0 \Delta t}{2}$,这将会在 C 点造成电流线密度 $\dfrac{I_0}{4\pi R}$,方向向下。

同样可以得到,B 点的放电电流在 C 点造成的电流线密度为 $\dfrac{I_0}{4\pi R}$,方向沿赤道向右。

---

① 本题为第23届全苏中学生物理竞赛九年级第3题,题文略有改动。

于是由电流线密度矢量的叠加,可得总电流线密度为 $\dfrac{I_0}{2\sqrt{2}\pi R}$,方向与赤道成 45°角,指向右下方。

两种解法的结果又是一致的。再看两解法的过程:原解答巧妙地引入另一个电源辅助解答,一切分析都很有道理,但在最后一步似有不严谨之处。简单地将总电流线密度除以 2 得到答案的做法是欠妥的,因为我们并没有从分析中得到"C 点电流线密度与赤道成 45°角"的结论,而若实际上并非与赤道成 45°角,再引入一对新电源后,其合电流线密度还是与赤道成 45°角。在新方法的解答中,只用了电流叠加,并未做除法,故避免了逻辑上的问题。

事实上,解法 1 的方法只能给出球面上有限的几个点的电流线密度,这些信息对我们来说是不够的。用新方法我们可以求出球上任意一点的电流线密度,当两个电流输入/输出点所夹的球心角成任何角度,甚至有多个输入/输出接头时,新方法一样可以解决。

新方法在处理二维问题时获得了成功,让我们再看一道三维问题的例题。

例 3 三维问题。

如图 4 所示,空间中充满了电阻率为常量 ρ 的介质,两个导体球相距 l,埋在介质中。已知导体球的半径为 R_0,本身电阻可忽略,且 l 远大于 R_0,求两导体球之间的电阻。

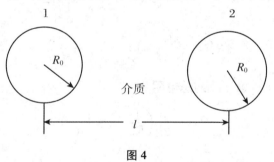

图 4

解 解法 1(电流叠加法) 假设两导体球之间连有一电源,由此造成大小为 I_0 的总电流。首先考虑从球体 1 向外流出的电流,这相当于向无限大的空间充电,电荷将流向无限远处。由于 l 远大于 R_0,故球 2 的影响可被忽略,电流将以辐射状沿半径方向向空间发散。这样,距球心 r 处的电流密度为 $\dfrac{I_0}{4\pi r^2}$。由同样的讨论可以确定向球 2 流入的电流形成的电流密度分布,它也是球对称且与半径平方成反比的。这样,两球球心连线上的电流密度分布可写为

$$j(x) = \dfrac{I_0}{4\pi}\left[\dfrac{1}{x^2} + \dfrac{1}{(l-x)^2}\right] \quad (R_0 < x < l - R_0)$$

x 为所讨论的点与球 1 的球心间的距离。

现在我们想象沿电流线将空间中的介质分割成许多根细导线,每根导线上都流过同

样大小的小电流 ΔI,导线总数为 $\dfrac{I_0}{\Delta I}$。这些导线可以看作是并联在两个导体球之间的,故它们都有着相同的电阻。我们来计算其中的一根,就是直线连接两球球心的那一根。

这根导线的粗细是不均匀的,在 x 处导线的截面积 $\Delta S = \dfrac{\Delta I}{j(x)}$。从 x 到 $x + \Delta x$ 这段导线的电阻是

$$\Delta R' = \rho \dfrac{\Delta x}{\Delta S} = \rho \dfrac{j(x) \Delta x}{\Delta I} = \rho \dfrac{\Delta x I_0}{4\pi \Delta I} \left[\dfrac{1}{x^2} + \dfrac{1}{(l-x)^2} \right]$$

这里要求 $\Delta x \to 0$。导线的总电阻为

$$R' = \sum_{x=R_0}^{l-R_0} \Delta R'$$

$$= \dfrac{\rho I_0}{4\pi \Delta I} \sum_{x=R_0}^{l-R_0} \left[\dfrac{1}{x^2} + \dfrac{1}{(l-x)^2} \right] \Delta x$$

$$= \dfrac{\rho I_0}{2\pi \Delta I} \sum_{x=R_0}^{l-R_0} \dfrac{\Delta x}{x^2}$$

$x \to 0$ 时,我们有小量近似

$$\dfrac{\Delta x}{x^2} = \dfrac{\Delta x}{x(x+\Delta x)} = \dfrac{1}{x} - \dfrac{1}{x+\Delta x}$$

这样就可得

$$R' = \dfrac{\rho I_0}{2\pi \Delta I} \cdot \left(\dfrac{1}{R_0} - \dfrac{1}{l-R_0} \right)$$

最终可得,并联的 $\dfrac{I_0}{\Delta I}$ 根导线的总电阻为

$$\dfrac{R'}{\dfrac{I_0}{\Delta I}} = \dfrac{\rho}{2\pi} \left(\dfrac{1}{R_0} - \dfrac{1}{l-R_0} \right)$$

这就是题目所求的结果。

解法2(类比法) 我们可以将这个电阻系统与空间中两个小导体球组成的电容系统作一类比。考虑到

$$U = IR, \quad R = \rho \dfrac{\Delta l}{\Delta S}$$

$$U = Q \cdot \dfrac{1}{C}, \quad \dfrac{1}{C} = \dfrac{1}{\varepsilon_0} \dfrac{\Delta l}{\Delta S}$$

可建立类比关系:

$$I \sim Q, \quad R \sim \dfrac{1}{C}, \quad \rho \sim \dfrac{1}{\varepsilon_0}$$

对于空间中相距 l 的两个半径为 R_0 的导体球来说,它的电容为

$$C = \left[\dfrac{1}{2\pi\varepsilon_0} \left(\dfrac{1}{R_0} - \dfrac{1}{l-R_0} \right) \right]^{-1}$$

(这一点并不难算,读者可以自己做一下)。这样,根据我们的类比,题中所求的电阻为

$$R' = \frac{\rho}{2\pi}\left(\frac{1}{R_0} - \frac{1}{l-R_0}\right)$$

在这道题中，新方法再次得到了正确的结果。我们在电流分布的基础上求出了电阻的大小，所以解答过程看起来长了一些。新方法与类比法在三维问题中可以互相代替。

由以上三例，可以看到推广后的电流叠加法处理问题时的步骤：先考虑一支流入或流出系统的电流，把它看作在给系统充电或放电，利用对称性求出系统中的电荷分布和电流场分布。求出每一支电流造成的分布后进行叠加，使得电荷分布全部抵消，而电流场叠加成为所求的电流场。

在这里，如何处理电荷分布与电流场分布是关键。电荷分布必须在叠加后全部抵消掉，而电流场则要求在叠加后的总场中沿任意路径计算两点之间的电压都一定。为了满足这两个条件，我们常常按静态时的分布来设电荷分布，而用对称性求电流场，使得每一分场都满足后一个条件，这样，总场自然就满足这些条件。事实上，只要自己假设的场与电荷分布可以满足这两个条件，也不一定要依赖对称性假设，只不过这样做往往会比较困难。

解决具体问题时仍然尽可能利用对称性进行简化。新方法每次考虑时只引入一个电流输入或输出端，所以它对系统对称性的破坏相对小一些，得到的结果也就相对更多一些。

在处理电流分布问题时，由于一维问题常可转化为电阻网络问题，三维问题则常可用电场进行类比，所以新方法在解决二维问题中可得到更多的应用。

学 生 来 信

舒老师：

您好！

我按捺不住想告诉您，我用一种自己的方法，解出了一道您向读者提出的问题："有个圆环带电，要求电荷分布满足这样的条件，即电荷分布能保证圆环内某一直径上的场强处处为零。"

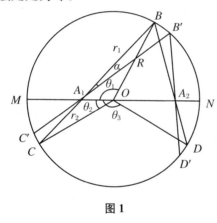

图 1

解 设整个圆环带电量为 Q，直径 MON 上任意一点场强为零。上半圆上任意一点 P 与 $\angle MOP$ 有一一对应关系，下半圆也如此，故可建立 λ_P 与 $\angle MOP$ 的函数关系。

在直径 MON 上任取一点 A_1，过 A_1 的任意一条直线与圆环交于 B、C 两点，只要每一对这样的点对上的电荷在 A_1 点产生的合场强为零，则 A_1 点场强为零。

在 $\triangle A_1 OB$ 与 $\triangle A_1 OC$ 中，由正弦定理分别有

$$\frac{r_1}{\sin\theta_1} = \frac{R}{\sin\angle BA_1 O}$$

$$\frac{r_2}{\sin\theta_2} = \frac{R}{\sin(\pi - \angle BA_1 O)}$$

那么，可得

$$\frac{r_1}{\sin\theta_1} = \frac{r_2}{\sin\theta_2}$$

以及两段微弧可表示为

$$\overset{\frown}{BB'} = \frac{r_1 \cdot \alpha}{\sin\angle C'B'B}$$

$$\overset{\frown}{CC'} = \frac{r_2 \cdot \alpha}{\sin\angle BCC'}$$

$$\angle C'B'B = \angle BCC'$$

因为微弧 $\overset{\frown}{BB'}$ 与 $\overset{\frown}{CC'}$ 所带电荷在 A_1 点产生的合场强为零，所以

---

① 本文写作于 1996 年。

$$\frac{\lambda_B \cdot \widehat{BB'}}{4\pi\varepsilon_0 r_1^2} = \frac{\lambda_C \cdot \widehat{CC'}}{4\pi\varepsilon_0 r_2^2}$$

上式化简可得到

$$\frac{\lambda_B}{\lambda_C} = \frac{r_1}{r_2} = \frac{\sin\theta_1}{\sin\theta_2}$$

同理，可在直径 MON 上再任取一点 A_2，找到点 B 关于 A_2 的对应点 D，它们之间仍有

$$\frac{\lambda_B}{\lambda_D} = \frac{\sin\theta_1}{\sin\theta_3}$$

以此类推，可使上、下半圆上的每一点都满足

$$\frac{\lambda_i}{\lambda_j} = \frac{\sin\theta_i}{\sin\theta_j}$$

可以设

$$\frac{\lambda_i}{\sin\theta_i} = \frac{\lambda_j}{\sin\theta_j} = k$$

而 k 为一待求的定值。

由于上、下半圆的对称性，因此上、下半圆各带 $\frac{Q}{2}$ 的电量。所以对于上、下半圆均有

$$\sum \lambda_\theta R \Delta\theta = \sum (k\sin\theta) R \Delta\theta = \frac{Q}{2}$$

$$k = \frac{Q}{4R} \quad \text{（参见附注）}$$

所以对于上、下半圆上的每一点有

$$\lambda_\theta = k\sin\theta = \frac{Q\sin\theta}{4R}$$

我现在是一名高二学生，对物理有着强烈的爱好。因此，我上高一时，就在老师的点拨下，自学了全部高中物理和一些浅显的大学普通物理知识以及相应的数学知识。在物理老师借给我的今年第9期《物理教学探讨》上，我有幸读到了您的《浅谈优秀物理人才的培养》这篇讲话稿。其中，您说前面那道题"用变分法去做，那是几乎做不出来的"。读到这里，我没有急于参考您的提示，就自己动手寻找变分法的困难所在，没想到竟得出了结果。后来，我的老师在您的一本《中学物理竞赛指导》中发现了此题的答案，与我得到的答案相符。这使我激动地给您写了这封信。

……

此致

敬礼！

重庆兼善中学高二　冯佳

附注　为在半圆上计算 $\sum R\sin\theta\Delta\theta$，在图2中取 $\Delta\theta$ 对应的弧元 $R\Delta\theta$，它在 y 轴上

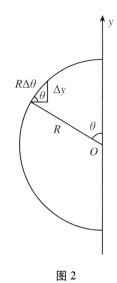

图2

的投影为
$$\Delta y = R\Delta\theta\sin\theta$$

在半圆上求和即为 Δy 在 y 轴上求和,其值等于直径。因此可得
$$\sum R\sin\theta\Delta\theta = 2R$$
$$\sum (k\sin\theta)R\Delta\theta = 2kR$$

另一方面,
$$\sum \lambda_\theta R\Delta\theta = \frac{Q}{2}$$

联立便得 $2kR = \frac{Q}{2}$,即有
$$k = \frac{Q}{4R}$$

'95 堪培拉之行

第 26 届 IPhO 金牌得主　倪彬

第 26 届 IPhO（国际物理奥林匹克竞赛）于 1995 年 7 月在澳大利亚堪培拉举行。

7 月正值澳大利亚的隆冬季节，去之前还听说有寒流，真是一个绝对理想的避暑胜地。正被北京难耐的酷暑和蚊子折磨得焦头烂额的我们心想：终于可以好好凉快一下了。

可是几天后当我们乘坐的班机降落在悉尼机场时，看到的却完全是另一番景象。领事馆的车载着我们行驶在干净整洁的柏油马路上，映入眼帘的是碧蓝的天空、灿烂的阳光、绿的树和连片的草地。感觉是在一个阳光明媚的春天出去郊游，没有一丝冬天的气息。在一个宁静优雅的海滨旅馆稍事休息后，第二天中午乘坐一架轻型客机飞了大约一顿午饭的时间，抵达了我们的目的地——堪培拉。

这是一座 20 世纪 30 年代人工建造的城市，包括市中心的那个曲折美丽的湖泊也是由一条小河拓宽而来的。城市规划井井有条，建筑物都经过精心设计，与周围环境浑然一体。唯一与我想象中相反的是这里的道路都很窄，最多能并排行驶两辆车，且全城没有一座立交桥。在这里搭车，有一种穿行于公园林荫道上的感觉，与北京气势宏伟的三环、二环风格迥异。不过这里的车都开得很快，也从不堵车。

本届 IPhO 是在堪培拉大学举行的。为我们配备的导游兼翻译是一位中文名字叫佩佩的漂亮的华裔小姐，虽说祖籍在福建，但她已是在海外生活的第二代了，几乎不会汉语，我们同她也只能费劲地用英语交谈。我们住的是这儿的学生宿舍，每人一间卧室，公用的客厅、厨房、卫生间等一应俱全。唯一不便的是每顿饭都得步行到 400 米之外的食堂去用餐。至于西餐的味道，来之前早已有耳闻，也许是心理准备充分的缘故，大家感觉都还不错。尤其令我感兴趣的是这里的 Roast Beef——烤牛肉，在一次午饭上接连吃了三大块，令几位队友以及那位负责夹牛肉的工作人员（恰好是我们的导游）无不咋舌。只是这里的蔬菜全是大片大片的生菜叶，吃起来使我联想起在家时喂小兔吃菜叶的情景。

开幕式是在一座现代化的会议厅中举行的，其中有一个仪式要由一名中国队员将代表奥林匹克的圣火从上一届主办国传到本届组织者手中。领队老师就将这个光荣而庄严的任务交给了我。可气的是我那糟糕的英语，一位工作人员费好大劲才令我明白了所要干的一切。一名澳大利亚的队员从我手中接过火炬，点燃了本届赛事的圣火。共有来自 52 个国家与地区的 250 多位选手参加了这次比赛，是历届规模最大的一次。

当天下午，领队老师就投入到紧张的翻译试题工作中去了。次日，也就是国内高考的第一天,是我们进行理论竞赛的日子。全部参赛选手被分在四五个考场,并且在同一考场的同一国队员被分开甚远。比如我和队友谢小林就被分别安排在一间大教室的两个对角上。当我找到自己的位置迫不及待地翻开试卷想一睹为快时,忽然发现旁边的一位德国选手正用一种十分惊异的笑容看着我并指了指前方的黑板,只见上面用大写的英文写着:"当没通知开考前不要翻看你的试卷。"没想到国外的考试制度丝毫不比国内松懈,于是赶紧合上试卷,并向这位热心的德国同学报以感谢及歉意的微笑。这次题目的难度较前两届来说比较小,解题中用到的多普勒红移、刚体运动等知识都是在国内的训练中熟练掌握了的,因此做得十分顺手。只是在两天后的实验竞赛中遇到了一点小麻烦,但最后被证实主要是实验用品的问题。最后,我们中国队5人全部获得金牌并第四次蝉联个人总分第一的好成绩。

尽管肤色不同,国度不同,但相同的年龄使大家十分容易沟通。竞赛之余大家常常聚在一起用生硬的英语聊天,共同关心的问题有各国的教育制度、学校情况、奥赛选手的选拔集训,还有进大学后学什么专业等。竞赛组织者也为大家提供了许多交流的机会,比如充满田园情趣的"Bush Dance"(灌木舞会),还有各种球类比赛。可别小看这些比赛,这可都是国际级的,场上一般都有不下三个国家的运动员。我的队友於海涛还曾在一场中国、澳大利亚、克罗地亚联队对保加利亚的足球赛中攻入一球,尽管最后以大比分失利,但总算过了一回国际球星的瘾。当我们与台湾省、新加坡的队员们在一起的时候,更是倍感亲切。大家都讲中国话,交流起来就方便多了,于是经常一起游玩、吃饭、聊天。还曾与泰国队一起为小胖林(谢小林的雅号)庆祝生日,与新西兰朋友一道参观科学中心。在澳洲家庭中所受的热情款待以及临走前的礼品大赠送都使我们深深地感受到了世界人民友谊的真诚。

当然,祖国母亲更是给了我们无微不至的关怀。每到一处,当地领事馆的工作人员都十分热情地为我们安排食宿,开着车带我们旅游:从悉尼的歌剧院到墨尔本的大赌场,从平价货场到宝石商店。最难忘的要算在大使馆里的"国宴"上,听那位健谈的大使讲澳洲土著人部落的有趣故事了。由于好几天没吃上中国菜,那一顿是我们离开祖国后吃得最爽的一次。还有许多侨居当地的华人,见到我们总是关切地询问国内发展变化的情况,赛前为我们队祝福,赛后与我们共享成功的喜悦。每当这时,心中总是油然升起一股民族自豪感,深深地体会到普天之下的炎黄子孙们共有着一颗中国心。

短短12天的澳洲之行连同这个美丽友好的国家已在我们的脑海中留下了难以磨灭的印象,这次美好的经历将成为未来的一个永恒的回忆。

征 答 题 1

1. 假设万有引力为与距离一次方成正比的径向力。

(1) 试讨论开普勒三定律的适用性；

(2) 若施力者为若干固定质点，试问受力质点能取什么样的运动轨道？

2. 有 8 个外观一样的电阻，其中 7 个阻值相同，另一个阻值与它们不一样，称作"特殊的"。试问用欧姆表至少测多少次，必能将此特殊的电阻检出？

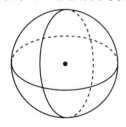

图 1

3. 将半径为 R 的球面按图 1 所示方式等分成 8 份，取走 7 份，留下的 1 份使其均匀带电，电荷面密度为 σ，试求球心处电场强度 E_0 的大小。

建议：在中学教学范围内求解。

4. 在光滑水平面上，质量分别为 m_1、m_2、m_3 的三个刚性小球 A、B、C 依次成直线排列，B、C 间用一根劲度系数为 k、自由长度足够长的轻弹簧连接。开始时弹簧呈自由状态，B、C 均静止，然后使 A 以速度 v_0 朝 B 运动。A 与 B 弹性碰撞后，若 B 获得的瞬时速度为 v_{20}（待求），那么只要 A、B 不再发生第二次碰撞，由 B、C 和轻弹簧构成的物体组的重心将以速度 $v_c = \dfrac{m_2 v_{20}}{m_2 + m_3}$ 做匀速直线运动。

(1) 请分析给出 A 与 B 而后再相遇但不相碰的最多可能次数；

(2) 若 $m_2 = m_3 = m$，试问 $\gamma = \dfrac{m_1}{m}$ 取何值时，A 与 B 能够再相遇但不相碰？

征答题 1 答案

1. 第 1 题答案

由长沙市一中 1991 级 7 班马谦益提供。

(1) 设质量为 M 的质点 P 固定于空间某一位置,质量为 m 的质点 Q 在 P 的引力作用下运动,此力为与距离一次方成正比的径向力。很自然地可以认为 Q 的运动轨道仍为平面曲线,因此可建立平面坐标系,如图 1 所示,将质点 P 所在位置取为坐标原点,质点 Q 的位置矢量记为 r,它所受引力便可表述为

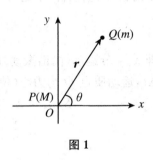

图 1

$$F = -G^* M m r$$

此力的 x 方向分量为

$$F_x = -G^* M m x$$

此分力为线性回复力,由此可判定质点 Q 在 x 轴上的分运动为简谐振动。我们可以将这一分运动表述为

$$x = A\cos(\omega_1 t + \varphi_1) \qquad ①$$

其中

$$\omega_1 = \sqrt{G^* M}$$

G^* 为引力系数。同理可知 Q 在 y 轴上的分运动也是简谐振动,将其表述为

$$y = B\cos(\omega_2 t + \varphi_2) \qquad ②$$

也有

$$\omega_2 = \sqrt{G^* M}$$

因 $\omega_1 = \omega_2$(记为 ω),两者有共同的振动周期为

$$T = \frac{2\pi}{\omega} = \frac{2\pi}{\sqrt{G^* M}} \qquad ③$$

将①②两式联立,消去 t 后可得 Q 的运动轨道为

$$\frac{x^2}{A^2} + \frac{y^2}{B^2} - 2\frac{xy}{AB}\cos(\varphi_2 - \varphi_1) = \sin^2(\varphi_2 - \varphi_1)$$

因此:

$\varphi_2 - \varphi_1 = k\pi (k = 0, \pm 1, \pm 2, \cdots)$ 时,轨道为直线;

$\varphi_2 - \varphi_1 \neq k\pi (k = 0, \pm 1, \pm 2, \cdots)$ 时,轨道为椭圆(包括圆)。

直线轨道对应两种运动方式,其一是 Q 朝着 P 运动,其二是 Q 背离 P 运动。因 Q

的初始动能不可能是无穷大,Q 不会永远背离 P 运动,而是要在某处折回又朝着 P 运动。Q 朝着 P 运动必导致与 P 相碰,我们将不讨论这种情况。

综上所述,Q 的运动轨道取为椭圆(包括圆),但施力质点 P 一般均不在椭圆的焦点上(除非是圆轨道),而是在椭圆的中心,因此完整的开普勒第一定律在此不再适用。可以为与距离一次方成正比的引力构置如下的类开普勒第一定律:

所有的"行星"分别在大小不同的共心椭圆轨道上围绕"太阳"运动,"太阳"在这些椭圆的共同中心上。

设椭圆轨道如图 2 所示,为使讨论简化,通过坐标系的转动总可使 x、y 轴分别与椭圆的长、短轴重合,于是有

$$\begin{cases} x = A\cos(\omega t + \varphi) \\ y = B\sin(\omega t + \varphi) \end{cases} \quad ④$$

即 x、y 分运动(简谐振动)的余弦、正弦式初相位相同。按图 2 所示,取一段很短的时间 Δt,运动质点 Q 与力心(位于 O 点的固定质点 P)连线扫过的面积为

$$\begin{aligned} S_{\triangle aOb} &= S_1 + S_2 + S_3 \\ &= \frac{1}{2}|y\Delta x| + \frac{1}{2}|x\Delta y| + \frac{1}{2}|\Delta x \Delta y| \\ &= \frac{1}{2}|yv_x|\Delta t + \frac{1}{2}|xv_y|\Delta t + \frac{1}{2}|v_x v_y|(\Delta t)^2 \end{aligned}$$

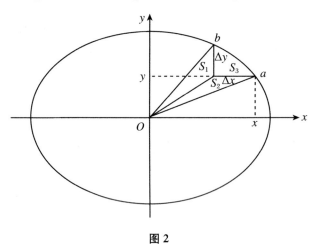

图 2

略去 $(\Delta t)^2$ 项,并将④式与

$$\begin{cases} v_x = -\omega A\sin(\omega t + \varphi) \\ v_y = \omega B\cos(\omega t + \varphi) \end{cases}$$

代入后,即可得

$$S_{\triangle aOb} = \frac{1}{2}\omega AB \Delta t$$

面积速率便为

$$\frac{S_{\triangle aOb}}{\Delta t} = \frac{1}{2}\omega AB(常量)$$

可见,单位时间内扫过的面积相同,即下述开普勒第二定律仍能适用:

对每个"行星"来说,"太阳"和"行星"的连线在相等的时间内扫过相等的面积。

质点 Q 的椭圆轨道运行周期即为③式给出的振动周期 $T = \dfrac{2\pi}{\sqrt{G^*M}}$,这是一个仅由力心(质点 P)质量确定的常量。椭圆轨道半长轴具有相当程度的随意性,因此原开普勒第三定律在此不再适用。可以为与距离一次方成正比的引力构置如下的类开普勒第三定律:

所有"行星"的椭圆轨道公转周期都相等。

(2) 若施力者为若干固定质点 P_1、P_2、$\cdots$、P_n,为讨论方便,可设各自的质量分别为 M_1、M_2、$\cdots$、M_n,各自的空间位置矢量分别为 $\boldsymbol{R}_1$、$\boldsymbol{R}_2$、$\cdots$、$\boldsymbol{R}_n$。将受力质点 Q 的质量仍记为 m,它随时间变化的位置矢量记为 $\boldsymbol{R}$,对于设定的空间坐标系 $O\text{-}xyz$,$\boldsymbol{R}_i$($i = 1, 2, \cdots, n$)与 $\boldsymbol{R}$ 可分别表述成分量式:

$$\boldsymbol{R}_i(x_i, y_i, z_i); \boldsymbol{R}(x, y, z)$$

Q 受 P_i 的引力为

$$\boldsymbol{F}_i = -G^*M_i m \boldsymbol{r}_i$$

其中 $\boldsymbol{r}_i$ 为 Q 相对 P_i 的位矢,按图 3 所示有

$$\boldsymbol{r}_i = \boldsymbol{R} - \boldsymbol{R}_i$$

因此

$$\boldsymbol{F}_i = -G^*M_i m(\boldsymbol{R} - \boldsymbol{R}_i)$$

Q 所受合力便为

$$\boldsymbol{F} = \sum_{i=1}^{n} \boldsymbol{F}_i = \sum_{i=1}^{n} [-G^*M_i m(\boldsymbol{R} - \boldsymbol{R}_i)]$$

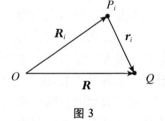

图 3

先看一下 $\boldsymbol{F}$ 的 x 分量,应有

$$F_x = \sum_{i=1}^{n} [-G^*M_i m(x - x_i)]$$

$$= -G^*\left(\sum_{i=1}^{n} M_i\right) mx + G^*m\left(\sum_{i=1}^{n} M_i x_i\right)$$

引入施力质点组的总质量

$$M = \sum_{i=1}^{n} M_i$$

可将 F_x 表述成

$$F_x = -G^*Mmx + G^*Mm\sum_{i=1}^{n} \frac{M_i x_i}{M}$$

显然 $\sum_{i=1}^{n} \dfrac{M_i x_i}{M}$ 是一个具有 x 坐标性质的常量,可记为 x_c,即令

$$x_c = \sum_{i=1}^{n} \frac{M_i x_i}{M}$$

则有
$$F_x = -G^*Mm(x - x_c)$$
这相当于 x_c 位置的质量为 M 的单个施力质点对 Q 的引力在 x 方向的分量。

同样的处理,可将 F 的 y、z 分量分别表述为
$$F_y = -G^*Mm(y - y_c), \quad F_z = -G^*Mm(z - z_c)$$
其中
$$y_c = \sum_{i=1}^{n} \frac{M_i y_i}{M}, \quad z_c = \sum_{i=1}^{n} \frac{M_i z_i}{M}$$
F_y、F_z 分别相当于 y_c、z_c 位置的质量为 M 的单个施力质点对 Q 的引力在 y、z 方向的分量。

综上所述,位置固定的质点组 $\{P_1, P_2, \cdots, P_n\}$ 对可动质点 Q 所施加的引力之和等效于在一固定点 $r(x_c, y_c, z_c)$ 放置的质量为 $M = \sum_{i=1}^{n} M_i$ 的质点对 Q 的引力。于是受多个固定质点引力作用的问题便归结为受单个固定质点引力作用的问题,质点 Q 运动轨道的讨论内容与(1)中的讨论内容也就完全相同,其轨道为直线或椭圆(包括圆)。

编者按 细心的读者不难发现,本题与第 6 届(1989 年)全国中学生物理竞赛决赛试题第一题有相当的关联,该试题由弹性绳给出的正是与距离一次方成正比的径向吸引力。本题将这种形式的力与牛顿万有引力联系起来,内含两个方面的意图。

第一方面的意图是给出一定的背景条件(与距离一次方成正比的径向引力的存在性假设),考查学生对已学过的知识及规律(开普勒三定律)作引申性讨论的能力。从马谦益同学的答卷来看,他是具备这方面能力的。

第二方面的意图是希望学生通过对本题第(2)问的讨论,对径向力场单一约化的可能性有所理解。万有引力与库仑力都是径向力,单一质点的引力场是有心径向力场,单一点电荷的真空静电场也是有心径向力场。然而,多个质点的引力场或多个点电荷的真空静电场一般便不是这种有心径向力场,这也就是说,不能把这种力场等效为某个单一质点的引力场或某个单一点电荷的真空静电场。只有球对称分布的物体(物体为连续分布的质点组)或球对称分布的带电体(带电体为连续分布的点电荷组)的力场才是有心径向力场,即场强线汇集于一点(球心)的力场。例如,球外场区可等效为某个单一质点(球心质点)的引力场或某个单一点电荷(球心电荷)的真空静电场。引力场和真空静电场的这种不可径向单一约化性源于万有引力和库仑力都是与距离二次方成反比的径向力。值得对物理学真正感兴趣的学生思考的一个问题自然是什么样的径向作用力场可具有普遍的径向单一约化性。马谦益同学的解答暗示着与距离一次方成正比的径向引力的力场具有这一特性。希望本书中学生读者在升入大学并具备了普通物理和高等数学中的泰勒级数知识后,能在课余时间严格地证明与距离一次方成正比的径向力(引力或斥力)的力场是唯一可径向单一约化的力场。

关于马谦益同学的答卷还需一提的是关于受力质点 Q 运动轨道的平面曲线性假设。在牛顿万有引力作用下,可以证明行星的轨道必定是平面曲线,且可推知轨道为直

线或圆锥曲线(圆、椭圆、双曲线和抛物线)。正规的课堂教学普遍采用高等数学进行证明和推演,这一内容常安排在大学理论力学教程中。中学物理教学中只是给出轨道为平面曲线(例如开普勒第一定律中的椭圆)的结论,而不涉及其证明。事实上,运用物理世界中普遍存在的因果对称关联性,可以很简单地论证真实天体及本题中受力质点 Q 的运动轨道均为平面曲线。考虑到因果对称关联的简单和容易被接受,本书已在前面的《对称性原理在物理学中的应用》中介绍了这方面的内容。

2. 第2题答卷1

由长沙市一中1991级7班黄英提供。

设这8个电阻中7个相同的电阻阻值为 r,另一个"特殊的电阻"阻值为 R。将这8个电阻编号,分别为1、2、…、8。

用欧姆表测三次电阻,必能将此特殊的电阻检出。

第一次测,将1～3号电阻按图4所示串联起来,测出串联总电阻 R_1,其值记为 $3r_1$。

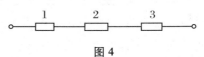

图 4

第二次测,将4～6号电阻也仿照图4串联起来,测出串联总电阻 R_2,其值记为 $3r_2$。

第三次测,这里可分为两种情况。

(1) 若 $3r_1 = 3r_2$,则1～6号电阻阻值必各为 r,剩下的7、8号电阻阻值分别为 R、r 或 r、R。用欧姆表测出7号的阻值 R_7,如果 $R_7 = r$,那么8号电阻为特殊电阻,否则7号电阻为特殊电阻。

(2) 若 $3r_1 \neq 3r_2$,则1～6号电阻中必有一个为特殊电阻,故 R、r 取值有两组可能。

① 当1～3中有一个为特殊电阻时,由串联总电阻 $3r_1$、$3r_2$ 得普通电阻值 r 为 $r_0 = r_2$,特殊电阻值 R 为 $R_0 = 3r_1 - 2r_2$。

② 当4～6中有一个为特殊电阻时,可得普通电阻值 r 为 $r'_0 = r_1$,特殊电阻值 R 为 $R'_0 = 3r_2 - 2r_1$。

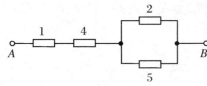

图 5

将1、2、4、5号电阻连成图5所示的电路,用欧姆表测出 A、B 间的电阻,记为 R_{AB}。后者在理论上有六种可能值,它们分别为:

当1号为特殊电阻时,

$$R_{AB} = R + r + \frac{r}{2} = R_0 + \frac{3}{2}r_0 \qquad ①$$

当2号为特殊电阻时,

$$R_{AB} = r + r + \frac{Rr}{R+r} = 2r_0 + \frac{R_0 r_0}{R_0 + r_0} \qquad ②$$

当3号为特殊电阻时,

$$R_{AB} = \frac{5}{2}r = \frac{5}{2}r_0 \qquad ③$$

当4号为特殊电阻时,

$$R_{AB} = R + \frac{3}{2}r = R'_0 + \frac{3}{2}r'_0 \qquad ④$$

当5号为特殊电阻时，
$$R_{AB} = 2r + \frac{Rr}{R+r} = 2r'_0 + \frac{R'_0 r'_0}{R'_0 + r'_0} \qquad ⑤$$

当6号为特殊电阻时，
$$R_{AB} = \frac{5}{2}r = \frac{5}{2}r'_0 \qquad ⑥$$

六个式子中，应将 R_0、r_0 代入①~③式，R'_0、r'_0 代入④~⑥式。通过下面的讨论可知，这样所得的六个值中有且仅有一个等于用欧姆表测得的 R_{AB} 值，由此可找出对应的计算式，即找出特殊的电阻。

讨论 由上述六个式子算得的六个值有没有可能彼此相同，即都等于测得的 R_{AB} 呢？可以证明，这是不可能的。为此，可首先看只代入一组 R、r 的情况。例如，把 R_0、r_0 代入①~③式，可以证明，得到的三个值彼此均不相等。因为若①式与②式两值相等，则

$$R_0 + \frac{3}{2}r_0 = 2r_0 + \frac{R_0 r_0}{R_0 + r_0}$$

即
$$2R_0^2 - R_0 r_0 - r_0^2 = 0$$

其解为
$$R_0 = r_0 \quad 或 \quad R_0 = -\frac{r_0}{2}$$

考虑到 R_0 实际上不等于 r_0，且 R_0、r_0 均为正值，所以①式与②式的值不可能相等。同样可证得①式与③式不可能相等，②式与③式也不可能相等。把 R'_0、r'_0 代入④~⑥式，一样可证得三式的值彼此不会相等。

再看把两组 R、r 值分别代入两组式子的情况，例如，把 R_0、r_0 代入①式，把 R'_0、r'_0 代入⑤式，考察它们的值是否会相等。可以证明，其结果也都是否定的。例如使①、⑤式两值相等，则得

$$(3r_1 - 2r_2) + \frac{3}{2}r_2 = 2r_1 + \frac{(3r_2 - 2r_1)r_1}{(3r_2 - 2r_1) + r_1}$$

即
$$2r_1^2 + r_1 r_2 - 3r_2^2 = 0$$

解为
$$r_1 = r_2 \quad 或 \quad r_1 = -\frac{3}{2}r_2$$

但 $r_1 \neq r_2$，且均为正值，所以①⑤两式的值不可能相等。

再举一例，设③式取第一组量代入后得到的 R_{AB} 值与⑤式取第二组量代入后得到的 R_{AB} 值相等，则有

$$\frac{5}{2}r_2 = 2r_1 + \frac{(3r_2 - 2r_1)r_1}{(3r_2 - 2r_1) + r_1}$$

即
$$8r_1^2 - 23r_1r_2 + 15r_2^2 = 0$$
解为
$$r_1 = r_2 \quad \text{或} \quad r_1 = \frac{15}{8}r_2$$

尽管 $r_1 = \frac{15}{8}r_2$ 中 r_1、r_2 并不异号，但不满足下面将给出的 r_1、r_2 间大小关系，因此这个解也是不可取的，这两个 R_{AB} 值仍不可能相等。

下面来求 r_1、r_2 间的大小关系，由
$$3r_1 = R_0 + 2r_0, \quad 3r_2 = 3r_0$$
得
$$\frac{r_1}{r_2} = \frac{R_0 + 2r_0}{3r_0} > \frac{2}{3}$$
再由
$$3r_1 = 3r_0', \quad 3r_2 = R_0' + 2r_0'$$
得
$$\frac{r_1}{r_2} = \frac{3r_0'}{R_0' + 2r_0'} < \frac{3}{2}$$
因此有
$$\frac{2}{3} < \frac{r_1}{r_2} < \frac{3}{2}$$

前面的解 $r_1 = \frac{15}{8}r_2$ 不满足此关系，所以不可取。

计算可知，①～⑥式之间若有一对 R_{AB} 值相同，则或导致 $r_1 = r_2$，或导致 r_1、r_2 异号，或导致 $\frac{r_1}{r_2}$ 不在 $\left(\frac{2}{3}, \frac{3}{2}\right)$ 区间内，都不可取。因此，不可能有一对 R_{AB} 值相同。

综上所述，用欧姆表做三次测量，必可将此特殊的电阻检出。

编者按 本题的求解重在分析和简单电路的设计，其原型曾在国家教委组办的92～93级物理试验班中让学生课下讨论过。现将一名同学答卷的原作业稿，除图号外未加任何修改地记录于下，供读者参考。

3．第2题答案2

由南京师范大学附属中学韦韬提供。

题有8个外观一样的电阻，其中7个阻值相同，称作"好"的，另一个阻值与它们不一样，称作"坏"的。试在仅有一个万用表时，给出一种检出"坏"电阻的测量方案，使在最"坏"情况下测量步骤最少。

第一步，如图6所示，测 M_1、N_1 间的阻值，记测量值为 R_A。

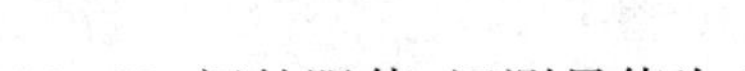

图6

第二步,如图 7 所示,测 M_2、N_2 间的阻值,记测量值为 R_B。

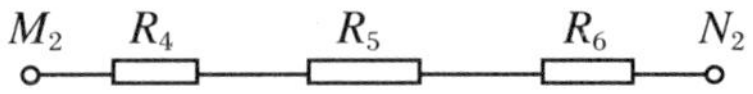

M_2 —— R_4 —— R_5 —— R_6 —— N_2

图 7

$R_A = R_B$ 的第三步略,即设 $R_A \neq R_B$。

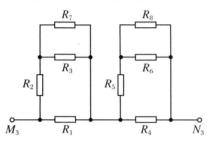

图 8

第三步,如图 8 所示,测 M_3、N_3 间的阻值,记测量值为 R_C。

下面进行分析。

不妨假设 $R_A > R_B$,记 $\alpha = \dfrac{R_A}{R_B} > 1$,$\beta = \dfrac{1}{\alpha}$。

如果 R_1 是"坏"的,那么"好"阻值 $R = \dfrac{R_B}{3}$,

"坏"值 $r = R_A - \dfrac{2}{3}R_B = (3\alpha - 2)R$,则可算得

$$R_{C1} = \dfrac{3}{5}R + \dfrac{3\alpha - 2}{6\alpha - 1}3R = \left(\dfrac{3\alpha - 2}{6\alpha - 1} + \dfrac{1}{5}\right)R_B$$

同理可计算得,当 R_2 "坏"时,

$$R_{C2} = \left(\dfrac{2\alpha - 1}{6\alpha - 1} + \dfrac{1}{5}\right)R_B$$

当 R_3 "坏"时,

$$R_{C3} = \left(\dfrac{2\alpha - 1}{9\alpha - 4} + \dfrac{1}{5}\right)R_B$$

因为 $\alpha > 1$,所以容易看出

$$R_{C1} > R_{C2} > R_{C3}$$

(1) 若 $\alpha \geq \dfrac{3}{2}$,则 R_4、R_5、R_6 中不可能有"坏"的。否则,"坏"阻值 $r = R_B - \dfrac{2}{3}R_A = \left(1 - \dfrac{2}{3}\alpha\right)R_B \leq 0$,这是不可能的。

因此,若 $\alpha \geq \dfrac{3}{2}$,则 R_C 只可能是 R_{C1}、R_{C2}、R_{C3} 中的一个,"对号入座"即可找出"坏"电阻。

(2) 若 $\alpha < \dfrac{3}{2}$,则还需考虑 R_4、R_5、R_6 中有一个是"坏"的可能性。同样可得当 R_4 "坏"时,

$$R_{C4} = \left(\dfrac{3\beta - 2}{6\beta - 1} + \dfrac{1}{5}\right)R_A = \left(\dfrac{3 - 2\alpha}{6 - \alpha} + \dfrac{1}{5}\right)\alpha R_B$$

当 R_5 "坏"时,

$$R_{C5} = \left(\dfrac{2\beta - 1}{6\beta - 1} + \dfrac{1}{5}\right)R_A = \left(\dfrac{2 - \alpha}{6 - \alpha} + \dfrac{1}{5}\right)\alpha R_B$$

当 R_6 "坏"时,

$$R_{C6} = \left(\frac{2\beta-1}{9\beta-4} + \frac{1}{5}\right)R_A = \left(\frac{2-\alpha}{9-4\alpha} + \frac{1}{5}\right)\alpha R_B$$

不难得到

$$R_{C6} > R_{C1} > R_{C5} > R_{C2} > R_{C3} > R_{C4}$$

注意：$1 < \alpha < \frac{3}{2}$ 时，证明中只需记 $\alpha = 1 + a\left(0 < a < \frac{1}{2}\right)$，再直接展开比较即可。

R_C 的实际测量值只可能是其中的一个，"对号入座"即可找出"坏"电阻。

讨论 这种解法的本质是在前两步找出"好"阻值与"坏"阻值的可能比例关系（$3\alpha - 2$ 或 $3\beta - 2$）后，再在第三步建立一个电路，在这个电路中无等效位置，使得在不同的位置上电阻变"坏"引来的影响不一样，从而确定出"坏"电阻。

第三步中的电路并不是唯一的，有多种选法。例如图 9、10 所示的电路。

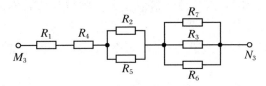

图 9

胡凯飞同学画。

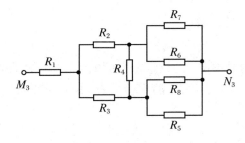

图 10

王欣凯同学画。

注意，在第一、二步测量中处于不同组的电阻此时可处于等效位置。

猜想 1 基于这种思想（先定比值，再选择"不等效型电路"），似乎测量电路构型与电阻个数并没有什么直接联系。仿照图 8，我们可以构造 9 个电阻时的第三次测量的电路（图 11），或 12 个电阻时的对应电路（图 12）。有奇数个电阻时，第一、二次分组测量的个数分配可一多一少。例如，有 9 个电阻时，可分组为 R_1、R_2、R_3、R_4 与 R_5、R_6、R_7。有偶数个电阻时的分组情况与本题相似。

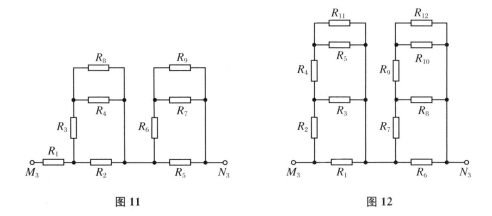

图 11   图 12

用这种方法,估计最多在"坏"、"好"阻值比为某些特殊值时不成功,而在大多数情况下都是有效的。

猜想2 另外,可近于断言地说,对任意多个(有限个)电阻,测 4 次一定可找出"坏"电阻,方法如下。

记电阻为 R_1、R_2、$\cdots$、R_n。先将电阻分为 3 组:$R_1 \sim R_k$,$R_{k+1} \sim R_m$,$R_{m+1} \sim R_n$,前三次分别测出它们的串联总阻值,并计算出平均值,设为 R_A、R_B、R_C。其间必有两个相同,而与另一个不相同,不妨设 $R_A = R_B \neq R_C$。由此可知,"好"阻值 R 和"坏"阻值 r 分别为

$$R = R_A$$
$$r = (n-m)R_C - (n-m-1)R_A$$

再组建图 13 所示的电路,其中 R_1 已设定是"好"电阻。"坏"电阻在任意两个不同位置上时,测得的 R_D(M_3 与 N_3 间的阻值)都不会一样,所以测出 R_D 后便可确定哪一个是"坏"电阻。

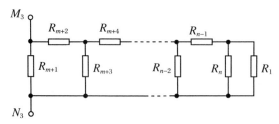

图 13

但是 n 很大时,对测量电阻的精度要求会变得很高,甚至可高得不切实际,所以实际上这种做法除了作为脑体操外似乎没有太大价值。

对于第 3 题,我们从学生来稿的应答卷中选出 3 篇刊登于下。这 3 篇答卷均符合原题要求,并严格地在中学教学范围内作出了解答。它们的共同之处在于:(1) 充分利用了球面问题所特有的强对称性;(2) 采用了将球面分解为一系列小面元的小量分析方法;(3) 直接引用了立体几何中平面间的投影关系。3 篇答卷又各具特点,简言之:倪彬同学

的解答最为直接；许莹、刘晓海同学的解答是将所求 $\frac{1}{8}$ 均匀带电球面在球心 O 处的场强 E_0 先进行对称分解，而后再合成；曹继恩同学的解答则是将所求 E_0 视为更直观的均匀带电半球面在球心 O 处的场强 E_0' 的对称性分量，先求出 E_0'，再分解出 E_0。曹继恩同学还从本题的解答出发作了引申性讨论，很有参考价值，放在最后，供读者借鉴。

4．第3题答卷1

由湖南师大附中1992级74班倪彬提供。

参考图14，以 $\frac{1}{8}$ 球面 ABC 部分为例，由对称性可知，所求 E_0（图中未画出）的方向线必过 $\triangle ABC$ 的中心 O' 且垂直于 $\triangle ABC$ 所在平面。

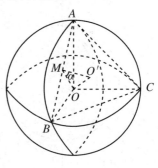

图 14

将 $\frac{1}{8}$ 球面 ABC 分解为一系列小面元 ΔS_i，每一小面元可看作平面的一部分。设 θ_i 为 ΔS_i 的法线与 E_0 的夹角，由场强叠加原理可得

$$E_0 = \sum \frac{k \Delta S_i \sigma}{R^2} \cos\theta_i = \frac{k\sigma}{R^2} \sum \Delta S_i \cos\theta_i \qquad ①$$

既然 E_0 垂直于 $\triangle ABC$ 所在平面，故 θ_i 也是 ΔS_i 的法线与平面 ABC 的法线的夹角，也就是 ΔS_i 与平面 ABC 的夹角。这样，$\Delta S_i \cos\theta_i$ 即为 ΔS_i 在平面 ABC 上的投影大小，$\sum \Delta S_i \cos\theta_i$ 便是 $\frac{1}{8}$ 球面 ABC 在平面 ABC 上的投影面积。注意，此投影面积并不等于 $\triangle ABC$ 的面积，但等于图14中3个扇形 ABO、BCO、CAO 在平面 ABC 上的投影之和。由于对称，这3个扇形的投影面积相同，因此有

$$\sum \Delta S_i \cos\theta_i = 3 S_{\text{扇形}ABO} \cos\alpha = \frac{3}{4}\pi R^2 \cos\alpha \qquad ②$$

其中 α 为平面 ABO 与平面 ABC 之间的夹角。

设 M 为 AB 的中点，则有

$$OM \perp AB, \quad O'M \perp AB$$

又因为

$$OO' \perp MO'$$

便可得

$$\cos\alpha = \frac{MO'}{MO} = \frac{\frac{1}{3}MC}{MO} = \frac{\frac{1}{3}\frac{\sqrt{3}}{2}\sqrt{2}R}{\frac{\sqrt{2}}{2}R} = \frac{\sqrt{3}}{3}$$

代入②式，得

$$\sum \Delta S_i \cos\theta_i = \frac{\sqrt{3}}{4}\pi R^2$$

再代入①式，便得本题解为

$$E_0 = \frac{k\sigma}{R^2} \frac{\sqrt{3}}{4}\pi R^2 = \frac{\sqrt{3}}{4}k\pi\sigma$$

5. 第 3 题答卷 2

由郑州 101 中学 1992 级 3 班许莹、刘晓海提供。

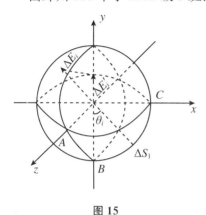

图 15

取图 15 所示的直角坐标系，在 $\frac{1}{8}$ 球面 ABC 上取微元面积 ΔS_i，其中心到球心 O 的连线与 y 轴的夹角为 θ_i，其带电量为

$$\Delta Q_i = \sigma \Delta S_i$$

它在球心 O 处产生的电场强度 $\Delta \boldsymbol{E}_i$ 的大小为

$$\Delta E_i = \frac{k\Delta Q_i}{R^2} = \frac{k\sigma \Delta S_i}{R^2}$$

ΔE_i 沿 y 轴方向的分量 $\Delta E'_i$ 的大小为

$$\Delta E'_i = \Delta E_i \cos\theta_i = \frac{k\sigma \Delta S_i \cos\theta_i}{R^2}$$

由图 15 所示的几何关系可知，微元面 ΔS_i 可视为某平面的一部分，此平面与球面相切，它与 xOz 平面相交，两平面间夹角即为 θ_i。所以 $\Delta S_i \cos\theta_i$ 等于微元面积 ΔS_i 在 xOz 平面上的投影面积 $\Delta S'_i$。于是有

$$\Delta E'_i = \frac{k\sigma \Delta S'_i}{R^2}$$

将 $\frac{1}{8}$ 球面分解为一系列微元面，则此 $\frac{1}{8}$ 球面电荷在 O 点的场强沿 y 方向的分量为

$$E_y = \sum \Delta E'_i = \frac{k\sigma}{R^2} \sum \Delta S'_i$$

其中 $\sum \Delta S'_i$ 即为 $\frac{1}{8}$ 球面在 xOz 平面上的总投影面积，显然是一个 $\frac{1}{4}$ 圆的面积，即有

$$\sum \Delta S'_i = \frac{1}{4}\pi R^2$$

于是可得

$$E_y = \frac{1}{4}k\pi\sigma$$

由对称性可知，O 点的场强 $\boldsymbol{E}_0$ 在 x、z 轴上的分量（为负值）的绝对值与 E_y 相同，即有

$$|E_x| = E_y = |E_z| = \frac{1}{4}k\pi\sigma$$

E_x、E_y、E_z 的方向互相垂直，如图 16 所示。$\frac{1}{8}$ 球面电荷在 O 点产生的场强为 E_x、E_y、E_z 的矢量和，因此

$$E_0 = \sqrt{3} E_y = \frac{\sqrt{3}}{4} k\pi\sigma$$

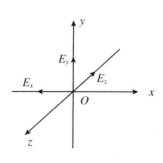

图 16

6. 第3题答卷3

由四川省都江堰中学1990级曹继恩提供。

出于对称性考虑，将$\frac{1}{8}$球面补为半球面，且电荷面密度仍为常量σ。如图17所示，过球心O作垂直于半球面底圆的x轴。由于对称性，均匀带电半球面在球心O处的场强E_0'必沿x轴方向，因此E_0'必定仅由半球面上各部分电荷在O点场强的x方向分量合成。

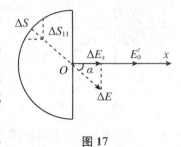

图17

在半球面上取面积为ΔS的一小块面元，其上的电量为$\sigma\Delta S$，它在O点产生的场强记为ΔE，我们总可以将半球面绕x轴旋转，使得ΔE在图17所示的纸平面上，这样面元ΔS在图17中便用一小段圆弧代表。设场强ΔE与x轴的夹角为α，那么它在x轴上的分量便为

$$\Delta E_x = \Delta E \cos\alpha$$

将

$$\Delta E = k\frac{\sigma \Delta S}{R^2}$$

代入，便得

$$\Delta E_x = k\frac{\sigma}{R^2}\Delta S \cos\alpha$$

这里的R为球半径，题文中未给出此量，估计在最后的答案中不会出现该量。由于ΔS非常小，面元可视为平面的一小部分，根据立体几何中的"面积射影定理"，ΔS在半球面底圆面上的投影量ΔS_{11}可表述为

$$\Delta S_{11} = \Delta S \cos\alpha$$

于是

$$\Delta E_x = k\frac{\sigma}{R^2}\Delta S_{11}$$

根据前面的分析，E_0'的大小即为全部ΔE_x的叠加，即有

$$E_0' = \sum_{\text{半球面}}\Delta E_x = \sum_{\text{半球面}}k\frac{\sigma}{R^2}\Delta S_{11}$$

因$\frac{k\sigma}{R^2}$为常量，故有

$$E_0' = k\frac{\sigma}{R^2}\sum_{\text{半球面}}\Delta S_{11}$$

显然，在整个半球面上ΔS_{11}的累加结果就是半球面底圆的面积，即有

$$\sum_{\text{半球面}}\Delta S_{11} = \pi R^2$$

这样，便得

$$E_0' = k\pi\sigma$$

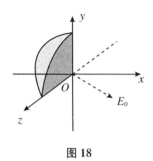

图 18

半球面由四个 $\frac{1}{8}$ 球面对称地拼成，每一个均匀带电的 $\frac{1}{8}$ 球面在球心 O 处的场强方向对称，大小相同，它们的合成矢量即为上面已解得的 E_0'。如果图 18 所示的一个 $\frac{1}{8}$ 球面在 O 点的场强为 E_0，那么 E_0 的 x 轴分量 E_{0x} 与 E_0' 的大小 E_0' 之间必有如下关系：

$$E_0' = 4E_{0x}$$

由图 18 可以看出，由于对称性，E_0 与 x、y、z 轴的夹角都相同，E_0 的 3 个分量 E_{0x}、E_{0y}、E_{0z} 大小都相同。可以设想一个以 E_{0x}、E_{0y}、E_{0z} 为 3 条棱的立方体，那么 E_0 即为立方体的对角线，因此有

$$E_0 = \sqrt{3} E_{0x} = \frac{\sqrt{3}}{4} E_0'$$

将 $E_0' = k\pi\sigma$ 代入，即得

$$E_0 = \frac{\sqrt{3}}{4} k\pi\sigma$$

这就是电荷面密度为 σ、均匀带电的 $\frac{1}{8}$ 球面在其球心处的电场强度 E_0 的大小。

讨论 （1）从上面的解答可以看出，均匀带电的半球面在球心处的场强 E_0'、均匀带电的 $\frac{1}{8}$ 球面在球心处的场强 E_0 都与球半径 R 无关，那么一个有趣的问题自然是均匀带电的半球体和均匀带电的 $\frac{1}{8}$ 球体在球心处的场强 $E_{0(球)}'$ 和 $E_{0(球)}$ 是否与 R 无关？这里所说的 $\frac{1}{8}$ 球体是将全球体仿照题中所述方式对称地切成 8 份后，取其 1 份所得。

对于带电体，可引入电荷体密度 ρ，均匀带电时 ρ 为常量。为将球体问题归结为已解决的球面问题，可将半径为 R 的半球体或 $\frac{1}{8}$ 球体分解为一系列很薄的半球壳或 $\frac{1}{8}$ 球壳，壳的内半径统一记为 r，厚度为小量 Δr，其中 r 的变化范围为 $0 \to R$。很薄的半球壳或 $\frac{1}{8}$ 球壳各自的内、外表面积几乎相同，统一记为 $S(r)$，那么各自的体积可统一表述为

$$\Delta V = S(r) \Delta r$$

所带电量为

$$\Delta Q = \rho \Delta V = \rho S(r) \Delta r$$

很薄的半球壳或 $\frac{1}{8}$ 球壳可处理为半球面或 $\frac{1}{8}$ 球面，电荷面密度便为

$$\sigma = \frac{\Delta Q}{S(r)} = \rho \Delta r$$

根据上面已获得的公式，它们在球心处场强的大小分别为

$$\Delta E_0' = k\pi\sigma = k\pi\rho\Delta r \quad (半球壳)$$

$$\Delta E_0 = \frac{\sqrt{3}}{4}k\pi\sigma = \frac{\sqrt{3}}{4}k\pi\rho\Delta r \quad \left(\frac{1}{8}球壳\right)$$

所有半球壳的 $\Delta E_0'$ 方向相同，所有 $\frac{1}{8}$ 球壳的 ΔE_0 方向也相同，因此半球体和 $\frac{1}{8}$ 球体球心处场强的大小分别为

$$E_{0(球)}' = \sum_{半球体}\Delta E_0' = k\pi\rho\sum_{r=0}^{R}\Delta r$$

$$E_{0(球)} = \sum_{\frac{1}{8}球体}\Delta E_0 = \frac{\sqrt{3}}{4}k\pi\rho\sum_{r=0}^{R}\Delta r$$

显然

$$\sum_{r=0}^{R}\Delta r = R$$

因此

$$E_{0(球)}' = k\pi\rho R$$

$$E_{0(球)} = \frac{\sqrt{3}}{4}k\pi\rho R$$

可见，球心处的场强均随球的半径 R 正比例地增大。

可以从理论上分析一下，为什么球面问题中球心处的场强大小与 R 无关，而在球体问题中球心处的场强大小随 R 正比例地增大。我们知道库仑力与距离二次方成反比，点电荷场强大小也因此随距离二次方成反比地减小。球面上电荷面密度保持为常量时，其带电量随球半径二次方正比地增大，但球面上各处电荷对球心处场强大小的贡献却随球半径二次方反比地减小，这种增大与减小的因素的合成效果是球心处场强大小保持不变。球体上电荷体密度保持为常量时，其带电量则随球半径三次方正比地增大，因此合成效果使球心处场强随球半径一次方增大便容易理解了。

(2) 球体问题可简单地归结为球面问题，这是因为球体分解为一系列球壳时，各球壳的球心重合。球面问题却不能简单地归结为圆问题，原因是球面分割成一系列圆环时，各圆环的圆心并不重合。既然球面不能简单地归结为圆，反过来圆问题也不能简单地通过球面问题来解决。然而球面问题中的解题思想可以被借鉴用来讨论圆问题。

圆问题中首先可讨论的是均匀带电半圆在其圆心处的场强 $E_{0(圆)}'$ 的大小。设半圆上的电荷线密度为常量 λ，半圆上的电量随圆的半径一次方正比地增大，半圆上各处电荷对圆心处场强的贡献量却随半径二次方反比地减小，因此可以合理地猜想到半圆圆心处的场强大小随圆的半径一次方反比地减小，故圆的半径 R 为有用的参量。

如图 19 所示，在半圆上任取长为小量 Δl 的线元，其上电量 $\lambda\Delta l$ 在圆心 O 处的场强 ΔE 的 x 轴分量

$$\Delta E_x = \Delta E \cdot \cos\alpha$$

将一起合成半圆在 O 处的总场强 $E_{0(圆)}'$，即有

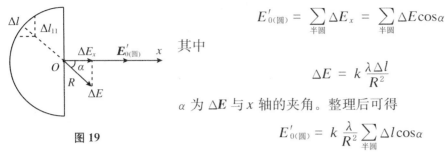

$$E'_{0(圆)} = \sum_{半圆} \Delta E_x = \sum_{半圆} \Delta E \cos\alpha$$

其中

$$\Delta E = k\frac{\lambda \Delta l}{R^2}$$

α 为 ΔE 与 x 轴的夹角。整理后可得

$$E'_{0(圆)} = k\frac{\lambda}{R^2}\sum_{半圆}\Delta l \cos\alpha$$

图 19

很容易看出，$\Delta l \cos\alpha$ 为 Δl 在半圆直径上的投影 Δl_{11}，即得

$$E'_{0(圆)} = k\frac{\lambda}{R^2}\sum_{半圆}\Delta l_{11}$$

由

$$\sum_{半圆}\Delta l_{11} = 2R$$

便得

$$E'_{0(圆)} = 2k\frac{\lambda}{R}$$

仿照 $\frac{1}{8}$ 球面问题归结为半球面问题的讨论，很容易导出电荷线密度为 λ，半径为 R 的 $\frac{1}{4}$ 圆在其圆心 O 处的场强 $E_{0(圆)}$ 的大小为

$$E_{0(圆)} = \frac{\sqrt{2}}{2}E'_{0(圆)} = \sqrt{2}k\frac{\lambda}{R}$$

对于圆问题，还可进一步计算均匀带电 $\frac{1}{8}$ 圆、$\frac{1}{4}$ 圆……在其圆心处的场强的大小，此处从略。

(3) 圆问题可引申到直线问题。

第 5 届全国中学生物理竞赛预赛第 8 题的内容为："一无限长均匀带电细线弯成如图 20 所示的平面图形，其中 $\overset{\frown}{ABC}$ 是半径为 R 的半圆，AA' 平行于 BB'，试求圆心 O 处的电场强度。"此题的答案为零。通过分析可以得知，左上侧 $\frac{1}{4}$ 圆的电荷在 O 处的场强与半无限长直线 BB' 的电荷在 O 处的场强互相抵消，左下侧 $\frac{1}{4}$ 圆的电荷在 O 处的场强与半无限长直线 AA' 的电荷在 O 处的场强互相抵消。详细的讨论可参阅 49、50 页。

由这一赛题可以得到这样的结论：电荷线密度为 λ 的均匀带电的半无限长直线 AA'（或 BB'）在图 20 的 O 点处的场强可等效为图 20 中用虚线画出的电荷线密度也为 λ 的 $\frac{1}{4}$ 圆 $\overset{\frown}{AC'}$（或 $\overset{\frown}{BC'}$）在（圆心）O 点处的场强，其大小为

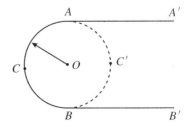

图 20

$$E_0 = \sqrt{2}k\frac{\lambda}{R}$$

很容易看出,均匀带电无限长直线的电场分布可完全归结为均匀带电半圆的圆心场强。如图 21 所示,设无线长直线 AB 中的电荷线密度为常量 λ,与 AB 相距 a 的 P 点处的场强 E_P 的方向如图中所示,大小为

$$E_P = 2k\frac{\lambda}{a}$$

纵观来稿内容,学生们对第 4 题的应答略有欠缺。今将其中较好的三份答卷综合改编成一篇较完整的题解,供读者参考。

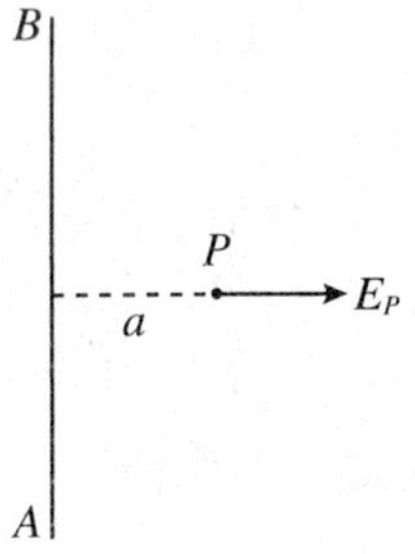

图 21

7. 第 4 题答卷

由河南省实验中学 1992 级楚天骊、董林,湖南师大附中 1992 级 74 班倪彬提供。

在原水平面惯性参照系 S 中,设 A、B 于 $t=0$ 时刻发生弹性碰撞,很易求得相碰后瞬间各自的速度分别为

$$v_1 = \frac{m_1 - m_2}{m_1 + m_2}v_0, \quad v_{20} = \frac{2m_1}{m_1 + m_2}v_0$$

只要 A、B 不再相碰,A 便做匀速直线运动。将 A、B 碰撞处记为 $x=0$,沿 A 至 B 至 C 方向建立 x 坐标轴,则 A 的位置 x_1 可表述为

$$x_1 = v_1 t = \frac{m_1 - m_2}{m_1 + m_2}v_0 t \qquad ①$$

B、C 和轻弹簧组成的系统的重心 G 在 S 系中也将沿 x 轴做匀速运动,速度为

$$v_G = \frac{m_2}{m_2 + m_3}v_{20} = \frac{2m_1 m_2}{(m_1 + m_2)(m_2 + m_3)}v_0$$

若建立随 G 一起做匀速运动的参照系 S',则 S' 也为惯性系。

如图 22 所示,在 S' 系中,开始时 B 朝着 G 运动,初速度大小为

$$v'_{20} = v_{20} - v_G = \frac{m_3}{m_2 + m_3}v_{20} = \frac{2m_1 m_3}{(m_1 + m_2)(m_2 + m_3)}v_0$$

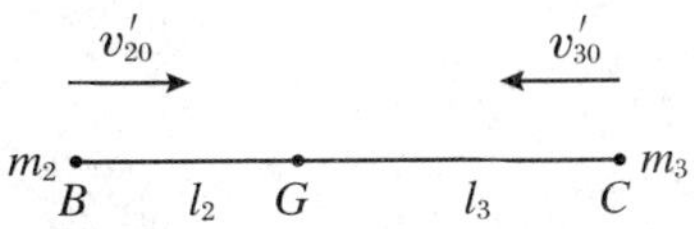

图 22

C 也相对重心 G 运动,其初速度 v'_{30} 也如图所示。B、C 的运动会使它们相对重心 G 的距离 l_2、l_3 发生变化,时而缩短,时而伸长,但恒有

$$m_2 l_2 = m_3 l_3$$

设 B 朝右运动方向为正,在 S' 系中运动位移记为 Δl_2,C 朝左运动方向为正,运动位移记为 Δl_3,则应有

$$m_2 \Delta l_2 = m_3 \Delta l_3$$

弹簧压缩量（可正可负）为

$$\Delta l = \Delta l_2 + \Delta l_3 = \frac{m_2 + m_3}{m_3} \Delta l_2$$

B 将受到朝左为正方向的弹性力，此力与 Δl_2 方向相反，故可表述为

$$F_2 = -k\Delta l = -\frac{m_2 + m_3}{m_3} k \Delta l_2$$

这是一个线性回复力，可写成

$$F_2 = -k_2 \Delta l_2, \quad k_2 = \frac{m_2 + m_3}{m_3} k$$

因此在 S' 系中 B 将做简谐振动。

若在 S' 系中将 B 在 $t=0$ 时刻的位置取为坐标原点，建立朝右为正方向的 x' 坐标轴，则 B 在 S' 系的运动可表述为

$$x_2' = A_0 \sin\omega t, \quad \omega = \sqrt{\frac{k_2}{m_2}} = \sqrt{\frac{m_2 + m_3}{m_2 m_3} k}$$

振幅 A_0 可由振动的能量关系

$$\frac{1}{2} k_2 A_0^2 = \frac{1}{2} m_2 v_{20}'^2$$

导得为

$$A_0 = \sqrt{\frac{m_2}{k_2}} v_{20}' = \sqrt{\frac{m_2 m_3}{(m_2 + m_3)k}} \frac{2m_1 m_3}{(m_1 + m_2)(m_2 + m_3)} v_0$$

B 相对 S 系的运动（x_2-t）为 B 相对 S' 系的运动（x_2'-t）与 S' 系相对 S 系运动的叠加，即有

$$\begin{aligned}
x_2 &= x_2' + v_G t \\
&= \frac{2m_1 m_3}{(m_1 + m_2)(m_2 + m_3)} \sqrt{\frac{m_2 m_3}{(m_2 + m_3)k}} v_0 \sin\left(\sqrt{\frac{(m_2 + m_3)k}{m_2 m_3}} t\right) \\
&\quad + \frac{2m_1 m_2}{(m_1 + m_2)(m_2 + m_3)} v_0 t \\
&= \frac{2m_1 v_0}{(m_1 + m_2)(m_2 + m_3)} \left[m_2 t + m_3 \sqrt{\frac{m_2 m_3}{(m_2 + m_3)k}} \sin\left(\sqrt{\frac{(m_2 + m_3)k}{m_2 m_3}} t\right) \right] \quad ②
\end{aligned}$$

（1）在 S 系中 A 的运动方程 x_1-t 对应一条直线，B 的运动方程 x_2-t 对应的是一条直线与一条简谐曲线叠加成的曲线。

为使 A、B 能再次相遇，要求存在 $x_1 = x_2$ 的时刻 t_0，为使 A、B 又不会相碰，便要求在 t_0 时刻前后的邻近时间均有 $x_1 < x_2$。现将 x_2-t 曲线画在图 23 中，再将三种可能的 x_1-t 直线也画在该图中。显然 $(x_1$-$t)_{\text{I}}$ 对应的是 A、B 不再相遇；$(x_1$-$t)_{\text{II}}$ 对应的情况虽有 $x_1 = x_2$ 的时刻 t_P，但在 t_P 之后的邻近时间 $x_1 < x_2$ 不成立，事实上在 t_P 时刻 A、B 相碰；只有 $(x_1$-$t)_{\text{III}}$ 对应的直线与曲线相切情况才满足 t_0 时刻 $x_1 = x_2$，而在 t_0 前后的邻近

时间均有 $x_1 < x_2$。$(x_1\text{-}t)_\text{III}$ 直线与 $x_2\text{-}t$ 曲线只有一个切点,故 A、B 相遇不相碰的最多可能次数为 1。

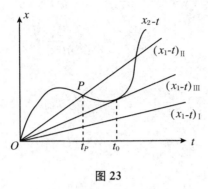

图 23

(2) 若 $m_2 = m_3 = m$,则前面的①②式可简化为

$$\begin{cases} x_1 = \dfrac{m_1 - m}{m_1 + m} v_0 t \\ x_2 = \dfrac{m_1 v_0}{m_1 + m}\left(t + \sqrt{\dfrac{m}{2k}}\sin\sqrt{\dfrac{2k}{m}}t\right) \end{cases}$$

在相遇不相碰的时刻 t_0 有 $x_1 = x_2$,在其邻近时间为 $x_1 < x_2$,合并写为

$$x_1 \leqslant x_2 \quad (t = t_0 \text{ 时取等号})$$

即得

$$\sin\sqrt{\dfrac{2k}{m}}t \geqslant -\dfrac{\sqrt{2km}}{m_1}t \quad (t = t_0 \text{ 时取等号})$$

由图 24 可见,t_0 处为直线与正弦曲线相切点,切点处直线对时间的变化率与正弦曲线的时间的变化率相同。前一变化率可对应一匀速运动

$$y_1 = -\dfrac{\sqrt{2km}}{m_1}t$$

的速度

$$u_1 = -\dfrac{\sqrt{2km}}{m_1}$$

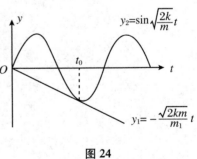

图 24

后一变化率可对应一简谐振动

$$y_2 = \sin\sqrt{\dfrac{2k}{m}}t$$

的速度

$$u_2 = \sqrt{\dfrac{2k}{m}}\cos\sqrt{\dfrac{2k}{m}}t$$

切点 t_0 处 $u_1 = u_2$,故有

$$\cos\sqrt{\frac{2k}{m}}t_0 = -\frac{m}{m_1}$$

将它与

$$\sin\sqrt{\frac{2k}{m}}t_0 = -\frac{\sqrt{2km}}{m_1}t_0$$

联立后,可得

$$\left(-\frac{m}{m_1}\right)^2 + \left(-\frac{\sqrt{2km}}{m_1}t_0\right)^2 = 1 \qquad ③$$

$$\tan\sqrt{\frac{2k}{m}}t_0 = \sqrt{\frac{2k}{m}}t_0 \qquad ④$$

由③式得

$$t_0 = \sqrt{\frac{m_1^2 - m^2}{2km}} \qquad ⑤$$

参考图 24,须在第Ⅲ象限求解④式中的相位 $\sqrt{\frac{2k}{m}}t_0$,利用计算器作数值逼近计算,可得

$$\sqrt{\frac{2k}{m}}t_0 = 4.494$$

将⑤式代入后得

$$\sqrt{\left(\frac{m_1}{m}\right)^2 - 1} = 4.494$$

最后可算得

$$\gamma = \frac{m_1}{m} = 4.60$$

征 答 题 2

1. 请按顺序解答下面两个问题。

（1）质量为 M、半径为 R、厚度可忽略的圆盘沿着它的某一直径开一条很窄的通道，假设通道中的一个自由质点能够仅在圆盘万有引力作用下做简谐振动，且振动中心即为圆心，试给出圆盘质量的一种面密度分布。

（2）保留（1）中原圆盘通道，但将质量面密度增加一倍，使圆盘成为质量等于 $2M$ 的新圆盘，再将新圆盘剖分为半径为 R' 的小圆盘与内、外半径分别为 R'、R 的圆环，使得两者质量均为 M。引入三个时间量如下：

T_1：自由质点从（1）中原圆盘直径通道的一个端点自静止出发所做的振动的周期；

T_2：自由质点从新圆盘直径通道的一个端点自静止出发，在取走圆环后，即仅在小圆盘的万有引力作用下所做的振动的周期；

T_3：自由质点从新圆盘直径通道的一个端点自静止出发，在取走小圆盘后，即仅在圆环的万有引力作用下所做的振动的周期。

请分析并用等号或不等号建立 T_1、T_2、T_3 间的大小关系。

2. 理想气体的内能仅由温度唯一确定，1 mol 单原子分子理想气体的内能为 $U = \frac{3}{2}RT$。设此气体所经历的某准静态过程在 pV 坐标面上对应的过程线向左（即朝着 V 减少的方向）平移 V_0 量后，恰成为温度为 T_0 的等温线。试求该过程的温度上、下限以及吸、放热转换点的状态量 p、V 和 T。

征答题 2 答案

1. 第 1 题答卷

由中国人民大学附属中学李京生、严人斌,北京大学附属中学吴昉、王鹏,湖南长沙市一中彭达、胡昊提供。

(1) 质量均匀分布的圆环在其中央轴线上的万有引力场强可等效为将环质量对分给环上两个对径点(图 1 中 A、B 点)后在原轴线上的场强。

质量 M 均匀分布、半径为 R 的球,其质量体密度为

$$\rho = \frac{3M}{4\pi R^3}$$

如图 2 所示,建立 $O\text{-}xy$ 平面,原点 O 恰在球心上。在 $O\text{-}xy$ 平面上取 (r, θ) 位置附近的小面元 ΔS。将此小面元绕 y 轴旋转一周形成一细环体,它所含质量为

$$\Delta M = \rho(2\pi r\cos\theta \Delta S)$$

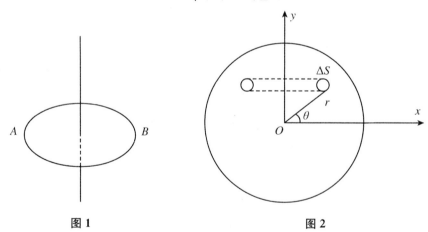

图 1　　　　　　　　　　图 2

细环体上质量均匀分布,它在中央轴,即 y 轴上的引力场强等效为将 ΔM 等分给图中两个小面元后在 y 轴上的引力场强。右侧小面元上的质量面密度为

$$\sigma = \frac{1}{2}\frac{\Delta M}{\Delta S} = \frac{3Mr\cos\theta}{4R^3}$$

用这种方法将球体质量集中在 xy 平面上的半径为 R 的圆上,则球与圆面在 y 轴直径通道上的场强分布一致,故自由质点在该通道上均做简谐运动。因此有

$$\sigma(r, \theta) = \begin{cases} \dfrac{3Mr\cos\theta}{4R^3} & \left(-\dfrac{\pi}{2} \leqslant \theta \leqslant \dfrac{\pi}{2}\right) \\ \sigma(r, \pi - \theta) & \left(\dfrac{\pi}{2} \leqslant \theta \leqslant \dfrac{3}{2}\pi\right) \end{cases}$$

即为满足本小题要求的一种圆盘质量面密度分布。

（2）分步讨论。

① R' 的确定。

新圆盘面密度增加 1 倍，质量便为 $2M$，小圆盘与外环质量均为 M。对于小圆盘，有

$$\sigma'(r,\theta) = \frac{3Mr\cos\theta}{4R'^3}$$

$$2\sigma(r,\theta) = \frac{6Mr\cos\theta}{4R^3}$$

即得

$$R' = \frac{R}{\sqrt[3]{2}}$$

② T_1 的计算。

同于质量为 M、半径为 R 的匀质球的直径隧道中的振动周期。如图 3 所示，自由质点 m 处于 y 位置时，将圆盘还原为匀质球，则受力为

$$F_y(1) = -\frac{GM_y m}{y^2}, \quad M_y = \rho \frac{4}{3}\pi y^3$$

即线性回复力为

$$F_y(1) = -\frac{GMmy}{R^3}, \quad \omega = \sqrt{\frac{GM}{R^3}}$$

自由质点谐振动周期为

$$T_1 = \frac{2\pi}{\omega} = 2\pi R\sqrt{\frac{R}{GM}}$$

③ T_2 与 T_1 的大小比较：

参考图 4，自由质点在 $R' \leqslant y \leqslant R$ 处受力为

$$F_y(2) = -\frac{GMm}{y^2}$$

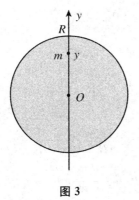

图 3

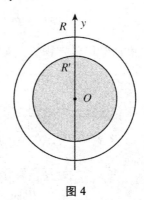

图 4

即有

$$|F_y(2)| \geqslant |F_y(1)|$$

而在 $0 \leqslant y \leqslant R'$ 处受力为

$$F_y(2) = -\frac{GMmy}{R'^3}$$

也有

$$|F_y(2)| > |F_y(1)|$$

自由质点从 $y=R$ 处静止出发后,处处受力变大,加速度值也变大,速度值同样处处变大。考虑到经过 $|\Delta y|$ 所需时间 $\Delta t = \dfrac{|\Delta y|}{|v|}$,故有 $\Delta t(2) < \Delta t(1)$,对 $y=R$ 到 $y=0$ 的四分之一周期有

$$\frac{T_2}{4} < \frac{T_1}{4}$$

即得

$$T_2 < T_1$$

④ T_3 与 T_1 的比较。

自由质点在环内 $R' \leqslant y \leqslant R$ 处受力可算得为

$$F_y(3) = -\frac{2GMmy}{R^3} + \frac{GMm}{y^2}$$

此力不再为线性回复力,故其运动时间较难计算。但它在空洞内匀速运动,往返时间 t 较易求得,且有

$$T_3 > t$$

质点在 $y=R$ 处所具势能为

$$E_p(R) = -\frac{GM_{环}m}{R} = -\frac{GMm}{R}$$

在 $y=R'$ 处所具势能为

$$E_p(R') = \sum_{R'}^{R}\left(-\frac{G\Delta M \cdot m}{r}\right)$$

其中 ΔM 为被还原的 $r \to r + \Delta r$ 球壳质量:

$$\Delta M = \rho' 4\pi r^2 \Delta r = \frac{6Mr^2 \Delta r}{R^3}$$

由此可算得(或借助所学电学知识直接写出)

$$E_p(R') = \frac{-3GMm}{R}\left(1 - \frac{R'^2}{R^2}\right)$$

质点在 R' 处的动能及速度大小分别为

$$E_k(R') = E_p(R) - E_p(R') = \frac{GMm}{R}\left(2 - \frac{3R'^2}{R^2}\right)$$

$$v(R') = \sqrt{\frac{2E_k(R')}{m}} = \sqrt{\frac{2GM}{R}\left(2 - \frac{3}{\sqrt[3]{4}}\right)}$$

故空洞内匀速运动的往返时间为

$$t = \frac{4R'}{v(R')} = \frac{2\sqrt{2}}{\sqrt{2\sqrt[3]{4}-3}} R\sqrt{\frac{R}{GM}}$$

$$> T_1 = 2\pi R\sqrt{\frac{R}{GM}}$$

因此有
$$T_3 > T_1$$

根据上述讨论，最后得 T_1、T_2、T_3 间的大小关系为
$$T_3 > T_1 > T_2$$

2. 第 2 题答卷

由湖南长沙市一中胡昊、彭达，北京大学附属中学周新建，中国人民大学附属中学严人斌、李京生提供。

根据题文所述，过程线 x 应如图 5 所示。x 过程中 pV 坐标面上的过程线方程为

$$p(V - V_0) = RT_0$$

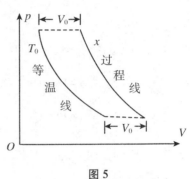

图 5

与 1 mol 理想气体状态方程

$$pV = RT$$

联立，消去 p 后可得过程方程的另一表述式：

$$T = \frac{VT_0}{V - V_0}$$

V 的取值范围为

$$V_0 < V < \infty$$

因此，T 的上限 T_{max} 和 T 的下限 T_{min} 分别为

$$T_{max} \to \infty, \quad T_{min} = T_0$$

设气体在过程中任一小过程的吸热量为 ΔQ，则有

$$\Delta Q = p\Delta V + \Delta U = p\Delta V + \frac{3}{2}R\Delta T$$

由过程的 p-V 关系式可得

$$p = \frac{RT_0}{V - V_0}$$

再由 T-V 关系式，可得

$$\Delta T = \frac{V + \Delta V}{(V + \Delta V) - V_0}T_0 - \frac{V}{V - V_0}T_0$$

$$= \frac{(V + \Delta V)(V - V_0) - V[(V + \Delta V) - V_0]}{[(V + \Delta V) - V_0](V - V_0)}T_0$$

$$= \frac{-V_0 \Delta V}{[(V + \Delta V) - V_0](V - V_0)}T_0$$

略去分母中的小量 ΔV，即得

$$\Delta T = -\frac{V_0 T_0}{(V - V_0)^2}\Delta V$$

将 p、ΔT 表达式代入 ΔQ 表达式，可得

$$\Delta Q = \left[\frac{RT_0}{V - V_0} - \frac{3RV_0 T_0}{2(V - V_0)^2}\right]\Delta V$$

$$= \frac{RT_0(2V - 5V_0)}{2(V - V_0)^2}\Delta V$$

在 V 增大的过程中，$\Delta V > 0$，可以看出：

当 $V < \frac{5}{2}V_0$ 时，$\Delta Q < 0$，放热；

当 $V = \frac{5}{2}V_0$ 时，$\Delta Q = 0$；

当 $V > \frac{5}{2}V_0$ 时，$\Delta Q > 0$，吸热。

可见，吸、放热转折点为

$$V = \frac{5}{2}V_0$$

在 V 减小的过程中，$\Delta V < 0$，相应地有：

当 $V < \frac{5}{2}V_0$ 时，$\Delta Q < 0$，吸热；

当 $V = \frac{5}{2}V_0$ 时，$\Delta Q = 0$；

当 $V > \frac{5}{2}V_0$ 时，$\Delta Q > 0$，放热。

可见，吸、放热转折点仍为

$$V = \frac{5}{2}V_0$$

由 p-V 关系和 T-V 关系，可得吸、放热转折点的压强、温度分别为

$$p = \frac{2RT_0}{3V_0}, \quad T = \frac{5T_0}{3}$$

湘江之滨、麓山之畔的盛会
——第 10 届全国中学生物理竞赛纪实[①]

长沙理工大学　岳胜文

10 月上旬,长沙地区湘江之滨秋风送爽,岳麓山下丹桂飘香。在这收获的季节,湖南师范大学校园内彩旗飘扬,步步登高处的培训楼和专家楼在 6 日、7 日两天迎来了一批又一批来自全国 29 个省、市、自治区的优秀选手和他们的带队老师。盼望已久的第 10 届全国中学生物理竞赛(决赛)在老朋友叙旧的欢笑声和新朋友的寒暄声中终于拉开了帷幕。

举办这一全国最高水平的中学生学科竞赛是我省广大物理教育工作者的多年心愿,如今这一心愿得以实现,令人欣慰,使人开怀。学生好学、老师善教,这历来是湖南省中小学普教的优良传统。这些年来,在省教委、省科协和省物理学会的正确指导下,省竞赛委员会物理分会全体成员努力工作,广大中学物理教员辛勤耕耘,使我省物理竞赛活动得以蓬勃而健康地开展。我省选手在历届中学生物理竞赛中成绩斐然,并屡屡入围中国 5 人代表队参加国际物理奥林匹克竞赛,迄今共赢得 2 枚金牌、1 枚银牌和 2 枚铜牌,为祖国、为我省争了光。竞赛不仅有利于优秀学生的培养,也有利于教员授课水平的提高,因此,省政府、省教委大力支持省奥赛物理分会提出的 1993 年在我省举办第 10 届决赛的动议。这一动议于 1990 年在福州第 7 届全国物理竞赛委员会全体会议上得以通过,地点定在我省省会长沙市。消息传出后,各大学、中学踊跃表示愿意承办,经省教委综合考虑并通过各方面的充分协商,选定了湖南师范大学为承办单位,同时请中南工业大学协助安排赛事中间的一项大型接待活动。接着,省政府、省教委拨专款 8 万元作为竞赛的基础经费。湖南师大校方对举办的筹备工作极为认真,曾派专人赴福州、南宁、合肥观摩、考察第 7、8、9 届的竞赛活动,商讨制定出了第 10 届赛事活动的详细计划。学校还拨专款充实实验室的建设,以满足实验考试的需要;对各地选手、领队和竞赛委员会委员瘵要下榻的培训楼和专家楼进行了维修,以确保作客我省的学生、教员们能得到较好的休息。

本届竞赛的组织工作是在由湖南省教委和湖南师大组成的组委会领导下进行的。10 月 6 日、7 日两天,各地选手、领队和竞赛委员会地方委员相继报到,在这之前,全国竞赛委员会 6 名成员已先期抵湘。7 日晚,湖南省教委和湖南师大有关领导同志一个房间一个房间地去看望各地选手、领队和委员,向他们表示热烈欢迎并预祝取得优异的成绩。

[①]　本文写作于 1993 年,收入本书时未作改动。

今年参加决赛的共有105名高中学生。按竞赛原章程规定,一般情况下各省、市、自治区派3名选手参加决赛,上一届决赛中获得一等奖的省、市、自治区可增派1名选手,入选中国代表队参加国际物理奥林匹克竞赛且得奖牌的学生所在省、市、自治区又可增派1名选手,组织当届竞赛的东道主还可增派3名选手。今年我省尽占三项增派选手的条件,共有8名选手闯入决赛圈,选手之多为历届赛事之冠。学生们稍事休息后,于10月8日上午参加了理论考试,历时3小时。也许赴湘前师生们都已约好,在考后的餐厅里领队和选手们都闭口不谈考试情况,为的是不影响第二天的实验考试。饭桌上,普遍可见的是老师使劲给自己的学生夹菜,可见师生情谊之重。为了照顾各地师生口味不一,湖南师大食堂的厨师们特意不在菜肴中加入辣椒等调料。湖南是闻名全国的辣味之乡,辣也就成了坐席间闲谈的话题。议论最多的是什么地方人不怕辣,什么地方人辣不怕,最后又是什么地方人怕不辣,听来甚为风趣。接着学生们分为两大组,于10月9日上、下午进行3小时的实验考试。考完后气氛大变,学生与学生互相拼凑着可能的正确答案;教员与学生面对面仔细地估算着可能的得分;教员与教员之间则互相打听着评分情况。然而负责的竞赛委员与组织委员对评分情况一律守口如瓶,因为这终究是纪律。赛后组委会于10月10日上午安排领队与学生们游览了湘江胜地橘子洲,参观了省历史博物馆。是日下午竞赛活动的全体参加者移师中南工业大学,受到工大校方和师生员工的热烈欢迎。晚上,参赛学生与工大学生举行了盛大的联欢会,气氛和谐而又热烈。

10月10日上午,在湖南师大图书馆一楼的会议室举行了第10届全国中学生物理竞赛委员会全体会议,一致通过了本届评奖标准和得奖名单。11日上午,在湖南师大体育馆举行了隆重的闭幕和颁奖仪式,全国物理竞赛委员会和本届组织委员会的负责同志分别就座在主席台上。灯火辉煌的大厅内座无虚席,这里有刚步入高等学府殿堂的93级湖南师大学生,有来自长沙市一中、湖南师大附中和长沙市雅礼中学的学生。大会在阵阵鼓乐声中正式开始,省教委副主任陈白玉同志向大会宣读了副省长郑培民同志的书面发言,向来自全国物理教育界的著名人士、教授、竞委会委员和领队们表示敬意,对参赛的全体选手们所取得的好成绩表示祝贺。接着张楚廷教授、沈克琦教授、赵凯华教授依次在大会上发表了激励获奖学生继续上进、攀登科学高峰的讲话。大会的高潮是宣布获奖名单,当本届竞赛评出的一等奖15名选手、二等奖34名选手、三等奖56名选手登台领奖时,容纳3000人的大厅内掌声雷动。上海华东师大第二附中学生杨亮的个人成绩最为突出,囊括了个人总分第一、理论成绩最佳奖和实验成绩最佳奖三项金牌。最令湖南教育界感到高兴的是我省的总体成绩尤为突出,参赛的8名选手中竟有4名获得一等奖。此时此刻内心更为激动的莫过于湖南省竞赛委员会物理分会的成员和那些负责物理课外指导的中学教员,在这荣誉之中包含了他们付出的多少心血!

第10届赛事活动成功地结束了,从优胜者中选出的31名学生已入选国家教委在北京大学附属中学组办的93级全国理科物理试验班,其中有4名是我省长沙市一中的学生,1名是我省澧水之旁的"乡里伢子"。在试验班里,他们将接受与他们能力相适应的特殊训练,祝愿他们能成为我国21世纪科技研究的栋梁之才,在未来的个人事业上有一番大作为,为民族自强作出真正可称得起有价值的贡献。

我们是怎样做好物理竞赛的组织和辅导工作的①

郑州市教委教研室　李国纲

物理竞赛活动有助于提高中学生学习物理的兴趣和积极性,提高物理学习的水平;有助于改进中学物理教学和活跃教学气氛,提高教学效率;也有助于发现和培养有突出才能的青少年。因此,全国各省市及高等院校都给以极大的关注和高度的重视。作为河南省省会的郑州市也不例外,上至市委领导,下至学生及家长,对参加物理竞赛活动均有极大的热情,并给以舆论导向和人力财力的支持。我们从事物理教学研究工作的同志更有责任、有义务配合全国及省市物理学会把竞赛活动抓好。近几年来我们一手抓宣传发动,一手抓课外活动辅导,调动各类学校和学生的积极性,组织全市优秀教师,建立理论和实验的课外活动基地,探索出了一套行之有效的辅导和组织的办法,在各级物理竞赛活动中均取得了较好的成绩,也积累了一些经验。现仅就我市在辅导工作中的一些做法,谈一点粗浅的认识,供同行们及参与物理竞赛组织工作的同志参考。

1. 以点带面,以面促点,加强参与意识,形成竞争机制

竞赛成绩的高低虽然最后集中表现在少数优秀学生身上,但为使他们能脱颖而出,教师是要做大量工作的。因此,我们的辅导立足于大多数,让各类不同学校中对物理学稍有兴趣而且学习精力有富余的学生都有机会参加。在组织工作上分以下各阶段来进行。第一阶段从高一入学至高一下学期,以校为单位或几校联办,成立物理课外活动小组(或称兴趣小组),意在进一步培养学生学习物理的兴趣,注意有培养前途的优秀学生。据不完全统计,全市(包括县区)课外活动小组有五十多个,参加活动的学生有千余名(约占全体学生的一成)。第二阶段为高一下学期至高二下学期,通过全市性的高一物理竞赛,挑选出优秀学生,在自愿报名的基础上组成物理竞赛课外活动班(简称奥班)。市区两个班,每县一个班,由市教研室统一管理。组织优秀教师利用星期天、寒暑假的部分时间辅导,力求达到物理素质提高和自然拔尖的效果。参加奥班学习的学生约有300人。第三阶段为高二期末至全国预赛前,通过每年一度的高二物理竞赛,挑选出参加全国预赛的市代表队,进一步组织辅导,开设专题讲座,注意物理思想和方法的传授,以达到综合提高的目的。全国预赛后,对参加全国决赛的学生则要进行第四阶段的理论辅导和实验培训,因学生少,采用一个教师指导一个学生的办法,进行解难答疑,并聘请熟悉中学物理教学的个别高校教师开设一些引申和提高性的讲座和作一些实验培训指导。以上

---

① 本文写作于1993年,收入本书时未作改动。

几个阶段的工作均得到了各级领导和教育行政部门的支持。从1988年开始实施至今,已顺利地进行了六个循环,且逐年改进完善,效果也越来越好。每次竞赛后,将成绩通报到各校和各级教学管理部门,以增强各类学校的竞争意识和参与的积极性。由重点学校带动普通学校,市区学校带动县区学校。同时,县区学校取得的成绩既提高了其参赛的积极性,也是对市区学校的一个促进,普通学校取得的成绩对重点学校也是一个鞭策。近几年来,我们有十几所非重点中学或县区中学在省竞赛中取得很好的名次,有四五所非重点中学取得了全国决赛权,这些成绩无疑大大激发了普通中学参赛的热情,使我市的物理竞赛活动得到了普及和提高。

2. 打好基础,提高能力,循序渐进,步步登高

中学生随着年龄的增长、知识的积累,认知能力和综合分析能力在逐渐提高,我们的辅导也遵循学生的认知规律,随各阶段的进行,阶梯式登高。不搞知识积累和能力提高的一次到位,学生容易接受,基础也打得牢。如第一阶段为同步提高,内容以教材为主,突出重点,解决难点,适当扩充,与常规教学过程同步。第二阶段为系统提高,把高中物理分成若干单元,每单元的内容不局限于教材,是教材的提炼、拓宽和加深,增强学生的知识的系统性,提高灵活性,且每单元均设练习题,讲讲练练评评,为进一步提高打下坚实的基础。第三阶段为综合提高,打破章节界限,以专题讲座的形式对物理学的基本规律、研究方法和思维方法进行专题分析,力求让学生弄清物理规律的内涵和外延,体会和掌握科学的思维方法和解题技巧,达到举一反三的目的。实践证明,这样分阶段辅导阶梯式登高的方法很有效,并能同时满足竞赛和高考两种要求。一些学生参加了前两个阶段的辅导后,通过选拔虽没进入第三阶段,但对物理成绩的提高和参加高考来说仍受益匪浅。因此,在我市学生参加物理竞赛课外活动辅导班的积极性远比参加数学、化学竞赛辅导班高。

3. 训练思维,注重方法,培养能力

在辅导中我们发现一部分学生把物理当作纯知识去学习,不注意物理学思想方法和研究方法的探讨,学习虽努力,但成效甚微,事倍功半。也有些学生好高骛远,深钻普物,不求甚解。因此在安排授课计划时,不盲目拔高,不轻易联系普物内容,要求每个教师始终贯穿以物理学的思维方法和研究方法为主线,以培养学生良好的思维品质为目的来安排自己的辅导内容。同时还专设了思维方法讲座,如分析法、综合法、归纳法、反证法、归谬法、穷举法、比较与鉴别法、等效与类比法、极限分析法、定性分析法、微元分析法等。我们根据竞赛试题中大量应用数学知识的特点,还开设了数学方法讲座。如有效数字和误差、估算和近似计算、平均值的物理意义、不等式的应用及临界条件、数列知识的应用、运动方程和轨道方程、集合与几率、图像与几何法的应用,求物理量极值的方法等。学生通过以上讲座的训练后,学习物理的兴趣大增,对物理知识的理解进入了一个更高的层次,对过去遇到的疑难问题大有豁然开朗之感,进步显著。我们认为这正是我们辅导出成绩的关键所在。

4. 发挥群体优势,锻炼教师队伍,集各人所长,优化辅导教员班子

竞赛辅导不同于正常教学,要全面搞好竞赛的辅导工作,不管哪一个老师、哪一所学校都是有困难的。为此,我们组织全市有兴趣和有能力的教师形成课外活动的辅导班子,统一要求,统一管理,每阶段、每专题均有专人负责,且年年根据学生的反映和实际需要充实新的内容。随着辅导层次的提高,不断调整教师队伍,发挥每个教师的特长,这不仅较好地完成了辅导任务,而且也锻炼了我市的物理教师队伍。据统计,参与第一阶段辅导的老师有一百多人,他们都已成为各校的教学骨干。参加第二阶段辅导的有十几人,他们已成为郑州市物理学科的带头人,荣获过多种奖励。参加第三、四阶段辅导的教师有几人,他们针对辅导和教学中的体会,撰写了大量的论文和专著,已成为教有专长型的人才,赢得了领导和同行们的尊重。

5. 竞赛出成绩,成绩促教学

自1988年开展以上辅导培训以来,郑州市的竞赛成绩一年上升一个台阶,连续5年夺得河南省第一名,3次囊括前3名,一次囊括前5名,获省一等奖人数占全省一等奖总数的百分比由20%上升到80%。郑州市不仅在省竞赛中成绩优异,在全国决赛中,我们的学生也显示出很强的实力。5年来共有16人参加全国决赛,获全国一等奖1名,二等奖6名,三等奖4名,四等奖1名。有6人先后进入国家集训队,一人在第24届国际奥林匹克物理竞赛中获金牌。这些成绩也受到全国各重点院校的重视,每年均有20～30名物理竞赛的优胜者被高等学校免试录取。辅导班中未被保送的学生在高考中物理成绩也都名列前茅,成为一个学校、一个区和全省的高分获得者。不少学生反映,参加过物理竞赛辅导后,不但没有耽误其他功课的学习,反而从学习方法、思想方法上促进了其他学科的提高。一些已进入大学学习的学生回忆说:在辅导班的学习,为适应大学的学习奠定了很好的基础,终生受益。一些参与竞赛辅导的教师把这一经验应用于教学中去,也起到了意想不到的效果。我们正在总结这方面的经验,以竞赛辅导班为实验田,向全市推广"在物理教学中渗透物理学思维方法和研究方法"的教学经验,力求通过物理竞赛活动,推动物理教学的政策,解决物理难教难学的老大难问题,促进物理教学质量的全面提高。

'93威廉斯堡之行[①]

舒幼生

国际物理奥林匹克(简称 IPhO)中国代表队一行 12 人于 1993 年 7 月 7 日离开北京，前往美国东部海滨城市威廉斯堡，参加 7 月 10 至 18 日举行的第 24 届 IPhO 活动。本届代表队 5 名队员是从国家教委组办的全国中学生理科试验班物理班 28 名学生中选出的，他们是湖北沙市三中的张俊安、河南郑州一中的李林波、湖南长沙一中的黄稚宁、北京清华附中的贾占峰和南京师大附中的韦韬。考虑到 1995 年 7 月我国将作为东道主在北京举办第 25 届 IPhO，为做好筹备工作，有关部门派出了大阵容的包括领队、观察员组成的 7 人队伍，他们是北京大学的舒幼生、丛树桐、沈克琦，北京师范大学的尚世铉，中国科协的蒙星，国家教委的李超兰和财政部的张更华。来自亚洲、欧洲、美洲和澳洲 40 个国家的 194 名学生参加了本届竞赛。竞赛分为理论与实验两部分。理论竞赛于 7 月 12 日进行，5 小时完成三道理论试题；实验竞赛于 7 月 14 日进行，5 小时完成两道实验试题。每道试题均为 10 分，总计 50 分。赛后中国队学生张俊安与德国队学生 Harald Pteiffer 并列个人第一名，他们的得分同为 40.65 分；中国队学生李林波为个人第三名，得分为 40.30 分。按竞赛章程，这前三名的平均分数(40.533 分)作为评奖的最高分，该分 90%(36.48 分)的舍尾取整分数(36 分)划为金牌分数线，78%(31.62 分)的舍尾取整分数(31 分)划为银牌分数线，65%(26.35 分)的舍尾取整分数(26 分)划为铜牌分数线，50%(20.27 分)的舍尾取整分数(20 分)划为表扬奖分数线，余者仅得参赛证书。本届共评出 17 块金牌，16 块银牌，32 块铜牌和 38 名表扬奖。我国 5 名选手获两块金牌(张俊安、李林波)、两块银牌(贾占峰、韦韬)和一块铜牌(黄稚宁)。按 IPhO 宗旨，"该竞赛是个人之间的竞赛"，不计各队总分，不设团体奖。尽管如此，一些代表队还是对团体总分颇感兴趣。经加分统计，我队以 1.1 分之差位于俄罗斯队之后，屈居团体总分第二。

竞赛活动安排在威廉玛丽学院，这是一所历史悠久的文理综合性大学，今年时值建校 300 周年。中国代表队借道纽约、华盛顿，于 7 月 10 日抵达威廉玛丽学院。报到后学生们由该校物理系美籍华裔研究生胡瑞狄陪同，居住在环境优美而又宁静的校园内，领队与观察员则住在校外不远处一所虽非豪华但却典雅的宾馆中。次日上午举行开幕式，看着我们的学生西服领带、落落大方的神态，不禁为之感到自豪。环顾四周，在各国参赛队员中间竟然有不少华人子弟。近年来，美国、加拿大、澳大利亚、荷兰、苏里南等队中华

[①] 本文写作于 1993 年，收入本书时未作改动。

裔学生屡见不鲜。难怪去年在芬兰举行第 23 届 IPhO 时,在各国领队组成的国际委员会中有人提出了"是否允许移民学生入选参赛"这一动议,讨论后表决时绝大多数委员举手投"允许"票。很可能,这一动议的提出者担心有朝一日 IPhO 将会被华夏子孙所垄断。其实这种担心是多余的,人类进化至今,各民族的平均智商不可能有很大的差异,任何一个民族都有自己的优秀子女。本届竞赛中最令人感兴趣的是位来自澳大利亚年仅 11 岁的小选手,最后他以 30.45 的高分为澳队赢得了唯一的一块铜牌。从小男孩的肤色和面部长相来看,很可能是印度移民。遗憾的是印度物理学会因为经费的原因,虽被美方邀请,却无力组队参赛。

开幕式后,领队、观察员和学生之间自觉地不再往来。我们的学生由翻译兼导游胡瑞狄陪同,参加东道国组委会安排的各种参观、游览活动。11 日下午,领队们聚集在一起讨论东道国准备好的三道理论题。赛题具有典型的美国风格,其中第 3 题完全取材于科研,而且对参赛学生来说不可能求得严格解,只能通过物理分析、采用近似的方法来获得定性与半定量的结果。各国领队对这三道题及评分标准提出了种种修改意见。确定了题目的最终文本后,我们把它从英文翻译成中文,抄下来交到组委会时已是次日早晨 6 点。组委会将负责复印,他们必须赶在 8 点之前送到考场。我们毕竟是处在紧张的工作状态中,疲劳感不甚明显,倒是难为了东道国的工作人员。每届赛事中,由于技术上的原因,我们都是最后离开工作室,东道主不仅耐心地等待,还常来看我们写的中文字,称赞汉字有美感。在这种情况下,除了说一声"Thank you"之外,确实找不到更合适的言词来表达我们的心情。记得在 1990 年 7 月的第 21 届 IPhO 活动中,我们也是直到第二天早晨 6 点才完成译稿工作,后来东道国荷兰在为赛事出版的纪念册中复印出了我们的汉字手写体:"第 1 题,晶体的 X 射线衍射"。可见,汉字艺术已为世人共赏。

12 日上午 8 点到中午 1 点,学生们进行理论竞赛。13 日下午,领队们开始讨论东道国准备好的两道实验题,第 1 题旨在考查学生的实验操作能力,第 2 题则要考查学生的设计思维能力。14 日这一天,参赛学生分上、下午两组进行实验竞赛。中国队被分在上午,这对我们的学生较为有利,因为在国内集训时实验课都安排在上午。14 日晚上,选手们"解放"了,我们的 5 名孩子一起来到领队与观察员住地,七嘴八舌地汇报各人解题、做实验的细致情况。总的来说,他们考得不错,但在这次竞赛中也暴露出了我们的不足之处,即理论估算能力欠佳,实验设计水平不高。15 日、16 日,组委会将学生们的理论、实验试卷和评分结果复印件分发给各国领队,随即在排定的时间内各领队与东道国评分教员讨论给本队学生的分数中可能存在的偏差。16 日晚,由全体领队组成的国际委员会一致通过获奖名单,至此主要的赛事活动告一段落。

出国前,对我们的学生进行了英语听、说能力的训练。在威廉斯堡,他们毫不腼腆地与各国学生用英语交谈,促进了青年一代的国际友谊。最有趣的是互赠小礼品,孩子们尤其热衷于交换硬币。韦韬得到了一枚很好看的外国钱币,老师看了很欣赏,韦韬大方地要送给老师,老师没有接受,要他好好保存着作为永久的纪念。对一名学生来说,参加国际性学科竞赛尽管只是一次经历,但终究是一次难得的和不可忘却的经历。第 22 届 IPhO 金牌得主王泰然和任宇翔现分别在美国纽约州立大学和宾夕法尼亚大学读书,这次两人特意驾车数小时赶到赛地来看望我们。师生相聚两天,忆及当年(1991年)在古巴首都哈瓦那参赛过程中的种种琐事和师生最留恋的昔日朝夕相处的集训生活。看到自己的学生在悄悄地长大成人,而且如此重人间感情,逐年衰老的教员真想把他们永远留在自己的身边。

7月17日下午举行了闭幕式。各国代表队整装就座后,由威廉斯堡大学生组成的鼓乐队穿戴着中世纪欧洲宫廷卫队服饰登台表演。其中一名白胖白胖的男孩子(想必是低年级学生)胸前挂着一面大鼓最令人注目,也最惹人喜欢。看来,无论哪一个国家、哪一个民族都一样有可爱的孩子。在阵阵鼓乐声中举行了隆重的举旗仪式,每一个参赛国的一名学生代表举着自己国家的国旗,踏着节拍正步上台将国旗插在两侧按国名第一位拉丁字母排列的指定位置上。闭幕式的高潮是颁奖。今年组委会邀请了三位诺贝尔物理学奖获得者来为大会颁奖,他们是Yal. L. Fitch(1980年获诺贝尔奖)、Leon M. Lederman(1988年获诺贝尔奖)和Jerome I. Friedman(1990年获诺贝尔奖)。颁奖从表扬奖到铜牌、银牌、金牌逆向进行。当我国的学生张俊安与德国学生Harald Pfeiffer共同走到台中央领取第一金牌特别奖时,全场起立鼓掌祝贺。看着他们与三位年长的物理学家并排站在一起时,我们的领队与观察员心中涌起了难以抑制的民族尊严感。这是自去年广东江门一中学生陈涵之后,中国选手第二次获得第一金牌奖。

闭幕式的最后一项内容是由本届组委会特请第25届IPhO组委会代表沈克琦教授发言,沈克琦教授代表我国组委会热情邀请各国组队参加1994年7月11日至19日将在北京举行的第25届IPhO盛会。他在讲台上向各国代表队展示和介绍了第25届IPhO的会徽,这是一段τ字形的万里长城。τ代表τ粒子(最近在北京正负电子对撞中心测得了迄今为止精度最高的τ粒子质量值),它象征近代科学;万里长城象征中国悠久的历史。沈克琦教授的这一解释赢得了全场一阵又一阵的热烈掌声。

第24届IPhO赛事活动圆满结束后,中国代表队于7月23日返回北京。告别了'93威廉斯堡之行,让我们共同期待将在北京举办的第25届IPhO盛会的到来。